审图号：粤S（2017）20-003号

普 宁

- 中国纺织产业基地
- 中国首个“中国中药名城”试点城市
- 全国工业百强县（市）
- 全国农产品电商 50 强县（市）
- 全国电子商务进农村综合示范县（市）
- 全国“电子商务促进乡村振兴十佳县域”
- 中国青梅之乡
- 中国蕉柑之乡
- 中国青榄之乡
- 中国青梅标准化示范县（市）
- 中国民间文化艺术之乡
- 全国广播电视先进县（市）
- 全国群众体育先进县（市）
- 全国义务教育发展基本均衡县（市）

市区流沙夜景　　（张思杰　摄）

普宁年鉴

PUNING YEARBOOK

2020

《普宁年鉴》编纂委员会　编

方志出版社
Publishing House of Local Records

图书在版编目（CIP）数据

普宁年鉴．2020/《普宁年鉴》编纂委员会编．—北京：方志出版社，2020.12

ISBN 978-7-5144-4702-6

Ⅰ．①普… Ⅱ．①普… Ⅲ．①普宁—2020—年鉴 Ⅳ．①Z526.54

中国版本图书馆 CIP 数据核字（2021）第 178102 号

普宁年鉴（2020）

编　　者：《普宁年鉴》编纂委员会
责任编辑：顾　洁

出 版 者：方志出版社
　　　　　地址　北京市朝阳区潘家园东里 9 号（国家方志馆 4 层）
　　　　　邮编　100021
　　　　　网址　http：//www.fzph.org
发　　行：方志出版社图书经销中心
　　　　　电话（010）67110500
经　　销：各地新华书店
印　　刷：普宁市成方印刷有限公司

开　　本：889 毫米 ×1194 毫米　1/16
印　　张：29
字　　数：879 千字
版　　次：2020 年 12 月第 1 版　2020 年 12 月第 1 次印刷
印　　数　0001~2000 册

ISBN 978-7-5144-4702-6　定价：200.00 元

·版权所有　翻印必究·

《普宁年鉴》编纂委员会

名誉主任：符　贤　黄锐亮

主　　任：黄光胜

副 主 任：陈尊凡　李春光　王伟杰　张秋城　郭晓滨

委　　员：（按姓氏笔画排列）

马俊锋　方晓玲　王晓东　卢锡宏　江少涛　李育群

李燕芬　陈志武　陈辉雄　陈裕茂　陈瑞宏　陈楚滨

周雪亮　傅燕玲

《普宁年鉴》编辑部

主　编：郭晓滨

副主编：王史风（特邀）　李燕芬

编　辑：曾楚萍　钟桂萍　曾智恒　庄　瀚　洪旭南

总　纂：王史风

编 辑 说 明

一、坚持以马克思列宁主义、毛泽东思想、邓小平理论、“三个代表”重要思想、科学发展观、习近平新时代中国特色社会主义思想为指导，坚持辩证唯物主义和历史唯物主义的立场、观点和方法，旨在全面、系统、翔实、准确地记述年度普宁市的自然、政治、经济、文化、社会等方面的基本情况及特点，为各级领导科学规划和决策提供参考依据，为投资者、学术界和海内外各界人士了解和研究普宁提供地情服务，使之成为宣传普宁、推介普宁的重要窗口和权威性的信息资料库，为促进普宁市经济和社会事业发展发挥作用。

二、采用分类编辑法，除年度关注、文献专载、调研报告、附录等选入内容依原文体例结构外，本书主体内容设栏目（类目）、分目、条目三个结构层次，不同层次的标题用不同字体、字号加以区别。条目为记述内容的基本形式；内容较多的条目分段记述，分段加小目标题的，用楷体字表示；大事记中同一天的条目，后面出现的用“△”表示。

三、《普宁年鉴（2020）》主要记述2019年普宁市经济和社会事业基本面貌和发展情况。在保持基本框架结构相对稳定的前提下，对应中央和省级、市级及普宁机构改革，调整优化相应机构职能实际，新增、调整和充实部分类目、分目及内容。全书框架结构分设年度关注、普宁概览、大事记（2019）、中共普宁市委员会、普宁市人民代表大会、普宁市人民政府、政协普宁市委员会、纪检监察、民主党派、人民团体、外事·侨务·港澳台事务、法治、军事、综合经济管理、财政·税务、基础设施建设、城乡建设·环境保护、农业、工业、国内贸易、对外贸易·普宁海关、金融业、教育·科技·气象、文化·旅游·广播电视·体育、卫生健康事业、社会生活、乡镇场街道、人物·荣誉、经济和社会统计资料、文献专载、调研报告、附录等类目32个，分目181个，条目1228条，共87.9万字。

四、卷首设置“图片专辑”并附年度“普宁数字”及普宁市行政区划图。为方便读者检索查考，卷前附“目录”；卷末附“主题索引”“表格索引”。“主题索引”采用主题分析法，款目按汉语拼音字母顺序排列。

五、行文中所用简称的“党”，系指中国共产党，凡称省委、市委、镇委、党总支、党支部均指中国共产党某地方委员会和某地方组织；所用简称“省”和“市”，系指广东省和普宁市（与其他省、市并列表述时用全称）。统计数据采用法定计量单位，各单位提供的数据由于统计口径不一，与市统计局不相一致的，使用时以市统计局公布的数据为准。各撰稿人均于相关条目文末加括号标出，整个栏目或分目撰稿为同一作者的，则于栏目或分目最末一条目文后作一次性标示。

六、所用资料由各有关单位和各乡镇场街道提供，并经《普宁年鉴》编纂委员会组织的审稿组审查定稿。

目 录

大事记（2019）

中国共产党普宁市委员会

普宁市人民代表大会

普宁市人民政府

中国人民政治协商会议普宁市委员会

纪检监察

民主党派

人民团体

外事·侨务·港澳台事务

法 治

财政 · 税务

基础设施建设

城乡建设 · 环境保护

工　业

国内贸易

对外贸易·普宁海关

金融业

教育·科技·气象

文化·广播电视·旅游·体育

乡镇场街道

人物 · 荣誉

经济和社会统计资料

文献专载

调研报告

附　录

普宁数字 2019

- 土地总面积 1620 平方千米。
- 年末户籍人口 248.31 万人，其中城镇人口 111.01 万人。
- 年末市内常住人口 212.32 万人，市区常住人口 58.19 万人。
- 旅居海外华侨华人 195 万人，归侨、侨眷 140 万人，定居香港、澳门同胞 26.5 万人。
- 市区规划建成区面积 66.82 平方千米，绿化覆盖面积 1985.9 公顷，公共绿地面积 1867.9 公顷，公园 21 座。
- 地区生产总值 629.29 亿元。第一产业增加值 38.99 亿元，第二产业增加值 236.39 亿元，第三产业增加值 353.9 亿元。人均地区生产总值 29674 元。
- 全年完成工业增加值 214.18 亿元，其中规模以上工业增加值 140.06 亿元。
- 规模以上纺织服装制造业、医药制造业累计完成工业产值 426.8 亿元，占全市规模以上工业产值比重的 62.5%。
- 农林牧渔业总产值 58.75 亿元，其中农业产值 43.39 亿元、林业产值 4.22 亿元、牧业产值 8.39 亿元、渔业产值 0.97 亿元、农林牧渔服务业产值 1.79 亿元。
- 地方一般公共预算收入 21.19 亿元。
- 地方一般公共预算支出 93.2 亿元。
- 社会消费品零售总额 405.15 亿元。
- 批发零售业销售额 686.03 亿元。
- 厦深高铁普宁段长 32.6 千米，设有普宁站；高速公路里程 78.33 千米、国道 88.72 千米、省道 184.84 千米、县道 79.12 千米、乡镇村道 1684.92 千米。
- 全年完成公路货物周转量 17.6 亿吨千米，客运周转量 9.4 亿人千米；完成公路运输周转量 18.5 亿吨千米。
- 全市拥有 110 千伏—500 千伏变电站 21 座，主变总容量 475.15 万千伏安；并网小水电 131 宗，总装机容量 5.54 万千瓦。电网覆盖率 100%。
- 全市 2G 至 5G 基站点 6771 个（其中 5G 基站 70 个）。手机用户 192.87 万户；宽带用户 39.25 万户，光纤用户 38.[illegible]6 万户，网民规模 194.94 万人。
- 电子商务交易额 507.7 亿元，快递业务收入 63.71 亿元。
- 固定资产投资额 290.79 亿元。
- 外贸进出口总额 44.26 亿元。
- 年末金融机构本外币各项存款余额 822.7[illegible] 亿元，其中城乡居民储蓄存款余额 631.29 亿元。
- 年末金融机构本外币各项贷款余额 385.46 亿元。
- 全市各级学校（含幼儿园、学前班、民办学校等）935 所，各级学校教职工 34895 人、专任教师 27361 人，各级学校在校生 47.93 万人。其中高等教育（含成人教育）院校 2 所，在校生 7947 人；普通中小学校 576 所，在校生 36.38 万人；中职学校 4 所，在校生 14420 人。
- 全市有各类卫生机构 995 个（含民营、乡村诊疗机构）。其中公立医疗卫生机构 38 个，有三甲医院 3 所、二甲医院 1 所，市直属医院（服务中心）12 所，乡镇中心卫生院 4 所、卫生院 19 所，社区卫生服务中心 7 个。民营医院 14 所。公立医院编制床位 6968 张，实有床位 7674 张。
- 广播电视信号覆盖人口 215.54 万人，广播电视信号覆盖率 97.1%。
- 国家、省、市、县级非物质文化遗产代表作 59 项（国家级 2 项、省级 7 项、市级 36 项、县级 14 项）。
- 全国爱国主义教育示范基地 1 处，省、县级文物保护单位 71 处（省级 10 处）。
- 全市体育馆 2 座，普通篮球场 1022 个、标准田径场 18 个，标准游泳场 2 个，文体广场 354 个。

练江新貌　　（张声金　摄）

普宁流沙城区夜景

（黄梓扬　摄）

2019年6月5日，广东省省长、省总河长马兴瑞（前右一）在揭阳市委书记、市长叶牛平（前右二）、普宁市委书记张时义（前左一）陪同下到普宁市调研练江流域水环境污染治理情况　　（罗凯瀚　摄）

2019 年 11 月 10 日，广东省副省长张光军（前右二）带领省有关部门负责人，在普宁市委书记张时义（前左二）陪同下，到普宁市调研练江流域水环境综合整治情况

2019 年 8 月 2 日，广东省政协副主席、省住建厅厅长张少康带领省住建厅、省建筑设计研究院、同济大学、华南河湖长学院等有关专家到普宁市实地调研练江流域水环境综合整治情况并召开座谈会，揭阳市委常委、普宁市委书记张时义，普宁市政协主席杨镇松，普宁市副市长陈卫华以及市有关部门负责人参加座谈会。图为座谈会举行现场（右排为省政协领导及有关部门专家，左排为普宁市领导及有关部门负责人）

（本版照片罗凯瀚　摄）

2019年5月21日，生态环境部华南督查局局长岳建华（前排中）一行在揭阳市委书记、市长叶牛平（前排左）等陪同下到普宁市开展生态环境保护调研活动

2019年5月24日，揭阳市委书记、市长叶牛平（右二）在普宁市委书记张时义（右一）陪同下到普宁市调研推进农村、城镇及产业园区治污工作进展情况

2019年9月20日，揭阳市委书记、揭阳市人大常委会主任叶牛平（前排左），揭阳市委副书记、揭阳市市长张科（前排中）在普宁市委书记张时义（前排右）陪同下，到普宁大南山街道什石洋村开展“传承红色基因，牢记初心使命”专题学习研讨活动

（本版照片罗凯瀚　摄）

2019 年 1 月 25 日，普宁市委书记张时义（前左二）带队到市区玉华农贸市场开展安全生产检查

2019 年 2 月 13 日，普宁市委书记张时义（前排中）带队到市部分企业开展走访慰问活动

2019 年 4 月 3 日，国际华人科技工商协会主席、美国哥伦比亚国际大学校长李大西博士一行莅普宁交流教育事业发展有关事宜。图为李大西博士（正中左）等嘉宾与揭阳市委常委、普宁市委书记张时义（正中右）等市领导亲切会晤交谈现场

（本版照片高壮波　摄）

2019 年 1 月 15 日，中国共产党普宁市第十三届委员会第五次全体会议在市党政机关办公楼十二楼会议厅召开

2019 年 4 月 10 日，普宁市第十五届人民代表大会第四次会议在市党政会议中心开幕

2019 年 4 月 9 日，政协普宁市第十届委员会第四次会议在市党政会议中心开幕

（本版照片高壮波　摄）

2019年1月29日，中共普宁市第十三届纪律检查委员会第四次全体（扩大）会议在市党政会议中心召开　　（高壮波　摄）

2019年6月28日，普宁市纪念建党98周年“七一”表彰大会在市党政机关办公楼十二楼会议厅召开　　（罗凯瀚　摄）

2019年9月17日，中共普宁市委“不忘初心、牢记使命”主题教育工作会议在市党政机关办公楼十二楼会议厅召开　　（罗凯瀚　摄）

2019年3月8日，普宁市贯彻落实省环保1号令、决战决胜年暨练江整治大会战推进会在市党政机关办公楼十二楼会议厅召开

（高壮波　摄）

2019年4月28日，普宁市练江流域环保基础设施项目建设协调推进工作会议在市党政机关办公楼十二楼会议厅召开

（高壮波　摄）

2019年7月12日，2019年普宁市精神文明建设委员会第一次全体（扩大）会议暨创文工作推进会在市党政机关办公楼十二楼会议厅召开

（罗凯瀚　摄）

练江水清夕照美　　（陈少强　摄）

三坑水库　　（王　敏　摄）

夕照下整修一新的白坑湖泛金光

（张思杰　摄）

潮惠高速公路普宁赤岗段一角 （陈少强　摄）

汕湛高速公路普宁占陇段一角 （江创波　摄）

普宁里湖乌石拦河坝　　（詹军校　摄）

普宁市生活垃圾环保处理中心　　（市环卫局　供稿）

普宁星河明珠湾夜景　　（云落镇党政办　供稿）

晨曦初临流沙河　　（黄梓扬　摄）

普宁广场鸟瞰　　（曾坚强　摄）

普宁大道周边建筑群 （江创波　摄）

城区流沙东街道新坛生态园 （陈少强　摄）

夜色初临的普宁国际服装城　　（陈少强　摄）

普宁国际商品城一瞥　　（陈少强　摄）

普宁时代中心外景　　（陈少强　摄）

市区流沙尚东新天地商业区夜景　　（陈少强　摄）

普宁康美中药城外景　　（张思杰　摄）

2019年10月22日，中共普宁市委全面依法治市委员会第一次会议在市党政机关办公楼会议室召开　（市司法局　供稿）

2019年10月15日，市纪委监委在市区组织召开普宁市基层党员干部违纪违法问题警示教育大会　（市纪委　供稿）

2019年3月24日，普宁市公安工作会议暨扫黑除恶专项斗争推进会在市党政会议中心召开　（市公安局　供稿）

2019年11月11日，普宁市普法办联合市人民法院开展党员领导干部参与旁听庭审活动，以案释法强化法治意识。图为市部分党员领导干部旁听庭审现场　（市人民法院　供稿）

2019年8月23日，普宁市人民检察院组织开展“检察护航民企发展”主题检察开放日活动。图为市人民检察院邀请部分民营企业家参观该院“12309”检察服务中心现场　（伍大洋　摄）

2019年6月26日，普宁市人民法院干警到市戒毒所对受戒毒人员开展禁毒法律宣讲现场　（陈伊莎　摄）

大南山街道什石洋村红色文化长廊一角
（市文化广电旅游体育局　供稿）

梅塘镇景光村航拍图　（市文化广电旅游体育局　供稿）

水乡南溪镇南溪村航拍图　（杨浩彬　摄）

赤岗镇五福屿村全景　（市文化广电旅游体育局　供稿）

铁山脚下流沙东街道北山村全景
（市文化广电旅游体育局　供稿）

洪阳镇鸣岗村远眺 （市文化广电旅游体育局 供稿）

梅林镇大高田村观瀑赏梅点 （梅林镇党政办 供稿）

占陇镇下寨村田园风光 （市文化广电旅游体育局 供稿）

茶叶陶罐制作之乡——池尾街道贵政山村园林一角 （市文化广电旅游体育局 供稿）

船埔镇红色村樟树村保留的红军革命斗争时期建立的苏维埃政府旧址（德成楼） （市文化广电旅游体育局 供稿）

2019年2月6日，第二届“普宁英歌（民俗）文化节”开幕式在市区举行。图为开幕式上的英歌表演　（王　敏　摄）

2019年12月31日，第五届普宁梅花旅游文化节开幕式在市区举行。图为开幕式上的歌舞表演　（王　敏　摄）

2019年9月23日，普宁市庆祝中华人民共和国成立70周年专题文艺晚会在市明华体育馆举行。图为在晚会上表演的歌舞节目　（王　敏　摄）

2019年春节期间，南溪镇典詹村举行的跳火堆民俗活动　（高壮波　摄）

2019年春节，在市区举行迎春文艺巡游活动。图为巡游队伍中的英歌舞表演　（王　敏　摄）

2019 年 8 月 18 日，普宁市第六届运动会开幕式在市明华体育馆举行。图为开幕式上进行的文体节目表演后参演队伍的合影

（陈少强　摄）

2019 年 1 月 13 日，第四届普宁梅花旅游文化节举行的马拉松活动穿行在山野绿地中

（陈少强　摄）

2019 年 6 月 6 日，首届“贤德揭阳”端午龙舟竞赛总决赛在普宁练江河段举行。图为各县（区）派出的龙舟队正在进行决赛现场

（洪俊舟　摄）

2019 年 7 月 28 日，普宁市城市公益健康徒步行活动在市区莲花山公园举行。图为各界参与徒步行队伍集中完毕准备出发现场

（陈少强　摄）

2019 年 1 月，普宁市在尚东新天地广场举办荧光夜跑活动。图为夜跑队伍集中正待出发现场

（陈少强　摄）

2019年2月3日，普宁市委书记张时义（左三）带队慰问正在一线工作的环卫干部职工　（高壮波　摄）

2019年1月30日，普宁市委常委陈少平（左二）到和美村开展慰问农村贫困户活动　（高壮波　摄）

2019年9月3日，中国移动普宁分公司负责人带领扶贫驻村工作队到里湖镇汤头村开展扶贫慰问活动　（陈震南　摄）

2019年6月28日，市供销社负责人带队到精准扶贫挂钩点云落镇云落村开展扶贫慰问活动　（市供销社　供稿）

2019年7月1日，市疾控中心负责人带队到洪阳镇水吼村开展精准扶贫慰问活动。图为与该村党组织一起召开慰问座谈会现场　（市疾控中心　供稿）

2019年11月9日，九三学社普宁支社联合市人民医院开展大型义诊活动　（九三学社普宁支社　供稿）

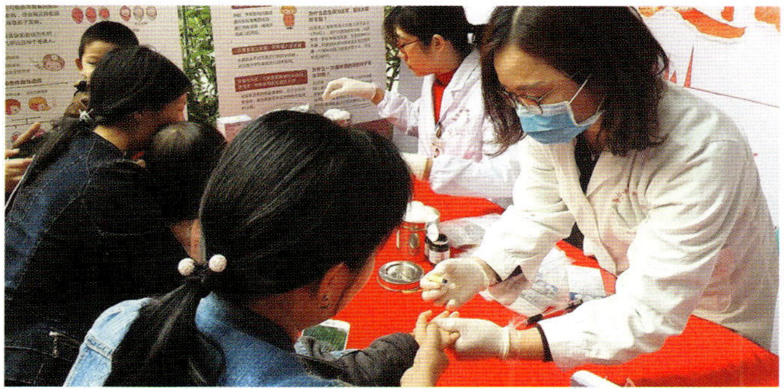

2019年2月28日，市残疾人联合会联合市妇幼保健院等单位举办第二十次“全国爱耳日”宣传义诊活动。图为医生正在为耳聋患者及家长进行耳聋基因检测现场　（市残联　供稿）

2019年1月25日，市红十字会组织到梅塘镇溪南村开展“红十字博爱送万家”活动现场　（市红十字会　供稿）

大南山望天石日出 （陈培坤 摄）

云落兰花谷 （陈少强 摄）

小桥·流水·梅园——大坪善德赏梅 （陈少强 摄）

年 度 关 注

一颗红心永向党　牢记使命勇担当

——普宁市扎实开展“不忘初心、牢记使命”主题教育活动

为营造浓烈的“不忘初心、牢记使命”主题教育氛围，一个阶段以来，一系列“探寻初心源头，担当历史使命”的主题活动在普宁市广泛开展，各级党组织和广大党员以多种多样的形式以及丰富多彩的内容，展示党的十九大以来普宁市党的建设呈现的新气象、开辟的新亮点、取得的新成效。

理论学习不停歇，增强党性勇担当

普宁市委领导躬身践行，引领示范，于2019年国庆前开展了为期七天的集中学习研讨，聚焦习近平总书记关于“不忘初心、牢记使命”重要论述，深入交流思想认识、学习体会和工作打算，示范并带动全市高标准高质量完成学习研讨任务。在集中学习研讨的基础上，还到挂钩的乡、镇（场、街道）开展专题调研，实地参观党员教育基地，向革命烈士纪念碑敬献花圈，积极开展革命传统教育、形势政策教育和先进典型教育，引导全市广大党员积极行动，不断提高自身党性修养。

在市领导带动下，全市各地各单位积极开展集中学习、专题研讨，特别在国庆期间，各级党员干部还利用主题教育办公室印发的《普宁市委“不忘初心、牢记使命”主题教育学习参考资料》《普宁市委“不忘初心、牢记使命”主题教育学习资料参考目录》等资料进行自学，不断增强思想认同、情感认同和理论认同，为开展好主题教育夯实了思想根基。

红色热土寻初心，激发斗志再传承

重视红色教育，擦好红色传承，是提高党性、学习践行“不忘初心、牢记使命”主题教育的主要内容。一个阶段以来，普宁市注重运用好红色教育这一“活教材”，组织人力，对全市红色教育资源进行排查，对各地各单位报送的文字、图像、视频等资料逐一审核把关，高标准打

2019年9月27日，参加“不忘初心、牢记使命”主题教育集中学习研讨的市领导先后到“八一”南昌起义南下部队指挥部军事决策会议旧址、大南山街道什石洋村开展革命传统教育。图为普宁市委书记、市委主题教育领导小组组长张时义主持专题学习研讨会现场　　（罗凯瀚　摄）

造建立了“八一”南昌起义南下部队指挥部军事决策会议旧址、杨石魂故居、普宁县临时人民政府成立旧址、大南山街道什石洋“红色村”、船埔头区苏维埃旧址展览馆等12个党员教育基地，并在新一期《普宁组工》杂志设计编制普宁市党性教育的“红色地图”。同时，制作发放党员教育基地宣传手册和《大南山下党旗红》等多部电教片，扩大各党员教育基地的影响力和知晓度。

近期，普宁市各党组织组织广大党员分期分批到党员教育基地开展形式多样的党日活动，将红色资源转化为党性教育的教学资源。揭阳市委常委、普宁市委书记张时义带领其他普宁市领导先后到“八一”南昌起义南下部队指挥部军事决策会议旧址、大南山街道什石洋“红色村”开展革命传统教育，并在普宁县苏维埃政府办公旧址——辉祖祠主持召开专题学习研讨会，通过实地瞻仰革命遗迹，重温入党誓词，深入交流研讨，切身感受革命先辈们在大革命和土地革命战争时期、抗日战争时期和解放战争时期艰苦卓绝的奋斗历程，传承红色基因，进一步激发革命精神和革命斗志。

包片联系全覆盖，服务群众零距离

开展此次“不忘初心、牢记使命”主题教育，是为了更好地服务群众、解决问题。普宁市在进行主题教育时学以致用，将学习研讨的新思想落实到具体工作中，融入群众中去，切实解决群众的实际问题。

普宁市实行“由市委书记带头、市级领导班子成员带队，每人包1至2个乡镇，走遍所辖村（社区），深入调研摸底，提出工作建议”的“包镇走村（社区）”制度。2019年10月7日，张时义深入到挂钩联系的后溪乡，走遍全乡7个村（社区）及后溪中学，了解当地党的组织生活、农村特色经济产业、美丽乡村建设、精准扶贫精准脱贫和中小学教育等情况，并针对当地农村发展现状及具体困难进行调研，逐项落实解决问题。其他普宁市领导也纷纷到挂钩联系的乡镇街道，进村（社区），进村（居）民家庭，知民情、解民忧。

此外，普宁市各村（社区）“党支委联系党员、党员包片联系群众”机制有效运转。各村（社区）发挥党员“三帮两带一反馈”作用，及时宣传党的路线方针政策、掌握群众的思想、工作情况等。流沙北街道为庆祝中华人民共和国成立70周年，开展走访慰问老党员、生活困难党员活动，并将“不忘初心、牢记使命”主题教育重点内容学习资料送到党员手上，将党的关怀送到党员心中，将党的好形象立在群众眼中。赤岗镇在九月初九重阳节来临之际，以“孝”为主题，开展“孝道行天下，关爱老人”爱心活动，进一步弘扬中华民族尊老敬老的传统美德。自工作机制推行以来，全市各村（社区）共开展志愿服务856次，收集群众反馈意见建议900余条，帮助群众解决问题790余件，不断加强党员与群众的联系。

牢记使命见行动，乘风破浪再出发

开展“不忘初心、牢记使命”主题教育，是铭记“为中国人民谋幸福，为中华民族谋复兴”的“初心”和“使命”，是学习贯彻党的十九大精神的重要举措，是激励共产党人不断前进的根本动力。近期，普宁市各级党组织认真做好“规定动作”，努力创新“自选动作”，高标准部署、高质量推进“不忘初心、牢记使命”主题教育。

市交通运输局以“防风险、保安全、迎大庆”为主题，利用假期休息时间，以实际行动抓好各项安保维稳措施；市民政局举行“关爱空巢老人”志愿服务进社区（村）活动，把爱心物资和慰问金送到58位空巢老人和4位百岁老人手中……全市各地各单位还以党支部为单位举办了各式各样的党日主题活动，进一步保持党组织的纯洁性和发挥党员的先锋模范带头作用，在推动“商贸名城、创新之城”建设中，勇往直前、奋发有为，勇摩新高再出发。

（转载自2019年10月18日《揭阳日报》“普宁新闻”专版报道，撰文：高浩钦、陈启何）

普宁市委十三届六次全会提出高质量完成机构改革任务

2019年3月1日，普宁市委十三届六次全会召开，对普宁市深化机构改革工作进行动员部署、推动落实，确保高质量完成机构改革任务。

会议以习近平新时代中国特色社会主义思想为指导，深入学习贯彻习近平总书记关于深化党和国家机构改革的重要论述，学习贯彻习近平总书记视察广东重要讲话精神，全面贯彻落实中央、省委和揭阳市委关于深化地方机构改革的决策部署，对普宁市深化机构改革工作进行动员部署、推动落实，要求各级各部门要把深化机构改革作为重大政治任务和重要政治责任，严格按照中央、省委、揭阳市委和本次会议的部署要求，把握政策标准、紧盯时间节点、抓住关键环节，周密安排、精心组织，有组织、有纪律、有步骤推进，确保机构改革任务高质量完成。

会议提出，要提高政治觉悟，切实增强推进改革的政治自觉、思想自觉和行动自觉；要找准着力点突破口，全面落实深化机构改革任务，构建系统完备、科学规范、运行高效、符合普宁高质量发展需要的机构职能体系；完善坚持和加强党的全面领导的体制机制，确保党的领导更加坚强有力，确保落实“两个维护”更加到位；加快推进政府职能转变，把党和国家机构改革向纵深推进；打造优化协同高效的机构职能体系，真正提高效率、激发活力；统筹推进各类改革，使各项改革相互促进、相得益彰，形成总体效应；切实抓好基层管理体制改革，提升基层治理能力和服务水平；着力强化机构编制管理刚性约束，加快推进机构编制法定化。

会议要求，普宁市各级各部门要把机构改革摆在突出位置，加强组织领导，注重统筹协调，细化工作进度，稳妥有序推进，确保高质量完成改革任务。

（转载自2019年3月4日《揭阳日报》“要闻”专版同题报道，撰文：黄松城、陈启何、高壮波）

2019年3月1日，中国共产党普宁市第十三届委员会第六次全体会议在市党政机关办公楼十二楼会议厅召开　（高壮波　摄）

围绕“融湾接带联汕”发展总路径，聚焦“一核二园三区”，突出抓重点、补短板、强弱项，把普宁打造成为“商贸名城、创新之城”

2019年10月9日，普宁市召开市委十三届七次全会，提出要认真贯彻落实省委十二届七次全会和揭阳市委六届七次全会精神，研究部署普宁市融入粤港澳大湾区工作，并动员全市上下不忘初心、牢记使命、接续奋斗，突出空间对接、产业协同、城市联动，推动全市全域融入粤港澳大湾区、建设广东沿海经济带，奋力打造“商贸名城、创新之城”，把普宁建设成为粤东城市群新城市中心，为揭阳打造广东沿海经济带新增长极提供重要支撑。

重视空间对接，夯实协同发展支撑

普宁区位优势突出，要推动交通互联互通、空间有效承载，为“融湾接带联汕”、实现协同发展提供有力支撑。在加快交通有机衔接上，要大力对接揭阳疏港铁路、粤东城际轨道、陆惠高速规划建设，加快形成广梅汕、厦深、广汕高速铁路网大循环。要服务好汕湛高速、揭惠高速建设，优化高速出入口连接线，进一步提升对外联通能力。要重点加快国道238线普宁益岭至惠来交界段改建工程、占陇至麒麟高速公路连接线新建工程、北二环延长线工程等7宗道路工程建设，打通“接带连轴”道路瓶颈。要进一步改善城乡交通，认真抓好市汽车总站新建工程，全面铺开18条段26.2千米市政道路建设，加快完善生活性道路“九纵五横”、交通性道路“三纵三横”的交通网络，加快启动建设62条(段)115.09千米“四好农村路”，助力各个功能区高效联动发展。

在提升平台承载能力方面，普宁市牢牢抓好英歌山工业园建设，坚定不移按照“统一规划、统一征地、熟地出让”的模式，加快完善英歌山工业园基础设施。要进一步完善纺织印染环保综合处理中心建设，按时序建成污水处理厂等基础设施，推动有牌证印染、印花、洗水企业转型升级、按时投产运营，加快规划公共服务配套区，推进仓储物流、后道整理、员工宿舍等项目建设，进一步完善园区功能配套，确保园区进入高效运转轨道。要进一步发挥中药材专业市场、国际服装城、国际商品城等商贸物流平台作用，吸引更多新型商业模式入普宁孵化，提升现代服务业发展水平。

同时，普宁市将优化发展空间布局，强化规划引领作用，确保一张蓝图干到底。严控小产权房建设，加大土地收储整备力度，为未来发展预留充足空间。

突出产业协同，构建配套互补现代产业体系

推动产业转型升级、加快新兴产业发展是普宁产业建设的出路所在。普宁市突出科技创新与模式创新双管齐下，支持企业在生产端和销售端同步创新，推动传统产业转型升级、提质增效；促进与大湾区产业强强联合，学习先进生产经验和经营理念，继续做大做强医药、纺织服装两大支柱产业，增强优势产业的生命力和经济效益；推动产业互相配套，以与滨海新区产业互相配套为目标，及早布局旅游、康养、节能环保装备、电子信息等新兴产业，培育和发展与珠三角共同构建广东未来新型产业体系的战略性新兴产业；主动谋求产业反向配套，结合产业基础和产业优势，打造地方特色产业；加强与大湾区高校、科研院所等研究机构和科研中介机构合作，力争将符合普宁产业发展的科研成果引进孵化、投产。

现代服务业是普宁加快发展的重头戏。将重点发展生产性服务业和生活性服务业，依托滨海新区发展需要，大力引进大湾区管理经验和优质服务，全面培育发展金融服务、科技服务、节能环保等生产性服务业和文化创意、旅游休闲、健康养生等生活性服务业，打造现代服务业高地。同时，推动电子商务聚集发展、创新发展，支持电子商务企业做大做强，打造一批电子商务旗舰型企业，建设电子商务强市。

普宁市还将加大招商引资引智力度，加强政策扶持和公共服务配套，实施重点产业招商工程，大力招引总部经济、上市公司、龙头企业和优质项目落户普宁。继续健全乡贤联动机制，持续优化侨乡营商环境，引导支持服务好乡贤参与家乡建设，吸引越来越多的投资者前来创业投资。

突出城市联动，打造粤东城市群新城市中心

按照揭阳市委全会的部署，普宁是揭阳三个城市中心之一。普宁市提出，要立足打造粤东城市群新城市中心目标，突出城市联动，做大做强比较优势，实现优势互补、协调一致，在建设粤港澳大湾区和揭阳滨海新区中巩固和提升发展地位。

在加大城乡综合整治力度方面，继续加强违法建设治理，全面加强巡查监管执法；坚决打击各类违法建设行为；规范农村住宅建设行为，鼓励集中建设农民公寓、农民住宅小区，抑制无序建设，保障城乡土地合理利用。咬紧创建省县级文明城市目标不放松，加大环境卫生整治力度，全面落实“门前三包”区域责任制，营造干净整洁城市环境；全力推进交通秩序专项整治工作；抓紧补齐城市综合配套设施短板，提高城市建设的品位和内涵；全面提升市民素质，全面提升城市文明程度。

在加快城市改造更新步伐方面，进一步完善城市功能配套，科学布局教育、医疗、文化等公共服务设施，打造区域性教育高地、区域性医疗服务高地。全面提升城市品位，高标准实施“一轴一带”项目建设；积极利用三旧改造政策，全面推动三旧改造项目落地建设，抓好城市综合体、高品质宜居项目和高端商业中心建设，使普宁成为生活消费“首选地”。

在做活做强城市经济方面，大力推动城市集聚发展，抓好以普宁高铁站为核心的高铁新城片区规划建设；抓好以莲花山公园、池尾高速路口、寒妈水库为核心的西部片区规划建设，推动金茂国际新城建设；抓好以北二环为轴的北二环片区规划建设，承接中心城区外溢的城市功能。着力构建区域性金融中心，更好发挥金融对经济发展的整体服务功能。

在营造优质美好生态环境方面，继续打好练江污染整治攻坚战，按照“全面、系统、深入”的要求，围绕“截污、控源、清拆、修复、提升”等工作重点，推动练江水质实现不可逆、可持续的根本性好转。大力实施乡村振兴战略，统筹做好“五个振兴”大文章。

同时，普宁市还将突出社会治理，营造和谐稳定社会环境，强化社会治理，不断增强人民群众的获得感、幸福感、安全感，全力把普宁打造成为最安全稳定、最公平公正、法治环境最好的地区之一。

（转载自2019年10月11日《揭阳日报》“普宁新闻”专版报道，撰文：高浩钦、陈启何、罗凯瀚）

建设中的普宁市纺织印染环保综合处理中心　　（通讯员　摄）

链接：

流沙 70 年：小圩集蝶变商贸名城

普宁市区新貌　（郑楚藩　摄）

70 年前的 1949 年，流沙还只是一个远距县城 20 千米的边远小圩集，国民党二区区署盘踞于圩中。解放，那一场地覆天翻的大变革过后，流沙成为新普宁的县城，从此一路昂首阔步走来——

70 年前的 5 月 1 日，流沙第一次解放的当天，在流沙河南岸的平湖村，一座藏于民居后面的古祠堂——黄氏有祖祠，中国人民解放军闽粤赣边纵队第二支队指挥部驻扎于此，开始了新生的人民政权筹建工作。

当年 7 月 1 日，普宁县人民政府宣告成立。县长陈焕新办公室以及县政府机关均设于祠堂里。虽然其时普宁县城还被国民党占据，但流沙已经成为红色普宁的行政中心。

普宁全境解放后，原为惠来县属地的南阳山区划入普宁，在整个新普宁的版图上，洪阳的位置上变得趋于东北部，而流沙则趋于中心地带。

县委县政府把流沙定为新县城，还出于三方面考虑：其一，流沙革命基础好，1924 年 9 月就成立普宁县农民协会，是广东省最早成立农会的 6 个县之一；其二，是抗日战争时期潮汕地方党的领导中心，并建立流沙区抗日民主政府；其三，流沙紧靠大南山革命根据地，是一个进可攻，退可即转移上山的地方。对比洪阳老县城，这些条件都具有独特优势。

正因此，由这片红土地上夯实了诞生出的新政权，开始以全新的姿态来建造出一个新的县城、一片新的天地。

成为县城的 70 年，流沙由小集市成为大镇区，再逐步成长为县级市市区，经历了翻天覆地的变化。

1952 年，普宁县人民政府从平湖村迁至流沙河北岸的流沙（今普宁市机关办公大院）办公时，当年的普宁新县城建成区不足 0.1 平方千米，人口仅 1725 人。新县城建成区充其量也就是县机关办公大院周围的那么一丁点儿地盘，其他的还都是广袤的农田。

新生的人民政府几乎就是白手起家般地筑起一个城来的。新县城一步一步地向周边扩展，新居民区在流沙大道两旁和流沙河两岸建了起来，公园、学校、工厂、车站、医院，凡是县城必须有的，县委县政府都以县城的标准来建设。1957 年，当中华人民共和国第一个五年计划完成的时候，流沙城已经成长为样样俱全的小城镇了。

改革开放为流沙的快速发展注入了生机和活力，一批批赶着好政策的人洗脚上田，来到县城创业、经商，经营药材的，开办服装厂的，销售各种农产品的……流沙逐步成为潮汕地区一个商贸活跃的地区，南来北往的各样货物夹杂南腔北调的普通话，让这个年轻的县城成为商海一方热土。

改革开放也让流沙城快速长“胖”长“高”，城镇化步伐加快，毗邻县城的近郊农村在 10 多年间，农田变身商住区，而城中的低矮平房也逐渐被高楼所代替，流沙河两岸、流沙大道两旁耸起了一座座高楼。

1993 年普宁设为县级市，流沙的城市化步伐大大加快了。2000 年 12 月，流沙镇析为流沙东、流沙西、流沙南、流沙北 4 个街道，相邻的池尾镇也改建为街道，并入普宁城区。2013 年，燎原、大南山两镇改建为街道，至此普宁城区已扩充为 7 个街道。

如今，普宁城市聚集度高，中心城区规划面积 145.03 平方千米，市区建成区 65.76 平方千米，市区常住人口逾 80 万人，城市公共服务配套相对完善，教育、医疗在粤东地区具有一定影响力。近年来城市总体规划、“一轴一带”规划、控制性详细规划、专项规划等一大批规划修编成果落地，进一步提升了城市开发建设的综合效益。

以流沙市区为中心，普宁商贸流通活跃，是粤东最大的陆路口岸，是服装、中药材、烟草、水果、茶叶重要集散地。康美（普宁）中药材专业市场、国际服装城、国际商品城、时代中心、万泰汇等商贸市场、商业中心均集中在流沙市区，其人流聚集、消费活力旺盛，电子商务发展更是迅速崛起。

2019 年，普宁市 1—8 月社会消费品零售总额 264.5 亿元，增长 4.5%；电子商务交易额 284.7 亿元，增长 8.46%；快递业务收入 40.64 亿元，增长 50.06%. 持续活跃的商贸流通优势焕发强大的市场吸引力和辐射力，帮助普宁有效汇聚人流、物流、资金流、信息流，在发展新兴业态等方面先人一步，更好形成全面开放新格局。

流沙，70 年前那个面积不足 0.1 平方千米，人口仅有 1725 人的新置小县城，如今已经成长为揭阳地区一个次中心城市。70 年的沧桑巨变，写不尽她的鲜艳和光彩。

（转载自 2019 年 11 月 4 日《揭阳日报》“社会 · 民生”专版报道，撰文：蔡逸龙、陈启何）

背水一战攻坚克难，普宁市全力推进练江流域综合整治

2019年5月22日，普宁市举行“练江杯”龙舟竞赛，8支镇、村龙舟代表队在练江江面进行500米直道竞速。白浪翻腾、碧波荡漾，显示了普宁练江流域综合整治的进展；同舟共济、奋勇争先，展现了普宁干群整治练江的精神。

2019年以来，普宁市加快环保基础设施项目建设，全力推动练江流域综合整治。其中，练江青洋山桥断面水质显示，三项主要污染指标均值全部同比下降，练江普宁段水质改善，基本告别黑臭，生态功能逐步恢复。

科学统筹，高位推进练江整治工作

练江发源于普宁市大南山五峰尖和白坑湖，在普宁境内干流全长29.8千米，约占全长的42%，其流域涉及175万普宁常住人口。原本“洁白如练”的母亲河因污染而蜕变成黑臭水体，是每个练江儿女的痛；让练江流域重现水清岸绿，在2020年实现练江水质达到地表水V类标准，是每个普宁人的心愿。

普宁把练江流域环保基础设施项目建设作为最大的政治工程、民生工程。坚持全面、系统、深入的方法论，切实做好截污、控源、清拆、修复等各项工作。并按照“一河一策”要求，普宁市明确包干领导、工作目标和工作任务，建立健全和全面落实领导分片包干工作机制。

普宁市委主要领导担任普宁市练江综合整治指挥部总指挥，每周一次带队检查督导练江流域整治，现场办公，协调解决重大问题，督促指导工作。市政府主要领导逢会必讲练江整治，逢行必查整治工作。

根据部署要求，普宁市与广业集团对接，成立练江流域环保基础设施项目建设协调总指挥部，由市长任总指挥长，建立设计、施工、监理单位和属地政府多方参与的现场联合工作机制。每项工程逐一制定建设方案，倒排工期，挂图作战。还建立机制，工程建设实行一周一报制度；加强项目的督促检查，采取催办、督办、约谈、曝光等形式，确保项目按时推进。

并相继出台了《普宁市练江流域全面推行河长制工作实施方案》等专项行动方案，压实河长制，全面铺开“五清”专项行动。投入资金1.5亿元，摸查入河排污口81个，清理水面漂浮物5.2万吨，清淤河道38.73千米，清理违建构筑物22.72万平方米，清理河湖障碍物325处，同时投入约400万元建设了练江、榕江、龙江干流及主要支流的河道水面漂浮物拦截设施。

此外，普宁推进练江流域27宗水利工程建设，计划总投资20.24亿元，现已完成投资10.14亿元，投资完成率超50%；坚持水岸共治，推进练江两岸“绿廊+景观节点”景观轴建设。

重拳出击，坚决铲除练江流域污染源

练江的污染主要源自工业污染、农业污染与生活污水。针对环境顽疾，普宁市下猛药，出重拳，坚决铲除污染源。

纺织业是普宁的支柱产业之一，但沿着练江流域无序生长的印染企业也成为工业污染源。从2019年1月1日开始，普宁将练江流域沿岸的印染企业全面停产退出，练江流域重点河段、重要点位水质加大监

2019年6月6日，首届“贤德揭阳”端午龙舟竞赛决赛在普宁练江水闸上游至练江综合整治指挥部河段举行。图为比赛场面　　（洪俊舟　摄）

测频次，每日至少开展一次采样监测，对水质明显出现异常的，采取无人机等先进技术手段，及时对疑点企业进行排查，阶段来共取缔“散乱污”企业22家。

农业面源污染主要来自练江流域的养殖场与屠宰场。普宁在练江流域禁养区范围内全面完成关停取缔工作，关停取缔规模养殖场18家、养殖户3901户。非禁养区内有规模畜禽养殖场11家，已全部配套治污设施；专业户70户，基本配套治污设施或综合利用。同时，坚持打建结合整治非法屠宰点，关停取缔污染严重屠宰场（点）185家，规划新设生猪定点屠宰厂8家，小型生猪定点屠宰场4家，现已全面完成新屠宰厂（场）的规划选址工作，有望在年底前完成建设。

生活污水治理方面，普宁结合农村人居环境整治，规划建设了一批污水处理厂、人工湿地和一体化设施等生活污水处理终端，同时全面铺开管网建设，加快推进生活污水治理工程和雨污分流工程建设。

2018年以来，普宁在练江整治中作出环境行政处罚、责令整改、限（停）产319宗，查处涉环境违法犯罪案件32宗，刑事拘留89人、行政拘留12人。

经过环保重拳出击，普宁竭力遏制污染源头，扭转练江水体恶化的势头。

攻坚克难，全力推进环保基础设施建设

当下，普宁正全力建设纺织印染环保综合处理中心、普宁市生活垃圾环保处理中心、普宁市污水处理厂及配套管网三大项目，以建重点项目、办民生实事来实现可持续发展，根治练江污染复发问题。

普宁市纺织印染环保综合处理中心按照“产业集聚、企业集中、统一治理、土地集约”的原则规划，起步区用地28公顷，建设污水处理厂、集中供热供气等配套设施和建设印花通用厂房、印染厂区。其中5幢印花厂房建设基本完成交付使用，已有18家企业入园安装调试设备；印染厂区24块建设用地已有21块地块39家企业进场建设，其余4家企业正在积极组织入园建设。

2019年4月28日，普宁市生活垃圾环保处理中心的新安装机组连续运行72小时，满负荷运行24小时，进入“72+24h”试运行阶段，标志着普宁市首座生活垃圾发电项目正式投入运营。该项目占地约6.67公顷，总投资约3.9亿元，建设规模为日处理生活垃圾800吨，年处理生活垃圾约29万吨，年发电量约9000万度。项目投产后，将大大提高普宁市生活垃圾无害化处理率，实现生活垃圾无害化、减量化、资源化处理，对练江上游整治有着重大促进作用。

至4月底，普宁市区污水处理厂日处理污水总规模17.99万吨的一、二期升级改造工程已完成主体工程建设，正在通水调试阶段，日处理污水规模10万吨的三期厂区建设也已相继完工进入通水调试阶段，投产后可满足普宁市区污水处理需求。梅塘、云落两个污水处理厂及配套主干管开工建设，已完成管网铺设47.82千米，已投入24393万元。生活污水没有纳入市（镇）区污水处理厂服务范围的，由普宁市下拨资金支持辖区练江流域各镇街建设污水处理终端设施及配套管网。2019年，普宁市计划建设配套管网总长613千米，计划总投资38亿元，目前已完成污水处理管网铺设83.72千米。

（转载自2019年5月27日《南方日报》“时事”专版报道，撰文：唐楚生、林捷勇）

普宁市全力创建省双拥模范城，推动双拥工作迈上新台阶

2019年，普宁市紧紧围绕创建省双拥模范城目标，落实各地各单位全面认领任务，切实强化政治担当、责任担当、使命担当，全力做好新时代双拥工作，千方百计把双拥工作做扎实、做细致、做到位，确保顺利通过省的检查验收。

为迅速推进迎接检查准备工作，普宁市落实各地各单位对标新修订的《全国双拥模范城（县）创建命名管理办法》《全国双拥模范城（县）考评标准》和《普宁市创建省级双拥模范城活动实施方案》《普宁市创建省级双拥模范城（县）工作任务分工表》等十方面共78项要求，

全面认领任务，迅速推进工作运转，确保高标准高质量完成各项工作台账和检查点的建设。同时，要求各地各单位要进一步提高政治站位，深刻领会做好双拥工作的重大政治意义和现实意义，把创建省级双拥模范城工作作为“一把手”工程来抓，按照职责分工和任务要求，充分发挥自身优势，将目标任务层层分解，细化落实到各个部门、各个单位，将责任明确到人、落实到人，尽心尽责地做好创建工作。并按照创建实施方案，明确人社部门要抓好随军家属安置工作及未安置就业随军家属生活补助的发放；教育部门要将国防教育、双拥教育纳入中小学生的教育计划，组织学军和拥军优属活动，落实优抚对象及其子女教育优待的政策规定，安排部队子女就近入学入托；退役军人事务部门要抓好军队转业干部、转业士官、伤病残士兵、军队离退休干部和军队无军籍退休退职职工的接收安置、悬挂光荣牌、送立功受奖喜报和慰问信、各项优抚政策的落实以及优抚医院、军休所、烈士纪念建筑物的服务管理等工作；财政部门要落实经费，保证双拥经费及时到位，为双拥工作和国防后备力量建设提供必要的资金保障。各驻军单位要拓展双拥共建内涵，推动军地重要资源统筹、重大需求对接、重点工作协调，加强军地、部门、上下协同，落实军地合署办公，加大对军民共建点、部队援建点的准备。其他双拥工作领导小组成员单位要切实履行双拥工作职责，认真抓好本系统、本行业双拥工作的实施，以实际行动做好拥军优属工作，营造创建工作浓厚氛围。

普宁市委宣传部、双拥办将负责抓好双拥、国防教育和创建活动的宣传发动等工作，各地要在辖区内高速路口、主要交通路口和街道设立显眼的固定双拥宣传牌，全力营造创建省双拥模范城的良好氛围。

（转载自2019年10月30日《揭阳日报》报道，撰文：高浩钕、陈启何、罗凯瀚）

对黑恶势力坚决“亮剑”

——普宁市扫黑除恶专项斗争取得阶段性成效

2019年4月，普宁市委召开扫黑除恶专项斗争新闻发布会。发布会通报称：2019年1—3月，普宁市公安部门共侦破涉恶类犯罪案件46件、刑拘涉恶类犯罪嫌疑人109人、逮捕66人、移送审查起诉68人，查封、冻结、扣押涉案资产306万元，抓获涉恶类负案在逃人员40人；经查，立涉“村霸”案件5件，刑拘犯罪嫌疑人14人；捣毁涉恶类普通犯罪团伙11个。

2019年以来，普宁市紧扣“中央决定，扫黑除恶，众剑行动，拔根务尽”主题，以配合揭阳市全面从严治党加强基层政权建设专项巡察工作为契机，以打击整治“村霸”等黑恶势力突出问题为重点，始终保持强大攻势，推动扫黑除恶专项斗争不断实现新突破。2月26日，普宁市委召开打击整治“村霸”等黑恶势力突出问题工作推进会，进一步部署推进全市扫黑除恶专项斗争，确保方向不转、力度不减，始终保持高压态势。并以落实上级全面从严治党加强基层政权建设专项巡察工作为契机，严格落实“一案三查”“两个一律”要求，形成打击整治“村霸”等黑恶势力突出问题高压态势。市公安机关围绕扫黑除恶攻坚年部署，深入开展线索摸排核查和集中打击收网行动，彻查一批重大的黑恶专案，突破一批难啃的骨头案，深挖一批蛰伏的黑恶分子，收缴一批涉黑财产，推动扫黑除恶专项斗争取得更大突破。市检察院切实做好涉黑涉恶犯罪案件的线索受理、审查逮捕、审查起诉等工作，加大对黑恶势力犯罪及其“保护伞”的惩处力度。是年1—3月，依法移送人民法院提起公诉涉恶案件1件1人，涉黑案件1件16人。市法院坚持以审判为中心，突出刑事审判打击犯罪的职能作用，依法从严审理黑恶势力犯罪案件。1—3月，共受理涉黑恶案件3件23人（其中新收1件15人），审结1件5人。市纪委监委2019年以来深挖彻查涉黑涉恶腐败，共立案查处9人，其中涉黑涉恶腐败2人；突出惩腐打伞重点，已查处“保护伞”案件1件1人；落实“一案三查”制度，追究党委政府主体责任和部门监管责任6人和其他违纪问题1人，其他问责5人。普宁市委组织部不断加大对软弱涣散村（社区）党组织整顿力度，建立村（社区）党组织书记人选资格条件多部门联审联查制度，全力抓好村级干部队伍建设。

此外，新闻发布会还通报了普宁市做好中央和省督办线索的办理工作情况。坚持重点督办线索市委书记亲抓，政法委书记及部门主要负责人为责任人的工作机制，认真把好每一条线索的“四关”，即“问题关”，问题漏查不报结；“事实关”，事实不清不报结；“证据关”，证据不充分不报结；“彻查关”，涉黑恶势力“关系网”“保护伞”不破不报结。确保做到中央和省督导组交（督）办的线索件件有落实，件件有反馈。

（转载自2019年4月18日《揭阳日报》报道，撰文：高浩钦、张秀川、高壮波）

着力打造“新兴电商城市”

——普宁市获评“2019年国家级电子商务进农村综合示范县”

经过省商务厅前期申报、评审、推荐、公示等程序，普宁市获评“2019年国家级电子商务进农村综合示范县”称号。这是继普宁市获得2017年首批“省级电子商务进农村综合示范县”称号之后，再次获得的殊荣。

上寮电商园 （陈少强　摄）

普宁市委、市政府高度重视电子商务发展，以纺织服装支柱产业为依托，从完善规划、培育人才、政策扶持、招商引资等方面大力实施“电商强市”工程，打造“新兴电商城市”，电子商务取得了迅猛发展。

据不完全统计，普宁市有工商注册的电商个体户和企业6000家，网上开店超10万家，电商从业人数超30万人；拥有普宁市电子商务行业协会、普宁市电子商务协会、潮汕网络创业协会、普宁市跨境电商行业协会、池尾电子商务协会、普宁市微商协会等行业协会6个；服装城电子商务产业园、商品城电子商务创业园、普宁布料服装网批城、池尾网批一条街、华西新村等电子商务聚集区正在迅速形成；近三年电商人才培训累计超6万人次；农产品电商排名全国50强，家居服销售额占阿里平台总销售额近一半。至2019年6月底，获得“中国淘宝镇”称号17个，获得“中国淘宝村”称号73个。

2019年1—6月，普宁市电子商务交易额为184.06亿元，同比增长3.17%，其中跨境电商交易额为3141.69万美元，同比增长4.8%；快递业务量累计完成37974.32万件，同比增长47.36%，快递业务收入累计完成27.31亿元，同比增长48.28%。

今后普宁市将全力打造电子商务进农村综合示范县的“升级版”，按照“政府引导、市场运作、群众参与”的原则，完善农村流通基础设施、升级农村电商公共服务体系、加强农村电子商务高端培训，强化益贫带贫利益联结机制。以省级电子商务进农村综合示范项目为依托，主要围绕完善农村流通基础设施、升级农村电商公共服务体系、加强农村电子商务培训三个方面来推进2019年国家级电子商务进农村综合示范县的工作，并以此为契机，大力实施“电商强市”工程，着力打造“新兴电商城市”，推动普宁经济高质量发展。

（转载自2019年8月28日《揭阳日报》报道，撰文：王曼华）

普宁英歌舞动北京世园会

2019年7月11—13日，中国北京世界园艺博览会（以下简称“北京世园会”）举行“广东日”开放活动。普宁英歌与广东醒狮、广东民乐、客家山歌、粤剧等“非遗”代表性项目参与文化演出活动，向全世界展示广东深厚的文化底蕴和岭南文化的独特魅力。

北京世园会由中华人民共和国主办、北京市政府承办，于4月29日至10月7日在北京市延庆区举行，这是国家主办的A1类世园会，也是迎接中华人民共和国成立70周年的重大展会。此次“广东日”活动以“南粤水　岭南风　世园情”为主题，由广东省人民政府主办，广东省贸促会、广东省自然资源厅（省林业局）、广东省文化与旅游厅承办，通过举办经贸交流招待会、国际合作对接、生态建设成果展示、特色文化展演、旅游推广、重点城市推介等多场活动，展示广东形象。

普宁英歌　　（张思杰　摄）

“广东日”活动期间，普宁英歌以6分钟节目《英歌雄风》于11日在世园会妫汭剧场举行的开幕式主题文艺演出中亮相，并参与12日、13日在草坪剧场举办的特色文化3次专场表演。这是普宁英歌继参加2008年北京奥运会、2010年上海世博会之后，第三次参加由国家主办的世界性盛会。融舞蹈、南拳套路、戏曲演技于一体的普宁英歌，具有鲜明的阳刚英武之气，威猛雄浑，气势磅礴，震撼人心。不仅塑造了梁山好汉的英雄形象，也向游客展示出广东人的刚健一面。演员夸张的装扮和阳刚的表演，将现场的气氛烘托得更为热烈，也获得了观众的一致好评。“为了此次表演，我们精心编排，勤加训练，大家都决心把最好的状态和舞姿展现给全世界，为广东、为揭阳争光！”普宁英歌国家级代表性传承人、此次活动英歌队教练陈来发介绍，此次的表演分为下山打探、英雄出山、急水渡泊、化妆进城、乘机窜府、救卢出府、凯旋归山、欢喜胜利8个小段来表现梁山好汉攻打大名府勇救卢俊义的故事。此次普宁英歌队参加北京世园会一行共16人，其中年龄最大的70岁，最小的25岁。组织参加此次表演的普宁市文化馆馆长、英歌队领队陈华南表示，此次普宁英歌在展示揭阳传统民俗文化，为夏日的北京带来岭南的热情与活力的同时，也进一步提升了普宁英歌的知名度和美誉度。

（转载自2019年7月17日《揭阳日报》“文化”专版报道，撰文：蔡烨华）

普宁学子在2019年世界机器人大赛中夺冠

百年大计，教育为本。普宁市高度重视青少年教育，以培养创新型、复合型、应用型人才为发展目标，坚持在增强综合素质上下功夫，重视因材施教、发挥学生特长，教育引导学生全面发展，培养综合能力和创新思维。8月22—25日，普宁市第二中学组织学生参加在北京市亦创国际会展中心举行的2019世界机器人大赛冠军挑战赛，经过多轮激烈的竞赛角逐，该校三支“一带一路”代表队都在青少年机器人设计大赛智能挑战赛项目中获一等奖，其中高中组两支代表队分别获得冠亚军，初中组获得第五名。因在赛场上表现优异，综合素质突出，普宁二中代表队得到竞赛组委会的高度认可，获此届大赛唯一的“全能奖”。

世界机器人大赛被各大主流媒体广泛赞誉为机器人界的“奥林匹克”，是目前国内外影响广泛的机器人领域官方赛事。2019世界机器人大赛由北京市人民政府、工业和信息化部、中国科学技术协会主办，吸引了全球近4万名选手参赛，此次冠军赛有来自全球20余个国家和地区的1000余支赛队4000余名选手参赛。青少年机器人设计大赛是世界机器人大赛的主要赛事内容，共设有9个比赛项目。普宁市第二中学的学生参赛选手参加的智能挑战项目，着力于培养学生的工程设计、逻辑思维和临场应变等能力，能有效锻炼学生的大局观意识和策略性思维，是一项集趣味性、挑战性为一体的青少年机器人比赛项目，队员需要在特定时间内根据现场公布的路线和任务，独立完成机器人设计、制作和编程。

为加强中小学生发现问题、分析问题、解决问题能力，培养学生的创新创造思维，普宁市第二中学一直坚持大力发展机器人教育，不断探索人工智能与教育教学融合发展。该校早在2006年就成立了机器人实验室，组织学生充分利用课余时间进行学习和训练，积极参加教育部门举办的各级各类机器人竞赛活动。至今共荣获国家级一、二等奖14人次，省级一等奖58人次，二等奖36人次，三等奖44人次，潮汕星河奖科技奖45人次，获得地市级一、二、三等奖共318人次。

（市人民政府办公室）

第五届普宁梅花旅游文化节开幕：以梅会友结伴游，赋能普宁创新城

潮韵风华，梅香四方。2019年12月31日上午，普宁市在康美中药城拉开第五届普宁梅花旅游文化节活动序幕。该活动历时一个月，将集中展现普宁的人文历史、商贸名城、美丽乡村、红色文化、特色小吃等旅游文化。

揭阳市副市长曾瑞如向第五届普宁梅花旅游文化节开幕表示祝贺。曾瑞如肯定普宁连续举办四届梅花旅游文化节，充分挖掘和整理众多具有地方特色的旅游文化资源，展示了深厚的文化底蕴，有力推动揭阳文化旅游的发展；相信此届梅花旅游文化节的成功举办，必将进一步推动全市旅游文化产业加快发展，大力促进全域旅游、资源开发和产业融合，使其成为揭阳经济新的增长点。

近年来，普宁市大力推动全域旅游发展，充分利用区位交通和特色人文、特色产业资源等优势，重点打造各地特色旅游组团，推进旅游与多产业融合发展，打响揭阳商务生态旅游品牌。是日，第五届普宁梅花旅游文化节开幕式发布普宁市“十大”美丽乡村和“十大”城

市推广大使并颁奖。随后，开幕式文艺演出节目精彩登场：有普宁本土创作的民俗表演《印象普宁》，含有英歌、舞狮等普宁民俗元素；器乐演奏《梅花三弄》，契合梅花节的主题；原创潮曲《梅花飘香　魅力普宁》，由4位潮剧大咖名角献唱，赢得逾千观众阵阵喝彩。在非遗项目展示环节，有普宁英歌、普宁嵌瓷、贵政山茶叶陶罐、广东（普宁）汉乐等国家级、省级非遗项目，展现了普宁地方传统文化的价值与内涵，吸引众多普宁市民冒雨观赏。

2019年12月31日，第五届普宁梅花旅游文化节开幕式在康美中药城举办（王　敏　摄）

此届旅游文化节以开幕式为开篇；以“梅香故里”“美丽乡村”“商贾名城”三大系列作为主线展开；以“五个十”形成链条效应，寻找十个“美丽乡村”、办好十个“主题活动”、推出十条“旅游精品线路”、推介十大“普宁农特产品”、评选十位“城市文化推广大使”。其中，梅花文化系列活动包括五大景区赏梅、咏梅、论梅等；乡村生态旅游系列活动包括“踏梅·寻乡”美丽乡村体验活动、“旧忆·德安”普宁德安里文化活动、“尚德·大坪”普宁客家文化节、“蝶舞·洪阳”宝镜院蝴蝶兰基地科技体验、“以花为媒·情定普宁”集体婚礼等；商贸旅游系列活动包括“普宁有礼”——十大农特产品暨“普宁手信”展销发布活动、“时尚·普宁”商品展、“本草·普宁”中药材展、“茶韵·里湖”茶叶展销会等。

2019年12月31日，在第五届普宁梅花旅游文化节开幕式上举行的精彩文艺演出（林碧鸿　摄）

此届旅游文化节充分调动了普宁市民参与的积极性。在活动前的一个月就多渠道、多层级向海内外宣传推介该活动，提升普宁旅游景区、景点知名度，吸引更多游客到普宁旅游。

（转载自2020年1月2日《揭阳日报》报道，撰文：高浩钦、陈启何、罗凯瀚）

普宁概览

基本地情

【建置沿革】 明嘉靖四十二年（1563）正月，朝廷决定从广东省潮州府潮阳县分出洋乌、泷水、黄坑三个都的地域新置普宁县，面积约1000平方千米。嘉靖四十四年（1565），第一任知县赵钺到任，县署暂寄在潮阳县贵屿民舍。万历十四年（1586），县治迁于厚屿（洪阳）。普宁于明、清时期隶属广东省潮州府。民国后，撤销府一级建置，普宁属潮循道。民国9年（1920）属潮梅善后处。民国14年（1925）属广东省东江行政区；民国17年（1928），属东江善后处；民国21年（1932），西南政务时期属东区绥靖区。民国25年（1936），属广东省第五行政区。1949年7月1日，普宁县人民政府成立，定县城于流沙。中华人民共和国成立后隶属广东省潮汕专区；1952年，属粤东行政区；1956年，属汕头专区；1968年，属汕头地区；1983年，属汕头市；1991年，属揭阳市。1993年，普宁撤县设市，由广东省直辖，广东省人民政府委托揭阳市代管。

【地理位置与面积】 普宁市位于北纬23°05′40″～23°31′48″、东经115°43′10″～116°21′02″之间，在广东省东部偏南。地处榕江、练江和龙江上游。东毗汕头市潮阳区、潮南区，南邻惠来县，西南连陆丰市、陆河县，西北接揭西县，北界揭阳市榕城区和揭东区。普宁市辖区东西最大距离50千米，南北最大距离38千米，市界线周长约206千米，总面积1620平方千米。其中陆地1539平方千米，占95%；水域及水利设施用地81平方千米，占5%。1988年，普宁被广东省人民政府列为山区县，山区面积1137.75平方千米，占全县（市）土地面积的71%。2019年，普宁市以《普宁市城市总体规划（2015—2035）》《普宁市土地利用总体规划（2010—2020）》为指导，加大城乡规划编制力度，按时按质完成全市乡镇场总体规划的修编和村庄规划编制工作，加快城市各专项规划及重点片区控制性详细规划的编制，优化城乡空间布局。按《普宁市城市总体规划（2015—2035）》成果，城市发展性质定位为商贸名城、创新之城，建设粤东城市群新城市中心，广东省地方性次中心，粤东地区的商贸物流中心。经修改后的总体规划分为三个层次，即普宁市域、城市规划区和中心城区。普宁市域范围包括7个街道、17个镇、1个乡、3个国有农场、1个华侨管理区，总面积1620平方千米。城市规划区范围包括7个街道、占陇镇、军埠镇、下架山镇、大坝镇以及赤岗镇、南径镇、云落镇的部分地区，面积约480平方千米。中心城区范围西至揭普高速，东至厦深铁路及高铁起步区范围，北至汕湛高速及英歌山工

市区万泰汇商业中心外景 （江创波　摄）

业园范围，南至大南山城市公园及南方梅园，面积约145.03平方千米。规划至2035年，中心城区城乡建设用地规模为100.63平方千米，其中，城市建设用地规模为96.36平方千米，预测中心城区常住人口为104.6万人。2019年，市区规划建成区面积66.82平方千米，市区绿地面积1985.9公顷，公共绿地面积1867.9公顷。

【自然环境】 地貌 普宁市地貌为晚侏罗世强烈燕山运动奠定的构造体系基本轮廓。南部为大南山山地，西南部为峨嵋嶂山地和南阳山丘陵，东北部为铁山、洪山低丘，中部为宽广平原，在平原与低丘之间有台地分布。全市诸山为阴那山脉向东南延伸的支脉。地势自西南向东北和缓倾斜。西南部的峨嵋嶂海拔980米、南部大南山望天顶海拔972米，分别为全市第一、第二高峰，东北部榕江畔的下尾王村海拔1.30米为全市最低点。

气候 普宁市的气候，因全市境域94%处在北回归线（北纬23°）以南，属南亚热带季风性湿润气候。2019年，全年平均气温23.4℃，年极端最低气温7.4℃，极端最高气温38.0℃；全年降水量2161.5毫米，比历年平均值偏多1%。

水系 市内有练江、榕江、龙江三大河流，分别在市境南部、西南部山地发源，向东流经毗邻市、县入南海。根据2000年普宁市江河流域综合规划估算，普宁市水系多年平均径流深1174毫米，多年平均径流量19.02亿立方米，人均936立方米，为同期广东省人均2520立方米的37.14%，为全国人均2213立方米的42.30%。

土壤 普宁市母岩为花岗岩，土壤分为自然土（黄壤、红壤、赤红壤）、耕地（水稻土、旱地）两个大类共5个土类，9个亚类，23个土属，54个土种。在自然土面积中黄壤面积6226公顷占6.47%、红壤面积6435公顷占6.68%、赤红壤面积8.36万公顷占86.85%；在耕地面积中水稻土面积3.07万公顷占89.94%、旱地面积3439公顷占10.06%。

【自然资源】 植被与林地 普宁市植被属亚热带常绿季雨林，天然植被多被破坏，而峨嵋嶂山地于2004年发现有恐龙食物桫椤的分散群落。除耕作地带外，多为次生草本植被群落、灌木丛和乔木，改革开放后多为人工栽培的用材林、经济林、薪炭林、防护林。2019年，全市林业用地面积9.77万公顷，林地面积8.71万公顷；活立木总蓄积量343.14万立方米，森林覆盖率59.81%，林地绿化率96.5%。

植物 普宁乡土树木有杉、松（马尾松）、红椎、椆、橑、木荷、樟、藜蒴、茱萸、油茶、鸭脚木、榕树、枫树等。优势果类有蕉柑、青榄、乌橄榄、青梅、荔枝、龙眼、菠萝、油甘、香蕉。农作物类有稻、小麦、大麦、荞麦（1956年后麦类已少种植）、番薯、木薯、马铃薯、芋、大薯、高粱、玉米、粟、花生、大豆、乌豆、绿豆、赤豆、白豆、红豆、甘蔗、麻（黄麻、红麻、苎麻）、烟叶、桑、棉花、剑麻、油棕、葵。蔬菜类有芥菜、大芥菜、大蒜、萝卜、椰菜、花椰菜、芥蓝、君达菜（厚合）、白菜、油菜、菠菜、芹菜、莴苣、茼蒿、芫荽、番茄、葱、豌豆、茄、蕹菜、黄瓜、冬瓜、苦瓜、南瓜、甜瓜、角瓜、秋瓜、毛瓜、丝瓜、豆角、青豆、韭菜、苋菜、大椒、芒光（豆薯）、西洋菜、珍珠菜、春菜、秋菜等。由于地理位置优越，有些农作物年可三熟。木本花类有玉兰、桂花、木芙蓉、石榴、牡丹、蔷薇、米子兰、夜来香、紫藤、杜鹃花、月季、扶桑、五瓣梅、山茶、茉莉、非洲茉莉、丹桂、蜡梅、夹竹桃、含笑、苏铁、春香、九里香、报年红、樱花、木棉、玫瑰等。草本花有芙蓉、菊花、万年青、风仙、水仙、海棠、百日红、牵牛花、昙花、芍药、凌霄、兰、蕙、绣球花、鸡冠花、石莲、荷花、喇叭花、满天星、蟹兰、茑萝、仙人掌、蝴蝶兰、六月雪、迎春花等。草类有茅草、芦草、蒲草、水草、芒萁、芒、狗尾草、萱草、苦草、灯草、凤尾草、纤毛鸭舌草、红目草、水浮莲、水花生、岗稔草、坚尼草、雷公草、藠葱、香茅。竹类有黄竹、绿竹、麻竹、广宁竹、青皮竹、粉单竹、苦竹、斑竹、凤尾竹（观音竹）、密簕竹等。药类乡土种植有巴戟、芦荟、淮山、山姜、粉花头、仙人草、葛根、金银花、鸡肉花、沉香、砂仁、枳壳、厚朴、草蔻、山楂、泽泻、山药、山栀子、紫苏、泽兰、木瓜、千重纸、肉桂、党参、藿香、穿心莲、川楝、生地、牛七、川芎、红花、菊花、赤小豆、牛蒡子、玉桂、白术、小茴、冬虫草、桔梗、北砂、蔓荆、苦参、春砂、粉葛、吴茱萸、天冬、黄精、射干、茯苓、水田白。

动物 域内主要有无脊椎动物：属环节类的有蚯蚓、水蛭（蚂蟥）、蜗牛、蚌、螺（石螺、田螺）、蚬、蛤等；属节肢类的有虾、蟹、蜈蚣、蜂、蚕、蝴蝶、蜻蜓、蝉、蜘蛛、蚱蜢、蟋蟀、牛虻、蚊、蝇、螳螂、蟑螂、纺织娘、萤火虫、负泥虫、三化螟、黏虫、稻飞虱、叶蝉、天牛、稻苞虫、稻螟蛉、蚜虫、金龟子、松毛虫、地老虎、红蜘蛛、毛虫、尺蠖、蝼蛄、蛀虫、黑蚁、红蚁、白蚁等。主要脊椎动物：属鱼类的有鲶鱼、鲈鳗、鳗鲡、鲤、鲫、凤尾、苦粗、塘虱、翘嘴鲌、泥鳅、月鳢、苦鲐、黄尾、银鱼、草鱼、鳙、鲢、鲮等；属两栖类的有青蛙、蟾蜍等；属爬行类的有龟、鳖、壁虎、蛇（金环蛇、银环蛇、眼镜蛇、青竹蛇、五步蛇、百步蛇、水蛇、蟒等）、蜥蜴等；属鸟类的有白雁、燕子、野鸭、鹧鸪、斑鸠、八哥、猫头鹰、喜鹊、鹰、杜鹃、鹭、乌鸦、白头翁、啄木鸟、麻雀、鸽、雉鸡、山鸡、翡翠、鹌鹑、滴朕仔、翠鸟、鸳鸯等；属哺乳类的有狼、豺、狸、果子狸、穿山甲、野兔、獭、山羊、野猪、刺猬、鼠、蝙蝠等。20世纪70年代末至80年代初南阳山、大坪等山区曾出现华南虎、豹。家养哺乳动物有猪、牛、羊、兔、猫、狗等。

矿产资源 普宁市境内已查明的矿产资源有燃料矿、黑色金属矿、有色金属矿、贵金属矿、稀有金属矿、非金属矿等24个矿种，有矿床、矿点、矿化点104处。其中煤矿探明储量59.44万吨，泥炭土储量40万吨，锡矿储量为4000吨，磁铁矿储量4.4万吨，褐铁矿储量7800吨，钛铁矿储量4000吨，独居石矿储量500吨，还发现有离子吸附型稀土矿、金矿点等。境内天然温泉有汤头、古安、下营、果陇、军田、汤坑、梅新和三坑下水库库区的原汤坑仔8处，水温都在41.5℃以上，汤头温泉最高水温65℃。其他自然资源有浅层地下水年蕴藏量为3.70亿立方米，每平方千米蕴藏量为22.84万立方米。大南山、金山洞分布有可以饮用矿泉水，具有低氟、低钠、弱碱的特点和含有硒等微量元素。

（市有关职能部门供稿）

【环境质量】 *大气环境* 2019年，市区六项空气质量指标全面达标。普宁市城市空气质量优良天数比例（AQI达标率）为96.2%，达到省下达年度目标（≥93%）；二氧化硫平均浓度为12.35微克/立方米，二氧化氮平均浓度为18.55微克/立方米，PM10平均浓度为39.2微克/立方米，PM2.5平均浓度为22.1微克/立方米，一氧化碳平均浓度为1.02毫克/立方米，臭氧平均浓度为115.5微克/立方米，PM2.5达到省下达年度目标。

水环境 2019年，练江、榕江和龙江三大水系中，练江污染较为严重。域内练江流域干流晖啥桥、下村桥、青洋山桥及洋尾山桥断面水质属劣V类，主要超标项目为氨氮、化学需氧量、总磷。域内练江支流：流沙新河贵政山桥断面水质属劣V类，主要超标项目为氨氮；流沙新河大陂桥断面水质属劣V类，主要超标项目为氨氮；流沙新河大扬美桥断面水质属劣V类，主要超标项目为氨氮、化学需氧量、总磷；流沙中河六斗埔水闸水质劣V类，主要超标项目为氨氮、化学需氧量、总磷；白马河水质劣V类，主要超标项目为氨氮；水尾溪水质在V类标准内；汤坑溪水质在V类标准内；北港水麒麟溪断面水质劣V类，主要超标项目为氨氮、总磷；北港水南洋溪断面水质劣V类，主要超标项目为氨氮、总磷；西切流水质劣V类，主要超标项目为氨氮；白坑湖出水水质劣V类，主要超标项目为氨氮；树脚溪水质属劣V类，主要超标项目为氨氮。练江流域主要呈生活型有机污染。榕江南河上游揭西—普宁交接断面（龟山塔）水质在Ⅱ类标准内；龙江支流崩坎河普宁—惠来交接断面（新圩桥）水质为Ⅲ类标准。市区集中式饮用水源地三坑水库、汤坑水库和乌石拦河闸取水点水质分别达到Ⅰ类标准和Ⅱ类标准，全市18个建制镇及农村饮用水源地水质均在标准内，水质状况良好。

声环境 2019年，市城市区域环境噪声平均等效声级为52.9分贝，与2018年53.3分贝相比，声环境质量略有下降。城市功能区域声环境市区建成区监测面积21.34平方千米，平均等效声级为54.4分贝，监测结果均达到《城市区域环境噪声标准》（GB 3096-2008）各类标准。市区主要交通干道7条，监测路段31.98千米，其中流沙大道路段长7.32千米，城南大道路段长11.66千米，长春路路段长1.59千米，广达路路段长2.79千米，文竹路路段长3.77千米，赤华路路段长3.15千米。交通噪声平均等效声级为69.3分贝，比2018年69.0分贝略有上升。

（李绪旺）

【人口与语言】 *人口* 2019年年末，普宁市辖区户籍总人口248.31万人（统计至10月31日），城镇人口111.01万人，农业人口137.30万人。全市常住人口212.32万人，市区常住人口58.19万人。在普宁市定居的少数民族户籍人口4113人；全市有办理居住登记的流动人口41028人，其中居住半年以上流动少数民族5009人。是年，普宁市户籍人口出生率17.85‰，户籍人口死亡率4.55‰，户籍人口自然增长率13.30‰。出生人口性别比110.27（女性为100）。

（市公安局、市统计局、市卫健局供稿）

语言 市境内主要通行潮汕方言和客家方言两种既保留丰富的古

汉语特点，又各有特色的汉语方言。使用潮汕方言的地域有市城区7个街道辖地和占陇、军埠、下架山、南径、麒麟、南溪、广太、洪阳、赤岗、大坝、梅塘、里湖等镇辖地及云落镇和大池农场、马鞍山农场的部分农村。普宁的潮汕方言，具有潮汕地区闽语的基本特征（属闽南语支潮汕次方言），同时也有本身的特点。由于历史上移民的原因，普宁市使用客家方言的地域有南阳山区的梅林镇、高埔镇、船埔镇、大坪镇、后溪乡、大坪农场及云落镇、大池农场、马鞍山农场的大部分农村。大南山、铁山丘陵地区以及里湖镇部分近山村寨居民，对客家人使用客家方言，对操潮汕方言的居民使用潮汕方言，呈双语现象。普宁市客家方言以梅林方言为代表，梅林方言具有客家方言的一般特征，属梅州客家方言的次方言。梅林方言同客家方言的代表梅州方言有些差异，差异主要表现在语音上，另外且各有自己本土方言的独特词汇，语法的差别不大。

【民族与宗教】 民族　普宁市常住人口以汉族为主。由于婚姻、经商、招工、工作调动等原因，有部分少数民族人口在普宁入户籍或在此流动经商从业。2019年年末，在普宁的少数民族户籍人口和办理居住登记的少数民族流动人口分别为4113人和5009人，有壮族、苗族、侗族、蒙古族、土家族、回族、黎族、藏族、瑶族、彝族、朝鲜族、布依族、维吾尔族、土族、满族、畲族、仫佬族、白族、水族、佤族、拉祜族、景颇族、怒族、独龙族等。

宗教　2019年，在普宁市从事宗教活动的主要有佛教、道教、天主教和基督教四大宗教。全市宗教团体有佛教协会、基督教三自爱国会、天主教爱国会。已登记发证的宗教活动场所有103处，其中佛教52处、道教7处、天主教22处、基督教（新教）22处。年末，全市有各宗教徒35821人，其中佛教22700人、道教2200人、天主教7006人、基督教（新教）3855人。各宗教教职人员208人。

（市宗教局）

【行政区划】 至2019年年末，普宁市设有17个镇、7个街道办事处、1个乡、3个国有农场、1个华侨管理区和51个社区居民委员会、523个村民委员会。

普宁华侨管理区改制[illegible]设镇，正式划入普宁市管理　2019年2月，揭阳市委常委会决定将揭阳市管的普宁华侨管理区（普宁华侨农场）归普宁市属地管理，并按报批程序申请改制设镇。12月24日，普宁华侨管理区（简称“普侨区”）管辖范围成建制正式划转由普宁市管理。

表1　　2019年年末普宁市行政区划情况表

镇别	面积（平方千米）	总人口（人）	村（居）民委员会（个）	
流沙东街道	26.94	121318	14	村：新安、新坛、溪尾、斗文、溪心、秀陇、浮江寮、湖东、六十埔、大华溪、华溪、上塘、郭厝寮、北山
			3	居：玉环、新美、大林
流沙西街道	10.46	99506	4	村：前蔡、平湖、赵厝寮、赤水
			9	居：南湖、锦绣园、培英园、玉华、南安、南平、广南、南亨、南山
流沙南街道（含三坑场）	15.88	64162	9	村：光草洋、东埔、和美邻、石泉美、香员坑、马栅、泗竹埔、泗竹仔、军屯
			4	居：流新、立新、里宅、后坛
流沙北街道	10.41	76437	6	村：白沙陇、南园、西陇、新寨、大扬美、小扬美
			6	居：广达、德政、纺织、兰花、西园、侨光

续表 1

镇别	面积（平方千米）	总人口（人）	村（居）民委员会（个）	
池尾街道	40.1	80675	19	村：钟潭、塔丰、塘边、新丰、松柏岭、华市、新寮、西清、上坛、合浦、上寮、贵政山、多年山、林青、高明、山湖、高埕、东山、长岭口
			2	居：桔园、梅园
燎原街道（含乌石场）	30.08	91452	10	村：果陇、光南、乌石、泥沟、夏地、大员、渔新、四岭头、埔上寮、渔老
			1	居：燎原
大南山街道	93.40	41915	18	村：什石洋、枧头寮、新村、陂沟、山后池、新六、灰寨、圆山、和美、新宁、益岭、白马、锡坑、樟树坪、田坪、下浉、华岭、茅坪
			1	居：大南山
里湖镇	84.9	115760	23	村：河头、新池内、富美、新松、蓬和、田中、庵埔、冷美、田厝寨、池美、和平、松溪、竹头、竹林、七贤、寨洋、汤头、古岭、白水磜、宅营、龙兴、圆潭、麻园
			2	居：里湖、石牌
梅塘镇	73.05	146167	23	村：泗坑、石鸟、涂洋、西山、溪桥、大宅、双湖、高埔、田丰、新光、桥光、内联、内光、内丰、长美、远光、瓜园、景光、新民、溪南、社山、大东山、安仁
			1	居：梅塘
占陇镇	51.27	197246	37	村：下寨、东西南、北门、志古寮、林厝寮、龙秋、玉溪、定厝寮、延长埔、下村、六营、陂头、西社西南、西社新北、西社新考、西社西湖、西社新乡、西社溪东、西社双溪、交丙坛、华林、下陇、占杨、占梨、占苏、占陈、朴兜、桥柱新寮、练江、洪厝寨、旧地、杉铺、埔栅、西楼、四德、石港、浮屿
			2	居：占东、占西
军埠镇	27.26	131970	15	村：大长陇、石桥头、莲坛、陇头后楼、陇头浮洋、陇头东桂、陇头新南、陇头山家、三坛、何厝围、树脚、笔架山、新厝、军老、军新
			1	居：军埠
下架山镇	82.74	112060	32	村：碗仔、汤坑、老堆丙、高明、上西、百吉岭、下西、古山、蛟池、新光、双丰、新南湖、老南湖、长沟围、倪厝乡、白沙溪、西山、横溪、和寮、南城、陂新、陂老、多年、虎岗山、中央埔、涂坑、长坛、咸寮、水供塘、石盘、葵岭、安溪
			1	居：下架山

续表 1

镇别	面积（平方千米）	总人口（人）	村（居）民委员会（个）	
南径镇	52.86	154486	20	村：平洋山、东岗寮、南径、田南、白石、神山、四睦、大埔寮、磨坑、青洋、陇华、碧屿、车厝围、青洋山、林内、龙门、横山头、横山尾、大陇、圩脚
			1	居：南径
麒麟镇	56.27	134785	19	村：奇美、发坑、径水、南陇、南陂、湖围、陈洞、大寮、苍豪、水寨、后山、江头、堆下、姚厝围、高明、蔡口、樟岗、月屿、新溪
			1	居：麒麟
洪阳镇	63.20	172520	32	村：古份、林惠山、岐岗、埕塘、马湖、龟背、宝镜院、厚彐、北村、新安、水龙寨、崑安、和安、钱湖、沟边、西村、乌犁、富袋、枋安、雨堂、后坑、马南山、上寨、金丰、洪山、水吼、东村、南村、仙步、前山、马后山、鸣岗
			2	居：城内、城外
赤岗镇	23.67	61920	15	村：五福屿、西林、彰宁、埔下、杏芝围、张厝寨、双枝山、陈厝寨、赤岗山、东华屿、青屿、赤过乌、仙洞、后湖、上洞
			1	居：赤岗
大坝镇	59.36	116279	26	村：白坑、半径、社前、富美岭、铁山洋、马厝宅、大坝、九江、粮田、山顶、横山、平林、寨河、葫芦地、新锡、新东坑、老东坑、陂乌、顶深水、湖美、月窟、上村、杜香寮、华东、仙耘、太兴
			1	居：大坝
南溪镇	50.18	126976	40	村：典郭、典詹、沂湖、扬美、平定桥、三福、玉山头、金滘、登峰、老斗、新斗、新兴、林尚书、玉竹港、玉滘、东洋、潮尾、钟堂、平苏、平薛、北溪、新桥、南溪、老方、新方、宝鸭、新溪、篮兜、东一、东二、大陇、仕林、加兴、下尾张、下尾王、市上、陈畔、前寨、后寨、郭畔
			1	居：南溪
广太镇	37.34	65518	21	村：潮来港、湖内、黄叶、冯厝、富儿、石潭、山后、山前、平宝山、仁美、黄芽山、广新、多年埔、金狮池、大寮、河田、交南、交北、古岭、寨山头、绵远
			1	居：广太
梅林镇	147.71	76833	36	村：边潭、边角、边埔、尖石、丰田、边上、边围、青潭、毛岭、高田、西门、梅光、东门、新梅、埔尾、上楼、涧头、新楼、凤池、华寮、再头、大高田、犁头凸、中段、军田、大岭下、南阳、岁余坑、松楼、松阳、黄割田、永兰、溪头、隆营、大廖、桂嶂
			1	居：梅林

续表 1

镇别	面积（平方千米）	总人口（人）	村（居）民委员会（个）	
船埔镇	127.84	57645	28	村：青潭、席草湖、鸭母寮、坑尾、西溪、梅田、埔仔、船埔、永光、深水、大洋、半溪、新联、告陂、天青、坑圆、两坑、古坑、宝樟、毕石、大福、红足、樟树、利坑、吉告、河坑、黄沙、庵内
			1	居：船埔
云落镇	103.04	77142	18	村：五斗、榕树埔、湖寨、九岭、下埔寮、云落、磜坑、云楼、中央寨、大池、田心、新星、洋角、后陂、古安、红光、崩坎、红饶
			1	居：云新
大坪镇	74.98	33462	12	村：善德、甲湖、粘田、埔心、新竹、稔尾、大坪、埔岭、三溪坝、新福、塘唇、龙坑
			1	居：梅坪
高埔镇	105.84	73423	16	村：福田、葵坑、高埔、新圩、梅星、龙窟、坪上、社径、山下、下营、头寮、南营、大星、月塘、高车、罗心田
			1	居：高营
后溪乡	80.18	14197	6	村：矿坑、平洋、埔楼、坑楼、半径、圆明
			1	居：鲘溪
大池农场	19.51	9065	8	村：大池、埔光、军坡、福新、老丰、新星、柑园、全钟
			1	居：大池农场场部
大坪农场	27.5	7813	4	村：石镜美、凉亭、桐树下、大坪尾
			1	居：梅星
马鞍山农场	28.40	10481	7	村：马鞍山、新圩、落湖坝、谢家洋、里仁潭、汉塘、泰盘
			1	居：马鞍山农场场部
普侨区	15.63	11896	5	村：乌犁、新兴、北拳、后寮、茶山
			1	居：侨新

（市有关职能部门供稿）

经济与社会事业发展综述

【经济概况】 2019 年，普宁市完成地区生产总值 629.3 亿元，比上年增长（下同）2.8%；规模上工业增加值 140.1 亿元，下降 0.9%；固定资产投资额 290.79 亿元，增长 8.3%；社会消费品零售总额 405.2 亿元，增长 7%。大力实施“暖企行动”，累计为企业减免税费超 7 亿元。市场主体发展壮大，新增各类市场主体 14359 户，其中新增企业 2111 户，现有各类市场主体 55818 户；新增注册商标 6183 件，有效注册商标达 6.14 万件，注册商标总量居全省县级第一位；新增“四上”企业 78 家。电子商务势头强劲，拥有 17

市区普宁广场夜景　　（张思杰　摄）

个“中国淘宝镇”、73个“中国淘宝村”，获“全国电子商务进农村综合示范县”“电子商务促进乡村振兴十佳县域”等称号。全年实现电子商务交易额507.7亿元，增长9.5%；快递业务量8.99亿件，增长48.4%；快递业务收入63.71亿元，增长47.2%。

【产业结构升级】　2019年，园区建设成效显著，产业转移工业园区（英歌山工业园）起步区加快建设，基础设施配套日趋完善，出让土地169.10公顷，引进鼎孚新材料、爱迪医疗等高端制造项目落户，累计入驻企业26家；纺织印染环保综合处理中心首期道路、污水处理厂等基础设施基本建成，累计投资22亿元，印花区23家企业已全部入驻并陆续试产，印染区41家印染企业已全部进场建设，部分企业已建成试产。招商引资扎实推进，成功与神州数码、新城控股、金泰克等大型企业签约。创新驱动有效实施，11家高新技术企业通过评审，75个高新技术产品通过认定，新增市级工程中心14家，支持利泰申报省级重点实验室，拥有省级工程中心14家、科技特派员工作站6家、省级专业镇7个。

【城市建设】　2019年，普宁市坚持规划引领，启动国土空间总体规划编制，“多规合一”加快推进，行政村村庄规划覆盖率达到100%。交通网络持续完善，揭惠高速麒麟互通连接线完成建设，汕湛高速、新汽车总站、厦深铁路普宁站改扩建工程以及市区燎原东路等7条市政道路建设扎实推进，省道228线梅林桥至大坪段、省道255线马南山至三洲桥段等一批省道改建工程顺利开展。城市品位明显提升，星河明珠湾、水岸城、嘉应华府等一批高品质住宅区全面建设，服装城二期、商品城尚东新天地、流新副食品综合市场等商贸平台建成开业。城市管理水平不断提高，坚决采取“四清两断”措施，严肃控停拆除在建违法建设，拆除违法建设24宗、面积26515平方米，治理违法建设32.3万平方米。严格落实以控规单元规范土地征收整备出让，新增土地整备35.52公顷，处置闲置用地9.96公顷，盘活低效用地9.07公顷，实施“三旧”改造5.27公顷。

【改善生态环境】　2019年，练江综合整治扎实推进，练江流域9座共22.6万吨/天的生活污水处理厂全部建成通水运营，完成配套截污主管网建设；生活垃圾环保处理中心一期实现满负荷试运行，二期已启动建设；青洋山桥交界断面主要监测指标持续优化，水质明显改善，生态功能逐渐恢复；成功承办揭阳市首届“贤德揭阳”端午龙舟竞赛决赛活动，全面展示练江治理成效。城乡人居环境显著提升，1236个自然村“三清三拆三整治”全面铺开，完成4个省级新农村示范片主体村建设，创建生态宜居美丽乡村示范村63个，大南山街道被评为生态宜居美丽乡村示范镇，流沙东街道新坛村成为50个广东美丽乡村特色村之一；大力推动农村“雨污分流”全覆盖，建成农村雨污分流处理终端350个，铺设主管933千米，支管1400千米；加强自然保护区和水源地保护，新增森林碳汇林7133.33公顷，道路绿化92.4千米。

【乡村振兴】　2019年，普宁市农村改革深入推进，集体资产清产核资全面完成，“三资”管理平台运行良好，承包地经营权流转、产权制度改革试点工作扎实开展。加快农村道路升级改造，29条山区公路改造工程有序推进，完成“四好农村路”25条、59.35千米铺筑，完成4个未通客车行政村公路改造和45个自然村道硬底化建设，进一步提升农村公路通行水平。脱贫攻坚成效显著，全市99.9%的贫困人口实现脱贫，顺利完成16个省定贫困村出列任务。现代农业加快发展，成功列入全国农村一、二、三产业融合发展先导区创建名单，普宁市现代农业产业园被纳入国家现代农业产业园创建管理体系，佳隆、利泰、殿羽田等6家企业被评为省重点农业龙头企业。大力加强耕地保护，全面完成“大棚房”清理整治，新增垦造水田14.66公顷、拆旧复垦25.8公顷，建设高标准农田1466.67公顷。

【财税金融】 2019年，全市一般公共财政预算收入21.19亿元，同比下降10.4%；税收收入14.12亿元，同比下降14.5%。年末，全市金融机构各项存款余额822.71亿元，比年初增长6.3%；贷款余额385.46亿元，比年初增长2.9%。城乡居民人均可支配收入21980元，同比增长7.6%

【民生社会保障】 2019年，普宁市财政民生支出80.56亿元，同比增长15.64%，占一般公共预算支出86.43%。十件民生实事有效落实。新增城镇就业9528人，城镇登记失业率2.19%；保障性住房首期工程顺利封顶。困难群众生活保障工作扎实推进，最低生活保障人员、特困人员、孤儿、事实无人抚养儿童、残疾人等各类困难群众保障标准全面提高；关爱残疾儿童基金会挂牌运作，社会福利中心特教班开班教学，集中养育孤残儿童教育保障、医疗保障工作进一步强化。教育质量不断提升，顺利通过省推进教育现代化先进市督导验收，全面完成321所义务教育薄弱学校“全面改薄”任务，华南师范大学附属普宁学校、黄埔职业技术学校等项目建设加快推进，“书法、养成、校园足球、创客”四大特色教育深入开展。卫生健康事业加快发展，医药卫生体制改革不断深化，医联体效果显著，医共体建设逐步推进，成功创建“省级慢性病综合防控示范区”；医疗硬件设施不断完善，3家市直重点医院改扩建、201个村卫生站规范化建设加快推进，洪阳、占陇中心卫生院完成升级扩建项目，完成梅塘、云落等6家卫生院标准化建设并投入使用。文化体育旅游事业扎实推进，普宁市融媒体中心开始运营，明华体育馆、流沙人民广场升级改造工程顺利竣工并投入使用，新增省级文物保护单位1处，新建乡镇（街道）文化广场3个，成功举办普宁市庆祝中华人民共和国成立70周年系列文化活动以及第五届普宁梅花旅游文化节、普宁市第六届运动会、普宁英歌（民俗）文化节。

【维护社会稳定】 2019年，普宁市顺利完成庆祝中华人民共和国成立70周年和澳门回归20周年安保维稳工作。积极稳妥处置上市企业风险，有序推进地方金融机构化解潜在风险，地方金融秩序持续保持稳定。铁腕推进扫黑除恶专项斗争，立涉“村霸”案件5宗，刑拘犯罪嫌疑人16名，破获涉恶类普通犯罪团伙24个，“村霸”问题经强力整治摘牌。成立公安交警铁骑队，深入开展“飓风2019”专项行动，惩治违法犯罪，扎实推进“众剑行动”，常态化开展联勤联防联动巡逻，动态化开展社会矛盾隐患排查，梳理化解重点矛盾纠纷积案60宗。全年安全生产事故下降9.84%，没有发生较大安全生产事故。社会大局保持稳定。

（市有关职能部门供稿）

政治建设

【深入学习贯彻习近平新时代中国特色社会主义思想】 2019年，普宁市委把深入学习宣传贯彻习近平新时代中国特色社会主义思想作为一项重要政治任务，纳入市委理论学习中心组学习计划，并充分发挥市委理论学习中心组龙头带动作用，引导全市深入学习宣传贯彻。市委宣传部组建宣讲团深入各乡镇场街道、市直各单位，多角度、多层次、全方位地向干部群众开展宣讲活动80多场次，参与宣讲活动干部群众1万多人次。进一步在全市掀起学习贯彻习近平新时代中国特色社会主义思想新高潮。

（卢灿坤、吴忠文、黄丹纯）

【开展“不忘初心、牢记使命”主题教育】 2019年，普宁市把“不忘初心、牢记使命”主题教育作为一项重大政治任务，强化组织领导，深化督促指导，层层压实责任，推动主题教育有力有序有效开展。市委多次召开常委会传达学习上级主题教育工作有关会议和文件精神，研究主题教育相关工作，并成立由市委书记担任组长的主题教育领导小组及其办公室，组建8个指导组，为开展主题教育提供组织保证。认真落实学习教育、调查研究、检视问题、整改落实四项重点措施，推

2019年9月17日，中共普宁市委“不忘初心、牢记使命”主题教育工作会议在市党政机关办公楼十二楼会议厅召开　（罗凯瀚　摄）

动各基层党组织开展“五个一”活动和“三学四重五查”主题党日活动，印发学习资料3000多册、口袋书34000多本；推行党员包片联系群众机制，深化党建直联日活动等措施，建立12个党员教育基地，将大南山街道什石洋村打造成为普宁市主题教育学习阵地的红色样板工程，该工程先后被中央电视台、《广东新闻联播》等宣传报道，主题教育的相关做法也被省和揭阳市主题教育简报分别刊发宣传。聚焦群众关切问题抓好整改，分级建立群众反映问题整改台账，深入开展8+2专项整治，练江综合整治、农村人居环境整治等一批惠民利民举措落地实施，人民群众的获得感、幸福感、安全感得到提升。通过主题教育，全市广大党员干部在思想、政治、作风、能力、廉政方面受到一次全面、深刻的教育和洗礼，同时也为新时代普宁市全面加强党的领导和党的建设，开创普宁工作的新局面提供了强大动力。

【创建新时代普宁特色党建品牌】　2019年，普宁市全面摸清全市红色教育资源现状，整合打造建立12个党员教育基地和28个“党建灯塔工程”，配备专业讲解员，绘制全市党性教育“红色地图”，并制作党员教育基地简介材料和《大南山下党旗红》电教片，积极打造红色教育资源载体。把大南山街道什石洋村作为全省第一批“红色村”党建示范工程进行全域打造，配套抓好“一路、一廊、五址、一阵地”建设，努力将其打造成革命传统教育、爱国主义教育、党员教育基地和“不忘初心、牢记使命”主题教育学习阵地的样板工程，该示范工程先后被中央电视台、《广东新闻联播》等宣传报道。

【基层党建工作】　2019年，普宁市紧紧围绕加强党的基层组织建设“三年行动计划”和“提升组织力30条”各项部署，直面问题，持续用力，久久为功，推动基层党组织全面进步、全面过硬。注重抓基层强基础。积极稳妥推进党组织规范化设置工作，共优化设置290个；突出村级干部队伍建设，对全市各村（社区）“两委”班子运行和后备干部情况开展分析研判，为下一届村（社区）“两委”换届做好人才储备和工作准备，结合分析研判结果，共调整22名村（社区）党组织书记，同时建立“两委”干部档案管理制度，编辑印发《村（社区）“两委”干部工作手册》，推动“两委”干部提升履职水平；加强基层党员队伍建设，严格按发展党员有关程序吸收发展党员，结合建党98周年共表彰80个先进基层党组织、87名优秀共产党员和82名优秀党务工作者；推行“党支委联系党员、党员包片联系群众”工作机制，帮助群众解决问题2470余件。注重抓覆盖拓领域。以打造全省城市基层党建示范县为契机，探索推进新兴领域党建工作，组织对全市楼宇、商圈、互联网等新兴领域进行全面摸查调研；提升“两新”组织党建质量，对全市“两新”组织党工委委员进行相应调整，适当调整市“两新”组织党工委委员直接挂钩联系基层“两新”组织党组织工作机制；抓好机关企事业党建工作，在市直机关和企事业单位中打造税务局等7个市直“党建灯塔工程”，营造浓厚党建氛围。注重抓两头带中间。抓好先进点的创建，积极打造大南山街道等4个党建示范镇以及流沙东街道新坛村等73个党建示范村，示范带动基层党建工作水平；抓好后进点的提升，对全市27个软弱涣散村（社区）党组织开展整顿，至年底共有17个村通过验收，并同步开展提档升级工作，着力把软弱涣散村打造成党建示范村。

（市委组织部）

精神文明建设

【“不忘初心、牢记使命”主题教育宣讲】 2019年，“不忘初心、牢记使命”主题教育开展以来，普宁市打通理论宣传宣讲“最后一公里”，组织百姓宣讲团，深入到农村、社区、机关、企业、校园，面向基层广大干部群众，开展党的创新理论和习近平总书记关于“不忘初心、牢记使命”重要论述以及共产党员先进事迹宣传宣讲活动，以理论宣讲员讲党的创新理论，模范人物讲先进事迹的方式，启发广大干部群众对初心使命的共鸣，以质朴生动的群众语言让党的创新理论“飞入寻常百姓家”，取得了良好效果。是年，市委宣传部组织市、镇百姓宣讲团深入基层开展百姓宣讲共有1.07万人次参加听讲活动。

（卢灿坤、吴忠文、黄丹纯）

【文明城市创建】 2019年，普宁市紧紧围绕“创建广东省县级文明城市”各项要求，加强领导，夯实责任，真抓实抓，着力推动群众性精神文明创建活动科学化、规范化、常态化，不断提高市民全面文明素养和社会文明新程度，优化人文环境。继续推进市镇村“三级文明联创”活动，开展城乡环境卫生综合整治，规范市场管理，切实营造干净整洁、文明和谐城乡环境。结合中华人民共和国成立70周年、全民健身日、传统节日等有利契机，在全市广泛开展“我和我的祖国”主题演唱活动，“美好普宁，迎新徒步行”文明创建宣传活动，“不忘初心 牢记使命——城市公益健康徒步行”主题活动和清明祭英烈、端午龙舟竞赛、“缤纷书香节”全民阅读，以及青少年志愿者各项志愿服务活动等，引导广大群众牢固树立民族自尊心、自信心和自豪感，弘扬改革创新、敢于担当、艰苦奋斗、无私奉献的时代精神，增强文明创建良好氛围。充分发挥广播电视、网络、新媒体等各类平台作用，全方面、多角度宣传文明城市创建工作开展情况。广泛开展宣传教育，印制发放《普宁市民文明手册》《普宁市民文明公约》《文明旅游宣传手册》等宣传读物、资料2万多份，进一步引导全民自觉参与到文明城市创建中来，共同营造干净、整洁、有序的城市环境。通过“普宁发布”“普宁组工”、普宁广播电视台等平台，向广大市民和共产党员发出《致普宁市民的一封信》和《致全市共产党员的一封信》，呼吁全体市民投入到文明创建活动中来。落实专人负责，对各阶段全市文明创建工作情况编成简报，发至乡镇场街道、市直各单位，并在普宁文明网等平台发布，全年共编辑发布文明创建简报100期。实行市领导及市直单位挂钩乡镇场街道结对创文机制，结对落实“创文”任务，督查督促工作进度，协调解决存在问题。实行督查考核机制，市文明城市“五城同创”督查问责组深入各地对“五城同创”工作进行督查考核，全年共开展10轮督查，进一步压实创文责任，提升文明创建“精气神”。

（张春联、卢灿坤、秦济）

【公民思想道德建设】 2019年，市组织开展普宁市2019年道德模范选树工作，最终评选出10名“普宁贤德人物”，通过普宁市电视台开设专栏、开展道德模范事迹宣讲和巡回展览等方式，全方位、多角度宣传道德模范事迹，《揭阳日报》也开辟专栏对普宁贤德人物进行深度采访报道。结合“不忘初心、牢记使命”主题教育，市委宣传部联合市主题教育办举办“不忘初心、牢记使命”主题教育先进事迹报告会，通过身边先进典型弘扬正能量，动员激励广大党员干部对标先进、见贤思齐。结合元旦、春节、中秋、国庆、重阳、七夕等重要节庆传统

2019年1月20日，“美好普宁，迎新徒步行”文明创建宣传活动在莲花山公园举行（陈少强 摄）

节日，广泛开展“我们的节日”主题活动，动员广大群众直接参与精神文明建设，促进市民文明素质和社会文明程度的进一步提高。依托新时代文明实践中心（所、站），组织开展经典著作诵读活动、道德模范事迹展、道德模范事迹宣讲及“我和我的祖国”百姓宣讲、志愿服务等，提升新时代文明实践中心建设的实质性感染力，让党的宣传思想工作在基层实起来、强起来。市委宣传部、市文明办在市文化馆、图书馆、红宫等地开展普宁市道德模范事迹展共6场次，在大坪镇、洪阳镇等地开展普宁市道德模范事迹宣讲、“我和我的祖国”百姓宣讲活动共5场次。

（张春联、卢灿坤、秦济）

【爱国主义教育基地建设】 2019年，全市累计已建成普宁市爱国主义教育基地23处：普宁“八一”南昌起义南下部队指挥部军事决策会议旧址（普宁“八一”纪念馆）、普宁革命烈士纪念碑、普宁“红宫”纪念馆、方方纪念馆、文昌阁（林则徐病逝旧址）、杨石魂故居、培风塔、普宁县临时人民政府成立旧址、大南山人民革命斗争历史展览馆、红二、四师野战医院展览馆、什石洋村人民革命斗争历史展览馆、大南山石刻革命标语、韩江纵队史展览馆、庄世平博物馆、“苦难辉煌”党史文化长廊、多年山村十八烈士墓、涂洋村革命烈士纪念碑、泥沟群众学校革命史展览馆、泥沟村革命烈士纪念碑、石桥头逊敏学校革命历史陈列室、下架山镇咸寮村“红色石洞”、船埔镇樟树村人民革命斗争历史展览馆和大坪镇龙坑村革命烈士纪念碑。其中属揭阳市爱国主义教育基地的有普宁“八一”纪念馆、革命烈士陵园（革命烈士纪念碑、“红宫”纪念馆）、方方纪念馆、文昌阁、杨石魂故居、大南山人民革命斗争历史展览馆、培风塔、普宁县临时人民政府成立旧址、庄世平博物馆和什石洋村人民革命斗争历史展览馆。属广东省爱国主义教育基地和全国爱国主义教育示范基地的有普宁“八一”纪念馆。

（张春联、黄惠芹）

普宁“八一”纪念馆展览厅一角 （陈少强 摄）

生态文明建设

【生态环境治理】 2019年，普宁市以习近平生态文明思想为指导，牢固树立“绿水青山就是金山银山”的生态发展理念，以中央和省环保督察反馈意见整改为契机，积极开展生态环境治理并取得明显成效。大气环境方面，空气质量指数（AQI）为38，达到空气质量级别一级标准。水环境方面，城市集中式饮用水水源水质达标率100%，地表水水质优良（达到或优于Ⅲ类）比例66.7%，地表水劣Ⅴ类水体控制比例33.3%。土壤环境方面，全市土壤环境风险管控进一步强化，工矿企业、涉重金属行业、固体废物及危险废物、农业等土壤污染得到整治和控制，土壤环境质量总体保持稳定。农村人居环境方面，全市农村人居环境质量全面提升，实现农村生活垃圾处置体系全覆盖，完成农村户厕无害化改造，厕所粪污得到处理或资源化利用，农村生活污水治理率明显提高，村容村貌显著提升，村居环境管护长效机制基本建立。全市生态环境状况指数稳定，森林覆盖率达到60%以上，重点保护物种受到严格保护，外来物种入侵不明显。全市环境风险态势保持稳定，环境风险管理得到加强，没有发生突发环境事件。

（李展彬）

【练江流域综合整治】 2019年，普宁市坚持把练江流域综合整治作为最大的政治工程、民生工程，坚决贯彻落实省委书记李希、省长马兴瑞指示批示要求，严格按照省委、省政府，揭阳市委、市政府决策部署，坚持源头治理、系统治理、科学治理，众志成城、攻坚克难，全力推动练江整治。练江已告别黑臭，生态功能逐渐恢复，迎来持续向好的“拐点”。

全面补齐生活污水处理设施短板 在练江流域规划建设总处理规模22.6万吨/日的市区、镇区污水处理厂9座和总处理规模4.6万吨/日的农村生活污水处理设施。至2019年年末，已先后完成总处理规模20万吨/日的市区（一、二、三期）生活污水处理厂设施建设和总处理规模2.6万吨/日的占陇等镇5座镇级生活污水处理厂设施建设，并均已正式通水。同步建设污水截污管网，提升纳污截污能力，规划建设配套管网1034.36千米，至年末已建成1004.32千米。练江流域607个自然村已有578个村开工实施雨污分流工程建设，已有258个村工程完工；练江流域10多个镇（街道）村（社区）居民生活污水排放纳入市（镇）污水处理厂处理的管网建设总长518.8千米，已大部分完工接通排污（水），少部分正抓紧完工。

纺织印染环保综合处理中心建设 该综合处理中心建设项目是省、市重点建设项目，普宁市正全力推进项目建设进程。至2019年年末，累计投入资金22亿元，已完成该项目。5幢印花厂房、园区道路、工业引水工程和供热供气工程、污水处理厂首期工程等各分项工程的建设，基本满足入园企业生产需求，该综合处理中心全流程已实现投产运营。12月26日，该中心污水处理厂获揭阳市生态环境局签发排污许可证，实现正常出水排放。全市66家有牌证印染印花洗水企业已有64家入园，其中印花区23家企业已全部进驻并进入试产阶段；印染区41家企业进场建设厂房，部分企业厂房已封顶，正在抓紧安装调试设备，并陆续进入投产阶段。

2019年12月28日，普宁市练江流域镇级污水处理厂通水启动仪式在英歌山（大坝）污水处理厂举行 （罗凯瀚 摄）

生活垃圾处理设施建设 按照垃圾处理“减量化、无害化、资源化”目标，日处理能力800吨的市生活垃圾环保处理中心（一期项目）于2019年4月建成，并于28日正式投入满负荷试运行，有效缓解市区生活垃圾处理压力。该处理中心日处理能力1200吨的二期项目前期工作已加紧推进。实行对云落垃圾填埋场环境进行综合整治，消除地表水污染和安全隐患。积极推进镇级垃圾填埋场整改落实工作，17个镇垃圾填埋场已完成整改，并通过揭阳市验收和省抽查复检验收。

严格管控工农业污染源 从2019年1月1日起，全市工业园区外印染企业一律依法停产退出，为确保停产退出企业不出现反弹，市委、市政府主要领导多次带队，对企业进行昼夜突击检查，同时整合市生态环境、公安等部门力量，开展全时段巡查监管。对练江干流及重点支流重点河段每日进行监测，对重点断面加密监测频次并实时上报数据，同时采用先进的科技手段，借助市生态环境信息化管理平台水质自动监测系统采集数据，对水质明显出现异常的河段，通过无人机、无人船及时定点排查，并跟踪排查污染源。全年共排查出“散乱污”企业787家，分别予以关停追责和责令整改处理。是年，市环保、公安部门联合查处涉环境违法、犯罪案件12起，刑事拘留29人、行政拘留3人。作出涉环境案件行政处罚53件，责令整改、限（停）产企业59家。实行对禁养区内18家规模养殖场、3901户养殖户关停取缔；实施对污染严重的185个非法屠宰场（点）清理拆除。

推进水利工程建设 列入《普宁市练江流域综合整治2019年行动计划》的水利工程17宗，计划总投资11.28亿元，年末，累计投入10.24亿元，已完成建设7宗，在建扫尾9宗，开展前期工作1宗。结合省“三江（韩江、榕江、练江）连通”工程，全面开展“三江”干支流整治行动，实施河道大清淤、大疏浚、大治理工作，持续加强水面水浮莲等漂浮物清理。

推进“水岸同治”与生态修复　2019年，强力推进练江干、支流堤岸乱搭乱建物拆违工作，全年累计拆除堤岸堤旁各类构建物22.86万平方米。同时在练江干、支流堤岸堤旁规划建设体现文化、休闲等主题景观，完成练江水闸至练江综合整治指挥部段河道整治、练江南堤生态景观廊示范段一期项目；实施流沙中河下游、流沙新河下游生态修复工程，加快生态净化及群众休闲等功能设施建设，提升练江水岸环境，努力把练江干、支流域建成普宁的城市景观轴。

多措并举大力宣传　坚持正面的舆论导向，从多方渠道大力宣传练江环境整治有关情况，每月主动召开一次新闻发布会通报练江水质等情况，并通过微信公众号、抖音等政务新媒体把各方面工作最新情况第一时间向公众发布，营造练江整治良好氛围。拓展和完善公众舆论监督形式，在普宁电视台原已设立的民生身边事、练江综合整治、五城同创等专题栏目的基础上，依托《普宁新闻》节目，开设生态环境保护舆论监督“曝光台”和“回音壁”栏目，突出曝光练江流域水污染问题和整改情况。

多方筹措保障投入　练江整治时间跨度长，所需资金投入大，持续的资金投入是保障可持续推进的“关键一招”。普宁市在财力十分有限的情况下，通过各种渠道积极向上争取资金支持，争取乡贤慷慨解囊，统筹整合各类资金，向练江整治相关项目倾斜，全力以赴保障各类整治项目资金需求。根据工程建设情况和工作计划，及时调拨资金足额拨付到位，确保工程资金不断流。在加大财政资金投入的基础上，建立健全多元化投融资机制，深入推进水污染治理市场化改革，通过发行债券、设立公益基金等方式，多方筹措环保基础设施建设资金。

（赖坚赐）

【美丽乡村建设】　至2019年年末，全市共创建63个生态宜居美丽乡村示范村，其中4个为省级新农村连片示范建设主体村，18个为省定贫困村创建社会主义新农村示范村，41个为2019年新创建的生态宜居美丽乡村示范村。普宁市学习浙江新农村建设经验，采取以点连线成片建设思路，并根据不同区域乡村振兴发展的各自优势特点、产业特色、历史人文、自然风光特色等，着力规划打造并逐渐形成6个各具特色的美丽乡村示范片区，分别是以城郊接合部风光、红色文化旅游为主要亮点的大南山示范片区，以农村电商集群发展为主要亮点的池尾示范片区，以练江流域生态修复为主要亮点的占陇示范片区，以花卉苗木产业特色为主要亮点的洪阳示范片区，以南溪水乡自然风光旅游为主要亮点的南溪示范片区，以山乡田园风光、梅花梅海观赏旅游为主要亮点的大坪示范片区。市在历届举办的梅花旅游文化节活动期间，组织“普宁十大美丽乡村”评选。通过公开评选活动，引导更多市民对乡村建设的高度关注和积极参与，进一步推进新农村建设、美丽乡村建设的全面深入开展。是年，普宁市省级新农村连片示范建设工程全面完工，在省的绩效考核中获得“良好”等次。

（陈蕊鑫、于亚兵）

普宁名片

【著名侨乡】　普宁市是广东省著名侨乡，旅居海外华侨、华人195万人，归侨、侨眷140万人，定居香港、澳门同胞26.5万人。至2019年年底，海外侨胞、港澳同胞捐资兴办家乡公益福利事业累计12.88亿元，其中用于教育事业7.6亿元。

【商贸名城】　普宁市是粤东地区乃至省内外有较强影响力的商贸名城，致力做大做强大健康产业名城、快时尚服装名城、商贸名城，培育形成总部经济基地、金融服务基地、产业创新服务基地，打造区域次中心城市。现代物流业迅速发展，拥有康美中药城（康美普宁中药材专业市场）、中国·普宁国际服装城、中国·普宁国际商品城、普宁市金叶实业洪阳商贸物流中心、万泰汇购物中心、普宁星河COCO City潮流购物中心等大型商贸物流中心。资本运营比较活跃，辖内有康美药业、高乐股份、佳隆股份、柏堡龙、舜喆（原雷伊）5家上市公司；拥有利泰大健康产业、利泰广源、鹏源药业3家新三板挂牌公司；拥有康美中药材大宗交易平台、冠东石化交易中心等大型交易平台。广发证券、中泰证券、海通证券、中山证券、万联证券、安信证券等在市区设有营业部。至2019年年末，全市有工商登记的各类市场33个，总面积47.87万平方米。主要有服装、中药材、纺织品、茶叶、蔬菜、水果等各类专业市场，康美中药城（康美普宁中药材专业市场）是国家批准的全国首批8个中药材定点市场之一，泰宝、利泰、安诺等高新技术医药企业发展迅速，医药产业向大健康产业迈进步伐加快，泰宝医疗2016年获“省知识产权示范企业”称号，2017年获“国家知识产权优势企业”称号，连续7年获“广东省质量信用A类医疗器械生产企业”称号。安诺药业获“2019年度国家知识产权优势企业”“2019年广东省知识产权示范企业”等称号。普宁国际服装城是省、揭阳市重点项目，也是普宁力促纺织服装产业转型升级、打造“商贸名城”的重大战略项目，是“全国诚信示范市场”。2019年，市场年购销额120亿元。纺织服装产业在环保压力下，继续成为揭阳市首个千亿产业集群，市场集聚能力强大，在柏堡龙、中国网库集团的带动引领下，逐步向高端、高附加值模式转化。2017年普宁市经复评被再次认定为“中国纺织产业基地市”，赢得“衬衣第一市”“时尚衬衣王国”“衬衫制造专家”等美誉。2019年年底，全市有效注册商标数61431件，纺织服装类的商标有效注册量为29953件，其中中国驰名商标3件（名鼠、雅爵、珠密琪）、广东省著名商标8件（秋盛、伊凯琳、依雪妮、柏堡龙、妮可儿、名翰、黛柔、彬盛）。市区流沙是粤东有名汽车货运中心，汽车货运专线直达全国除台湾、西藏外的各省、市、自治区。全市电子商务争先领跑，拥有“中国淘宝镇”17个、“中国淘宝村”73个。普宁市成为广东省最大的淘宝村集群，并成为广东唯一入选全国十大淘宝村集群的县（市、区），位列全国第9位；支付宝消费能力进入百强榜单，位列广东第二。农产品电商排名全国50强，全国县域农产品网络零售排名85位，家居服销售额在阿里平台占有相当的份额。2019年，

2019年新春，普宁泥沟村举行的兴灯民俗活动　（张声金　摄）

全市电子商务交易额为507.7亿元。是年，普宁市获得第六批“国家级电子商务进农村综合示范县”称号，电商发展实力全国县域排名进入前十位，获得“电子商务促进乡村振兴十佳县域”称号；被评为“广东电商十佳县”“广东大众电商创业十佳县”“广东大众网购消费十佳县”“广东省电子商务进农村综合示范县”。

【水果之乡】　普宁市有水果品种285个，主要有蕉柑、青梅、青榄、香蕉、菠萝、荔枝、龙眼等。2019年，全市水果种植面积2.23万公顷，年产量26.3万吨，其中青梅、青榄、蕉柑三大宗水果种植面积分别达到5686.33公顷、3371.66公顷、2938.33公顷，年产量分别为1.68万吨、2.63万吨、4.51万吨。普宁市被国家命名为“中国青梅之乡”“中国蕉柑之乡”“中国青榄之乡”。“普宁蕉柑”“普宁青梅”先后获国家地理标志产品保护，并注册地理标志证明商标。2010年8月，“普宁焦柑”地理标志证明商标通过国家核准注册。2013年3月，“普宁青梅”地理标志产品证明商标注册成功。全市建成国家级蕉柑、青榄标准化示范区各133公顷，省级青梅、蕉柑标准化示范区各133公顷。有果蔬加工厂250多家（其中青梅加工企业91家），年加工果蔬20万吨。在2017年中国农产品区域公用品牌价值评估中，“普宁青梅”“普宁蕉柑”品牌价值分别为16.30、7.37亿元人民币。2019年，全市持续实施乡村振兴战略，着力发展现代化果业生产，重点培育优势特色产业，已基本形成集群化、区域化、基地化果业生产经营格局。普宁市青梅产业园被列入第二批省级现代农业产业园建设项目，产业园规划建设范围包括马鞍山农场、高埔、大坪、后溪4个乡镇场，面积276平方千米。

【民间文化艺术之乡】　普宁市民间文化艺术活动丰富多彩，地方特色浓郁的民间文化艺术项目主要有普宁英歌、普宁嵌瓷、潮乐（汉乐）、舞虎狮、舞龙、大锣鼓标旗巡游、潮剧、皮影戏、石雕、木雕、墙画、剪纸、灯谜等。其中英歌为民间传

统舞蹈，明末清初就已流行于潮汕，普宁农村最为盛行，有“北有安塞腰鼓，南有普宁英歌”之誉。普宁英歌、普宁嵌瓷先后入选第一批、第二批国家级非物质文化遗产名录，普宁豆酱制作工艺、广东汉乐、贵政山茶叶陶罐制作技艺、横溪舞龙、李家教拳5个项目被列为省级非物质文化遗产名录。普宁市和流沙西街道被文化和旅游部命名为“中国民间文化艺术之乡”，市文化馆、市图书馆被文化部评为国家一级馆。洪阳镇入选广东省历史文化名镇和中国历史文化名镇；洪阳德安里被评定为国家AAA级旅游景区、第二批中国传统村落、首批广东省古村落、省人文社会科学普及基地；燎原街道泥沟村入选第二批广东省古村落和“广东省十大最美古村落”；燎原街道果陇村、下架山镇蔴仔村入选第五批广东省古村落；大南山街道“百二坵田”被评定为国家AAA级旅游景区。

（市有关职能部门供稿）

·普宁风物小辑·

潮普惠盐岭古道

盐岭古道位于普宁大南山南部与惠来交界处，深藏在崇山峻岭之中，全长三十余里，是连接潮（阳）普（宁）惠（来）三地，为旧时贩盐及挑农产货运之要道，其路小而山陡，两旁峭壁深坑，系难行之路，依此求生者，每日往返，可谓胆战心惊，凄苦难言。

清乾（隆）嘉（庆）年间，大长陇十二世陈望之，于盐岭路谋生而得金，后从商贸，发巨资，因思发家之源，遂捐修盐岭路三十余里，及建沿途各处雨亭以益世人，又广置田产作公蒸（俗称蒸偿，公田收租作为祭祀费用），并嘱子裔继其志，数世每岁皆都续修盐岭亭路，公义善举得世人传颂，被尊称为修路祖。

关于修路祖与其兴修之盐岭路，从清中叶至现代，在潮普惠大南山一带广为流传，然盐岭古道随着现代化发展，已被宽阔好走可开车的盘山水泥路所代替，蜿蜒的石板古路因人迹罕至，早被茂盛的林木所覆盖，渐次被山土所掩，除了当地山民之外，几乎不为人所知。

关于修路祖和盐岭路的事情，各种各样的文学作品以及历史文献资料，是读过不少了，然一说起盐岭古道，却未见过一帧实物照片，其三十余里石板路，沿途架桥过溪，又建有雨亭，令人遐想而好奇。此番在友人的带领下，终寻访到盐岭古道上，总算见识一番。所幸，古道遗迹剩余颇多，只是路亭可见仅小憩亭、节劳亭，往后则因登山之难，故没继续追寻。

大长陇修路祖修盐岭路并置公益基金，其后裔及族人继志修路，相沿二百余载。在民国时，又有大长陇分衍之华林陈心合一房加入修路祖的公益事，并开盘山新路，现弓鞋岭下小憩亭不远处，就留有其勤石碑刻一方。

（本文选自2020年11月16日《揭阳日报》“揭岭风情”版，安静声音 文及图照）

大事记（2019）

1月

8日 香港普宁同乡联谊会会长许义良一行到普宁市访问交流。

10日 揭阳市安委会第三考核督察组到普宁市开展2018年度安全生产责任制考核暨岁末年初安全生产督查工作。

15日 普宁市委十三届五次全会召开，揭阳市委常委、普宁市委书记张时义代表市委常委会作工作报告。

18日 省国资委党委委员、副主任王晓昀带队到普宁市调研练江流域环保整治工作情况。

22日 揭阳军分区司令员王俊到普宁市开展春节走访慰问活动。

23日 华兴银行广州分行行长段欣带队到普宁市调研。

25日 揭阳市委副书记、政法委书记刘光明带队到普宁市开展春节前“送温暖”慰问活动及对节前消防工作进行调研。

31日 中国金茂集团总裁李从瑞一行到普宁市参观考察。

2月

6日 普宁市举行第二届“普宁英歌（民俗）文化节”开幕式。

15日 揭阳市委副书记、市长叶牛平带领揭阳市副市长刘端雄、吴毅青等到普宁市调研民营企业发展情况和练江综合整治工作。

23日 普宁市南阳山红色文化促进会成立。

26日 香港普宁同乡联谊会新春拜访团一行到普宁市参观访问。

△十三届全国政协文化文史和学习委员会副主任、中宣部原副部长王世明一行到普宁侨中指导庄世平博物馆申报国家级爱国主义教育基地工作。

28日 普宁市举行实施乡村振兴战略合作签约仪式。普宁市领导张时义、郑海忠、陈少平、陈震坤、陈俊礼，浙江卓创乡建规划设计有限公司董事长姚碧云等参加签约仪式。

3月

1日 普宁市委十三届六次全会召开。全会表决通过《中国共产党普宁市第十三届委员会第六次全体会议决议》。

5日 云南城投集团华南区域公司总裁李彬带领考察组到普宁市实地考察南溪水乡建设项目。

9日 揭阳市副市长、揭阳市“大棚房”问题专项清理整治行动领导小组组长曾瑞如带队到普宁市开展现场督导工作。

12日 揭阳市委常委、揭阳军分区政委曹士阳，普宁市委常委、人武部政委黄创明，副市长陈俊礼带队到广太镇开展义务植树活动。

14—16日 揭阳市委常委、普宁市委书记张时义带领普宁市党政考察团赴湖南省长沙市开展为期三天的参观考察活动。

18日、25日 揭阳市委常委、普宁市委书记张时义，揭阳市委常委、揭阳军分区政委曹士阳，揭阳市副市长、公安局局长马儒生等带队分别到广太镇、南溪镇开展义务植树活动。

19日 揭阳市委第二巡察组以及第二、第二十三至四十九专项巡察组进驻普宁市，对普宁市28个乡镇场街道568个村（社区）党组织开展全面从严治党加强基层政权建设专项巡察。

20日 大兴安岭（普宁）旅游产品

推介会暨揭阳至漠河航线通航发布会在普宁市举行。

26—27 日 揭阳市副市长曾瑞如、揭阳市政府副秘书长林兴国带领揭阳市有关部门、惠来县政府有关负责人在普宁市开展农村人居环境整治检查调研活动。

27 日 省应急管理厅和省林业局联合派出第六督导组到普宁市开展清明期间森林防灭火督导工作。

31 日 普宁市潮剧联谊会成立庆典大会召开。省政协原副主席、省委统战部原部长李统书，梅州市人民检察院原检察长许伟谋，深圳市普宁商会执行会长、金晋集团董事局主席周南，普宁市领导郑海忠、林晓韩、谢荣标、陈俊礼，老干部黄玉训、刘惠光、李乙练、伍秉彻等出席大会。

4 月

1 日 揭阳市委常委、普宁市委书记张时义带队到赤岗镇五福屿村开展义务植树活动。

△揭阳市副市长吴毅青带领揭阳市有关部门负责人到普宁市督查清明期间森林防火工作情况。

2 日 2019 年揭阳市烟草系统专卖管理暨法规体改工作会议在普宁市召开。

3 日 揭阳市 2019 年度民兵组织整顿工作现场观摩活动在普宁市举行。

△国际华人科技工商协会主席、美国哥伦比亚国际大学校长李大西博士偕夫人一行到普宁市交流教育事业发展有关事宜。

△深圳华侨城文化集团有限公司总经理胡梅林、深圳潮汕商会常务副会长、深圳金晋集团董事长周南一行到普宁市南溪镇参观考察文化旅游产业。

4 日 普宁市与广东省广业集团有限公司签订普宁市环保基础设施建设项目特许经营合同签约仪式。

8 日 省国资委主任李成带队，在揭阳市委副书记、市长叶牛平，揭阳市委常委、普宁市委书记张时义，揭阳市副市长吴毅青，普宁市领导陈少平、陈卫华等的陪同下，到普宁市调研练江流域环保基础设施项目建设工作。

△揭阳市委副书记、市长叶牛平带队到普宁市调研练江流域综合整治部分项目建设进展情况和农村“三清理三拆除三整治”等工作。

9 日 政协普宁市第十届委员会第四次会议召开，政协主席杨镇松代表市政协十届常委会向大会作工作报告。

△省应急管理厅总工程师何胜庄带领省危险化学品等重点行业专项督查组到普宁市开展督查工作。

10 日 普宁市第十五届人民代表大会第四次会议在市党政会议中心开幕。

△揭阳市副市长姚丽璇带队到普宁市检查危险化学品企业安全管理工作。

15 日 揭阳市副市长曾瑞如带领揭阳市政府副秘书长林兴国及有关部门负责人到普宁市开展农村人居环境整治检查调研活动。

16 日 揭阳市委常委、普宁市委书记张时义，揭阳市副市长曾瑞如带领揭阳、普宁两级有关部门负责人在普宁市开展农村人居环境整治检查调研活动。

19 日 普宁市在军埠镇召开全市严厉惩治制售假私卷烟违法行为现场会，并在会议结束后组织开展卷烟打假专项行动。

23 日 普宁市中医医院与上海金汇通航公司举行航空救援项目签约授牌仪式，该中医医院成为揭阳市首家空中救援基地医院。

26 日 上海市黄浦区政协副主席程霄玉一行到普宁市调研考察城市发展变化和商业、旅游、文化综合开发利用工作。

5 月

1 日 揭阳市共青团纪念五四运动 100 周年特别主题团日活动在普宁市举办。

13 日 省政协主席、党组书记王荣一行，在揭阳市政协主席陈澄民，副主席蔡榜潘等的陪同下到普宁市调研。

13—14 日 工信部产业发展中心主任沙南生一行到普宁市开展实地考察调研。

14 日 省老促会会长陈开枝、省老促会副会长兼省老区建设基金会理事长黄广伟一行，在揭阳市老促会会长吴平河等的陪同下，到普宁市开展“情暖老区书香行”赠书活动。

15 日 揭阳市人大常委会副主任柯群坚带领调研组到普宁市调研 2018

年度环境状况和环境保护目标完成情况。

17日　国务院港澳办公室原党组成员、顾问柯华的女儿柯林林一行回乡访问探亲。揭阳市委常委、普宁市委书记张时义等参加相关活动。

△揭阳市委常委、常务副市长陈定雄带队到普宁市调研经济工作。

△乌干达驻广州领事馆总领事索罗曼·鲁提嘉一行，在揭阳市外事等有关部门负责人的陪同下，到普宁市洪阳三奥鱼苗厂参观访问。

21日　生态环境部华南督察局局长岳建华、省生态环境厅党组书记周德全一行，在揭阳市委书记、市长叶牛平，揭阳市委常委、普宁市委书记张时义，揭阳市副市长吴毅青等的陪同下到普宁市调研。

22日　揭阳市首届“贤德揭阳”端午龙舟竞赛普宁市初赛在练江举行。

23日　省民政厅副厅长方治平一行，在揭阳市政府副秘书长林兴国等的陪同下，到普宁市调研殡葬改革工作情况。

24日　揭阳市委书记、市长叶牛平带领揭阳市四套班子领导、揭阳市法院院长和检察院检察长等到普宁市环保基础设施项目建设现场开展督查。

29日　香港揭阳各级政协委员联谊会会长张仲哲带领访问考察团到普宁市访问考察。

6月

3日　省生态环境厅厅长鲁修禄一行到普宁市调研练江流域环保基础设施建设和练江污染整治工作进展情况。

△普宁市举行“6·3”虎门销烟180周年纪念日活动。

4日　揭阳市委常委、组织部部长熊松带队到普宁市调研基层党建工作开展情况。

6日　揭阳市首届“贤德揭阳”端午龙舟竞赛决赛及龙舟表演活动在普宁市练江江段举行。省体育局局长王禹平，中新社广东分社社长张见悦，揭阳市领导叶牛平、陈澄民、方赛妹、张时义、江林生、吴毅青，生态环境部华南督察局副处长杨超，省住建厅法规处副处长周卓豪，普宁市领导杨镇松、郑海忠等参加活动。

△省卫生健康委巡视员刘冠贤带领调研组到普宁市调研强基项目建设情况。

10日　普宁市组织参加全省生态环境污染防治攻坚战治理技术、装备、服务展示交流对接会。普宁市领导陈少平、陈卫华等出席该次对接会开幕式，并参加对接会相关活动。

16日　中国载人航天工程测控通信系统副总指挥、中国卫星海上测控部主任简仕龙，广西壮族自治区原常委、区军区原司令员，少将刘晓琨等一行到普宁市调研。

17日　省政协原副主席、省港澳办首任主任唐豪带领省粤港澳合作促进会调研组到普宁二中调研。

19日　普宁市在大南山街道什石洋村举行“广东省革命老区村”挂牌启动仪式，并在当月为全市410个革命老区村挂牌。

20日　普宁市四套班子领导带队到揭西县学习考察，借鉴该县在县城环境整治方面的成功做法与经验，并商谈生活用水引水工程事项。

△揭阳市副市长曾瑞如带队到普宁市调研督导河道水环境综合整治等有关工作。

25日　汕头市潮南区委副书记肖永彤带领学习考察团到普宁市参观学习村居环境整治“三清三拆”工作经验做法。

26日　揭阳市人大常委会调研组到普宁市开展重点水利工程建设情况专题调研。

7月

4日　揭阳市人大常委会副厅职领导巫奕琦带领督查组对普宁市落实《揭阳市建立非均衡科学技术创新发展体系三年行动计划（2018—2020年）》情况进行督查。

9日　省人民政府地方志办公室党组成员、副主任丘洪松带队到普宁市调研指导地方志工作。

18日　省人大常委会副主任王衍诗带领调研组到普宁市开展生态环境污染防治专题调研。

24日　普宁市在大坝镇开展2019年禁毒第七次重点区域清查惩治专项行动。

29日　揭阳市政府副秘书长、揭阳市脱贫攻坚调研组副组长林兴国带领调研组到普宁市调研脱贫攻坚工作。

△普宁市在市国防教育训练基地开展 2019 年军事日活动。

8 月

2 日　省政协副主席、住建厅厅长张少康带队到普宁市实地调研练江流域水环境综合整治情况，并召开座谈会。

△揭阳市委副书记、代市长张科带队到普宁市调研练江污染整治工作。

△揭阳市副市长曾瑞如带队到普宁市大南山街道，先后对大南山综合市场、什石洋村以及广东利泰制药股份有限公司等地进行实地调研。

5 日　揭阳市省人大代表市直第一代表小组到普宁市开展乡村产业发展情况专题调研。

7 日　省军区政委王守信少将带队到普宁市检查指导征兵体检工作。

10 日　揭阳市委副书记、代市长张科带队到普宁市调研，揭阳市委常委、普宁市委书记张时义，揭阳市副市长吴毅青，揭阳市政府党组成员、秘书长袁文键，普宁市各套班子领导成员等参加活动。

12 日　副省长张光军带队到普宁市调研练江流域环保基础设施建设情况。

14 日　揭阳市人大常委会副厅职领导巫奕琦带队到普宁市调研《娱乐场所管理条例》贯彻实施情况。

15 日　省政协常委、人资环委主任凌锋带领省政协监督视察团一行到普宁市视察练江上游基层河长制湖长制落实情况。

16 日　揭阳市副市长姚丽璇带队到普宁市督导登革热防控工作。

18 日　普宁市第六届运动会在市明华体育馆举行开幕式。

22—25 日　普宁市学子在北京参加 2019 世界机器人大赛冠军挑战赛，普宁二中青少年学生代表队荣获大赛唯一的“全能奖”，其三支“一带一路”代表队在青少年机器人设计大赛智能挑战赛项目中获一等奖，其中高中组两支代表队分别获得冠亚军。

29 日　揭阳市委书记、市人大常委会主任叶牛平带队到普宁市召开非法洗砂问题暗访曝光整改专项工作会议。

9 月

2 日　揭阳市委实施乡村振兴战略领导小组在普宁市召开揭阳市生态宜居美丽乡村示范村工作推进会。

17 日　揭阳市副市长、公安局局长马儒生带领揭阳市第五督查组到普宁市开展“防风险、保安全、迎大庆”安全生产和三防工作综合督查。

18 日　省生态环境厅党组书记周德全带领调研组到普宁市调研练江综合整治情况。

△广州市人大常委会副主任于邵文带领考察学习组到普宁市考察学习“旧村文化”改造方面的工作经验。

23 日　普宁市举办“我和我的祖国”——庆祝中华人民共和国成立 70 周年专题晚会。

26 日　美国洛杉矶中华总商会主席、美国杰出华人、庄世平侄子庄佩源和美国南加州潮州会馆副会长庄海文一行回乡访问探亲。

28 日　普宁市第六届运动会闭幕。

29 日　普宁市举行与黑龙江省漠河市缔结友好城市签约仪式。

30 日　普宁市在流沙人民公园举行“9·30”烈士公祭活动暨向流沙人民公园烈士纪念碑敬献花篮仪式。

10 月

1 日　普宁市在普宁华侨中学举行升国旗仪式，庆祝中华人民共和国成立 70 周年。同时，市各地各单位组织干部职工收看央视现场直播在首都举行的庆祝中华人民共和国成立 70 周年大会、阅兵式和群众游行实况。

6 日　普宁市委、市政府为泰国顺和成集团、Double A 1991 集团创始董事长张锦程一行回乡访问探亲举行欢迎会。

9 日　中国金茂控股集团有限公司党委副书记朱永亮一行到普宁市考察。

△普宁市委十三届七次全会召开，全会表决通过《中国共产党普宁市委第十三届委员会第七次全体会议决议》。

22 日　普宁市纺织印染环保综合处理中心污水处理厂启动通水调试。

22 日　中共普宁市委全面依法治市委员会第一次会议召开。

24 日　揭阳市人大常委会副主任唐莉带队到普宁市走访全国人大代表及省人大代表。

30 日　省应急管理厅厅长王中丙一行，在揭阳市委常委、常务副市长陈定雄，普宁市委常委、常务副市长陈少平等的陪同下，到普宁市调研应急管理工作。

11 月

4 日　揭阳市省级现代农业产业园建设协调会在普宁市召开。

10 日　广东省副省长张光军带队到普宁市调研练江流域水环境综合整治工作。

11 日　揭阳市副市长曾瑞如带队到普宁市调研督导村居环境治理“三清三拆三整治”工作。

14 日　揭阳市委政法委、揭阳市法学会在普宁市举办 2019 年“百名法学家百场报告会”法治宣讲活动。

16 日　普宁市委、市政府为新加坡南洋普宁会馆参观访问团回乡探访举行欢迎会。

18 日　揭阳市人大常委会副主任柯群坚带领调研组到普宁市开展水污染防治工作情况调研。

21 日　普宁市举办“不忘初心、牢记使命”主题教育先进事迹报告会。△揭阳市人大常委会副厅职领导巫奕琦带领督查组到普宁市督查《揭阳市创建区域医疗中心改革发展三年行动计划（2018—2020 年）》落实情况。

24—25 日　曾任驻伊拉克、叙利亚、沙特大使、驻悉尼大使衔总领事的李华新，在广东公共外交协会常务副会长傅朗，揭阳市政协副主席李健等陪同下，到普宁市调研公共外交工作。

25 日　揭阳市委副秘书长巫树林带队到普宁市大南山街道什石洋村开展支持党员活动室建设捐赠活动。

27 日　省慢性病综合防控示范区工作办公室专家组一行到普宁市创建省级慢性病综合防控示范区工作情况进行现场调研。

28 日　揭阳市委书记叶牛平带队到普宁市纺织印染环保综合处理中心调研并召开座谈会。

29 日　普宁市申报的“‘练江回归’——普宁市练江流域综合整治与生态修复项目”入选广东省首届国土空间生态修复十大范例提名。

12 月

3 日　省退役军人事务厅党组成员、省纪委、监委派驻省退役军人事务厅纪检监察组组长李华雄一行到普宁市调研做好退役军人思想政治工作和退役军人保障体系建设情况。

4 日　以香港庄世平基金会副主席、香港普宁同乡联谊会会长许义良为团长的香港庄世平基金会普宁交流团一行到普宁市参观交流。

13 日　深圳市普宁商会联合深圳市龙岗区吉华街道工商联（商会）到普宁市参观学习。

17 日　揭阳市纪委、监委，普宁市纪委、监委在普宁广场联合举办“举报贪腐·共创廉洁”宣传周活动。

18 日　东莞市委常委、宣传部部长杨晓棠一行到普宁市开展脱贫攻坚专项工作调研及春节前走访慰问贫困户活动。

19 日　揭阳市人大常委会视察组到普宁市开展视察活动。

24 日　揭阳市普宁华侨管理区管辖范围成建制划转普宁市管理交接仪式在普侨区举行，揭阳市委常委、普宁市委书记张时义，普宁市委副书记郑海忠，市委常委、组织部部长杨燕斌，揭阳市及普宁市、普侨区有关负责人等参加交接仪式。

25 日　共青团普宁市第十八次代表大会召开。

26 日　普宁市总工会第十四次代表大会召开。

27 日　普宁市第十二次妇女代表大会召开。

28 日　普宁市练江流域镇级污水处理厂通水启动仪式在英歌山（大坝）污水处理厂举行，英歌山（大坝）污水处理厂、麒麟污水处理厂、南径污水处理厂、云落污水处理厂及梅塘污水处理厂五座镇级污水处理厂顺利通水启动。

30 日　普宁市残疾人联合会第五次代表大会召开。

31 日　“潮韵风华·梅香四方”——第五届普宁梅花旅游文化节开幕。

（张锐涵、钟桂萍）

中国共产党普宁市委员会

综　述

【中共普宁市第十三届委员会第五次全体会议】 2019年1月15日在市党政机关办公楼十二楼会议厅召开，会议由市委常委会主持。该次全会深入学习贯彻习近平新时代中国特色社会主义思想和党的十九大精神，全面贯彻十九届二中、三中全会以及中央经济工作会议精神，深入贯彻落实习近平总书记对广东重要讲话和重要指示批示精神以及省委十二届六次全会、揭阳市委六届六次全会精神，回顾总结2018年工作，研究部署2019年和今后一个时期重点工作，团结带领全市干部群众高举习近平新时代中国特色社会主义思想伟大旗帜，改革开放再出发，走正道、出实绩、谋振兴，以新的担当实现新的作为，奋力开创普宁改革发展新局面。

全会听取了张时义代表市委常委会所作的报告，审议市委常委会2018年抓党建工作情况报告。全会充分肯定市委常委会上年的工作成效，一致认为：市委全面贯彻落实习近平新时代中国特色社会主义思想和党的十九大精神，认真学习贯彻习近平总书记对广东重要讲话精神和省委、揭阳市委部署要求，带领广大党员干部群众真抓实干，埋头苦干，坚定不移提高经济发展质量，全力以赴打好三大攻坚战，加大力度提升城乡品质，不遗余力改善人民生活，全力维护社会和谐稳定，从严从实加强党的建设，推动普宁发展实现新突破。全会强调，要高举习近平新时代中国特色社会主义思想伟大旗帜，准确把握省委十二届六次全会和揭阳市委六届六次全会的战略谋划、部署要求，清醒认识普宁实现振兴发展面临的形势与挑战，统一全市意志，强化责任担当，坚决用好改革开放关键一招，紧紧围绕“商贸名城、美好普宁”战略定位，牢牢扭住“一核二园三区”关键抓手，充分发挥普宁干部“想干事、会干事、干成事”重要特质，找准着力点和突破口，因地制宜创造性抓好贯彻落实，让习近平新时代中国特色社会主义思想在普宁大地落地生根、结出丰硕成果。全会提出，2019年是中华人民共和国成立70周年，是全面建成小康社会关键之年，要高举习近平新时代中国特色社会主义思想伟大旗帜，全面贯彻落实习近平总书记对广东重要讲话和对广东工作一系列重要指示精神，深入学习贯彻党的十九大和十九届二中、三中全会以及中央经济工作会议、省委十二届六次全会、揭阳市委六届六次全会精神，进一步落实省委“1+1+9”工作部署和揭阳市委“一四四”工作思路，坚持稳中求进工作总基调，坚持新发展理念，坚持推动高质量发展，坚持以供给侧结构性改革为主线，坚持深化市场化改革、扩大高水平开放，

2019年1月15日，中国共产党普宁市第十三届委员会第五次全体会议在市党政机关办公楼十二楼会议厅召开　　（高壮波　摄）

围绕“商贸名城、美好普宁”定位，做大做强大健康产业名城、快时尚服装名城、商贸物流名城，培育形成总部经济基地、金融服务基地、产业创新服务基地，努力打造区域次中心，走正道、出实绩、谋振兴，以优异成绩向中华人民共和国成立70周年献礼。全会强调，要聚焦习近平总书记重要讲话精神，不断强化政治信仰，继续加强学习教育，持续抓好贯彻落实，以习近平新时代中国特色社会主义思想统领普宁一切工作。要聚焦“一核二园三区”，树立并践行区域发展理念，下绣花功夫推进城市更新提质，加快形成园区经济增长极，因地制宜实施乡村振兴发展战略，全力以赴创建省县级文明城市，加快构建区域发展新格局。要聚焦高质量发展，全面推进改革开放，增强创新引领作用，大力发展实体经济，继续打好三大攻坚战，切实保障和改善民生，加快形成发展新优势。要聚焦平安普宁、法治普宁建设，推动扫黑除恶专项斗争向纵深发展，牢牢守住安全底线，着力提升社会治理水平，全面推进法治建设，加快营造共建共治共享社会治理格局。要聚焦全面从严治党，强化政治统领，严格落实意识形态工作责任制，激励广大干部担当作为，筑牢固本强基的战斗堡垒，坚定不移正风肃纪反腐，推动巡视巡察整改见底见效，为新时代普宁振兴发展提供坚强政治保证和组织保证。

【中共普宁市第十三届委员会第六次全体会议】 2019年3月1日在市党政机关办公楼十二楼会议厅召开，会议由市委常委会主持。全会听取了张时义代表市委常委会所作的《普宁市机构改革方案》说明和专题讲话。

全会认为，深化党和国家机构改革，是推进国家治理体系和治理能力现代化的一场深刻变革，对加强党的长期执政能力建设、推进国家治理体系和治理能力现代化、健全完善中国特色社会主义制度和实现中华民族伟大复兴中国梦，具有十分重要的现实意义和深远的历史意义。地方机构改革作为深化党和国家机构改革的重要组成部分，是推进国家治理体系和治理能力现代化的重要构成环节，是我们必须坚决完成好的一项重大政治任务。省委已经批复同意《普宁市机构改革方案》，市机构改革进入全面实施阶段。改革后，共设置市级党政机构36个，其中党委机构9个、政府工作部门27个。全市各级各部门要把深化机构改革作为重大政治任务和重要政治责任，严格按照中央、省委、揭阳市委和此次全会的部署要求，把握政策标准、紧盯时间节点、抓住关键环节，周密安排、精心组织，有组织、有纪律、有步骤推进，确保高质量完成机构改革任务。全会强调，要提高政治站位，深入学习贯彻习近平总书记关于深化党和国家机构改革的重要论述，切实增强推进改革的政治自觉、思想自觉和行动自觉。深刻领会深化党和国家机构改革的重大意义，切实增强推进改革的政治责任感和历史使命感。深刻领会深化党和国家机构改革的重要要求，牢牢把握推进改革的正确方向。深刻领会省委、揭阳市委关于机构改革的重要部署，准确把握普宁市深化机构改革的实践要求，确保机构改革高效有序推进。全会强调，要找准着力点突破口，全面落实深化机构改革任务，构建系统完备、科学规范、运行高效、符合普宁高质量发展需要的机构职能体系。要完善坚持和加强党的全面领导的体制机制，完善党对重大工作的领导体制机制，强化党组织的领导地位，优化党的组织机构，确保党的领导全覆盖，确保党的领导更加坚强有力，确保落实“两个维护”更加到位。要加快推进政府职能转变，围绕深入推进简政放权、放管结合、优化服务管理体制等方面，推动政府职能快速转变，把党和国家机构改革向纵深推进。要打造优化协同高效的机构职能体系，突出职能基本对应，确保权责高度一致，优化整合内设机构，从根本上改出效果、改出新风、改出形象，真正提高效率、激发活力。要统筹推进各类改革，深化人大、政协机构改革和群团组织改革，深化事业单位改革，深化综合行政执法改革，使各项改革相互促进、相得益彰，形成总体效应。要切实抓好基层管理体制改革，在县级机构设置上更加突出民生，强化镇街管理职能，推动资源向基层下沉，切实提升基层治理能力和服务水平。要着力强化机构编制管理刚性约束，严格落实限额要求，统筹使用编制资源，强化机构编制管理，加快推进机构编制法定化。全会指出，各级各部门要把机构改革摆在突出位置，把握好改革、发展、稳定关系，强化责任担当，围绕重点发力，严明纪律规矩，加强宣传引导，注重统筹协调，有条不紊推进机构改革，确保新旧机构交接工作平稳有序，确保机构改革和日常工作两不误、两促进，做到思想不乱、工作不断、队伍不散、干劲不减，高质量完成改革任务。

【中共普宁市第十三届委员会第七次全体会议】 2019年10月9日在

市党政机关办公楼十二楼会议厅召开，会议由市委常委会主持。全会以习近平新时代中国特色社会主义思想为指导，深入学习贯彻习近平总书记关于粤港澳大湾区建设重要论述和对广东重要讲话、重要指示批示精神，认真贯彻落实省委十二届七次全会和揭阳市委六届七次全会精神，研究部署普宁市融入粤港澳大湾区工作，动员全市上下不忘初心、牢记使命、接续奋斗，推动全市全域融入粤港澳大湾区、建设广东沿海经济带，奋力打造“商贸名城、创新之城”，把普宁建设成为粤东城市群新城市中心，为揭阳打造广东沿海经济带新增长极提供重要支撑。

全会听取张时义代表市委常委会所作的报告和市民政局主要负责人关于普宁华侨农场改制设镇工作情况的汇报，讨论普宁“融湾建带”的有关措施和普宁华侨农场改制设立普华镇的有关事项。全会指出，要深入贯彻落实省委十二届七次全会和揭阳市委六届七次全会精神，深刻把握普宁“融湾建带”良好基础条件和重大历史机遇，进一步坚定目标方向、信心决心和发展步伐，在全省、揭阳市的发展战略中谋篇布局，顺应大势，主动作为，立足资源禀赋和发展实际，西融深莞惠河汕都市圈，南接沿海经济带，东联汕头副中心，推动全市全域参与粤港澳大湾区和揭阳滨海新区建设，形成“融湾接带联汕”发展格局。全会提出，要抓住“融湾建带”有利契机，选准切入口和着力点，奋力打造“商贸名城、创新之城”。要突出空间对接，加快交通有机衔接，提升平台承载能力，优化发展空间布局，夯实协同发展支撑；突出产业协同，加快产业创新和现代服务业发展，加大招商引资引智力度，构建配套互补现代产业体系；突出城市联动，加大城乡综合整治力度，加快城市改造更新步伐，做活做强城市经济，营造优质美好生态环境，打造粤东城市群新城市中心；突出社会治理，全面加强信访工作，纵深推进扫黑除恶专项斗争，加大风险隐患防范治理力度，营造和谐稳定社会环境。全会强调，要践行“初心使命”，敢担当勇拼搏，为“融湾接带联汕”提供坚强保障。要以开展“不忘初心、牢记使命”主题教育为契机，发挥领导干部“关键少数”作用，进一步压实各方责任。要提升执行力创造性推进，着力提升干部适应新时代发展要求的能力，弘扬敢闯敢试、敢为人先的改革精神，健全澄清保护和容错纠错机制。要强化基层治理强力推进，牢固树立大抓基层的鲜明导向，全面抓实巡视巡察整改重要政治任务，打好作风建设持久战，持续保持反腐败高压态势。要广泛凝聚智慧力量全面推进，发挥广大华侨、粤港澳乡贤作用，大力营造“融湾接带联汕”浓厚氛围。全会要求，普宁华侨农场改制设立普华镇是揭阳市委、市政府的决策部署，符合上级政策要求，适应当前普宁建设粤东城市群新城市中心新形势，有利于区域经济一体化发展，有利于彻底理顺普宁华侨农场体制问题，有利于加强归侨统一管理。全市各级各部门特别是普宁市华侨农场改制设镇工作领导小组各成员单位要统一思想，各司其职，密切配合，积极稳妥做好各项工作，圆满完成普宁华侨农场改制设镇工作任务。

【市委常委会会议】 2019 年，市委为传达贯彻中央、省、揭阳市有关会议精神，研究制定推进经济和社会发展的政策措施，处理日常政务以及解决经济和社会发展的热点、难点问题，共召开市委常委会会议 24 次。

传达中央、省、市文件和会议精神，学习贯彻中央、省、市领导批示和重要讲话精神 学习贯彻习近平总书记在庆祝改革开放 40 周年大会上的讲话精神；学习贯彻省委书记李希在广东省庆祝改革开放 40 周年大会上的讲话精神；学习贯彻《中央农办、农业农村部、国家发展改革委关于深入学习浙江“千村示范、万村整治”工程经验扎实推进农村人居环境整治工作的报告》精神；传达曾瑞如在揭阳市扶贫开发领导小组电视电话会议上的讲话精神；学习贯彻《中共广东省委关于深入学习贯彻习近平总书记视察广东重要讲话精神奋力开创新时代广东改革开放新局面的决定》精神；学习贯彻习近平总书记在 2019 年春节团拜会上的讲话精神；传达贯彻广东省十三届人大二次会议、广东省政协十二届二次会议精神；学习《习近平新时代中国特色社会主义思想三十讲》第九讲第三个专题“推进国家治理体系和治理能力现代化”论述；传达贯彻省领导在《广东省生态环境厅关于 2018 年练江流域水环境综合整治工作情况的报告》上的批示精神；学习贯彻《中共中央办公厅关于印发〈中国共产党党内关怀帮扶办法〉的通知》精神；传达贯彻揭阳市全面加强党的领导和党的建设工作推进会精神；传达贯彻习近平总书记重要讲话精神暨全国两会精神；学习贯彻习近平总书记在中央党校中青年干部培训班开班式上的重要讲话精神；学习贯彻《中共广东省委 广东省人民政府关于贯彻落实〈粤港澳大湾区发展规划纲要〉的实施意见》精神；学习贯彻《中共广东省委办公厅印发〈关于激励广大干部在新时代改革开放中新担当新作为的实施意见〉的通知》精神；学习贯彻习近平总书记在中央政治局第十二次集体学习时的讲话精神；传达贯彻全省推动老区苏区振兴发展工作现场会精神；学习贯彻中共广东省委关于印发《广东省贯彻落实〈中共中央关于加强党的政治建设的意见〉实施方案》的通知精神；学习贯彻《中共广东省委办公厅、广东省人民政府办公厅印发〈关于解决形式主义突出问题为基层减负的若干具体措施〉的通知》精神；学习贯彻叶牛平在揭阳市委六届第73次常委会（扩大）会议“学习新思想，实现新作为”专题学习的总结讲话精神；传达贯彻中央和省环境保护督察整改暨环保基础设施建设推进会精神；学习贯彻习近平总书记在“不忘初心、牢记使命”主题教育工作会议上的讲话精神；学习贯彻《中共中央关于在全党开展“不忘初心、牢记使命”主题教育的意见》精神；传达贯彻全省开展“不忘初心、牢记使命”主题教育工作会议精神；传达贯彻5月17日揭阳市委书记专题会议、揭阳市委常委会会议决定事项通知精神；传达贯彻6月5日练江综合整治现场会会议精神；学习贯彻《中共广东省委关于做好〈习近平新时代中国特色社会主义思想学习纲要〉学习宣传宣讲工作的通知》精神；学习贯彻《中共广东省委关于加强新时代人大工作的意见》精神；传达贯彻全省公务员工作座谈会暨学习贯彻新修订的公务员法和推行公务员职务与职级并行制度培训班精神；学习贯彻习近平总书记在中央政治局第十五次集体学习时的讲话精神；学习贯彻《领导同志批示通知》精神；学习贯彻全国、广东省、揭阳市2019年第三季度防范重特大生产安全事故工作会议精神；学习贯彻习近平总书记在全国公安工作会议上的重要讲话精神；学习贯彻揭阳市政府代市长张科莅普调研指示精神；传达贯彻揭阳市委机构编制委员会第一次会议精神；传达贯彻广东省“不忘初心、牢记使命”主题教育专项整治工作电视电话会议和揭阳市委“不忘初心、牢记使命”主题教育领导小组办公室第一次会议精神；学习贯彻习近平总书记在中央财经委员会第五次会议上的重要讲话精神，学习贯彻《中共广东省委、广东省人民政府关于认真学习宣传贯彻〈中共中央、国务院关于支持深圳建设中国特色社会主义先行示范区的意见〉的通知》精神；传达贯彻揭阳市委六届七次全会和揭阳市创文工作推进会议精神；传达贯彻中央、省委“不忘初心、牢记使命”主题教育第一批总结暨第二批部署会议、揭阳市委“不忘初心、牢记使命”主题教育工作会议精神；学习贯彻习近平总书记在中央政协工作会议暨庆祝中国人民政治协商会议成立70周年大会上的重要讲话精神；学习贯彻省委书记李希在全省机关党的建设工作会议上的讲话精神；学习《习近平关于“三农”工作论述摘编》；传达贯彻《中共中央关于新时代加强和改进人民政协工作的意见》精神；学习贯彻揭阳市委常委会关于揭阳市普宁华侨管理区管理体制改革的决定事项精神，研究提出普宁市初步组织实施意见；传达贯彻揭阳市委主题教育专项整治工作进展汇报会精神；学习新修订的《中国共产党问责条例》；传达贯彻揭阳市国土空间总体规划编制工作动员会、揭阳市自然资源“六项”专项工作推进会精神，研究普宁市贯彻落实意见；传达贯彻省委政协工作会议精神；学习贯彻《中共广东省委贯彻落实〈中共中央关于坚持和完善中国特色社会主义制度、推进国家治理体系和治理能力现代化若干重大问题的决定〉的实施意见》精神；传达贯彻全省深化拓展新时代文明实践中心建设试点工作电视电话会议精神；传达贯彻揭阳市政府党组2019年第18次会议暨揭阳市政府六届50次常务会议关于安全生产工作的精神，研究部署全市安全生产工作；传达贯彻省委主题教育领导小组《转发中央“不忘初心、牢记使命”主题教育领导小组〈关于整治“景观亮化工程”过度化等“政绩工程”、“面子工程”问题的通知〉的通知》、揭阳市委主题教育领导小组《关于印发〈省委第三巡回指导组反馈意见整改落实清单〉的通知》、揭阳市委主题教育第七指导组《关于对普宁市主题教育个别访谈、明察暗访发现问题的反馈意见》精神，并研究反馈意见及相关问题的清查整改落实工作。

听取情况汇报和审议有关事项 审议部分党（总）支部改设机关党委的事项，审议《“谋振兴·百日百项大行动”重要工作和重点项目遴选填报表（送审稿）》，听取东莞市派驻普宁市精准扶贫精准脱贫工作组工作情况汇报，审议《普宁市党政机构“三定”规定和机构编制调整方案（送审稿）》《普宁市2018年国民经济和社会发展计划执行情况与2019年计划草案的报告（送审稿）》《普宁市2018年财政预算执行情况和2019年预算草案的报告（送审稿）》《普宁市党政领导干部安全生产责任制实施细则（送审稿）》《普宁市推进城市安全发展的实施意见（送审稿）》《普宁市建立健全乡镇科协组织的实施方案（送审稿）》，听取普宁市农村人居环境整治工作的情况汇报、普宁市打假工作的情况汇报、普宁市教育系统思想政治理论工作的情况汇报、普宁市禁毒工作的情况汇报、普宁市创文工作的情况汇报；审议《普宁市纪念建党 98 周年“七一”表彰工作方案（送审稿）》，听取普宁市落实中央和省环境保护督察整改工作的情况汇报；审议《普宁市第六届运动会实施工作方案（送审稿）》、普宁市“七一”表彰拟表彰对象名单、《普宁市人大常委会党组关于贯彻落实省委人大工作会议精神的工作方案（送审稿）》，听取普宁市 2019 年“八一”军事日活动筹备工作的情况汇报；审议《2019 年普宁市医疗卫生事业单位公开招聘人员实施方案（送审稿）》《普宁市实施公务员职务与职级并行制度工作方案（送审稿）》《普宁市关于开展“不忘初心、牢记使命”主题教育前期筹备工作方案（送审稿）》《关于查处涉土违纪违法问题的指导意见（送审稿）》，听取普宁市 2019 年重点项目建设进展情况的汇报、揭阳市调研普宁市脱贫攻坚工作反馈意见整改措施的汇报、中央环保督察回头看及省环保督察整改工作进展情况和存在问题的汇报；审议《普宁市急需紧缺专业人才引进计划实施方案（送审稿）》《2019 年普宁市公开招聘事业单位工作人员实施方案（送审稿）》，听取关于统筹部分省级资金用于农村公厕建设的汇报；审议《普宁市档案馆机构编制方案》等机构编制事项，听取关于市“不忘初心、牢记使命”主题教育筹备情况和有关工作安排的汇报；审议市“不忘初心、牢记使命”主题教育有关文件，听取普宁华侨农场改制设镇有关事项的汇报；审议《普宁市集中整顿软弱涣散村（社区）党组织工作方案（送审稿）》《普宁市关于整治农村人居环境脏乱差的专项工作方案（送审稿）》，听取普宁市广播电视台改革发展情况的汇报，市总工会、团市委、市妇联、市科协、市文联、市侨联、市工商联、市残联工作的情况汇报和市委“不忘初心、牢记使命”主题教育工作的情况汇报；审议《普宁市实施乡村振兴战略规划（2018—2022 年）》《中国普宁金茂国际新城整体合作协议》，观看省纪委监委警示教育片《浊流之虐》、市纪委监委警示教育片《不忘初心、警钟长鸣》；听取普宁市脱贫攻坚、“三清理三拆除三整治”工作的情况汇报，普宁市“两违”、乱挖乱采整治工作的情况汇报，普宁市未成年人思想道德建设工作的情况汇报；审议《“潮韵风华·梅香四方”——第五届普宁梅花旅游文化节活动方案（送审稿）》《在“不忘初心、牢记使命”专题民主生活会关于市委领导班子的检视剖析材料（送审稿）》《市委领导班子成员“一台账两清单”及集中治理清单（送审稿）》《普宁市财政资金编制执行监督管理办法（试行）（送审稿）》《普宁市机关雇员管理暂行办法（送审稿）》《普宁广场 BT 项目工程造价结算协议书（送审稿）》，听取普宁广场 BT 项目结算审核的情况汇报；审议《普宁市简化农村项目建设流程指导意见（送审稿）》，听取普宁市广电网络改革重组工作、广电网络改革重组人员安置工作和普宁市融媒体中心建设工作、普宁金叶大厦停业出租及人员安置工作的情况汇报，听取关于追授流沙东街道杨兴涛“普宁市优秀共产党员”称号有关事项的汇报，听取普宁市森林防火工作的情况汇报。

讨论研究和审定事项 讨论研究召开市委十三届六次全会有关事项，关于增设普宁市人民代表大会专门委员会和变更个别专门委员会名称的有关事项，关于组建普宁市政协农业农村委员会的有关事项；部署清明期间森林防火工作，讨论研究政府工作报告（送审稿），普宁市 2019 年重点建设项目计划的有关事项，关于调整云落镇区污水处理厂及配套管网工程建设规模的有关事项，关于调整梅塘镇区污水处理厂及配套管网工程建设规模的有关事项，关于调整完善市区污水处理厂配套管网工程建设规模的有关事项，关于签订《普宁市人民政府环保基础设施建设项目特许经营合同》的有关事项；讨论研究市人大常委会工作报告（送审稿）及有关事项，市政协常委会工作报告（送审稿）及有关事项，部分党（总）支部设立（直属）机关党委的事项，调整市科技工业园管委会主要职责等机构编制的事项，市实施公务员奖励的事项；讨论研究扩大市区城市基础设施配套费征收范围的事项，云落镇生活垃圾收集、转运的事项，终止（停止）部分揭阳市、普宁市党代会代表资格（职务）的事项；讨论研究提高普宁市村（社区）“两委”干部生活补贴标准的有关事项，进一步提高普宁市村（居）务监督委员会成员补贴标准的有关事项，关于征收普宁市村镇基础设施配套费的有关事项；研究部署全市第四季度经济工作暨传达贯彻揭阳市委六届第90次常委会会议、揭阳市政府党组2019年第13次会议暨揭阳市政府六届46次常务会议、揭阳市2019年第三季度经济形势分析会关于经济和城市规划、建设、管理工作的精神；讨论研究新增“不忘初心、牢记使命”主题教育集中整顿软弱涣散村（社区）党组织的事项；通报2018年度基层党（工）委书记述职评议结果；讨论研究普宁市各乡镇场街道农村生活污水处理设施的有关事项。

【政策研究】 2019年，市委办政研组紧扣市委中心工作、紧贴全市发展大局，按照市委办公室“三服务”要求，努力发挥好参谋助手作用，不断提升以文辅政水平，把提供市委所需的综合性文稿作为工作的重中之重来抓，集中力量，高质高效完成中共普宁市委十三届五次全会、六次全会、七次全会等一系列重要会议、重大活动的讲话、致辞、汇报；精心办好内部刊物《普宁市情》，并向全市各乡镇场街道、市直各单位发放；市委深改办秘书组准确把握中央、省委和揭阳市委关于全面深化改革工作的各项部署要求，全力服务好改革工作，推动改革工作落实落地。

（市委办）

组织工作

【概况】 至2019年年底，全市有基层党组织2397个。其中，基层党委59个（乡镇党委18个、管理区党委1个、市直机关党委15个、事业单位党委1个、国企党委7个、学校党委4个、“两新”党委1个、行政村党委12个），党总支197个，党支部2141个。有党工委9个，其中街道党工委7个、市直机关党工委1个、工业园党工委1个。党员总数61739人，其中女党员12859人、35岁以下党员14587人、专科以上学历党员21357人、少数民族党员56人。

【党员发展工作】 2019年，全市共发展新党员810人，其中女党员178人，占22%；35岁以下党员599人，占74%；专科以上学历党员355人，占43.8%；农牧渔民党员524人，占64.7%；“两新”组织党员42人，占5.2%。

【党内表彰】 2019年，普宁市结合建党98周年，在“七一”期间共表彰先进基层党组织80个、优秀共产党员87名、优秀党务工作者82名，激励全市各级党组织和广大党员干部崇尚先进、学习先进。深入挖掘流沙东街道党工委委员杨兴涛的先进事迹，追授其“普宁市优秀共产党员”称号，教育引导全市党员干部深入学习其先进事迹，提升干事创业担当精神。

【“党支委联系党员、党员包片联系群众”工作机制】 2019年，市委组织部将“不忘初心、牢记使命”主题教育与党员志愿服务相结合，推行“党支委联系党员、党员包片联系群众”工作机制，将各村（社区）合理划分成若干个片区，每名具有帮带能力的党员挂钩到责任区域及联系到农户，做好宣传党的政策、了解群众思想、掌握各项工作情况等。至7月初，全面完成全市各个村（社区）共产党员悬挂“共产党员户”牌工作。

【“红色村”党建示范工程】 2019年，市委组织部继续推进大南山街道什石洋村“红色村”党建示范工程，充分挖掘当地红色文化，扎实推进一路、一廊、五址、一阵地建设，全力将其打造成市革命传统教育、爱国主义教育、党员教育基地和“不忘初心、牢记使命”主题教育学习阵地的样板工程。主题教育开展至2019年年末，市内外各地党政机关、

什石洋村红色文化长廊　　（陈少强　摄）

群众团体、企事业单位和乡镇（村居）、学校组织干部职工群众和党团员及师生到什石洋村开展红色教育活动约300批次，近万人次。该工程被中央电视台、广东省新闻网多次进行宣传报道。

【村级干部队伍建设】 2019年，市委组织部深入实施“领头雁”工程，选优配强村（社区）党组织书记，全年共调整村（社区）党组织书记62人。组织新一批86名村（社区）“两委”干部、后备干部参加大专学历教育提升班，有序提升村（社区）“两委”干部文化水平。组织对全市1965名村（社区）后备干部开展履职评估，及时调整撤换不合格的93名后备干部。加强“两委”干部管理，严格执行“两委”干部任职资格联审机制、任职回避制度，建立“两委”干部档案管理制度。编印《普宁市村（社区）“两委”干部工作手册》，推动“两委”干部学习掌握应知应会政策知识等，提高“两委”干部履职水平。对全市各村（社区）“两委”班子运行和后备干部情况开展分析研判，并根据分析研判结果做好调整等后续工作，共调整村（社区）党组织书记22名。制定出台《普宁市村（社区）“两委”班子和党组织书记年度考核实施方案（试行）》，组织开展2019年度考核工作。

【基层党建基础保障】 2019年，市注重加强村级活动场所保障，每村（社区）下拨2万元作为党群中心标准化建设补助资金，进一步规范村级党群服务中心建设。注重加强村级党建力量保障，完成第一批村（社区）党建指导员期满考核及新一批选派轮换工作，为18个省定贫困村、27个软弱涣散村（社区）、15个扶持壮大集体经济试点村选派党组织第一书记。注重加强村级党建经费保障，及时足额下达村级组织运转经费、党组织服务群众经费，统筹200多万支持基层党建示范镇、示范村的创建。全面落实经费保障，从1月起提高村（社区）“两委”干部生活补贴标准至2700元，进一步激发村（社区）“两委”干部干事创业积极性。

【城市基层党建工作】 2019年，市委组织部组织对全市楼宇、商圈、互联网等新兴领域进行全面摸查调研，依托中国·普宁国际服装城，建立普宁市服装商圈市场党支部，依托御景城小区建立御景城党支部。调整市“两新”组织党工委委员直接挂钩联系基层“两新”组织党组织工作机制。组织对民营企业全国500强等五类企业党建情况进行摸查，对具备建立党组织条件的“两新”组织，做到成熟一个，组建一个，全年共新建“两新”组织党组织3个。在“不忘初心、牢记使命”主题教育期间，组织对2个软弱涣散“两新”组织党组织开展集中整顿。

【机关企事业党建工作】 2019年，市委组织部认真抓好党组织设置优化工作，推动商业（集团）公司党总支、供水管理局党总支调整升格为党委。在市直机关和企事业单位中打造税务局等7个市直“党建灯塔工程”，营造浓厚党建氛围。督促企业把党建工作总体要求写入公司章程，确保党建责任制落实到位。

【党员电化教育】 2019年，市委组织部结合党支部规范化建设，指导各基层站点将远教接收设备进行统一规范布置，不断加强远程平台的覆盖面。拍摄制作《大南山下党旗红》等电教片，并在普宁组工微信公众号、远程教育等平台进行宣传，发挥好党员电教片影响人、感染人、教育人的示范引领作用。配合上级组织部门，做好“大组工网”的网络架构和安全策略完善工作。严格按照“积极防御、综合防范”的信息安全工作方针，加强大组工网使用人员的网络安全培训工作，切实做好保密工作。

【镇街党校工作】 2019年，市委组织部指导各乡镇场街道积极打造镇街党校，并结合普宁地广人多的实际，在18个镇街探索设立党校分校点。市委党校牵头指导全市镇街党校制订年度党员干部培训计划，认真抓好实施。至年底，全市镇街党校累计举办培训班190场次，培训党员15358人次，全覆盖轮训各领域党支部书记。

【机构改革工作】 2019年，市委组织部及早研究启动全市党政机构改革，圆满完成涉改部门领导班子调整配备。加强统筹协调，完成涉改机构人员转隶等工作。按照揭阳市委常委会议决定事项和有关机构改革实施方案文件精神，提前谋划、及早介入，做细做实普侨区人员划转移交，有序推进普侨区管理体制改革。严把人选关，扎实做好市群团组织换届各项职务人选考察审批工作。

【干部选拔任用】 2019年，市委组织部注重在专业化上配干部建班子，加大选拔具有“三农”、经济、城建、环保、国土、水利等方面专业特长的领导干部力度，不断提升干部队伍专业能力素质。结合机构改革，选优配强各级领导班子和领导干部，提拔科级领导干部205名，其中正科级46名、副科级159名。推进干部交流轮岗，提拔交流任同一岗位职务时间超过10年的领导干部19名。注重培养选拔“三类”干部，提拔或进一步使用35周岁以下优秀年轻干部32名，女干部19名，党外干部2名。

【干部管理】 2019年，市委组织部制定出台《关于在干部选拔任用工作中体现落实生态环境保护相关要求的暂行规定》，对全市25个乡镇街道开展2018年度领导班子和领导干部绩效考核工作，认真做好2018年度全市机关事业单位4190名干部的年度考核。推进干部人事档案软硬件配套规范化建设，开展全市干部人事档案整理改版，对市直各有关单位干部人事档案管理开展专项检查。完善干部管理信息平台，做好2019年度公务员统计以及公务员、事业单位干部信息采集更新动态维护，推进干部工作规范化、信息化和精准化。做好市委管理的领导班子成员分工调整报备；加强干部选拔任用纪实材料整理归档。加强选调生工作，做好2019年度18名选调生的招录工作，并推进省、揭阳和普宁三级28名选调生到16个镇街26个村进行基层锻炼。

【干部培训】 2019年，市委组织部研究制订《2019年普宁市干部教育培训工作意见》和《2019年市委组织部主体班次培训计划》，在市委党校开设主体班次12个共34期，培训党员干部4564人次。将习近平新时代中国特色社会主义思想、党的十九大精神和习近平总书记视察广东重要讲话精神等作为培训的重要内容，分级分类推动学习教育培训全覆盖。举办科级干部学习贯彻《粤港澳大湾区发展规划纲要》专题研讨班7期；结合“不忘初心、牢记使命”主题教育以及普宁实际，分期分专题举办7期科级领导干部学习贯彻党的十九届四中全会精神专题研讨班。推进“一把手”论坛制度，邀请市党政领导到市委党校授课9人，为学员阐明形势、解析政策、交流经验、答疑释惑，提升学习培训档次和规格。挖掘和利用“红色文化”资源，着力打造“红色”课堂品牌，加强党员领导干部理想信念教育。统筹选送领导干部180人次参加上级各类学习培训，促使领导干部开阔视野增长见识。加强组织管理，营造良好学风，为党员领导干部学习教育培训提供保障。

【干部监督管理】 2019年，市委组织部做好科员级干部任免审核工作，共审核115批次，涉及941人次。协助揭阳市委组织部做好市34名县处级领导干部的个人有关事项报告工作。开展选人用人专项检查，组织各地各单位针对本地本单位选人用人工作进行自查，并随机抽取12个乡镇街道和12个市直单位开展实地检查。落实各地各单位按照干部管理权限进行近亲属任职回避排查工作，全市共排查出科级干部4对、股级干部2对，并及时落实整改。组织全市205名新提拔科级干部进行任前廉政警示教育。配合省委第四巡视组开展的巡视工作和选人用人专项检查工作，做好涉及的中央巡视、省委巡视和揭阳市委巡察反馈意见落实整改工作和台账的汇总报送工作。按照干部管理权限，落实各地各单位开展“一报告两评议”工作，并对各地各单位上报的评议结果进行汇总统计，综合分析。认真做好干部因私出国（境）的审查审批工作，全年共办理干部出国（境）政审（复审）86人次，其中征求市纪委监委和市人民检察院意见6人次。进一步规范村（社区）“两委”干部因私出国（境）的管理工作。充分发挥“12380”三位一体举报平台的监督优势，积极受理群众来信来访，全年共接到群众来信来访31件，其中上级转办14件，每件都给予调查核实。

【公务员管理】 2019年，市委组织部组织实施全市公务员职务与职级并行制度，完成列入实施范围的公务员职级设置和套转工作。2019年度全市各级机关招录公务员127人。对570名2018年年度考核优秀等次的公务员给予嘉奖。

【人才工作】 2019年，市委组织部严格落实《关于深化人才发展体制机制改革推动创新驱动的实施意见》等一系列人才工作政策，加大引进高层次人才和急需紧缺专业人才工作，全年共新增高级职称专业技术人才403人，共引进博硕士人才46人、急需紧缺专业人才27人。以引才育才为重点，市卫健、教育等部门积极组织选送多名骨干以上人员参加进修培训，卫健部门成功引进多名医学博硕士等高层次卫生专业技术人才，有效提升全市医疗卫生专业技术水平；教育部门公开招聘一批本科以上应届毕业生充实到各基层学校，提高农村基层教育水平。采集上报21名符合中组部人才信息库信息采集标准的高层次人才。组织11家企业分批次参加高新技术企业认定，已通过省厅初审8家，其中新认定6家。以技术创新为纽带，新增广东泰宝医疗科技股份有限公司院士工作站，全市已建设院士工作站5家、博士后科研工作站2家。以科研机构建设为载体，发挥康美企业重点实验室龙头研发机构的引领示范作用，带动企业加大投入，建设一流研发机构，全市共有省级以上创新平台28个。严格执行《普宁市优秀专家和拔尖人才选拔管理办法》，及时兑现拔尖人才在科研经费、进修学习、专业技术评聘等方面的优惠政策，逐步提高市管拔尖人才的管理经费和专业技术津贴，同时组织拔尖人才进行健康检查，至年底，全市共有市管优秀专家和拔尖人才70人，其中揭阳市级14人。

【部机关政治理论建设】 2019年，市委组织部以党的政治建设为统领，组织学习习近平总书记系列重要讲话精神，认真开展“不忘初心、牢记使命”主题教育，通过开展“七一”主题党日暨铸魂引领活动、参观普宁县临时人民政府成立旧址、观看爱国主义电影以及组织部机关青年干部开展“守初心担使命、献礼祖国70华诞”活动周等活动，进一步强化组工干部的政治意识。

【调研信息】 2019年，市委组织部共上报综合文章和组工信息158篇，被中央、省级和揭阳刊物或网站采用70篇。着力提高《普宁组工》及“普宁组工”微信公众号的质量，营造浓厚的学习宣传气氛。

【模范机关创建】 2019年，市委组织部认真开展模范机关创建活动，完成机关牌匾、组室门牌布设，高规格建设党员活动室，设计打造职工之家，更新部机关宣传栏、宣传展板，打造提升宣传阵地，优化美化机关环境。加强机关工会组织建设，进行换届选举，配齐工会委员，并加强对干部职工关怀，增加生日慰问福利，组织全体职工进行健康体检，不断完善工会福利保障。组织参与申报并获得“揭阳市先进职工之家”“揭阳市青年文明号”等称号。

【能力素质工程】 2019年，市委组织部创新“组工大讲堂”制度，扩大“组工大讲堂”品牌效应，把乡镇街道组工干部纳入“讲师”范围，组织召开第四轮“组工大讲堂”，并编制形成《普宁市“组工大讲堂”演讲稿荟萃3》一书。结合“不忘初心，牢记使命”主题教育，开展部机关党小组挂钩联系党员教育基地、党建示范村（社区）活动。

（邱一民、赖海生、詹婉珊、张俊鸿）

宣传工作

【概况】 2019年，普宁市宣传思想工作聚焦学习宣传贯彻习近平新时代中国特色社会主义思想和党的十九大精神、习近平总书记对广东重要讲话和重要指示批示精神，按照上级宣传文化工作会议和市委十三届五次、六次、七次全会的部署，扎实有效推进宣传思想文化领域各项工作开展，为普宁奋力打造“商贾名城、创新之城”提供强大思想保证、精神动力、舆论支持和文化条件。组建市委宣讲团进行大宣讲活动，带动全市各级大宣讲活动开展；组织“我和我的祖国”宣讲活动，深入基层开展百姓宣讲；依托“村村通广播”“普宁发布”等平台，深入开展理论学习宣传；围绕中华人民共和国成立70周年广泛开展系列主题活动。是年，市、镇层面共举行宣讲报告会140多场次，参加学习的党员干部超过1.8万人次，开展“我和我的祖国”百姓宣讲活动100场次，惠及群众1.2万人。

【党的十九届四中全会精神学习宣讲】 2019年，市委宣传部围绕学习宣传贯彻党的十九届四中全会精神，从市直有关部门抽调政治觉悟

2019年12月18日，普宁市科级领导干部学习贯彻党的十九届四中全会精神专题研讨班开班仪式在市党政会议中心举行 （罗凯瀚 摄）

高、工作责任心强以及具有较高理论水平的干部组成党的十九届四中全会精神宣讲团，组织开展深入城乡基层的互动式宣讲活动，深入各乡镇场街道、市直各单位，多角度、多层次、全方位地向干部群众宣讲党的十九届四中全会精神主要内容、精神实质、重大理论观点和重要论断论述，推动党的理论和路线方针政策进企业、进农村、进机关、进校园、进社区，让广大干部群众听得懂、能领会、可落实。据统计，市级共组织开展宣讲80多场次，受教育干部群众1万多人次。

【习近平新时代中国特色社会主义思想学习宣讲】 2019年，市委把深入学习宣传贯彻习近平新时代中国特色社会主义思想作为一项重要政治任务，将习近平新时代中国特色社会主义思想有关学习内容纳入市委中心组学习计划，充分发挥市委理论学习中心组龙头带动作用，引导全市深入学习宣传贯彻习近平新时代中国特色社会主义思想。市委宣传部组建宣讲团深入各乡镇场街道、市直各单位，多角度、多层次、全方位地向干部群众宣讲习近平新时代中国特色社会主义思想，据统计，在全市组织开展宣讲共80多场次，参与听讲学习的干部群众1万多人次。

【“不忘初心、牢记使命”主题教育学习宣讲】 2019年，市“不忘初心、牢记使命”主题教育开展以来，市委宣传部围绕打通理论宣传宣讲“最后一公里”，组织百姓主题教育宣讲团，深入到农村、社区、机关、企业、校园，面向基层广大干部群众，开展党的创新理论和习近平总书记关于“不忘初心、牢记使命”重要论述以及共产党员先进事迹宣传宣讲，以理论宣讲员讲党的创新理论，模范人物讲先进事迹的方式，通过身边人身边事引发干部群众对初心使命的共鸣，以质朴生动的群众语言让党的创新理论“飞入寻常百姓家”，取得良好效果。市委宣传部组织市、镇百姓宣讲团深入基层开展百姓宣讲，共1万多人聆听宣讲内容，以实际行动继承和弘扬革命精神，为建设“商贸名城、创新之城”贡献自己的力量。

（卢灿坤、吴忠文、黄丹纯）

【理论学习与研究】 2019年，市委宣传部印发《关于2019年全市科级及以上党（工）委（党组）理论学习中心组专题学习重点内容安排》，指导全市各级党委（党组）理论学习中心组着力在学懂弄通做实上下功夫，不断把所学的知识转化为武装头脑、指导实践、推动工作的强大动力。市委理论学习中心组举办集中学习交流14场次。深入开展学习贯彻习近平新时代中国特色社会主义思想和党的十九届四中全会精神宣讲以及开展“我和我的祖国”宣讲活动，编印辅导读物《市委中心组学习资料》12期、宣讲学习提纲6个。通过扎实开展思想政治建设，党员干部进一步树牢“四个意识”，坚定“四个自信”，坚决做到“两个维护”，勇于担当作为，坚决把党中央决策部署落到实处。

【意识形态工作】 2019年，市委主要领导带头抓意识形态工作并多次作出批示，对意识形态工作亲自研究、亲自部署、亲抓落实。市委常委会常态化研究意识形态领域工作，对《党（工）委（党组）意识形态工作责任制实施方案》和《党（工）委（党组）意识形态工作学习研究办法》进行专题研究部署，开展专题学习研究2次。市委宣传部牵头加强对各地各单位党组织意识形态工作检查考核，将检查考核结果进行通报并运用到绩效考核中。把意识形态领域工作情况列为市委巡察组巡察和领导班子绩效考核、民主生活会和述职报告的重要内容，接受监督和评议。市分管领导带队到基层开展意识形态工作调研检查，对存在薄弱环节发出整改意见，共发出整改意见书14份，层层传导压力，夯实工作根基。定期召开市意识形态工作联席会议，对意识形态工作进行动态研判，研究提出落实意识形态工作责任制的工作措施，全年召开联席会议4次。

（吴忠文、黄丹纯）

【公民思想道德建设】 2019年，市委宣传部组织开展“道德模范选树”工作，最终评选出10名“普宁贤德人物”，通过普宁市电视台开设专栏、开展道德模范事迹宣讲和巡回展览等方式，全方位、多角度宣传道德模范事迹，《揭阳日报》也开辟专栏对普宁贤德人物进行深度采访报道。结合“不忘初心、牢记使命”主题教育，联合市主题教育办举办先进事迹报告会，通过宣传身边先进典型弘扬正能量，动员激励广大党员干部对标先进、见贤思齐。结合元旦、春节、中秋、国庆、重阳、七夕等传统（重要）节日，广泛开展“我们的节日”主题活动，动员广大群众直接参与精神文明建设，提高市民文明素质和社会文明程度。依托新时代文明实践中心（所、站），组织开展经典诵读文艺活动、道德模范事迹展、道德模范事迹宣讲及“我和我的祖国”百姓宣讲、志愿服务等，让党的宣传思想工作在基层实起来、强起来。是年市委宣传部、市文明办在市文化馆、图书馆、红宫等地开展市道德模范事迹展共6场次，在大坪镇、洪阳镇等地开展市道德模范事迹宣讲、“我和我的祖国”百姓宣讲活动共5场次。

【文明城市创建】 2019年，市紧紧围绕“创建广东省县级文明城市”各项要求，加强领导，夯实责任，真抓实抓，着力推动群众性精神文明创建活动科学化规范化常态化，不断提高全面文明素养和社会文明程度，优化人文环境。继续推进市镇村“三级文明联创”，推动全市提升文明程度。持之以恒开展城乡环境卫生综合整治，规范市场管理，切实营造干净整洁、文明和谐城乡环境。在全市广泛开展“美好普宁，迎新徒步行”普宁市文明创建宣传活动，“不忘初心 牢记使命——城市公益健康徒步行”主题活动，清明祭英烈、端午龙舟竞赛活动和“我们的节日”等主题活动，以及“缤纷书香节”活动，志愿服务活动，引导广大群众增强民族自尊心、自信心和自豪感，弘扬改革创新、敢于担当、艰苦奋斗、无私奉献的时代精神，营造文明创建良好氛围。充分发挥广播电视、网络、新媒体等各类平台作用，全方面、多角度宣传文明城市创建工作开展情况。广泛开展宣传教育，印制发放“普宁市民文明手册”“普宁市民文明公约”“文明旅游宣传手册”等宣传材料2万多份，引导全民自觉参与到文明城市创建中来，共同营造干净、整洁、有序的城市环境。通过“普宁发布”“普宁组工”、普宁广播电视台等平台，向广大市民和共产党员发出“致普宁市民的一封信”和“致全市共产党员的一封信”，呼吁全体市民投入到文明创建活动中来。落实专人负责，对各阶段全市文明创建工作情况编成简报，发至乡镇场街道、市直各单位，并在普宁文明网等平台发布，全年共编辑发布文明创建简报100期。实行市领导及市直单位挂钩乡镇场街道结对创文机制，结对落实“创文”任务，督查督促工作进度，协调解决存在问题。实行督查考核机制，市“五城同创”督查问责组深入各地对“五城同创”工作进行督查考核，共开展了10轮督查，进一步压实创文责任，提升文明创建“精气神”。

（张春联、卢灿坤、秦济）

【文艺宣传活动】 2019年，市委宣传部认真学习贯彻习近平新时代中国特色社会主义思想和党的十九大、十九届二中、三中、四中全会精神，推动全社会深入培育和践行社会主义核心价值观，围绕庆祝中华人民共和国成立70周年这条主线，紧扣“不忘初心、牢记使命”主题教育、文明创建、创卫、扫黑除恶、创建双拥模范城等党委政府中心任务开展一系列主题宣传教育活动和群众文化活动，指导全市各地各单位在重要时间节点做好户外宣传布设，营造浓厚的社会氛围。结合中华人民共和国成立70周年，举办“我和我的祖国”快闪活动、“我和我的祖国”——普宁市庆祝中华人民共和国成立70周年专题晚会、“不忘初心、牢记使命”——城市公益健康徒步行主题活动、“时代新人说——我和祖国共成长”演讲大赛、“乡村振兴”专题演讲比赛、“不忘初心、牢记使命”——红色文化主题图片展、“不忘初心、牢记使命”——普宁市书法家书写党的十九大报告全文书法长卷书法展、庆祝中华人民共和国成立70周年文体会演、群众美术书法摄影大展等。在全市举办上述各项活动共244场次，其中超千人活动51场次，群众文艺嘉年华68场次，主题游园活动40场次，各项活动总体参与人数约55万人次，含网络直播观看人数39万人次。做好红色资源保护利用工作，对爱国主义教育基地进行修缮提升，传承红色基因，弘扬革命精神。依托普宁“八一”南昌起义南下部队指挥部军事决策会议旧址和普宁红宫设立新时代红色文化讲堂，至年底，开展“6+X”拓展活动150多场次，举办普宁红色故事会16场。组织协调做好一年一度的市区春节文艺活动，举办第二届“普宁英歌（民俗）文化节”，全面展示非物质文化遗产普宁英歌的风采；与英歌山部队共同举办“八一”军地文艺晚会；联合开展“众志成城 扫黑除恶”普宁市扫黑除恶专项斗争文艺巡演活动；成功举办“潮韵风华·梅香四方”第五届普宁梅花旅游文化节和普宁市第六届运动会。组织一批优秀“非遗”作品亮相深圳文博会，其中，有1件工艺作品参加“中国工艺美术文化创意奖”评选活动获铜奖；在“我和我的祖国——广东省第十三届‘百歌颂中华’歌咏活动”总决赛中，市合唱团获得银奖。开展送戏下乡，市潮剧团开展送戏进农村进校园近120多场，观看人数约20万人次，其中市潮剧团新编历史潮剧《驱鳄记》在市红领巾实验学校成功首演，广受好评。新建旅游厕所7座和流沙北街道、占陇镇、大池农场3个镇级文体广场，完成

2019年9月23日，普宁市庆祝中华人民共和国成立70周年专题晚会在市明华体育馆举行　（王敏　摄）

年度文体广场建设和推进旅游厕所建设工作。对市文化馆、市图书馆、市博物馆等公共文化场所进行升级改造，并常年对广大市民免费开放，公共文化服务能力进一步增强。加大非物质文化遗产保护力度，是年，新增普宁市非物质文化遗产代表性项目16个，其中大长陇贺灯等9个“非遗”代表性项目列入揭阳市第六批“非遗”代表性项目推荐名录。流沙西街道（普宁英歌舞）被文化和旅游部命名为2018—2020年度“中国民间文化艺术之乡”，市文物保护单位赖长墓被广东省人民政府公布为“广东省第九批文物保护单位”。

（张春联、黄惠芹）

【新闻舆论工作】　2019年，市委宣传部切实抓好新形势下舆论宣传工作，充分利用好传统媒体，积极推进融媒体中心建设，牢牢把握正确舆论导向，唱响主旋律，做大做强正面宣传。紧紧围绕市委、市政府中心工作，策划制订贯彻学习“五位一体”总体布局和“四个全面”战略布局、庆祝中华人民共和国成立70周年、“不忘初心、牢记使命”主题教育、创文创卫、扫黑除恶、生态环保、精准扶贫等宣传方案14个，组织指导市广播电台、电视台等新闻媒体通过开设专栏、专访、专题报道、举办讲座等形式，做好宣传报道，营造良好舆论氛围。是年，市广播电视台共播出新闻稿件4260多篇、专题和系列报道200多期，编印《广电宣传》资料4期，播出公益宣传标语32580多（条）次；《揭阳日报》推出普宁要闻312条次；《揭阳日报》开设普宁专版48期，揭阳电视台在新闻节目中报道普宁要闻255条次。积极发挥新媒体作用，市网信部门通过专题学习教育、主动设置议题和加强指引等多种形式，有效组织网络自媒体传播正能量、弘扬主旋律。发挥“普宁发布”引领作用，突出理论宣传，结合全市性重点工作，引导自媒体协同发声。全年共发布信息1211条次，推送习近平总书记重要讲话精神理论学习文章202篇。举办第六届网络安全宣传周，开展以“网络安全为人民，网络安全靠人民”为主题的一系列线下线上的宣传活动9场次，推送网安宣传信息7条，发放资料1.6万份。加强与上级主流媒体的合作，全年共接待上级媒体120多批次，全年在上级主流媒体刊发宣传普宁稿件620条（篇）。邀请中新社、《南方日报》、《羊城晚报》、《广州日报》、《深圳特区报》、广东电视台等10多家上级主流媒体到市采访报道市在练江整治方面的做法和成效，进一步表明普宁市整治练江的信心、决心。全年市新闻办共发布舆情新闻通稿5条。

【网络舆论环境整治】　2019年，市委网信办认真落实上级和市委关于网信工作的部署，从市实际情况出发，积极探索研究新形势下网信工作的特点和规律，切实加强和改进网信工作。制订《普宁市网络信息安全应急响应预案》，修订《普宁市网络安全事件应急预案》，使市在妥善处置突发事件，应对网络信息安全事件上进一步规范化、制度化。深入开展净化网上舆论环境专项整治，对属地重点网站、微信公众号等各类网络平台进行各类专项排查，共清理网络有害信息102条，约谈属地自媒体4家，依法关停微信公众号1个，落地查处网络色情1起、网络谣言41起，行政处罚12人次，教育训诫28人次。依法加强对属地重点网站、论坛、自媒体的内部管控，要求属地重点网站论坛规范制度建设，强化安全防范措施，建立健全人员值班制度，落实先审后发制度，全面加强日常管理，确保源头安全。同时，要求各地各单位全面排查网络安全隐患，及时更新安全软件，确保计算机与网络安全，防止因病毒、漏洞而造成的重大网络安全事故。是年，在前期摸清、确定市关键信息基础设施底数的基础上，积极配合揭阳市委网信办完成2019年度关键信息基础设施安全管理实地检查工作。对市经济和信息化局网站、普宁华侨医院网站、康美药业门户网站、普宁市人民政府网站4家单位进行实地安全检查，并形成网络安全评估报告，同时，要求被检单位对照评估报告，加强整改，强化防护，确保设施安全稳定运行。

（黄晓填、李泽柯）

【新闻出版与版权管理】 2019年，全市共有印刷企业60家，其中出版物印刷企业1家、包装装潢印刷企业53家、其他印刷品印刷企业6家、只读类光盘复制企业1家。有出版物零售经营单位66家，其中书店53家、音像制品店13家。

【电影放映与管理】 2019年，全市共有电影院9家，主要分布在市区和洪阳等重点镇区。市电影放映市场呈良好发展态势，全年全市电影总票房收入4517.04万元，总观影人次为136.75万人次。其中市华夏天泓影城有限公司票房收入1161.1万元，观影31万人次；广东大地影院建设有限公司分公司票房收入246.61万元、观影7.71万人次；市流沙电影城有限公司票房收入255.77万元，观影8.50万人次；市中影达梦电影放映有限公司票房收入991.46万元，观影30.16万人次；市华影金娱电影放映有限公司票房收入209.99万元，观影6.62万人次；市超达美文化发展有限公司票房收入186万元，观影5.8万人次；市金莎时代电影放映有限公司票房收入1289.32万元，观影41.35万人次；佳梵影业有限公司票房收入52.53万元，观影1.96万人次；市里湖星泰电影放映有限公司票房收入124.26万元，观影3.65万人次。继续实施农村电影公益放映“2131”工程。全市农村电影公益放映6300多场次，新增120场进社区及广场公益放映，全年电影公益放映共6420多场次。

（李琼丽、张泽鑫）

【图书发行】 2019年，市新华书店全力推进图书发行工作，积极配合上级职能部门，确保完成政治书籍发行任务，实现社会效益和经济效益相统一。完成《习近平谈治国理政》《中华人民共和国宪法》《新时代热点面对面》《梁家河》《习近平新时代中国特色社会主义思想三十讲》《习近平新时代中国特色社会主义思想学习纲要》《新中国发展面对面》《攻坚克难》《第五批干部培训读本》等书籍的发行共3万多册。配合市委宣传部配送政治书籍及其他读本5万多册、价值154万元的图书进全市518家农家书屋。

（谢清波）

【宣传文化队伍建设】 2019年，全市宣传文化队伍自觉把政治建设摆在首位，始终在思想上政治上行动上同党中央保持高度一致，结合“不忘初心、牢记使命”主题教育，以提高宣传队伍执行力为出发点，充分发挥宣传队伍推动全市宣传思想文化工作的主导作用，在实践中锻炼和培养干部，继续打造一支政治过硬、本领高强、求实创新、能打胜仗的宣传思想工作队伍。先后组织选派40多人（次）参加上级和市举办的各类培训班学习，重点学习习近平新时代中国特色社会主义思想、党的十九大精神、党的十九届四中全会精神、习近平总书记历次对广东工作的重要讲话和一系列重要指示批示精神。

（卢灿坤、杨洪铎）

统战工作

【概况】 2019年3月，机构改革，原市外事侨务局的侨务、港澳事务管理职责划入市委统一战线工作部（简称“市委统战部”），原市委台湾工作办公室更名为市委台港澳工作办公室。改革后，市委统战部为正科级，加挂中共普宁市委台港澳工作办公室牌子，对外加挂普宁市民族宗教事务局、普宁市台港澳事务局、普宁市侨务局牌子。内设秘书、宣传调研和经济、民主党派和无党派工作、民族宗教事务工作、台港澳事务工作、侨务工作组6个组，在职干部职工20人。是年，市委统战部以习近平新时代中国特色社会主义思想为指导，按照党中央、省委、揭阳市委对统战工作的决策部署和要求，围绕市委中心工作，把握大团结大联合的主题，凝心聚力，共谋发展，扎实推进市各领域统战工作创新发展。

【多党合作】 2019年，市委统战部继续推进多党合作事业发展，组织民主党派和无党派人士参加市委举办的各界人士座谈会，推荐民主党派和无党派人士参加有关单位的民主监督工作。加强党外干部队伍建设，进一步完善党外干部“后备库”信息，推动党外干部培养选拔工作制度化，是年，共提拔非中共党员副科级干部3人。加强联络联谊工作，组织市党外知识分子联谊会会员到庄世平博物馆和该联谊会常务理事企业（广东昊云服装实业有限公司）参观学习；与市各民主党派、市党外知识分子联谊会、市人民医院联合举办“同心庆华诞，聚力中国梦——庆祝中华人民共和国成立70周年文艺晚会”。组织市各民主党派参加扶贫济困等社会服务，是年各民主党派捐资慰问贫困户3.6万元。

【工商联与非公有制经济人士工作】 2019年，市委统战部坚定贯彻同心思想，围绕非公有制经济“两个健康”工作主题，在全市构建“亲”“清”新型政商关系，搭建党委、政府与企业、商会沟通协商的制度化平台。注重资源整合，充分发挥统战成员主体作用，扎实推进光彩事业。指导市工商联（商会）积极发动、组织会员及热心人士捐资80.64万元支持光彩事业。其中，慰问孤寡老人和百岁老人14.14万元、重病救助20万元、资助贫困大学生上学28.5万元、赞助市潮剧联谊会活动经费10万元、慰问见义勇为英雄周万辉家属8万元。是年，广东冠东石化产品交易中心有限公司获“广东省光彩事业奖”。

（黄卓纯）

机构编制

【高质量完成机构改革工作】 2019年，市委编办按照《广东省关于市县机构改革的总体意见》的有关精神和揭阳、普宁市委的工作部署，认真履行编办职责，按时完成机构挂牌对外运作和人员转隶工作，印发32个部门“三定”规定和2个部门机构编制调整文件，高质量完成市机构改革各项工作。改革后，全市共设置党政机构36个。其中，党委机构9个（纪检监察机关1个、工作机关8个），政府工作部门27个。从严从紧控制机构和领导职数。在机构改革中全面清理限额外机构，规范挂牌机构和临时机构，防止挂牌机构实体化运作，做到限额外无机构；撤销不规范领导职务，从严从紧规范核定党政部门领导职数。与改革前相比，市直党政部门共减少正副科级领导职数33名，市直部门内设机构人员编制平均达到3名以上，精简内设机构40个，精简11%；正副股级领导职数减少76名，精简14%。深化事业单位和承担行政职能的事业单位改革。切实抓好市委、市政府直属事业单位改革，按照精干高效原则设置市委、市政府直属事业单位，全面推进承担行政职能的事业单位改革。此次改革中，共有28个事业单位的656项行政职权回归机关，撤销13个完全或主要承担行政职能事业单位，其中正科级的3个（旅游局、体育局、畜牧水产局）、副科级的2个（卫生监督所、工程质量监督站）、股级事业单位8个。此外，还整合、撤销一批职能弱化的事业单位。其他相关领域改革有序推进。同步统筹推进市人大、政协机构改革、群团组织改革和行政执法体制改革。抓好深化群团改革部署落实，增配团市委、市总工会、市妇联、市工商联、市文联等群团组织人员编制；进一步理顺行政执法体系，完成市场监管、文化市场、卫生健康、农业、城市管理等领域行政执法体制改革，全面加强执法力量，提高执法管理和服务能力。通过此次机构改革，加强党的全面领导得到有效落实，组织机构体系更加健全，机构职能配置更加优化，上下贯通的工作体系更加顺畅，改革整体效应进一步显现，为奋力建设“商贸名城、创新之城”，把普宁建设成为粤东城市群新城市中心提供有力的体制机制保障。

【机构编制管理】 2019年，市委编办严格按照“严控总量、盘活存量、优化结构、增减平衡”动态调整的原则，切实采取“精准核实、严格控制、灵活调整”等措施，精简整合职责弱化、任务减少的单位，适当收回长期空编较多事业单位编制，重点保障医疗、教育等民生一线的编制需求，切实维护好、实现好、发展好最广大人民的根本利益。是年，为华南师范大学附属普宁学校、市社会保险基金管理局职业年金服务中心等民生机构配备编制；核增市图书馆、市公安局等单位的编制；核准卫生系统、教育系统、水利系统及党校、科技园等单位招聘编制数700多名；为统筹城乡教育资源均衡配置，于9月按统一城乡中小学教职工编制标准，重新核定全市中小学教职员事业编制，对比调整前增加编制1183名。落实机构编制实名制管理制度。严格执行机构编制集中统一管理和审批制度，进一步完善机构编制与组织、人社、财政等部门相互配合协作的约束机制和监督管理制度，对全市行政、事业编制及实有人员变化情况进行实时动态监测和管理，确保机构编制实名制管理系统信息准确、实时更新。结合机构改革，及时调整完善实名制系统数据，并于7月对全市党政机构“三定”规定后的1000多名涉改人员所在内设股室进行调整，全年办理机关事业单位人员出入编共2000多人次，并按要求做好2019年度机构编制问题台账整改工作。

做好事业单位登记管理工作，进一步优化办事流程，压缩办理时限，精简申请材料，做好事业单位设立、变更、注销登记以及机关群团统一社会信用代码赋码、更换、注销等配套工作。认真做好年度报告报送公示工作，加强对年度报告的规范性审查和法人公示信息抽查。至年底，已办理事业单位法人设立登记的单位共有991个（含普侨区移交的已设立登记的事业单位），2019年度办理设立登记业务2项，变更登记业务200项，注销登记业务1项，事业单位年度报告报送率80%。已申领机关群团统一社会代码证书的机关群团共226个（含普侨区移交的已申领的机关群团），2019年度办理初领业务27项，变更业务66项。

【党建工作】 2019年，市委编办认真开展“不忘初心、牢记使命”主题教育，将“学习教育、调查研究、检视问题、整改落实”贯穿始终。通过室务会议、干部职工会议、支部“三会一课”，组织学习《习近平新时代中国特色社会主义思想学习纲要》《习近平关于“不忘初心、牢记使命”论述摘编》规定篇目以外，还增加《中国共产党机构编制工作条例》等与机构编制工作相关内容。领导班子成员针对实际工作中的亟须解决的问题，撰写调研方案、心得体会、对照查摆存在问题并制订整改方案，切实解决存在问题，确保主题教育取得扎扎实实的成效。深入学习贯彻《中国共产党机构编制工作条例》（以下简称“条例”），把学习贯彻“条例”与学习习近平总书记关于机构编制工作的重要论述、推进机构改革、开展“不忘初心、牢记使命”主题教育等结合起来，增强机构编制工作在加强党和国家机构职能体系建设、深化机构改革、优化党的执政资源配置方面重要作用的认识，进一步提升机构编制工作队伍的思想政治觉悟和业务能力。坚持以“条例”规范机构编制管理工作，修订完善市机构编制工作制度，印发市委编委工作规则、工作细则、工作制度和党支部工作制度等，不断推进机构编制工作的法治化、规范化。加强机关干部队伍建设，坚决落实市委组织部统一管理市委编办管理方式和工作机制，为做好新时期机构编制奠定坚实的组织基础。积极开展党建主题活动，组织全体党员参观“八一”南昌起义南下部队指挥部军事决策会议旧址、杨石魂故居、什石洋教育基地等教育基地，把政治理论学习与传承红色基因结合起来，不断丰富学习形式，深化学习效果。机构改革后，全面配强工作力量，增配1名副主任，提拔2名年轻党员干部为内设机构领导，选调1名年轻公务员充实到队伍中来。同时积极开展业务自学和选派人员参加省、揭阳市的培训，进一步补齐队伍业务短板，全方面提升工作能力。为加强党风廉政建设的组织领导，切实压实责任，主要领导与分管领导、分管领导与内设机构负责人签订《党风廉政建设目标责任书》，明确党风廉政建设责任人职责。通过干部职工大会、支部会议，组织单位全体人员集中学习《中国共产党纪律处分条例》《中国共产党党员领导干部廉洁从政若干准则》等党内重要法规制度，强化干部队伍的政治纪律意识，筑牢拒腐防变的思想防线，杜绝违纪违规问题的发生，维护党规党纪的严肃性。

（周毓豪）

直属机关党务工作

【概况】 2019年，中共普宁市直属机关工作委员会（以下简称市直工委）是机构改革涉改单位。改革后市直工委是市委派出机构，统一领导市直机关各部门党的工作，为正科级，列市委派出机关序列。内设秘书组、组织组和宣传组，行政编制9名。设书记1名、副书记2名，正股级领导职数3名，后勤服务人员数1名。至年底，实有工作人员9人。是年，市直工委结合机构改革、庆祝建党98周年活动、“不忘初心、牢记使命”主题教育，深入推进模范机关创建活动，创新举办市直“党建论坛”，全面加强市直单位党的建设，加强直工委内部管理和干部队伍建设，抓好市委第四巡察组反馈意见整改落实工作，模范完善直工委机关党支部“六个规范化”建设，开辟党建宣传长廊，建设市直“党员之家”。市直单位党建氛围普遍增强，党的政治、思想、组织、作风、纪律、制度等建设普遍提高，党建工作“围绕中心，服务大局，引领发展”作用普遍增强。至年底，市直机关党组织共有561个，其中机关党委23个、党总支27个、党支部511个，党员总数11099人。

【机关党的政治建设】 2019年，市直工委把模范机关创建工作作为加强党的政治建设的一项重要举措，与机构改革工作同步推进，突出模范机关政治属性，强化政治引领，建设政治机关。5月7日，召开市直机关模范机关创建活动推进会，制订下发《市直机关2019年模范机关创建活动行动计划》，各基层党组织结合实际，组织开展多形式创建活动。7月1日，市直工委联合市总工会、共青团举行“追梦心向党、建功新时代”主题演讲比赛。全年举办“普宁红色故事大讲堂”6期。指导普宁二中、粮食局、林科所等41个市直党组织（含学校、市直股级和两新组织等单位党组织）开展“不忘初心、牢记使命”主题教育。组织开展“初心·使命”主题视频创作评选活动。

【机关党的思想建设】 2019年，市直工委深化指导市直党组织进一步加强学习贯彻习近平新时代中国特色社会主义思想和党的十九大精神，借助“市直机关党建”微信群和“普宁组工”等微信公众号指导和宣传市直机关党建工作，展现市直机关党建工作成果，运用网络宣传牢牢巩固意识形态阵地。加强“学习强国”推广学习深度，充分发挥主流媒体学习宣传教化功能。推荐普宁职校、市公安局2个单位成为市直机关“平语近人”宣讲示范基地。组织市直单位开展喜迎“七一”庆祝建党98周年系列活动。市直机关党组织全面建立组织学习习近平新时代中国特色社会主义新思想第一议题制度，结合“不忘初心、牢记使命”主题教育，坚持理论学习中心组引领，依托“三会一课”平台，“学习强国”学习平台和“两学一做”学习教育常态化制度化，多途径多方式持续深入学习贯彻习近平新时代中国特色社会主义思想和党的十九大、十九届二中、三中、四中全会精神。充分利用大型户外宣传显示屏、宣传栏、海报横幅等传统宣传方式和政务微博、微信群等新媒体平台加大宣传力度，着力营造学习宣传的浓厚氛围，把习近平新时代中国特色社会主义思想传达到每一级党组织、每一名党员。

【机关党的组织建设】 2019年，市直工委“对标对表”上级要求，把模范机关创建活动转化为落实党的基层组织建设三年行动计划、推进党组织规范化建设的具体任务举措，指导基层党组织开展“组织力提升年”活动，理顺基层组织管理体系，党组织设置不断优化，党组织活动阵地进一步完善。审批成立市农业农村局机关党委等10个（直属）机关党委，市供销合作社党委等5个党委，并配备一批专职党委副书记。调整市医疗保障局等14个单位党组织设置，做到党委、总支、支部应设尽设全覆盖。督促指导23个市直党总支、支部按期完成换届选举或支委补选工作，基本实现各单位党员主要领导兼任党组织书记。继续推进党支部标准化规范化建设，深化提升“党建灯塔工程”。市广播电视台等7个单位被市确定为市直“党建灯塔工程”，创建了市委组织部机关党支部等12个市直“党建示范组织”，市人民法院诉讼服务中心等20个市直“党建示范窗口”，陈焕群等82个市直“党员示范岗”。“七一”前夕评选表彰了一批市直先进基层党组织、优秀共产党员和优秀党务工作者。加强党员教育管理。组织开展市直党支部书记培训班、入党积极分子培训班和发展对象培训班，下发各类学习辅导读本资料2万多份，编印《党务知识问答》1000多册。11月7日—8日，市直工委在普宁二中（新校区）举办市直“不忘初心、牢记使命”主题教育党支部书记培训班，共有379名市直（直属）机关党委、总支部下属党支部书记参加。指导市直党组织开好“不忘初心、牢记使命”专题组织生活会。

【发展党员及党费收缴使用】 2019年，市直属机关各单位党组织全年发展新党员98名。收缴党费4270086.6元。春节、“七一”组织慰问老党员、困难党员223人，发放慰问金16万元。国庆节慰问18名因公牺牲党员家属和下拨给40个离退休党支部经费共25.4万元。

2019年6月21日，市直工委举办的“普宁红色故事大讲堂”（第一期）在市人民法院举行 （市直工委 供稿）

【党纪处理】 2019年，市直工委根据职能调整后实际情况，按照权限做好违纪违规党员处分审批工作。全年共审批处理违法违纪党员77名，其中党内警告42名、党内严重警告20名、留党察看4名、开除党籍11名。

【市直“党建论坛”】 2019年，市直机关模范机关创建活动创新举措，活动以“经验共享谋提高，做法互学促发展”为主旨，以市直机关党组织书记、副书记等党务干部为主体，以现场观摩、交流发言为主要环节，旨在促进市直各单位党组织间工作经验交流，研究探讨市直党建工作新思路，完善市直党建工作分享机制，共促市直机关党建工作上新水平。全年共举办“党建论坛”六期，参与单位涵盖市直机关126个党组织，参加对象为党组织负责人或党务工作者，市卫生健康局机关党委等16个党组织负责人先后在论坛上作交流发言，活动取得良好效果。

（苏伟锋）

老干部工作

【概况】 2019年年末，全市有离休干部144人（包含垂直单位和易地安置），其中抗日战争时期参加革命工作6人、解放战争时期138人。市老干部工作在市委的领导和上级老干部工作部门的指导下，坚持围绕中心、服务大局，全面落实好老干部政治生活待遇，不断加强离退休干部思想政治建设和党组织建设，推进老干部学习活动场所改扩建工作，办好老干部大学，组织引导离退休干部为党和人民的事业增添正能量。

【老干部政治待遇落实】 2019年，市重视加强离退休干部政治思想和党组织建设，组织引导老同志深入学习贯彻习近平新时代中国特色社会主义思想和党的十九大精神，积极参与“不忘初心、牢记使命”主题教育，引导老同志自觉在政治上、思想上和行动上与党中央保持高度一致。加强对离退休干部党组织工作的支持和指导，建立和完善各项制度。组织老党员过好组织生活，充分发挥离退休干部党支部在凝聚广大离退休干部中的政治核心作用。认真落实好老干部阅文学习、工作通报、走访慰问、参加重要会议和重大活动、意见征询等各项政治待遇。在国庆节、老人节期间，市委、市政府拨出专款13.2万元，对全市离休干部进行走访慰问。春节前，市委、市政府召开老干部迎春座谈会，市主要领导向参会老同志通报全市一年来工作；市主要领导分组上门走访慰问原担任各套班子正职的老领导；春节慰问中，市委、市政府拨出专款慰问全市副科级以上离退休干部、部分老干部遗属及特困离休干部共1470多人次，发放慰问金80.9万元。开展庆祝中华人民共和国成立70周年系列文化活动，结合“不忘初心、牢记使命”主题教育，召开离退休干部代表“我看中华人民共和国成立70周年新成就”座谈会，举办普宁市老干部大学庆祝中华人民共和国成立70周年文艺晚会，引导广大老同志积极发挥正能量，充分展现老干部新时代新风采、新风貌。在普宁组工网站、普宁组工微信公众号发布老干部工作活动信息，为老干部工作和老干部参与正能量活动营造积极向上的舆论环境，传递好声音。

【老干部生活待遇落实】 2019年，市认真执行离休干部生活待遇的各项政策规定，加强对“三个机制”运行情况的监督检查，全市离休干部离休费按时足额发放，医药费按规定实报实销。离休干部各项政策性补贴及中华人民共和国成立初期参加革命工作的部分退休干部生活补贴和医疗补贴纳入财政预算，并全部落实到位。出台《关于提高离休干部护理费标准的通知》文件，从2019年1月1日起，提高全市离休干部护理费标准，其中抗日战争时期参加革命工作的离休干部护理费标准由每人每月1200元提高到3800元、解放战争时期参加革命工作的离休干部护理费标准由每人每月600元提高到3000元。

【老干部学习活动场所建设和管理】 2019年，市积极推进老干部学习活动场所改扩建工作。市委、市政府主要领导多次听取专题汇报，对推进老干部活动场所建设进行专题研究，协调解决工作中的问题。市委组织部按照省委、揭阳市委老干部局关于加快推进老干部学习活动场所建设的要求，统筹推进市老干部活动中心（老干部大学）改扩建工作，该工程于11月中旬开工。依托市老干部活动中心，开展读书看报、潮乐、门球等符合老干部身心特点、形式多样的文体活动。

【老干部大学】 2019年，市老干部大学坚持“以人为本、服务为先”的办学理念，因地制宜、因需设课，合理调整课程设置和教学内容，不断优化教学方法、拓宽教学渠道，寓教于乐、寓乐于学。共开设音乐、书法、国画、太极拳4个专业8个教学班，在校学员450多人，聘请6名教师授课。学校在抓好日常教学管理工作的同时，注重通过开展活动，丰富和活跃学员课外生活。

（周秋生、吴伟杰）

【关心下一代工作】 2019年，市关工委围绕中心，服务大局，急党政所急，想青少年所需，主动作为，创新发展，努力做好关心下一代各项工作。

关工委自身建设　是年，市关工委先后结合工作实际组织学习贯彻习近平新时代中国特色社会主义思想共30多场次，努力把智慧和力量凝聚到做好关心下一代的各项工作上。是年，市关工委主任杨秀维获广东省关心下一代先进个人称号，市关工委成员获揭阳市最美禁毒志愿者、普宁贤德人物称号。

红色基因传承　注重创新工作品牌，以市关工委老同志为主体，联合市有关部门组织普宁红色故事宣讲团，分赴全市各中小学校、社区、机关单位开展"传承红色基因，争做时代新人"宣讲教育活动和红色故事大讲堂，每周在市图书馆举办普宁红色故事会。全年，开展党史国史等各项教育活动进校园和课堂40多场次，受教育8万多人次；发送《普宁红色文化》5000多册；组织青少年学生参观全国爱国主义教育示范基地普宁"八一"纪念馆等爱国主义教育基地23处，受教育青少年20多万人次。在《揭阳日报》上刊登普宁红色故事和烈士事迹30篇；在普宁广播电台录播25个普宁红色故事，扩大红色文化的影响力。在清明节组织祭奠革命烈士活动，加强革命传统教育，传承红色基因，激励青少年爱国主义情怀。

儿童青少年近视防控　市关工委联合市教育局等部门，制订儿童青少年近视防控方案，挂靠普宁慧明眼科医院，组建专家组队伍。是年2月22日，举行普宁市儿童青少年近视防控基地暨普宁慧明眼科医院关工委成立挂牌仪式，该基地与机构的成立，旨在认真探索并逐步完善中小学生近视防控机制，努力使全市中小学生视力健康情况有较明显改善。6月6日，举行市爱眼月活动启动仪式，市关工委主任杨秀维在启动仪式上动员大家要强化儿童青少年近视的综合科学防控，呵护好孩子们的眼睛，保障儿童青少年健康成长。仪式上还给防控近视成效显著的学校颁发"光明校园"牌匾。

2019年6月6日，市关工委联合有关部门举行普宁市爱眼月活动启动仪式，强化儿童青少年近视的综合科学防控。图为启动仪式现场　（黄贤平　摄）

国庆征文活动　为庆祝中华人民共和国成立70周年，市关工委、市教育局、共青团市委、市广播电视台、市红色文化研究中心联合举办"腾飞新中国，辉煌70年"为主题的征文和演讲比赛，共收到参赛作品2.8万多篇，并将128篇获奖作品汇编出版《礼赞祖国，美好普宁》一书；市关工委推荐到揭阳参赛作品120篇，获揭阳市关工委、揭阳市教育局、共青团揭阳市委等单位组织举办的庆祝中华人民共和国成立70周年征文评选一、二、三等奖优秀作品49篇。同时，还组织高中生进行"爱国情，报国志"演讲比赛。

法治和禁毒教育　是年，与市人民检察院未成年人犯罪预防办公室合作，编写保护未成年人权益、预防未成年人犯罪的有关法律法规宣传提纲，宣传培训2场、35人次，进村入校开展法治宣传教育活动48场次，受教育1.82万人次。"6·26"禁毒日前后，市关工委组织禁毒教育宣讲团，到市22所预防未成年人吸毒示范学校和市戒毒所，开展禁毒教育，形成禁毒舆论氛围。与市戒毒所联合，建立帮教互动制度，促使戒毒学员坚决戒毒，拒绝复吸，走正确人生路。

农村青年创业培训　是年选派3名农村创业青年参加省高级班培训。8月8—9日，承办揭阳市创业青年提高班，参加学员80人；10月30—31日，联合市委组织部等单位在梅塘镇大东山村举办普宁市农村青年创业致富带头人培训班。

志愿者公益服务　是年，组织市敬老爱幼心理辅导志愿服务队为自闭症儿童、脑瘫儿童、听障儿童、残疾人、老人孩子和灾区群众作心理健康常识咨询辅导及物资慰问，开展扶危济困、助残恤孤、敬老爱幼、义工帮扶等慈善爱心传递公益活动1000多场次。

基层关工委组织建设　继续坚持党建带动基层关工委组织建设，逐步构建成覆盖全市各地的“大关工”组织体系。是年，全市共建有关工委（小组）1150个、班子成员5475人，其中离退休干部1724人；还组建校外辅导站415个，“五老”（老干部、老战士、老专家、老教师、老模范）辅导员8000多人，把全市关工委组织建设落实到基层。

（黄贤平）

党校工作

【概况】　市委党校主要承担党员干部培训和理论研究等工作。校园占地面积3.67万平方米，总建筑面积1.5万平方米。2019年，党校内设办公室、教研室、教务室、科研管理室和对外培训室，人员编制27名，年末实有教职工25人，其中专职教师9人，专职教师中具备高级职称3人、中级职称3人、初级职称3人，均为本科学历。是年，党校继续完善办学条件，加强硬件设施建设。开展理论研究，强化干部教育培训，全年举办各类主体培训班34期，参加培训4564人次。教师有11篇论文在各级刊物上发表。组织教师编写印发《党建参阅》期刊，供市领导和各基层党委领导参阅，并作为干部教育培训辅导读本，供广大党员干部阅读。

【校园建设】　2019年7月15日，经市政府常务会议批准，市委党校开展校园升级改造工程，工程资金控制在380万元以内，由市财政统筹安排。工程项目由市委党校作为项目实施主体。市委党校成立工程项目领导小组，负责申报项目立项，优化设计，编制预算和招标工作。该工程于11月开工，对3号学员宿舍楼进行全面修缮，并配置热水器、空调等生活设备；对食堂一楼进行升级改造，完善厨房配套设备；对校园内场地、排水系统等进行整修，改善校园环境。至年末，该改造工程尚在进行中。

【党员干部培训】　2019年，市委党校继续办好党员干部教育培训主体班次，不断提高全市干部队伍的政治素质、理论水平和业务能力。全年共举办各类主体培训班34期，参加培训4564人次。其中，举办市镇街党校教员进修班1期、140人，科级干部学习贯彻《粤港澳大湾区发展规划纲要》专题研讨班7期、1056人，“两新”党组织书记学习贯彻习近平总书记视察广东重要讲话精神和《粤港澳大湾区发展规划纲要》专题培训班1期、130人，新党员党性巩固提升示范班2期、300人，年轻干部能力提升培训班1期、125人，机关企事业单位党组织书记培训班4期、447人，党员教育基地管理人员培训班1期、59人，新录用公务员初任培训班1期、118人，“不忘初心、牢记使命”主题教育基层党组织书记轮训班6期、777人，打赢脱贫攻坚战专题培训班2期、339人，练江流域生态宜居建设专题研讨班1期、125人，科级领导干部学习贯彻党的十九届四中全会精神

2019年9月11日，市委党校组织老师和学员到揭阳市爱国主义教育基地什石洋村开展现场教学活动　（市委党校　供稿）

专题研讨班7期、936人。市扶贫办、市“三防”办、市关工委、市人民法院、大南山街道党工委和揭阳市团委、揭阳市烟草专卖局等单位到市党校办培训班，参加培训学员共1070人次。是年，市委党校充实完善师资库，为镇街党校提供必要的理论教学师资，推动党校资源共享，发挥党校教育培训资源利用的最大化，提升镇街党校办学水平。至12月，全市28个镇街党校累计举办培训班211场次。

【理论研究】 2019年，市委党校继续组织教师围绕市委、市政府工作中心开展理论研究，在各个培训班上开设习近平新时代中国特色社会主义思想、党的十九届四中全会精神等专题辅导课，对相关内容进行解读。坚持教学为中心、科研为基础的思路，进一步深化科研工作。教师有11篇论文在《活力》《揭阳论丛》《揭阳社会科学》等各级刊物上发表，教师杜元兰参与市政协主编的《红色普宁史略》的编写。组织科研管理人员编写《党建参阅》期刊，作为干部教育培训辅导读本供广大党员干部阅读。

（谢少婉）

档案工作

【概况】 2019年机构改革，原市档案局（市档案馆）的行政职能划归市委办公室，市委办公室对外加挂市档案局牌子。是年，市档案局做好档案监督指导、档案安全管理等工作。市档案馆馆藏档案共39129卷，其中民生档案占馆藏档案的52%。

【档案监督指导】 2019年，市档案局继续推进农村土地承包经营权确权登记颁证档案管理工作，确保农村土地承包经营权确权登记颁证档案的安全、保管和利用。并与市农村土地确权办公室沟通，积极稳妥推进档案收集整理。对农村土地确权档案工作人员开展业务培训，并不定期从档案形成、保管、归档等环节进行业务指导，确保全市农村土地确权档案工作有序推进。监督指导机构改革涉改单位做好档案交接与管理工作。以市委办公室、市政府办公室名义制发《关于做好普宁市机构改革中档案工作的通知》，明确各涉改单位职责任务及机构改革中的档案处置原则、档案归属与流向；明确涉改单位档案的收集、清点核查、统计、移交和处置方案的备案与审核等工作的任务内容与程序要求；明确涉改单位档案处置的时间节点，并通过机构改革领导小组会议、业务培训会等形式，对涉改单位有关人员进行档案工作业务培训。对所有涉改单位档案工作进行全面监督指导。采取实地指导、电话追访等形式，勤上门、勤对接、勤服务，积极协调各涉改单位做好文书、科技、专业等各门类、多载体档案的收集、整理、归档、移交。加强督促检查。按照市委、市政府要求的时间节点，积极推进工作进度，确保档案在机构改革中不遗失、不泄密，得到妥善安全处置。积极指导第二次全国地名普查档案的整理归档。规范市第二次全国地名普查档案管理，确保档案完整、有序、安全和有效利用，并对市此次全国地名普查档案规范化整理工作进行检查指导。

【档案安全管理】 2019年，市档案局制发《关于开展档案安全风险隐患排查治理工作的通知》，要求全市各乡镇场街道、市直各单位要牢守档案安全“红线”，警钟长鸣，进一步加强档案安全工作，杜绝档案安全事故的发生。同时，认真组织对市档案馆档案安全风险隐患排查治理工作的实地检查。实地察看档案库房、机房及设施设备运转情况，听取安全风险隐患排查治理工作情况汇报，从档案安全工作机制、档案库房安全、保护设施设备安全、档案管理安全、档案信息安全等五个方面进行检查，并对存在的隐患提出整改意见，确保档案实体、信息和利用安全。

【市档案馆】 市档案馆是市委直属事业单位，为公益一类，正科级，委托市委办公室管理。内设综合股、接受保管股，事业编制8名。2019年年末，在职人员（含领导职务2名）6人。是年，市档案馆馆藏档案共39129卷，其中民生档案占馆藏档案的52%。

市档案馆标准化建设 2019年，为贯彻落实省委、省政府《关于加强和改进新形势下我省档案工作的意见》和《关于市县两级国家综合档案馆建设情况的通报》要求，市委、市政府主要领导高度重视，同意调拨档案楼第二层和第六层，连同现有的第三层和第四层（每层746.25平方米）共2985平方米，作为新的档案馆使用面积，并按《档案馆建设标准》《档案馆建筑设计规范》要求予以配套建设。市档案馆已确定场地面积，并完成图纸设计、预概算等前期工作。

档案管理与利用 2019年，市档案馆新增纸质档案1018卷，照片208张。全年共接待查档人员368人次，提供利用档案765卷。定期对馆藏档案进行消毒、杀菌、灭虫，开展隐患排查，确保馆库及馆藏档案安全。

（王兰芳）

党史研究

【概况】 2019年，市委党史研究室认真贯彻落实市委关于进一步加强党史工作的文件精神，服从和服务于市委、市政府的工作中心，坚持党史工作为经济建设和现实服务的方向，做好地方党史征研、编写、宣传，解决历史遗留问题，发挥党史“存史、资政、育人”的重要作用。

【党史资料编研报送及资政宣教工作】 2019年，市委党史研究室对《中共普宁市历史（第二卷）》（罗汉斌主编）的书稿继续征求意见，充实史料，完善编纂，做到史料更翔实准确、可读、可鉴。编辑约15万字《普宁党史资料》（2019年第1—2期），出版发送1500册。重视红色文化资源的挖掘利用，通过对市红色历史资料、图片资料的征集和研究，提出《关于设置红色资源保护标志的建议》。为市老促会《普宁市革命老区发展史》书稿、市政协《红色普宁史略》书稿提出专业性修改意见；为市发改局和市财政局分别整理《关于推动革命老区振兴发展的建议意见清单》《普宁市农村红色资源保护利用情况》等资料。协助市委组织部、大南山街道开展什石洋村“红色村”党建示范工程建设；分别协助市委宣传部、市委组织部做好《“流沙会议”纪念馆》陈列内容稿件、市级党员教育基地史实资料的审校。

【红色文化保护传承】 2019年，市委党史研究室根据省委、揭阳市委、普宁市委的部署要求，在全市组织开展新一轮革命遗址大普查，认真做好革命遗址的普查登记和资料整理，全市初步列入登记的革命遗址有108个。建议建设普宁市红色文化旅游公园，深入发掘红色资源，传承红色基因，弘扬红色文化，促进市经济、文化的全面发展；建议尽快制定适合本地的保护和建设规划，着眼于构建“红色文化遗产”保护体系，对各类遗产及时维护和修缮；建议建立保护利用制度，对各类遗址进行核实，制定符合遗址保护利用制度，构建有效运行机制，杜绝各类人为损坏现象发生。

【队伍建设】 2019年，市委党史研究室持续加强政治理论学习，认真学习党的十九大、党的十九届四中全会等会议精神，学习《习近平谈治国理政》第二卷，不忘初心，牢记使命，加强党风廉政建设和法纪教育，增强“四个意识”、坚定“四个自信”、做到“两个维护”，不断加强党史队伍建设。

（罗汉斌、罗泽虹）

链接：

2019年市委、市政府颁布的文件（通知、意见、决定）目录选

1.《中共普宁市委印发〈关于县级巡察工作调研检查反馈意见的整改方案〉的通知》（普市发〔2019〕1号）

2.《中共普宁市委、普宁市人民政府关于印发〈普宁市机构改革方案〉的通知》（普市发〔2019〕4号）

3.《中共普宁市委、普宁市人民政府关于印发〈普宁市开展谋振兴·百日百项大行动方案〉的通知》〔普市发〔2019〕6号）

4.《中共普宁市委印发〈关于开展“不忘初心、牢记使命”主题教育实施方案〉的通知》（普市发〔2019〕10号）

5.《普宁市人民政府关于公布气象灾害防御重点单位的通知》（普府〔2019〕3号）

6.《普宁市人民政府关于公布普宁市2017年国有农用地基准地价的通知》（普府〔2019〕13号）

7.《普宁市人民政府关于市政府机构改革涉及市政府规范性文件规定的行政机关职责调整问题的决定》（普府〔2019〕17号）

8.《普宁市人民政府关于分解2019年地方一般公共预算收入任务的通知》（普府〔2019〕29号）

9.《普宁市人民政府关于分解2019年各乡镇街道财政支出包干基数的通知》（普府〔2019〕30号）

10.《普宁市人民政府关于分解2019年财政收支预算指标的通知》（普府〔2019〕31号）

11.《普宁市人民政府关于分解2019年工商税收收入考核计划的通知》（普府〔2019〕32号）

12.《普宁市人民政府关于印发〈普宁市人民政府工作规则〉的通知》（普府〔2019〕37号）

·普宁美丽乡村小辑·

大南山街道什石洋村

大南山街道什石洋村，地处三坑水库下游，距离普宁市区约4公里，全村人口约5800人。有普宁县苏维埃政府办公旧址（辉祖祠）等红色旧址，老一辈无产阶级革命家彭湃、徐向前、李富春、古大存、方方等都曾在这里指挥战斗过，留下了光辉的革命足迹。2018年，该村被省委组织部定为“红色村”党建示范工程第一批试点村。

近年来，该村大力实施乡村振兴战略，全力推进美丽乡村建设，新建大南山综合市场，对村内主要道路进行拓宽和硬底化，设置垃圾分类收集点，配套完善旅游公厕。开展“三清三拆三整治”等工作，全面清除村内乱搭乱建及沟渠淤泥、漂浮物，同时进行美化绿化亮化，并在村寨前片开辟1公顷黄皮园种植基地，建设美丽宜居新农村。

该村坚持尊重历史、修旧如故，积极整合红色资源，扎实推进“一一五一”红色工程建设，将“红色村”党建示范工程与新农村建设、党建促脱贫攻坚结合起来，大力发展乡村旅游产业，打造配套红色村景点的农业特色产品，走好走实革命老区村高质量发展之路。

如今，走进什石洋村，走过红色长廊、星光大道，瞻仰五星雕塑，触摸浮雕墙，寻找一个个革命旧址，让人切身感受到革命先辈们在革命时期艰苦卓绝的奋斗历程。该村已成为“不忘初心、牢记使命”主题教育红色宣传阵地，也是广大市民接受爱国主义教育、休闲观光的好去处。该村被评定为2019年普宁市10个美丽乡村之一。

（本文选自市文明办等单位编印出版的《2019年普宁市美丽乡村》宣传册）

南溪镇新溪村

普宁市南溪镇新溪村位于南溪镇东北部。1922年由南溪、北溪、华美村民迁此创村，取名华溪。又因村临洪阳河的新开凿河段，故名新溪。村聚落呈块状分布，建筑多为三合土结构平房，总面积约0.33平方千米，户数240户，人口1200多人。有耕地面积20多公顷，传统经济以农业为主，主要作物有水稻、番薯、花生，现多种植绿化苗木等，村民主要收入来源为外出务工。有乡村公路通钟南公路，水陆交通方便。

该村由洪阳河西岸南北一新一老聚落组成，南侧是新建的厝局及楼房等，是现村民主要居住地；北侧是老寨，整体寨围成正方形，为潮汕第一回形屋，张氏家庙所在地，寨坐西朝东偏北，五街五座格局，兼左右三从厝包、后二从厝包、前一从厝包，首座前为广场式阳埕，阳埕前寨包正中设迎曦门，门前是大型空旷广场。

近年来，该村积极响应上级号召，努力发展乡村旅游，大力推进美丽乡村建设，已成为南溪镇打造“南溪水乡”景点的重要组成部分。村中建有文化广场，配套篮球场，乒乓球场，健身器材等，还有农家之屋，文化室等。2019年修建一条700多米长的溪边景观绿道，绿道夜间灯火璀璨，日月亭、溪边长廊、文化广场、河中乌篷船吸引着大量游客流连忘返。

2019年2月，新溪村入选广东省第六批“古村落”，被评定为2019年普宁市10个美丽乡村之一。

（本文选自市文明办等单位编印出版的《2019年普宁市美丽乡村》宣传册）

普宁市人民代表大会

人代会与人大常委会会议

【市十五届人大四次会议】 普宁市第十五届人民代表大会第四次会议于2019年4月10日—12日在市区举行，应出席会议代表427人，实际出席会议代表408人。大会主席团常务主席为张时义、陈华娜、杨燕斌、黄逸彬、郑和强、温秋亮、刘睿华、林杰丹。大会分别由陈华娜、黄逸彬、温秋亮主持。大会议程是：听取和审议普宁市人民政府工作报告；审查和批准普宁市2018年国民经济和社会发展计划执行情况报告，批准普宁市2019年国民经济发展计划；审查普宁市2018年财政预算执行情况和2019年预算草案，批准普宁市2018年财政预算执行情况报告及2019年预算；听取和审议普宁市第十五届人民代表大会常务委员会工作报告；听取和审议普宁市人民法院工作报告；听取和审议普宁市人民检察院工作报告。会议表决通过设立普宁市第十五届人民代表大会社会建设委员会、农村农业委员会、华侨民族宗教卫生委员会、教育科学文化委员会、环境与资源保护委员会和法制委员会更名为监察和司法委员会的决定，通过普宁市第十五届人民代表大会社会建设委员会等专门委员会组成人员名单。会议选举林育胜为市人民法院院长，选举余雪红、陈敏、陈俊通、罗壮伟、蔡暹喜、魏奕楼为市十五届人大常委会委员。

2019年4月10日，普宁市第十五届人民代表大会第四次会议在市党政会议中心开幕　　（高壮波　摄）

【市十五届人大常委会会议】 2019年，普宁市第十五届人大常委会共召开会议15次。

市十五届人大常委会第二十五次会议　2019年1月4日，在市党政办公大楼十一楼会议室召开。会议决定接受郑国华、苏华敏辞去揭阳市六届人大代表职务的请求。选举张敏生为揭阳市六届人大代表。

市十五届人大常委会第二十六次会议　2019年2月21日，在市党政办公大楼十一楼会议室召开。会议决定任命陈少平、蔡桂君为市人民政府副市长。决定接受吴伟莉辞去市十五届人大常委会委员、市十五届人大代表职务的请求。决定接受陈怀斌辞去揭阳市六届人大代表职务的请求。

市十五届人大常委会第二十七次会议　2019年3月22日，在市党政办公大楼十一楼会议室召开。会议审议通过市十五届人大常委会工作报告（2019年稿），市人大常委会2019年工作要点。会议决定接受孟祥志辞去挂任的市人民政府副市长职务的请求。决定免去陈震坤市人民政府办公室主任职务、陈尊凡市发展和改革局局长职务、陈华生市科学技术局局长职务、魏奕楼市民政局局长职务。决定任命李春光为市人民政府办公室主任、马俊锋为市发展和改革局局长、温达华为市科学技术局局长、陈瑞宏为市工业和信息化局局长、林文敏为市民政局局长、赖卓平为市司法局局长、黄楚武为市水利局局长、林雁辉为市农业农村局局长、黄楚雄为市文化广电旅游体育局局长、古新民为市卫生健康局局长、黄创峰为市退役军人事务局局长、林嘉全为市应急管理局局长、周雪亮为市市场监督管理局局长、李灿光为市医疗保障局局长、黄伟文为市城市管理和综合执法局局长、黄锐添为市信访局局长、陈秀虹为市政务服务数据管理局局长、杨娘德为市林业局局长。免去陈秀虹市人大常委会流沙南街道工委主任职务。决定接受陈镇喜辞去市十五届人大代表职务的请求。

市十五届人大常委会第二十八次会议 2019年3月29日，在市党政办公大楼十一楼会议室召开。会议讨论决定市十五届人大四次会议召开的时间及建议议程，审议通过市十五届人大四次会议主席团和秘书长名单，讨论决定市十五届人大四次会议列席、邀请列席人员范围。会议决定接受杨静波、陈俊良、詹锡勤、杨师望、杨向群、李明生、江静纯辞去市十五届人大常委会委员、市十五届人大代表职务的请求。决定接受林雁辉、陈喜鸿、林文敏、黄创峰、陈瑞宏、黄武义、钟应裕、温达华、杨建群辞去市十五届人大代表职务的请求。免去罗荣波市人大常委会流沙北街道工委主任职务。任命张东海为市人大常委会流沙南街道工委主任、黄木山为市人大常委会流沙北街道工委主任。

市十五届人大常委会第二十九次会议 2019年4月3日，在市党政办公大楼十一楼会议室召开。会议听取和审议市政府关于2018年国民经济和社会发展计划执行情况与2019年计划（草案）的报告，听取和审议市政府关于2018年财政预算执行情况和2019年预算（草案）的报告。审议通过市十五届人大四次会议议案审查委员会和预算委员会建议名单。会议决定任命钟建丰为市民族宗教事务局局长。任命林育胜为市人民法院审判员、审判委员会委员、副院长。接受方丹林辞去市人民法院院长、审判委员会委员、审判员职务的请求。决定林育胜副院长为市人民法院代理院长。

市十五届人大常委会第三十次会议 2019年4月6日，在市党政办公大楼十一楼会议室召开。会议通过市十五届人大常委会代表资格审查委员会关于市十五届人大代表变动情况的报告。

市十五届人大常委会第三十一次会议 2019年5月23日，在市党政办公大楼十一楼会议室召开。会议听取和审议市政府2018年市本级社保基金预算执行情况和决算的报告、普宁市扫黑除恶工作情况专项报告、普宁市2018年环境状况和环境保护目标完成情况的报告，书面审议普宁市水污染防治和实施三年行动计划进展情况的报告、普宁市练江污染整治工作报告。会议免去谢炎雄市人民法院副院长职务，许鸿城市人民法院副院长职务，黄劲冬市人民法院审判委员会委员、审判员职务，黄春燕市人民法院民事审判第一庭副庭长、审判委员会委员、审判员职务。会议任命陈泫晔为市人民法院副院长、审判委员会委员、审判员，陈耿雄为市人大常委会办公室副主任。决定接受陈卓鸿辞去市十五届人大代表职务的请求。

市十五届人大常委会第三十二次会议 2019年7月29日，在市党政办公大楼十一楼会议室召开。会议听取和审议市政府关于2019年上半年国民经济和社会发展计划执行情况的报告、关于2019年上半年财政预算执行情况的报告，市检察院关于开展公益诉讼工作情况汇报，批准市政府关于调整2019年地方政府新增债券预算的请示。会议决定接受熊孟清辞去挂任的普宁市人民政府副市长职务的请求。任命张少利、吴纪事、黄仕德为市人民法院审判员。任命郭晓洪、谢国盛、曾奕斌、许怀金、杨海燕、陈敏、陈朝娜、方尤森、韦奕虹、黄小君、郑雪茹、林伟鑫、李钦武、洪少霞、陈锐炜、郑晓梅、黄睿斌、李楚宏、吴忠文、陈春蝶、李洁珊、周秋城、黄玩萍、陈小锐、李浩君、周春虹、黄炳枢、钟健生、殷小荣、张佩洪、黄松林、秦兰英、钟剑旋、方壮奕、李锦淳、李梅鑫、李孟镛、詹洪钟、李耀华、黄初林、周伟群、周钦勇、郑伟涛、赖沛良、柯美虹、洪成名、何卓然、陈晓萍、蔡培钦、张雄光、张锦川、王俊楠、温耿标、钟俊光、吴晓镇、赖能活、赖木练、杨瑶宏、翁加庆、高志航、陈蔚、吴章维、郑礼和为市人民法院人民陪审员。

市十五届人大常委会第三十三次会议 2019年8月19日，在市党政办公大楼十一楼会议室召开。会议选举张科、马照亮为揭阳市六届人大代表。

市十五届人大常委会第三十四次会议 2019年9月27日，在市党政办公大楼十一楼会议室召开。会议听取和审议市政府关于2018年市本级预算执行和其他财政收支的审计工作报告、普宁市乡村振兴和脱贫攻坚工作情况的报告、普宁市土地管理工作情况报告、普宁市贯彻实施《娱乐场所管理条例》情况报告。

会议任命叶庆辉为市人民法院副院长。决定接受田锦陆辞去市十五届人大代表职务的请求。

市十五届人大常委会第三十五次会议 2019年10月11日，在市党政办公大楼十一楼会议室召开。会议批准市政府关于提请审议普宁市2018年财政决算情况的请示。会议免去苏文生市人民法院审判委员会委员的职务；免去陈宁宁市人民法院洪阳人民法庭庭长的职务；任命方文彬为市人民法院审判委员会委员、民事审判一庭庭长，免去其市人民法院占陇人民法庭庭长的职务；任命张坚治为市人民法院审判委员会委员，免去其市人民法院里湖人民法庭庭长的职务；任命陈胜蓝为市人民法院立案庭庭长；任命郭树雄为市人民法院刑事审判庭庭长，免去其市人民法院立案庭庭长的职务；任命胡汉雕为市人民法院审判委员会委员、民事审判二庭庭长；任命黄暹彪为市人民法院审判委员会委员、综合审判庭庭长；任命黄可豪为市人民法院审判委员会委员，免去其市人民法院池尾人民法庭庭长的职务；任命陈肖斌为市人民法院池尾人民法庭庭长，免去其市人民法院刑事审判庭副庭长的职务；任命官德猛为市人民法院占陇人民法庭庭长，免去其市人民法院梅林人民法庭庭长的职务；任命陈胜为市人民法院里湖人民法庭庭长，免去其市人民法院立案庭副庭长的职务；任命郑三贵为市人民法院梅林人民法庭庭长，免去其市人民法院大坪人民法庭庭长的职务；任命陈钦韬为市人民法院洪阳人民法庭副庭长；任命吴纪事为市人民法院大坪人民法庭副庭长。

市十五届人大常委会第三十六次会议 2019年11月4日，在市党政办公大楼十一楼会议室召开。会议决定任命黄锐亮为市人民政府副市长。决定接受谢汉湖辞去市人民政府副市长、市公安局局长职务的请求。决定接受林钢捷辞去市人民政府市长职务的请求。决定黄锐亮副市长为市人民政府代理市长。

市十五届人大常委会第三十七次会议 2019年11月12日，在市党政办公大楼十一楼会议室召开。会议决定任命陈泓铎为市人民政府副市长、市公安局局长。

市十五届人大常委会第三十八次会议 2019年11月27日，在市党政办公大楼十一楼会议室召开。会议听取和审议市政府关于2018年行政事业性国有资产管理情况报告、普宁市练江污染整治工作报告、关于市十五届人大四次会议代表建议办理情况报告，市人民法院关于解决执行难问题工作情况报告，书面审议市政府关于2018年国有资产管理情况综合报告。会议决定接受吴楚生、张耿彬辞去市十五届人大代表职务。

市十五届人大常委会第三十九次会议 2019年12月27日，在市党政办公大楼十一楼会议室召开。会议听取市人大常委会法制工作室关于2019年备案审查工作情况的报告。批准市政府关于提请审议普宁市2019年财政预算执行和调整情况的请示。会议免去郑瑞存市人大常委会池尾街道工委主任职务。决定接受陈少平、陈裕民、蔡桂看、陈俊礼辞去市人民政府副市长职务的请求。决定任命钟金鸿、魏智勇为市人民政府副市长。免去黄国新市人民检察院检察委员会委员、检察员职务；免去李少惠、方壮雄、黄伟涛、李桂忠、陈兴华、郑海宏市人民检察院检察员职务。

（陈裕茂、张耿雄）

依法行使职权

【人事任免工作】 2019年，市人大常委会在行使任免权过程中坚决落实党管干部的原则，严格按照法律法规办事，坚持任前法律知识考试、任前表态发言、任后颁发任命书、向宪法宣誓制度，确保人事任免工作规范化、制度化。全年任免地方国家机关工作人员105人次。

（陈蔓瑛）

2019年12月24日，市人大常委会举办规范性文件备案审查工作学习培训班

（市人大办 供稿）

【执法检查】 2019年，市人大常委会立足法治普宁建设，充分发挥人大常委会在普法教育和依法治理中的监督职能，对《中华人民共和国消防法》《中华人民共和国禁毒法》《宗教事务条例》《广东省乡镇人民代表大会工作条例》《揭阳市生活垃圾管理条例》和省人大常委会《关于大力推进水污染防治的决定》等法律法规宣传实施情况进行执法检查，就发现的问题和不足，督促政府部门深入研究、及时整改，推动法律法规有效贯彻实施。首次听取关于规范性文件备案审查工作情况的报告，举办全市性规范性文件备案审查信息化工作培训班，积极推进备案审查信息化建设。配合揭阳市人大开展《揭阳市市容管理条例》《揭阳市烟花爆竹燃放安全管理条例》立法调研，认真反映立法建议。 （陈裕茂、陈耿雄）

【信访工作】 2019年，市人大常委会认真对待群众每一封来信、每一次来访、每一件投诉，推动解决人民群众最急最忧最盼的问题，扎实做好解民忧、纾民怨、暖民心的工作。全年共接待来信来访7件次，对一些涉法涉诉案件和群众反映强烈的问题，督促"一府一委两院"和相关部门依法妥善处理，及时化解社会矛盾，维护好人民群众的合法利益。 （陈 娴）

人大代表工作

【代表视察】 2019年，市人大常委会组织人大代表视察活动1次。12月8—10日，组织揭阳市和普宁市两级人大代表对"燎原东路改造工程""英歌山（大坝）污水处理厂建设""全市新农村建设情况""普宁市机动车驾驶人考试基地标准化（普宁市永定驾校）建设情况""普宁市练江污染综合整治工作""市纺织印染环保综合处理中心污水处理厂建设情况""普宁市康达医院医养一体化建设情况""提高城乡居民基本养老保险基础养老金最低标准情况"等专题进行视察，推动市政府及有关职能部门加快重点项目建设，推动民生实事落实。

2019年12月10日，市人大常委会组织部分揭阳市、普宁市人大代表开展专题视察活动 （市人大办 供稿）

【专题调研】 2019年，市人大常委会深化调研内容，找出制约经济发展的短板和影响民生改善的现实问题，及时将调研建议提交给党委参阅，使调研成果在更高的层次和更广的范围发挥作用。是年，市人大常委会组织人大代表围绕水污染防治、饮用水源及备用水源建设、精准扶贫精准脱贫、建设生态宜居美丽乡村、基础教育发展、基层医疗卫生建设、养殖产业发展、重点水利工程建设、推进"全民禁毒工程"情况、人防建设等专题开展调研，形成调研报告，向"一府一委两院"提出针对性的意见建议，有效地督促和推动"一府一委两院"工作，促进民生问题的解决。 （陈裕茂、陈耿雄）

【代表议案与建议督办】 市十五届人大四次会议期间，代表提出建议6件（其中原议案改为建议3件）。市人大常委会认真落实常委会领导牵头督办、专委会分工督办、提出建议代表参与督办工作机制，通过抓好重点建议督办、听取办理情况报告、实地查看办理成果等举措，推动代表建议办理落到实处，提升代表建议办理实效。2019年，6件建议已经全部办结，从代表对办理答复反馈的情况看，代表满意率100%，取得较好成效。 （陈 娴）

普宁市人民政府

综　述

【市政府常务会议】 2019年，市政府常务会议共召开16次。

市政府十五届38次常务会议　2019年1月29日，在市党政机关办公楼八楼会议室召开。会议学习习近平新时代中国特色社会主义思想、省委书记李希调研茅洲河讲话精神以及省领导对茅洲河、练江、广佛跨界河污染整治实地督查反映问题的批示精神和揭阳市委六届六次全会、揭阳市第六届人民代表大会第三次会议精神；传达贯彻省委十二届六次全会精神、省委第四巡视组巡视普宁市情况反馈会精神以及全省加强非洲猪瘟防控工作电视电话会议精神，并部署普宁市相关工作和春节期间有关工作安排；审议《2018年度普宁市农村建设用地拆旧复垦项目建设实施方案》，讨论研究流沙西街道赵厝寮经济联合社“三旧”改造项目地块国有建设用地使用权协议出让、军埠镇大长陇村灰上旧村庄片区“三旧”改造项目地块国有建设用地使用权协议出让、池尾街道华市村城西宾馆片区“三旧”改造项目地块国有建设用地使用权协议出让、普宁市军埠大威液化石油气储配站有限公司“三旧”改造项目地块国有建设用地使用权协议出让、实施普宁市船埔镇中心街路面改造工程、拨款资助普宁市崩东线复线崩坎至高埔段改建工程、调整市机关事业单位工作人员死亡后丧葬费标准、严格规范市公益二类事业单位养老保险费征缴及退休（退职）人员生活补贴标准、市老干部活动中心（老干部大学）改扩建工程建设、拨款补助南径镇生活垃圾焚烧处理中心采购设备资金等有关事项，并作出相应决策。

市政府十五届39次常务会议　2019年3月7日，在市党政机关办公楼八楼会议室召开。会议学习习近平新时代中国特色社会主义思想；学习贯彻生态环境部华南督察局《关于练江污染整治情况第四次督察的报告》；听取《2018年度符合政府安排工作条件退役士官安置工作的报告》；审议《普宁市党政领导干部安全生产责任制实施细则》《普宁市推进城市安全发展的实施意见》和讨论研究实施普宁市引榕灌区夏地分干渠拓宽衬砌工程、实施市生活垃圾环保处理中心排险加固工程、提高全市机关事业单位工作人员住房公积金财政补助比例以及公布普宁市2017年国有农用地基准地价成果、池尾街道贵政山片区“华美春天”　项目“三旧”改造方案等有关事项，并作出相应决策。

市政府十五届40次常务会议　2019年3月21日，在市党政机关办公楼八楼会议室召开。会议学习习近平新时代中国特色社会主义思想；传达上级“大棚房”问题专项清理整治行动会议精神，部署普宁市相关工作；听取扶贫工作汇报，部署迎接2018年省级扶贫成效考核第三方评估有关工作；部署清明期间森林防火工作；讨论研究云落镇云楼村专项生态补助、提高云落镇崩坎学校改建项目补助资金、实施云落镇崩坎村碗洋坑蓄水陂及配套管网工程、调整云落镇区污水处理厂及配套管网工程建设规模、调整梅塘镇区污水处理厂及配套管网工程建设规模、调整完善市区污水处理厂配套管网工程建设规模以及审议签订《普宁市人民政府环保基础设施建设项目特许经营合同》、讨论研究市华隆兴房地产开发有限公司置换建设用地项目补缴土地差价等有关事项，并作出相应决策。

市政府十五届41次常务会议　2019年4月4日，在市党政机关办公楼八楼会议室召开。会议传达学习贯彻习近平总书记、李克强总理关于江苏响水天嘉宜化工有限公司“3·21”特别重大爆炸事故的重要批示精神；传达学习贯彻习近平总书记对四川省凉山州木里县森林火灾作出的重要批示精神和省委书记李希关于森林防灭火工作讲话精神以及揭阳市森林防灭火工作紧急会议精神，研究部署普宁市森林防灭火工作；传达贯彻全省农村人居环境整治现场推进会精神，部署市“三清理三拆除三整治”工作；

讨论研究关于上马建设普宁市纺织印染环保综合处理中心起步区西北段挡土墙工程、市宏泰城市投资开发有限公司竞买广东创赢药业有限公司等四个拍卖标的物；审议《2019年度普宁二中等5所学校外出面向国家“211”“985”工程普通高等院校本科以上应届毕业生公开招聘教师实施方案》等有关事项，并作出相应决策。

市政府十五届42次常务会议　2019年4月23日，在市党政机关办公楼八楼会议室召开。会议学习习近平总书记关于粤港澳大湾区建设重要论述以及《中华人民共和国城乡规划法》《广东省城乡规划条例》；传达贯彻国务院、省、揭阳市廉政会议精神，全省第二季度防范重特大生产安全事故暨2019年消防工作视频会议和揭阳市第二季度防范重特大生产安全事故暨2019年消防工作视频会议精神，揭阳市全民禁毒工程工作推进会和打私工作会议精神，部署普宁市相关工作；通报梅塘镇、云落镇两座污水处理厂特许经营权直接授予广业集团的有关情况；审议《普宁市开展“建筑服务项目、不动产销售（租赁）”涉税清理工作方案》《关于加强市外施工企业属地纳税缴费管理的实施意见》《对各预算单位截至2018年底财政资金结余统筹收回方案》以及讨论研究上马建设普宁市流沙新河（环市北路至晖晗桥）河道水生态环境修复工程、普宁市练江水闸至练江综合整治指挥部段河道整治工程、普宁市练江桥栏杆改造及周边环境整修工程、普宁市果陇水闸重建工程、占陇镇“贤德揭阳”端午龙舟赛观礼台工程、普宁市练江南堤生态观景廊道示范段一期工程等有关事项，并作出相应决策。

市政府十五届43次常务会议　2019年5月9日，在市党政机关办公楼八楼会议室召开。会议学习习近平总书记在4月19日中央政治局会议上分析研究当前经济形势和部署当前经济工作的重要讲话精神；讨论研究关于实施国道324线普宁池尾至云落段配套工程、普宁市乡道洋田线（Y380）路面改造工程建设、上马建设普宁市三坑水库除险加固工程、上马建设普宁市云落溪综合整治工程、实施南华路（赤华北路至广达北路）、白沙陇路（新河西路至赤华北路）及白沙陇小学周边道路改造工程、普宁市盛世华府住宅小区建设项目用地合并及调整使用年限补交出让金，审议《普宁市云落生活垃圾填埋场渗滤液委托处理服务工作方案》、云落生活垃圾填埋场垃圾填埋作业服务采购项目等有关事项，并作出相应决策。

市政府十五届44次常务会议　2019年6月3日，在市党政机关办公楼八楼会议室召开。会议学习习近平总书记关于老区苏区工作重要讲话精神、习近平总书记在全国公安工作会议上的重要讲话精神；传达贯彻中央和省环境保护督察整改暨环保基础设施建设推进会精神；讨论研究关于实施普宁市北二环延长线工程、实施市公务员奖励问题，批准市2019年度“三旧”改造实施计划、扩大市区城市基础设施配套费征收范围、收回并公开出让国有建设用地使用权，审议《普宁市第六届运动会实施工作方案》《2010年以来中小学校舍规划建设项目调整方案》《2019年普宁市部分学校赴华南师范大学公开招聘教师实施方案》《广东省普宁市土地利用总体规划（2010—2020年）修改方案（广东万泰大南山康养中心）》《普宁市池尾街道土地利用总体规划（2010—2020年）修改方案（普宁市凤凰山生态旅游建设项目）》以及上马建设普宁市练江流域综合整治——五斗陂水闸重建加固工程、普宁市练江流域综合整治——党陂水闸重建加固工程、普宁市练江流域综合整治——树新水闸重建加固工程、云落镇生活垃圾收集、转运等有关事项，并作出相应决策。

市政府十五届45次常务会议　2019年6月24日，在市党政机关办公楼八楼会议室召开。会议学习贯彻习近平总书记在“不忘初心、牢记使命”主题教育工作会议上的讲话精神、《中共中央关于在全党开展“不忘初心、牢记使命”主题教育的意见》精神以及全省开展“不忘初心、牢记使命”主题教育工作会议精神；传达贯彻6月5日练江综合整治现场会会议精神，研究部署练江整治工作以及落实中央和省环境保护督察整改工作的情况；通报违法违规土地图斑整治情况，部署下一步工作；传达贯彻省、揭阳市防汛救灾工作视频会议精神，部署当前防汛防灾工作；讨论研究关于实施市区河滨南路（广达南路至赤华南路）建设工程、普宁市生态环境基础设施项目——北港水（普宁段）污水设施建设工程、普宁市生态环境基础设施项目——完善占陇污水处理厂配套管网工程（下架山镇普宁大道南片区）、普宁市生态环境基础设施项目——英歌山（大坝）污水处理厂配套管网二期工程（大坝镇区）、普宁市崩东线（后溪乡区段）改建工程、广东省文物保护单位德安里民居群（官厅等五处建筑）修缮工程以及拨付普宁市崩东线复线崩坎至高埔段改建工程财政补助资金、解决流沙东街道斗文村建设用地历史问题、核拨不动产登记档案数字化扫描入库及搭建房产交易系统工作经费、解决工资经费缺额及理顺借款；审议新修订的《普宁市人民政府工作规则》和《普宁市2019—2021年中小学（幼儿园）校舍规划建设方案》《中央及省级2018年下达我市支持学前教育发展专项资金使用方案》《2018年度普宁市农村建设用地拆旧复垦项目建设实施调整方案》《普宁市民政局公开招聘基层社会救助经办服务人员工作方案》《2015—2016年新增债券资金截至2019年5月底结余统筹收回方案》等有关事项，并作出相应决策。

市政府十五届46次常务会议　2019年7月15日，在市党政机关办公楼八楼会议室召开。会议学习贯彻习近平总书记在深化党和国家机构改革总结会议上的重要讲话精神以及韶关市关于推进循环经济环保园建设，有效化解“邻避效应”的经验做法；讨论研究关于建设普宁市精神病医院、提高市村（社区）“两委”干部生活补贴标准、进一步提高村（居）务监督委员会成员补贴标准、市社会福利中心设立特殊教育班、拨付农村集体产权制度改革工作经费、拨款解决占陇镇下寨电排抢险加固工程经费、核拨2019年度南溪镇垦造水田项目工作经费、拨付普宁市上三坑水库扩建工程工程款以及实施普宁市水尾溪（交丙坛村段）达标加固工程、莲花山水厂原水输水管道改建工程（一期）、市委党校升级改造工程、省道S255线练江桥改建工程；审议《2019年普宁市医疗卫生事业单位公开招聘人员实施方案》《普宁市职业年金实账积累工作方案》《普宁市进一步完善基层医疗卫生机构绩效工资制度的实施意见》等有关事项，并作出相应决策。

市政府十五届47次常务会议　2019年7月30日，在市党政机关办公楼八楼会议室召开。会议传达学习习近平总书记对贵州水城“7·23”特大山体滑坡灾害重要指示和李克强总理批示精神；讨论研究关于实施普宁市生态环境基础设施项目——完善占陇镇污水处理厂配套管网工程（占陇镇、军埠镇片区）、提升普宁市汽车总站新建工程建设标准、上马建设普宁市纺织印染环保综合处理中心防护坡工程、上马建设普宁市纺织印染环保综合处理中心工业供水厂及管网配套工程、2019年随军家属安置问题，审议《普宁市下架山镇总体规划（2016—2035）》《普宁市生活垃圾环保处理中心二期PPP项目实施方案》等有关事项，并作出相应决策。

市政府十五届48次常务会议　2019年8月22日，在市党政机关办公楼八楼会议室召开。会议学习习近平总书记主持召开中央政治局会议分析研究当前经济形势和经济工作精神；传达贯彻全省促进中小企业（民营经济）发展工作电视电话会议精神、揭阳市污染防治攻坚战工作调度会精神、揭阳市重点项目督导工作会议精神，部署下一步工作；听取全市上半年安全生产工作情况汇报，部署下一步工作；讨论研究关于建设普宁二中新校区教师宿舍楼、解决普宁二中实行分校区分校部全封闭办学设施配套资金问题、统筹部分省级资金用于农村公厕建设、普宁市来福实业有限公司“三旧”改造项目地块国有建设用地使用权协议出让、提高市部分乡镇卫生院标准化建设项目补助标准，审议《普宁市军埠镇总体规划（2016—2035）》《普宁市2019—2021年寄宿制学校建设专项规划》《普宁市急需紧缺专业人才引进计划实施方案》《2019年普宁市公开招聘教师等事业单位工作人员实施方案》《关于公开出让普宁市汽车运输有限公司100%股权的实施方案》等有关事项，并作出相应决策。

市政府十五届49次常务会议　2019年9月17日，在市党政机关办公楼八楼会议室召开。会议专题研究普宁华侨农场改制设镇的事项，并作出相应决策。

市政府十五届50次常务会议　2019年9月29日，在市党政机关办公楼八楼会议室召开。会议学习贯彻习近平总书记在中央党校中青年干部培训班开班式上发表的重要讲话精神；听取消防安全工作情况汇报，部署下一步工作；部署国庆节期间维稳、安全生产、值守等各项相关工作；讨论研究关于征收普宁市村镇基础设施配套费、协调解决普宁市商会大厦建设用地及项目建设、建设占陇镇练江北岸农村污水处理设施、收回2015—2016年新增债券资金截至2019年5月底结余资金重新分配方案，实施云落镇红饶生活垃圾填埋场环境综合整治工程、普宁市文竹北路延长线（北二环大道至勤建学校西侧）建设工程、市区新凉坛桥建设工程、市区龙溪路（北环大道至新美路）建设工程、普宁市生态环境基础设施项目——南径镇污水处理厂及配套管网建设工程（二期）、普宁市生态环境基础设施项目——麒麟镇污水处理厂及配套管网建设工程（二期）、市区石英路及玉华南路延长线改造工程以及上马建设普宁市练江流域综合整治——光南水闸重建工程、普宁市练江流域综合整治——陂头水闸重建工程、普宁市流沙中河市区段整治工程续建项目、普宁市坛沟河综合整治工程，审议《普宁市实施乡村振兴战略规划（2018—2022年）》《2019年度第一批普宁市农村建设用地拆旧复垦项目建设实施方案》《普宁市梅塘镇总体规划（2016—2035）》《普宁市南径镇总体规划（2016—2035）》《普宁市船埔镇总体规划（2016—2035）》《流沙东街道新安片区旧区“三旧”改造首期项目补偿安置方案》《中国普宁金茂国际新城整体合作协议》等有关事项，并作出相应决策。

市政府十五届51次常务会议 2019年11月21日，在市党政机关办公楼八楼会议室召开。会议学习贯彻党的十九届四中全会精神；学习《中华人民共和国统计法》《关于深化统计管理体制改革提高统计数据真实性的意见》等上级文件精神；传达省政府研究推动练江流域水环境综合整治及有关重点工程项目建设工作会议和揭阳市生态宜居美丽乡村示范村建设现场推进会精神，部署下一步工作；听取2020年度城乡居民医疗保险费征缴工作、市未成年人思想道德建设工作和市申报2020年省、揭阳市重点建设项目计划的情况汇报；部署安全生产、打假、惩治违法建设等相关工作；讨论研究关于要求拨款解决第五届普宁梅花旅游文化节活动经费、批准并公布大长陇贺灯等16个项目列入普宁市（县级）非物质文化遗产代表性项目名录、建设普宁市第一批文化馆图书馆分馆和基层服务点、洪阳镇中心卫生院建设工程优化提质升级、实施普宁市金叶实业招待所修缮工程、拨款解决普宁市云落生活垃圾填埋场渗滤液委托应急处置服务费用、市建成区园林绿化管养工作实施统一管理、普宁市各乡镇场街道农村生活污水处理设施、调整省级产业园基础设施建设和产业集聚发展启动专项资金使用项目、拨付2019年省级涉农转移支付资金（打造示范镇、示范村）至相关乡镇场街道、加快练江流域环保基础设施工程建设和环评审批等有关问题、拨款解决市看守所“铁桶工程”（第一期）建设经费，审议《关于全面开展特困人员照料护理工作的实施方案》《“潮韵风华·梅香四方”——第五届普宁梅花旅游文化节活动方案》《普宁市云落镇总体规划（2016—2035）》《普宁市南溪镇总体规划（2016—2035）》《普宁市全域自然村集中供水实施方案》《2019年度第二批普宁市农村建设用地拆旧复垦项目建设实施方案》《广东省普宁市土地利用总体规划（2010—2020年）修改方案（涉及揭阳市普宁现代农业青梅产业园建设项目）》，审议《普宁市财政资金编制执行监督管理办法（试行）》《普宁市机关雇员管理暂行办法》和普宁市生活垃圾环保处理中心二期PPP项目招标文件、合同、投资合作协议等有关事项，并作出相应决策。

市政府十五届52次常务会议 2019年11月26日，在市党政机关办公楼八楼会议室召开。会议审议《普宁广场BT项目工程造价结算协议书》、讨论研究普宁广场BT项目结算审核的有关事项，并作出相应决策。

市政府十五届53次常务会议 2019年12月17日，在市党政机关办公楼八楼会议室召开。会议学习中央经济工作会议精神、新修订的《中华人民共和国公务员法》和省委书记李希、省长马兴瑞在全省推动制造业高质量发展大会上的讲话精神；传达揭阳市政府常务会议关于安全生产工作精神，部署普宁市相关工作；听取练江流域综合整治工作存在问题汇报，部署下一步工作；听取个别公职人员检讨发言；讨论研究关于揭阳天然气管道工程（普宁段）建设征地拆迁补偿工作实施方案、2019年度符合政府安排工作条件退役士官及其随调家属安排工作、省道S237线麒麟镇区至姚厝围村路段改建工程拆迁补偿等、上马普宁市英歌山（大坝）污水处理厂中水回用（近期）建设工程、新建、改造交通信号灯和电子警察系统、2019年度本级储备粮轮换销售差价补贴、拨款发放2018年退役士兵自主就业一次性补助金、拨款发放2019年度义务兵家庭优待金，审议《2019—2020年普宁市幼儿园建设提升方案》《普宁市动态储备粮规模调整方案》《普宁市简化农村项目建设流程指导意见》《普宁市广电网络改革重组工作方案》《普宁市广电网络改革重组人员安置方案》《普宁市融媒体中心建设实施方案》《金叶大厦停业出租及人员安置工作方案》《中央及省级2019年下达普宁市支持学前教育发展专项资金使用方案》以及收回结存项目单位专户财政资金及重新安排方案等有关事项，并作出相应决策。

（吴育青、江凯憧、周泽荣）

【普宁华侨管理区改制拟设镇并正式划入普宁市管理】 2019年2月，普宁华侨管理区（简称“普侨区”，保留“普宁华侨农场”牌子）申请成立镇级组织经揭阳市委常委会研究通过，归普宁市属地管理（前为揭阳市管建制区）。普宁市委、市政府严格按照上级的工作部署，扎实有序开展普宁华侨农场改制设镇工作。在委托第三方机构进行社会风险评估、专家论证、征求有关部门和社会公众意见后，普宁市依次召开市政府常务会议、市委常委会会议、市委全会，通过普宁华侨农场改制设立普侨镇有关事项，并按程序上报揭阳市人民政府。12 月 24 日，普宁华侨管理区管辖范围成建制划转由普宁市管理交接仪式在普侨区举行，揭阳市委常委、普宁市委书记张时义，普宁市委副书记郑海忠，市委常委、组织部部长杨燕斌，揭阳市及普宁市、普侨区有关负责人等参加交接仪式。（钟东阳）

【政府建设持续进步】 2019 年，普宁市坚持党对政府工作的领导，持续深入学习贯彻习近平新时代中国特色社会主义思想，扎实开展“不忘初心、牢记使命”主题教育，组织开展 9 个专题调研，建立完善“一台账两清单”和集中治理清单，完成 34 个问题集中整治。基本完成政府机构改革任务，政府工作部门优化调整为 27 个，普侨区正式划入普宁市管理。统筹推进“数字政府”建设和“放管服”改革，改造提升政务服务平台，实现市镇村三级平台互联互通，实行“一窗通办”“一窗受理”。全面落实党风廉政建设责任制，严格执行中央八项规定，“三公”经费支出继续下降。坚持依法行政，自觉接受人大、政协及社会各界监督，人大代表建议和政协委员提案办结率均达到 100%。同时，民族宗教、人民武装、国资管理、侨务、双拥、人事、统计、审计、物价、人防、气象、地方志等工作取得新进步，工会、妇女、儿童、共青团、工商联、残疾人和慈善福利等工作实现新发展。（方锐佳）

【推进法治政府建设，深化“放管服”改革】 强化合法性审查，严把法律关。2019 年，市司法局在审核规范性文件时，坚持调查研究，综合有关部门的意见，依据法律法规认真审核有关部门送审的规范性文件，使文件具有合法性、可行性和全面性。全年共审核征求意见稿 218 件，审核规范性文件《普宁市机关雇员管理暂行办法（审议稿）》1 件，并提出相关法律意见。畅通复议渠道，依法办理行政复议案件。针对行政相关人提出的问题，依法依规按程序做好行政复议，维护行政机关依法行政的权威和当事人合法权益。全年共收到行政复议申请 35 件，经审查，不予受理 3 件，符合法定条件予以受理的 32 件，加上 2018 年 3 件未审结的复议案件，共审结 35 件；代理行政诉讼案件 1 件。

是年，普宁市统筹推进“数字政府”建设和“放管服”改革，创新和完善事中事后监管，不断提高政府服务效能，进一步打造公平竞争的营商环境，激发市场活力。

持续强化组织领导 2019 年，将市推进职能转变协调小组升格为市推进政府职能转变和“放管服”改革协调小组，由市长任协调小组组长，常务副市长、副市长担任副组长，市政府办公室主任担任协调小组办公室主任，市直相关单位主要负责人为协调小组成员，进一步增强“放管服”改革组织保障。

推进服务规范标准 深入开展政务服务事项标准化建设，对事项的名称、编码、设定依据、办理地点、申请材料等基础要素进行统一、更新完善，共纳入、补全各类政务服务事项 1598 项。其中，属于省级通用目录的事项 1461 项、“最多跑一次”事项 1383 项（“0 次跑动”764 项、“一次跑动”619 项），全面推进审批服务“马上办、网上办、就近办、一次办”，提升审批服务水平及效能，切实让企业和群众“好办事、能办事、办成事”。

优化审批便民利民 实行“一窗通办”“一窗受理”服务，首批 14 个单位共 170 项政务服务事项进驻“大一门”综合服务区，正式启动“受审分离”运行模式，开设不动产交易、缴税、登记“一窗受理”综合服务区。全面实现企业开办全流程压缩为商事登记、公章刻制、申领发票 3 个环节，企业开办全流程不超过 3 个工作日，其中企业设立登记 1 个工作日内完成、公章刻制和申领发票并行办理、公章刻制办理时限压缩至 0.5 个工作日、申领发票办理时限压缩至 1 个工作日。提升在线政务服务能力，市统一申办受理平台已接入部分电子证照服务（省垂直系统），逐步减少群众办事需提交的纸质材料。全力推广电子印章，全市有 22 个一级单位和 5 个二级单位申请电子印章。在统一“好差评”方面，开展政务服务“好差评”，大力推行窗口标准化服务。

推动服务向基层延伸 实施全市 28 个乡镇场街道、563 个村居政务服务平台集约化改造提升工程，完成系统对接、设备调试和数据迁移，实现市镇村三级政务服务平台的互联互通，将党群服务延伸到村（社区），打通服务群众“最后一公里”。积极推动市政务服务事项延伸至镇村，全市基层延伸事项共 85 项。推广“粤省事”小程序，引导群众注册和应用，享受一站式“指尖办理”服务，实现缴纳医保、查询公积金、关联电子身份证、驾驶证等高频服务事项全网通办，全市“粤省事”累计注册人数超35万人。

强化事中事后监管　组织开展“互联网＋监管”事项梳理工作，全市有35个部门共认领、完善监管事项476项。全面推进“双随机、一公开”监管工作，持续推进跨部门联合抽查，严格落实企业信息公示、经营异常名录等制度，构建信用监管长效机制。完善市场主体信用“黑名单”制度。加强经营异常名录和严重违法失信企业名单管理，严格按照有关规定认真做好列入、移出工作，并依法通过国家企业信用信息公示系统向社会公示。

（方卫中、庄伊兰、谢文源）

【政务公开】　2019年，普宁市着力提升政务公开质量，加强政策解读和政务舆情回应，深化重点领域信息公开，完善政务公开制度规范，进一步加大决策、执行、管理、服务和结果的公开力度，层层分解落实政务公开工作主要任务，不断创新公开机制。各地、各单位按照省和揭阳市有关政务公开工作的部署，结合实际，全面扎实推进政务公开工作。

强化权力监督，深入推进决策和执行公开　推进重要决策公开。对涉及公众利益、需要社会广泛知晓的在普宁广播电视台、普宁发布等媒体公开发布。紧紧围绕2019年《政府工作报告》重点工作任务的贯彻落实，加大经济社会发展规划、重要改革方案、年度重点工作、惠民实事项目等领域的公开。推进重要部署执行公开。将年度重点工作、惠民实事项目等工作细化到责任单位，将主要措施、实施步骤、监督渠道以及工作进度、存在问题、后续举措等信息及时上报并向社会公开，重点公开各类发展目标、改革任务、民生举措等落实情况。在重大行政决策执行过程中，跟踪决策的实施情况，积极开展决策执行效果评估，及时调整完善，并将相关情况向社会公开。全年办理市人大代表建议、政协委员提案28件，已全部行文答复，办复率均100%。推动行政执法信息公开。启用广东省行政执法信息公示平台数据采集系统，及时将相关工作指引和操作手册转发给各相关单位，并做好统筹协调，指导、协助执法主体完善平台信息填报的工作。是年，全市在省行政执法公示系统公示的行政执法主体有40个。

聚焦政策落实，深化信息公开　公开防范化解重大风险信息。2019年度，市金融机构着力提升金融服务水平和质量，加大金融对实体经济，尤其是小微企业的支持力度。市多部门联合走进人民公园、潮汕学院等开展科学理财、防范和惩治非法集资宣传活动。市征信部门在为办理征信查询的群众提供查询服务之外，还积极开展防范和处置非法集资宣传活动，向群众发放非法集资防范宣传小册子，普及宣传防范和处置非法集资相关政策法规，有效提高群众对非法集资风险意识和识别能力。积极主动做好风险化解工作，坚决守住不发生系统性、区域性金融风险的底线。公开精准脱贫信息。重点做好贫困人口的增减公示、扶贫小额信贷公示、贫困村脱贫达标出列公示、贫困户脱贫下达公示，落实各相关职能部门抓好“两不愁三保障”有关政策公开工作。做好精准扶贫的宣传和信息公开，专门印发《广东省精准扶贫精准脱贫宣传指引》和宣传手册、宣传海报以及驻镇、村工作队职责、纪律、主要责任制度，“帮扶联系卡”“民心卡”“广东扶贫办微信公众号”联络方式及其发布主要内容等相关宣传资料共7万多份发给各乡镇场街道、各村张贴，并公布镇、村干部、村民代表、贫困户、帮扶责任人情况。公开污染防治信息。通过重点领域政府信息公开工作平台，及时公开空气环境信息、水质环境信息、建设项目环境影响评价信息、建设项目竣工环保验收信息、环境污染费征收信息、国控企业污染物自动监控信息、企业环境信用评价信息、上市企业环保核查信息、挂牌督办和行政执法信息、国家重点监控企业污染源监督性监测信息、核与辐射安全信息等十一项需要社会公众广泛知晓的政府信息，共公开生态环境类重点领域信息305条。深化“放管服”改革信息公开。推进“证照分离”改革。通过省政务服务事项管理系统完成政务服务事项标准化建设，对办理时限、审批改为备案、直接取消审批等变更信息进行实时更新与公布。是年，全市新登记各类企业754户。优化营商环境，对手续齐全的，最快不到10分钟就可取领到营业执照，一般在一个工作日内发出营业执照，最长不超过3个工作日。投资审批流程改善优化，进一步转变职能，优化审批流程，简化办事手续，为企业投资提供优质高效服务。实行备案制的企业投资项目实行网上申报，手续完备的项目，实现当天申报、当天办结。做好“双随机、一公开”抽查工作。组织做好企业公示信息“双随机、一公开”抽查。根据《企业信息公示暂行条例》《企业公示信息抽查暂行办法》等规定，9月，市市场监管局按照4%的比例通过省市场监督管理局业务信息系统抽取企业294户，对企业的公示信息和登记事项等进行检查。通过检查，对未依法公示应当公示即时信息的，依法责令按规定时间内公示相关信息；对企业公示信息弄虚作假的或通过登记的住所无法取得联系的，依法列入经营异常名录。做好部门“双随机、一公开”抽查工作。8月，市市场监管局牵头市文化广电旅游体育局抽查企业14户，对企业的公示信息等进行检查。上述企业抽查结果，均通过国家企业信用信息公示系统和“信用中国”网站对外予以公示。推进事项清理减并工作。是年，市各职能部门推进市级权责清单事项清理减并工作，至年底前通过取消、委托、下放、重心下移、合并整合及移出权责清单等方式，将市级权责清单事项由4611项压减至1470项，并在广东政务服务网公开。同时，做好压减事项的衔接落实工作。强化重点民生领域信息公开。通过市重点领域政府信息公开目录系统，突出做好就业、教育、医疗、养老、征地、公共文化等领域的信息公开。2019年重点领域政府信息公开目录系统公布信息501条。通过普宁电视台、普宁教育微信公众号向社会公开义务教育招生方案、招生范围、招生程序、报名条件、学校情况、录取结果、咨询方式、学前教育等信息。围绕行政许可、行政处罚、加强医疗服务能力建设、医疗卫生事业单位公开招聘、基本公共卫生服务项目、安全生产工作等内容进行公开。加强征地重点领域信息公开，2019年度共发布征地公告3批次，张贴征地公告9份，通过市自然资源局网站公开征地信息3批次。细化财政信息公开。在市人民政府网站财政预决算公开栏目向社会公开2019年度市政府预决算、部门预决算有关信息。2019年度市应公开的预算单位共52个，2018年部门决算信息52条、2019年部门预算信息52条，已全部上网发布。在市财政局门户网站中的扶贫资金政策专栏，及时公开各项财政扶贫资金安排分配情况、资金管理办法等内容。依法规范债务管理，增强地方政府债务信息透明度。全市存续期债务信息已于是年8月14日在市财政局网站公开。

优化服务功能，加强公开平台建设 推进政府网站规范发展。严格网站发布原则，严格落实网络意识形态责任制，建立“谁制作（谁保存）、谁发布、谁负责”原则，实行“先审查、后公开”原则，从严管控政治类有害信息，把好政治关、政策关、文字关。推进政府网站集约化平台建设。市人民政府网站集约化平台整合市政务服务网、市政府信息公开目录系统、市重点领域信息公开系统等以及市财政局、教育局、工业和信息化局、人社局等市直部门政府网站13个，业务系统涉及26个市直单位和28个乡镇场街道，平台可以实现信息发布、政务公开、办事服务和互动交流等功能。是年12月末，市人民政府网站集约化平台迁移到省人民政府网站集约化平台，按时保质完成政府网站集约化迁移等工作。加强政务新媒体管理。按照上级要求对普宁市政务新媒体进行排查整改，对功能相近、用户关注度和利用率低的政务新媒体进行全面清理整合，全年共关停政务新媒体12个。积极做好政务新媒体的开设登记备案工作，实行政务新媒体集约管理。要求各新媒体主办单位严格执行网络安全法等法律法规，落实意识形态工作责任制和网络安全责任制，建立健全安全管理制度、保密审查制度，加强内容建设，强化信息更新时效性。加快办事大厅线上线下融合发展。开展政务服务事项标准化工作。是年指导督促45个相关单位开展政务服务事项标准化工作，严格统一事项名称（主项）、子项拆分、基本编码、实施编码规则、事项类型、设定依据等基础要素，共纳入、补全各类政务服务事项1470项；编制政府工作部门公共服务事项清单，通过广东政务服务网对外公布，逐一明确法律依据、实施主体、监督方式、责任方式等相关事项，并根据法律法规的变化实行动态调整。深化“大一门”服务改革。优化实体大厅“一站式”功能，推进首批14个单位共计170项政务服务事项进驻“大一门”综合服务区，开设不动产交易、缴税、登记“一窗受理”综合服务区，大大提高服务效率，真正实现“最多跑一次”。推动政务热线“一号对外”。是年，广东政务服务（普宁）网、普宁市人民政府网站、普宁市政务服务数据管理局微信公众号“普宁公共服务”栏都开设有在线投诉咨询专栏，对接揭阳市“12345”市民服务热线平台，群众有意见建议，可在线进行咨询投诉，大力推动政务热线“一号对外”，提升政务服务水平。

提升工作质量，完善公开制度规范 强化组织领导。坚持以习近平新时代中国特色社会主义思想为指引，深入贯彻落实国家、省和揭阳市全面推进政务公开工作的决策部署，将全面推进政务公开工作列入重要议事日程，把政务公开工作与全市的各项中心工作同研究、同部署、同考核、同推进，明确市政府1名领导分管和组织全市的政府信息与政务公开工作，并及时在普宁市政府门户网对外公布。确保年度政府信息与政务公开各项工作任务落实到位。抓好政府信息公开条例的贯彻落实。市政府第一时间转发省和揭阳市有关通知，并在市人民政府门户网站转载宣传，加强宣传解读和学习培训。按照新“条例”相关规定，结合实际，落实各地各部门及时修订完善政府信息公开指南，明确依规申请公开答复期限和延期期限，并及时将指南上网发布。加强相关基础工作。发出通知，要求机构改革涉及的政府部门，在符合保密要求前提下，全部依法公开该机关的“三定”规定等信息。各部门已及时依法公开“三定”方案内容等信息，同时制定更新主动公开基本目录。按上级要求，落实各部门编制政府信息公开年度报告，并将该部门承担《普宁市2019年政务公开工作要点》落实情况纳入报告内容，进一步提升政府信息公开年度报告质量。 （黄佳楠）

【政务督查】 2019年，市府办督查室围绕市政府的工作中心，进一步完善督查工作机制，提高督查针对性，增强督查推动力，为适应发展形势、服务领导决策、推动工作落实做了大量工作，较好地发挥督查工作督促协调、服务大局、推动工作落实的作用。全年共组织督办各类事项1713件次，形成督查材料320份。

抓好对上级重大决策部署的督查 加大对上级政策方针、重要决策部署和领导批办件的督办落实，跟踪问效，做到件件有着落、事事有回音，并及时向上级反馈落实情况。全年共办理省、揭阳市领导批示落实情况督办17件次，配合揭阳市府办督查室督办事项32件次。

抓好市政府中心工作的督查 紧密围绕市政府中心工作和重大决策部署，以市政府主要工作任务、重点建设项目、民生实事为重点，年初进行任务分解，形成责任制，明确工作目标、完成时限、责任单位，确保每项任务都有部门管、有人抓，并将此作为年度督查工作重点，实行清单式管理、销号式督查。特别是对市政府主要工作任务和市政府常务会议决定事项落实情况，坚持对责任单位每月调度情况、每季度工作开展情况的实地督查以及半年进行工作小结、年终进行考核验收并在全市通报。对进度滞后、没有实质进展的事项，全年发出督办通知书30份，并加大督查检查的频次，促进市政府各项重点任务的顺利实施。

抓好市领导重点关注事项的督查 对市领导重点关注项目加大督查频次，要求项目单位将每周工作内容细化量化，每周上报具体落实情况。对于阶段性专项工作不定期进行督导检查，促进工作落实。如对市生活垃圾环保处理中心、镇区污水处理厂等环保基础设施建设，占陇、洪阳2个中心镇卫生院升级建设项目、市妇幼保健计划生育服务中心升级建设项目，以及村卫生站规范化建设、英歌山工业园征地及基础设施建设、普宁市纺织印染环保综合处理中心建设、“四好农村路”建设等，均要求责任单位每周报送工作进度，每月专项汇报项目建设进展情况，每季度组织到现场对工程建设进行检查督导。

抓好市领导重要批示事项的督查 对市政府领导的批示件，严格按照批必查、查必清、清必办、办必果的原则，坚持做到在严把质量关的基础上，不拖不压不误，及时批转有关部门或单位进行办理，并采取协助督查和直接督办的方法，实行全过程跟踪督查、反馈，确保领导批示督办件项项有着落，件件有回音。全年共办理市领导批示信件、文件的跟踪督办事项25宗，办结率100%。

（陈延年）

【机关事务管理】 2019年，市党政机关事务管理局为市党政办公大楼设备设施正常运行及安全保卫提供保障服务。加强机关大院用电、用水的管理及电梯、中央空调、柴油发电机组及各项公共设施的检查、维护工作，实现全年安全无事故。服务好各种会议和迎宾活动，全年共服务大小型会议600多场次。加强卫生保洁和绿化美化工作，做到垃圾日产日清，不留卫生死角。新建大院南区停车场，解决南区车辆拥挤不堪的问题。加强办公大楼修缮工作。加强市党政机关食堂管理，提高服务质量。 （黄鹅弟）

人事工作

【概况】 2019年，市人力资源和社会保障局（简称“市人社局”）全力做好人才招引、工资福利、高校毕业生网上报到审核和档案接转、“三支一扶”等工作。是年，全市事业单位共招聘工作人员670人；共接收高校毕业生档案8731个，办理档案调出1445个。机关工勤人员和事业单位工作人员正常晋升工资2.84万人，乡镇机关事业单位工作人员乡镇工作补贴变动1832人；

新核定已故的机关事业单位工作人员和已故的离退休人员遗属生活困难补助标准142人；办理事业单位管理人员和专业技术人员退休手续374人。（王志坚）

【人才招引】 2019年，全市事业单位共招聘工作人员670人（教育系统213人、卫生系统378人、市直其他事业单位79人），其中属引进高层次人才和短缺专业人才104人（教育系统45人、卫生系统59人）。（郑志刚）

【工资福利管理】 2019年，市人社局完成全市机关工勤人员和事业单位工作人员正常晋升工资工作，增资人数2.8万人，月增资约222万元；完成全市乡镇机关工勤人员和事业单位工作人员乡镇工作补贴的变动审批，增资人数1832人（含教育、卫生系统），月增资13.9万元；新增事业单位工作人员和离退休人员遗属生活困难补助142人，月增资5.8万元。做好全市事业单位管理人员和专业技术人员的退休管理工作，全年共为事业单位管理人员、专业技术人员办理退休手续374人。（庄立平）

【专业技术人员队伍建设】 2019年，市人社局完成全市大中专毕业生初次初级专业技术资格认定95人，完成教育系统初级、中级专业技术资格评审303人（其中初级219人、中级84人）的审核、校对、审批和发证；办理申报高级专业技术资格477人、中级专业技术资格5人；做好专业技术人员继续教育相关工作。完成揭阳市中高级人才认定（1443人）的审核上报及康美药业股份有限公司等4家博士工作站财政扶持资金的划拨。（罗凯彬）

【高校毕业生网上报到审核和档案接转】 2019年，市人社局接受非师范类高校应届毕业生（含往届是年到期暂缓就业毕业生）网上报到审核5528人，其中大学本科及以上学历2499人、专科学历3029人。全年接收档案8839个，其中高校毕业生档案8731个、流动人员人事档案108个；办理档案调出1445个，其中代理人事关系档案调出28个、保存档案调出1417个。

【高校毕业生网络招聘会】 2019年，市人社局在该局门户网站、市人才网发布《普宁市2019年高校毕业生网络招聘会公告》，面向离校未就业高校毕业生实行网上招聘。全年参加网络招聘会企业4家，发布招聘岗位21个，新增个人会员260个。

（周乐鑫）

【“三支一扶”工作】 2019年，市人社局做好新招募“三支一扶”高校毕业生许浩鹏等9人的报到派遣工作。严格按照招募计划，落实好服务岗位，同时要求服务单位妥善安排好“三支一扶”人员的食宿问题，购买必要生活用品，确保基本的办公和生活条件。（郑志刚）

政务服务数据管理

【概况】 市政务服务数据管理局（简称“市政数局”）于2019年3月22日挂牌成立，为市政府工作部门，正科级。内设人事秘书股、审批协调服务股、指导监督股（热线管理股）和政务数据管理股，行政编制11名；下属事业单位1个（普宁市信息中心），事业编制20名。2019年年末，局机关和下属事业单位共有干部职工24人。作为推进全市政务服务体系建设、推进“数字政府”建设的统筹管理机构，市政数局大力推进市政务服务和“数字政府”改革建设，进一步推动政府职能转变、便利企业和群众办事创业，为全市经济高质量发展提供良好的投资营商环境。

【政务服务管理】 2019年，市政务服务中心进驻单位31个，派驻人员106人。全年共受理办结各类行政审批和服务事项23117件，承诺办结率99.77%，提前办结率98.4%，办理提速91.9%。

推进“大一门”改革工作 推进首批14个单位共计170项政务服务事项进驻“大一门”综合服务区，开设不动产交易、缴税、登记“一窗受理”综合服务区，进一步优化实体大厅“一站式”功能，实现“一窗受理”，大大提高服务效率。

优化完善便民服务设施配套 设置无障碍通道和残疾人停车位，加装无障碍卫生间，改造建设母婴室，引进邮政速递，增设盲文导示台，完善办事大厅便民指引标识等，进一步优化服务环境。

【“互联网+”政务服务】 推行政务服务“就近办” 2019年6月，市政数局组织实施全市28个乡镇场街道、568个村（社区）政务服务平台集约化改造提升工程，统一市、镇、村三级政务服务平台办事入口，实现三级政务服务平台的互联互通。同时，为方便基层群众就近办事，推动政务服务事项延伸至基层，至年底，全市延伸至基层事项共有80项，逐步实现“就近办”目标。

推行政务服务“一次办” 2019年，市政数局组织指导各职能部门开展政务服务事项标准化工作，纳入、补全各类政务服务事项共1598项，梳理“最多跑一次”事项1383项（其中“0次跑动”764项、“一次跑动”619项），为推行“一次办”奠定良好基础。至年底，全市简易事项（即办件）共229项已100%实现即来即办。

推进县级权责清单事项清理减并工作 2019年，市政数局组织协调各职能部门开展县级权责清单事项清理减并工作，通过取消、委托、下放、重心下移、合并整合等方式，将县级权责清单事项由4611项压减至1470项，并在广东政务服务网（普宁）公开。至年底，全市共有39个部门进驻广东政务服务网（普宁），进驻事项1470项（其中属依申请办理类事项1003项、办理行政许可类事项552项、办理公共服务类事项409项），网上可办率74.62%。

宣传推广“粤省事”指尖办事应用 在全市大力宣传推广“粤省事”小程序，至2019年年底，全市实名注册用户超过35万户。通过“粤省事”指尖办事，群众可享受缴医保、查询公积金等高频服务事项全网通办，进一步方便群众办事，让“数字政府”建设成果惠及更多群众。

【政府网站建设】 2019年12月底，普宁市人民政府网站集约化平台迁移至广东省人民政府网站集约化平台。平台整合市政务服务网、市政府信息公开目录系统、市重点领域信息公开专栏以及市直部门政府网站12个，业务系统涉及26个市直单位和28个乡镇场街道，可实现信息发布、政务公开、办事服务和互动交流等功能。是年，积极开展关键信息基础设施检查，强化重要敏感时间节点和重大活动期间政府网站安全防护，进一步提高网站和网络安全系数。

【“12345”市民服务热线】 2019年，“12345”市民服务热线普宁分转平台共接到工单13576件，市政数局及时转派到各职能单位，共处理并办结12655件，办结率93.2%，及时回应市民诉求，有效解决矛盾纠纷，群众满意度较高。

（周倩玲）

应急管理

【概况】 2019年3月23日，市应急管理局挂牌成立，内设人事秘书、综合、应急指挥和救援、综合减灾和预案管理、危险化学品安全监管、行政审批、法规宣传等股和执法大队；下设市地震局、安全生产宣传教育中心（事业单位），共承担涉及应急管理、安全生产、防灾减灾救灾三个方面共18项职能职责。是年，市应急管理局强化安全生产责任制落实，逐级签订安全生产责任书，并定期考核通报；开展安全生产宣传教育培训、安全生产检查督查和执法行动，通过“普宁应急”微信公众号进行安全生产法律法规及安全常识宣传。全年全市共发生各类安全事故60起，同比下降7.7%；死亡39人，同比上升25.8%；受伤42人，同比下降33.3%；直接经济损失260万元，同比上升30%。非煤矿山、危险化学品、燃气等行业领域没有发生人员伤亡事故。没有重特大生产安全事故发生，一般及以上生产安全事故得到有效控制。

【安全生产监督管理】 安全生产责任制落实 2019年，市应急管理局按照安全生产“属地管理、行业管理”和“三个必须”（管行业必须管安全，管业务必须管安全，管生产经营必须管安全）原则，通过签订安全生产责任书，落实安全生产“党政同责、一岗双责、齐抓共管、失职追责”责任和“一票否决”制度要求，建立纵向到底、横向到边的安全生产责任体系，形成齐抓共管新格局。严格按照《普宁市乡镇场街道安全生产日常工作量化考核办法（试行）》，组织对全市28个乡镇场街道、62个市直单位的党政领导班子和领导干部2018年度安全生产责任制履职情况考核，并将考核情况进行通报，对各地、各有关部门存在安全生产工作措施不落实、重大事故隐患整改不力的，依照有关制度实施警示约谈。落实企业安全生产主体责任，强化企业法人、实际控制人等责任者责任，督促、指导企业建立健全安全管理机构，完善安全管理及应急管理机制。

安全生产标准化建设 2019年，市应急管理局深入开展企业安全生产标准化建设，指导企业落实安全生产责任制，完善安全管理制度和操作规程，规范生产行为；加强隐患排查和重大危险源监控，建立预防机制；加强应急演练，确保各生产环节符合安全生产法律法规和标准规范要求，最大限度减少各类事故发生。督促企业切实履行安全生产主体责任，健全安全生产标准化工作体系，推进企业安全达标创建工作。至年底，全市累计有40家企业完成安全生产三级标准化达标创

2019 年 6 月 16 日，普宁市 2019 年“安全生产月”和“安全生产万里行”安全宣传咨询日活动在市区美佳乐广场举行　　（市应急管理局　供稿）

建。是年，全市 6 家非煤矿山企业全部取得安全生产三级标准化证书。

安全生产宣传　2019 年，市应急管理局组织对全市市直单位及乡镇场街道 350 名安全监管干部和 3500 多名企业主要负责人、安全管理人员分期分批进行培训。深入开展全国第 18 个安全生产月和举办大型安全生产宣传咨询日活动，制作安全生产月主题展板 48 个，发放安全宣传资料 1 万份和应急包 5000 个。在电视台滚动播放安全生产法律法规、主题宣教片以及普宁市首部安全生产公益宣传片《安全生产　平安共享》。组织安全生产宣讲团和移动式安全体验馆下基层开展“七进”活动，组织宣讲 15 场次，参与活动群众及学生 7000 多人次。编制《普宁市生产经营单位员工岗前（安全生产）培训简易读本》《普宁市生产经营单位主要负责人和管理人员（安全生产）培训简易读本》《普宁市应急管理及安全生产知识读本》等书，免费派发到有关单位和企业。

安全生产隐患排查整治　2019 年，市应急管理局针对元旦、春节、元宵、清明、“五一”、中秋、国庆等重点时段和节假日，突出以消防安全、校车安全、危险化学品、建筑施工、特种设备、非煤矿山、电力（户外用电设施）、纺织、轻工、建材和机械类、有限空间作业等行业及其领域为重点，督促指导各地各部门深入开展安全隐患大检查、大整治；充分发挥综合协调作用，组织全市危险化学品企业开展风险点危险源排查整治工作。全年共排查危险化学品企业 49 家，其中风险等级橙色 1 家、黄色 12 家、蓝色 36 家。

【应急演练】　2019 年 6 月，市应急管理局牵头组织在市三坑水库水域举行普宁有史以来规模最大、参演力量最多、综合性最强的抗洪抢险综合应急救援演练。参加此次演练的有市人武部、市应急管理局、市消防救援大队等 21 个部门和社会救援组织共 358 人。演练不仅出动冲锋舟、动力橡皮艇、救护车、通信车等救援设备，还投入现代科技装备——无人机、直升机、水上救援遥控飞翼（俗称“水上飞”）等现代化专业装备，演练全过程动用直升机 1 架、无人机 5 架、水上救援遥控飞翼 1 台、通信车 2 台、救护车 2 台、冲锋舟 15 艘、动力橡皮艇 5 艘等各种设备设施。最大限度模拟实战状态，设置舟艇编队、屋顶救援、舟艇救援、孤岛转移等四个场景。演练活动全程进行电视直播，并首次把社会救援组织作为参演力量纳入，进一步检验市社会救援组织建设的成效以及组织调动社会救援力量参与救援救灾的能力。此次演练活动，充分展示各参演单位良好的精神风貌和过硬的战斗作风，也充分展示民兵应急轻舟分队、消防救援轻舟队和民间救援力量的训练成果，突出练指挥、练协同、练战法、练保障，进一步磨合组织指挥、协调联动工作机制，检验并提升市救援队伍应对区域性和流域性重特大洪涝灾害的应急抢险救援能力。

【森林防火】　2019 年机构改革期间，市应急管理局在职能转接、人员转隶未到位的情况下，主动提前介入，与市林业部门密切沟通，齐心协力，采取多项新举措和应急响应新模式，有效遏制森林火灾的发生。全面落实地方行政首长负责制和部门分工责任制，层层落实森林防火工作责任制。利用广播电视及网站等传播媒体、宣传车，设置宣传栏，发放宣传资料和在学校进行专题培训教育等形式，积极开展森林防火宣传教育活动。在全市重点地段及进山路口新设立醒目的永久性防火警示牌 150 块，张贴横幅和防火标语 704 条，出动宣传车 638 车次，无人机侦查循环广播 240 架次，发放致全市市民的一封公开信和倡议书55万份。同时，采用政府购买服务模式与汕头市新飞龙航空科技有限公司签订提供技术服务协议，通过无人机的科学、专业运用，实施无人机对辖区森林防火安全监管及协助应急救援处置，在重要时段、重要节点加大无人机森林防火巡查频次，确保做到及时报警、及时遏制森林火灾的发生。

【自然灾害防御与减灾救灾】 2019年，市应急管理局进一步完善乡镇场街道和市直有关部门自然灾害救助应急预案体系；完善通过政府部门、社会力量和新闻媒体等合作开展的防灾减灾宣传教育体系，推进防灾减灾知识和技能宣传力度。加强自然灾害各类救灾队伍建设，有效发挥消防大队、民兵等参与抢险救灾的突击队作用，提高自然灾害救助能力。市设有市级轻舟救援队伍1支，配备各类救援船只146艘，人员153人（主要由民兵抽调组成），易涝区的占陇、洪阳、里湖、南径和南溪镇设立有轻舟小队，市级部分设备下沉到以上5个镇。各地各单位共组建应急抢险队伍96支（3326人）。同时发展社区减灾志愿者队伍，推进社区减灾服务社会化。是年，市防汛工作抓早、抓实，各地领导重视、部门协调配合，做到及早部署，确保平安度汛。切实做好市水旱灾害防御工作，结合市防汛防旱防风指挥部成员单位职责，市各相关单位也分别制订了防台风防洪应急工作预案，使市各级防御自然灾害调度工作进一步走向正规化、制度化。是年，全市在防御台风、暴雨洪水灾害过程中，根据预案，及时作出防风防汛指令，确保“三防”应急工作有序高效开展。

（李伟新）

信访工作

【概况】 2019年，市信访局通过市机构改革，改为市政府工作部门，内设综合股、接访股、督查股，下辖1个事业单位（信访局接访服务中心）。年末，有干部职工14人。

2019年6月29日，普宁市2019年抗洪抢险综合应急救援演练现场

（市应急管理局　供稿）

是年，市信访局认真解决群众来信来访问题，做好群众矛盾纠纷调处，妥善处置群体性上访，化解信访矛盾、积案。全年受理群众信访1994件，比上年同期下降10.3%。共排查苗头隐患225件，化解207件。省信访局交办的信访专件16件、被列入揭阳市考核的案件41件全部按期化解。

【群众来信来访受理】 2019年，市信访局受理群众信访总量1994件，比上年同期下降10.3%。其中，来信总量599件、网上信访总量744件、来访总量（含各级）651批、2004人次。群众反映的问题仍然集中在一些基层干部滥用职权、贪污贿赂等问题；一些地方未按有关法律法规征用土地、土地资源管理混乱以及执法不公等问题。

【矛盾纠纷调处】 2019年，普宁市切实抓好群众矛盾纠纷的日常排查化解、定期排查化解、突出问题专项排查化解、重要时期预先排查化解工作。市、乡镇场街道、村社区三级建立经常排查与集中排查、普遍排查与重点排查相结合的工作制度。是年，全市共排查苗头隐患225件，按照“三到位一处理”（诉求合理的解决问题到位、诉求无理的思想教育到位、生活困难的帮扶救助到位、行为违法的依法处理）原则，化解207件。

【信访矛盾、积案化解】 2019年，市委、市政府印发《普宁市化解信访积案和重点信访案件工作方案》《普宁市党政领导化解信访案件工作方案》，对全市化解信访积案和重点信访案件工作进行部署和工作安排。至12月底，省信访局交办的第三批（7宗）、第四批（9宗）信访专件以及列入揭阳市考核的案件41件全部按期化解。

【信访工作领导责任制】 2019年，普宁市按照“属地管理、分级负责”原则，进一步完善各级党政主要领导负总责、分管领导具体负责、其他领导“一岗双责”的信访工作责任制。同时，市委、市政府坚决按照上级有关规定，对信访工作责任落实不力、信访问题突出，造成群众越级集体上访和到非接待场所上访的单位及相关责任人落实责任追究。

【信访信息研判机制】 2019年，普宁市采取多种措施，完善信访信息研判机制。各地各有关部门协调联动，充分发挥基层队伍的作用，捕捉信访信息，定期进行研判，按规定及时报告并超前做好应对工作，不迟报、漏报和瞒报。建立重大决策信访稳定风险评估制度，在征地拆迁等涉及群众切身利益的重大问题决策上进行风险评估，防止和减少因决策不当对群众利益造成的损害。

【信访工作长效机制】 2019年，普宁市着力建立健全信访工作长效机制，有效解决群众来访问题。各地各部门逐级建立季度或年度解决信访问题的目标管理机制，从数量和比例等多个方面细化量化考核标准。健全基层大接访机制，各级领导干部坚持定期接待来访群众。市党政班子成员每月至少1天在市委、市政府人民群众来访接待室接待来访群众。是年，市党政班子成员共接访、约访群众264批、1044人次。围绕主题教育“为民服务解难题”目标，开展市、镇两级领导干部暖心接访和领导包案化解信访问题。从8月1日开始，每天安排领导干部接访下访，充分利用每周一“党建直联日”开展领导带案下访，切实把问题解决在基层、把信访人吸附在当地，不把问题矛盾上交。各级信访部门长年开门办公，接待来访群众。建立巡访制度，推动解决信访问题。每年春节、清明节、中秋节等重要传统节日前，各级党政集中组织干部下访活动，采取进村入户方式深入基层受理群众诉求。健全领导干部包案处理机制，对排查出来的重大问题，按照“属地管理、分级负责和谁主管、谁负责”的原则，明确包案领导、责任单位、解决时限和具体措施，逐人见面，逐案落实，逐一化解。包案领导对所包案件按照包掌握情况、包解决困难、包教育转化、包依法处置等“五包”要求，直接参与案件的研究、处理、落实并深入群众做好疏导工作，直到问题彻底解决。是年，市领导共包案114件。健全领导干部阅批群众来信制度，市、乡镇场街道领导班子成员每年阅批群众来信不低于该辖区群众来信总量的30%；市直部门负责人每年阅批群众的来信不低于该部门受理群众来信总量的50%。全年市党政班子成员共阅批群众来信61件，阅批率为100%。其中，市委书记阅批群众来信14件，市长阅批群众来信45件。

【领导干部“包案件、解难题”活动】 2019年，普宁市聚焦“不忘初心、牢记使命”主题教育“为民服务解难题”目标，印发《关于在市、镇开展领导干部“包案件、解难题”活动的工作方案》《关于开展市直部门主要领导“包案件、解难题”活动工作方案》《关于交办2019年第四批省交办信访矛盾化解攻坚重点事项暨主题教育专项件的通知》等一系列文件，开展领导干部包案化解信访突出问题工作。至12月底，普宁市在主题教育期间受理上级交办件51件，化解48件，其中由揭阳市、普宁市党政领导包案的交办件17件全部完成化解。

【信访宣传与信访网络建设】 2019年，市信访局继续加强信访宣传与信访网络建设。加大信访政策法规宣传力度。将《中华人民共和国信访条例》《广东省信访条例》全文内容在市信访局接访场所设专栏公布展示，同时在普宁电视台播放“条例”有关章节和循环播放“依法信访、构建和谐”“自觉维护社会公共秩序和信访秩序”等宣传口号；组织各乡镇场街道、市直有关单位，采用广播、有线电视和现场开展咨询活动等形式对信访政策法规进行宣传，引导群众依法信访。继续完善网上信访信息系统建设。普宁市网上信访信息系统纵向联通乡镇一级，横向联通市有权处理信访问题的责任部门，把来信、来访、来电、网上投诉等不同形式的信访事项，全部纳入网上信访信息系统统一流转，实现“一网通”。全年全市通过国家一级网上信访案件232件、省一级网上信访案件192件。网上信访已逐步成为群众反映诉求的主渠道、政府了解民情的新窗口。

（黄谋涛、方宪）

地方志工作

【概况】 2019年，市人民政府地

方志办公室（简称市政府地方志办）贯彻落实《全国地方志事业发展规划纲要（2015—2020年）》《广东省地方志事业发展规划（2016—2020年）》和省委办公厅、省政府办公厅《关于进一步加强新时代地方志工作的通知》，科学谋划地方志事业的长远发展。并围绕市委、市政府的中心工作，科学记载历史、服务当代，推进地方志各项工作有效落实。是年，年鉴编纂工作再上新台阶。《普宁年鉴（2018）》获第六届全国地方志优秀成果县区级综合年鉴一等奖、全省优秀年鉴二等奖，《普宁年鉴（2019）》继续采用随文插图的形式和彩色印刷，并优化调整框架，精选精编条目，美化版面设计；地方志资源开发利用社会效益明显，地方志成果的收集、整理和保护工作力度加大；自然村落历史人文普查工作全面完成。

2019年11月，市地方志办组织专业人员对《普宁年鉴（2019）》进行审稿 （洪旭南 摄）

【年鉴编纂】 2019年，市政府地方志办继续做好地方综合年鉴编纂规划和实施，完成《普宁年鉴（2019）》的编纂、印刷和出版，并为《广东年鉴（2019）》《揭阳年鉴（2019）》提供稿件。5月，由市委办、市府办发出电文《关于印发〈普宁年鉴（2019）〉编纂大纲的通知》到全市有关编写单位，要求按照大纲提出的要求，认真落实并按时保质完成组稿任务。至7月中旬，全市各组稿单位基本完成分工的年鉴初稿编写任务。7月下旬起，市年鉴编辑部进行年鉴初稿整理、分纂、编辑。8月底，年鉴分纂稿进入分类统稿，全书总纂同时进行，11月全书顺利合成，并经《普宁年鉴》编纂委员会组织的审稿组审查，进一步完善后交出版社审定出版。该书主要记述2018年度普宁市的大事要闻及经济、社会等方面的基本面貌和发展情况，为各级领导科学规划和决策提供参考依据，为投资者、学术界和海内外各界人士了解和研究普宁提供地情信息。

【地方志资源开发利用】 2019年，市政府地方志办在做好年鉴编纂工作的同时，继续抓好地方志资源开发利用项目的规划和建设。继续整理《普宁旧志汇编》。本着“古为今用”的宗旨，特邀专家学者对明、清年代的4部普宁旧志进行整理点校，用现代排版技术全面辑录成《普宁旧志汇编》，已完成初稿审核。组织编纂名镇志。2017年5月，启动纳入中国名镇志文化工程编修规划的《洪阳名镇志》编修工作。2018年6月，洪阳镇完成该志书初稿编写，并上报揭阳市审核。2019年，该志书编辑部正在严格按照揭阳市地方志办审核意见进行志稿修改完善。

【省自然村落历史人文普查工作全面完成】 至2019年年末，全市各乡镇场街道自然村落历史人文普查工作已完成普查资料整理工作。《全粤村情·普宁市卷》计划分三卷完成，其中《普宁市卷（一）》已送出版，《普宁市卷（二）》《普宁市卷（三）》已完成复审，准备送揭阳市终审。

（钟桂萍）

中国人民政治协商会议普宁市委员会

政协会议与政协常委会会议

【市政协十届四次会议】 2019年4月9—10日，在市区召开。会议应出席委员410人，实际出席委员375人。会议听取和审议通过杨镇松代表政协普宁市第十届委员会常务委员会所作的工作报告，审议通过政协普宁市第十届委员会常务委员会关于十届三次会议以来提案工作情况的报告（书面）；与会委员列席普宁市第十五届人民代表大会第四次会议开幕大会，听取、讨论市政府工作报告及其他报告；会议选举江程洲、杨佳鑫、陈少洪、陈楚滨、郑扬武、章乐坤、蔡楚亮7人为政协普宁市第十届委员会常务委员；审议通过政协第十届普宁市委员会第四次会议决议。

2019年4月9日，政协普宁市第十届委员会第四次会议在市党政会议中心开幕　（高壮波　摄）

【市政协常务委员会会议】 2019年，政协第十届普宁市委员会常务委员会共召开4次会议。

市政协常委会第十次会议 4月3日，在市党政办公大楼十楼会议室召开。会议上半场，听取市环保局、市工业和信息化局主要负责人分别通报2018年以来练江污染综合整治情况、市纺织印染环保综合处理中心建设情况，市政协常委会组成人员围绕练江污染综合整治协商议政，提出意见建议。下半场，市政协主席杨镇松传达学习习近平总书记在全国两会上的重要讲话精神以及十三届全国人大二次会议、全国政协十三届二次会议精神；听取市委统战部有关负责人作关于政协委员增补问题的说明，审议通过有关人事事项；审议通过组建市政协农业农村委员会，不再保留原市政协农业委员会；审议通过召开市政协十届四次会议有关事项。

市政协常委会第十一次会议 4月10日，在市党政办公大楼十楼会议室召开。会议听取市政协十届四次会议各组召集人汇报审议政协常委会工作报告、提案工作情况报告，讨论政府工作报告情况，以及分组讨论、酝酿协商十届四次会议有关事项的情况。审议通过《政协第十届普宁市委员会第四次会议选举大会选举办法》，审议通过市政协十届四次会议选举大会总监票员、监票员名单（草案）；听取十届四次会议期间提案收集情况通报；审议通过十届四次会议决议（草案）；审议通过政协第十届普宁市委员会专门委员会主任、副主任调整名单；审议通过政协第十届普宁市委员会联络组组长、副组长调整名单。

市政协常委会第十二次会议 7月30日，在市党政办公大楼十楼会议室召开。会议上半场，邀请市政府领导通报市上半年经济社会发展情况和下半年工作计划，邀请市公安局领导通报市2018年以来公安工作情况。市政协常委会对市政府、市公安局工作提出意见建议。下半场，市政协主席杨镇松主持市政协常委会集体学习习近平总书记在“不忘初心、牢记使命”主题教育工作会议上的重要讲话精神，并向常委会通报市政协上半年主要工作情况，并对下半年工作进行部署。

市政协常委会第十三次会议　12月27日，在市党政办公大楼十楼会议室召开。会议听取市政府通报全市人居环境整治情况，市政协常委会组成人员与市政府及有关职能部门协商议政，对市人居环境整治工作和美丽乡村建设工作提出意见建议；听取市纪委监委、市人民法院、市人民检察院通报2019年工作情况，市政协常委会组成人员围绕主题积极发言并提出意见建议。同时，市政协主席杨镇松传达学习党的十九届四中全会主要精神、《中共中央关于新时代加强和改进人民政协工作的意见》主要精神及中央、省委、揭阳市委和普宁市委政协工作会议主要精神，并提出贯彻落实意见。

政协委员工作

【协商议政与民主监督】　2019年，市政协完善协商机制、搭建协商平台、保证协商频次、提高协商质量、拓展协商形式，切实在服务大局中发挥协商民主重要渠道和专门协商机构作用。开展协商议政，在助推全市中心工作中献良策、建诤言。围绕经济社会发展、乡村振兴、社会治理、扫黑除恶、司法公正等事关全市改革发展稳定的重大问题和涉及群众切身利益的实际问题，邀请市政府、市纪委（监委）、市人民法院、市人民检察院、市公安局等单位，召开专题协商会，听取情况通报，协商提出改进工作的意见建议，为委员知情明政、参政议政搭建平台，为党委政府和有关部门决策科学化民主化广纳群言、广谋良策、广聚共识。加强民主监督，在协商式监督中助推党委政府决策部署真落实、见成效。准确把握人民政协民主监督的性质和特点，坚持精准发力，积极参与特约监督，选派委员参与市纪委（监委）、市人民法院、市人民检察院及有关部门组织的公开庭审、听证等活动，监督司法公正和科学决策。同时，积极服务市委、市政府组织的督查督办活动，抽调人员参加巡察、“创文创卫”“三清理三拆除三整治”等专项活动。

【政协委员调研视察】　2019年，市政协聚焦污染防治、人居环境整治、发展特色农业、医疗卫生、工业园区建设、红色文化资源保护及利用、平安宗教等事关全市改革发展稳定的重大问题及群众关切的热点、难点、焦点问题，组织常委会、各专门委员会开展专题调研视察活动10次，向市委、市政府报送调研视察报告8个，提出工作意见建议37条，为党委、政府推进高质量发展、开展基层治理、改善民生福祉提供决策参考。

【政协委员提案办理】　2019年，市政协委员积极运用政协提案平台参政议政，建言献策。完善委员提案交办、办理、督办机制，与市委办、市府办联合督办提案，有效推动提案意见建议的办理落实，确保政协委员意见建议件件有去处、事事有回音。市政协十届四次会议期间，共收到委员提案51件，并案处理后为48件（其中立案27件、转为意见建议21件）。其中，围绕生态文明建设4件、乡村振兴和经济发展2件、社会建设和城市管理15件、教育事业和文化建设4件、民生保障2件。提案送交有关承办单位办理，均全部答复。其中《关于加大环境污染治理力度，巩固练江综合整治成果的建议》《关于加快城乡雨污分流建设，大力改善人居环境的建议》两个重点提案，由市委书记、市长分别牵头督办。

【政协联络联谊】　加强对外联络联谊。2019年，市政协领导应邀参加普宁在外商会、同乡会等社会组织、社会团体有关活动，走访政协委员和在外乡贤，通报普宁经济社会发展情况，宣传推介普宁投资环境。积极配合省、揭阳市政协领导莅临普宁开展调研视察活动，接待福建上杭、陕西神木、上海黄浦区、江西瑞金等省内外政协组团（队）到普宁开展各项学习考察活动，拓宽联谊渠道，增进交流，扩大普宁影响力。

【文史资料征编】　2019年，市政协加强文史工作，发挥政协文史“存史、资政、团结、育人”重要作用，联合市老促会编纂出版《红色普宁史略》一书，发放至各乡镇场街道、市直单位及各村居、学校，供各地各单位在开展“不忘初心、牢记使命”主题教育活动中，组织对党员干部、师生及群众进行革命传统教育。联合市历届政协委员联谊会举办“画好同心圆·筑梦新时代”主题书画展，向中华人民共和国和人民政协成立70周年献礼。

【助力改善民生福祉】　2019年，

市政协积极发动政协委员投身保障和改善民生工作。助力健康扶贫，继续推进“普宁市爱心光明行”活动。至年底，市政协委员、爱心人士和社会团体为该活动共捐善款715.45万元，帮助贫困家庭白内障患者实施复明手术7539例。引导委员做公益、献爱心，涌现出一大批热心公益福利事业的委员，许义良、苏攒淘、罗桂东等三位委员获市政府颁发的2018—2019年度“铁山兰花奖”勋章。组织发动政协委员利用春节、中秋等重要节日到挂钩帮扶贫困村进行慰问。

（杨宏波、温新发）

·普宁风物小辑·

南溪听雨

在朱自清的眼里，春天的雨是“像牛毛，像花针，像细丝，密密地斜织着，人家屋顶上全笼着一层薄烟。树叶儿却绿得发亮，小草儿也青得逼你的眼”。也许雨也有南北的差异，在粤东的春天，雨并没有他笔下描写的那样规整。这儿的雨是零碎的，参差不齐的。而且来去自由，有时像雨、有时像雾、有时更像风。打伞感觉麻烦，不打伞又不停挑逗你的脸颊，毛茸茸酥痒痒的。稍有片刻，就像晨霜秋露挂满头发甚至睫毛都难幸免。虽说春雨贵如油，可是，我并不喜欢那种湿漉漉的阴霾。

南溪三月烟雨　（张惠潮　摄）

但雨落在南溪就不一样了。

普宁南溪的雨，落在仿古的大港码头，淅淅沥沥地下着，渲染出小桥流水人家的江南风味，空气氤氲着灰白色的天幕，水面也是灰白的，整个灰白的世界里只有呈灰黑色的老屋点缀着，世界在温润的水墨中协调成一首水乡小调。颇有点明代诗人瞿佑的《乌镇酒舍歌》中所描写“东方吹雨如吹尘，野烟漠漠遮游人”的意境。假如此刻你孤身一人撑着小伞，心里头堆着一大堆不愉快的事，这样的水墨小调会加重人生的愁云惨淡。但假如你此刻陪着的是恋人，是你的心心念念，那就不一样了，那可是一个千年等一回的故事，雨氤氲出这样空灵的世界，婉约缠绵，会催生不少“执子之手与子偕老”的执念，人生的美妙由此荡开。

南溪三月烟雨，潋滟中就像是一位素衣青纱蒙面、迎风而立的少女，在淡淡的迷雾中，摇曳着美丽的身姿。她屹立于天地间，随风舞动，那一层朦胧虚淡的雾气，就是它随风摇摆的衣裙，那淅淅沥沥的声音，就是她在窃窃私语。她用无数灵动的水滴，勾画出了最美妙的风景，弹奏出了世间最动听的琴音。她不用任何人去邀请，翩翩而来，她也不必听从任何人的安排，潇洒而去，她是生命与自由的象征，一切都是那么的自然而又随性，妙不可言。在茫茫的烟雨之中，分不清天与地，只有一片白亮的水色。漫步雨中，人生的沧桑体悟在那空灵又夹杂着少许的温柔中受到抚慰，让人感受到了这是一种在喧嚣的世界里未曾见过的精神境界，平静的心境中带着一丝不惑之后少有的波动，意外发现此情此景竟然会是一处最柔软的寄托。

三月到南溪听雨，遇见一次心灵的对话，获得一场醉人的邂逅。

（本文选自2020年6月16日《揭阳日报》“旅游”版，许小鸣 文）

纪 检 监 察

党风廉政建设

【中共普宁市第十三届纪律检查委员会第四次全体（扩大）会议】 2019年1月29日在市区召开。市各套领导班子成员，市人民法院院长，市人民检察院检察长，市纪委委员，各乡镇场街道党政主要负责人、纪（工）委书记，市直及省、揭阳市驻普各单位副科级以上党员领导干部，市纪委监委机关副科级以上干部，各派驻纪检监察组组长、副组长，市委巡察办副主任及各巡察组组长、副组长共500多人参加会议。

会议由市委常委、市纪委书记、市监委主任陈焕生主持。陈焕生在会上传达贯彻十九届中央纪委三次全会、省纪委十二届四次全会、揭阳市纪委六届四次全会精神，总结2018年全市党风廉政建设和反腐败工作，部署2019年工作任务。揭阳市委常委、普宁市委书记张时义在会上作讲话。

2019年1月29日，中共普宁市第十三届纪律检查委员会第四次全体（扩大）会议在市党政会议中心召开 （高壮波 摄）

【党风廉政建设责任制落实】 2019年，市委认真履行管党治党主体责任，将全面从严治党纳入战略布局，建立健全党风廉政建设领导机制和工作机构，市委常委落实“一岗双责”责任。纪检监察机关忠诚履行党章赋予的职责，督促各级党组织和党员领导干部担当起管党治党主体责任。加强对各级党组织“一把手”的监督，协助市委主要领导对市委管理的77名党组织“一把手”进行约谈；组织6名市管党组织“一把手”在市纪委全会上述责述廉并接受评议，并将“一把手”作为巡察重点对象。建立和完善廉政档案。年终对3个市直单位和6个镇街2019年党风廉政建设和反腐败工作进行督查，督促整改并将督查情况通报全市，进一步推动党风廉政建设“两个责任”落到实处。落实“一案双查”要求，综合运用提醒教育、诫勉谈话、通报批评、组织处理、纪律处分等方式追究“两个责任”落实不力存在的问题，推进责任制落实。加强政治监督，会同市委组织部对各地各单位“不忘初心、牢记使命”专题民主生活会加强指导。严明政治纪律和政治规矩，将其贯彻落实到日常监督、审查调查和专项巡察等各个环节，督促党员领导干部把“两个维护”落实在实际行动上，全年共查处违反政治纪律案件6件、6人。严明换届纪律，对违反换届纪律的21名村干部和相关责任人进行严肃查处，从源头上净化党内政治生态。充分运用监督执纪“四种形态”，不断前移纪律防线，实现由“惩治极少数”向“管住大多数”拓展。

【领导干部廉政监督】 2019年，市纪委监委严格落实《中国共产党党内监督条例》，开展党员领导干部“八小时以外”活动监督管理，落实个人事项报告相关制度，全年共有44名领导干部按规定就操办婚丧喜庆事宜主动到市纪委进行备案。组织市委管理的139名党组织“一把手”向市委书面述职述廉，督促“一把手”如实向市委报告履责守廉情况。向38名新任市管“一把手”发函提醒，督促提醒管好自己、带好队伍。加大对形式主义、官僚主义、“为官不为”等问题的监督执纪问责力度，共问责216人。各级党组织共开展谈话提醒1979人次，其中“咬耳扯袖”1761人次、“红脸出汗”218人次。全年纪检机关开展谈话函询52人次。

2019年6月25日，市纪委监委组织开展“不忘初心、牢记使命”主题党日活动，组织党员干部参观普宁“八一”纪念馆　（市纪委办　供稿）

【机关效能建设】 2019年，市纪委监委加强全市机关效能建设监督力度、暗访力度和频率，进一步提高办事效率和服务质量。是年，共开展机关效能明察暗访180场次，其中发现问题13个、书面检讨25人。加强对政务服务中心效能监察，督促政务服务中心抓好服务窗口工作人员执行制度的日常管理，落实考核及奖惩制度。狠抓会风会纪监督，严肃处理违反规定的党员干部3人。

【党性党风党纪教育】 2019年，市纪委开展“不忘初心、牢记使命”主题教育暨纪律教育学习月活动，重点开展党章和党内法规系列活动、反腐倡廉警示教育活动、专题培训教育、专题党课学习教育、常态化谈话提醒教育等。强化警示教育，拍摄《不忘初心　警钟长鸣》警示教育片，按照“一镇一策”原则巡回宣讲和播放警示教育片，全市4500多名党员、干部接受教育，其中科级以上干部800多人。深入推进廉洁文化建设，利用普宁廉政网、“廉洁普宁”微信公众号和普宁市反腐倡廉电子屏幕，面向基层干部群众开展党规党纪、上级重点工作决策部署和典型案例宣传教育。普宁廉政网共发布123条信息；“廉洁普宁”微信公众号共发布332条图文信息；普宁市反腐倡廉宣传栏共发布4期信息，通报典型案例及扫黑除恶专项斗争宣传标语等信息，为基层干部敲响警钟；通过廉政短信平台向副科级以上党员领导干部发送廉政短信11813条次，强化领导干部遵规守纪意识。

反腐败工作

【干部“四风”问题治理】 2019年，市纪委监委坚持把贯彻落实中央八项规定精神、纠正“四风”作为监督执纪问责的重要政治任务，持续释放从严治党的强烈信号。充分利用普宁电视台、普宁廉政网、“12388”举报电话、“廉洁普宁”微信公众号等途径持续开展宣传教育，完善快查快纠“四风”问题工作机制。坚持暗访、查处、追责、曝光“四管齐下”，紧盯重要节点和重点部门开展暗访，全年共开展各类专题暗访和线索暗访189场次；查处违反中央八项规定精神问题37个，落实追责63人，其中党纪政务处分30人、诫勉27人、其他处理方式6人。通过发文通报或在普宁廉政网、廉洁普宁微信公众号公开曝光、转发上级“四风”问题典型案例共24批次。

【职务犯罪预防和案件查办】 2019年，市纪委监委深入贯彻上级纪检监察机关和普宁市委、市政府关于反腐败工作的总体部署，以查办职务犯罪为抓手，发挥案件查办的震慑和警示教育作用，达到“查处一人、警示一批、教育一片”目的，促使党员干部筑牢拒腐防变思想防线。是年，市纪委监委共对12人采取留置措施，移送检察机关起诉18人。强化追逃防逃追赃工作，保持“有逃必追、一追到底”的高压态势，全市共追回外逃人员 26 人，追逃人数位居全省县级纪检监察机关前列。积极推进以案治本，建立联动机制，同步推进惩治和预防腐败工作，发出《纪律检查建议书》38 份、《监察建议书》9 份，提出预防腐败意见建议 78 条，督促相关单位及时堵塞监管漏洞。注重抓早抓小、防微杜渐，出台《关于进一步强化市纪委监委派驻纪检监察组对所管辖单位日常监督的意见（试行）》和《普宁市领导干部廉政档案管理规定（试行）》，推动监督与接受监督形成常态。

2019 年 9 月 4 日，普宁市监察委员会聘请 10 名特约监察员。图为聘请会现场 （市纪委办 供稿）

【“微腐败”整治】 2019 年，市纪委监委坚持以人民为中心的工作导向，认真落实基层正风反腐三年行动方案，集中精力解决群众反映强烈的问题，收到群众赠送锦旗 3 面，人民群众满意度不断提升。是年，市纪委监委共受理涉及农村问题线索 1401 件，占比 81.9%；立案查处农村基层党员干部 398 人，占总立案 68.8%。加强以案促改，剑指基层，以铁腕手段“拍蝇”，坚决铲除基层“微腐败”滋生土壤。

【巡察工作和违纪案件查办】 2019 年，结合全市机构改革，市委把巡察办列入市委办事机构序列，设立综合组、督导组两个内设机构；在原来 4 个巡察组的基础上再增设 5 个巡察组，充实巡察机构力量，进一步优化巡察队伍专业结构。完成 4 轮常规巡察和 1 轮村级专项巡察，巡察镇街党（工）委 7 个，市直单位党组织 15 个，村级党组织 123 个，巡察全覆盖率 69.2%，巡察发现问题 572 个，移交线索 349 条。针对巡察中发现的人居环境整治、基层政权建设、农村基层党建等方面存在的共性问题，分别形成专题报告，为市委决策提供参考。结合上级巡视巡察反馈问题，督促有关职能部门开展乱摊派乱收费专项整治，推动各地各单位建立长效机制。

是年，市纪委监委受理信访举报 1083 件次（其中重复信访 489 件次），属纪检监察受理范围初信初访 537 件次。持续加大执纪执法力度，全年共立案 578 件、578 人，同比增长（下同）43.4%。其中，查处科级干部 68 人，增长 17.2%；实施留置 12 人（其中科级 2 人）增长 71.4%；移送检察机关 18 人（其中科级 5 人），增长 157.1%，累计追回经济损失 2256.6 万元。严肃查处下架山镇涂坑村原党支部书记、村委会主任陈某某，市水利局原党组成员、副局长陈某某，市公安局下架山派出所原所长张某某等严重违纪违法案件，取得良好的政治、纪法、社会效果。坚持“惩前毖后，治病救人”原则，深化运用监督执纪“四种形态”，运用“四种形态”批评教育帮助和处理 1866 人次，“四种形态”分别占比 67.2%、23.5%、5.3% 和 4%。

【重大事项督查】 2019 年，市纪委监委围绕全市经济社会发展大局，加强对“三大攻坚战”、减税降费、扫黑除恶、涉土整治等重大决策部署和中心工作贯彻落实情况的监督检查，推动政策落地见效。是年，深入整治扶贫领域腐败和作风问题，排查问题线索 43 条，立案 24 人（移送司法机关 3 人），诫勉谈话 20 人。强化生态环保领域监督执纪问责，查处问题 20 宗，立案 19 人。严惩涉黑涉恶腐败和“保护伞”，排查问题线索 59 条，立案 35 人。开展违建别墅问题清查整治和涉土违法违规整治专项行动，立案 137 人（移送司法机关 2 人），诫勉谈话 39 人。

（吴国泽）

民 主 党 派

中国民主同盟普宁市总支部委员会

【概况】 2019年年末，中国民主同盟普宁市总支部委员会（简称“民盟普宁总支”）有盟员48人。其中，硕士研究生6人，本科学历27人，专科学历12人；具有高级职称资格11人，中级职称资格25人。揭阳市第六届人大代表2人，普宁市第十五届人大代表2人，人大常委会委员1人；揭阳市第六届政协委员2人，普宁市第十届政协委员4人，常务委员1人。

【思想建设】 2019年，民盟普宁总支坚持中国共产党领导的多党合作和政治协商制度。牢记“立盟为公，参政为民”宗旨，组织盟员学习中国共产党第十九次全国代表大会精神、十九届二中、三中、四中全会精神，开展“不忘合作初心 继续携手前进”主题教育活动。积极参加市委统战部组织的市各民主党派负责人专题学习会，学习习近平总书记在“不忘初心、牢记使命”主题教育工作会议上的讲话精神。学习会后民盟普宁总支继续组织盟员学习，推进在民盟中进行的“不忘初心合作，继续携手前进”主题教育活动深入开展。 7月19日，组织6名盟员参加市委开展的“弘扬爱国奋斗精神、建功立业新时代”红色教育拓展培训。9月28日，市委统战部牵头，民盟普宁总支联合各民主党派、市党外知识分子联谊会、市人民医院在市人民医院举办“同心庆华诞 聚力中国梦——庆祝中华人民共和国成立70周年专题晚会”。11月3日，组织盟员前往梅州红色教育基地——叶剑英纪念园参观学习，缅怀叶帅伟绩，了解红色文化，传承革命精神。

【组织建设】 2019年，民盟普宁总支继续贯彻民盟中央“人才强盟、人才兴盟”战略思想，发展优秀人才加入民盟。是年，发展新盟员1人。

【社会服务】 2019年，民盟普宁总支继续发挥自身优势，创新社会服务模式。1月，联合市九三学社、农工党、佛教协会到军埠镇莲坛村开展扶贫慰问活动，慰问30户贫困户，送上慰问金1.2万元。8月，盟员陈克全参加广东省潮人海外联谊会举办的以“弘扬潮人好家风，遇见最美潮人家庭”为主题的“最美潮人家庭”评选活动并参加颁奖大会，被授予“十大最美潮人家庭”称号。9月7日，民盟普宁总支联合普宁奥马眼镜中心举行教师节免费配眼镜活动。11月，盟员赖汉齐当选广东省基层医药学会重症医学专业委员会副主任委员和揭阳市医学会副会长，入选揭阳市第十批优秀专家和拔尖人才。盟员余耀辉的科研课题“农村普通高中生物学科教师人才梯度培养模式的研究”，突出学校需要性、工作真实性和具体实用性，体现教育的先进理念，经韩山师范学院、广东省中小学教师发展中心评审准予结题。

（陈蔓瑛）

中国农工民主党普宁市支部委员会

【概况】 2019年年末，中国农工民主党普宁市支部委员会（简称“农工党普宁支部”）有农工党员24人。其中取得高级职称3人，中级职称6人。揭阳市第六届人大代表1人，揭阳市第六届政协委员2人；普宁市第十五届人大常委会委员1人，普宁市第十届政协委员4人、常务委员1人。履行民主监督职能和作用，全年提交提案4件。

【思想建设】 2019年，农工党普宁支部继承和发扬农工党优良传统，自觉接受当地中共党委领导。组织学习贯彻习近平新时代中国特色社会主义思想，坚持理论联系实际，内强素质、外塑形象，提高农工党员思想政治素质。

【组织建设】 2019年，农工党普宁支部加强组织建设，着重发展优秀人士，提升优秀人员在农工党员中的比例。坚持发展新农工党党员条件标准及质量。是年，新发展陈远生（普宁康达医院院长）加入农工党普宁支部，农工党普宁支部组织委员张锦芬被任命为普宁市未成年人校外心理辅导站站长。

【参政议政】 2019年，农工党普宁支部成员中的市人大代表和市政协委员充分发挥参政议政作用，围绕普宁市委、市政府中心工作，开展调研，建言献策，反映社情民意。通过参加市人大和市政协会议提交提案4篇。

【社会服务】 2019年，农工党普宁支部发挥自身优势，开展社会服务和特色活动。1月19日，联合民盟普宁总支、九三学社普宁支社到军埠镇莲坛村开展新春送温暖行动，送出慰问金和过节用品共计2万元；1月26日，在普宁广场开展送春联活动，送出价值2000元的春联给广大市民。

（李绪庆）

九三学社揭阳市普宁支社

【概况】 2019年年末，九三学社揭阳市普宁支社（简称“九三学社普宁支社”）有社员17人。其中，取得高级职称4人，中级职称8人。省十三届人大代表1人；普宁市第十五届人大常委会委员1人，普宁市第十届政协委员2人。履行参政职能，全年上交提案4件。

【思想建设】 2019年，九三学社普宁支社组织社员参加九三学社揭阳市委会组织的“不忘合作初心，继续携手前进”主题教育学习活动；3月22日，支社主委参加市组织的全国两会（人大、政协）会议精神的传达学习；8月8日，组织社员参加市委统战部组织的庆祝建国70周年晚会；9月30日，组织社员参加市政府组织的烈士公祭日活动。10月12—13日，组织社员参加九三学社揭阳市委会发起的到梅州红色教育基地参观学习活动，接受革命传统教育。12月7日，组织社员到大南山街道什石洋红色村开展爱国主义教育活动。12月18日，支社主委参加市科级领导干部学习贯彻党的十九届四中全会精神专题研讨班开班仪式和宣讲报告会。

【组织建设】 2019年，九三学社普宁支社全年发展新会员2人。支社主委陈丹杰被评选为2019年度岭南名医并被授予第三届“南粤好医生”。10月27日，组织支社社员参加九三学社揭阳市委会成立5周年系列活动。12月8日，社员李佳庚当选为揭阳市围棋协会会长。

【参政议政】 2019年，九三学社普宁支社积极组织社员参加九三学社揭阳市委会组织的各项调研活动。社员中的人大代表、政协委员积极履行参政议政职责在年初召开的市人大、市政协会议上认真组织提案撰写，分别提交《关于在我市开展“CPR心肺复苏术”普及培训的提案》《关于定时开放市区中小学运动场所的建议》《促进小微企业发展：大众创业服务平台的构想》《关于加强揭阳市知识产权文化建设的提案》。10月15日，组织社员参加市党外人士报告会。

【社会服务】 2019年，九三学社普宁支社筹集资金，充分发挥社员专业技术人才优势，积极回馈社会。1月28日，在市委统战部的组织安排下，九三学社普宁支社与民盟普宁总支、农工党普宁支部联合到军埠镇莲坛村开展救灾慰问活动。4月11日，参加市为烈属军属和退役军人等家庭悬挂光荣牌动员部署会暨启动仪式。7月2日，参与普宁电视台——“大众健康行　糖尿病防治”专题节目录制。8月22日，组织社员参加2019年普宁市志愿服务——人民医院科协科技服务进社区（流沙南街道）活动。11月9日，九三学社普宁支社联合市人民医院举办“联合国糖尿病日”大型义诊活动。

（洪卓和）

2018年12月7日，九三学社普宁支社组织社员到什石洋村开展“不忘合作初心，继续携手前进”主题教育活动

（九三学社普宁支社　供稿）

人 民 团 体

普宁市总工会

【概况】 2019年年末，普宁市总工会内设组织、生产、宣教、生活女工等4个部，在职干部、职工10人。属下单位有市工人文化宫（含市职工业余中学），在职人员11人。全市建立的基层工会1222个，工会会员13万多人。是年，市总工会以党的建设为统领，牢牢把握“围绕中心竭诚为职工服务”的主题，鼓足干劲，奋力进取，推动工会各项工作全面发展。

【组织建设】 2019年，市总工会大力推进民主建会、规范建会和农民工入会工作，至年末，全市建立的基层工会1222个，工会会员13万多人。其中，新组建职工人数25人以上非公企业工会6个，新发展企业会员数655人，农民工会员515人。

【思想建设】 2019年，市总工会牢牢把握落实意识形态工作领导权和主动权，切实加强政治理论学习。通过召开党组会、理论学习中心组组织学习和布设理论学习宣传栏、举办政治理论学习培训班等多种形式，进一步加强工会机关党的建设，创建党建工作品牌，认真落实“三会一课”制度，推进党建“六个规范化”建设，在全体党员干部中开展“一周一主题、一月一讲堂、一季一考学”学习教育。认真开展“不忘初心、牢记使命”主题教育，组织党员、干部学习党的十九大、十九届二中、三中、四中全会精神，学习习近平新时代中国特色社会主义思想、《习近平关于“不忘初心、牢记使命”论述摘编》、《习近平新时代中国特色社会主义思想学习纲要》和习近平总书记重要讲话精神以及习近平总书记关于意识形态工作重要论述，切实加强新时代意识形态工作，增强“四个意识”，坚定“四个自信”，做到“两个维护”，严格落实意识形态工作责任制，制订《普宁市总工会党组意识形态工作责任制实施方案》，加大对干部队伍意识形态工作的巡视力度。组织机关党员到市“八一纪念馆”、下架山镇咸寮村和大南山街道什石洋“红色村”开展各类主题党日活动。

【志愿服务】 2019年春运期间，市总工会联合市公安局交通警察大队、普宁市时空传媒有限公司、普宁市永定职业培训学校、中国移动普宁分公司、康美药业股份有限公司等单位在普宁高铁站开展“创文为我·我为创文”志愿服务活动，组织60多名放假回乡的大学生志愿者到厦深铁路普宁站设置便民服务点，为旅客搬运行礼和提供手机应急充电、免费热水、便民药箱、临时休息点等多种服务，志愿者们穿戴统一标志的红马甲和小红帽，忙

2019年12月26日，普宁市工会第十四次代表大会在市党政会议中心举行
（市总工会　供稿）

碌于安检口、候车室、购票厅、出站口各处，帮助进出站旅客搬运行李，提供出行咨询，购票指引，派发铁路交通安全、文明创建和禁毒宣传等资料。

【困难职工帮扶】 2019年，市总工会坚持“送温暖”活动常态化，对困难职工实施帮扶救助。开展“金秋助学”行动，给两名困难职工子女发放每人5000元助学金。组织志愿服务队开展进社区（村）送温暖活动，先后到麒麟、里湖、占陇镇慰问单亲母亲、孤儿、五保户、低保户共51户，送上慰问金2.7万元。7月，市总工会开展“七一”慰问活动，慰问困难党员25人，慰问金额5万元，慰问困难职工244人次，慰问金额26.74万元。

【工会主题活动】 2019年，为纪念建党98周年、庆祝中华人民共和国成立70周年，市总工会先后开展一系列主题活动：5月1—5日，在市文化馆举办“书写新时代”硬笔书法展。5月25日，联合流沙西街道南山社区开展创建慢性病防治示范区宣传活动。6月—7月，联合市直工委、团市委举办全市干部职工“追梦心向党·建功新时代”主题演讲比赛，隆重纪念建党98周年。7月11日，联合马鞍山农场举办“中国梦·劳动美”广东工人艺术团送文艺进企业活动。7月28日，在莲花山公园举办“不忘初心、牢记使命”城市公益徒步活动，通过全民参与徒步的形式，倡导健康生活方式，引导市民关注公益、参与公益，认真践行初心使命。9月12日，举办“迎中秋·庆国庆”创文灯谜会。8月14日，联合市供水局开展为一线职工“送清凉”活动。10月20日，联合普宁市永定驾校开展驾驶员技能大赛活动。组织市职工代表队参加揭阳市总工会举办的“学习强国”专题知识竞赛活动。

【劳模推荐与管理】 2019年，市总工会继续做好“广东省五一劳动奖章”“广东省五一劳动奖状”获奖单位（个人）的推荐工作。4月，普宁市永定职业培训学校被授予“广东省五一劳动奖状”称号；普宁市人民医院院长陈阳生被授予“广东省五一劳动奖章”称号。认真配合做好全国劳模专项补助资金发放、全国和省“五一劳动奖章”获得者困难帮扶补助专项资金、省部级老劳模生活困难补助专项资金和省级劳模特困帮扶资金发放工作。做好劳模先进事迹宣传报道，“五一”前夕，在普宁电视台“劳动者之歌”栏目中报道劳模和先进集体的先进事迹，进一步弘扬劳模精神，激励广大职工奋发进取、建功立业。组织全国、省级劳模进行健康体检和疗养。国庆期间，开展走访慰问劳动模范活动，走访慰问赖佳水等5位劳动模范。11月8日，市总工会联合揭阳市总工会在市区普宁国际服装城举办揭阳市劳模工匠进企业宣讲活动。

【党建与扶贫】 2019年，市总工会开展党建直联日活动，选派党员干部到南径镇白石村为驻村“第一书记”，配合该村整顿软弱涣散村党组织工作，投入资金10万元。开展“精准扶贫”工作，帮扶挂钩精准扶贫村，慰问贫困户及危房改造等，投入资金10.09万元。

（陈　莹）

共青团普宁市委员会

【概况】 2019年，共青团普宁市委员会（简称“团市委”）设机关办公室（加挂普宁市青年联合会秘书处牌子）、组织部、宣传部、学少部（加挂普宁市希望工程办公室牌子），年末在职人员6人。是年，先后组织开展学雷锋主题系列活动、“百年五四传薪火·青春建功新时代”纪念五四运动100周年专题晚会、“追梦心向党、建功新时代”主题演讲比赛、“我和我的祖国”系列团队日主题教育活动、“不忘初心、牢记使命”城市公益徒步行、“水岸同治”志愿服务活动、垃圾分类宣传志愿活动、组织志愿者服务第五届梅花旅游文化节活动。在市梅花旅游文化节活动期间，联合有关单位举办“普宁城市文化话您知”、城市文化推广大使评选活动和“花开盛世·梅乡新风”主题征文活动。12月，共青团普宁市第十八次代表大会在市区召开。是年，普宁市立丰药业有限公司团支部被授予“全国五四红旗团支部（团总支）”称号，杭深铁路惠州公安处普宁站派出所团组织获第二十一届“广东青年五四奖章”集体奖；普宁职业技术学校团支部被授予“广东省中学示范团校”称号。

【共青团组织建设】 2019年12月，共青团普宁市第十八次代表大会在市区召开。陈敏当选为共青团普宁市第十八届委员、团市委书记。是年，市团委通过“智慧团建”系统建立团组织2740个，其中团支部数2550

个；录入的团干部数3086人，团员数5.6万人。是年，全市新发展的团员数7500人。

【青年志愿者服务和社会建设】 2019年，团市委发挥共青团在公共志愿服务和社会建设的枢纽作用，对接市“创文”“创卫”，人居环境整治“三清三拆”，练江综合整治等工作，以活动为载体，拓展服务领域，引导社会青年力量参与公共志愿服务和社会建设。是年，智慧服务系统注册的青年志愿服务组织数59个，志愿服务者164440人。

【“青年文明号”创建活动】 2019年，团市委深化“青年文明号”创建活动，与行业主管部门密切配合，以开展青年文明号创建活动为契机，进一步提升青年文明号创建工作水平和社会影响力，促进青年职工综合素质的整体提高，并在精神文明建设中发挥更大作用。市委组织部青年小组、杭深铁路惠州公安处普宁站派出所青年小组和市教育局艺术教育中心等32个青年集体被命名为2019年度揭阳市“青年文明号”。

【扶贫助学与希望工程建设】 2019年，团市委加强精准扶贫脱贫工作，开展扶贫助学等一系列主题活动，推进希望工程建设进程。先后开展“新春送温暖”慰问贫困户少年儿童活动、“关爱乡村”公益义医义诊健康行、“全城行动一块助学”公益募捐、“践行初心使命，关爱山区儿童”公益助学等一系列主题活动，积极联系社会各界爱心人士捐赠，筹建希望学校，帮助特困生、孤残少年解决学习和生活困难的实际问题。

【服务青少年成长成才工作】 2019年，团市委以活动为载体，发动社会开展山区留守儿童、外来工子女关爱行动和为困难青少年学生筹集助学资金；开展学校校内外团队日活动、丰富青少年文化活动。加大青少年维权工作力度，为青少年提供心理健康、家庭教育、法律咨询等服务。开展“领头雁”农村青年致富带头人培养工程。通过“展翅计划”为在校大学生提供社会实践机会。组织市大学生举办“薪火相传、展望未来”普宁大学生成长系列沙龙，协助各高校间学校联谊、学术研讨交流活动的开展和寒暑返乡大学生开展义教义诊等活动，引导普宁籍优秀青年大学生毕业后返乡创业就业，搭建起人才流通机制和桥梁，为家乡的发展建设做出贡献。

2019年12月25日，共青团普宁市第十八次代表大会在市党政机关办公楼十二楼会议厅召开 （团市委　供稿）

【青少年思想道德建设】 2019年，团市委强化青年价值引领，以主题活动为统领，以实践育人为基本途径，开展形式多样的体验教育活动，推动社会主义核心价值观日常化、具体化、形象化、生活化，让思想道德建设走在青少年工作的前沿。3—5月，开展清明网上祭英烈活动、“我的中国梦”主题教育实践活动、“青春心向党·建功新时代”纪念五四运动100周年系列活动、“我为人民英雄谱赞歌”烈士纪念日主题活动。10月，开展国庆线上“我与祖国共成长”“国旗下的演讲”等主题团课活动，把加强青少年的爱国主义教育落到实处。是年，还先后开展“最美南粤青少年”“新时代好少年”未成年人先进典型学习宣传活动，“青春与法同行”“宪法在我心中”法治教育进校园系列普法活动，“青锋计划”禁毒宣教等一系列教育活动，引领青少年健康成长，切实做好青少年思想道德建设工作。

【少先队工作】 2019年，团市委指导全市少先队工作取得新成果。先后开展“红领巾心向党，争做新时代好队员”主题队日活动、庆祝少先队建队70周年纪念活动等主题队活动。市大坝镇大坝小学少先队大队被评为2019年广东省少先队红旗大队；普宁二中实验学校陈可

2019年7月28日，团市委联合市精神文明建设委员会办公室在莲花山公园开展“不忘初心 牢记使命——城市公益健康徒步行”主题活动

（团市委　供稿）

欣及其他各中小学校8名少先队员被评为2019年“广东省优秀少先队员”；市流沙第一小学、市育才学校两所学校少先队中队辅导员谢丹虹、庄丽虹被评为2019年广东省优秀少先队辅导员。至年底，全市有少先队大队部467个，少先队总辅导员28人，少先队员214933人。

（张　航）

普宁市妇女联合会

【概况】 2019年，普宁市妇女联合会（简称“市妇联”）内设人秘部、宣传教育部、权益部（加挂市妇女儿童工作委员会办公室牌子）、家庭和儿童工作部（加挂市儿童福利会办公室牌子），年末在职人员9人。下属事业单位有市妇女儿童活动中心，在职人员18人。市妇联注重组织建设，维护妇女儿童权益，组织开展“最美家庭”“平安家庭”“无毒家庭”等特色家庭创建和扶贫助困，关爱妇女儿童身心健康等活动。

【普宁市妇女第十二次代表大会】 2019年12月27日，普宁市妇女第十二次代表大会在市党政办公大楼十二楼会议厅召开。揭阳市委常委、普宁市委书记张时义和市各套班子领导出席开幕式。揭阳市妇联党组书记、主席李丽曼出席会议并致辞，市委常委宣传部部长蔡桂君代表市委、市政府作重要讲话。市妇联党组书记、主席余艳萍代表市妇联十一届执行委员会作《高举习近平新时代中国特色社会主义思想伟大旗帜　团结带领广大妇女为普宁建设“商贸名城、创新之城”而努力奋斗》的工作报告。大会听取并审议普宁市妇女第十一届执行委员会工作报告；选举产生普宁市妇女联合会第十二届执行委员会委员35名，常务委员7名；其中主席1名，专职副主席2名，兼职副主席3名。余艳萍当选市妇联主席，许冰凌、张镇贞、赖巧玲（兼）、李利方（兼）、陈爱芳（兼）当选为副主席。是年，副市长王粉娟、市妇联主席余艳萍等出席在广州召开的广东省妇女第十三次代表大会。

【“不忘初心、牢记使命”主题教育活动】 2019年，市妇联紧紧围绕“守初心、担使命，找差距、抓落实”总要求，开展“不忘初心、牢记使命”主题教育。是年，市妇联共召开理论学习中心组学习会、支委会、支部会、党日活动、党课专题学习会、参观红色教育基地等34场次。同时，积极履行职责，紧扣主责主业，广泛开展主题教育系列活动。6月28日，组织党员到下架山镇老南湖村开展“不忘初心、牢记使命”主题党日活动。9月23日，市妇联召开“不忘初心、牢记使命”主题教育工作会议。11月15日，市妇联联合市广播电视台、市红十字会、市人民医院等在流沙广场开展“不忘初心、牢记使命”便民服务活动，向广大群众发放有关防治慢性病、反家庭暴力、防艾滋病、禁毒和学宪法等宣传资料1万多份。

【妇女组织建设】 2019年，市妇联开展“我是妇联人，就在你身边”组织力提升工作，以赤岗镇妇联、赤岗镇青屿村妇联、大南山街道妇联、大南山什石洋村妇联为先行点，以点带面，充分挖掘整合各地资源，打造有普宁特色的妇女儿童工作品牌。4月3日，市妇联组织干部职工前往大南山街道“红色村”——什石洋村开展爱国主义教育党日活动。4月30日，“中国·普宁国际服装城妇女联合会”挂牌成立，揭阳市妇联领导出席揭牌仪式，该联合会成为揭阳市首家“两新”组织建立的妇联组织。10月24日，中茵妇联挂牌成立，市妇联领导出席揭牌仪

2019年3月6日，普宁市庆“三八”表彰暨预防慢性病健康知识专题讲座在市党政办公楼十二楼会议厅举行　（普宁市妇联 供稿）

式；并在该文化园举办市基层妇女干部培训班，各乡镇场街道、村（社区）妇联干部、执委近200人参加培训。是年，全市市直单位妇委会已换届及新建的59个，在“两新”经济组织中组建妇联两个。加大对妇女儿童事业发展资金的投入力度，是年起，将各乡镇场（街道）妇联每年各2万元工作经费列入年度财政预算，保障妇联工作正常开展。

【家庭教育工作】 2019年，市妇联全面贯彻习近平总书记关于“注重家庭、注重家教、注重家风”重要讲话精神，引导妇女及其家庭培育践行社会主义核心价值观，不断提升社会和谐度和群众幸福感。4—12月，联合市纪委、市委组织部开展“清风进我家”普宁市家庭助廉主题教育系列活动，该活动共举办469场次、7100多人参与活动。7月，联合普宁市华侨中学在庄世平博物馆举办“正面管教”专题讲座，聘请家庭教育正面管教专家高广方副教授结合案例，对家庭教育正面管教的核心理念、孩子的品格培养以及正面管教核心技能等方面进行详尽阐述，倡导“和善与坚定并行”的养育孩子模式；联合市文明办举办“好家规好家训”主题系列活动。11月，省妇联在普宁举办2019年“家庭教育大讲堂进村居”巡讲送教活动，邀请省家庭教育研究会理事林家祥作“家庭教育指导的定位与案例分析”专题讲座，该专题讲座在全市各级妇联开展巡讲送教近200场次。

【妇女儿童权益维护】 2019年3月，市妇联联合市司法局、中国移动普宁分公司、洪阳镇妇联在方方纪念馆前广场举办庆“三八”维权周法律法规宣传暨“新时代　新服务　新形象”便民活动，现场组织志愿者开展各项便民服务和维权咨询，发放妇女儿童权益维护等宣传资料5000多份。3月6日，联合市妇幼保健院举办庆“三八”表彰暨预防慢性病健康知识专题讲座，邀请市保健院医生为出席表彰会的200名代表讲解“两癌”防治和妇女卫生保健知识。“三八”期间联合各乡镇场街道妇联，围绕“‘你好　新时代’巾帼展风采，法治我践行”主题，开展妇联主席接听“12338”妇女热线电话活动，共接听解答电话询问问题9宗。12月6日，市妇联召开“妇女儿童维权”专题工作会议，聘请国家二级心理咨询师、中学专职心理教师张锦芬作心理辅导讲座。12月17日，市妇联在高埔镇举办“预防未成年人性侵害”宣传教育讲座，并发放相关的法律法规宣传资料500多份。

【疾病防治与健康服务宣传活动】 2019年，市妇联联合市卫健局、市疾控中心等单位先后在市区莲花山公园、流沙西街道南山社区开展“创建省级慢性病综合防控示范区，打造健康普宁、幸福普宁”为主题的宣传服务活动，活动现场发放慢性病防治知识宣传手册和健康家庭标准、健康生活方式与行为、高血压防治知识等宣传资料1.5万多份。5月16日，在麒麟镇径水村开展农村妇女“两癌”（乳腺癌、宫颈癌）免费检查和送医送药活动。12月18日，联合人寿保险普宁支公司在市妇女儿童活动中心3楼开展“她健康·普幸福”启动会，启动会现场为16—60周岁女性打造人生健康与疾病保险保障方案，开展“送健康，献善心”“送技术，献关心”等公益活动。全年，市妇联组织农村妇女接受“两癌”免费检查2131人，救助两名患病妇女，发放救助资金2万元。

【“创文创卫”志愿服务活动】 7月10日，市妇联在市妇女儿童活动中心“妇女儿童之家”开展市民文明行为规范大讨论座谈会，为“揭阳市市民文明公约”和“普宁市市民文明公约”修订工作提供意见和建议。全年市妇联组织干部职工、巾帼志愿者开展“创文创卫”活动、“三清三拆三整治”专项行动共15

2019年11月15日，市妇联联合市广播电视台、市红十字会、市人民医院等单位在流沙广场开展“不忘初心、牢记使命”主题教育便民服务活动。图为在现场开展的应急救护演练，向市民普及救护技术和知识 （市妇联 供稿）

场次、168人次；开展文明交通志愿服务活动8场次、32人次。

【妇女创业就业服务】 2019年，市妇联继续实施妇女创业小额担保贷款贴息项目，做好符合条件妇女的贷款申请审核工作，服务妇女创业就业、脱贫致富。全年，帮助35名妇女获得项目贷款349万元，到期回收贷款金额270万元。

【扶贫济困】 2019年，市妇联开展扶贫济困活动和精准扶贫服务活动。联合市志愿者协会举行2019年“爱心父母牵手困境儿童大联盟”援助金发放仪式，捐款2万元帮扶市100名孤贫儿童。全年，市妇联组织慰问全市2231名孤贫残疾儿童、困境儿童，送上慰问金及物资共计22.95万元；组织到精准扶贫挂钩帮扶点下架山镇老南湖村开展慰问活动，发放慰问金7395元。

【“儿童之家”培育创新发展】 2019年，市妇联联合市图书馆到流沙北街道白沙陇村、云落镇云落村“儿童之家”开展“悦读伴成长·书香润万家”亲子阅读活动；举办“感恩你我，真情成长”少儿演讲比赛和“爱国爱家”感恩教育现场作文比赛。关注留守儿童，开展创建“儿童之家”“儿童友好社区”“留守儿童之家”示范点活动。

【妇女儿童活动中心工作】 2019年，市妇联加强对市妇女儿童活动中心、市儿童福利会幼儿园的管理和建设。市妇女儿童活动中心开展少儿艺术和体育培训、健身等活动，充分发挥服务妇女、儿童，服务社区的功能作用。市儿童福利会幼儿园优化教学设施和幼儿活动环境，提升办园品位，开展“花儿心向党 礼赞新中国”为主题的庆“六一”祝福祖国70华诞文艺会演等活动。

【调研交流联谊】 2019年3月，省妇联副主席许红组织揭阳市妇联部分班子成员、部分县（市、区）、乡镇（街道）、村（社区）妇联主席到普宁调研。市妇联主席余艳萍陪同调研组调研并到大南山街道办事处慰问出席全国妇女十二大代表张爽。4月，揭阳市妇联主席李丽曼组织揭阳市妇联领导班子到普宁开展调研活动，调研组一行实地查看省第三期“妇女之家”示范点赤岗镇“妇女之家”和赤岗镇赤岗山村“妇女之家”，并对示范点创建规章制度、资料收集、活动开展等存在的问题进行现场指导。8月，联合市委宣传部和驻地某部队政治工作部举办“相聚七夕·缘来有你”联谊活动，为更多青年朋友搭建联谊交友平台。10月，市妇联主席余艳萍带领全体班子成员前往揭东区妇联开展学习交流活动。11月，揭阳市妇联副主席陈燕杏组织揭阳市妇儿工委调研组对普宁实施妇女儿童发展规划工作情况进行调研，调研组一行到揭阳市男女性别教育试点单位普宁市城西中学和普宁市妇幼保健计划生育服务中心进行实地调研。

（黄佳娜）

普宁市科学技术协会

【概况】 普宁市科学技术协会（简称“市科协”），是市科学技术工作者的群众组织，在编工作人员4名。履行科协职能，团结服务广大科技工作者，加强基层科协组织建设；整合科普资源，开展科技宣传服务活动；助力服务市创新驱动发展战略实施，推动全市科协各项工作全面发展。

【科协基层组织建设】 2019年，

市科协深化改革，加强基层科协组织建设。全市有28个乡镇场（街道）基层科协组织，社区科协1个、企业科协2个、医院科协3个、学校科协23个。初步奠定科协基层组织基础。其中，市人民医院科协是广东省首家县级医院科协，普宁职校科协是广东省首家中职学校科协，28个乡镇场（街道）科协都吸纳当地医院院长、学校校长、农技站站长、科技型企业家等优秀科技人才加入科协组织，扩大基层科协队伍的影响力。基层科协组织建设工作走在揭阳市、全省前列，受到省科协的充分肯定，取得良好开端。12月18日，召开普宁市科学技术协会第八次代表大会，选举产生科协新一届领导机构，有效增强市科协的凝聚力和战斗力。

【团结服务科技工作者】 2019年，市科协发挥桥梁纽带作用，加强与科技工作者联系，在春节、中秋节等传统节日、深入科研和生产一线，开展形式多样的走访慰问、联络交友活动。5月30日，召开以“礼赞共和国、追梦新时代”为主题的2019年普宁市“全国科技工作者日”座谈会，组织全市科技工作者进行热烈交流发言，礼赞新中国成立70周年各行各业的巨大成就。并发出致全市广大科技工作者的一封信，鼓励全市科技工作者追梦新时代，不断开展科技创新，做出新业绩、新贡献。

【科普宣传】 2019年，市科协在全国科技周、全国科普日、全省科技进步月期间，组织开展科普宣传进社区、进农村、进校园、进企业、进机关活动，营造全社会讲科学、学科学、爱科学、用科学的良好氛围。先后在莲花山公园、燎原泥沟广场、利泰广场、大南山什石洋村、潮汕学院开展多场次“垃圾分类”科普宣传活动。8月2日，牵头在燎原镇泥沟村开展助力“乡村振兴”暨2019年普宁市“科技进步活动月”科普宣传活动；9月18日，联合市委宣传部在潮汕学院举行以“礼赞共和国、智慧新生活”为主题的2019年普宁市“全国科普日”系列活动启动仪式；10月28日，联合市市场监管局在潮汕学院举办“守初心、担使命、保障用药安全”为主题的普宁市药品科普进基层活动；举办2019年普宁市全民科学素质网络知识竞赛，共吸引2万多人参与；在普宁电视台开辟《科普乐园》专栏，定期进行科普宣传。

【助力服务市创新驱动发展战略实施】 2019年，市科协助力服务市创新驱动发展战略实施，指导广东泰宝医疗科技股份有限公司申报建立广东院士专家（企业）工作站，指导普宁市红领巾学校申报广东省科普教育基地。与市教育局、市科技局联合举办普宁市第二届“星河杯”校园创客文化节，与教育局联合命名33所学校为普宁市青少年创客教育实验学校，推动全市创客教育深入开展。联合普宁职校举办第一届粤东科技创新成果分享大会，邀请各地创业成功人士莅会互相交流，分享创新创业奋斗历程及成功经验，有效促进市创新创业工作的拓展。

（吴　菁）

2019年9月18日，市科学技术协会联合市委宣传部、市教育局等单位在潮汕学院举行2019年普宁市“全国科普日”系列活动启动仪式

（市科协　供稿）

普宁市归国华侨联合会

【概况】 2019年年末，普宁市归国华侨联合会（简称“市侨联”）及属下服务单位有干部职工92人，有镇级侨联组织24个，村级侨联组织330个，专（兼）职侨联干部382人，形成市、镇（街道）、村三级侨联

工作网络。是年，开展海内外民间文化和学术交流，密切与海外侨胞联系。为侨属企业服务，维护归侨侨眷和海外侨胞合法权益。参与市人大、政协归侨侨眷代表、委员人选的协商和推荐。坚持以人为本，为侨服务，维护侨眷合法权益，营造真诚贴心的侨胞之家。汇聚侨智、涵养侨源，招引侨资和发挥侨力支持普宁各项建设事业。改革开放后至2019年年底，海外侨胞捐资兴办家乡公益事业累计约12.88亿元，其中用于教育事业7.21亿元。

【侨联主要活动】 2019年1月、9月，市侨联分两次组织干部职工到大坝镇月窟村开展新时期精准扶贫精准脱贫对口帮扶活动，向该村送上慰问金支持村居环境整治工作和走访慰问贫困户；6月20日，组织单位内全体侨务干部和基层侨联主席到揭阳市城区参观由揭阳市侨联主办的“揭阳市红色侨批暨华侨建筑”图片展；12月9—10日，组织市内重点镇（街道）侨联干部15人参加揭阳市侨联主办的基层侨联干部培训班。12月29—31日，市侨联主席许建中、南溪镇侨联主席王楚文、市侨联大厦副经理黄华纯赴广州出席广东省第十一次归侨侨眷代表大会。

【海内外联谊】 2019年，市侨联加强对海外侨胞、港澳同胞的联络交流合作，敦睦乡情乡谊。全年接待到访普宁的海外侨团、侨领和香港地区各社团、知名人士7批次、350多人次，参访联谊2批次、20多人次。主要接待到访的海外侨团、侨领有：9月27日，美国洛杉矶中华总商会主席庄佩源博士率领的访问团；10月6日，泰国顺和成集团、亿王阿哥集团创始总裁张锦程率领的访问团；11月15—16日，新加坡南洋普宁会馆会长蔡纪典率领的访问团。主要接待到访的香港团体、知名人士有：1月8日，香港普宁同乡联谊会会长许义良率领的访问团；2月26日，香港普宁同乡联谊会会长许义良为团长的新春拜访团；5月29—30日，香港揭阳各级政协委员联谊会会长张仲哲率领的参观访问考察团；8月21日，香港四洲集团主席戴德丰博士（省政协常委、全国政协常委）率领的访问团；12月4—6日，香港庄世平基金会交流访问团（56人）。主要参访有：5月15—17日，市侨联主席许建中赴香港普宁同乡会联络联谊；9月9—11日，市侨联主席许建中赴香港地区参加普宁同乡会（红磡）新址乔迁庆贺活动。

【贫困归侨专项资金申报和发放】 2019年7月，市侨联根据省侨联《关于做好2019年广东省贫困归侨扶贫救助补助资金申报工作的通知》和揭阳市侨联《关于开展全市归侨人员情况调查统计的通知》的有关文件精神，开展对普宁困难归侨的调查和贫困归侨救助补助专项资金的申报工作。至年末，全市有9名贫困归侨人员获得省发放的扶贫救助补助金共2.7万元。

【侨联信访工作】 2019年，市侨联接到侨胞和归侨侨眷信访件3件，接待到访1批次，为侨办好事实事及排忧解难3件。

【海外侨胞捐资】 2019年，全市侨联组织通过接待到访、出访等途径，动员海外侨胞捐资兴办家乡各项公益福利事业，全年捐资3000.5万元，其中用于教育事业2127.5万元，村居环境设施建设813万元，卫生事业40万元，社会事业20万元。

（蔡林社）

普宁市工商业联合会

【概况】 2019年年末，市工商业联合会（简称“市工商联”）内设人秘部、会员部和经济联络部，在职人员7人。是年，组织参与社会公益事业，帮扶贫困大学生和慰问百岁老人、孤寡老人等活动。开展“不忘初心、牢记使命”主题教育，深入学习贯彻党的十九届四中全会精神，配合市政府工作，开展商会交流、调研等活动，发展光彩事业，回报社会。

【商会交流活动】 2019年，市工商联继续加强行业协会之间的交流与协作。是年，应邀组织到江西（普宁）商会开展学习考察；接待惠州市（揭阳）商会组织的党员、企业家共20多人到普宁开展学习和经贸交流活动。市工商联负责人参加揭阳市工商联组织的赴浙江工商考察交流学习活动。

【调研宣传活动】 2019年，市工商联联合市税务局开展“服务民营企业发展壮大合作框架协议签订仪式”暨减税降费政策宣讲活动；联合市人民检察院开展“检察护航民企发展”调研及其宣传活动，推动民营经济高质量发展。

【光彩事业】 2019年，市工商联（商

会）主动承担起开展社会公益事业责任，促进社会公益事业发展，以实际行动回报社会。是年，市工商联（商会）组织慰问41名集中供养的孤寡老人，每人送慰问金400元；慰问125名百岁老人，每人送慰问金1000元；赞助普宁市潮剧联谊会活动经费10万元；资助普宁籍贫困大学生57人，每人5000元，共资助28.5万元；慰问见义勇为英雄周万辉家属，并向周万辉遗属送上慰问金8万元。年末，市工商联（商会）用于光彩事业资金80.64万元。

（周金水）

·普宁美丽乡村小辑·

洪阳镇鸣岗村

洪阳镇鸣岗村，地处洪阳镇西南，毗邻镇区，距离普宁市区15公里，区域面积3.8平方公里，分为永春寨、后山头、大寨内、前沟、进上、柑园、候洋新寨等7个自然村。全村人口11973人，村民以农为主，主要种植蔬菜、竹蔗、生姜和花卉苗木等作物。村风文明纯朴，环境优美，交通便利，省道236线和237线穿境而过。

鸣岗村是传统的历史文化名村。村中有鸣岗小学、鸣岗初级中学、普宁第一中学，有玉冈园、图书馆、方氏艺术馆、石雕壁画等，文化教育事业较为发达。鸣岗素有“戏剧之乡”之美誉。著名的名胜古迹有“文溪驿站”“豪岗山”以及祖祠等，历史文化底蕴较为深厚。

近年来，鸣岗村大力实施乡村振兴战略，按照“产业兴旺、生态宜居、乡风文明、治理有效、生活富裕”的总要求，加快建设宜居宜业宜游美丽乡村，村民的生活水平不断提高，村容村貌、生产生活环境明显改善，把鸣岗人民对美好生活的向往变为现实。先后被评为“全国文明村”“全国民主法治示范村”“广东省生态示范村”“广东省文明村”“广东省卫生村”“揭阳市卫生村”“揭阳市先进基层党组织”“普宁市先进基层党组织”“普宁市美丽乡村”等。

（本文选自市文明办等单位编印出版的《2019年普宁市美丽乡村》宣传册）

船埔镇樟树村

普宁市船埔镇樟树村地处南阳山新峰障山下，由坑尾仔、大湖里、枫树排、稔公田、樟树仔、大塘坑、新寨仔7个自然村组成，人口2500多人。

樟树村是著名的革命“堡垒村”，彭湃、古大存、温达初等革命前辈曾在这里留下光辉的革命足迹。现该村仍保留有苏维埃政权旧址德成楼、栖凤楼，红军井、红八连训练场、烈士故居等遗迹遗址，并建设有“南阳山革命烈士纪念碑”。苏维埃政权旧址已布展为“樟树村人民革命斗争历史展览馆”，是“普宁市爱国主义教育基地”、“党员教育基地”，每年接待到此参观学习和开展红色旅游的干部群众二万多人次。

樟树村还有天然磨子石等红色景观，生态环境保护完好，旅游资源丰富，盛产桃梅李柿等传统水果，生态园、农家乐等旅游配套设施逐步建设。村交通方便，公共服务体系健全，文化广场、老人活动中心、希望小学先后建成，村容村貌焕然一新、干净整洁。党群、干群关系和谐融洽，村民遵纪守法，乡风文明开放。该村被评定为2019年普宁市10个美丽乡村之一。

（本文选自市文明办等单位编印出版的《2019年普宁市美丽乡村》宣传册）

外事·侨务·港澳台事务

外　事

【概况】　2019年，市委办落实外事各项方针政策，做好外事接待工作，规范因公出国（境）管理，严格执行国家工作人员出（国）境各项制度和规定，促进对外交流和合作。是年，接待到普宁参观交流访问的外事团队2批次。

【外事接待与交流合作活动】　2019年，市外事部门做好外事接待工作，更好地加强对外交流与合作。先后接待到普宁参观交流访问的团队有：4月3日，国际华人科技工商协会主席、美国哥伦比亚国际大学校长李大西博士偕夫人一行到普宁交流教育事业发展有关事宜；5月17日，乌干达驻广州领事馆总领事索罗曼·鲁提嘉一行到普宁市洪阳三奥鱼苗厂参观访问。

【公共外交工作调研交流活动】　2019年11月24—25日，曾任驻伊拉克、叙利亚、沙特大使，驻悉尼大使衔总领事李华新在广东公共外交协会常务副会长傅朗、揭阳市政协副主席李健等陪同下到普宁市调研公共外交工作，并与市委办外事部门进行工作交流。

（市委办）

侨　务

【概况】　2019年，普宁市全面贯彻落实涉侨法律、法规，做好侨务宣传和文化交流工作，汇聚侨智侨力，推动新时代侨务工作新发展。重视涉侨信访工作，及时化解涉侨矛盾纠纷。全年共受理侨房纠纷、侨捐项目等信访事项17件，经调解，上述信访事项均得到妥善解决。

【侨政工作】　2019年，市侨务部门高度重视涉侨信访工作，突出为侨服务的主题，及时化解涉侨矛盾纠纷。全年共受理侨房纠纷、侨捐项目等信访事项17件，通过积极调解，上述信访事项均得到妥善解决。强化服务能力，做好“小汽车入出内地行驶牌证”、华侨回国定居审核报批和海外侨胞寻根访祖需办理事宜等工作。是年，共受理出入内地小车牌证申办事项2件，办理华侨回国定居申办事项1件、协助海外侨胞寻根访祖事项1件。

【海外侨胞捐资兴办家乡福利事业】　2019年，市侨务部门扎实做好海外侨胞捐赠兴办家乡福利事业工作，认真做好颁发“铁山兰花奖”有关资料的调查、收集、审核、报批。

2019年4月3日，国际华人科技工商协会主席、美国哥伦比亚国际大学校长李大西博士一行莅普宁交流教育事业发展有关事宜。图为李大西博士（正中前左）等嘉宾与揭阳市委常委、普宁市委书记张时义（正中前右）等市领导亲切会晤交谈现场　（高壮波　摄）

是年，全市接受海外侨胞捐资兴办公益福利事业资金400万元，荣获市人民政府授予普宁市“铁山兰花奖”勋章的海外侨胞3人。

（黄卓纯）

港澳事务

【概况】 2019年，普宁市贯彻落实中央部署要求，全面准确贯彻“一国两制”方针，保持与港澳有关社团的沟通联系，支持引导港澳同胞多做爱国爱乡工作。是年，港澳地区社团组团到访4批次、市组队赴港澳地区交流10批次。

【公务出境管理】 2019年，市委统战部精心组织，务实开展赴港澳访问。认真做好各项联络具体事宜，圆满完成各项交流任务，促进市与港澳地区的交流合作。严格规范证件办理工作。在办理因公出境工作中，认真贯彻落实中共中央“八项规定”精神，严格执行国家工作人员出境各项制度和规定。全年共办理因公往来港澳通行证32人次，证件办理和管理均未出现差错，出境团组没有发生违纪违规现象。

【敦睦乡谊与交流合作】 港澳社团组团到访 2019年，普宁市加强与定居港澳同胞的交流联络与合作，敦睦乡情乡谊。是年，主要到访普宁的香港社团组织和知名人士有：1月8日和2月26日，两次由香港普宁同乡联谊会会长许义良率领的莅普宁参观访问团和新春拜访团；5月29—30日，由香港揭阳各级政协委员联谊会会长张仲哲率领的莅普宁参观访问考察团；8月21日，由香港四洲集团主席戴德丰博士（省政协常委、全国政协常委）率领的莅普宁访问团；12月4—6日，由香港庄世平基金会副主席、香港普宁同乡联谊会会长许义良为团长的香港庄世平基金会莅普宁交流访问团（一行56人）。

市组队赴港澳交流 2019年，普宁市贯彻落实中共中央“八项规定”精神，从严管控因公参访团队。经批准，是年，由市及有关部门组团参访港澳地区的有10批次。其中由市领导率团先后赴港交流团队及开展活动有：由市政协主席杨镇松率团赴港参加香港揭阳各级政协委员联谊会有关活动；由市委常委陈汉水率团赴港参加普宁英歌在港文化交流和巡游相关活动；由市委书记张时义率团赴港参加香港普宁同乡联谊会红磡新会址乔迁仪式及通报家乡经济社会各项建设事业新发展情况。

【港澳同胞捐资兴办家乡福利事业】 2019年，市港澳事务部门扎实做好港澳同胞捐资兴办家乡福利事业工作。是年，全市接受港澳同胞捐资兴办公益福利事业资金2696万元。按市“铁山兰花奖”评奖有关规定申报，当年获市人民政府授予普宁市“铁山兰花奖”勋章的港澳同胞9人。

（黄卓纯）

台湾事务

【概况】 2019年，普宁市坚持一个中国原则，坚决反对“台独”，维护台海局势和海峡两岸关系基本稳定，秉持“海峡两岸一家亲”的理念，落实中央《关于进一步促进两岸经济文化交流合作的若干措施》和广东省《关于促进粤台经济文化交流合作的若干措施》，持续推进普宁与台湾各领域交流合作，促进海峡两岸经济社会融合，增进同胞亲情和福祉，拉近同胞心灵距离，增强对命运共同体的认知。依法维护在普宁台胞权益，解决一些疑难问题。

【维护台胞台商合法权益】 2019年，市委统战部积极加强与台胞台属、台资企业的沟通联系，通过联系有关部门了解在普宁台商基本情况，走访相关台资企业，了解他们的经营情况以及存在的困难，帮助他们解决实际问题，及时妥善处理涉台纠纷案件1件。同时，协助揭阳市委统战部做好台商协会换届选举相关工作，推动两地交流合作。

（黄卓纯）

法　治

综　述

【依法治市工作全面推进】 2019年，普宁全面依法治市工作在市委的领导下，紧紧围绕“深入推进依法治市、加快建设法治普宁”的目标，扎实推进依法治市各项重点工作，切实将经济社会发展各项事业全面纳入法治化轨道，推动全面依法治国战略布局在普宁落地生根，为普宁市经济持续健康发展和社会和谐稳定提供坚强的法治保障。

根据党中央和省委、揭阳市委深化机构改革的有关文件精神和工作部署，普宁市委、市政府制订印发《普宁市机构改革方案》，按照“方案”中各项改革任务，于2019年3月完成对依法治市工作机构的调整优化，将市委全面依法治市工作领导小组改为市委全面依法治市委员会，作为市委领导依法治市的议事协调机构，统一部署和组织全面依法治市工作。委员会主任由市委书记担任，副主任由市委副书记、市长和市人大常委会主任、市委政法委书记担任。市委全面依法治市委员会办公室设在市司法局，负责处理委员会日常事务工作。委员会下设4个协调小组：立法服务协调小组、执法协调小组、司法协调小组、守法普法协调小组。10月22日，召开中共普宁市委全面依法治市委员会第一次会议。会议审议通过《中共普宁市委全面依法治市委员会工作规则》《中共普宁市委全面依法治市委员会协调小组工作规则》《中共普宁市委全面依法治市委员会办公室工作细则》《普宁市推进全面依法治市行动方案》等相关文件和方案，为普宁市在新起点上推进全面依法治市工作提供了坚实的组织保障和制度保障。

是年，依法治市工作全面推进，在普宁市大力推行行政执法“三项制度”（行政执法公示制度、行政执法全过程记录制度和重大执法决定法制审核制度），规范行政执法行为。正式启用广东省行政执法信息公示平台数据采集系统，在全市40个行政执法机关建立并推进“三项制度”工作全面落实。组织行政执法证考试工作，严把审核监督关口，认真审核上报执法主体在执法证管理系统上的主体信息和用户名称变更，制订《普宁市2019年关于行政执法人员综合法律知识网上考试方案》，组织行政执法网上考试人员考前集中上机操作培训，并开展网上考试二批次，全市执法主体共报考369人，参考359人，成绩合格318人，通过率88.58%。做好法治广东建设考评、法治政府建设示范创建工作。建立健全全市法治建设综合台账，根据《2019年度法治广东建设考评办法》，设立科学民主立法、法治政府建设、公正执法司法、法治社会建设、法治化营商环境、加强法治建设组织领导等六个大项目，遵循依法依规、客观公正、条块结合、公众参与的原则，通过法治建设考评，及时查缺补漏，补齐短板，全面提升全市法治建设水平；扎实推动市法治政府建设示范创建活动，以南溪镇政府作为省级2019年法治政府建设示范创建活动参评单位，以此为基础，以点带面，不断把法治政府建设向纵深推进。11月，先后配合省及揭阳市依法治省、治市办在普宁开展营造法治化营商环境、保护民营企业专项督察、督导活动，制定《开展营造法治化营商环境 保护民营企业发展专项督察任务分工表》，将全部督察内容、确定责任部门、督察要点分为8个大方面、74个重点项目，收集、整理各相关单位资料，形成督察台账，顺利完成省和揭阳市的专项督察工作，在法治的轨道上推动民营经济发展。

（方卫中、庄伊兰）

【法治政府建设】 2019年，普宁市通过完善工作机制，加快法治政府建设，制定印发《普宁市2019年依法行政工作要点》，明确2019年依法行政工作任务和责任分工；制定印发《普宁市财政资金编制执法监督管理办法（试行）的通知》，进一步加强财政资金管理；加强对重点任务落实情况的跟踪，通过加强督导等措施促进《普宁市法治政府建设工作方案（2016—2020年）》提出的41项工作任务落实到位。积极做好法治政府建设相关考评工作，落实市政府主要负责人履行推进法治建设第一责任人职责，认真执行《揭阳市党政主要负责人述法工作制度（试行）》，推进党政主要负责人述法工作，加快法治政府建设。坚持政务公开制度，努力建设阳光型政府。推进重要决策公开，紧紧围绕2019年市政府工作报告提出的重点工作任务的贯彻落实，加大经济社会发展规划、重要改革方案、年度重点工作、惠民实事项目等领域的公开；打造政务公开平台，建设普宁市人民政府网站集约化平台，实现信息发布、政务公开、办事服务和互动交流等功能有机统一；全面推进行政执法“三项制度”，坚持执行行政执法公示制度，启用广东省行政执法信息公示平台数据采集系统，推进行政执法信息公开，逐步完善执法案件公示信息。

政务公开 是年，普宁市着力提升政务公开质量，加强政策解读和政务舆情回应，深化重点领域信息公开，完善政务公开制度规范，进一步加大决策、执行、管理、服务和结果的公开力度，层层分解落实政务公开工作主要任务，不断创新公开机制。各地、各单位按照省和揭阳市有关政务公开工作的部署，结合实际，全面扎实推进政务公开工作。市政府开展的工作自觉接受人大、政协及社会监督，定期向市人大及其常委会报告工作，向市政协通报情况，市人大代表建议和市政协委员提案办结率及满意率均达到100%。

深化“放管服”改革 是年，市进一步深化“放管服”改革。推动市政务服务事项延伸至镇村，全市基层延伸事项共85项。开展“互联网+监管”事项梳理工作，全市有35个部门共认领、完善监管事项476项。实行“一窗通办”“一窗受理”服务，首批14个单位共170项政务服务事项进驻“大一门”综合服务区。

法制相关工作 2019年，市司法局坚持依法办理行政复议案件，维护行政机关依法行政的权威和行政管理相对人的合法权益，全年共办理行政复议案件39件。做好涉法事务，认真承办市政府涉及诉讼和其他非诉讼法律事务，共代理行政诉讼案件1件，民事诉讼案件2件。高度重视市政府规范性文件草案合法性审核、备案和清理工作，共审核市政府规范性文件草案2件，严把法律关，有效防范法律纷争的发生。是年7月10日至12月末，市司法局共审查市政府重大行政决策、重大合同、重要协议以及其他重要法律文书、文件共247件次，提供法律咨询意见共41件次。

（黄佳楠、谢文源、方卫中、庄伊兰）

【“平安普宁”建设】 2019年，市委政法委全面贯彻落实《中共中央关于深化党和国家机构改革的决定》《广东省关于市县机构改革的总体意见》和普宁市机构改革方案有关规定，进一步提高政治站位，牢固树立“四个意识”，坚定“四个自信”，坚决做到“两个维护”，推动机构改革各项工作见成效，确保党中央决策部署得到不折不扣落实。是年3月，市政法委机构职能及时有序调整到位，在此次机构改革中，撤销市综治办、维稳办、防范办，市依法治市办及打私办整体划出。

是年，市委政法委坚持以习近平新时代中国特色社会主义思想为指导，深入贯彻落实党的十九大和习近平总书记视察广东重要讲话精神，围绕市委决策部署，坚持党对政法工作的领导，坚持以人民为中心，切实维护人民群众合法权益，紧紧抓住加快发展和确保稳定两大主题，进一步加强和推进平安建设

2019年11月14日，揭阳市2019年“百名法学家百场报告会”普宁法治宣讲活动在市党政办公大楼十二楼会议厅举行　（市政法委　供稿）

和法治建设，全面推进扫黑除恶专项斗争向纵深发展，切实维护社会大局稳定、促进社会公平正义、保障人民安居乐业，奋力为推动普宁全市全域融入粤港澳大湾区、建设广东沿海经济带，打造“商贸名城、创新之城”保驾护航。

扫黑除恶专项斗争 2019年，市深入贯彻落实中央、省委、揭阳市委关于扫黑除恶专项斗争的决策部署，围绕三年部署，以专项整治“村霸”等黑恶势力突出问题为重点，认真谋划，精心组织，强力推进，取得阶段性成效。

2018年5月，普宁被省扫黑除恶专项斗争领导小组列为“利用家族、宗族势力横行乡里、称霸一方、欺压残害百姓的‘村霸’等黑恶势力问题实施挂牌整治”地区，限期整治一年。揭阳和普宁两级市委、市政府对普宁“村霸”问题高度重视，坚持问题导向，迅速开展专项整治。全面压实属地和属事责任，落实“两个一律”“一案三查”等工作机制，紧盯涉黑涉恶重大案件、黑恶势力经济基础、背后“关系网”“保护伞”不放，开展重点案件、重点问题、重点地区“三个攻坚行动”，强化打财断血、打伞破网，强化基层组织建设、行业治理，铁腕铲除黑恶势力赖以滋生的土壤。全面排查深挖涉“村霸”违法犯罪线索，强化重点涉黑涉恶案件专案攻坚，着力在涉黑涉恶大要案件上取得新突破，确保“村霸”等涉黑恶问题得到根本性整治。通过一年专项整治，市“村霸”等黑恶势力问题取得根本性扭转，于2019年5月如期通过省扫黑除恶专项斗争领导小组的检查验收，成功“摘帽”。专项斗争以来至2019年年底，全市累计已核实涉黑恶违法犯罪线索211条；市公安机关共破获涉黑团伙1个、恶势力犯罪集团3个、恶势力犯罪团伙7个、涉恶类普通犯罪团伙42个，侦破涉恶类犯罪案件326宗，刑拘涉恶类犯罪嫌疑人822人（其中涉“村霸”案件56宗，刑拘犯罪嫌疑人145人），抓获涉恶类负案在逃人员278人（含投案自首134人），查封、冻结、扣押涉案资产4962万元；市人民检察院依法起诉涉黑恶势力犯罪案件10件、37人；市人民法院依法公开宣判涉黑恶势力犯罪案件7件、32人，依法宣判陈某某等17人涉黑案。市纪委监委加强与政法机关联动协作，全年共立案查处涉黑涉恶微腐败和“保护伞”115人，其他问责69人。市委组织部着力加强基层组织建设，全面排查并处置有违法犯罪记录的村（社区）“两委”干部一批，切实将“三类人员”清理出村干部队伍，持续整顿软弱涣散基层党组织。

社会治安综合治理 2019年，市政法机关和综治维稳部门落实《普宁市创建最安全稳定最公平公正法治环境最好市镇村的实施方案》要求，以“方案”中提出的创建“三个最”为契机，扎实推进平安普宁建设。深入开展“三个最”市镇村创建工作，统筹协调推进设立村级调解维稳办公室和综合应急服务队，打造“枫桥式派出所”，提升基层化解矛盾、应急救险能力，夯实平安建设基础，加快推进基层社会治理体系和治理能力现代化，努力营造共建共治共享社会安定新格局。

是年，紧紧围绕上级和市委、市政府的决策部署，深入开展社会治安综合治理工作，不断提升群众获得感、幸福感、安全感。按照揭阳市部署要求，从1月16日开始，每周二、周五日下午，各乡镇场街道和市直有关单位深入开展“众剑行动”红袖章巡查关键点打卡活动，各地各部门突出重点区域、重点部位、重点领域、重点对象，全面清查整治社会治安、安全生产、消防安全危险点、隐患点，排查消除各种安全隐患，惩治治安违法犯罪和危害公共安全犯罪，确保社会治安持续平稳有序，全市社会大局和谐稳定。进一步加强推进市内各地开展综治信息系统应用，加强督促各地落实网格员常态化使用网格手机开展日常巡查工作，切实提高网格账号活跃度和录入巡查事件办结率。落实省综治办文件要求，对辖区严重精神障碍患者开展救治救助，每半年进行一次严重精神障碍患者集中排查和救治监护补助资金申报工作，认真做好严重患者监护人监护责任书签订，进一步细化患者监护人监护责任和补偿保险制度落实。全年发放严重精神障碍患者救治监护补助资金956.94万元；落实严重精神障碍患者监护责任补偿保险工作，全年共投保112.66万元。认真做好市精神病医院安全隐患排查和整改，加强安全防范处置工作，切实维护人民群众生命财产安全。建立健全厦深高铁普宁站安全防范联勤联动工作联席会议制度，进一步加强厦深高铁沿线及普宁站区域的治安防控、应急处置及交通管理秩序的联勤联动工作，全力维护高铁沿线及普宁站区域治安交通秩序，严防发生危害高铁安全和正常运输秩序的案例和事件发生。积极发挥高铁沿线流沙南街道、大南山街道、占陇镇、南径镇、马鞍山农场5个镇街（农场）21个村联勤联动工作站作用，加强涉高铁安全隐患摸查治理，认真核查高铁沿线存在的彩钢瓦和建（构）筑物隐患问题并落实整改。组织开展“学法规 守法纪 护铁路 创平安”主题宣传教育活动、“铁路防风险 平安迎大庆”专项行动，提高高铁沿线广大人民群众遵纪守法、维护铁路安全的自觉性，进一步提升高铁沿线治安防控能力，确保高铁运行安全。

维护政治安全和社会稳定 2019年，市委政法委持续认真做好维护政治安全和社会稳定各项工作，全面排查防范化解风险隐患和矛盾纠纷，加强重要节点维稳安保工作，持续深化社会稳定风险评估，落实舆情“三同步”工作机制，做好“三个一”无邪教创建工作，实现“五个坚决防止”工作目标。是年，在庆祝中华人民共和国成立70周年、澳门回归祖国20周年等重要节庆活动期间，市政法系统干警切实加强辖区安保维护工作，全市社会大局持续稳定。

【政法队伍建设】 2019年，市委政法委深入学习贯彻习近平总书记视察广东和在中央政法工作会议上的重要讲话精神，学习贯彻《中国共产党政法工作条例》，全面加强党建工作，不断提高队伍素质水平。严格落实党建主体责任，推进全面从严治党治警，以党建引领全市政法工作。扎实开展党的建设“组织力提升年”、模范机关创建活动，常态化推进“两学一做”学习教育，以“不忘初心、牢记使命”主题教育为载体，组织政法系统认真学习贯彻习近平新时代中国特色社会主义思想和党的十九大及十九届四中全会精神，筑牢政法干警对党绝对忠诚的政治品格。开展党风廉政教育活动，严防廉政风险。开展一系列的教育警示活动，加强纪律作风建设，组织参加业务培训，强化专业化水平，不断增强队伍整体战斗力。市法学会组织2019年“百名法学家百场报告会”法治宣讲活动，邀请揭阳市法学专家作专题报告，各地和市直有关单位共150多人参加了报告会，进一步增强领导干部法治观念，提升领导干部运用法治思维和法治方式依法履职能力。是年6月，市人民法院占陇人民法庭党支部、市人民检察院办公室党支部、市公安局刑事犯罪侦查大队党支部被市委授予“普宁市先进基层党组织”称号，7名政法干警分别被市委授予“普宁市优秀共产党员”和“普宁市优秀党务工作者”称号。

（梁泳标、林智捷）

公 安

【概况】 2019年，市公安局共设置16个内设机构，4个监管场所和32个派出所。是年，市公安局深入开展扫黑除恶专项斗争、粤警行动计划、“飓风2019”等专项行动，提升惩治效能和社会治安防控能力，有力维护普宁社会政治、治安大局持续稳定。全年共刑拘犯罪嫌疑人2325人、破获各类刑事案件1872件；已获批准逮捕1423人；破获各类犯罪团伙84个、421人；抓获网上通缉逃犯424人。

【扫黑除恶】 2019年，市公安局“扫黑办”推动涉黑涉恶线索战果转化，强化重点涉黑涉恶案件专案攻坚，确保根治“村霸”等涉黑恶问题。是年5月，市涉“村霸”等黑恶势力问题如期“摘帽”，扫黑除恶专项斗争取得阶段性胜利。全年共接报、排查涉“村霸”线索28条；立涉“村霸”案件5宗，刑拘犯罪嫌疑人16人；共侦破涉黑恶类犯罪案件146宗、刑拘涉黑恶犯罪嫌疑人361人、已获批准逮捕276人、移送审查起诉涉恶类犯罪嫌疑人286人；查封、冻结、扣押涉案资产2865万

2019年2月26日，普宁市打击整治“村霸”等黑恶势力突出问题工作推进会在市党政会议中心召开 （市公安局 供稿）

元。抓获涉恶类负案在逃人员 135 人，其中投案自首 67 人；捣毁涉恶类普通犯罪团伙 24 个、恶势力犯罪集团 2 个。

【粤警行动计划】 2019 年，市公安局紧密结合“智慧新警务”建设，深入开展“飓风 2019”等专项行动，设立打击新型犯罪合成作战室，着力查处盗抢、黄赌毒、污染环境、制售假、走私等各类突出违法犯罪，在揭阳市公安局粤警行动计划年度考核评比中排名第一。

严重暴力性犯罪惩治 健全完善大要案侦破工作机制，从快速反应、现场勘查、科技支撑等入手，严查命案、绑架案等大要案和“八类”严重暴力性犯罪，全力提升大要案攻坚能力。是年，辖区共发生“八类”严重暴力犯罪案件 265 件，同比下降 24%，破案 231 件，刑拘犯罪嫌疑人 356 人；命案立案 7 件、绑架案立案 2 件，均全部侦破，先后侦破里湖镇“10·11”故意杀人案等社会影响恶劣案件。

盗抢犯罪惩治 树立“破小案、大作为”工作理念，采取布建特情耳目、强化视频采集研判、监所深挖线索等有效措施，做到“大案快破、小案多破”。全年共侦破盗抢案件 693 宗，刑拘犯罪嫌疑人 436 人，成功破获杜某某等 4 人持械抢劫犯罪团伙等一批大案、要案。

污染环境犯罪惩治 围绕市委、市政府关于练江综合整治工作部署，突出刑事侦办，深度摸排侦查，严惩非法排污、污染环境等违法犯罪。全年共破获涉污染环境加工场 12 个，侦破污染环境案件 12 件，刑拘犯罪嫌疑人 49 人，成功侦破“8·07”李某某等人非法开设酸洗拉链加工场等污染环境案件。

2019 年 12 月 5 日，市公安局在潮汕学院举行“预防电信网络诈骗”校园宣传活动（市公安局 供稿）

涉黄赌犯罪惩治 健全完善常态清查整治工作机制，广泛收集涉黄赌情报线索，循线深挖细查，精确锁定窝点，挤压涉黄赌违法犯罪活动空间。全年共侦破涉赌刑事案件 69 件，刑拘犯罪嫌疑人 155 人；侦破涉黄刑事案件 21 件，刑拘犯罪嫌疑人 49 人。

涉毒犯罪惩治 深入开展“禁毒 2019 两打两控”专项工作，持续围歼制毒，深化禁毒堵源截流，有效遏制毒品违法犯罪。同时，与揭阳市天蓝心理服务中心合作，进一步加强社会戒毒、禁毒宣传工作。全年破获毒品案件 85 件，刑拘犯罪嫌疑人 105 人；收戒吸毒人员 269 人。

涉假犯罪惩治 深入开展护航金融“利剑行动”，强化情报导侦，深挖犯罪线索，严厉惩治各类经济犯罪活动。全年侦破涉假犯罪案件 33 件，刑拘犯罪嫌疑人 138 人。

走私犯罪惩治 市公安局成立刑侦大队打私中队，深化与市场监管、应急管理、海关等部门沟通协作，严打成品油、走私油等重点商品走私犯罪。全年侦破涉成品油案件 4 件，刑拘犯罪嫌疑人 5 人；行政处罚 4 件、4 人；查扣成品油 60 余吨。

缉捕逃犯 综合应用各类系统平台，鼓励、发动广大人民群众提供线索，全力推进“云剑”和“百日追逃”等专项行动。全年抓获在逃人员 424 人（其中投案自首 156 人）。

【户政管理】 2019 年，市公安局深化全市户籍制度改革，深入开展户口登记管理专项清理整治工作，推进“一标三实”基础信息采集，加快实有房屋“门禁 + 视频”系统建设，规范户口管理。全年清理疑似重复（虚假）户口信息 333 条，核查率达 100%；完成无相片户口相片采集 3251 人，注销户口 8755 个。至年末，据已录入信息，全市城乡居民总户籍数 57.79 万户，户籍总人口 248.31 万人。

【流动人口居住证办理服务】 2019 年，市公安局完善流动人口登记办证制度，加强出租屋管理和信息采集，落实一屋一档，强化实有人口管理。是年，全市已办理居住登记的流动人口41028人，发放居住证1523张。

【出入境管理】 2019年，市公安局重拳惩治“三非”外国人违法犯罪，遏制外国人非法到普宁务工态势，维护移民和出入境管理秩序。全年共接待内地居民和港澳台同胞、海外侨胞到访10万多人次；分别受理、审核、上报普宁市公民申请往港澳地区探亲和商务活动、旅游访问等材料44789份，往台湾探亲和旅游材料6916份，往港、澳定居材料164份，因私出国（境）护照材料35252份。查处涉“三非”案件78件、抓获涉“三非”外国人226人，查处非法聘用、容留、藏匿外国人案件18件，执行“三非”外国人遣送出境8次、154人。

【交通安全管理】 2019年，市公安局结合市创建文明城市工作部署，组织开展交通违法行为整治行动，严查严处酒驾醉驾、超速超员、机动车逆行、乱停乱放、驾驶摩托车不戴头盔等突出交通违法行为，狠抓交通安全隐患的排查整治和宣传教育，营造平安有序的道路交通环境。全年共查处道路交通违法行为27.57万件，其中酒后驾驶1011件、醉驾237件、驾乘摩托车不按规定戴安全头盔8.14万件，暂扣非法机动车3000多辆；刑拘交通肇事、危险驾驶犯罪嫌疑人505人，行政拘留交通违法驾驶人170人。是年，共发生一般程序以上交通事故386宗，死亡62人、受伤429人，直接财产损失91.22万元。

【网络安全管理】 2019年，市公安局深入开展“净网2019”专项行动，全力维护网络信息安全；严格网吧行业管理，严惩各类网络违法犯罪，强化重点网络安全防护，有效维护全市网络环境的安全稳定。全年检查网吧124家，查处违法经营网吧2家；侦破涉网刑事案件27件，刑拘犯罪嫌疑人44人；惩治网络违法行为案件50件，行政处罚11人，教育训诫35人。

【队伍建设】 2019年，市公安局从严治警，从优待警，努力锻造一支有“铁一般的理想信念、铁一般的责任担当、铁一般的过硬本领、铁一般的纪律作风”的普宁公安铁军，提升新时代公安政治工作实效。全年共组织基层所队长参加省厅培训10人次，组织警衔晋升培训271人次，参加市委组织的培训295人次。是年，有1个单位被揭阳市“三防”指挥部评为先进集体、8个单位记集体三等功，1名民警被省扶贫开发领导小组评为2016—2018全省脱贫攻坚工作突出贡献先进个人；有1名民警被推荐记个人一等功、1名民警记个人二等功、1名民警被推荐记个人二等功，26名民警记个人三等功人，获嘉奖43人。

（李彬、陈洪生、江经策）

检 察

【概况】 2019年，市人民检察院按照“讲政治、顾大局、谋发展、重自强”的新时代检察工作总要求，认真履行职责，推动检察工作取得新进展，为普宁市各项事业发展做出积极贡献。是年，市人民检察院未成年人检察工作办公室被省委宣传部命名为“第五批广东省学雷锋示范点”，被共青团广东省委命名为“2018—2019年度广东省青少年维权岗”。存在问题：运用法治思维和法治方式服务保障全市发展大局的能力需要进一步增强；法律监督职能发挥还不够充分；检察队伍职业素养和办案水平、高素质高学历专业人才缺乏现状还需进一步提升和改善；科技强检工作需再加强。

【刑事检察】 *惩治各类刑事犯罪* 2019年，市人民检察院把维护社会和谐稳定作为第一责任，充分履行批捕、起诉职能。全年共受理公安机关提请批准逮捕案件1346件、1821人，受理公安机关移送审查起诉案件1734件、2253人，批准逮捕1122件、1449人，不批准逮捕225件、364人，提起公诉1548件、2026人，不起诉169件、270人。

惩处黑恶势力犯罪 2019年，市人民检察院按照“依法严惩、打早打小、除恶务尽”的原则，加大对黑恶势力犯罪及其“保护伞”的惩处力度。是年，逮捕涉恶案件1件、1人，起诉涉恶案件4件、8人，涉黑案件1件、15人。对陈某波涉恶势力犯罪案件依法提起公诉。

推行认罪认罚从宽制度 2019年，市人民检察院深刻领会认罪认罚从宽制度的立法精神和价值目标，采取有效措施积极推进。结合办案提升检察官精准量刑能力，加强沟通协调，兼顾被告人和被害人合法权益的保障，减少社会对抗，修复社会矛盾。是年，在保障当事人、被害人各项程序性权利的前提下，依法对812名刑事犯罪嫌疑人适用认罪认罚从宽程序，量刑建议采纳

率 90%，实现案件公正与效率的平衡。

【公益诉讼】 2019 年，市人民检察院将公益诉讼作为检察机关服务民生的新着力点，不断开拓公益诉讼领域，当好“公共利益的代表”，努力解决人民群众的操心事、烦心事、揪心事。是年，先后开展“保障千家万户舌尖上的安全”“保护饮用水水源地安全”等公益诉讼专项监督活动，收到了良好的社会反响。聚焦群众最关心的校园食品安全问题，市人民检察院联合相关职能部门对全市中小学校开展校园食品安全专项监督检查，对违法食品安全的问题依法依规按照“四个最严”处理；针对监管不力问题，发出检察建议，督促职能部门履职，并建立健全长效监督机制，严守校园食品安全底线。全年办理公益诉讼诉前程序案件 9 件，组织开展公益诉讼宣传进乡镇、街道、社区活动，共宣讲 28 场次，听课人数 3000 多人，发放宣传手册近万册，受到广大干部群众的欢迎。

【未成年人检察】 2019 年，市人民检察院继续擦亮未成年人检察工作品牌，助力未成年人健康成长。多措并举督促落实最高检“一号检察建议”。持续发力做好法治进校园活动，积极开展“普法蒲公英　送法进校园”活动，围绕预防未成年人网络犯罪、校园欺凌、性侵等主题，开展法治巡讲 7 场次，受教育人数 5000 多人，发放自制宣传手册 800 多册。

【刑事诉讼监督】 2019 年，市人民检察院监督公安机关撤案 3 件，发出检察建议 1 件次，书面纠正公安机关违法行为 7 件次，介入重大案件侦查 54 件次。向法院提出量刑建议案件 947 件，抗诉 7 件。

【刑事执行检察】 2019 年，市人民检察院运用定期走访、随机抽查、跟踪监督等手段认真做好社区矫正检察工作。开展羁押必要性审查 81 件；开展财产刑执行检察工作，向法院发出纠正违法通知书 2 份，均被采纳，追缴罚金 25 万多元；开展看守所全监巡视 68 场次，办理揭阳市人民检察院交办的侦查案件线索 2 件。

【民事行政检察】 2019 年，市人民检察院坚持双赢多赢共赢的监督理念，推进民事行政诉讼监督工作。办理公益诉讼诉前程序案件 9 件，民事执行监督案件 2 件，民事诉讼监督案件 2 件，行政违法监督案件 1 件。

【控告申诉检察】 2019 年，市人民检察院依托“12309”检察服务中心和服务热线，提升检察服务质效。妥善处理涉法信访，积极回应群众合法诉求，达到息诉息访的效果。全年办理信访案件 75 件、刑事申诉案件 3 件、国家赔偿案件 8 件，接待来访群众 248 批、395 人次，处理来信 73 件，办理国家司法救助案件 1 件，发放国家司法救助金 3 万余元。

【检察长送法进校园】 2019 年 7 月 5 日，市人民检察院党组书记、检察长魏伟填以法治副校长身份到普宁市第二中学开展“扣好首枚衣扣，做好法治好少年”主题法治宣讲活动。魏伟填从“扣扣子”开始谈起，引导教育学生要扣好首枚衣扣，并跟学生分享三句话：勿以善小而不为，勿以恶小而为之；身体发肤受之父母，不敢毁伤，孝之始也。崇德善法，德法同行。最后以“我们都在努力奔跑，我们都是追梦人”作结束语，希望青少年学生在探寻知识的道路上逐步前行，在遵纪守法的道路上持之以恒。

【向社区矫正对象开展普法宣讲】 2019 年 7 月 4—16 日，市人民检察院先后前往 14 个乡镇街道开展社区矫正日常检查工作，并向社区矫正对象进行法律知识宣讲。此次宣讲活动是对社区矫正对象的一次全面普法，有助于增强他们的法律意识和服刑意识，防范社区矫正对象脱管、漏管、重新犯罪，促使社区矫正工作规范化、制度化、法治化。

【开展校园食品安全专项监督检查】 2019 年 10—11 月，市人民检察院发挥公益诉讼职能，联合市教育局、市市场监督管理局及卫生健康局对全市中小学校开展校园食品安全专项监督检查，着力解决全市中小学校食堂食品安全存在的突出问题。对存在问题当场指出并记录在案，要求负责人落实整改，并于 11 月底开展“回头看”活动，加大跟踪监督检查力度。加强与职能部门的配合协作，建立健全长效监督检查机制，共同守护校园食品安全底线。

【检察队伍建设】 *开展主题教育活动* 2019 年，市人民检察院围绕“守初心、担使命，找差距、抓落实”的总要求，认真组织开展“不忘初心、牢记使命”主题教育活动，引导党员干部和全体检察人员坚守为民初心，践行检察使命，做革命精神的传承者、公平正义的守护者。

2019 年 4 月 26 日，市人民检察院举行以“‘我将无我’奋斗，不负人民重托——共和国劳动者走进检察机关”为主题的检察开放日活动。图为各行业的劳动模范和普通劳动者代表及市总工会领导共 20 人应邀走进检察机关，了解检察工作开展情况　　（伍大洋　摄）

做好基层党建工作　积极推进党建规范化建设，以党建促队建，凝聚力和战斗力进一步增强。2019 年，中共普宁市人民检察院机关委员会正式挂牌成立，配套完善机关党委办公室、党员活动室、支部活动室等党建基础设施。

不断深化检察改革　对内设机构进行系统性、重构性改革，实施“捕诉一体”工作机制，全面落实司法责任制，强化对检察官办案的监督管理，确保依法履职。落实检察人员分类管理，认真做好检察官助理、书记员和司法行政人员的职级套改工作。

自觉接受监督　加强与人大、政协的沟通联系，及时汇报、通报工作，认真听取意见建议。2019 年，市人民检察院先后举办三次不同主题的检察开放日活动，邀请人大代表、政协委员、社会人士座谈。主动接受社会监督，发布重大案件信息 327 条，公开法律文书 1308 份。

（邱　敏）

法　院

【概况】　2019 年，普宁市人民法院根据上级法院部署开展内设机构改革，内设机构精简为 10 个，派出人民法庭 6 个。是年，市人民法院紧紧围绕“让人民群众在每一个司法案件中感受到公平正义”的目标，深入开展“不忘初心、牢记使命”主题教育，坚持司法为民、公正司法，主动为大局服务，推动各项工作的开展。全年受理各类案件 6657 件，同比增长 22.1%；办结案件 6024 件，同比增长 19.8%；结案率 90.5%，解决诉讼标的额 20.16 亿元。存在问题：审判执行工作还不能完全适应新形势的要求，服务大局的能力有待提升；“案多人少”矛盾比较突出，综合配套改革还须深化。

【刑事审判】　2019 年，市人民法院贯彻总体国家安全观，依法惩治各类犯罪，维护社会安全稳定。全年受理各类刑事案件 1669 件，审结 1604 件，判处罪犯 2124 人。坚持罪刑相适应原则，对危害社会治安、危害公共安全、侵犯公民人身权利及妨害社会管理秩序等犯罪，始终保持严惩高压态势，审结绑架、故意伤害、强奸、“两抢一盗”等犯罪案件 544 件、658 人；诈骗犯罪 33 件、45 人；涉毒涉赌犯罪 208 件、315 人。从严惩治职务犯罪，审结贪污、贿赂、渎职等犯罪案件 7 件、9 人。深入开展扫黑除恶专项斗争，坚持“打财断血”“打伞破网”不放松，依法惩治黑恶势力犯罪，审结此类案件 7 件、32 人，其中判处五年以上有期徒刑 8 人。公开宣判陈某某等 17 人组织、领导黑社会性质组织案，主犯陈某某被判处有期徒刑二十五年，剥夺政治权利五年，并处没收个人全部财产。依法保护涉外被告人权益，审结外国人犯罪案件 57 件。健全未成年人犯罪审判机制，判处未成年人罪犯 59 人，依法对 11 名未成年人予以从轻或减轻处罚。

【民商事审判】　2019 年，市人民法院深入贯彻新发展理念，依法妥善解决民商事纠纷，着力保障经济高质量发展。全年受理民商事案件 3320 件，审结 2939 件，解决诉讼标的额 20.16 亿元。强化平等保护市场主体投资、经营、交易的司法职能，审结买卖、网络购物等合同纠纷案件 373 件，维护公平竞争市场环境。落实扶持实体经济政策，审结股权转让、保证保险等纠纷案件 36 件，依法保护民营企业合法权益，促进民营经济健康发展。聚焦防范化解金融风险，审结民间借贷、借款合同、金融不良债权转让、信用卡纠

2019年10月23日，市人民院公开宣判陈某某等17人涉黑社会性质组织案现场 （蔡东平 摄）

纷等案件998件，标的金额12.15亿元。聚焦扶贫领域司法需求，审结涉农村房屋买卖等民事纠纷案件15件，标的金额348.38万元。坚持以人民为中心的理念，审结家事纠纷、劳动争议和医疗纠纷案件923件，依法保护弱势群体合法权益。审结房屋买卖、租赁、物业等纠纷案件55件，保障人民群众安居乐业。审结机动车交通事故责任纠纷案件281件，促成78件案件调解或撤诉。贯彻“调解优先、调判结合”原则，始终将调解贯穿立案、审判、执行工作全过程，促成当事人调解822件、撤诉410件，调解撤诉率41.9%。

【执行工作】 2019年，市人民法院深入推进执行工作，健全综合治理执行难工作机制，不断巩固“基本解决执行难”成果。全年受理执行案件1642件，办结执行案件1457件，执行到位金额4.17亿元。在全省法院“基本解决执行难”工作评估验收中取得较好成绩，如期实现“基本解决执行难”的目标。开展“南粤执行风暴2019”专项行动，用足用好强制措施，对拒不履行生效裁判的被执行人强制清场，共实施司法拘留43人，罚款7万元，向公安机关移送“拒执”犯罪线索1人。积极防范金融风险，助力普宁农商行清收逃废债务237件，执行到位金额3.88亿元。加大失信联合惩戒力度，通过中国执行公开网、“今日头条”等平台，累计曝光失信被执行人信息1092人次，限制购买机票、乘坐高铁动车和高消费1158人次，限制出境2人，有力震慑“老赖”，迫使53名被执行人自动履行，维护司法裁判权威。

【审判服务】 2019年，市人民法院积极推进一站式多元解纷机制和一站式诉讼服务中心建设，切实满足人民群众多元化司法需求。开展网上立案和跨区域立案服务，审核通过网上立案1314件，办理异地立案10件。健全多元化纠纷解决机制，诉前成功调解案件11件、协助调处纠纷66宗。落实刑事诉讼律师辩护全覆盖，通知法律援助机构指派律师为2068名被告人提供辩护。加大司法救助力度，累计发放救助金35.3万元、执行保险救助款4.59万元，批准缓交诉讼费15.58万元，让人民群众感受司法关怀。强化法治宣传教育，通过提供法律咨询、普法宣讲和媒体宣传等形式，积极开展国家安全教育日、“6·26”国际禁毒日和“12·4”国家宪法日宣传活动，及时发布工作动态、典型案例等宣传稿件30篇。针对审判中发现的社会治理薄弱环节和行业管理漏洞，发出司法建议2条。

【审判管理】 2019年，市人民法院加强审判执行流程监督，严格执行案件目标管理规定，定期通报办案进度，全年法定审限内结案率99.8%。规范案件质量管理，分季度评查各类案件597件，生效案件改判发回重审率0.3‰。

【审判民主监督】 2019年，市人民法院健全审判流程、裁判文书、执行信息和庭审活动四大公开平台建设，新建具备庭审直播功能的审判庭9个，通过“中国庭审公开网”上庭审直播528场，在“中国裁判文书网”公布生效裁判文书1829篇。加强诉讼档案数字化建设，推进电子卷宗随案生成和应用，进一步提升司法公开效能。开展网络司法拍卖，在“阿里司法拍卖”平台拍卖财物52宗，成交金额3.85亿元。主动向市委、市人大报告法院工作，向市人大常委会汇报关于基本解决执行难的情况，向市政协常委会通报法院工作情况。邀请检察长列席审判委员会研究敏感案件3件，邀请人大代表、政协委员到法院旁听庭审18人次。认真落实人民陪审员法，提请市人大常委会任命人民陪

2019 年 6 月 26 日，市人民法院干警在法院大门前开展禁毒普法宣传活动

（李妙芬 摄）

审员 63 名，人民陪审员参审案件 1447 件。

【司法改革】 2019 年，市人民法院深入推进司法体制配套改革，促进审判体系和审判能力现代化。健全以员额法官为核心的办案机制，认真落实法官、法官助理、书记员“1 ∶ 1 ∶ 1”的要求，规定未入额人员不得办理诉讼案件，真正把司法责任制落到实处。推进院、庭长办案常态化，全年院、庭长办结案件 2687 件，同比上升 22.2%。完善审判委员会工作规则，强化审判委员会、主审法官会议的作用，促进审判工作规范化。全面实施认罪认罚从宽制度，审结认罪认罚案件 536 件。坚持简案快审、繁案精审，大力推进民商事案件繁简分流，办结简易程序案件 3288 件，全面提高审判效率。创新人民法庭工作机制，从是年下半年起，诉讼标的额 500 万元以下的民商事案件由人民法庭受理。建立统一立案机制，6 个人民法庭新收的案件由立案庭统一受理，人民法庭不再负责立案和执行，彻底落实立、审、执分离的要求。推进法庭标准化建设，完成池尾、洪阳、里湖、占陇 4 个法庭的改造，提升人民法庭信息化水平。

【审判队伍建设】 2019 年，市人民法院坚持从严治院，始终把政治建设摆在法院工作首位，树牢“四个意识”，坚定“四个自信”，做到“两个维护”。组织干警聆听普宁红色故事，到井冈山干部教育学院、杨石魂故居、方方纪念馆开展党员干警革命传统教育，选派青年干警参加普宁市“追梦心向党、建功新时代”主题演讲比赛并获得三等奖。推进法院党建工作，深入开展“组织力提升年”、模范机关创建和“不忘初心，牢记使命”主题教育活动，围绕“守初心、担使命，找差距、抓落实”的总要求，组织开展理论研讨，深入基层调查研究，认真检视整改问题，党建工作取得新成效，涌现出全省法院岗位能手蔡艺强、普宁贤德人物方文彬等先进人物，占陇人民法庭党支部被市委评为先进基层党组织、诉讼服务中心被市直工委评为党建示范窗口。按照队伍“革命化、正规化、专业化、职业化”的要求，组织干警开展综合素能培训和业务培训 246 人次。落实党风廉政建设主体责任，对有苗头性、倾向性问题的干警及时进行提醒教育，对新任、调任的中层干部开展集体谈话，强化“一岗双责”意识。

（黄夏湖、李妙芬）

司法行政

【概况】 2019 年，市司法局内设秘书股、宣传教育股（市普法办）、依法治理股（市全面依法治市办）、法制股、社区矫正管理股、人民参与促进法治股、公共法律服务管理股、政治工作办公室；派出机构有乡镇街道 25 个司法所；设市公证处、市法律援助中心 2 个直属事业单位。全局干部职工 95 人，其中局机关 28 人、司法所（派出机构）52 人、直属事业单位 15 人。全市司法行政系统共有编制 102 名，其中政法专项编制 79 名，局工勤编制 3 名，事业单位编制 20 名。是年 2 月，市司法局新业务综合楼正式投入办公使用。

根据上级部署，市司法局于 3 月完成机构改革，重组后的市司法局承担市委全面依法治市委员会办公室职能，整合市政府法制局的职能。是年，市司法行政工作以维护社会和谐稳定为重点，立足于重组后司法局的职责定位，坚持以“一个统筹、四大职能”为支撑，深入推进司法行政高质量发展，着力加强依法治市统筹协调，扎实开展法治宣传、法律援助、律师事务管理、人民调解、安置帮教、社区矫正等工作，持续推进各项工作向纵深发展，开创普宁振兴发展新局面营造安全稳定、公平公正的法治环境。

【法治宣传】 2019年，市司法局积极推进“谁执法谁普法”履职报告评议活动，推动“谁执法谁普法”工作的深入开展，确定市教育局、市场监管局、检察院、烟草局等四个单位为2019年“谁执法谁普法”履职评议对象，于12月16日在市司法局召开市首届国家机关“谁执法谁普法”履职报告评议会，经过评议，上述四个单位均获普宁市首届国家机关“谁执法谁普法”履职评议优秀等次。围绕扫黑除恶、众剑行动、禁毒斗争等工作，主动谋划，开展法治宣传教育活动。全年到党校等单位开展法治专题教育课20场次，到各学校开展“关爱明天普法先行”专题图展活动17场次，开展送法进村（社区）企业10场次；积极参与团市委组织的青年志愿者便民服务集市活动和揭阳、普宁两级禁毒委联合开展的“6·3”虎门销烟180周年纪念日活动；联合市妇联开展“三八”维权周普法宣传暨新时代新服务新形象便民活动，联合市食安委其他成员单位开展食品安全宣传周咨询活动；完成选址于南兴中学的市青少年法治教育基地创建工作。11月11日，市司法局与市人民法院联合组织普宁市70多名国家机关工作人员参加旁听庭审活动，促进国家机关工作人员增强法治意识，提高依法行政的能力和水平。组织全市公职人员学法考试工作，运用广东省国家工作人员学法考试系统，组织全市公职人员年度学考工作，全市参加考试31153人，参考率98.82%，考试合格率99.66%、优秀率98.58%。

【民主法治村（社区）创建工作】 2019年，市司法局深化“四级同创”民主法治村（社区）创建工作，紧紧围绕省级法治创建标准的工作目标，积极谋划，主动作为，在各乡镇场街道的密切配合下，至年底，完成对全市542个村（社区）民主法治村（社区）的创建工作，创建率95.40%，并对已创建的对象实行动态监管，促进法治普宁、智慧普宁建设。

2019年5月30日，市司法局到普宁华侨中学开展“宪法在我心中”法治宣传进校园活动。图为在该校伟华堂举办法治讲座现场　（市司法局　供稿）

【行政执法】 2019年，市认真落实行政执法“三项制度”（行政执法公示制度、行政执法全过程纪录制度和重大执法决定法制审核制度），规范行政执法行为。正式启用广东省行政执法信息公示平台数据采集系统，在全市40个行政执法机关建立并推进“三项制度”工作全面落实。组织行政执法证考试工作，严把审核监督关口，认真审核上报执法主体在执法证管理系统上的主体信息和用户名称变更，制订《普宁市2019年关于行政执法人员综合法律知识网上考试方案》，组织行政执法网上考试人员考前集中上机操作培训，在7月31日、10月25日开展网上考试二批次，全市执法主体共报考369人，参考359人，成绩合格318人，通过率达88.58%。全年全市共办理行政执法证年审换证100张，新证申领202张。做好法治广东建设考评、法治政府建设示范创建工作。建立健全全市法治建设综合台账，根据《2019年度法治广东建设考评办法》，设立科学民主立法、法治政府建设、公正执法司法、法治社会建设、法治化营商环境、加强法治建设组织领导六个大项目，遵循依法依规、客观公正、条块结合、公众参与的原则，通过法治建设考评，及时查缺补漏，补齐短板，全面提升普宁法治建设水平；扎实推动法治政府建设示范创建活动，以南溪镇政府作为省级2019年法治政府建设示范创建活动参评单位，以此为基础，以点带面，不断把法治政府建设向纵深推进。11月，先后配合省及揭阳市依法治市办在普宁市开展营造法治化营商环境、保护民营企业专项督导活动，制定《开展营造法治化营商环境 保护民营企业发展专项督察任务分工表》，将全部督察内容确定责任部门、督察要点分为8个大方面、74个重点项目，收集、整理各相关单位资料，形成督察台账，顺利完成省和揭阳市督察工作。

【政府法制】 2019年，市司法局坚持依法办理行政复议案件，维护行政机关依法行政的权威和行政管理相对人的合法权益，全年共办理行政复议案件39件。做好行政复议信息化建设，实时录入、填报行政复议案件信息到全国行政复议工作平台。做好涉法事务，认真承办市政府涉及诉讼和其他非诉讼法律事务，共代理行政诉讼案件1件，民事诉讼案件2件。高度重视市政府规范性文件草案合法性审核、备案和清理工作，共审核市政府规范性文件草案2件，严把法律关，有效防范法律纷争的发生。自是年7月10日至12月末，共审查市政府重大行政决策、重大合同、重要协议以及其他重要法律文书、文件共247件次，提供法律咨询意见41件次。

【公证工作】 2019年，市公证处共办结各类公证3650件，其中国内民事公证2736件，国内经济公证9件，涉外民事公证905件。打造便民为民公证服务，简化公证程序，持续推进小额遗产继承公证，全年共办理小额遗产继承案件逾1000件。拓展网络证据保全公证，通过公证方式保全网页、微信等网络证据，有效帮助当事人预防和解决网络纠纷，全年共办理网络证据保全47件。建立健全公证诚信体系，完善公证员诚信档案，对每名公证员、公证辅助人员的基本情况、照片、举报电话等上墙公示；启用人脸识别、指纹识别，于1月1日启用公证处电子章及公证员签名电子章，有效确保公证文书的质量和公信力。

【法律援助】 2019年，市司法局大力实施法律援助民生工程，坚持应援尽援，不断强化工作举措。推动法援工作信息化，落实专人负责“12348”公共法律服务平台，定期接收法律工单，及时答复、承办受援人的问题。全年共受理、指派、承办法律援助案件2082件，其中受理刑事全覆盖辩护案件551件、刑事全覆盖法律帮助案件1525件、民事法律援助案件6件，解答“12348”公共法律平台网上工单44件，回复率100%，接待来访群众610多人次，解答咨询820多人次。

【律师事务管理】 2019年，市司法局加强律师行业管理，深入推进一村（社区）一法律顾问工作。至年底，全市有社会律师事务所4家，各类执业律师（含实习）共54人，其中社会执业律师32人、实习律师12人、法援律师4人、法援实习律师2人、岗位公职律师4人。深入推进律师参与扫黑除恶专项斗争工作，及时制定关于市律师参与扫黑除恶专项斗争的辩护代理工作具体措施，落实律师事务所建立健全律师办理黑社会性质组织案件的接案审查、备案报告、集体研究和检查督导制度的要求。持续推进一村（社区）一法律顾问工作，严格按照省和揭阳市一村（社区）一法律顾问工作制度要求，不断完善工作措施，履行监督指导职责，确保村（社区）法律顾问工作深入有效开展。落实各村（社区）法律顾问每月定期到村（社区）开展法治宣讲和培训，提供法律咨询、法律援助等，面对面、点对点为群众提供法律服务。积极参与村规民约修订完善、集体资产管理分配、重大合同的订立、矛盾纠纷化解等重大事项的咨询、决策、处理工作，为村（居）民依法开展自治保驾护航。全年共开展宣传活动2700多场次，解答群众法律咨询2.5万人次，提供决策法律意见建议370件，为建设和谐村居提供法律服务支持。

【人民调解】 2019年，市司法局积极推行“枫桥经验”，高效开展矛盾排查化解，按照上级国庆70周年特别防护期的工作部署，及早发文，布置落实各司法所开展矛盾纠纷排查调处活动，做到对各类矛盾纠纷早发现、早预防、早解决，最大限度地消除社会矛盾隐患。是年，各级调委会共调处各类矛盾纠纷2199宗，调处成功2190宗，成功率99.59%。

【安置帮教】 2019年，市司法局认真做好刑满释放人员安置帮教工作，根据每个刑释人员的不同情况，指定帮教个案，由帮教小组、相关村（社区）和家庭均签订协作帮教责任书，形成常态性沟通。全年接收刑满释放人员524人，全部落实安置帮教，其间，没有发生刑释人员影响社会安全稳定案件。

【社区矫正】 2019年，市司法局建立健全社区矫正工作制度，严格落实社区矫正各项监管措施。落实在社区矫正对象定期报到、会客、就业、请销假等日常管理制度，把在社区矫正对象纳入全方位监管视线，及时掌握社区矫正工作动态。至年末，全市在矫社区矫正对象693人，没有发生漏管、脱管现象。加强70周年国庆“特别防护期”期间监管工作，落实各司法所日报制度，遇有问题及时处置。贯彻国家特赦令，严格按照特赦令工作要求和程序，根据特赦对象、范围、条件和认定标准，通过调阅档案材料、核实身份情况、集中走访排查和当面确认等方式，对全市社区矫正对象进行逐一排查，确定26名社区矫正对象符合特赦条件，经程序由揭阳市中级人民法院裁定予以特赦。组织开展“量化考核”“震撼教育”活动，配合揭阳市司法局（延伸警察）对流沙西等23个司法所开展“量化考核”，在检查中发现的问题，及时落实司法所整改；10月30日，组织辖区30名社区矫正对象到揭阳监狱开展“震撼教育”活动，零距离接触监管区，亲身体验高墙内“失去自由”的生活，进一步提高社区矫正对象的转化教育效果。

（方卫中、庄伊兰）

·普宁美丽乡村小辑·

流沙东街道北山村

流沙东街道北山村位于普宁市区东北部，北倚铁山，南临练江，青山绿水，民风淳朴。全村现有总人口约1.6万人，2400多户，耕地面积113.33公顷，山地面积约666.66公顷，下辖8个村民小组，村民多外出务工、经商。村北崖嶂上多生铁骨素心兰花，其叶如剑，其色墨绿，花香四溢，故有“铁嶂兰芬”之美名，为普宁古八景之一。象征普宁最高荣誉的“铁山兰花奖”，便取义于铁骨素心兰花铮坚韧不拔、永不言弃的品格。

铁山兰的秉性激发着一代代北山人建设美丽乡村的热情。今天的北山村，道路四通八达，文化公园、老年人活动中心、北山学校、北山中心幼儿园等文化体育场所先后建成，为建设美丽乡村增光添彩；北坑水库、龟山水库，三江水系连通工程普宁交水点，白坑水堤防达标加固工程等也正在紧锣密鼓的建设中。铁山、牛帽山、铁峰园等各处风景胜迹已成为普宁乃至周边区县人们休闲登山、旅游的胜地。

新建成的普宁许氏祖祠、许亚梅文化研究会等，更见证着普宁许氏宗亲同心同德、敦亲睦邻的优良传统，见证着许亚梅农民起义反封建、反压迫的大无畏精神，激励着北山人继往开来，开拓创新，全面建设社会主义新农村的热情。该村被评定为2019年普宁市10个美丽乡村之一。

铁岭兰香，声名远播，万古流芳！

（本文选自市文明办等单位编印出版的《2019年普宁市美丽乡村》宣传册）

军　　事

普宁市人民武装部

【概况】 中国人民解放军广东省普宁市人民武装部（简称“市人武部”），受中国人民解放军广东省揭阳军分区和中共普宁市委、市人民政府双重领导，下辖市区内各乡镇场街道（含普侨区）人民武装部。2019年，市人武部扎实开展“不忘初心、牢记使命”主题教育，抓好形势政策教育，打好意识形态领域主动仗；抓好战备训练和应急抢险演练等工作。深入做好新形势下双拥工作，开展军民共建与和谐创建活动，持续参与打赢脱贫攻坚战；组织走访慰问军烈属、现役军官和立功军人。做好征兵和安全管理工作。

【思想政治建设】 2019年，市人武部统筹抓好党委中心组4个专题理论学习和“传承红色基因、担当强军重任”主题教育，扎实开展“不忘初心、牢记使命”主题教育，狠抓基干民兵分队预建党组织建设和民兵思想政治教育。及时抓好形势政策教育，打好意识形态领域主动仗，确保不发生政治性问题。广泛开展庆祝中华人民共和国成立70周年系列活动，抓好专题教育和强军文化建设，使干部、文职人员和职工听党指挥的政治信仰更加坚定。

【战备训练与应急抢险救援演练】 2019年，市人武部突出加强指挥训练和联合训练，强化应急能力建设。2019年4月，揭阳市2019年度民兵组织整顿工作现场观摩会在普宁市召开。5月14日至25日，市人武部组织民兵应急连、应急排骨干集训，提高遂行任务能力。6月23日至6月29日，市人武部组织民兵轻舟分队训练，提高民兵轻舟分队应急抢险能力；在市区三坑水库举行普宁市2019年抗洪抢险综合应急救援演练活动，演练设置舟艇编队、屋顶救援、舟艇救援、孤岛转移四个场景，动用直升机、无人机、水上救援遥控飞翼、通信车、救护车、冲锋舟、动力橡皮艇等设备设施，确保演练活动真实有效顺利进行。

2019年6月，市人武部组织民兵轻舟分队开展应急抢险能力集训

（市人武部　供稿）

【双拥工作】 2019年，市人武部积极开展军民共建创建省级双拥模范城活动，不断巩固发展军政军民关系，持续参与打赢脱贫攻坚战，多次组织走访慰问贫困村和贫困学生活动，投入9.8余万元用于帮扶南溪镇老方村和麒麟镇发坑村基础设施建设和改善贫困户生活。1月28日至2月1日，市人武部组织走访慰问军烈属、现役军人和立功军人，共走访军烈属5户，现役军官42人，立功军人27人。

【征兵工作】 2019年，市人武部认真做好兵役登记工作，制作征兵宣传册13000册，宣传海报72幅，组织现场集中宣讲和咨询。严格“阳光征兵”方法程序，提高大学生征集比例。

【安全管理】 2019年，市人武部认真开展安全大检查，抓好隐患排查和问题整治，重点从思想、人员、车辆、枪弹、保密、营院等六个方面，采取上下结合、点面结合的方式，逐个单位、逐个项目通过检查，堵塞漏洞，消除隐患，强化人武部军事机关特征，保持安全稳定。

（黄鑫海）

双拥工作与退役军人事务

【概况】 2019年3月12日，普宁市退役军人事务局经普宁市委批准成立，为正科级政府序列单位，下属事业单位2个。2019年，完成对全市退役军人、军烈属悬挂光荣牌工作；完成对各类重点优抚对象拨付生活补助金、医疗补助金等工作。

【双拥工作】 2019年，市委、市政府成立以市委书记任组长的市双拥工作领导小组，形成“党委牵头、政府主导、部门协同、全民参与”的大双拥工作格局。在春节、“八一”等重大节日期间，各级党政领导及社会各界广泛开展驻普部队和优抚对象慰问走访活动，共送去慰问品及慰问金54.33万元。全年发放各类抚恤金5749.81万元，支持部队建设5093万元，退役军人安置率和上岗率100%。全市成立军地共建双拥机构70多个，专（兼）职工作人员200多人。充分利用红色资源优势，打造大南山街道什石洋红色文化村国防教育基地，丰富双拥宣教载体，营造国防教育浓厚氛围。通过开展形式多样的各类活动，部队与地方结下深厚情谊，市创建省级双拥模范城工作正在积极推进。

【退役军人服务体系建设】 2019年5月，普宁市退役军人服务中心正式挂牌成立，市财政投入资金80万元对服务中心进行升级改造，并设置服务大厅、候访厅、接访室、办公室、智能化档案室、党员活动室，服务大厅设置政策咨询、就业创业、社保接续6个服务窗口。是年，全市建成镇级退役军人服务站28个，并全部落实编制，人员全部到岗到位；应建村级退役军人服务站369个，已建369个。村级退役军人服务站全部由当地村党支部书记兼任站长，由支委负责日常工作。市、镇、村三级退役军人服务（中心）站已全部挂牌正式办公，为退役军人提供服务。

【优抚安置】 2019年，市退役军人事务局全面落实优待抚恤政策，及时调整部分重点优抚对象抚恤补助标准，抚恤补助经费及时、足额到位。至12月底，全市各类优抚对象全年拨付下发各类生活补助金5000万多元、医疗补助金16.65万元，为义务兵发放优待金1322.57万元。开展退役军人及其他优抚对象信息采集及数据比对。在做实做细信息采集工作的基础上，隆重举行悬挂光荣牌启动仪式，全市累计举办集中悬挂光荣牌仪式253场次，圆满完成悬挂光荣牌工作。

市退役军人事务局推进城乡一体化安置改革，探索新时期退役军人安置办法。2019年度为接收的退役士兵发放自主就业一次性经济补助金1151万元。组织辖区内优质用人企业联合举办退役军人专场招聘会3场次，落实退役军人工作岗位300多个，为企事业单位和退役军人搭建双向就业选择平台，有160多名退役军人通过该渠道解决就业。实施阳光安置，完善评分选岗办法，接收符合政府安置条件退役士官16人、退役士官随调家属1人，全部安置到市直或乡镇场街道公益一类、公益二类事业单位工作。办理随军家属安置10人，其中安置到公益一类事业单位8人。

【烈士褒扬】 2019年，市退役军人事务局认真组织学习、宣传新修订的《烈士褒扬条例》，贯彻落实新条例的具体各项规定。做好流沙人民公园烈士纪念碑升级改造的规划、设计等前期准备工作，维护管理好流沙人民公园烈士纪念碑。加强对分散烈士纪念设施的保护，组织开展调查、统计、实地勘探等工作，制订普宁市分散烈士纪念设施保护修缮工作方案。配合市委、市政府做好“9·30”烈士公祭活动的相关工作。进一步营造缅怀英烈、弘扬英烈精神的浓厚氛围。

（林泽鑫）

综合经济管理

发展规划管理与经济体制改革

【概况】 普宁市发展和改革局（以下简称“市发改局”）是市政府工作部门，为正科级单位，加挂普宁市粮食和物资储备局牌子。2019年，根据《普宁市机构改革方案》及市委深改办有关文件精神，将市发改局产业引进股、重点项目稽察与管理办公室、价格监督检查所（加挂价格举报中心牌子）分别划给市工业和信息化局、审计局、市场监督管理局。核定市发改局设置11个内设机构，行政编制32名；设局长1名、副局长3名（其中1名兼任市粮食和物资储备局局长），总经济师1名（副科级）；正股级领导职数11名，副股级领导职数5名；核定后勤服务人员数4名。属下有价格认证中心和储备粮管理中心2个股级事业单位，其中价格认证中心核定事业编制7名、储备粮管理中心核定事业编制20名。

市发改局是政府的宏观调控管理部门，主要负责全市经济和社会事务的管理协调服务等工作，贯彻落实党中央、省委关于发展改革工作的方针政策和决策部署。按照市委工作要求，在履行职责过程中坚持和加强党对发展改革、能源、粮食和物资储备工作的集中统一领导，深入贯彻落实新发展理念，深化改革开放，构建现代化经济体系，推动实现高质量发展。

2019年，全市实现地区生产总值629.29亿元（含普侨区），人均地区生产总值29674元，实现工业总产值902亿元，完成固定资产投资291.16亿元，实现地方一般公共预算收入21.36亿元。全市有招标方式核准的政府投资项目520个，列入省重点项目4个、揭阳市重点建设项目45个、普宁市的重点项目108个。

【发展规划计划编制】 2019年2月，市发改局编制完成《普宁市2018年国民经济和社会发展计划执行情况与2019年计划草案的报告（征求意见稿）》，提出普宁市2019年国民经济和社会发展计划主要指标的预期目标。该报告广泛征求各单位意见并多次修改，先后经市政府常务会议、市委常委会、市人大常委会审核，于4月10日经市十五届人大四次会议审议通过。

【经济与社会发展预期目标与完成情况】 2019年4月10日，市第十五届人民代表大会第四次会议审议批准2019年国民经济和社会发展计划。2019年，全年全市实现地区生产总值629.29亿元（含普侨区），比增2.8%。其中，第一产业38.99亿元、第二产业236.39亿元、第三产业353.9亿元。人均地区生产总值29674元，比增2.6%。全市一、二、三产业的比例为6.2 ∶ 37.6 ∶ 56.2。全年实现工业总产值902亿元，比增0.7%；农林牧渔业总产值58.75亿元，比增2.2%；社会消费品零售总额405.15亿元，比增7%；完成固定资产投资291.16亿元，比增7.8%。实现地方一般公共预算收入21.36亿元，比降10.45%。其中，税收收入14.24亿元，比降14.59%。实现外贸进出口总额计44.3亿元，比降6.7%；实际利用外资503万美元，比降16.3%。

【投资项目管理】 2019年，全市有招标方式核准的政府投资项目520个，核准总投资金额90.69亿元。其中，企业投资备案项目20个，总投资金额37.18亿元；上报揭阳市企业核准项目1个，总投资额3.89亿元。

【重点建设项目管理】 2019年，全市列入省重点项目4个，年度计划投资28.7亿元，全年完成投资23.1亿元，占计划80.51%；列入揭阳市重点建设项目45个，年度计划投资98.84亿元，全年完成投资99.99亿元，占计划101.17%；列入普宁市的重点项目108个，年度计划投资176.78亿元，全年完成投资177.21亿元，占计划100.2%。

【经济体制改革】 2019年，市发改局深入推进营商环境改革工作有序实施。按照《广东省进一步深化营商环境改革2019年工作要点》和《揭阳市深化营商环境综合改革行动方案》的工作安排，对改革推进落实情况进行梳理，结合机构改革进一步深化巩固改革成果，全面贯彻落实全国深化“放管服”改革优化营商环境会议精神，印发《关于填报营商环境有关改革任务台账的函》《关于报送营商环境改革工作进展情况的函》《关于开展涉及营商环境的规章、规范性文件和其他政策文件清理工作的通知》等文件到相关单位贯彻落实。组织学习、宣传、贯彻《优化营商环境条例》，加快建设现代化经济体系，持续优化营商环境，推动高质量发展。认真做好市场准入负面清单制度实施工作。会同市工业和信息化局联合印发《转发关于印发〈市场准入负面清单（2018年版）〉的通知》到各有关单位贯彻落实，确保市场准入负面清单制度顺利实施，确保改革取得实效。做好“僵尸企业”及去产能企业债务处置工作。根据《关于印发广东省“僵尸企业”及去产能企业债务处置工作方案的通知》《广东省供给侧结构性改革去产能行动计划（2016—2018年）》《广东省人民政府关于全省国企出清重组“僵尸企业”促进国资结构优化的指导意见》等文件规定，印发《关于报送“僵尸企业”及去产能企业债务处置有关情况的函》到有关单位贯彻落实。坚持市场化法治化，相关市场主体自主协商处置债务；发挥好政府引导作用，完善债务处置相关的各项制度与政策；有效防范债务处置中的各类风险，维护社会稳定。认真做好数字经济创新发展工作。联合市委网信办印发《转发〈国家数字经济创新发展试验区实施方案〉的通知》，深入贯彻落实党中央、国务院关于数字经济发展的战略部署，探索解决数字经济发展的瓶颈问题，提升数字化生产力，加快经济社会各领域数字化转型，促进互联网、大数据、人工智能与实体经济深度融合。

【电力资源管理】 2019年，市发改局贯彻落实上级关于切实减轻企业负担，改善营商环境，助力中小企业发展举措，是年2次降低一般工商业电价，合计降低标准7.31分/千瓦时；开展进一步清理规范电网和转供电环节收费的有关事项，切实把降低电价红利额传导给终端商户。加快电网建设，普宁供电局年度建设计划投资26695万元，主网建设实际完成投资5645万元，配网建设实际完成投资24068万元，全年完成投资29713万元，完成率111.31%。全面完成国家新一轮农网改造任务及18个省定贫困村建设任务。鼓励清洁能源生产应用，年度办理光伏发电项目备案共96个（含扶贫项目），装机容量5162.69千瓦；建设新能源汽车充电桩23个。

【节能管理】 2019年，市发改局全面贯彻落实国务院颁布的《公共机构节能条例》，切实加强监督检查工作；按照《公共机构能源资源消费统计制度》，做好全市1000多个全部或者部分使用财政性资金的国家机关、事业单位和团体组织，按规定纳入公共机构能源资源消费的统计工作；制订《普宁市2019年节能监察工作计划方案》，做好节能监察工作。

（方时林、李梅鑫）

物价管理

【概况】 2019年，市发改局做好商品价格监测和对上年度全市行政事业性收费事中事后监管统计工作以及价格认证服务。全市设立7个商品价格监测点和1个农贸市场物价监测点，对128种商品和服务价格进行监测，已完成6个监测点数据上报及初审工作。是年，全市行政事业性收费2018年总收入20002.10万元。全年办理涉案财产价格认定715宗，金额15.55亿元；资产价格认证22宗，金额7608.68万元。全市居民消费价格总指数为104.4%。

【价格管理】 2019年，市发改局会同市住房和城乡建设局、交通运输局、城市管理和综合执法局制订《普宁市机动车停放服务收费政策实施细则》，明确机动车停放服务管理权限定价范围、定价原则、推行差别化收费、停车设施收费减免政策等方面内容，进一步完善机动车停放服务收费形成机制，充分发挥价格杠杆作用，促进停车设施建设，提高停车资源配置效率，规范机动车停放服务收费行为，维护车主和停车设施经营者的合法权益。加强对商品价格监测工作。全市共设立7个商品监测点和1个农贸市场物价监测点，对粮食、副食品、农业生产资料、食盐、管道燃气、城乡居民服务价格等128种商品和服务价格进行监测，并完成6个监测点数据上报及初审工作。同时，开展市场巡查，及时了解掌握监测商品的价格，货源的变动情况和发展趋势，并上报省、揭阳市发改部门，使政府价格主管部门能够及时有效地加强对市场的调控和监管。认真做好农副产品成本调查工作。是年，对辖区农副产品成本调查有水稻、生柑2个品种，选择4个调查点、12户调查户，开展对2个品种农民种植意向、购买农资情况以及存粮情况和早、晚稻成本预测等的专项调查，并按期保质完成上级下达的各项调查任务。清理规范转供电环节加价工作。降低一般工商业电价和清理供电环节乱收费是切实减轻企业负担，优化营商环境的重要措施之一。市发改局成立领导小组、制订工作方案，层层分解工作任务，切实抓好各环节的降价减负工作。是年，省先后两次降低一般工商业电价7.31分/千瓦时，市发改局及时落实执行省降价标准，并将电价下调信息适时传导到全市工商业户。全年减轻市工商企业电价负担总计17389.2万元。启动价格临时补贴政策。6月以来，由于居民消费价格指数和食品价格指数上升幅度大，按照揭阳市发改局等5部门《关于进一步完善揭阳市社会救助和保障标准与物价上涨挂钩机制的通知》要求，启动对全市优抚对象、城乡低保对象、特困人员、领取失业保险人员的临时价格补贴，6—12月发放临时价格补贴29.1万人次，金额932.23万元。

【收费管理】 2019年，市发改局做好对上年度全市行政事业性收费事中事后监管统计工作，重点对各收费单位2018年的行政事业性收费收支情况进行统计。全市行政事业性收费2018年总收入20002.10万元，已上报揭阳市发改局和国家市场监管系统行政事业性收费平台。做好对教育收费情况事中事后监管工作。从9月23日开始，对全市24所公办学校、幼儿园、28个乡镇农场街道办的学校附设幼儿园和29所民办学校2018—2019学年度的有关收费开展收费情况事中事后监管工作。严把收费申请审批关。对各部门提出的收费申请，严格按照程序，依据收费政策和文件规定，认真调查了解，并根据成本核算结论，提出审核意见按照程序审批。全年共受理收费申请9宗，包括民办教育收费、住宿收费及其他收费等，经审核批准办结9宗。

【价格服务】 2019年，市发改局价格认证中心提供高效优质的价格认证服务。全年办理涉案财产价格认定共715宗，金额15.55亿元；资产价格认证共22宗，金额7608.68万元。

【价格监督检查】 2019年，市发改局价格监督检查部门根据上级工作部署及价格监督检查职能，开展民办教育收费、节假日期间市场价格、春运期间客运票价、殡葬服务收费、银行服务收费、涉企收费、医疗服务价格、转供电电价等专项监督巡查工作。全年共受理并办结价格咨询件2件、价格投诉件75件、价格举报件33件、信访件5件。

（方时林、李梅鑫）

审　计

【概况】 2019年，市审计局内设8个股，下设市审计信息中心和市经济责任审计中心。年末，全局有干部职工28人，其中中级职称16人、初级职称7人。全年完成审计项目12个，其中市本级预算执行审计1个、专项审计（调查）2个、经济责任审计1个、部门预算执行审计1个、部门财政财务收支审计6个、公共投资审计1个。查出违规金额4.18万元，查出管理不规范金额138366.44万元，应调账处理金额193.91万元，已调账处理金额188.69万元。审计发现非金额计量问题30个，提交审计信息10篇。是年，市审计局抽调7人次参加省审计厅组织的县级地方党委政府主要领导干部经济责任、自然资源资产离任（任中）异地同步审计、保障性住房审计、扶贫跟踪审计和揭阳市审计局组织的政府投资项目审计、2018年度困难群众基本生活保障政策落实情况审计等；选派1人到基层担任党建工作指导员；配合完成上级交办事项7件。

【预算执行审计】 2019年，市审计局以市人大批复的2018年度市本级预算为主线，以市财政部门编制的2018年财政决算草案为基础，重点审查预算编制及调整情况、预算执行的总体情况等方面情况，并按照上级审计机关统一部署，开展全市政府债务及隐性债务、财政存量资金统筹盘活情况审计等六个专题审计，揭示市本级预算执行和决算草案编制过程中存在的问题及产生原因，从加强预算管理、加大财政资金统筹使用力度、加强财政存量资金管理等方面提出审计意见和建议。9月27日，市第十五届人民代表大会常务委员会第三十四次会议审议通过《关于普宁市2018年度本级预算执行和其他财政收支的审计工作报告》。

【经济责任审计】 2019年，市审

计局坚持党政同责、同责同审，坚持任中审计与离任审计相结合，主要审计领导干部任职期间所在单位财政收支、财务收支以及有关重大经济事项，对其履职过程贯彻执行中央和省市重大决策部署、重大资金安排使用、资源资产管理、机构编制管理和廉政建设等方面情况进行评价，揭示存在问题，提出审计意见建议，促进领导干部履职尽责。全年完成经济责任审计项目 1 个，发现管理不规范金额 66.60 万元，提出审计建议 2 条。

【支持实体经济发展政策措施落实情况专项审计调查】 2019 年，市审计局组织对市支持实体经济发展政策措施落实情况进行专项审计调查，选取对降低用能成本政策落实情况、清理拖欠民营企业账款两个专题重点开展审计，揭示落实支持实体经济发展政策措施存在问题，提出理顺企业债权债务关系、妥善处理历史遗留问题、按规定时间节点完成清偿任务的审计建议，确保上级重大政策措施落到实处。

【基础教育投入情况专项审计】 2018 年 9 月至 2019 年 5 月，市审计局组织对全市实施基础教育投入情况进行专项审计。主要审计市财政局、教育局 2015 年至 2017 年预算安排和管理的基础教育资金，审计抽查 27 个教育组、66 所公办学校和 4 所民办学校（民办学校主要审计财政资金），并延伸审计 4 个村有关教育项目投入和 178 个教育工程项目（含修缮项目）的基本建设程序、工程建设和管理情况。审计抽查公办基础教育学校数量占市公办学校总量的 11.54%，检查核对财政教育专项资金占市财政教育专项资金总量的 41.93%。揭示全市基础教育发展中仍然存在的部分问题和“短板”，并提出审计意见和建议，促进推动市基础教育改革发展工作。

【部门预算执行审计】 2019 年，市审计局组织对 1 个部门的 2018 年度预算执行和其他财政收支情况进行审计，重点关注部门预算编制和批复情况、部门预算执行结果、“三公”经费、会议费和培训费支出情况等内容，揭示部门预算执行和管理过程中存在的问题，并提出审计意见和建议，促进进一步强化预算管理，规范单位财务管理行为。

【部门财政财务收支审计】 2019 年，市审计局组织对 6 个部门（单位）2017 至 2018 年度财政财务收支情况进行审计，监督检查部门财政财务收支及相关经济活动的真实、合规、效益情况，重点关注执行“收支两条线”管理情况，资产购建程序和管理、使用情况，中央八项规定等系列规定的贯彻落实情况，工资津贴补贴政策执行情况，“三公”经费、会议费、培训费支出情况等内容，促进规范单位财务管理行为。

【公共投资审计】 2019 年，市审计局组织对 1 个政府投资公共基础设施工程项目进行审计，关注工程项目的立项审批、招标投标、资金投入及使用、项目完成效益等情况，揭示项目建设实施过程存在的问题，并提出审计意见和建议，推进投资审计转型和发展，促进项目落地见效，提高公共投资绩效。

【内部审计】 2019 年，市公安局、教育局、卫计局等单位通过内部审计，共完成审计项目 24 个，其中财务收支审计 9 个、经济责任审计 15 个，审计总金额 11610.67 万元，提出建议意见 13 条。

【审计队伍建设】 2019 年，市审计局继续加强审计专业人才培养力度，选派 4 名干部参加揭阳、潮州审计系统联合综合培训班，多批次选派人员参加上级审计机关组织的各类审计业务培训；组织中青年干部开展局内业务学习交流研讨活动，组织干部职工利用业余时间参加“学习强国 APP”和审计数字在线网络学习培训，提高干部队伍思想政治素质和专业能力水平。

（吴鸿鑫）

统　计

【概况】 2019 年，市统计局内设 5 个股室，下设市统计普查中心、市统计信息处理中心两个事业单位。年末，全局干部职工 24 人，其中中高级职称 14 人，占比 58.3%。是年，市统计局以“企业一套表”联网直报为重点，继续扎实推进基本单位名录库、企业一套表、数据采集处理软件系统、联网直报系统（简称“四大工程”）建设，深化统计改革创新，强化统计分析和监测，提升大局意识和服务意识，着力提高统计人员素质和服务水平。全年共编制《普宁统计月报》12 期、统计分析 3 期，为全市统计科学决策提供翔实依据。

【统计“四大工程”】 2019 年，市统计局继续抓好“四大工程”建设、基本单位名录库入库搜集、录入、审批，并适时做好名录库单位的维护更新，全面查漏补缺，确保

2019年9月29日，普宁市统计培训班在市党政办公楼十二楼会议厅举行，活动邀请省统计局工业与交通统计处处长邱国祥作业务培训

（市统计局　供稿）

化统计数据质量内控机制、严肃问责统计造假责任部门和责任人等整治措施，严防统计上虚报浮夸、弄虚作假的问题，切实提高统计数据真实性，扎实做好“两防”工作。

【统计执法检查】 2019年，市统计局加大对统计源头数据的巡查力度，严防统计数据造假，严守“四条红线”。继续开展统计执法检查工作，重点检查企业是否存在统计数据弄虚作假问题，对统计上弄虚作假行为“零容忍”，发现一起查处一起，做到有案必查，有假必惩。检查企业和行政单位10家，其中“四上”企业2家，涉及工业等多个领域，管控遏制统计数据弄虚作假现象。

（黄少慧）

专业库与名录库的及时对接和高度一致。全市有580家“四上”企业（规模以上工业企业、限额以上商业企业、资质内建筑业企业和房地产开发经营企业、规模以上服务业企业）纳入企业一套表网上直报范围。其中，规模以上工业企业320家，限额以上商业企业197家（其中限额以上住宿和餐饮业企业27家），资质内建筑业企业30家，房地产开发经营企业22家，规模以上服务业企业11家。

【统计服务】 2019年，市统计局做好各项资料的整理与提供工作，收集整理各专业统计年度（定报）数据及相关部门统计数据资料，汇编2019年市国民经济和社会统计资料，编印2019年度市统计公报，定期编印《普宁统计月报》《普宁统计分析》等资料，分类发送各级党政领导和有关部门，为领导科学决策、管理和指导经济工作提供参考依据，为有关部门和社会各界提供统计咨询服务。

【全面完成第四次全国经济普查】 2019年，市经济普查办公室全面完成市第四次全国经济普查工作。1月1日，普查登记和数据采集工作全面开展，普查人员统一佩戴普查员证入户进行普查登记，并按照规定使用手持电子终端设备（PAD）对普查对象进行数据录入。至3月31日共完成2206户个体户、7337户法人单位和1367个产业活动单位的普查登记。

【统计造假问题专项整治】 2019年，市统计局扎实开展统计造假问题专项整治，聚焦统计数据突出问题，从根本上遏制数字上的腐败，结合普宁统计工作实际，制订《普宁市统计局统计造假专项整治工作方案》，通过采取规范统计行为和方法、加强统计造假源头防控、强

自然资源管理

【概况】 2019年3月，根据市委、市政府制订的《普宁市机构改革方案》和市深改办有关文件精神，不再保留市国土资源管理局，成立市自然资源局，为市人民政府工作部门。该局内设12个股（大队），下设事业单位6个；在各乡镇街道分设派出机构（管理所）25个。年末，共有干部职工204人。市自然资源局主要负责全市自然资源资产管理开发利用和国土空间规划及测绘相关工作，统一行使辖区所有国土空间用途管制和生态保护修复职责，发挥国土空间规划的管控作用；加强自然资源的调查监测和评价、确权登记、保护和合理开发利用，建立健全源头保护和全过程修复治理相结合的工作机制，实现整体保护、系统修复、综合治理，推进自然资

源节约集约利用；进一步精简有关行政审批事项、强化监管力度，充分发挥市场对资源配置的决定性作用，强化自然资源管理规则、标准、制度的约束性作用，推进全市自然资源服务的便民高效，提升管理的现代化水平。

【自然资源不动产登记】 2019年，市自然资源局贯彻落实“放管服”改革、进一步优化营商环境、提升便民服务水平，稳步推进不动产登记工作，实施不动产登记能力和作风建设“双提升”行动。购置安装不动产登记信息自助查询机及查询证明自动打印机等，与国家“四大”银行（工商银行、农业银行、中国银行、中国建行）普宁支行签订“不动产登记+金融服务”合作；压缩不动产登记办理期限，实现抵押登记3个工作日内、其他登记类型5个工作日办结的目标任务；向市政府申请开发建设不动产登记档案扫描建库及搭建房屋交易系统，夯实登记数据基础，推进不动产交易、缴税、登记“一窗受理”；有序推进“三调”（普宁市第三次全国国土调查）工作，市三调成果数据库已于6月和12月底分两次顺利通过省级检查，并完成成果数据库的复核整改上报。全年累计办理不动产登记发证16707宗，其中颁发证书6423件（土地158件，房屋6265件）；不动产登记证明7592份（土地抵押登记119份，房屋抵押登记3674份，房屋预告登记2724份，房屋预告抵押登记2706份，在建工程抵押登记1088份）。完成农村涉土专项整治分工任务，并于6月30日完成全市域土地利用现状图编制工作；组织乡镇街道、农场和村于7月15日前完成农村土地和房产清理登记造册工作。

【土地储备管理】 2019年，市自然资源局推动资源利用方式转变，落实土地征收储备计划和用地报批工作。全年共计划征收土地储备28宗，面积253.25公顷；完成土地征收储备计划7宗、面积27.72公顷。组织用地报批6个批次、总面积62.68公顷，其中国有建设用地5个批次、面积35.52公顷，集体建设用地1个批次、面积27.16公顷。

【自然资源开发利用】 2019年，市自然资源局推进批而未供和闲置土地盘活利用，加大闲置土地处置力度，促进土地开发建设，提高土地资源供给和利用效率。完成市星河·明珠湾、华南师范大学附属普宁学校、市供水局北部水厂等项目供地共计60宗、140.01公顷。其中，国有土地使用权公开出让43宗，面积52.28公顷，出让地价121500万元；协议出让7宗，面积11.26公顷；国有土地使用权划拨10宗，面积76.47公顷；交易转让10宗，面积4.7公顷，金额4055.35万元。优化国土空间开发格局，推进“三旧”改造工作，全年累计批准列入年度实施计划的“三旧”改造项目7宗、54.52公顷，累计投入资金52400万元。批准实施“三旧”改造项目3宗5.27公顷，包括市来福实业有限公司1.57公顷、池尾街道贵政山片区（华美春天）“三旧”改造项目2.71公顷、市原公路局片区（“珠宝城”地块）“三旧”改造项目0.99公顷。完成“三旧”改造项目1宗0.78公顷（流沙西街道赵厝寮经联社老星都址片区改造项目）。

【国土空间规划】 2019年，市自然资源局推进城乡规划编制，启动全市国土空间总体规划（含乡镇场）编制，开展项目前期调研、制订方案、召开动员会及资料收集等工作。乡镇场总体规划已有大坝等6个镇报市政府批准实施；军埠等9个镇（农场）已通过市规委会审议并报市政府审批，其余6个乡镇场已通过专家评审。全市523个行政村的村庄规划全部编制完成，村庄规划覆盖率100%。其中已报市政府批准实施的村庄规划有485个，剩余38个村庄规划待审批。完成《燎原街道乌石村服装城西侧、北环大道南侧片区控制性详细规划》等7个控制性详细规划的编制和上报审批工作，完成《揭阳市普宁市青梅产业园控制性详细规划》等5个控制性详细规划的编制、公示、征求意见及专家评审。制订《普宁市农村村民住宅建设规划管理实施意见》《普宁市城乡规划委员会章程》，联合市财政局制定《扩大市区城市基础设施配套费征收范围》文件并报市政府批准实施；联合市税务等部门制定《征收我市村镇基础设施配套费》文件并上报市政府待审批。

【国土空间用途管制】 2019年，市自然资源局严格土地用途管制，办理建设用地规划许可92宗、面积179.58公顷（国有建设用地规划许可56宗、面积148公顷，集体规划许可36宗、面积31.59公顷）；办理建设项目选址初审6宗，办理用地初审3宗、面积86.119公顷，办理建设项目用地预审与选址意见书1宗、面积44.17公顷（市宝月水库工程用地）。

【国土空间生态修复】 2019年，市自然资源局开展农村建设用地拆旧复垦工作，全年完成拆旧复垦49.91公顷。其中2019年度第一批5个项目25.86公顷已立项，规划设计书与投资预算已获市自然资源局批准；第二批7个项目24.64公顷已获市政府批准。推进矿山地质环境恢复治理，开展云落镇九岭（新星村十二排旧矿地）生态修复工作。

【耕地保护监督】 2019年，市自然资源局贯彻落实"占优补优、占水田补水田"占补平衡政策，扎实开展耕地提质改造和水田垦造工作，通过优化农田水利基础设施，改良耕种条件，完成广太镇、洪阳镇自行垦造水田共计123.35公顷（新增水田面积120.22公顷）。配合省建工集团完成2017年度南溪镇北溪等4个村垦造水田64.39公顷（新增水田面积62.47公顷）；完成2019年度垦造水田建设规模255.08公顷，已通过县级初验，实际交地180.48公顷（预计新增水田面积169.31公顷），正组织市级验收工作。开展大南山街道新宁村等5个村的增减挂钩工作，完成项目建设规模37.85公顷，并将组织项目验收。完成2017年度梅林镇华寮等村800公顷高标准农田建设，已通过县级初验，正组织市级验收。2019年度辖区基本农田保护省级补助资金已按时下发给各乡镇场街道，是年度的耕地保护目标顺利完成，确保市耕地保有量不少于21699.67公顷，永久基本农田面积不少于18429.33公顷。是年，完成辖区耕地质量等级年度更新评价，做好基本农田保护经济补偿资金下发和管理。

【地质灾害防治】 2019年，市自然资源局推进地质灾害防治和安全生产工作，开展隐患点的搬迁治理，加强对地质灾害隐患点巡查排查和监测预警，及时将新增地质灾害隐患点录入管理系统，落实危险源管理，对各隐患点提出具体防治措施，避免和减少地质灾害人员伤亡及经济损失。

【矿产资源管理】 2019年，市自然资源局按照环境保护政策要求和《揭阳市扬尘污染防治条例》精神，落实采石场运输道路铺修或硬底化处理，并及时清扫、洒水，切实减少扬尘污染，同时，督促矿山企业全面做好地质环境治理和矿山复绿工作。是年，组织对市9家矿产资源开采企业进行安全生产隐患整治排查，对排查发现的各种违法违规开采行为及时予以制止、查处。

【自然资源卫片执法检查】 2019年，市自然资源局组织开展2018年度土地卫片执法检查工作，已立案查处违法用地298宗，结案298宗。拆除工矿仓储、商服用地以及超标准设施农用地等违法用地101宗、面积13.56公顷。约谈8个乡镇场街道负责人；落实相关乡镇村（居）及有关单位对已拆除后的违法构筑物的迹地及时组织进行复耕复绿606宗、面积151.31公顷。涉及违法占用林地10宗、面积11.69公顷。已移送林业部门依法落实处置。按照市委、市政府和揭阳市自然资源局扫黑除恶专项斗争的工作部署，及时组织开展涉黑涉恶线索核查处理，共摸排受理涉土线索258条，全年共移送公安机关追究刑事责任12宗、涉及28人。集中开展"大棚房"问题专项清理整治行动，共核查拆除"大棚房"29个，面积4.21公顷。开展违法用地图斑集中整治专项行动和开展涉土违法违规整治专项行动，共清查已批未供土地127宗、面积275.23公顷，已完成整治17宗、面积78.20公顷；共清查已供未建土地6宗、面积14.96公顷，已完成整治5宗、面积9.96公顷；共清理农村土地乱租、乱占、乱卖问题523宗、面积97.31公顷，已落实拆除整改510宗、面积93.88公顷；其中违法用地图斑应拆293宗、面积57.51公顷，已拆除280宗、面积54.08公顷。加强日常动态巡查，依托自然资源在线巡查系统，通过动态巡查发现制止违法用地185宗，面积96.21公顷。

【国土测绘和地理信息管理】 2019年，市自然资源局开展新版《揭阳市地图》《揭阳市区地图》样图普宁市辖区部分会审工作。是年，完成本级国土资源数据向北京2000国家大地坐标系转化工作和本行政区域内相对独立的平面坐标系与北京2000国家大地坐标系建立联系工作。落实"问题地图"整治，宣传地图知识和有关法律法规，形成正确使用中国地图的社会氛围。

（曾笑珊）

国有资产管理

【概况】 2019年，市国有资产管理局（简称"市国资局"），内设人秘股、发展改革股、财统股和经营股。该管理局以深化改革发展为动力，强化管理增加效益，着力加强供给侧结构性改革，集中力量打好供给侧结构性改革攻坚战，提高市属国有企业的质量和效率。是年，该局监管的市属国有企业42户，监管的国有企业资产总额36.2亿元，负债总额18.92亿元，所有者权益17.28亿元。全年安全生产无事故。

【国有资产管理与运营】 2019年，市国有资产管理中心加强市属国企的监管工作。监管市属国有企业42户，其中商业集团系统12家、金叶系统6家、建筑系统5家、粮食系统4家、医药系统4家、文化系统2家、物资系统2家、其他企业7家；监管市属国有企业资产总额36.2亿元，负债总额18.92亿元，所有者权益17.28亿元。依法依规履行财务监管职责。落实相关法律法规，严格执行国企财务制度，加强国企财务报表的审核工作，重点审核企业财务处理上的科目设置、核算方法及标准、数字金额对应、审批手续是否完备、资产增减主要原因等；做好国有企业资产报废审批，采取查阅有关资料，取证有关影像资料，现场查看实物等方式，严把每个环节，确保国有资产不流失。加强国有企业资产运营管理。制定《普宁市国有企业资产租赁管理暂行办法》，规范相关企业的租赁行为；继续做好原3家城市信用社资产的监管，组织人力积极追收资产，做好有关遗留问题的处置，力促遗留的金融风险平稳过渡；指导市城投公司加强资本运作，建立市投融资平台，为市重点项目融资。至年底，宏泰公司已完成陈沙铁路延长线及其配套工程项目还本付息累计5.32亿元，厦深铁路项目还本付息累计0.92亿元。做好国有产权转让交易管理。根据《中华人民共和国产权交易监管暂行办法》等法律法规，严把市属国有企业产权转让、交易各个环节，要求所有国有股权转让、交易必须依法依规进入交易市场，减少国有产权在交易过程中出现违法违纪行为，严格要求做好转让标的物的资产评估，评估机构必须具备评估资质；认真做好对评估报告的审核工作，确保评估的合理性和真实性，必要时开展市场调查；积极参与转让交易现场的监督，防止围标、串标等违法行为发生；建立国有产权交易信息共享机制。

【火力电厂和土产进口公司改革】 因历史遗留问题等方面的原因，市两家电厂的改革工作困难重重。经过努力，至2019年年底，两家火电厂职工有127人（约占90.7%）与厂办理相关手续，非离岗退养人员与厂签订解除劳动关系协议，拿到补偿金，解除劳动关系人员的后续社保、医保等问题得到顺利办理，维护了社会稳定。市土产进出口公司职工已有38人（约占41%）签订解除劳动关系协议，后续工作正在积极推进中。

【市道路客运企业改革】 2019年，市国有资产管理中心精心实施、有序做好市道路客运体制改革相关工作。揭阳市汽车运输总公司普宁分公司已与揭阳市汽车运输总公司签订脱钩协议，清产核资和资产评估工作正在抓紧推进中。

【市属"僵尸企业"出清工作】 2019年，市国有资产管理中心根据上级的工作部署，按照"成熟一家、实施一家"的要求，通过整合重组、创新发展等方式，着力推进市属国有"僵尸企业"的出清工作。

【普宁商业街项目建设和运营】 至2019年年底，普宁商业街项目已完成排屋建设146栋、951间，建筑面积约41.97万平方米。项目涉及用地面积26.3公顷，其中可供出让土地21.02公顷、其他市政配套建设用地5.28公顷。普宁商业街12个标段已成功公开拍卖出6个标段(第5、7、8、9、10、12标段)，拍出标段土地面积计11.22公顷，建筑面积计20.43万平方米，土地中标总金额为2.03亿元，对应附着物补偿总金额7.14亿元。

（张建生、林锋）

市场监督管理

【概况】 2019年，市市场监督管理局（简称"市市场监管局"）内设秘书、政策法规、财务与审计、行政许可与登记注册、协调与应急、信用风险监督管理、价格监督检查与反不正当竞争、网络交易监督管理、知识产权与广告监督管理、质量、食品生产经营安全监督管理、食品餐饮安全监督管理、药品安全监督管理、特种设备安全监督管理、标准计量、科技与信息化、人事等股和1个执法大队、20个市场监管所，以及机关服务中心、市消费者权益保护委员会、食品药品服务所等3个事业单位。年末，在职干部职工344人。是年，市市场监管局指导市私营企业协会、个体劳动者协会和质量技术监督检测所开展相关工作。全年核准登记各类市场主体14359户，注册资本（金）88.6亿元。至年末，全市累计登记各类市场主体55818户；全市新增注册商标6183件，累计61431件，注册商标总量继续居全省县（市）级首位。

【商事制度改革】 2019年，市市场监管局继续深化商事制度改革，

2019年3月21日，市市场监督管理局举行揭牌仪式。图为市市场监管局全体干部职工合影　　（市市场监管局 供稿）

借鉴广州、深圳等地先进经验，创新商事登记模式，深入实施“证照分离”、简易注销、市场主体住所自主申报、外商投资注册便利化等一系列改革，推行“一门一网”和“最多跑一次”等服务，实现全程电子化、企业开办3个工作日内办结等目标。是年，全市新增各类市场主体1.4万户，总量达5.5万户。全年全市共办理无纸全程电子化商事登记14户。

【社会信用体系建设和市场监管体系建设】 2019年，市市场监管局贯彻落实《企业信息公示暂行条例》《广东省商事登记条例》，积极协助各市场主体做好2018年度报告工作。据统计，全市2018年度各类市场主体年报公示率87.5%。其中，企业年报公示率95.2%、个体工商户年报率86.1%、农民专业合作社年报率83.8%。

全面落实事中事后监管制度　市市场监管局全面推进“双随机、一公开”监管，建立部门“两库一单一细则”。开展“僵尸”户清理吊销工作。至年底，已吊销个体工商户3636户，立案拟吊销企业132户。

完善信用联合惩戒机制　全市被列入经营异常名录的企业622户，被列入严重违法失信企业名单119户，改正违法行为后申请移出经营异常名录企业389户；个体工商户被标记异常状态的8917户次，个体工商户改正违法行为后申请恢复正常记载状态的2275户次。组织落实对本年度抽取的294户企业、1097户个体工商户的核查工作。

推进跨部门联合抽查　定向对涉及文化娱乐的企业按照15%的比例进行随机抽查，并对14户企业进行实地核查。将核准登记的前置改后置和行业监管的各类市场主体登记信息在信息公示平台公示的26704户；加强网站监测，形成常态化网络市场检查工作机制，开展“网剑”专项行动，网上检查网站网店8524户次，实地检查网站、网店798户次，责令整改网站2户次，责令停止平台服务的网店20户次。至年底，全市纳入监管的主体网站1169个，新签订第三方平台承诺书2份，受理各类网上经营投诉举报案件线索356条。

【企业和个体工商户登记管理】 2019年，市市场监管局进一步压缩企业开办时间。从8月1日起各类企业设立登记在1个工作日内完成，企业开办全流程不超过3个工作日。至年底，全市新登记各类企业755户。全年新增各类市场主体14359户（新增企业2111户，新增个体户12248户），注册资本（资金）88.6亿元。扶持53户个体户升格为私营企业，协助冠省名171户；新增股份制公司4户；服务企业办理变更增资86户，增资额10.7亿元。做好市场退出工作，通过优化注销流程，降低注销成本，为企业退出市场提供便利化服务。共办理简易注销303户，办理商事主体注销登记6480户。至年底，全市实有市场主体55818户，新注册工业企业137户、工业个体户664户。是年，市市场监督管理局工商管理服务窗口被市委组织部、市人力资源和社会保障局、市政务服务数据管理局授予“优秀窗口单位”称号，3名注册窗口工作人员被评为优秀窗口工作人员。

【注册商标管理】 2019年，全市共新增注册商标6183件，累计有效注册商标61431件，继续居全省县（市）年度注册商标总量第一位。年末，全市有驰名商标5件、著名商标13件、地理标志证明商标2件，广东省名牌产品12件。驰名、著名商标总数继续居全省县级前列。

【广告管理】 2019年，市市场监管局全力整治虚假违法广告，规范广告经营发布秩序。监测市级媒体广告1450条次，转办涉嫌违法广告线索6条次，查处违法广告案件28宗。

【流通领域商品安全监管】 2019年，市市场监管局始终保持对各类市场违法行为的高压打击态势，共查处各类违法案件723件，罚没金额715万元。加强涉企、电力、交通等领域价费检查，加大“打传规直”力度，强化猪肉、快递行业等价格监管。联合开展整治“保健”市场乱象百日行动。全市共检查“保健”类店铺484家，查处“保健”类相关案件11件；排查重点行业、场所、部位290个次，排查整改问题隐患11宗。核查扫黑除恶线索7条，移交涉黑涉恶线索4条。

表2　2019年普宁市“中国驰名商标”和“广东省著名商标”一览表

类别	商标名称	产　品	公司名称
中国驰名商标	名鼠	服装	广东名鼠股份有限公司
	康美	中药成药	康美药业股份有限公司
	雅爵	服装	广东雅爵实业有限公司
	珠密琪	服装	广东珠密琪内衣有限公司
	佳隆	调味品	广东佳隆食品股份有限公司
广东省著名商标	佳隆	调味品	广东佳隆食品股份有限公司
	爱诺	化妆品	普宁市嘉宝日用化工有限公司
	法来雅	化妆品	广东百草源化妆品有限公司
	秋盛图形	涤纶纤维（纺织品纤维）	广东秋盛资源股份有限公司
	伊凯琳	内裤	普宁市伊凯琳服装有限公司
	依雪妮	针织服装，内衣，文胸	广东瑞源科技股份有限公司
	KEDI及图	玻璃板（原材料）	广东科迪微晶玻璃实业有限公司
	柏堡龙	T恤	广东柏堡龙股份有限公司
	妮可儿	服装（家居服）	广东妮可儿服饰有限公司
	名韩	乳罩，内衣	杨坚洪（商标被许可人：普宁市弘达内衣有限公司）
	黛柔	服装（睡衣）	广东黛柔服饰有限公司
	彬盛	染色，布匹漂洗	普宁市彬盛织造印染有限公司
	超亿美	不动产管理，不动产出租	广东超亿美投资有限公司

【证照监督管理】 2019年，市市场监管局加大力度查处取缔无执照经营行为，按照“谁负责审批，谁负责监管”“谁主管，谁负责”和行业监管有机结合的原则，制定相应清理及规范措施，集中执法力量，严厉查处辖区内的无执照开业经营商户，引导经营户按规范办理营业执照。全年共清理无证经营商户2470户；清理并引导无证照经营户办齐证照的累计13376户；立案查处违法经营行为案件254件，罚没款237.99万元，按规定全部上缴。

2019年3月15日，市市场监管局开展“3·15”国际消费者权益日咨询活动现场（市市场监管局 供稿）

【市场合同信用管理】 2019年，市市场监管局认真落实办好市政府民生实事，牵头完成5个集贸市场实施标准化升级改造。落实11个集贸市场办理集贸市场企业化登记，推进集贸市场规范化发展。认真做好2018年度“守合同重信用”企业网上公示工作。全年全市新增“守合同重信用”企业23户，在网上公示申报“守合同重信用”企业163户，其中国家级监督4户、省级监督63户、市级监督96户。至年底，全市共有各类商品交易市场36个，其中市场物业管理中心权属的18个，其余已办执照市场10个、村办市场4个、圩日市场4个。积极引导规范市场开办主体建立市场信用管理制度，完成市场的基本信息、检查信息和信用信息的录入。是年，办理股权质押登记11宗，融资额47.3亿元。办理动产抵押登记3宗，主债权金额1.3亿元。

【消费者合法权益维护】 2019年，市市场监管局组织开展消费者合法权益宣传活动。3月15日，联合市消委会、市发改局、卫计局、烟草专卖局和供电、供水、电信等相关职能部门和知名企业，在流沙广达美佳乐购物广场开展以“信用让消费更放心”为主题的纪念“3·15”国际消费者权益日暨现场咨询活动，现场接受消费者咨询400多人次，发放宣传资料1万份（册），普宁广播电视台等新闻媒体到活动现场进行采访宣传报道。全年共受理和处理消费者投诉举报4298宗，年底前办结4035宗，为消费者挽回经济损失509万元。

【技术专利管理】 2019年，市市场监管局深入企业加强宣传指导，鼓励和动员企业通过实施知识产权管理规范，提升企业知识产权管理水平。是年，全市新增2家企业通过知识产权“贯标”认证，累计5家；发挥知识产权优势示范企业的带动作用，新增“国家知识产权优势企业”2家，累计5家；新增“省知识产权示范企业”2家，累计4家；1家企业获得广东省专利奖优秀奖。着力提升知识产权创造能力。是年，全市专利申请2596件，其中发明专利申请140件，比增24.4%；专利授权1512件，其中发明专利授权22件，比增30.7%；PCT专利申请2件。万人发明专利拥有量0.89件。

【个体私营协会工作】 2019年，市个体劳动者协会、市私营企业协会及各分会进一步加大对个体私营企业的宣传、引导、教育力度，加强服务创新，深入地开展服务政府、服务会员、服务社会的工作，较好地提升协会在会员中的凝聚力和社会上的影响力。加强协会规范化建设，不断壮大协会组织。加大宣传力度，深入开展商事制度改革和注册资本登记制度改革的咨询宣传活动。加强对会员商户、企业的引导扶持，力促其产业做大做强。引领会员重视和关注国家与省支持中小微企业发展的各项帮扶政策，抓住利好机遇，发展壮大自身实力，参与更高层面的市场竞争；引导会员提高企业自主品牌意识，培育、打造、发展自主商标、产品品牌。

（欧楚林、林文芝、秦嘉敏、陈水鑫）

表 3　　普宁市“广东省名牌产品”一览表

分类	产品名称	企业名称
工业类	涤纶短纤维	广东秋盛资源股份有限公司
	化妆品瓶	广东纯晶玻璃制品有限公司
	微晶玻璃板材	广东科迪微晶玻璃实业有限公司
农业类	胡萝卜	广东佳润泰农业开发有限公司
	六味老梅干	普宁市东昱食品有限公司
	青制古原梅	
	蜂蜜味梅饼	
	花生（带壳烘炒）	广东绿活食品有限公司
	金佛手（蜜饯）	
	原味黑糖	广东四季绿活生物科技有限公司
	无核梅子	广东殿羽田食品有限公司
	铁观音	普宁市金枝（茶业）保健品有限公司

表 4　　普宁市地理标志保护产品一览表

产品名称	获得时间
普宁蕉柑	2005 年 12 月 22 日
普宁青梅	2008 年 12 月 10 日

质量技术监督

【概况】　2019 年，市市场监管局继续加强计量和质量标准化管理，大力推进质量强市工作，在揭阳市质量强市考核中被评为优秀等级。加强对获得工业产品生产许可证及强制性认证产品企业的监督，加大对质量不合格产品的后续处理力度，发出《整改通知书》15 份。是年，全市新增获得三级计量保证体系确认企业 6 家，累计 15 家；强化对特种设备安全监察，全年检查辖区内重点监控设备 2360 台，未发现重大安全隐患。

【质量和标准化管理】　2019 年，市市场监管局融合生产流通领域监管，开展电线电缆、电吹风、车用燃油等 5 类重点工业产品专项整治；开展流通领域来源不明产品专项清查行动，下达责令改正通知书 15 份。创新开展产品质量“问诊治病”活动，建立各类工业产品生产企业、经销商、经营性用户数据库共 81 家、81 个。扎实推进企业采用先进标准和自我声明公开，开展重点产品强制性认证和机动车检测检验机构等专项监督检查。大力加强计量检定能力建设，全市社会公用计量标准共有 15 项。是年，指导、协助企业在企业标准信息公共服务平台自我公开声明企业执行标准 16 家、29 个；代办商品条形码 352 家。

【计量管理】　2019 年，市市场监管局继续推动计量管理体系建设，全市新增获得三级计量保证体系确认企业 6 家，累计 15 家；开展民生计量器具强制检定工作，共检定各类计量器具 9816 台。开展免费检定工作，免费检定全市在用计量器具 2296 台（件）。认真开展重点耗能企业的巡查监督，加强对企业能源计量器具配备情况的定期监督检查，按要求填制巡查记录表，确保重点耗能企业能源计量器具配备符合国家强制性标准要求。认真开展机动车安检机构及检验检测机构实验室的监管，组织督促辖区内获得资质认定证书的生态环境监测机构、机动车检验机构开展全面自查，督促检验检测机构实验室做好 2019 年度数据统计直报工作。加强对辖区内加油站等重点场所计量监督检查，全年共检查加油站 25 家。做好“5・20”世界计量日宣传，到企业发放、张贴相关计量科普宣传海报。市质量技术监督检测所压力表检验室向社会公众开放，并组织开展免费检定计量器具活动。全年为企业、群众免费检定计量器具 158 台（件）。

【特种设备安全监察】　2019 年，市市场监管局加强特种设备安全知识宣传，共发放有关宣传资料 3000 多份，制作安全乘梯公益宣传片在普宁电视台黄金时段流动播出，切实提高民众特种设备安全意识。开展电梯、气瓶、起重机械等安全隐患排查专项行动 14 场次；开展生物质成型燃料锅炉专项整治等特种设备专项整治7项，检查特种设备生产使用单位569家次，检查各类特种设备2360台（套），发现一般安全隐患65处（已全部由使用单位落实整改），发现严重安全隐患9处，发出安全监察指令书9份，立案7宗。组织基层人员参加特种设备监察业务培训，有72人取得监察员资格。倡导成立行业协会，以推动电梯行业管理和自律。3月29日，经民政部门批准，市特种设备协会依法成立。督促气瓶充装单位送检超期气瓶2.81万只，报废5533只。制订《普宁市市场监督管理局特种设备事故应急救援预案》，实施应急演练3次。实现全年安全无事故。

（欧楚林、林文芝、秦嘉敏、陈水鑫）

食品药品监管

【概况】 2019年，市市场监管局继续做好食品药品安全管理，规范食品药品经营行政审批程序，开展食品药品领域专项整治，防止有问题食品药品流入市场。是年，共办理食品药品行政审批事项2813件，药品GSP认证39家，检查食品生产经营单位3800家次、药械生产经营单位2411家次，责令限期整改187家，查处食品违法案件233件，药械违法案件28件，处理投诉举报线索940条。

【食品药品经营行政审批】 2019年，市市场监管局配强窗口力量，高度重视食品药品领域的授权审批，规范审批程序，优化服务质量，缩短办证时间。在行政审批过程中，坚持“可批最快审批，不可批坚决不批”的指导原则，认真审查企业申办资料和经营环境设施，做到依法行政，依规审批，严格把好食品药品经营企业准入关。全年办理食品药品行政审批事项2813件、药品GSP认证39件，审批时限缩短了一半，受到群众和企业的好评，现场服务满意度100%。

【食品药品监督管理】 2019年，市市场监管局对食品药品安全监管坚持问题导向，强化事中事后监管，做到监管全覆盖。重点检查食品药品经营企业进货查验、索证索票、购销台账等情况，共检查食品生产经营单位3792家次，药械生产经营单位2411家次，责令限期整改187家。严格按照国家新版《药品经营质量管理规范》（简称GSP）的各项要求，进一步强化药品经营企业的质量意识，提高药品质量管理水平，规范药品经营行为，共完成零售药品企业的认证39家。督促食品生产经营企业强化安全责任意识，落实主体责任，健全管理制度，提升生产经营管理水平，扎实推进餐饮单位“量化分级”“明厨亮灶”“平安餐饮”等工作。市餐饮服务食品安全量化率96%以上；完成上级“明厨亮灶”的工作指标，全市学校（含托幼机构）食堂、中央厨房、集体配餐单位、大型餐馆和大型企业食堂实现100%覆盖；持证单位食堂和中型以上餐馆“明厨亮灶”建设实现100%覆盖。

【食品药品安全检测】 2019年，市市场监管局成立专职领导小组，开展6个农贸市场食用农产品快速检测工作，切实保障广大人民群众食用农产品质量安全。全年共检测20790批次，其中蔬菜检测19244批次，合格18762批次，合格率97.50%；水产品检测1453批次，合格1394批次，合格率95.94%。市场每天根据快检结果进行及时公布，对检测不合格食用农产品，严格按照有关规定进行退市或者无害化销毁，防止有问题食品流入市场。同时，按照揭阳市每千人3.5批次的抽检任务要求，大幅度增加食品抽检

2019年3月1日，普宁市联合整治“保健”市场乱象百日行动推进会在市市场监管局会议厅召开（市市场监管局　供稿）

数量，通过政府采购，委托专业第三方检测机构对全市蔬菜、水产品、食用油、肉及肉制品、鲜蛋、乳制品、酒类等市场消费量大、关注度高的食品进行抽样，扩大检验覆盖面，并兼顾季节性和节令性特点，安排每季度不同的抽检品种，按指标共完成食品抽检 3761 批次，完成率 100%，其中检验不合格 31 批次。

【食品领域专项整治】 2019 年，市市场监管局发挥综合协调作用，部署开展农村食品安全、酒类、校园及周边食品安全等 10 多个专项行动，出动执法人员 3846 人次，检查食品生产经营单位 1643 家次，责令整改 39 家，查处食品违法案件 233 件。

【药品领域专项整治】 2019 年，市市场监管局部署开展麻精药品、药品类易制毒化学品、中药饮片、疫苗排查、血液制品等专项行动，以重点产品、重点地区为突破口，采取加大巡查、突击检查等方式，扎实推进专项行动，取得明显效果。共检查药械企业 1529 家次，责令整改 3 家次，查处药械违法案件 28 件。

【食品药品打假】 2019 年，市市场监管局围绕与群众生活密切相关的重点品种、重点领域、重点环节，重拳出击开展各项专项整治行动，依法从严从重从快查处各类食品安全违法案件，保障人民群众饮食用药安全。全年共查处食品药品违法违规案件 261 件，移送公安机关案件 2 件。

【食品安全应急管理】 2019 年，市市场监管局积极履行食品安全的应急管理职能，以保障食品安全为目标，制订应急管理工作预案，完善应急措施。对市食品安全委员会成员单位和 28 个乡镇场街道开展食品安全考核工作；举行食品安全事故应急处置桌面演练，通过“桌面演练”提升监管人员的应急管理意识和能力。

【食品药品安全宣传培训】 2019 年，市市场监管局组织举办“食品安全宣传活动周”“食品安全进校园”“全国化妆品安全宣传周”和校园食品安全管理相关知识讲座等宣传宣讲活动，共发放各类宣传资料 2 万多份，接受群众咨询 1000 多人次。在电视台发布食品药品安全知识公益广告 21 条次，布设宣传栏 20 个。通过召开食品、保健食品欺诈和虚假宣传揭示会、食品生产安全宣讲会等活动，利用电视、广播等新闻媒体进行多形式、多层次开展食品安全法律法规宣传，增强消费者自我保护意识和拓宽消费者维权渠道，发动社会监督，引导生产者增强食品安全生产意识和法律意识。开展食品安全管理人员考核，落实企业主体责任，规范生产经营行为，形成食品药品安全社会共治局面。

（欧楚林、林文芝、秦嘉敏、陈水鑫）

市场物业管理

【概况】 2019 年，市市场物业管理局（简称“市物业局”）内设股室 5 个；有股级事业单位 19 个，其中市场物业管理所 18 个、普宁市场信息中心 1 个。年末，全局干部职工 187 人。全市属市物业局管理的市场 34 个，总建筑面积 15.45 万平方米，其中各类专业市场 6 个，建筑面积 12.03 万平方米。是年，继续加强辖区市场经营管理、消防安全管理和疫情防控工作，做好流沙城北鱼肉菜市场和流沙玉华鱼肉菜市场文明示范点创建工作。

【物业市场经营管理】 2019 年，市物业局继续加强市场日常管理，努力提高市场经济效益，强化市场物业服务费收取，认真查漏补缺，确保市场物业服务费按时、按标准收取，市场物业服务费收入比增 8%。全年物业市场经营户签订新修订合同书 800 多份，签订安全防火责任书 1000 多份，新签市场铺面登记表 100 份。

【物业市场消防安全】 2019 年，市物业局认真做好安全生产专项整治，开展“安全生产月”“119 宣传日”等专项活动，努力提高市场商户安全意识和自防自救能力。是年，开展消防应急演练 1 场、60 人次；组织安全生产宣传活动 4 场次，发放宣传资料 2000 多份。全年组织进行消防安全督查 23 次，出动人员 1200 多人次，检查集贸市场 34 个。清理占用消防通道摆买流动商贩 2000 多人次；拆除彩条布、竹架 1000 多平方米；查出隐患 273 处，全部落实当场整改。

【物业市场疫情防控】 2019 年，市物业局按照市委、市政府关于做好防控人感染 H7N9 禽流感和登革热疫情工作统一部署，加强市场防控，按照属地管理原则，试点实行家禽“集中屠宰、冷链配送、生鲜上市”，组织人员对辖内“三鸟”市场和承包市场重点核查。与有关职能部门协作，开展登革热防控行动，出动200多人次，统一灭蚊30场次。清理辖内市场及周边垃圾杂物20多吨、广告纸1500多张。辖内市场无发现H7N9禽流感疫情和登革热病例。

【物业市场创文创卫】 2019年，市物业局开展创文创卫专项督查8次，利用市场有线广播进行创文创卫宣传，设立市场宣传电子屏5个，设置市场健康教育宣传栏9个，悬挂创文创卫宣传标语50多条、禁烟标识300多个，印发创文创卫宣传资料3000多份。物业市场创文工作顺利通过省第三方明察暗访验收。

【重点物业市场简介】 *普宁轻纺城（原流沙纺织品市场）* 位于流沙北街道，于1997年2月开业，占地面积8.3公顷，总建筑面积15万平方米，总投资近2.5亿元。2006年1月，流沙纺织品市场更名为普宁轻纺城，并在普宁轻纺城内设“普宁睡衣世界”，作为普宁睡衣对外交易展示平台。市场主要经营睡衣、布料和辅料，市场经营铺面（档位）近700个。2019年，该轻纺城全年市场成交额近10亿元。

普宁布料城 位于流沙北街道，于2010年2月建成投入使用，占地面积2.93万平方米，建筑面积3.59万平方米，总投资2976万元。以坐北向南的10幢连体三层建筑为主市场和2幢坐东朝西的三层独立商铺为附属建筑组成市场整体，有铺位187间，主要经营布料和睡衣。2019年，该布料城全年市场成交额2.5亿元。

普宁布料城外景（张思杰 摄）

流沙玉华鱼肉菜市场 位于市区流沙西街道平湖村，市场首层1005平方米，第二层以上为住宅，2003年建成投入使用；2017年10月市场实施改造和扩建，2018年8月投入使用。改扩建后，市场占地面积4150平方米，总建筑面积1644平方米，市场四周划出客户购物停车位，配套公厕、垃圾点，市场内设置固定摊位105个，分鲜肉区、副食品区、熟食区、面粿区、肉丸区、水果区、蔬菜区、家禽区、水产区。

【普宁市布料睡衣商会】 该商会成立于2007年3月，2019年3月28日经选举产生第四届理事会，郑耀明继任会长。有会员395人，其中属睡衣商户的268人、布料商户的106人、辅料商户的21人。布料睡衣商会围绕“商贸名城、美好普宁”的定位，以创建市示范社团为目标，充分发挥桥梁、纽带作用，服务会员、服务政府、服务社会。是年，先后与多家银行建立合作关系，为商户提供便捷的银行业务；举办3期阿里巴巴国际站营销业务培训，参与培训会员82人。该商会重点引导会员拓展东盟国家营销渠道，促进睡衣对外贸易额持续增长；引导会员从传统实体店营销向“互联网＋实体店”营销的模式转变，经营睡衣的会员转化率达100%；加强与江浙一带潮汕商会交流与合作，为会员提供纺织服装行业上游市场动态信息。是年，该商会组织开展对梅塘镇泗坑村扶贫慰问活动，向贫困户送上慰问金共5000元。向有关部门提出改善市场经营环境的建议2条，帮助会员调解矛盾纠纷2宗。

（陈泽武）

财政·税务

财　政

【概况】 2019年，市财政部门全面落实减税降费政策，牢固树立过紧日子思想，调整优化支出结构，促进资源合理配置，提高财政资金分配的质量和效率，确保民生支出、基本公共服务支出和重点项目支出需要，促进社会和谐稳定。2019年度全国县级财政管理绩效综合评价结果，普宁市排名全国第四。是年，全市地方一般公共预算总收入1133845万元，其中地方一般公共预算收入211869万元，比上年减收24627万元，同比减少10.4%（税收收入141157万元、比减14.5%，非税收入70712万元、比减1.1%），上级补助收入741823万元，调入资金26418万元，上年结转收入108422万元。全市地方一般公共预算总支出1042086万元，其中地方一般公共预算支出932040万元、比增14.7%，上解支出51933万元，债务还本支出4713万元，安排预算稳定调节基金53400万元。财政一般公共预算收支相抵年终结余91759万元，其中结转下年支出91759万元。全市纳入预算管理的政府性基金收入153653万元，加上上级补助收入3754万元，债务转贷收入136200万元，上年结余结转收入13349万元，基金预算总收入306956万元；基金预算支出291494万元，调出资金500万元，基金预算总支出291994万元。政府性基金收支相抵结余14962万元，结转下年支出14962万元。全市国有资本经营预算收入36万元，国有资本经营预算支出36万元。全市社会保险基金预算总收入220140万元，社会保险基金预算总支出191951万元，收支相抵结余28189万元，年终滚存结余125480万元。全市政府性直接债务余额389782万元（其中2018年前历年存量债务248869万元、2019年新增债券及置换债券转贷资金136200万元、融资债券4713万元）。

2019年12月24日，揭阳市普宁华侨管理区（简称“普侨区”）管辖范围成建制划转由普宁市管理。2019年，普侨区财政一般公共预算总收入4836万元，其中地方一般公共预算收入完成1741万元、上级补助收入2213万元、债务转贷收入150万元、上年结转收入732万元；地方一般公共预算总支出4334万元，其中地方一般公共预算支出3279万元、上解支出905万元、债务还本支出150万元；收支相抵结余502万元，其中结转下年支出502万元。普侨区纳入预算管理的政府性基金收入2万元，上年结余转入81万元，基金预算总收入83万元；普侨区基金预算支出73万元；政府性基金收支相抵结余10万元，结转下年支出10万元。

【财源培育与支持产业发展】 2019年，市财政部门加大企业创新财政支持力度，支持实施降低实体经济企业成本行动计划，整合各方力量，培植壮大财源，全力支持纺织、服装、医药等支柱产业发展，增强企业发展后劲，带动地方经济发展。认真落实上级优惠政策，依法依规对企业实行专项奖补，支持企业技术改造和自主创新，缓解企业的资金压力，鼓励外贸出口企业出口创汇，落实外贸出口奖补政策。是年，争取中央、省、市各类企业生产发展专项扶持补贴资金2.36亿元，按照《普宁市加快创新驱动发展若干政策》对20家企业2018年创新驱动发展各项科技项目实施奖补，拨付奖补资金339万元。加强对中小企业创新支持，支持特色产业发展，鼓励企业通过争创名牌名标、自主创新、技术改造，提高产品竞争力，推动产业升级和结构调整。2019年，市财政安排科技资金1.29亿元支持实施创新驱动发展战略，全市立项报建的项目63个总投资56.47亿元。

【财政收入征管和统筹】 2019年，市财政部门抓好财税收入征管工作，挖掘增量税源，清缴历欠税款，加强非税收入管理，规范非税收入收缴，完善非税收入征缴渠道，加大各项基金统筹力度，积极争取上级政策资金支持，全力保障财税工作平稳运行。是年，全市地方一般公共预算收入211869万元，比减10.4%。土地出让52宗、出让合同价款总额148712万元。全年争取上级各类专项资金、财政转移支付资金74.18亿元，比上年增加17.49亿元。

【财政预算执行监督管理】 2019年，市财政部门加强财政预算编制管理和预算执行管理，合理调整优化支出结构，细化预算支出项目，增强预算约束力和严肃性，建立、完善市直属预算单位基本账户存量资金定期清理统计制度，把加大财政存量资金管理及财政性资金统筹力度工作常态化，全年盘活财政存量资金26418万元，争取新增专项债券136200万元。强化预算支出管理和财政监督，严格专项资金的审核和跟踪监管，坚持“保工资、保运转、保基本民生”的原则，区别轻重缓急合理安排支出，全年审核申报资金项目150多个，申报金额9285.5万元，核拨金额8318.5万元，核减率10.4%，为财政节约支出967万元。严格把好财政性资金投资项目的工程概算、预算和竣工（结算）的审核关，加强对财政性基本建设资金使用全过程的管理监督，发挥最大的投资效益。2019年，全市审核工程预结算237宗，送审造价16.50亿元，核实造价14.77亿元，核减1.74亿元，核减率11.1%。

【民生财力保障】 2019年，市财政部门坚持基本民生投入只增不减，坚决保障基本民生需求，切实提高和改善民生保障水平，完成民生类支出80.56亿元，同比增长15.6%，民生类支出占一般公共预算支出的86.4%。

优先保障教育事业发展 2019年，市财政部门安排教育支出27.69亿元，比增12.5%，教育支出占一般公共预算支出的29.7%。加强义务教育经费保障工作，对2010年后市政府批准实施的中小学校舍安全工程规划未实施项目进行清理，着手制定新的中小学校舍建设三年规划，打造提升素质教育所需的馆舍，加强幼儿园建设，全面落实原民办代课教师生活困难补助，兑现2018—2019年原民办代课教师生活困难补助金2940万元。

支持推动文化体育事业发展 2019年，市财政部门安排文化体育与传媒支出1.93亿元，比上年1.85亿元，比增4.5%，支持博物馆、图书馆、文化馆、乡镇文化站等公共文化设施建设和免费开放，推进农家书屋工程、农民体育工程、农村电影放映工程建设。积极落实重点文化企业和产业项目各项扶助政策，促进文化体育产业发展。完善公共文化服务体系，改善基层公共文化体育设施，支持中华优秀传统文化传承发展，加强文化遗产保护，推动逐步补齐基本公共文化服务短板。

完善社会保障体系 2019年，市财政部门安排社会保障和就业支出16.15亿元，比增30.1%。管好用好社保基金，及时足额安排拨付养老、医疗、困难群众基本生活等各类保障资金，推进机关事业单位养老保险改革资金保障，做好新老制度衔接，实现2019年职业年金实账积累，保障机关事业单位人员切身利益。稳步提高各项保障水平，2019年低保补差水平从521元/人月（城镇）和246元/人月（农村）提高到571元/人月（城镇）和271元/人月（农村）；特困人员供养标准从1187元/人月（城镇）、1173元/人年（农村集中）和873元/人年（农村分散）提高到1189元/人月（城镇）、1175元/人年（农村集中）和875元/人年（农村分散）；集中供养孤儿基本生活费从1660元/人月提高到1785元/人月，散居孤儿基本生活费从1050元/人月提高到1125元/人月，事实无人抚养儿童生活补助费从500元/人月提高到600元/人月。精准扶贫保障资金统筹足额安排，根据三管部门和扶贫部门审核确认，全年用于扶贫对象保障资金6387万元。

健全卫生健康服务体系 2019年，市财政部门安排卫生健康支出17.43亿元，其中投入中心卫生院、县级公立医院建设、乡镇卫生院标准化建设、村卫生站标准化建设资金2.87亿元，拨付基层医疗机构事业费补助、妇幼健康保障检查防控项目、残疾人事业发展项目等资金1.24亿元。落实基层医疗卫生机构承担的基本公共卫生服务经费及重大公共卫生服务项目资金1.44亿元。继续加强基层医疗卫生服务能力建设，强化医疗卫生资源配置，大力推进基本服务均等化，提高全民健康管理和健康素养水平，落实对困难群体的医疗救助制度，实现城乡医疗保险一体化发放。

提高困难群众住房保障水平 2019年，市财政部门安排住房保障支出5489万元，全力推动农村危房改造、城镇低收入家庭保障性住房建设，解决部分困难群众住房难问题。

推进社会治理 2019年，市财政部门统筹安排公共安全支出3.73亿元，支持推进扫黑除恶专项斗争、社会治安综合治理和打赢全民禁毒

战等工作，支持建立健全应急管理体系，推进“大应急”指挥体系建设，增强发展的法治和安全保障。

促进城乡区域协调发展　2019年，市财政部门围绕实施乡村振兴战略，充分发挥财政支农职能作用，加快推进全市财政涉农资金统筹整合工作，全年拨付涉农资金4.32亿元，其中农业产业发展类3891万元、农村人居环境整治类3.55亿元、生态林业建设类2404万元、农业农村基础设施建设类1431万元。抓好创建社会主义新农村工作，努力建设美丽宜居乡村。全年拨付农村“厕所革命”建设资金5952万元，投入人居环境整治资金3600万元。推进乡镇工作基本公共服务均等化进程，支持农田水利等建设，全年安排农村雨污分流治污保洁专项资金5.17亿元，惠及568个自然村（居）。支持抓基层强基础，保障农村基层组织正常运转，提高村（居）“两委”干部生活待遇标准，全年安排村（居）“两委”班子干部补贴资金9533万元，村（居）“两委”社保养老保险资金1000万元，按每村（居）10万元的标准拨付办公经费5690万元。按照基本公共服务均等化的要求，整合财力推进城市基础设施建设和环境综合整治，保障揭普高速麒麟互通连接线建设、国道G238线普宁益岭至惠来交界段改建工程建设，推进新汽车总站、厦深铁路普宁站改扩建工程以及市区燎原东路等7条市政道路建设。

加大投入练江综合整治　2019年，市财政部门多渠道筹措环保建设资金，确保练江综合整治各项任务落到实处。2014年至2019年累计投入练江流域综合整治各级各项资金53.67亿元，并设立公益基金，筹集社会捐赠资金1.01亿元，打好练江污染防治攻坚战。

【财政制度建设】　2019年，市财政部门深化预算制度改革，完善财政体制机制，规范财政管理工作。履行财政职能，贯彻落实《普宁市机构改革方案》，做好20个涉改单位资产清查、划转、接收等工作。继续加强数字财政建设，完善预算执行管理体系，提高财政资金的拨付效率和资金管理水平。深化国库集中支付制度改革，加强财政一体化系统建设，加强国库支付系统、预算执行动态监控系统应用，全面推进乡镇集中支付。深化政府采购制度改革，推行阳光政府采购，完善规范操作规程和监督手段，确保政府采购公平、公正、公开，2019年全市实施政府采购325宗，预算金额5.77亿元，实际采购金额5.66亿元，节约1166万元，节约率2.0%。继续深化“收支两条线”改革，强化非税收入管理，2019年各执收执罚单位已全面实施改革，全面上线，依托网络，实现“单位开票，银行代收，财政统管”，全年通过系统开出缴款通知书并缴款26.58万份，实现征管资金达22.18亿元。提高财政管理水平，落实国有资产管理情况报告制度，首次向市人大常委会报告全市行政事业单位国有资产管理情况，认真落实市人大对财政预算工作的意见建议，不断提高财政预算管理科学化水平。推进国有资产管理信息化建设，在省行政事业单位资产管理系统的平台上，搭建普宁市资产综合管理信息系统，通过资产清查和编制资产月报表、年报表，督促各单位做好资产信息系统登记的基础工作，确保资产的真实完整。做好预决算公开工作，根据上级要求及工作部署，认真做好2019年部门预算、2018年部门决算公开工作。

【国有资产监督管理】　2019年，市财政部门制定印发《普宁市行政事业单位国有资产处置管理办法》《普宁市行政事业单位国有资产使用管理办法》，对全市行政事业单位国有资产的配置、使用、处置、评估、收入等各个环节进行管理，促进国有资产管理制度化、规范化、科学化。坚持管理和使用统一政策、统一领导、分级管理、责任到人、物尽其用的原则，提高各部门资产管理意识，加大调剂统筹力度，提高国有资产使用效益。“管资产”与“管资金”一起抓，防止国有资产流失。

（张辉城）

税　务

【概况】　2019年，国家税务总局普宁市税务局（简称“市税务局”）发挥税收部门职能作用，不折不扣落实减税降费，圆满完成税收征管体制改革和各项税收工作发展任务。全年组织税费收入68.15亿元，其中税收收入38.97亿元，社保费和非税收入29.18亿元。市税务局2019年度纳税人满意度全省排名从95位提升至44位。

【减税降费】　2019年，市税务局专门成立落实减税降费工作领导小组，组建工作小组11个，详细编制减税降费工作任务清单95条、政策落实组工作任务清单21条，明确6大类重点监督执纪情形，形成“一竿子贯到底”的工作体系。实现精

2019 年普宁市纳税额前 10 名情况表

表 5　　　　单位：万元

序号	纳税人名称	税额合计
1	广东烟草揭阳市有限公司普宁市分公司	55914.21
2	普宁市土地资源储备开发中心	8998.75
3	普宁市恒润投资有限公司	8474.77
4	广东利泰制药股份有限公司	7796.49
5	普宁市鸿捷胜房地产开发有限公司	7207.79
6	广东柏堡龙股份有限公司	6794.71
7	普宁市建筑工程总公司	6325.86
8	普宁市星宏房地产开发有限公司	5671.18
9	广东南方梅园生态村有限公司	5544.90
10	普宁市华尔街投资发展有限公司	5363.44

2019 年 3 月 15 日，市税务局组织税务人员到市区时代中心向营业者和群众开办减税降费微讲堂　　（市税务局　供稿）

准宣传辅导，开展“县长税课”，组建减税降费宣传辅导“轻骑队”、税务青年助企团、青年讲师团，深入春季招聘会、旅游景区、中药城、商业中心、街道、社区、潮汕学院、行业商会等开展宣讲辅导，共培训辅导纳税人和缴费人 36933 户次，通过短信、微信、邮件推送政策信息 79104 条，实现减税降费宣传辅导全覆盖，全市实现新增减税降费 7.9 亿元。

【税费征收管理】　2019 年，市税务局夯实征管基础，全面推行落实《征管操作规范》《征管规程及岗责体系》，开展管户对照和数据清理，严格执行税收实名制管理规定，统一定期定额户的征收方式、核定经营额、定额执行期和纳税期限，规范个体户管理，完善涉税信息共享机制。规范税种管理，严格贯彻落实个人所得税新政和六项专项附加扣除政策，累计组织各类个税业务培训 47 场次。加强土地增值税清算管理，完善房土两税管理，规范出口退税管理。规范规费管理，建立财政、人社、医保等部门联席会议制度，强化社保费管理，圆满完成城乡居民基本养老保险、城乡居民基本医疗保险征管职责以及村镇基础设施配套费等第一批非税项目划转。

【依法治税】　2019 年，市税务局健全依法行政工作领导体制机制，公开法治税务建设情况并接受社会各界监督，提高领导干部法治素养和依法办事的能力；规范税收执法，推进行政执法三项制度试点，实施税收权责清单，开启税收执法“阳光新模式”；贯彻落实国家四部委打骗打虚两年专项行动部署，配合做好扫黑除恶专项斗争；开展税收风险专项整治行动，围绕增值税发票、出口退税等方面开展风险排查，提升税收风险管控水平。

【纳税服务】　2019 年，将全市房产交易涉及的税费申报业务全部转移至政务服务中心，推行便民办税春风行动、预约办税、最多跑一次等服务，简化税务注销流程，削减审批事项，大幅精简涉税资料，一般纳税人、小规模及其他纳税人一般注销办结时间分别压缩至 10 个工作日和 5 个工作日内，无纸化退税申报全面覆盖至一类、二类、三类出口企业。扎实开展纳税信用等级评定，共评出 A 级 445 户、B 级 1463 户。深化“银税互动”机制，全年共为96户企业提供贷款4.72亿元。

【税收宣传】 2019年，市税务局聚焦第28个税收宣传月“落实减税降费，促进经济高质量发展”主题，开展全方位、多层次宣传报道，广泛走访各级人大代表、政协委员，听取意见建议，解决存在问题；举办“减税降费”灯谜、优惠政策进书展、世界咖啡馆、办税服务大体验等系列活动，营造浓厚税收宣传氛围。全年有多篇新闻稿件和素材在《中国税务报》《南方日报》等媒体上刊登，发出普宁税务好声音。

（钟浩嘉、池霞婷、王泽锴）

2019年2月16日，市税务局税务人员到国际商品城向群众宣传个税政策

（市税务局 供稿）

·普宁美丽乡村小辑·

梅林镇大高田村

梅林镇大高田村，曾名大哥田。距离普宁市区27.4公里，人口约1800人，由大高田、大隆湾、湖市坑3个自然村组成，属革命老区。清中期，杨氏兄弟从本乡大岭下村迁此，弟礼让兄长，往附近（今其肚寮村）另创村，兄弟分居后，兄家业日盛，村故名大哥田，因客家语哥与高同音，后称今名。

大高田村处瘌痢石凸山北麓槽地，聚落呈梯阶状分布，多为石砖瓦木结构平房。各自然村道路现已畅通，实现水泥硬底化，可通南阳圩。全村有耕地42.27公顷，山地426.73公顷，农业以种植水稻、番薯为主，并种植青梅、青榄、乌榄、柿子、茶叶、毛竹等。50%的劳动力外出打工和经商。村后山岭蕴藏有钨、铍矿，村西有丰富的高岭土属石英斑岩，是优质瓷泥，1960年创建瓷厂，产品畅销省内各地。

改革开放以来，在政府及有关部门的扶持下，大高田村大力发展“三高”农业，鼓励农民大面积种植青梅，青梅产量与日俱增，农民的腰包越来越鼓，成为当地著名的农业品牌，村的知名度也不断提升，被列为普宁市第四届梅花旅游文化节赏梅点之一。赏梅点有三大赏梅区：第一是“石窖仔赏梅区”；第二是“贵丁坑赏梅区”；第三是“大隆湾赏梅区”；还有二处瀑布：石窖仔小瀑布和贵丁坑瀑布群，是旅客参观游玩的好去处。该村被评定为2019年普宁10个美丽乡村之一。

（本文选自市文明办等单位编印出版的《2019年普宁市美丽乡村》宣传册）

基础设施建设

交通运输建设与管理

【概况】 2019年，市交通运输局内设8个行政股室，其中执法监督股（加挂综合行政执法局牌子）下设综合室和6个行政执法中队，挂靠单位有市交通战备办公室。属下企事业单位有市区、占陇、洪阳、里湖、梅林5个交通运输管理所和货物运输管理所、地方公路管理站、民运总站、港务管理所、航务管理所（与港务管理所合署）、公共汽车服务公司、水运公司。年末，局机关和企事业单位在职员工599人。是年，市交通运输局持续推进普宁交通运输事业的发展，厦深铁路普宁站改扩建工程正式开工；完成揭惠高速公路麒麟互通连接线建设项目；普宁市汽车总站新建工程进展顺利，提升工程建设标准项目同步启动；新晋省道重点线路改造工程及"四好农村路"建设有序推进。至是年末，完成交通基础设施建设投资约30311万元。全年完成客运量818.65万人次、货运量1203.21万吨。查处营运违法案件785宗。是年，局机关党支部被授予"普宁市先进基层党组织"称号，局党组书记、局长张丹青获"普宁市优秀共产党员"称号，局党组成员、机关支部书记韦海珠获"市直机关优秀党务工作者"称号。

【厦深铁路普宁站改扩建工程】 该改扩建工程包括厦深铁路普宁站出站厅改扩建工程和厦深铁路普宁站广场雨棚改扩建工程，主要建设内容为车站外观改造，增设第二候车室和雨棚、连廊工程等设施。其中出站厅改扩建工程总建筑面积1472平方米，估算投资1518.32万元；广场雨棚改扩建工程总建筑面积为7500平方米，估算投资4479.66万元。工程估算总投资5997.98万元。该项目普宁市一次性出资4500万元，由广铁集团厦深公司负责欠缺资金并于2019年10月正式开工建设。年末，已完成施工场地围蔽、管线设备拆迁、站前一路封闭和交通疏解；广场雨棚工程已完成全部静压管桩施工，出站厅工程已完成74根旋喷桩施工。

【高速公路建设】 2019年，市交通运输局顺利完成潮惠高速公路普宁段建设工程扫尾工作，积极配合推进汕湛高速公路项目建设进程，完成揭惠高速公路麒麟互通连接线建设项目。

揭惠高速公路麒麟互通连接线建设工程 项目全长822.71米，包括麒麟互通A匝道延长线长456.4

2019年，完成揭惠高速公路麒麟互通连接线建设工程。图为完工路段一角

（市交通运输局　供稿）

米（主要包含长370米路基段和1座长86.4米的三跨预应力砼小箱梁桥）以及长366.31米的S237线段改造工程等，计划投资约2298万元。工程于2019年4月26日开工，9月28日完工。项目打通普宁市东部对外快捷联系通道，进一步发挥揭惠高速公路的辐射功能。

【农村公路建设】 2019年，全市实施农村公路建设项目75个，总里程120.20千米。至年末，已完成建设项目69个、70.16千米，在建重点农村公路项目5个、45.74千米（已完成路面铺设34.15千米），开展前期工作项目1个、4.3千米。组织实施县乡公路安全生命防护工程和县道沿线平安村道口、学校道口交通安全设施工程，全年完成投资24627万元。

县道新大线（X096）里湖至梅林桥段改建工程 该路段全长12.99千米，计划总投资3499万元。工程于2018年7月10日开工，至2019年年底，已完成全路段路基、路面铺筑，其中线路经过的梅林桥、牛径头桥、松溪桥、坟后桥、K32+734小桥改造工程正在施工中，已完成合同工程量90.2%。

市云落寒妈大道改建工程 该工程起点位于云落镇大池村与国道324线相交处，止于云楼村，全长1.86千米，按二级公路标准改建，路基宽22米，路面宽16米，预算总金额2095万元，其中建安费1732万元。工程于2018年6月开工，至2019年10月完成建设。

县道麒大线（X110）军下路段（占汤公路军埠至下架山）改建工程 该工程全长3.49千米，预算总投资2234万元。工程于2018年11月开工建设，至2019年7月完工。

县道（X109）石云线二渡桥改建工程 该项目预算投资179.8万元，工程于2018年10月进场施工，至2019年年末完工。

跨县县道（X101）隆高线普宁路段路面大修工程 项目全长8.98千米，路基宽8.5米，水泥混凝土路面宽7米，预算投资448.6万元。工程于2018年11月开工，至2019年3月完工。

乡道（Y373）船水线船埔至下新屋段路面改造工程 项目全长约18.14千米。采用勘察、设计、施工总承包（EPC）方式实施建设，工程于2019年2月20日开工，至12月底完成工程进度61.5%。

船埔镇中心街路面改造工程 项目全长约0.59千米，为旧路路面改造工程。采用三级公路技术标准设计，路基宽7.5米，沥青混凝土路面宽6.5米，下面层为6厘米厚AC-16C中粒式改性沥青砼，上面层为4厘米厚GAC-13C细粒式改性沥青砼。设计速度30千米/小时，双向2车道。计划总投资399.31万元。工程于2019年2月开工，7月完工。

县乡公路安全生命防护工程 该项目被确定为2019年全省民生实事工程之一。年初全市计划实施该防护工程项目路段147条（段）、170.05千米，其中县道公路工程项目6条（段）、71.66千米，乡道公路工程项目141条（段）、98.39千米。至10月底，全面完成该防护工程项目建设，总投资4591万元。

"四好农村路"路段"畅返不畅"整治项目 2019年，全市"四好农村路"建设项目"畅返不畅"路段整治任务20条（段）、11.24千米，通自然村道路面硬化和砂土路等外路改造任务45条（段）44千米。至年底已全面完成整治及改造任务，完成投资约4160万元。

县道沿线平安村道口和学校道口交通安全设施工程 该工程按照先后缓急，分批组织实施，总共221个项目，计划总投资596万元。第一批次31个项目于2018年7月中旬完工，完成投资约98.8万元；第二批次190个项目计划投资497.2万元，2019年1月开工，5月底全面完工。

未通客运班车行政村公路改造工程 市辖区里湖镇宅营村、梅林镇再头村、大廖村、隆营村4个行政村因公路不符合安全通车条件而未通客运班车。2019年，对上述4个行政村公路线段采用增设错车道、建设安全防护设施、挡土墙和中途停靠站（点）进行改造处理。至12月初全面完成上述4个行政村村公路的改扩建工程，经市交通、应急、公安交警等部门实地勘察检查，已基本达到安全通客车条件。

【铁路运输】 厦深铁路是国家中长期铁路网规划四纵四横快速铁路通道中杭州至深圳沿海快速通道的重要组成部分。线路起点站厦门北，途经集美、漳州、漳浦、诏安、云霄、饶平、潮汕、潮阳、普宁、葵潭、陆丰、汕尾、鲘门、惠东、惠州南、坪山，终点站深圳北（如深圳北为始发点，则途经站点相反顺延）。该线连接其他线路可直通广州南、广州东、上海虹桥、杭州东、福州南、南昌西等站。厦深铁路以客运为主兼顾货运，设计时速200千米，基础预留时速250千米。

厦深铁路普宁段全长32.6千米，途经5个镇、街道、农场和31个建制村，于流沙南街道马栅村与香院坑村之间设普宁站。厦深铁路普宁站作为全线唯一设于市区的中间站，

在建厦深高铁普宁站改扩建工程一角　　（张思杰　摄）

占地面积约34.27公顷，站房总建筑面积6000平方米，设计规模为2台7线，站房为线侧下式站房，设计最高聚集人数1000人，工程设计使用年限为50年。2013年12月，该铁路全线建成通车营运。2019年，厦深铁路普宁站每天停靠动车98列，运送乘客3万多人次，高峰期每天运送乘客约5万人次。由于普宁站自通车营运以来，连年日乘客发送量激增，大大超出原设计旅客聚集量，为解决现有普宁站不适应客流量日益增长的问题，该站改扩建工程于2019年10月16日正式开工建设。

【公路运输】　2019年，全市客运企业6家，营运客车332辆（其中客运班车274辆、公共汽车58辆），座位7375个，客运线路64条，其中省际4条、省内跨市县27条、市内33条；在营出租汽车公司1家，出租车106辆。货运企业61家，营运普通货车577辆、5805.55吨位；危险货物运输业户2家；营运汽车综合性能检测站1家；机动车维修业户169家，其中一类汽修业户7家，二类汽修业户38家，三类汽修业户124家；机动车驾驶员培训机构20家，教练车1300辆，教练员1665人。全年培训汽车驾驶员35796人，受理道路运输驾驶员从业资格证报名考试2462份，受理道路运输驾驶员从业资格证到期换证48份。全年全市公路运输业完成客运量818.65万人次，客运周转量94263.22万人千米，分别比上年同期增长7.91%和7.51%；完成货运量1203.21万吨，货运周转量175811.24万吨千米，分别比上年同期增长9.02%和8.86%。

【城市公共交通】　2019年，市城区从事城市公共交通经营服务单位3家。其中，市公共汽车服务公司公交线路3条，在营公共汽车58辆（其中纯电动公交车36辆）；市通诚运输有限公司在营农村客运公交化经营线路4条，营运车辆60辆；市宝成的士出租车有限公司经营出租客运，在营出租车106辆。全年市公共交通业载客营运车次总计79.4万车次。

【运输市场管理】　2019年，市交通运输局结合市创文创卫、扫黑除恶专项斗争等各项工作部署，组织开展交通安全综合治理，强势推进道路运输市场秩序整治，重点突出普宁高铁站和市区重点路段、区域、场所的巡查监管，开展“泥头车”道路遗撒物专项整治，查处非法营运车辆；整顿机动车驾驶员培训和维修市场，清理规范货运市场，营造规范有序优良运输市场秩序。全年出动交通综合执法人员14766人次，拆除非法设置广告标牌一批，查处各种涉及运输市场秩序和交通安全的违法违规行为，实施行政处罚案件785件。其中不按规定线路行驶案件60件，不按批准站点停靠案件58件，非法营运案件104件，货运车辆遗撒物案件28件，“泥头车”扬尘违法案件5件，培训机构违规案件27件，其他违章案件502件，暂未发现有涉黑、涉恶线索情况。

【公路养护】　2019年，市交通运输局负责养护的新编省道、县道公路及主要乡道公路共11条（段）168.5千米，由市地方公路管理站10个养护道班常年养护管理。各养护道班按照公路养护规范规程要求，切实履行职责，认真组织做好公路的日常小修保养和路域环境卫生的清理清除工作。全年共投入日常小修保养、公路抢修等公路养护资金1025.61万元，保障公路安全畅通，实现县乡道良好路面率85%以上，管养公路晴雨通车里程达100%。

【普宁汽车总站】　该站位于市区中心流沙新河中段西侧。2019年，市汽车总站有营运客车24辆，均为安装有GPS（全球定位系统）的营运客车，其中高级客车22辆，中级客车2辆。经营客运班线14条，其中二类班线10条、三类班线4条。

营运班线通行广西、江西及广东（省际客运班线4条，省内客运班线10条）。全年行车总里程310万车千米，完成客运量68万人次，客运周转量5700万人千米。全年客运总收入250万元，缴纳承运人责任保险费40万元，上缴税收26万元。

新建工程建设进展 普宁市汽车总站新建工程位于市区环市东路西侧（流沙东街道华溪村地界内），总用地面积约4.53公顷，其中车站占地面积3.67公顷，道路占地面积0.87公顷。按照一级A类的站场标准设计，设计总建筑面积10238平方米，建筑包括四层客运站主房、换乘连廊，单层检测、机修车间，地下室，使用年限50—100年。设计年度平均日旅客发送量不少于1万人次。项目投资估算约5678.65万元。于2018年3月开工建设，至2019年年底，已完成桩基、地下室和主站房主体结构工程，换乘连廊配套工程和主站房内部装修及消防、水电安装工程等项目建设正进行中，累计已完成投资约1536万元。

市汽车总站新建工程实施建设以来，广大市民、社会各界人士高度关注和重视，大家都希望新汽车总站能在原设计基础上适度提升档次，使新汽车总站成为普宁市又一个城市亮点和地标性建筑。2019年8月1日市政府常务会议（十五届47次）决定提升该新建工程建设标准，项目包括对主站楼建筑外观立面设计进行调整，将砖砌墙、普通铝合金门窗改为玻璃幕墙，外墙白色涂料喷涂改为铝合金扣板；候车大厅增加中央空调系统；候车厅及部门办公用房增加天花吊顶装修；公共厕所、垃圾转运站增加建筑装饰配套等，计划总增投资1900万元。至年底，已完成项目立项、施工图设计及预算，工程施工招标控制价报市财政局审核中。

（方春彦）

公路建设与管理

【概况】 2019年，市公路局内设6个股室，分设市区、池尾、洪阳、云落、广太、普宁大道6个公路养护中心和征收所、路政所、机械维修队9个基层单位。年末，在职干部职工228人。担负国道G324线、G238线（原省道S238线）和省道S236线、S237线及普宁大道共5条线路，总里程167.02千米的建设、养护和管理任务。在公路建设方面，做好国道G238线（原省道S236线）普宁益岭至惠来交界段改建工程、国道G324线普宁石桥头至东埔平交段路面改造工程、省道S237线普宁赤岗至麒麟姚厝围段改建工程、国道G324线普宁池尾至云落段配套工程、国道G324线普宁池尾至惠来交界段路面改造工程、普宁市北二环延长线新建工程、普宁市占陇至麒麟高速公路连接线新建工程、省道S255线练江桥改建工程和国道G238线甘石径至池尾段改建工程的各项前期准备工作。在公路养护方面，全年沥青碎石修补路面2.2万平方米，投入资金180万元，保障公路安全畅通。在路政管理方面，落实对管养线路控制范围的违章搭建物和非法广告牌的彻底清理；整治公路路域“脏、乱、差、堵”现象，全力营造“畅、安、舒、美”的公路交通环境。

【国道G238线普宁益岭至惠来交界段改建工程】 该改建工程全长10.98千米。工程起点于普宁益岭、终点于惠来交界。按一级公路技术标准，设计速度为80千米/小时（隧道路段限速60千米/小时），双向4车道（部分控制性结构物双向6车道），路基宽度为25.5米。投资估算金额12.09亿元。至2019年年末，工程的可行性研究报告省交通运输厅已批复，并上报省发改委立项。

【国道G324线普宁石桥头至东埔平交段路面改造工程】 该改造工程全长11.9千米，拟对全线破损的路面进行修复并加铺沥青路面，总投资6621万元。至2019年年末，工程的施工招投标工作已经完成，各项前期工作正稳步推进。

【省道S237线普宁赤岗至麒麟姚厝围段改建工程】 该改建工程全长24.85千米。工程按一级公路标准进行建设，设计速度80千米/小时（镇城区路段60千米/小时），路基宽24.5米，双向四车道。其中：一期工程麒麟镇城区至姚厝围村路段先行建设，该路段长6.98千米，工程总投资约1.8亿元；二期工程赤岗镇至麒麟镇城区路段长17.87千米，工程总投资约3.2亿元。至2019年年末，一期工程已完成工程设计招投标工作，正抓紧进行施工图报批；二期工程正进行施工图设计。

【国道G324线普宁池尾至云落段配套工程】 该配套工程全长4.79千米，主线采用一级公路兼城市主干道标准，设计车速为80千米/小时。新增市政配套内容，在原路面宽24.5米基础上两侧拓宽为47.5米横断面，每边扩宽11.5米。包括新增市政雨水管、排污管、非机动车道、人行道及人行天桥等工程。工程估算总造价 1.1 亿元。至 2019 年年末，工程立项已完成，正进行设计招投标。

【国道 G324 线普宁池尾至惠来交界段路面改造工程】 该路面改造工程全长 22.78 千米，设计时速 80 千米 / 小时，双向四车道，路基宽度 24.5 米，沥青路面，工程总投资约 1.4 亿元。至 2019 年年末，工程建设方案省交通运输厅已批复，正抓紧进行各项前期工作。

【市区北二环延长线新建工程】 该延长线新建工程连接普宁市区东北部，起点与市区北二环路对接，并与环市东路、市区东部互通连接线平交。项目向东经上塘、贤堂、陂头、北门、下寨等村落，终点在下尾村附近与省道 S255 线（原县道 X110 线）平交，路线全长 6.49 千米，按一级公路兼城市主干路标准建设，设计速度采用 80 千米 / 小时，双向八车道，路基宽度为 50 米。工程估算总投资约 7.73 亿元。至 2019 年年末，正在进行各项前期工作。

【占陇至麒麟高速公路连接线新建工程】 该连接线新建工程连接普宁市区东北部，起点与市区北二环路对接，并与环市东路、市区东部互通连接线平交，上跨在建汕湛高速公路后，由新楼里水库东南侧经过，再途经南径镇，终点在奇美村附近与省道 S237 线平交，路线全长 11.29 千米。设计速度采用 80 千米 / 小时，按一级公路兼城市主干路标准建设，双向四车道，路基宽 24.5 米。工程总投资 8.66 亿元。至 2019 年年末，各项前期工作正在进行。

【省道 S255 线练江桥改建工程】 省道 S255 线线路在市辖区经过的练江桥经检测评为四类桥梁（危桥），为确保公路的安全畅通，拟进行改建。该桥全长 140 米，宽 30.5 米，跨径采用 4 孔 30 米，上部结构采用预应力混凝土箱梁，工程估算投资为 4587 万元。至 2019 年年末，工程的建设方案已编制完成并上报省公路事务中心审批，各项前期工作正在进行。

【国道 G238 线甘石径至池尾段改建工程】 该国道路段改建工程起点于普宁与揭西交界的甘石径，途经普宁里湖、梅塘镇和池尾街道，止于池尾街道池尾平交，全长 25.58 千米。现国道 G238 线甘石径至池尾路段为二级公路，水泥混凝土路面、路基宽 15 米、路面宽 12 米。拟按一级公路进行设计，设计速度 80 千米 / 小时，路基宽 24.5 米，双向四车道，砼路面，工程估算投资 9.9 亿元（包括 D1600 供水管 1.5 亿元）。至 2019 年年末，各项前期工作正在进行。

【公路养护】 2019 年，市公路局公路养护中心省养公路平均好路率为 95%，年末好路率为 96%，年末优等路里程 143 千米。全年该局公路养护中心沥青碎石修补路面 2.2 万平方米，投入资金 180 万元，有效保障公路安全畅通。全面加强对市公路局管养线路的日常养护和路面修补工作，全面加大路面的清扫和整修力度，有效确保养护路段路况良好。加强对管养公路、桥梁的检查和维修力度，继续对达不到“安保工程”标准的路段、设施进行整治完善。

【路政管理】 2019 年，市公路局路政管理部门对管养线路控制范围的违章搭建物和广告牌进行彻底清理整治，美化人居环境，提升城市品位；整治公路路域“脏、乱、差、堵”现象，努力创建“畅、安、舒、美”公路交通环境，助推‘创文”工作深入开展。加强上路巡查执法力度，全年共上路巡查 242 次，出巡率达 100%。拆除公路沿线违建摊

建设中的汕湛高速公路普宁段占陇收费站　　（江创波　摄）

档33处，清理乱摆乱卖占路为市27处；拆除公路违法广告标牌263块；清理路障杂物527立方米；清理公路乱张挂横幅42条。

（苏俊生）

电网建设与管理

2019年11月13日，被评为"广东电网样板工程创建金质奖"的10千伏——国道G324线池尾至云落寒妈段充电桩投入使用　（柯佳伟　摄）

【概况】　2019年，广东电网揭阳普宁供电局有限责任公司（简称"普宁供电局"）内设7个部室，辖26个供电所，年末，在职员工903人。供电区域总面积1620.05平方千米（含普侨区），供电客户数76.56万户。全年完成购电量42.21亿千瓦时，售电量39.89亿千瓦时。资产总额17.48亿元。

【电网布设】　2019年，市辖区内拥有110千伏—500千伏变电站21座。其中35千伏及以上输电线路和变电站的调度、运维、检修业务由揭阳供电局直接管理。普宁供电局负责配电网运行及管理的有10千伏线路271回，总长度为3224千米；公用配电变压器台区4651台，容量166.63万千伏安；用户专用变压器台区3780台，容量123.07万千伏安。

【电网规划与建设】　2019年，普宁供电局完成普宁电网"十三五"中低压配电网规划滚动修编及"十四五"配电网规划启动工作，加快实施新一轮农村电网改造升级，与占陇、军埠镇8个供电体制未理顺的自然村签订农网改造协议，全面完成占陇镇占苏村18个供电体制未理顺区域的升级改造项目。全年农网工程建设投资22375万元（主网投资5645万元，配网投资16730万元），配网修理技改项目投入3867万元，新建及改造10千伏线路180.40千米，配电变压器403台共184465千伏安。大力推进配网自动化改造，自动化覆盖率达75.2%。

【电力供应与安全生产】　2019年，普宁全市电网最高负荷达86.9万千瓦，比2018年最高负荷增长1.40%，全年负荷2次刷新历史新高。面对严峻的供电形势，普宁供电局科学安排电网运行方式，加强需求侧管理，挖潜增供，加强计划管理，大力推广带电作业、无人机线路巡查等科技手段，为全市经济和社会发展提供用电保障。

【供电服务与行风建设】　2019年，普宁供电局牢固树立"人民电业为人民"的服务宗旨，坚持"以客户为中心"，积极践行社会责任，落实一般工商业电价再降10%政策，为全社会工业用户节约电费负担5000余万元；"政企联动"深入惩治涉电违法犯罪活动，全年共查获窃电561宗，挽回经济损失1231万余元，着力维护社会用电秩序；推进"一证受理"及"三免"服务落地实施，精简业务扩充报装流程，实现中、低压业务扩充报装流程少于3个环节，营造良好电力营商环境。按照"积极稳妥、一步到位"的工作思路，推进供电业务扩展工程投资界面延伸至客户红线边，更好地服务客户，解决供电服务"最后一公里"的问题，节省客户投资成本。

（陈　浩）

邮　政

【概况】　2019年，中国邮政集团公司广东省普宁市分公司（简称"中国邮政集团普宁分公司"）内设综合办公室、市场营销部、金融业务部、渠道平台部、集邮与文化传媒部5个职能部门；成立中国邮政集团公司广东省普宁市寄递事业部，内设市场部、运营监控部。在市辖区分设有27个邮政营业支局和1个邮政所。年末，全体员工353人。全年邮政业务总收入12432.90万元（主营收入11816.01万元），同比增长10.74%。

【邮政设施】 网点建设 2019年，全市分设有邮政营业网点28个，分布于市内7个街道和18个乡镇。是年，中国邮政集团普宁分公司继续提升网点服务形象，推进营业网点标准化整治、投递室整修，为广大市民提供更好的业务办理环境。加大智能化网点打造，为26个金融网点上线“统一柜面系统”，简化前台业务办理程序，提高业务办理效率；在全市邮政网点共投放金融自助设备125台，其中存取款机60台，高速存款机3台，智能柜员机20台，存折一体机17台，存折补登折机25台，为客户提供智能化服务，减少客户办理业务等待时间，提升客户体验满意度。

运输工具 2019年，中国邮政集团普宁分公司有揽投车辆24辆，邮运汽车2辆，押钞防弹汽车8辆。

【邮政线路】 2019年，在流沙东、流沙南、流沙西、流沙北、池尾等5个街道辖区内设置邮政投递网点5个，投递邮路47条。其他乡镇场设置邮政投递邮路60条，根据服务人口和乡镇村落多少大小，各乡镇设有1—8条农村投递邮路。另设置车牌投递邮路5条，负责全市范围内车辆号牌的投送与代安装。固定汽车邮路8条，其中7条由中国邮政集团揭阳分公司组建开设，负责运送普宁邮政各网点进出口邮件，1条由中国邮政集团普宁分公司组建开设，负责转运市区揽收的出口邮件。

【邮政业务】 2019年，中国邮政集团普宁分公司持续多元化拓展邮政业务，加快代理金融转型升级，不断提升便捷惠民的服务水平和质量。

函件业务 围绕市场需求，发展普通邮资封、片、卡和约投挂号业务，重点开拓多媒体业务市场，多元化发展邮政函件业务。

集邮业务 推广集邮文化，培育集邮市场，开展己亥年邮票金、新邮预订、集邮品鉴会等线上线下集邮专项活动，丰富市民的文化生活。

报刊发行业务 提高报刊发行服务、运营质量，畅通线上线下订阅渠道，开展报刊大收订、“缤纷书香节·悦读为祖国喝彩”书香普宁图书巡展、新课标产品、党报党刊订阅等活动，促进报刊业务健康发展。全年邮政报刊收订窗口共收订报刊约2.3万单（份）。

寄递业务 践行“人民邮政为人民”的服务宗旨，开办邮政普通包裹、快递包裹和特快专递等业务，加强电商类客户的寄递服务和农村市场的开拓，实现邮政快递服务全覆盖。全年共收寄邮件587.43万件，投递邮件1106.31万件。

代理邮政金融业务 全市设有邮政储蓄网点26个，开办“协议利率存款”业务、大额存单、汇兑、基金定投、微信邮付、代发工资、中邮保险、中邮证券、国债等业务，为城乡居民提供绿色金融服务。移动金融业务迅猛发展，手机银行、网上银行安全、高效、快捷，理财产品多样化；针对客户的个性化需求，为客户提供资产配置服务。年末，全市邮政储蓄网点各项（含代理业务）存款余额49.79亿元。

金融便民服务 夯实普惠金融理念，深化贯彻落实国家惠民、便民政策，持续做好城乡居民各项投资保险知识宣传与服务工作，畅通各渠道缴费方式；开展金融便民服务进村活动，现场为村民开办银行卡、加办银信通、手机银行等业务，并提供业务咨询和预约服务；进一步加强宣传普及金融知识，通过发

2019年6月9日，中国邮政集团普宁分公司举办“追梦心向党，建功新时代”主题演讲比赛。图为参赛者在台上合影 （中国邮政集团普宁分公司 供稿）

放宣传资料、播放宣传片、组织员工开展户外宣传活动等，向商户、居民普及金融安全知识，提高公众识别和防范金融风险的能力；响应国家政策号召，推广 ETC 业务，在全市各乡镇、各网点为广大车主提供客户开卡、绑定、激活 ETC 电子标签的一站式服务。

农村电子商务项目　全年累计建设农村电商“邮乐购”站点 533 个，其中建成“邮乐购”扶贫站点 2 个，标杆点 10 个。以“邮乐购”站点为依托，打造农产品进城、工业品下乡的通道，充分发挥“邮掌柜”的区域联动能力，助力农产品返城、工业品下乡。通过电商平台助力特色产品产业发展，在邮乐揭阳馆上架销售“小京象”“富德园老香橼”“7E 蓝莓李果”“蔡口油甘”等 20 多款产品，销售额约 40 万元，实现精准扶贫。发展“邮乐购”代投站点 36 户，从 10 月起开始试运行，代投邮件 4000 多封。

【邮政企业经营与管理】　2019 年，中国邮政集团普宁分公司以习近平新时代中国特色社会主义思想为指导，坚持把党的领导融入公司治理各环节，推动党的建设与企业发展同频共振、互促互进，把党建工作优势转化为企业发展优势。持续推动“两学一做”学习教育常态化、制度化，开展“理论武装提升行动”，落实“三个第一时间”机制，开展“不忘初心、牢记使命”主题教育。推动党支部调整工作，将原有 7 个党支部调整为 6 个党支部，进一步优化党的基层组织设置。积极履行社会职责，开展扶贫进村帮扶活动；组织员工积极参与无偿献血和交通志愿服务。践行绿色发展理念，推进绿色邮政建设，配备绿色物品、宣传包装回收装置，减少资源浪费。加快网点整治，提升网点服务形象；加强服务质量管控和制度规范的执行监督，切实做好客户服务。提升风险管控能力和合规经营水平，全面防范金融风险。提升人力资源管理效能，优化人力资源配置，加强人才培养和队伍建设。提升网运效能和网运支撑能力，优化投递区域线路，增设揽投部，全方位配套设施；规范投递操作流程，提升投递服务水平。加强安全管理，强化安全教育培训，巩固安全意识，重点加强资金安全、消防安全、行车安全、寄递安全和信息安全管理，加大节假日和重大活动期间安全管控力度，实现全年安全生产无事故。全面推进企业创新，大力推进创意征集活动，提升企业创新水平。推进企业文化建设，提升企业凝聚力和向心力。

（黄晓曼）

快递业

【概况】　2019 年，普宁邮政管理办公室紧紧围绕“监管与服务”两手都要抓的工作思路，充分发挥普宁“电商大县”优势，持续推进邮政业供给侧结构性改革，全市快递业务增速保持高位增长，延续了稳中向好的态势。年末，全市取得快递业许可证企业 39 家（其中独立法人 17 家，分支机构 22 家），从业人员超过 4000 人。全年全市快递业务量总计 8.99 亿件，与上年末同比增长 48.42%；快递业务总收入 63.71 亿元，与上年末同比增长 47.21%。是年，普宁全市快递业务量和快递业务收入分别占揭阳全市的 61.97% 和 61.15%。以单件快件货值 100 元计算，普宁快递业全年承载的商品流通额超过 899 亿元；以普宁常住人口 245 万人计算，年人均快件使用量为 367 件，有力助推普宁社会事业发展和经济转型升级。

【狠抓落实寄递安全三项制度】　2019 年，普宁邮政管理办公室持续推动辖区内各寄递企业“收寄验视 + 实名收寄 + 过机安检”三项安全制度的落实，严格执行《禁止寄递物品管理规定》及指导目录，依法从严处理违规收寄行为，推进问题快件责任倒查追究的全链条管理。继续推进实名收寄制度，有效提升辖区快递件实名收寄制度信息化、标准化、规范化水平，保障实名收寄信息系统推广应用工作顺利开展并取得实效。实名收寄日均业务量 260 万件，邮件快件实名率达 99.82%。继续落实安检机配置应用，全市快递企业已配备到位安检机 22 台，基本实现应配尽配。

【强化行业管理】　2019 年，普宁邮政管理办公室坚持守住安全底线，继续强化安全生产工作，组织召开寄递渠道安全管理工作会议，推动落实安全生产责任制，加强重点行业领域安全风险防控，防范和化解行业重大风险；组织开展专题安全宣传活动，全年发放各类宣传海报、手册、资料等 500 多份，要求各邮政、快递企业在各营业门店、收寄场所悬挂安全生产标语宣传海报；在全行业营造扫黑除恶宣传氛围，人人参与扫黑除恶专项斗争；加强与市消防、综治办、公安和应急管理等部门的沟通协作，开展安全监管联合执法检查，查处寄递渠道中涉毒、涉黑和涉及管控危险物品的各类违法违规行为，推动和保障各项安全制度常态化落实，切实提高安全防范能力；强化寄递渠道中毒品、假烟、枪支爆炸物品管控等专项检查，实现全市寄递行业安全运行零事故。积极推动绿色邮政发展工作，打好行业污染防治攻坚战，全市各寄递企业使用电子运单的业务量占快递包裹业务总量98.89%，采购的自有封套、包装箱和包装袋均符合标准。

【提升服务水平】 服务是邮政与快递业的永恒主题，是企业生存和发展之本。2019年，普宁邮政管理办公室继续敦促各快递企业把对外服务质量水平的提升提高到树企业信誉和促企业发展的高度来对待，落实企业服务质量主体责任，重视对员工的职业和德育培训，强化企业管理，落实日常检查工作制度和服务工作规范，全面增强员工责任担当意识和综合服务水平。

（韦晓瑜）

信息产业

【概况】 2019年，普宁信息网络建设日趋完善。年末，全市有2G、3G、4G基站6701个，5G基站70个，手机用户192.87万户，固定电话用户18.5万户，宽带用户39.25万户，光纤用户38.16万户，网民规模近194.94万人。信息技术、网络技术、电子商务等在纺织服装、医药等主导产业中广泛应用。普宁市获评“2019年国家级电子商务进农村综合示范县”。电商发展实力全国县域排名进入前10，省内名列前茅，农产品电商排名全国50强，全国县域农产品网络零售排名85位。2019年，全市电子商务交易额为507.7亿元，同比增长9.5%。普宁市大力推进政务服务和“数字政府”改革建设，进一步推动政府职能转变、便利企业和群众办事创业，为全市经济高质量发展提供良好的投资营商环境。做好“互联网+政务服务”，推行政务服务“就近办”，推行政务服务“一次办”；推进县级权责清单事项清理减并工作；宣传推广“粤省事”指尖办事应用。加强政府网站建设，年末，人民政府网站集约化平台成功加入省人民政府网站集约化平台运作。市积极开展关键信息基础设施检查，强化重要敏感时间节点和重大活动期间政府网站安全防护，进一步提高网站和网络安全系数。

【电子商务】 2019年，全市电子商务持续稳定增长。据不完全统计，累计经市工商部门注册的电商个体户和企业7149家，网上开店超10万家，电商从业人数超30万人。拥有73个“中国淘宝村”和17个“中国淘宝镇”，获评“2019年国家级电子商务进农村综合示范县”，电商发展实力全国县域排名进入前10，农产品电商排名全国50强，全国县域农产品网络零售排名85位，家居服销售额在阿里平台占有相当的份额。4月，在全省电子商务进农村综合示范项目绩效评价中，取得良好等次；持续推进电商人才培训，依托市电商行业协会和高端培训机构等，开展电商运营高端人才线下培训11场、1000多人次，线上培训（微讲堂）5场、1500人次；各职业培训机构（博大、双林、中博职校等）开展电商人才专项培训共1392人。加强学习与交流，组织普宁电商企业赴杭州、深圳等地考察各大电商行业发展情况和电商直播基地建设及其运作情况。处理快递业集体大幅涨价事件，稳定全市快递价格。9月末，快递企业集体大幅涨价，对市电商行业信誉和经营造成较大影响，市委、市政府高度重视，由市工信局牵头，先后两次召开快递业价格协调会，使全市快递业务价格回归到合理区间，确保市电商行业健康持续发展。是年，全市电子商务交易额507.7亿元，同比增长9.5%；快递业务量累计完成8.99亿件，同比增长48.42%，业务收入累计63.71亿元，同比增长47.21%。

【信息网络建设】 2019年，全市信息网络基础设施建设进一步完善，新一代移动互联网日益普及，持续改善无线通信信号微弱地区的信号质量，努力消除信号盲区。全市现有2G、3G、4G基站（点）共6701个，5G基站（点）共70个，手机用户192.87万户，固定电话用户18.5万户，宽带用户39.25万户，光纤用户38.16万户，网民规模约194.94万人。

（郑志亮）

【电子政务】 2019年，普宁市大力推进政务服务和“数字政府”改革建设，进一步推动政府职能转变、便利企业和群众办事创业，为全市经济高质量发展提供良好的投资营商环境。做好“互联网+政务服务”。推行政务服务“就近办”。6月，组织实施全市28个乡镇场街道、568个村（社区）政务服务平台集约化改造提升工程，统一市、镇、村三级政务服务平台办事入口，实现三级政务服务平台的互联互通。推行政务服务“一次办”，推进县级权责清单事项清理减并工作；宣传推广“粤省事”指尖办事应用，通过“粤省事”指尖办事，群众可享受缴医保、查询公积金等高频服务事项全网通办，进一步方便群众办事，让“数字政府”建设成果惠及更多群众。加强政府网站建设。12月末，市人民政府网站集约化平台成功加入省人民政府网站集约化平台运作。该平台整合了市政务服务网、市政府信息公开目录系统、市重点领域信息公开专栏以及市直部门政府网站12个，业务系统涉及26个市直单位和28个乡镇场街道，可实现信息发布、政务公开、办事服务和互动交流等功能。开展全市关键信息基础设施检查，强化重要敏感时间节点和重大活动期间政府网站安全防护，进一步提高网站和网络安全系数。

（周倩玲）

中国电信股份有限公司普宁分公司

【概况】 2019年，中国电信股份有限公司普宁分公司（简称中国电信普宁分公司）以习近平新时代中国特色社会主义思想为引领，不忘初心、牢记使命，紧紧围绕市委、市政府工作部署，以党建为统领，按照各级巡察工作反馈意见落实各项整改措施；进一步规范企业管理，积极推进企业改革，深入开展自主经营划小承包，推动各项电信业务发展和优质服务，企业总体运营成效明显。年末，在职员工368人。累计建有4G基站670个，5G基站3个；手机用户331487万户，固定电话用户14.88万户，宽带用户16.97万户（光纤用户16.35万户），使用电信电视用户10.87万户。全年业务收入2.7亿元。是年，该公司分别获省公司、揭阳市公司“2019年度电信工作先进集体”称号。

【电信建设与维护】 2019年，中国电信普宁分公司加大网络建设投入和做好客户服务升级工作，筑牢智慧光纤网品质，提升移动网络覆盖，加快网络简化，有效支撑一线业务发展，满足群众通信需求。是年，实施10G光纤接入设备升级22个节点，升级割接光纤接入设备口数530个，端口到端口逐项优化，光纤宽带投产约1.2万个端口；完成37个光纤资源单点建设，约81个二级光纤分配箱建设。至年底，分光纤器累计到达总端口35.04万个，端口占用数18.76万个，实占率53.55%，同比提升4.65%；网络覆盖在网总站点数756个，其中室外站498个，室分基站258个。加快移动网优化补点和基站（点）的建设，落实深度优化、清网排障、服务提升等工作。是年，新开通4G基站16个，开通23个室分系统，开通25个室外网覆盖项目。做好光纤改造和电缆“退铜”工作，全年资源系统标识“退网”的主干电缆约18万线对千米，配线电缆约11.2线对千米；完成省公司退铜目标进度87.91%，全年累计拆除入库铜缆约10.5万线对千米。完成对池尾、麒麟、军埠3个镇级邮政机楼电信设备整体迁移，完成苍豪、马栅、布料城、西楼、石东等22个接入网点设备退网工作。加速清退低效老旧传输设备退网更新工作，全年完成271个室外光纤接入设备退网和传输设备更换更新。

加强电信设施维护。2019年，顺利完成市两会等重要会议、电视会议和市中考、高考各个考点电信线路巡查和传输信号畅达保障。全年管线维护完成派修单1641单，应急线路抢修248次；完成因管网破损造成光缆中断及时抢修接通52宗。提高电信设施维护质量，避免安全事故发生。成立服务质量专项

中国电信普宁分公司工作人员在室外进行5G通信保障

（中国电信普宁分公司　供稿）

领导小组及工作小组，总经理任领导小组组长，工作小组由客户服务响应部相关人员组成。对装维机工单、虚假回单、异常撤单、用户投诉工单、服务质量问题等进行管控、督查和处理。举办装维技能、服务质量技能及安全生产工作提升培训班。是年，新增通过省公司智维装维工程师认证31人。

【市场经营】 2019年，中国电信普宁分公司以客户经营服务为中心工作，强化市场空间意识，转变发展方式，通过营销服务差异化实现高质量发展。进一步做好降本增效，实现企业有规模、有质量、有效益、有价值的科学发展，确保达到全年预算目标。坚持价值导向的市场化资源配置，按收入利润率驱动，根据各营服中心的自主经营认领收入值，结合营服中心分档、用户规模等具体情况进行科学配置，将业务发展的装移机材料、终端成本、渠道费用、坏账准备等成本，以及光纤投资折旧成本分解下达到各营销服务中心。完成各营销服务中心市场化公开竞标工作，共有45人参与26个中心的小首席执行官竞标。竞标参加人员有部室人员，后端人员，政企经理，原中心经理，装维经理，营业员，渠道经理。竞标全程开放员工旁听，现场计分，现场开标，现场公布。标王认领率为14.83%。竞标实践，使各营销服务中心营销渠道能力明显提升。是年，中国电信普宁分公司连续三年获揭阳公司营销渠道发展特殊贡献奖。

【电信企业管理】 2019年，中国电信普宁分公司全面加强企业党的领导和党的建设。精心组织举办延安精神专题讲座，组织党员干部到茂芝参观学习，进一步提振企业干部职工艰苦奋斗精神。推优争先，广达营销服务中心党支部被省公司党委评为党支部示范点；梅林营销服务中心党支部被评为普宁市先进基层党组织；梅林、广达两个营业厅被市直工委定为普宁市党建示范窗口。完成党员档案清理、开办党建专户；对基层联合支部进行整改，健全综合部党支部和销售部党支部支委设置，规范党支部活动室建设。开展“不忘初心、牢记使命”主题教育工作。组织党员干部员工开展义务植树、扶贫捐款、交通志愿者服务和同唱国歌同升国旗、快闪“我和我的祖国”歌唱活动等。推进企业制度体系变革，引导薪酬分配、团队组建改革，激发员工活力。打破大锅饭，实行经理人员年薪制；强化价值导向，对主要岗位价值进行梳理评估，作为奖金分配的核算依据，推进高价值高激励。深化绩效奖金与岗位等级脱钩，促进岗位价值与员工奉献度双提升。深化积分、工单激励改革，强化工作量积分激励到人；落实维修人员计件计量计薪模式，鼓励多劳多得。设立营销规模发展专项激励，优化完善市场化激励导向，每季度进行一次专项奖励。

（唐琼雄）

中国移动通信集团广东有限公司普宁分公司

【概况】 2019年，中国移动通信集团广东有限公司普宁分公司（简称“中国移动通信普宁分公司”）进一步强化企业管理，努力提升网络建设、市场运营能力，助力普宁市信息化建设和经济社会可持续发展，取得较好业绩。年末，在职员工190人。累计建有4G基站2370个，5G基站68个。移动通信客户规模127.2万户，固定电话用户1万户，宽带用户19万户（光纤用户19万户），其中使用移动通信电视用户13万户。全年业务收入7.6亿元。是年该分公司获省公司授予的“班组建设先进单位”称号，获揭阳公司“存量运营突出贡献奖”“营销支撑质量奖”等奖项。

【移动网络建设与维护】 2019年，中国移动通信普宁分公司全面加强信息基础设施建设，持续改善网络覆盖，提升网络服务质量。提高4G网络覆盖广度和深度，新建4G基站745个，累计开通4G基站2370个。加强传输网络基础建设，提前规划并滚动建设，全年累计建设73千米管道，383.97千米皮长光缆，投产7个机房。践行“宽带中国”战略，全年新增2.7万个家庭宽带信息点，扩容3万个端口，全市家庭宽带信息点规模达到54万个，加深加密城区光纤网络覆盖，扩大乡镇、农村覆盖面，为市民提供良好的宽带接入服务。开展网络提升专项工作，强化质量基础支撑，全年投入专项资金1000多万元，通过新建基站、重点高端住宅小区室分覆盖、城中村室分外建、拆闲补忙、老旧站点FDD升级等多手段新模式，解决全市网络弱覆盖问题。加速5G建设，全力推进5G站点建设，全年建设开通5G基站68个。主动做好通信保障，顺利完成重要活动、灾害天气、节假日等通信应急保障，用户通信感知良好，保障期间无发生重大故障、无重大投诉。

【推进5G应用及合作】 2019年，5G正式商用，业务应用、场景应用不断亮相。中国移动通信普宁分公司全力推进5G基站建设与应用，至年末建成并开通5G在基站68个，率先在全市展现5G在商用、业务与场景等应用中的明显作用与优势，并创造了5G应用的4个第一：全揭阳市第一个5G电话拨通。5月17日，中国移动通信普宁分公司5G体验厅正式开放，市政府领导接通揭阳市第一个5G视频电话并亲身体验5G产品品质，此次揭阳首个跨区域5G电话成功拨通，标志着普宁5G商用进程迈出了关键一步。普宁市第一场龙舟赛5G直播。5月22日，揭阳市首届"贤德揭阳"端午龙舟竞赛普宁市初赛在练江举行，中国移动通信普宁分公司首次利用5G技术直播展示全程比赛情况，并现场设置中国移动5G-VR观景台，利用高科技给市民带来全新观赛体验。比赛期间，通过5G高清直播平台观看龙舟赛事超100万人次。普宁市第一场5G工业应用、智能电商、智慧园区战略合作协议签约。8月13日，在市委、市政府领导的见证下，中国移动通信普宁分公司、市工信局、潮汕学院、池尾街道办事处联合共同签署共建5G工业应用、共建5G智能电商战略合作协议，并发布电商企业"5G+电商"六大专属服务，致力打造5G工业应用展示和电商行业的智能生态有关信息。10月22日，与市英歌山工业园管委会、市科技工业园管委会签署共建5G智慧园区战略合作协议，推动新时代园区和园区企业的转型升级，更好落实市委、市政府"融湾接带联汕"战略要求，助力打造"商贾名城、创新之城"。第一场5G科普体验活动。9月18日，利用"全国科普日"契机，在潮汕职业技术学院设置5G体验区，开展全市第一场5G科普体验活动，向广大师生推广普及5G知识，提升科普活动吸引力。

2019年10月22日，中国移动通信普宁分公司与市英歌山工业园管委会、市科技工业园管委会签署《共建5G智慧园区战略合作协议》 （许洁宏 摄）

【移动市场经营】 2019年，中国移动通信普宁分公司多举措提升市场经营能力。贯彻落实提速降费工作要求，通过下调资费价格、免费提速升档等方式，实现中小企业宽带平均资费降低15%；通过实施手机套餐升档降费、大幅降低套餐外流量单价，实现移动流量平均资费降低20%以上。有序推进手机携号转网，11月，全面启动携号转网试运行，并开展携转知识全员培训，落实各服务界面开展流程穿越，做好问题总结和流程梳理，以便为客户提供更优质、便捷服务。加快家庭宽带的发展，通过广泛合作，推动行业不断升级，有力推动宽带市场提质。年末，家庭宽带用户超21万户，其中百兆宽带用户超1.3万户。

【行业信息化服务持续推进】 2019年，中国移动通信普宁分公司着力围绕教育、社会治理、旅游、医疗等领域，顺应5G发展趋势，大力推进智能化应用，促进社会经济信息化进程。推进智慧校园建设，为多所学校提供网络、"一键报警"、一卡通、数字教育资源等服务。普宁职校校园信息化系统和56个教育单位云视讯视频会议系统项目先后建成投入使用。推进智慧交警建设，为市、镇重点卡口红绿灯提供电路租用专线信息化服务，为市交警大队提供对讲即时警务通服务。推进智慧医疗建设，为市重点医院提供"宽带+高清电视直（点）播+医疗视教视频+开机页面宣传"的整体应用。推进智慧环保建设，与市生态环境部门合作搭建"生态环境信息化管理系统"。在市"三江"（榕江、练江、龙江）流域内建设20个小型水质自动监测站，实现水质监测规范化、常态化、自动化；与市各地污水处理厂共同打造"无人值守"信息化系统，实现对泵站内主要设备、出入人员及泵站周边通道的实时监控及时报警。推进智慧旅

2019年9月18日，中国移动通信普宁分公司组织员工到潮汕学院开展“5G”科普宣传咨询活动现场　　（中国移动通信普宁分公司　供稿）

游建设，联合市旅游部门打造普宁智慧旅游平台，结合“普宁旅游”微信公众号资源，为普宁游客提供“吃、住、行、游、购、娱”全方位信息服务，让游客能够“一部手机游普宁”，帮助市旅游部门实现游客数据智能统计分析、统筹管理与科学决策。

【移动通信客户服务】　2019年，中国移动通信普宁分公司积极履行“全心全意，为您服务”的宗旨，不断规范营业厅服务程序，利用电子渠道分流作业从而提高服务效率；不断优化厅面形象布设，为客户提供最贴心、舒适的服务环境；不断提升服务质量，强化一线营销规范和处理效能，实现服务质量和效益双促进。开展总经理“客户接待日”活动，发挥移动用户监督委员会监督作用，收集客户意见和建议，进一步完善客户问题的后续跟进和类似问题的预处理。

【企业综合管理】　2019年，中国移动通信普宁分公司基础管理持续夯实，完善各项规章制度，调优组织体系，激发队伍活力；落实安全责任制，开展各类安全知识培训及安全实操演练7次。加强党的思想、组织和作风建设，落实“三会一课”，扎实推进“不忘初心、牢记使命”主题教育。传承文明风尚，凝聚社会正能量。在春运期间，联合市总工会到高铁站春运便民服务点开展志愿者慰问活动；协助市妇联等单位举办普宁市“三八”维权周普法宣传暨“新时代　新服务　新形象”活动；与市团委开展第十批“青年移动书屋”进农村活动。精准扶贫，助力里湖镇汤头村分散贫困户的脱贫攻坚工作。通过信息化扶贫，为该村建设基站1个、建设家庭宽带信息点约500个，实装率34.4%；开展节日慰问活动，共为贫困户送去慰问金（物品）2万余元。是年末，该村贫困户25户、41人已实现全部脱贫。

（温冬梅）

中国联合网络通信有限公司普宁分公司

【概况】　2019年，中国联合网络通信有限公司普宁分公司（简称“中国联通普宁分公司”）坚持以习近平新时代中国特色社会主义思想为指导，全面贯彻党的十九大和十九届二中、三中、四中全会精神和中央经济工作会议精神，坚持党建统领全局，坚定不移贯彻新发展理念，推进企业治理体系与治理能力现代化，纵深推进“五新”联通建设。年末，在职员工80人。累计建有4G基站610个，5G基站25个；手机用户32万户，固定电话用户1.8万户，宽带用户5万户（光纤用户4.8万户），使用联通电视用户4.8万户。全年完成主营业务收入1.41亿元，其中政企通服务收入同比增长16.15%。是年，中国联通普宁分公司获2019年度广东联通政企客户线最佳区县分公司表彰。

【联通网络建设】　2019年，中国联通普宁分公司持续推进4G网络建设和政企专网建设，全年移动网投资1256万元，政企专网投资560万元，扩大基础网络覆盖面。推进4G目标网络覆盖面，全年新建4G基站（点）55个，累计建成4G基站（点）610个。同步组织开展4G网络质量优化和4G网络高清通话优化、高铁站专项优化等工作，4G网络价值区覆盖率提升5.4%，价值区域识别与分析提升至92.4%。坚持5G领先发展战略，率先开通揭阳市第一个5G基站，累计已建成5G基站25个；开通第一批5G试点支撑项目，推动

5G 场景与行业的融合试点。

【联通业务经营】 2019 年，中国联通普宁分公司借助行业生态优化契机，主动促成本地行业竞合，有效遏制渠道恶性竞争，积极推动发展结构调优，提升公众市场经营效能。强化固定移动融合技术发展，抓好传统社会渠道代理商和营业厅固定移动融合业务渗透，固移融合业务发展占比达 54%。推动终端融合发展，以泛终端引领，加强对外合作，搭建体验式销售场景，推动中高端业务发展，泛终端年末销售额比年初提升 89%。以金融融合积极拓宽异业合作商家，中高端业务日均产能发展占比达到 30%。是年，重点加强对市农业、工业、医疗等领域有关单位、产业园的联系和合作，实现高端通信设施设备建设项目有效落地。其中，中标完成普宁青梅产业园大数据平台建设，在全省率先实现省级现代农业产业园项目突破；市两家医院率先完成“影像云”等设备的安装开通。创新发展以“舆情通”和“云＋小程序”等标准化产品营销实现公众“云”业务同比大幅度增长；智慧校园圈校工作取得历史性突破，完成信息化智慧校园圈校 3 所，累计放号近 5000 户，年度完成率 139%，放号量与上年同比提升 83%，全市同行业同类项业务完成量排名第一。

【客户服务】 2019 年，中国联通普宁分公司以客户感知为着力点，切实提升数字化服务水平。为客户办实事，真诚接受客户对开办业务的监督和投诉。搭建全触点标准化服务体系，有效申诉率同比改善 41.1%，投诉处理时长同比缩短 5.1 小时，投诉解决率同比提升 2.4%。

2019 年 4 月 10 日，中国联通普宁分公司主办的第七届“联通杯”创新创业大赛在潮汕学院举行 （中国联通普宁分公司 供稿）

以数字化转型为向导抓服务渠道升级。顾客忠诚度提升全面达标，超级星期五会员福利活动平台会员超 14 万人次，官方微博吸引粉丝超 10 万人次。

【联通企业管理】 2019 年，中国联通普宁分公司围绕总公司总体战略目标，以聚焦体制机制改革与人才队伍结构优化为工作着力点，进一步深化强化企业管理，深入推进企业瘦身健体、划小改革、选人用人机制三项改革力度。瘦身健体持续深化，职能部门支撑岗位精简比例 11.3%；划小改革全面启动，设立综合服务支撑中心，实现营销服务及政企业务集约受理；人才队伍建设全面加强，制定人才规划、落实人才工程，打造百人战略人才队伍，新型人才占比率 80%，数字化新型人才占比提升 15%。

（李晓茵）

水　利

【概况】 2019 年，市水利局根据《广东省水利发展“十三五”规划》的要求和市委、市政府的总体部署，按照市经济发展战略要求和新时期治水思路，结合水利新形势，坚持节水优先和保护优先，加强水资源、水环境、水生态监管，强化水域和水利工程的管理保护，维护河湖生态健康；加强水资源综合利用、优化配置和节约保护，保障合理水需求和水资源的可持续利用，为经济社会发展提供水安全保障。全年市完成水利投资约 4.1 亿元。推进练江流域综合治理水利工程项目建设，完成水库除险加固工程 3 宗、堤防达标加固工程 5 宗；完成省中小河流治理（二期）工程项目 6 宗；“河（湖）长制”全面推行，完成市河湖名录编制和部分“一河一策”编制工作。是年，加固江堤 117.12 千米，累计完成土方174.12万立方米，石方16.91万立方米（其中浆砌石5.64万立方米），混凝土17.66万立方米。

【水利工程建设】 练江流域规划水利工程按计划抓紧推进　全市练江流域综合整治工程水利部分共27宗，计划总投资19.64亿元，至2019年年末，已完成投资12.98亿元，投资完成率66.09%。其中，已完成3宗水库除险加固工程和流沙中河、白坑水、光南溪、北切流、西切流等5宗堤防达标加固工程，完成投资2.8亿元；在建7宗，总投资8.26亿元，完成投资7.16亿元，投资完成率86.65%；其余12宗工程项目正在抓紧进行前期报批工作。

中小河流治理工程建设任务顺利完成　全市列入2018年广东省中小河流（二期）治理任务的工程项目有6宗，上级批复需治理的6宗中小河流河段总长74.76千米，总投资13797万元。至2019年年末，已完成工程建设并按计划组织验收。

农村集中供水工作进一步夯实　2019年，继续实施大南山街道（陂沟村）、广太镇两宗村村通自来水工程建设；对省水利厅巡察工作“回头看”指出问题及时整改，查漏补缺，补齐供水工程施工短板，于年底完成对南溪镇61户贫困户补齐集中供水入户工作；积极推进省定贫困村集中供水入户工作，至年末，全市18个省定贫困村贫困户全部用上自来水；完成南溪镇北溪村、麒麟镇陈洞村2宗供水管网更新改造工程；制订《普宁市全域自然村集中供水实施方案》并经市政府常务会审议通过，已上报揭阳市水利局，下一步将按计划分步实施。

面上其他水利项目建设同步推进　至2019年年末，流沙中河市区段整治工程、榕江南溪段河流治理工程、辖区榕江堤防抢险工程（共5段险段）、市纺织印染环保综合处理中心工业引水工程、起步区供水管线工程、大径山塘整治工程均已完工验收。总投资4925万元的水尾溪占陇段、下架山段整治工程基本完成河道清淤工作，投资完成率分别为80.01%、84.9%；白坑水整治工程完成投资1700万元，投资完成率58.62%；白马河占陇段整治工程完成投资700万元，投资完成率29.52%；汤坑溪整治工程已完成合同签订工作；市洪阳河流域（洪阳镇区段）河道水环境综合整治工程完成投资2880万元，投资完成率70.07%；总投资500万元的水源地内源污染治理工程已完工。

水利工程项目的规划、申报、储备工作　根据上级有关政策及文件精神，结合市实际，加强与上级相关部门的沟通衔接，切实做好项目规划、申报、入库储备等基础性工作。

【“河（湖）长制”全面推行】 依法开展河湖管理范围划定工作　2019年，全市河湖管理范围基本划定，继续抓紧后续工作完成，对已划定河湖管理范围的，将设立界桩和标识牌。

编制一河（湖）一策、建立一河（湖）一档　是年，全市已完成河湖名录编制和洪阳河、水尾溪、三坑水库、典竹电排（贡山电排下游分支）及里湖镇排污渠等5宗“一河一策”编制，其余主要河流和中型水库的“一河一策”编制工作正在抓紧进行。市级主要河流的一河（湖）一档基础信息收集录入工作全面完成。

加强河湖长制信息化建设　建立市河长制工作微信群，加强市、镇、村之间信息交流；入驻“广东智慧河长”微信平台用户773名，覆盖市、镇、村三级河长、领导小组成员单位负责人及市、镇两级河长制办公室人员。2019年年末，全市各级河长累计使用“智慧河长”微信平台发送巡河信息5954条次，发现问题92宗，已办结82宗，其余问题正在审核处理中。

推进水环境“清四乱”“五清”及农村人居环境“三清三拆”水利专项行动　2019年，“清四乱”（即清理乱占、乱采、乱堆、乱建）在全市开展的水环境治理行动主战场为榕江、练江、龙江及其干支流流域，全市共排查“清四乱”问题22宗（其中榕江流域11宗，练江流域11宗），至9月已清理整治到位。开展江河流域“五清”（即清污、清漂、清淤、清障、清违）专项行动，年末全市累计清理河流段长度1050千米，清理水域面积60平方千米，已拆除各类违章搭建物3.4万平方米，清除水面水浮莲等植物面积20.67万平方米，设置水面漂浮物拦截设施200个。全市境内各级河长制责任河段大部分已基本清理洁净，水环境面貌明显改善。开展“三清三拆”水利专项行动，经摸查进行清理整治274处，除17处属历史遗留问题外，其余257处已全部完成清理工作。

【水资源管理保护】 按照国家实行最严格水资源管理制度工作要求，2019年，市水利局坚持依法用水、管水和治水，进一步强化责任落实，严厉惩治涉水环境违法行为。

实行最严格水资源管理制度　2019年，市水利局委托有资质单位编制《普宁市水资源综合规划》，已完成初稿。完成普宁市2018年水资源管理考核，最终自查考核得分91.05分。严格实施水资源取水许可、水资源论证等制度，全年共完成取水许可审批16宗。贯彻执行国家“坚持节水优先”的方针政策，落实节水相关工作。

加强对取用水资源监管和涉水环境违法行为查处 2019年，市水利局持续加大对全市印染印花企业取用水资源情况的巡查监管力度，做好水资源费收取工作，严厉惩处非法采砂、洗砂行为。全年，出动执法人员1655人次，检查印染印花等各类企业486多家次，巡查各河段非法采砂、洗砂行为，发现存在涉水环境违法行为的单位和个人7宗，已全部立案调查，并依法对涉案单位及个人做出行政处罚。

加强对开发建设项目的水土保持监督检查力度 2019年，市水利局开展辖区内生产建设项目“天地一体化”监管专项行动，完成复核市水土保持扰动图斑147个。在复核过程中发现水土保持方案或措施未批先建的生产建设项目，及时发出通知责令其落实整改。同时，在开展全面巡查的基础上，重点加强对上三坑水库、下三坑水库、汤坑水库和白沙溪水库等主要饮用水源地进行重点监督检查，是年共发出关于要求落实整改措施的函件5份。全年全市新增水土流失治理面积7.33平方千米，其中实施水土保持工程措施0.2平方千米，植草固土0.91公顷，设置沉砂池3座，修筑排水沟长1010米，修筑截水沟长238米，植树造林7.13平方千米。

【粤东三江水系连通工程相关基础工作】 2019年，市水利局紧紧抓住省实施粤东三江（韩、榕、练三江）水系连通工程的契机，积极同省水利厅、揭阳市水利局、省设计院和粤东三江公司等部门进行沟通对接，提前做好相关基础性工作，推出符合普宁市实际需求的“双给水、四受水”水资源配置方案并得到采纳。涉及市主要有2个子项目，即榕江关埠引水工程（工程概算总投资23.68亿元）、乌石拦河闸引水工程（工程概算总投资1.13亿元），市水务局积极配合施工单位及有关部门，及时协调工程实施过程中遇到的问题，确保工程顺利推进。该水系连通工程通过引水可增加引水渠道及练江的生态流量，增强水动力，改善引水渠道及练江的水环境和水生态，充分发挥普宁环境生态效益和社会效益。

【水库移民村建设】 2019年，市水利局进一步做好水库移民工作。至年末，全市累计属大中型水库移民人口核定为3598户、17038人。其中跨省水库移民3户、11人、三峡水库移民2户、3人。是年，市水务局继续做好水库移民扶持规划资金直补工作，全市共发放水库移民直补资金1022.28万元，已全部直补到人；拨付移民村后续扶持项目资金1303.98万元，涉及30多宗项目，其中完工并验收14宗，其余项目抓紧按程序实施。主要完成移民村道路水泥化建设2.5千米，加固堤围0.5千米，实施饮水工程1宗，新建山塘工程1宗，安装路灯202盏，新建文化室面积539平方米等项目，大大改善移民村生产生活条件。

【农村水电机电工程与水利工程质监管理】 2019年，市水利局加强对全市农村小水电和机电排灌工程的监督管理，确保安全运行无事故。继续做好市农村水电增效扩容工程建设管理工作；协助、督促加快推进列入练江流域综合整治工程中的占陇涝区和龙门涝区两宗项目的前期工作。完善水利工程质量监督管理、安全生产隐患排查整治等工作机制。充分发挥水利工程质量监督部门及安全生产办工作职能，组织对在建工程项目施工环节的现场质量监督和安全隐患大排查，严格执行竣工项目的验收程序规范和标准，严把工程质量和安全生产关。

【水旱风灾害防御工作】 2019年，市防汛工作抓早、抓实，各地领导重视、部门协调配合，做到及早部署，措施扎实有效，确保平安度汛。

开展汛前安全检查，做好应急物资储备 针对各地各单位汛前自查发现的问题工程，市水利局派出4个督查组予以跟踪落实，及时消除安全隐患。汛前市各地急需对水库、山塘、水闸、堤围等水利设施进行除险加固工程项目11宗，市财政局专门补助资金共150万元，对各除险加固项目落实资金补助支持，确保防汛设施工程安全度汛。是年，由市“三防”指挥部下达指标，落实市供销集团公司代储备防汛编织袋20万条，市商业集团公司代储备防汛镀锌铁丝5吨，手电筒450支，气灯50支。同时配备卫星电话35部，方便应急通联、转移受灾群众需要。

健全领导机构，强化责任落实 汛前，市及时调整市“三防”指挥部领导成员，并同时调整市直水利工程防汛责任人，各乡镇场街道也相应调整和充实防汛指挥机构。对全市5宗中型水库，38宗小（1）型水库，4宗大堤防、1宗大型水闸、15宗中型水闸、101宗小（2）型水库以及山塘，电排站及面上小水电

站的防汛责任人和技术负责人进行调整补充并签订责任书，全市共签订水利工程防汛安全责任书430多份，并将水利工程防汛责任人名单在市广播电视台播放公示，接受社会监督；同时将防汛行政责任人和技术负责人名单录入到广东省“三防”责任制管理系统信息网中，将全市144宗中小型水库、每宗水库三个责任人名单立牌匾挂出公示，真正把防洪安全责任制落到实处。

加强宣传培训，提高应急处置能力　是年6月，市水利局专门印发《防汛防旱防风知识宣传手册》《山洪灾害防御常识和宣传》《山洪灾害防御知识》山洪灾害防御明白卡等5000多份，发放到社会各界、各有关单位和各乡镇场街道及村居；7月10日，市“三防”指挥部与市委组织部联合举办全市“三防”知识专题培训班，组织各乡镇场街道防汛责任人、技术负责人、水利所所长，市直水管单位负责人参加培训，进一步明确防汛责任人的工作职责，提高各级防汛责任人的科学决策、指挥调度和防汛抢险的快速应急处置能力；市“三防”指挥部和市水利局联合举办卫星电话演练，参训人员60人。通过培训，使参训人员基本掌握卫星电话使用功能及使用技术。

科学调度，坚持防汛和节约水资源并举　实行科学调度，建立水库、水电站、河道、堤防、水闸联调联控机制，尤其是建立汤坑水系和三坑水系两个水系的水库水电站联调联控机制，在确保水库安全的前提下尽量控制洪水，既减轻下游堤防的防洪压力，又确保有充足的水资源满足城乡供水需要。

强化部门协作，完善应急工作预案　切实做好市水旱灾害防御工作，依据《中华人民共和国防洪法》《中华人民共和国突发事件应对法》《中华人民共和国防汛条例》《国家防汛抗旱应急预案》《普宁市突发公共事件总体应急预案》《普宁市防台风防洪工作预案》等有关法律法规和预案，结合市防汛防旱防风指挥部成员单位职责，市各相关单位也分别制订了防台风防洪应急工作预案，使市各级防御自然灾害调度工作进一步走向正规化、制度化。是年，在防御台风、暴雨洪水灾害过程中，根据预案，及时作出防风防汛指令，确保“三防”应急工作有序高效开展。市水利部门启动防汛Ⅳ级应急响应3次，Ⅲ级应急响应3次；市“三防”办公室通过省防总短讯预警平台成功发布预警短讯5次、15944条，市山洪灾害预警系统共发布预警短讯305次、37764条；市气象部门发布黄色暴雨预警信号42次、橙色暴雨预警信号12次、红色暴雨预警信号2次；台风白色预警信号2次、台风蓝色预警信号2次、台风黄色预警信号1次。由于市委、市政府高度重视，预警及时，各级、各部门密切配合，指挥、调度、防御能力进一步提升，将灾害经济损失降至最低。据市“三防”指挥部统计：2019年汛期，全市遭受8轮强降水天气过程袭击，其中，受西南气流和切变线共同影响，7月9日8时到10日8时，全市出现强降水天气过程，有18个站点录得雨量超过100毫米，其中池尾录得全市最大雨量212.4毫米。此次强降水过程，全市受灾乡镇11个，受淹村居27个，受灾人口83299人，倒塌房屋5间，转移人口1831人，直接经济损失2695.35万元。2019年，对全市有影响的台风有两个：1907号台风“韦帕”和1911号台风“白鹿”，由于预报准确、防御得当，两个台风均未造成较大经济损失。

（方少龙、陈冬锋）

城市供水

【概况】　2019年，市供水管理局内设8个职能股室，下辖6个供水管理所、4家水厂、1个水暖器材中心和各一支负责管道安装、管道检修、管道测漏、供水监察的专业队。年末，在职员工743人。4家水厂日供水能力达34万立方米，DN75以上供水管网总长约589.58千米，供水范围覆盖整个流沙市区和周边区域，包括占陇、军埠、下架山、南径、里湖、梅塘、云落、洪阳、大坝等镇，服务范围人口近200万人。

【供水工程建设】　平头岭水厂改造工程　该工程计划总投资约2000万元，设计规模为日供水能力5万立方米，对原有制水工艺系统、进出厂输水管道进行改造升级。工程于2019年3月开工，至年末已完成出厂输水管道安装、加药间改造及部分管道预埋和反应池、沉淀池等主体工程建设。

城乡旧管网改造升级工程　该工程为普宁市“十三五”规划（2016—2020年）重点项目之一，计划总投资2500万元。2019年，累计投入资金约469.5万元。至年末完成山湖桔园、西园（包括市政府驻地、西市服装城）等周边片区的旧管网改造升级工作，完成管道改造约21.2千米，改造水表6300多个，解决了区域性水压偏低、老旧管网造成的水质二次污染问题，保障通畅安全优质的供水服务。

市区消火栓补建二期工程 该工程计划总投资约330万元，铺设DN100至DN300管道约4.8千米，建设177个DN100地上式消火栓。工程于2018年10月动工，2019年4月竣工。工程的建成，进一步完善市区消防基础设施建设，提升市区消防综合水平。

莲花山水厂原水输水管道改建工程（一期） 该工程计划投资约4600万元，铺设直径为DN1600、长约2.5千米的输水管道。至2019年年末，工程已完成《可行性研究报告》、立项、勘察设计等前期工作。

2019年8月23日，普宁市供水管理局安全生产知识培训班在供水局附属楼会议厅召开 （市供水局 供稿）

【供水管理】 2019年，市供水管理局继续落实安全生产管理各项制度，强化对原水水质监测，加强对各水厂生产工艺管理，牢把出厂水质质量关。4家市办水厂出厂水质长期优于国家颁布的《生活饮用水卫生标准》（GB 5749－2006），全年未发生水质安全事故。以市"十三五"规划（2016－2020年）为企业发展战略目标，以市"创文"和"创卫"工作为契机，切实抓好提高生产效率和便民服务工作，树立窗口企业服务形象；不断深化企业改革，进一步完善各项规章制度和管理制度，推进供水基础设施建设，打造现代化供水企业。重视群众反馈意见，通过供水管网监测系统实时监测各区域水压，及时掌握解决供水存在问题。加强供水设施维护和监管，加大对违章用水行为的查处力度。全年累计配合有关街道清理"两违"建筑物水表200个；拆校水表1450个，修复管道破漏1600多宗，抢修及时率达100%。以市供水管理局微信公众号平台为主阵地，稳步推进智慧供水信息发布、智慧供水收费进程。全年通过微信缴纳水费1143748笔，比上年增加29.8%，减轻窗口收费高峰期压力；及时通过供水微信公众号平

表6 2019年普宁市市区计量水价收费标准表（按月计量吨数）

改革后用水分类	两部制计量水价	水　价
居民生活用水	第一阶梯（28吨以下含28吨）：	1.81元/吨
	第二阶梯（29吨以上—42吨含42吨）：	2.72元/吨
	第三阶梯（43吨以上，含43吨）：	3.62元/吨
非居民生活用水		2.75元/吨
其中：工业用水		2.20元/吨
特种行业用水		4.35元/吨
趸售镇用水		1.55元/吨
供物业小区自来水总表结算		1.98元/吨

表 7　2019 年普宁市市区容量水价每月收费标准表

装表口径		容量水价收费标准	
口径	额定流量（吨 / 小时）	居民生活用水（元 / 户）	非居民生活用水（元 / 户）
15 毫米（ 4 分表）	1	4	10
20 毫米（ 6 分表）	1.6	6	16
25 毫米（ 1 寸表）	2.2	9	22
40 毫米（1.5 寸表）	6.3	25	63
50 毫米（ 2 寸表）	10	40	100
80 毫米（ 3 寸表）	22	88	220
100 毫米（ 4 寸表）	32	128	320
150 毫米（ 6 寸表）	63	252	630
200 毫米（ 8 寸表）	113	452	1130
250 毫米（10 寸表）	212	848	2120
300 毫米（12 寸表）	305	1220	3050
400 毫米（16 寸表）	543	2172	5430

（潘炯填）

台和市广播电视台向公众公布水质和发布停水通知，并尽力缩短恢复通水时长。提高企业应急处理能力，组织参加各培训活动。全年组织防液氯泄漏和消防灭火演练 8 次，组织干部职工 300 多人次参加水质化验、安全生产知识培训班等培训学习，夯实企业人才基础。

【自来水经营】 根据《普宁市人民政府关于市区自来水价格改革问题的批复》文件规定，自 2013 年 12 月 1 日起执行新的收费标准，实行两部制水价（容量水价加计量水价相结合的计算方法），简化用水分类。每立方米水费：居民用水第一阶梯月户用水 28 立方米及以下的 1.81 元，第二阶梯月户用水 29 立方米至 42 立方米的 2.72 元，第三阶梯月户用水 43 立方米及以上的 3.62 元；非居民生活用水 2.75 元（其中工业用水 2.20 元）；特种行业用水 4.35 元；泵售镇用水 1.55 元；供物业小区自来水总表结算 1.98 元。2019 年，市供水局全年完成售水 5893 万立方米，其中居民家庭用水 3311 万立方米，生产运营用水 472 万立方米，公共服务用水 1397 万立方米，其他用水 713 万立方米。自来水经营总收入 15153 万元。

燃气储备与供应

【燃气储备】 2019 年，普宁市有燃气储气库企业 17 家，其中液化石油气企业 16 家，管道天然气企业 1 家，皆为民营企业。年初，液化石油气库储存量 380 吨，天然气库储存量 10.68 万立方米。

【燃气供应】 2019 年，全市有经营燃气配装企业 17 家，气瓶灌装后由各营销点经营。是年，全市经有资质的气瓶检验机构检测的液化石油气瓶 27954 个，合格 22275 个，报废 5679 个。全年城乡居民液化石油气消费量 54258 吨。在市区铺设的天然气管线全长共 214 千米，供应气站有 1 个，市区天然气用户总计 39517 户，其中工业用户 183 家，居民用户 10946 户，市区天然气用户月平均用气量为 79.2 万立方米，全年天然气消费量 950.4 万立方米。

表 8　2019 年普宁市燃气储备与供应企业（站）一览表

企业名称	经营范围	成立年月	职工人数	企业地址
广东谷和能源有限公司大坝石油气灌装站	液化石油气	1994.3	8	占陇镇交丙耘广汕路南侧
普宁市蔚蓝石油气有限公司	液化石油气	1996.3	9	大南山街道华美村
普宁市鸿展石油气有限公司	液化石油气	1998.11	10	麒麟镇南陇管区新寮路边
普宁市中利管道燃气有限公司	液化石油气	2001.11	14	流沙南文竹南路东侧
普宁市葵星燃气有限公司	液化石油气	2002.3	11	南溪镇红星场
广东谷和能源有限公司大坝石油气灌装站	液化石油气	2002.5	9	流沙南马栅村石下路 3 号
普宁市工业品供应站石油气储配站	液化石油气	2001.5	14	池尾街道林青管区
普宁市占陇分健发石油气站	液化石油气	2002.8	6	占陇镇练江煤建仓库
普宁市工业品供应站月塘气站	液化石油气	2003.4	6	高埔镇广汕公路月塘路段
普宁市祥文石油气有限公司	液化石油气	2003.5	9	池尾街道高埕村农机学校东侧
普宁市军埠大威液化石油气储配站	液化石油气	2004.4	6	军埠镇大长陇村灰下
普宁市高埔化星石油气供应站	液化石油气	2004.11	8	高埔镇罗心田村
普宁市中良管道燃气有限公司	液化石油气	2007.3	10	洪阳镇后山村
普宁市中利管道燃气有限公司糖厂气站	液化石油气	2007.3	9	占陇镇糖厂内
普宁市中宏管道燃气有限公司大径 LNG 综合气化站	天然气	2007.3	51	占陇镇大径 LNG 气化站
普宁市赤岗岭东石油气供应站	液化石油气	1994.7	8	普宁市赤岗山村尾岭
普侨区普工石油气有限公司	液化石油气	1996.4	6	普侨区安池路

（陈程鹏）

城乡建设·环境保护

城乡规划与管理

【概况】 2019年3月，根据《普宁市机构改革方案》等有关文件精神，组建普宁市自然资源局，原市城市管理局的城乡规划管理职责划入市自然资源局归口管理。是年，市自然资源局以《普宁市城市总体规划（2015—2035）》《普宁市土地利用总体规划（2010—2020）》为指导，加大城乡规划编制力度，按时按质完成全市乡镇场总体规划的修编和村庄规划编制工作，加快城市各专项规划及重点片区控制性详细规划的编制，优化城乡空间布局；启动普宁市国土空间总体规划编制；严格各类建设用地和建设工程的审批；加强规划核查和建设管理。

【城市规划管理】 2019年，普宁城市规划和建设严格依照省人民政府批准的《普宁市城市总体规划（2015—2035）》实施。严格要求各项建设用地和建设工程必须符合城市规划，依法取得各项规划许可证。

建设项目选址意见书审批　按照国家规定需要有关部门批准或者核准的建设项目，以划拨方式提供国有土地使用权的，建设单位须持市人民政府关于初步同意项目建设的意向批复和项目规模概况等资料，向市城乡规划主管部门申请核发选址意见书（上述类型以外的建设项目不需要申请选址意见书）。建设单位在取得选址意见书后报送有关部门批准或者核准。

建设用地规划管理　在市区规划范围内以划拨方式提供国有土地使用权的建设项目，建设单位需持建设用地规划申请函，有关部门批准、核准、备案文件，报送城乡规划主管部门根据城市总体规划、控制性详细规划，核定建设用地的位置、面积、允许建设的范围，办理建设项目规划红线图，并核发建设用地规划许可证。

在规划区内以出让方式提供国有土地使用权的，在国有土地出让前，城乡规划主管部门根据城市总体规划、控制性详细规划，提供出让地块的位置、使用性质、开发强度等规划条件，作为国有土地出让合同的组成部分。建设单位在签订国有土地出让合同后，持建设项目的批准、核准、备案文件和国有土地使用权出让合同，向城乡规划主管部门申请核发建设用地规划许可证。

2019年，全年全市提供拟公开出让地块规划条件共33宗，总面积83.71公顷；提供集体建设用地规划条件共15宗，总面积27.08公顷。

建设工程规划审批管理　建设单位申请办理建设工程规划许可证，须提交建设项目使用土地有关证明文件、已审批的设计方案及有关部门相关批准手续，向城乡规划主管部门申请办理建设工程规划许可证。经市城乡规划主管部门审查符合规划的，给予核发建设工程规划许可证。2019年，核发普宁市创美电器有限公司办公楼、南园瑞锦纺织印染有限公司"盛世华府"商住小区等项目建设工程规划许可共23宗，报建建筑面积共119.38万平方米，收取（缴入市财政专户）城市基础设施配套费共6872.99万元。

建设工程规划审批许可后管理　对规划许可建设的项目实行验线制度，确保报建的建设项目按有关规划要求建设。2019年，共对25个建设工程进行验线。

建设工程竣工规划验收管理　建设单位在工程竣工后，需向市城乡规划主管部门申请建设工程竣工规划验收（核实），经市城乡规划主管部门核实，对符合规划条件的，给予核发建设工程竣工规划验收审批表。2019年，全年共办理建设工程竣工规划验收（核实）手续19宗，规划验收（核实）建筑面积102.52万平方米。

【普宁市国土空间总体规划编制】 编制国土空间规划，是贯彻落实党中央、国务院关于建立国土空间规划体系并监督实施的重大部署。根据《广东省人民政府关于加快推进全省国土空间规划工作的通知》要求，普宁市人民政府全力抓好行政区域国土空间总体规划编制工作，研究制定市域国土空间发展目标，逐级落实国家、省下达的规划指标和空间管控规则，科学划定生态保护红线、永久基本农田、城镇开发边界“三条控制线”，明确管控要求，确定市域国土空间保护、开发、修复格局。

2019年12月26日，市人民政府召开普宁市国土空间总体规划（2020—2035年）编制工作动员会，并成立市国土空间总体规划编制工作领导小组，加强对编制工作的组织领导，制订普宁市国土空间总体规划（2020—2035年）工作方案，包括总体规划工作内容、总体规划工作组织，保障规划编制工作顺利推进。年末，市自然资源局落实编制部门做好调研及资料收集，着手进入编制普宁市国土空间总体规划（含乡镇场）工作，完成《普宁市国土空间开发保护现状评估报告》并报送揭阳市自然资源局。

【城市专项规划】 2019年，市自然资源局以市城市总体规划为依据，科学编制各专项规划，推进城市扩容提质，为城市创新驱动发展提供有力保障。

《普宁市全域规划（2018—2035）》编制 该规划范围为普宁整个市域行政辖区，包括7个街道、17个镇、1个乡、3个国有农场，总面积1620平方千米。规划以统筹发展目标为基础，整合所有空间领域规划，从“全地域”视角出发，把城市及各乡镇场、乡村全部行政区域进行综合统筹，推动规划范畴“全要素”融合，涵盖空间、产业、交通、生态环境、历史文化和风貌特色等各领域，统筹安排生产、生活、生态空间要素，形成统一的规划引导要素和空间管控要求，构建全市域战略引领和底线管控相结合的一张蓝图。2月，《普宁市全域规划（2018—2035）》通过市城市规划委员会审议；3月，该规划经市政府批准实施。

《普宁市市域乡村建设规划（2018—2035）》编制 该规划范围为普宁整个市域行政辖区，包括7个街道、17个镇、1个乡、3个国有农场，总面积1620平方千米。规划按照改善农村人居环境、全面有效推进乡村规划工作的要求，从普宁市域层面统筹乡村空间资源，实现多规合一，从乡村体系规划、土地集约利用、基础设施建设、公共服务设施建设、乡村风貌营造、村庄人居环境整治等方面，制定落实乡村建设决策和明确发展目标。2月，《普宁市市域乡村建设规划（2018—2035）》通过市城市规划委员会审议；3月，该规划经市政府批准实施。

【市区控制性详细规划】 市区控制性详细规划是以经批准的城市总体规划和分区规划为依据，对建设地区的土地使用性质、使用强度、道路、工程管线和配套设施以及空间环境等控制要求作出的规划。

《池尾街道广东科迪微晶玻璃公司和广东纯晶玻璃制品公司及周边地块控制性详细规划》编制 池尾街道广东科迪微晶玻璃公司和广东纯晶玻璃制品公司及周边地块片区位于市池尾街道高明村和新丰村，规划范围东、南至324国道，西至南方梅园，北至普惠高速，规划面积约75公顷。其中，“科迪微晶公司和纯晶公司厂房”“三旧”改造项目占地面积约14.38公顷，列入2018年度“三旧”改造实施计划。规划定位：实现城市与景区、生态与文化、保护与开发的高度融合，打造集“居住、商贸于一体的生态居住小区”。该规划由湘潭市规划建筑设计院编制。2019年3月，该规划通过市城市规划委员会审议；4月，该规划经市政府批准实施。

《普宁市北二环大道及东二环大道两侧重点区域控制性详细规划》编制 市北二环大道及东二环大道两侧重点区域位于普宁城区东北侧，包括流沙东街道的中部、流沙北街道北部、占陇镇西部以及燎原街道小部分用地，规划总面积约14.67平方千米。规划定位：粤东产城融合示范区、练江流域整治先导区、市城市副中心。该规划由广东省城乡规划设计研究院编制。2019年3月，该规划通过市城市规划委员会审议。

《燎原街道乌石村服装城西侧、北环大道南侧片区控制性详细规划》编制 燎原街道乌石村服装城西侧、北环大道南侧片区位于市燎原街道乌石村，东侧为普宁国际服装城，南侧为规划二类居住用地，西侧为规划商业用地，北侧为北环大道，规划面积9.23公顷。规划定位为：公共设施齐全，布局完整，环境较好的居住小区。该规划由湘潭市规划建筑设计院编制。2019年6月，该规划通过市城市规划委员会审议；7月，该规划经市政府批准实施。

《普宁市流沙东街道新安片区三旧改造单元规划》编制 流沙东街道新安片区位于市中心区域，规划区范围东至新安村与新坛村交界处，西至新光南路，南至光平路，北至流沙大道，面积约为15.43公顷。该片区是普宁市市区较早发展建设的区域，总体破旧不堪，布局结构

混乱，基础设施缺失，影响市区整体形象。范围内涉及“三旧”改造用地共有三宗，面积约13.26公顷。规划定位：市中心居住片区的重要组成部分，布局完整、合理，以居住为主，兼有医疗、商业办公、配套较完善的综合片区。该规划由广东新长安建筑设计院有限公司编制。2019年6月，该规划通过市城市规划委员会审议；7月，该规划经市政府批准实施。

《普宁市池尾粮所地块用地性质调整论证报告》编制　市池尾粮所地块位于市区流沙大道与玉谭路交会处，总用地面积0.57公顷，地理位置优越，交通便利。该粮所始建于20世纪80年代，现处于闲置状况，严重影响城市形象。规划定位：宜居小区。该调整规划与论证报告由湘潭市规划建筑设计院编制完成，并于2019年8月通过市组织的专家评审。

《广东名鼠股份有限公司规划设计条件调整论证报告》编制　广东名鼠股份有限公司位于市区北二环路（湖东村段）南侧。该公司对位于秀湖路西侧的四宗国有二类工业用地有使用权，拟进行规划建设，规划总用地面积4.23公顷。该项目是省、揭阳市重点建设项目。为适应现代企业的发展需要，致力打造现代服装产业智能供应链平台，实现服装产业从生产、流通、服务各环节全链条无缝衔接。该公司聘请湘潭市规划建筑设计院，对上述四宗用地进行统一设计，因项目设计需要，上述四宗国有二类工业用地需统一调整为一类工业用地并统一各项规划技术指标。2019年6月，该公司聘请的设计单位编制完成《广东名鼠股份有限公司规划设计条件调整论证报告》，其结论认为调整方案切实可行。同月，该调整论证报告通过市组织的专家评审；9月，该规划设计条件的调整经市政府批准实施。

《流沙东街道流新旅社片区改造单元规划》编制　流新旅社片区位于市区流沙大道东以北、文竹北路以东，侨光路以西，中泰路以南的围合区域，规划面积约3.53公顷，地理位置优越，交通便利。为充分利用闲置的土地资源，节约集约利用土地，减轻周边新坛村蔬菜市场的经营和交通压力，承接新安片区拟实施改造的市场（流沙东市场）转移，拟对原流新旅社旧址实施改造，建设市流新副食品综合市场。该规划由广东国有土地规划科技股份有限公司编制。2019年9月，该规划通过市组织的专家评审。

《盛迪嘉普宁光明传奇项目规划设计方案调整论证报告》编制　“盛迪嘉·光明传奇”项目位于市区环市东路南侧，是揭阳市重点建设项目，也是市“城市地标、产业高地、活力智城”的综合服务性生态示范项目，由市东方翡翠大酒店有限公司实施建设。该公司因客观实际情况申请将原规划设置在项目南侧的两个地下车库出入口调整为一个出入口设置在项目用地的东北侧，另一个出入口仍设置在项目用地的西南侧。该公司委托朗建城市设计研究院有限公司编制完成该项目规划设计方案调整论证，其结论认为调整方案切实可行。2019年11月，该论证报告通过市组织的专家评审。

《赤水片区控制性详细规划》编制　赤水片区位于市区南部，贵政山片区的东侧。包括赤水村及贵政山村的部分用地。规划区北至南环大道，南至普宁大道，西至广达南路，东至玉华南路，规划用地面积193.16公顷。规划定位：以居住功能为主，集居住、商贸等功能于一体的综合城市居住片区。该规划由湘潭市规划建筑设计院编制完成。2019年8月，该规划编制通过市组织的专家评审。

【旧城区改造】　实施“三旧”改造，有利于节约集约用地，拓展建设空间，缓解土地资源供需矛盾，保障发展用地，改善城乡面貌和人居环境，提升人民群众生活品质。2019年，根据市政府关于加快“三旧”改造战略部署，市自然资源局加快城乡“三旧”改造步伐。

普宁市池尾街道华市村城西宾馆片区“三旧”改造　该片区位于市区广达北路西侧，金池路北侧，面积约3.55公顷。规划定位：公共设施齐全、布局完整、环境较好的高品质商住小区。4月，该“三旧”改造项目取得建设工程规划许可手续，许可总建筑面积23.78万平方米。

普宁市来福实业有限公司厂房片区三旧改造　该片区位于大南山街道辖区内，范围东至谒神路、西至香江河、南至和美村、北至枧头寮村，规划面积2.15万平方米，其中属“三旧”改造用地面积约1.95万平方米。规划定位：公共设施齐全、布局完整、环境较好的商住小区。4月，该“三旧”改造项目取得建设工程规划许可手续，许可总建筑面积8.7万平方米。

普宁市军埠镇大长陇村灰上旧村庄片区“三旧”改造　该片区位于军埠镇大长陇村普宁大道北面，规划用地面积8.80公顷，其中4.04公顷被列入市“三旧”改造计划。2019年8月，该片区“三旧”改造地块取得建设工程规划许可手续，许可总建筑面积17.34万平方米。

【集镇、农村规划与建设】 2019年，市自然资源局严格执行《城乡规划法》《村庄和集镇规划建设管理条例》《广东省城乡规划条例》《行政许可法》等法律法规，加强全市各乡镇场规划建设和管理。严格执行建设用地控制指标的规定，把握规划用地性质、规模，引导集镇和村庄的各项规划建设健康有序发展。

乡镇场总体规划修编 至2019年底，《大坝镇总体规划（2010—2030）》《普宁市赤岗镇总体规划（2015—2035）》《普宁市下架山镇总体规划（2015—2035）》《普宁市南径镇总体规划（2015—2035）》《普宁市梅塘镇总体规划（2015—2035）》及《普宁市船埔镇总体规划（2015—2035）》已获市政府批准实施；军埠镇、云落镇、南溪镇、里湖镇、高埔镇、大池农场、大坪镇、占陇镇、洪阳镇9个镇（农场）总体规划已通过市城市规划委员会审议并上报市政府审批，其余6个（大坪农场场部位于大坪镇区，不单独编制总体规划）乡镇场总体规划均已通过专家评审，拟提请市城市规划委员会审议后再上报市政府审批。

村庄规划编制 至2019年年底，市辖区523个行政村的村庄规划已全部编制完成，村庄规划覆盖率达到100%，已报经市政府批准的村庄规划共有485个，尚有38个村庄规划处于市政府审批阶段。

村镇控制性详细规划 加快村镇控制性详细规划编制，引领城乡高质量发展。

《揭阳市普宁市青梅产业园控制性详细规划》编制 揭阳市普宁市青梅产业园位于普宁马鞍山农场，规划范围东至谢家洋、南面至云翔寺、西至金狮酒店、北至沙溪农场，规划面积135.51公顷。规划定位：打造集青梅加工生产、技术研发、旅游观光为一体的现代农业产业园。该规划由湘潭市规划建筑设计院编制。2019年12月，该规划通过市组织的专家评审。

《梅林镇梅林粮食管理所片区单元规划》编制 市梅林镇梅林粮食管理所片区位于梅林镇镇区县道X109线（梅林大道）北侧、梅林初级中学以西，总用地面积1.79万平方米，始建于20世纪60年代，现已破旧不堪，处于闲置状况，拟改造建设住宅小区。该规划由广州博厦建筑设计研究院有限公司编制。2019年10月，该规划通过市组织的专家评审。

《洪阳镇和安片区控制性详细规划》编制 洪阳镇和安片区位于市洪阳镇和安村，四至范围东至后山村、南至洪阳大道、西至和安村、北至钱湖村，规划面积31.92公顷。规划定位：集农产品交易、花卉购物等功能的综合宜商、宜居小区。该规划由湘潭市规划建筑设计院编制。2019年12月，该规划通过市组织的专家评审。

（曾笑珊）

建筑业管理与工程项目建设

【概况】 2019年，普宁市住房和城乡建设局（简称“市住建局”），内设人事秘书股（法制股）、建筑管理股（工程质量安全管理股），房产管理股、城乡建设管理股、住房保障股、财务审计股、行政审批股7个职能股室，年末在岗干部职工60人。下辖市建筑设计院、市城市建设档案室、市建筑材料检测中心等职能部门。全市有房产开发企业26家，建筑施工企业41家，年末从业人数1.1万人，其中工程技术人员2100人。全年完成建筑总产值32.58亿元，同比增长28%。是年，全市在建房屋建筑施工面积184.5万平方米，承建10层以上建筑83幢，20层以上56幢；办理竣工验收工程11项，竣工面积89.52万平方米。经市建设工程管理部门审核开工工程项目26个。年末，市建筑工程总公司有职工2321人，其中高级工程师16人，工程师71人，助理工程师215人，技术员35人。有建筑设备4873台，总功率13271千瓦。全年完成建筑工程量73.1万平方米，建筑工程总造价13.79亿元。其中由该公司承建的翔栩水岸花园项目，框剪32层，建筑面积23.8万平方米，总造价3.3亿元；揭阳市普宁嘉应华府项目三期工程土建及水电安装工程项目，框架结构面积约3万平方米，总造价约3198万元。该公司固定资产原值2621.56万元，净值1729.53万元，注册资金5281万元。市建筑设计院年末在职职工（含工程地质勘查队）共72人，其中高级工程师4人，工程师24人，助理工程师18人，技术员11人。工程设计资质为乙级，工程地质勘查队勘察资质为丙级。

【建筑行业管理】 2019年，市住建局贯彻《中华人民共和国建筑法》《建设工程质量管理条例》《建设工程安全生产管理条例》等法律法规，加大对建筑企业和在建工程的监管力度，确保建筑施工质量安全；

加大施工安全，工程质量宣传力度，充分利用警示牌、宣传栏、横幅、标语、印发宣传资料等多种形式进行宣传；完善安全生产应急预案，明确职责，落实责任，围绕质量开展安全生产督查。对施工企业签订质量安全责任书，坚持每月对施工现场进行安全生产和工程质量排查，做到及时发现问题，及时分析，及时处理工程施工中出现的新情况、新问题。推动施工安全生产动态管理，推进安全质量标准化工作，将企业各部门、各岗位的安全质量职责责任都纳入制度化管理轨道；落实动态管理扣分制度，规范施工企业操作程序，改进完善企业优质先进施工设备和安全防护设施。

【主要建筑工程项目】 2019年，主要建筑施工企业在普宁市承建续建的工程项目造价额在1000万元以上的有30项（详见表9）。

表9　　2019年市主要建筑施工企业在普宁市承建续建工程项目表

承建单位	工程名称	结构	层数	建筑面积（平方米）	造价（万元）	开工时间
普宁市流沙建筑工程公司	盘龙湾温泉度假村二期工程（二区）	框剪	13	24894.36	10600.8	2019年3月
普宁市建筑工程总公司	翔栩水岸花园	框剪	3—32	226857.64	28391	2018年12月
普宁市建筑工程总公司	翔栩嘉应华府	框剪	3—32	2347843	33000	2019年6月
沈阳腾越建筑工程有限公司	普宁碧桂园·豪园（标段二）	框剪	3—32	79409.61	11502	2018年12月
广东润盟建设有限公司	盛世华府住宅小区	框剪	22	115564	30001.36	2019年9月
深圳市嘉盛建筑工程有限公司	嘉润新城	框剪	3—31	173416	43521	2019年8月
广东友兴建筑工程有限公司	泰亨源·凯旋花园（二期）1区	框剪	26	54534.68	9008.3	2019年10月
揭阳衡兴建筑工程有限公司	普宁国际服装城物流园（地块二）	框剪	8	17636	1763.6	2018年10月
贵州建工集团第二建筑工程有限责任公司	普宁市占陇镇中心卫生院升级建设项目	框架	15	33922	9512	2017年8月
广东建粤工程有限公司	内科大楼建设项目	框剪	25	52093.74	27809	2018年9月
汕头市潮阳建筑工程总公司	普宁市污水处理厂3期工程	框剪	3	13410	13158.26	2018年6月
普宁市新汇泰建筑工程有限公司	大径LNG综合气化站	框剪	6	3528	2000	2018年7月
广东友兴建筑工程有限公司	华南师范大学附属普宁幼儿园	框剪	4	6906	1256.89	2019年5月
普宁市建筑工程总公司	普宁市汽车总站新建工程	框剪	4	10238	3550.5	2018年4月
广东友兴建筑工程有限公司	市妇幼保健计划生育服务中心升级建设项目	框架	23	41360	16241.88	2018年12月

续表 9

承建单位	工程名称	结构	层数	建筑面积（平方米）	造价（万元）	开工时间
普宁市华侨建筑工程公司	普宁市池尾达到片区截污管网建设工程（二期）	截污管道	污水管 6.8 千米		2306.43	2018 年 1 月
上海建工集团股份有限公司	保利和府（一期一标）	框剪	2—26	82492	11250	2018 年 3 月
富利建设集团有限公司	保利和府（一期二标）	框剪	3—26	154621	24185	2018 年 3 月
富利建设集团有限公司	保利和府（二期一标）	框剪	6—26	140934	22456	2018 年 3 月
富利建设集团有限公司	保利和府（二期二标）	框剪	3—26	99579	13568	2018 年 3 月
普宁市建筑工程总公司	盛迪嘉光明印象花园（一期）	框剪	3—31	329398	134108	2018 年 2 月
普宁市建筑工程总公司	盛迪嘉光明印象花园（二期）	框剪	3—31	205969	82195	2018 年 2 月
普宁市建筑工程总公司	住宅楼	框剪	17	24496	1764	2016 年 3 月
广东友兴建筑工程有限公司	港泰公寓楼	框剪	30	125883	18000	2017 年 11 月
沈阳腾越建筑工程有限公司	普宁碧桂园·豪园（标段一）	框剪	2—31	41160	13306	2018 年 11 月
普宁市建筑工程总公司	梅塘镇卫生院住院综合楼扩建工程	框架	6	6000	1192	2017 年 11 月
普宁市建筑工程总公司	流沙中河西岸截污管道工程	截污管道	总长 7 千米		1366	2017 年 5 月
汕头市潮阳第五建筑工程总公司	普宁市练江流域农村生活污水连片整治 PPP 项目	污水管道	总长 23.8 千米		2097	2018 年 1 月
贵州建工集团第二建筑工程有限责任公司	普宁市文德北路（环市北路至环城北路）建筑工程	市政道路	长度：1259 米 宽度：40 米		3461	2017 年 6 月
普宁市流沙建筑工程公司	普宁市高埔镇卫生院综合楼建筑项目	框架		6486	1348	2018 年 9 月

房地产管理与开发

【概况】 2019 年，市住建局加强商品房销售行为监管，规范商品房和房改房等“二手房”上市交易，全年办理房地产交易 952 宗，成交房屋建筑面积 30.23 万平方米。加强直管公房管理，全市有直管公房 842 间，建筑面积 4.59 万平方米。保障性住房建设项目主体工程已基本完工。加大房地产市场整治力度，是年全市商品房交易面积 79.01 万平方米，成交金额 61.39 亿元。

【房屋交易】 2019 年，市住建局贯彻落实上级《关于整顿和规范房地产市场秩序的通知》精神，加强商品房销售行为监管，规范商品房和房改房等“二手房”上市交易，维护房地产市场正常交易秩序。掌握市场价格信息，提高工作人员业务水平，使房地产交易评估客观公正，维护当事人合法权益。全年办理房地产交易 952 宗，成交房屋建筑面积 30.23 万平方米。

【直管公房管理】 2019年，市住建局以“保安全”和“促增值”为目标，对直管公房进行科学管理。抓好直管公房安全生产工作，层层签订安全生产目标责任书，分解落实安全生产工作职责，直管公房全年没有发生安全事故。定期组织力量对公房公地进行清核，实行动态管理，防止国有资产流失。是年，全市有直管公房842间，建筑面积4.59万平方米。其中出租直管公房585间，建筑面积3.15万平方米。停租直管公房257间，建筑面积1.44万平方米。

【保障性住房建设项目进展】 2019年，市保障性住房建设项目用地1.67万平方米，首期工程用地1.2万平方米，已取得规划许可证、土地使用权证土地0.57万平方米。至年末，市保障性住房首期工程已投入资金10084.9万元，主体工程基本完工，各幢楼房建设均已全部封顶。

【房地产开发】 2019年，全市有房地产开发企业74家，其中三级资质企业23家，四级资质企业49家，暂定资质企业2家。房地产开发以建设园林式小区为主。房地产行政主管部门认真履行职责，强化监管，加大房地产市场整治力度，促进其有序健康发展。是年，全市商品房交易面积79.01万平方米，成交金额61.39亿元。

（陈程鹏）

城市管理

【概况】 2019年3月，统筹整合城市管理和执法人力、物力等资源，顺利完成市机构改革工作，原普宁市城市管理局更名为普宁市城市管理和综合执法局（简称“市城管执法局”）。新机构内设人事秘书股、市政建设和管理股、污水设施建设和管理股、市容和环境卫生管理股等8个职能股室，设执法一大队至八大队，共8个城市管理综合执法大队，辖市区园林管理处、市区路灯管理所等4个事业单位，兼管普宁市城镇环境卫生管理局。年末在职员工301人（不含环卫局员工）。是年市城管执法局紧紧围绕“商贾名城、创新之城”，把普宁建设成为粤东城市群新城市中心的发展定位，扎实开展城市管理和综合执法工作，完成流沙大道（池尾环岛至东埔环岛）、大学路（普宁大道至流沙新河南）等2条市政道路改扩建工作，推动市容市貌综合整治纵深开展，市区环卫作业扩面提质，城市面貌明显改善。存在问题：市政工程建设前期手续烦琐，征地拆迁阻力大；市政建设项目及污水处理设施前期论证时间较长，推进速度较慢；执法队伍素质参差不齐，需加大执法人员法律法规学习培训力度；城市管理长效机制有待完善，“属地管理、执法重心下移”的原则未能从制度上落实，齐抓共管的城市治理格局未能真正形成，城市“脏乱差”现象时有反弹。

【市政重点项目建设管理】 2019年，市政重点项目主要包括市区新美路（新河东路至环市北路）建设工程、燎原东路（北环大道经北二环大道至省道S236线）改建工程、马嘶岩路（新河河滨路至环市西路）改造工程、山湖路（长春路至马嘶岩路）改造工程、长安街改建工程、服装城南侧道路（池尾大道至新华城北侧）建设工程等。其他市政工程项目有市区流沙大道（池尾环岛至东埔环岛）改造工程、大学路（普宁大道至流沙新河南）建设工程、下坛头片区等部分道路配套工程、南竹路（文竹路至万泰城西南侧）建设工程和南华路（赤华北路至广达北路）、白沙陇路（新河西路至赤华北路）及白沙陇小学周边道路改造工程等。至年末，市区流沙大道改造整治工程、大学路建设工程、下坛头片区部分道路配套工程完工。

新美路（新河东路至环市北路）建设工程 该工程是市重点建设项目之一，西起市区新河东路、东至环市北路，道路建设总长约1.66千米，宽24米；配套建设有筑涵洞、给排水、设交通标识、架设路灯及绿化工程等。计划总投资约4900万元。该工程于2019年8月开工，至年底基本完成箱涵砌筑，约占总工程量的18%。

燎原东路（环市北路经北二环至省道S236线）改建工程 该工程是市重点建设项目之一，道路改建北起S236线，南至环市北路，总长2.03千米，宽24米；改建项目有修补路面、修建桥梁、给排水、整修路灯、重设交通标识及补绿植绿等。计划总投资约4799万元。该工程2019年2月开工，至年底已完成给排水、排污管道铺设、修建桥梁及路面修补工作，约占总工程量的90%。

服装城南侧道路（池尾大道至新华城北侧）建设工程 该工程是市重点建设项目之一，道路建设起点位于池尾大道路中线，终点止于新华城北侧，总长712米、宽24.5米；配套建设有筑涵洞、给水、排污排水管道铺设、设交通标识、电力线

路架设、路灯安装及绿化工程等。计划总投资约2087万元。该工程于2018年10月开工，至2019年年底已完成箱涵砌筑、排水排污管道铺设和路面浇筑等工作，约占总工程量的92%。

马嘶岩路（新河河滨路至环市西路）改造工程 该工程是市重点建设项目之一，工程西起环市西路，东至流沙新河，改造道路总长约1.24千米，宽24米；配套建设有安装路灯、给排水、设交通标志标线及绿化工程等。计划总投资约2800万元。该工程于2019年5月开工，至年底已完成排水排污管道、给水管道铺设和大部分路面浇筑工作，约占总工程量的65%。

山湖路（长春路至马嘶岩路）改造工程 该工程是市重点建设项目之一，工程南起马嘶岩路，北至长春路，改造道路总长1.12千米，宽24米；配套建设有安装路灯、给排水、设交通标志标线及绿化工程等。计划总投资约1999万元。该工程2019年5月开工，至年底基本完成路面清基、排水排污管道铺设工作，约占总工程量的45%。

长安街改建工程 该工程是市重点建设项目之一，改建路段北起流沙水产批发市场周边，往南穿过流沙大道，东拐至文竹南路，道路呈L型。改建道路总长约797.7米，路宽16—19.5米；配套建设内容有整修路灯、给排水、重设交通标志标线及绿化工程等。计划总投资约1296万元。该改建工程于2019年6月开工，至年底基本完成排水排污管铺设和路面修补工作，约占总工程量的60%。

流沙大道（池尾环岛至东埔环岛）改造整治工程 该整治工程西起池尾环岛东，止于东埔环岛，改造整治路段全长6200米，路宽36–40米；主要整治内容包括：全线原有绿化带去除及非机动车道破除，两侧拓宽机动车道宽约3.75米，重新浇筑沥青砼路面；广达等交叉口进行渠化改造；原绿化岛处路灯去除，重新布设；去除道旁遮盖视野绿化树并补植花草；原有砼质道牙石及人行道面砖去除改为花岗岩石铺筑；疏通路面排水管及部分重新铺设；拆除路中龙门架广告牌；重新设置非机动车道护栏等项目。计划总投资约10293万元。该整治工程于2018年1月开工，至2019年8月全面完工。

大学路（普宁大道至新河南）建设工程 该工程项目南起普宁大道，途经城南大道，北至流沙新河南，为城市次干道。道路建设路段总长1683米，路面宽24米，设计行车速度为40千米/小时。主要建设内容包括路基、路面、人行道、路灯、绿化、交通标志线、给排水、排污等工程。计划总投资约5495万元。该工程于2018年1月开工，至2019年10月竣工验收。

市区下坛头片区等部分道路配套工程 该工程计划建设的部分道路路段总长1529米，宽24米或16米。包括：市城区南华路（广达北路至下坛头片区东侧）路段长279米，宽24米；服装城南侧道路长292米，宽24米；下坛头东侧道路长282米，宽16米（以上配套建设排污、排水工程、交通标识工程、路灯工程及绿化工程）；南华路（广达北路至赤华北路段）长676米，宽24米（叠铺沥青路面，配套路灯及绿化等）。计划总投资约2160.71万元。该道路配套工程于2017年9月全面开工建设，至2019年9月全部完工。

南竹路（文竹路至万泰城西南侧）建设工程 该工程建设路段全长约256米，宽24米。主要建设内容包括路基、路面工程，给水工程、排水工程、交通标识工程、路灯工程等。计划总投资约425万元。该工程于2019年7月开工，至年底已完成池塘清淤，排水、排污管道铺设和路基清整、路面浇筑工作，约占总工程量的70%。

南华路（赤华北路至广达北路）、白沙陇路（新河西路至赤华北路）及白沙陇小学周边道路改造

2019年10月，市区大学路（普宁大道至新河南）建设工程竣工。图为竣工路段一角 （市城管局 供稿）

工程　南华路改造路段全长约670米，宽24—27米；白沙陇路及白沙陇小学周边道路改造路段总长约1860米，宽9—32米。除改造工程外，还有排水、排污管道铺设、路灯架设安装、交通标志布设和绿化工程等。2019年12月，两项改造工程开工，计划总投资约1850万元。

市区白沙陇路延长线、龙华路及新建花岛四周道路整治工程　白沙陇路延长线北起广达北路，南至赤华北路，沿线分别与广达北路等几条道路平面交叉。整治道路总长约690米，现状道路红线宽度为20—25米。龙华路西起广达北路，东至南华路，沿线以商业店铺、住宅居多，道路总长450米，现状道路红线宽度为20—23米。2019年12月，两项道路整治工程开工，计划总投资约600万元。

【城区园林绿化】　2019年，市城管执法局开展城区园林绿化提质行动，加强市区主要路段绿化带和公园常态化管养，进一步改善城市生态环境。将新建的新河东路及西路、北二环大道绿化带，修缮后的明华园及失管多年的城南公园和兰花广场纳入管养范围；加强市政园林绿化建设、养护管理及应急工作，重点做好市区普益大道、广达路、玉华路、文竹路、北环大道、河滨路（包括流沙新河两岸）等市区主要道路及人民公园等绿化带、园圃的养护管理。

实施“露土绿起来”工程　加强市政公园管理，及时清理园林枯树枯枝杂物和整修破旧设施，移植补植花草苗木。在普益大道、广达路、北环大道、南环大道（北侧）、流沙新河两岸、河滨路、文竹路、玉华路和北二环大道等主干路段及市政公园广场等绿化较大面积缺株断带地方进行补植，采用常绿常开花品种，重点打造小景点16个；种植灌木40000多株和乔木130多株，球类植物40多个，草皮铺植约3200平方米。

排除安全隐患　加强山火、汛期及台风的应对防御工作，及时组织人员对莲花山公园登山道、广达南路、贵湖路、老中药材市场周围、流沙新河两侧、北二环大道及南环大道等路段树木进行修剪或扶正加固，加强道路绿岛、园林各项服务设施安全隐患排查和处理。全年及时修复破损绿岛、井盖及排水沟等设施累计180多处；修复加固绿化护栏61处，共2600多米。同时适时对花草园圃草地喷药除虫害，其中在防治登革热期间累计出动500多人次喷药。受理市民有关园林的诉求、投诉等个案64宗，政协提案1宗，修复交通事故损坏的绿化设施6宗。

【市政设施管理】　2019年，市城管执法局加强市政设施养护，保障市政设施功能正常运转和市民出行安全。

市政设施养护　是年，市区龙苑新村道路及其他道路破损修复加铺沥青路面1万多平方米；完善市政道路交通标志线约9800平方米，设置警示牌、反光镜60多套；新修、修补市政道路混凝土路面2.5万平方米，并铺设排水排污管2640米，新砌雨水井、检查井约210座；修复流沙新河两岸坍塌河堤及加固，对市区城市桥梁进行安全检测13座。通过“12345”电话热线平台投诉及日常巡查发现的井盖缺失、井框破损等问题及时更换维修300多个（套），清理疏通排水井、检查井800多个（座），排雨水管道清淤5000多米，修补人行道6000平方米，修复路缘石段2000米。

抓好亮化建设　是年，完成市区27448盏市政路灯LED节能改造，并建立路灯管理智能系统，节约用电1182万千瓦；在新建市政道路上完成配套架设路灯杆664杆，新安装路灯5997盏。在市区各主要路段进行路灯线路维护295段，更换电源线长约18500余米。更换配电设施灯具475套、配电控制器130套、定时器165个、空气开关225个、灯泡1850粒，更换和整理路灯杆上悬挂的“中国结”装饰品460套。做好明华公园、流沙人民公园、莲花山公园、东埔环岛、普宁广场以及流沙大桥、流沙新河两岸绿化带和市党政机关办公楼大门两侧及大院内重要节庆期间的灯饰布设，活跃节日喜庆气氛。

【市容市貌整治执法】　2019年，市城管执法局按照“重点地方严禁、一般地方严控、其他地方规范”的分类管理目标，全面整治“乱摆乱卖、乱搭乱建、乱拉乱挂、乱扔乱堆、乱贴乱涂”等“十乱”现象。全面整治侵占消防通道，违法设置户外广告两项隐患突出问题，督查落实环境卫生“门前三包”责任制，严肃查处违规违法建设行为。

市容市貌集中统一清理整治行动　是年，市城管执法局共组织市容市貌集中统一整治大行动89场次，配合各乡镇街道共开展“六乱”整治专项行动206次，共查处违规行为8774宗，教育纠正5747宗。其中，查处占道经营3123宗、流动乱摆卖摊贩3649宗、不履行卫生责任保洁71宗、泥头车泥沙遗撒15宗、乱倾倒垃圾153宗、车行占用人行道销售 70 宗、人行道车辆乱停放 235 宗、“拆墙打洞”行为 5 宗。清理拆除乱悬挂遮阳物 724 顶，布条 270 条，彩旗 98 支，广告牌（灯箱）1087 块，其他充气挂浮物 27 个。

市辖区环境秩序整治联合执法行动　2019 年，市城管执法局按照管理重心下移要求，联合各乡镇场街道拆除违法建筑物 24 处，面积 2.65 万平方米，拆除乱搭乱设搭建物 993 处，面积 10.64 万平方米，拆除危房 338 处，面积 2.03 万平方米。同时联合市区各街道和相关职能部门对在建违法建设进行全域普查，并采取断水断电等措施全面予以控停。

（陈如霞）

环境卫生

【概况】　2019 年，普宁市城镇环境卫生管理局（简称“市环卫局”）按照“标准化、精细化、服务化”的工作思路，深化拓展网格化管理，推进城市环境卫生管理常态化，探索建立精细化、标准化城市环境卫生管理体系，促进城市环境卫生工作科学、规范、高效、有序开展，打造“干净、有序、和谐”的城市环境。市环卫局机关内设人事秘书股、财务股、建设管养股、综合业务股 4 个职能股室，辖中心环卫所、城东环卫所、城西环卫所、城南环卫所、城北环卫所、市区垃圾运输队、垃圾场管理所 7 个直属事业单位及督查组、卫监组 2 个内设组，年末干部职工 130 人，一线签约承包作业环卫工人约 600 人。中心城区环卫作业拥有大型垃圾清运车 34 辆、大型清扫车 10 辆、大型清洗车 10 辆、平板车 5 辆、铲车 2 辆、电动快速保洁车 70 辆、小型电动清扫车 6 辆、清理“牛皮癣”专用机械 9 台、河道漂浮物打捞船 6 艘。设有城区垃圾压缩中转站 39 座、公厕 40 座。全年中心城区清扫保洁面积 1015 万平方米，共清运中心城区生活垃圾约 39 万吨，垃圾清运密闭化运输率达到 100%，无害化处理生活垃圾约 44 万吨。

【环境卫生管理】　2019 年，市环卫局突出保障和改善城市环境卫生、加强和创新城市环境卫生管理、强化公共环境卫生服务和夯实环卫基础设施建设，充分发挥环卫工作在“五城同创”中作用，深入推进卫生城市、文明城市创建，抓好创建工作任务落实，进一步优化城市环境卫生面貌。提升环卫精细化管理水平，在城乡环境卫生综合整治、环卫长效管理机制、环卫基础设施建设等方面开展一系列有成效工作，城市环卫管理秩序明显改善。

环境卫生岗位责任制　是年，市环卫局完善城区环境卫生管理机制，巩固环卫作业市场化改革成果，制定《普宁城区环境卫生管理责任制》，建立健全环境卫生网格化管理责任体系，通过“定区域、定人员、定责任、定标准”的工作模式，对网格内实行全方位、全过程、全覆盖的动态管理服务。按照住建部数字化城市管理排序指导意见和规定，将城区实施市场化运作的作业路段分段划块落实环卫管理负责制，作业路段一线工人及路段管理员为直接责任人，所在环卫作业承包公司对应一线工人为第一责任人，环卫所对应路段管理人员为监督责任人。形成层级分明、职责明确、协作顺畅的环卫管理新格局，实现“横向到边、纵向到底、全面覆盖、无缝对接”。通过网格化管理来强化责任落实，城区环境卫生得到较好改善。

环境卫生督查考核机制　是年，市环卫局不断完善城区环卫作业考核机制，建立健全“三级”检查考核制度，采用环卫所管理人员上路巡查、环卫所督查小组自查、市局督查组核查三级检查考核制度，实行领导班子成员靠前抓基层，基层管理人员深入一线找问题，外包公司路段质检员及时抓整改，形成各级人员分工明确、目标一致、职责落实、务实求效的作业管理责任体系。建立快捷、灵敏、有效的微信群信息反馈机制，各环卫所管理人员按网格化划分路段开展巡查工作，充分发挥微信工作群的效力，及时发现问题，拍照上传，并督促责任主体整改到位。严格按照招标文件、考核办法的要求对外包公司环卫作业进行实时督导，确保合同约定事项稳步落实、上遣下派事项全力保障。同时，加强对环卫作业全过程的跟踪督查，并对出现的问题及时进行整改、落实责任追究。全年查处外包公司清扫保洁不到位、垃圾桶清理不及时爆满外溢、中转站清运不及时垃圾滞积等问题 526 件，对未及时整改的依据合同条款扣分扣款 13.11 万元。通过科学的督查考核机制，有效保证清扫清运工作逐步从突击型迈向常态化，从粗放型走向精细化。环卫作业质量逐步提升。

城市垃圾清运处理　2019 年，市中心城区服务清扫保洁面积 1015 万平方米，按照卫生城市标准要求，市环卫局加强城市环境卫生服务和管理。城区卫生保洁继续在精细化作业上下功夫，加大保洁力度，延长保洁时间，拓展保洁范围，主干道坚持“两次普扫”“三班保洁”。对城区流沙大道、广达路、赤华路、长春路、玉华路、南平路、新光路、文竹路、河滨路、新河路等重点、难点路段，实行全天候流动作业，清扫保洁率达100%。对城区流沙大道、广达路、北环大道、南环大道、北二环大道、东二环大道、长春路、文竹路、河滨路、新河路、池揭路、G324国道城区路段等主干道，推行机械化清扫作业，实行人工和机械结合，清扫和冲洗结合，减少扬尘污染；每天对城区垃圾定时定点清运，确保日产日清和密闭式清运，杜绝运输过程中第二次污染。年累计清运生活垃圾约39万吨，垃圾清运率达100%。全年累计卫生填埋和焚烧发电生活垃圾约44万吨，不断提高垃圾无害化处理率。

【环卫设施建设】 *规划建设垃圾环保处理中心* 普宁市生活垃圾环保处理中心是综合性垃圾无害化处理一项重点环保项目，对改善城市环境，提高环境卫生质量，保持全市经济的可持续发展，实现生活垃圾无害化、减量化、资源化处理起着重要的作用。项目选址在云落镇云楼水库（又名狮腰水库）山地，占地6.71公顷。项目一期配置2台400吨/日机械炉排焚烧炉和1台15兆瓦凝汽式汽轮发电机组，设计日处理生活垃圾能力800吨。采用BOT特许经营模式，特许经营期为25年，总投资3.91亿元（不含征地拆迁及“三通一平”费用）。采用一次性规划、一次性征地，垃圾池、上网线路、垃圾处理系统及公用系统等一次性建设方式。该项目一期建设于2018年年初开工，至2019年初全面完成主体工程建设，4月28日进入满负荷试运行，11月底完成垃圾渗滤液处理设施配套工程建设。

城区垃圾压缩中转站建设 2019年，市环卫局继续加快垃圾压缩中转站建设，做到合理规划、高质量建设和高效能管理。至年末，累计投入资金约6000万元，先后在城区建成40座垃圾压缩中转站，撤除城区150多个露天垃圾点。为提高中转效率，先后对垃圾压缩中转站进行改造升级，由原5吨位与8吨位规格提升至12吨位与18吨位规格，垃圾中转能力日处理较原先翻一倍。垃圾压缩处理和中转运输均为封闭状态，减少垃圾异味挥发，解决抛、洒、滴、漏等二次污染问题。全年中心城区基本实现垃圾压缩中转站全覆盖，淘汰敞开式收集运输方式，实现生活垃圾密封式收集运输，垃圾清运密闭化运输率达到100%。

城市公厕建设与管理 2019年，市中心城区共有公厕40座（水冲式公厕38座，移动公厕2座），其中外包给家宝公司服务的有26座，外包服务的公厕均实行专人管理及清洁。是年，市环卫局继续深化“厕所革命”和“文明公厕”创建，不断完善优化公厕设施设备配置，做到设施齐全、功能完善、环境整洁、标志清晰，确保市民用厕更方便。同时，致力打造高铁站、普宁广场、莲花山广场等样板公厕，充分利用公厕墙面，制作上墙文明公约、管理制度、宣传标语，集中宣传“文明用厕”规范，对污损公厕环境、破坏公厕设施、公厕涂鸦这三大不文明用厕陋习，加强宣传，强化监督，破解顽症，营造文明用厕的良好氛围。同时监督和指导其他单位（车站、公园、景点、广场）对外开放的公厕按上级制定的《城市公共厕所卫生标准》实施管理，为游客、市民提供良好的如厕环境。

农村生活垃圾治理及设施建设 2019年，市环卫局根据省政府农村生活垃圾管理工作部署，结合普宁实际，全面推行“户收集、村集中、镇转运、县处理”的农村生活垃圾收运处理模式，加强农村生活垃圾管理，提高农村生活垃圾处理水平。同时，严格按照农村生活垃圾处理设施“一县一场，一镇一站，一村一点”的建设要求，因地制宜，

2019年4月28日，普宁市生活垃圾环保处理中心正式进入满负荷试运行。图为该中心工作人员通过视频观看试运行情况　　（市环卫局　供稿）

科学规划建设镇级中转压缩站和村垃圾收集点，推进农村生活垃圾处理体系建设。至年底，全市28个乡镇场街道完成镇级生活垃圾压缩转运站建设并配套设备，549个村（居）委会完成了1288个村（居）级生活垃圾收集点建设。

【市容环境卫生监管】 “门前三包”管理 2019年，市环卫局履行管理职能，创新城市治理方式，深入推进“门前三包”工作，全面提升城市市容环境卫生管理水平。揭阳市“门前三包”新规于7月1日开始实施，为贯彻落实好新规，市环卫局联合城管、各街道办等单位开展《揭阳市“门前三包”区域责任制管理办法》宣传活动，积极营造全社会参与市容和环境卫生管理的氛围，增强全社会对市容和环境卫生的保护意识。市环卫局按照属地管理原则划分“门前三包”责任区域，与沿街商家、单位签订“门前三包”责任书，实施动态巡查管理，对存在的问题进行现场指正，积极做好商户入户经营劝导工作；走街入巷，对城区内临时摊点进行宣传教育和监督检查，对不按照“门前三包”要求的临时摊点进行说服教育，要求摊主完善卫生设施，倡导市民形成文明卫生的用餐习惯，自觉维护公共场所市容秩序，形成人人自觉履行“门前三包”责任，实现净化、序化的良好城市环境。全年落实违反“门前三包”责任制整改1100余家。

渣土排放管理 2019年，市环卫局进一步加强建筑垃圾管理，最大限度消除乱堆、乱洒、乱倒现象。积极协同交通、交警、城管执法加大对偷拉偷运、沿街撒漏、违规乱倒建筑垃圾的管控力度，在施工旺季采取全天不间断巡查，严防沿街撒漏、乱倒建筑垃圾等违规行为。加强出墙出路工程泥沙和建筑垃圾管控，规范临街商户门店装修散体物料与零散渣土堆放，实行“网格化”精细管理。深入社区、开发小区、主要街道等宣传发动900余场次；查处门店装修乱堆乱排物料渣土及泥头车运输洒漏污染路面行为700余次，规范教育临街门店业主及时清运装修渣土160次，责成属地建筑业主及时清运建筑垃圾75次，出动7000多人次清理泥头车遗洒漏污染路面沙土，累计清运违规排放建筑渣土约700立方米。

【市容环境卫生专项整治】 2019年，根据《普宁市开展“五城同创”活动总体方案》工作要求，市环卫局在抓好城市环境卫生日常管理工作的同时，以创文统领“五城同创”，深入开展“五河毓秀”“五路绿化”“五水清漂” “五边清污”等大行动，先后组织市容环境卫生专项整治、余泥渣土专项整治、“牛皮癣”专项治理、环境卫生义务大清扫、第五届普宁梅花旅游文化节环境卫生整治等专项整治行动，抓好“三清三拆三整治”有关环境卫生各项整治任务的落实，对城区背街小巷、城中村、城乡接合部卫生死角和道路两侧暴露垃圾、“牛皮癣”进行清理，改善城区环境卫生面貌，全面提升城区环境卫生管理水平，展现商贸名城的良好形象。全年，共清运卫生死角、积压垃圾2500余吨、清除杂草36余万平方米、清理小广告8.2万余条，基本实现城市“路面不见暴露垃圾”，市容面貌明显改观。

（郑少周）

环境保护

【概况】 2019年，揭阳市生态环境局普宁分局坚持以习近平新时代中国特色社会主义思想为指导，秉承绿水青山就是金山银山的发展理念，坚持走生态优先、绿色发展新路子，围绕生态环境保护总体工作思路，坚持以省、市“十三五”规划和“三江”（榕江、练江、龙江）整治为重点，坚决打好环境污染防治攻坚战。协助推进市环保基础设施建设，练江流域9座污水处理厂全部建成通水，完成配套截污主管网建设，农村“雨污分流”工作不断完善；纺织印染环保综合处理中心首期园区基础设施基本建成，基本满足生产各项条件，印花区23家企业已全部投产，印染区41家印染洗水企业进场建设厂房，并陆续进入投产阶段；生活垃圾环保处理中心一期实现满负荷试运行，二期建设前期工作基本完成；年度53个入河排污口的整改任务按时完成；练江水质告别黑臭，实现持续向好拐点，成功承办揭阳市首届“贤德揭阳”端午练江龙舟竞赛决赛活动。强化环境管理，全年出动执法力量3600多人次，检查各类企业1600多家次，限期治理、限期整改59家次，实施环保查封2宗，取缔非法印染、印花、酸洗等非法排污场所12个；立案查处各类环境违法案件53宗。受理群众环境问题投诉501件，办结率100%。严格控制农业面源污染，联合市农业农村部门完成21家规模化养殖场和35家养殖专业户整改任务。排查整治“散乱污”企业787家。协助推进河道整治，全面落实治污“河长制”，建立市、镇、村三级河长体系，对练江干支流每天进行采样监测，根据水质变化情况及时采取针对性整治措施，实现各断面水质均明显改善。切实抓好污染减排工作，强化污水处理设施运营监管；抓好工业源结构减排和农业源污染减排工程建设。提前完成三坑水库、汤坑水库、白沙溪水库3个县级集中式饮用水源地20个环境问题清理整治任务，在三坑水库、汤坑水库、白沙溪水库和乌石挡河闸等10个饮用水源保护区边界设立明确的地理界标和警示标志，定期监控饮用水源地水质情况，全市集中式饮用水源地均达到优良标准。完成第二次全国污染源普查工作。牵头建成普宁市生态环境信息化管理系统（一期）并于9月1日正式投入运营，实现对三江流域20个水质监测点（练江11个、榕江6个、龙江3个）的自动化监测管理。强化环境安全管理，城市环境质量达到国家二级标准，城市区域和道路交通声环境质量状况总体较好。存在问题：练江、榕江流域综合整治工作时间紧、任务重，必须抓紧做好各项整治措施的贯彻实施；工业污染整治工作仍需加强，“散乱污”企业清理未彻底；农业面源污染仍较严重，畜禽养殖业污染整治工作仍需加强巩固；农村雨污分流工程、生活垃圾处置设施建设滞后，必须加快项目建设进度，切实解决农村生活垃圾、污水的污染问题；全社会环保意识有待进一步加强和提高。

（林晓阳）

【生态环境系统垂直管理制度改革】 根据国家、省关于生态环境系统垂直管理制度改革工作的统一要求，2019年4月，顺利完成普宁市环保局更名为揭阳市生态环境局普宁分局的垂直管理制度改革，并举行新机构成立揭牌仪式，标志着普宁市生态环境工作开启新征程。该局先后顺利完成人员转隶、资产登记交接等工作，确保新老机构平稳过渡，转隶人员思想不乱、工作不断、队伍不散、干劲不减。

（秦进吉）

【环境状况】 大气环境 2019年，普宁市市区六项空气质量指标全面达标。市城市空气质量优良天数比例（AQI达标率）为96.2%，达到省下达年度目标（≥93%）；二氧化硫平均浓度为12.35微克/立方米，二氧化氮平均浓度为18.55微克/立方米，PM10平均浓度为39.2微克/立方米，PM2.5平均浓度为22.1微克/立方米，一氧化碳平均浓度为1.02毫克/立方米，臭氧平均浓度为115.5微克/立方米，PM2.5达到省下达年度目标（PM2.5≤33微克/立方米、PM10≤54微克/立方米）。

水环境 2019年，练江、榕江和龙江三大水系中，练江污染较为严重。域内练江流域干流晖啥桥、下村桥、青洋山桥及洋尾山桥断面水质属劣V类，主要超标项目为氨氮、化学需氧量、总磷。域内练江支流：流沙新河贵政山桥断面水质属劣V类，主要超标项目为氨氮；流沙新河大陂桥断面水质属劣V类，主要超标项目为氨氮；流沙新河大扬美桥断面水质属劣V类，主要超标项目为氨氮、化学需氧量、总磷；流沙中河六斗埔水闸水质属劣V类，主要超标项目为氨氮、化学需氧量、总磷；白马河水质属劣V类，主要超标项目为氨氮；水尾溪水质在V类标准内；汤坑溪水质在V类标准内；北港水麒麟溪断面水质属劣V类，主要超标项目为氨氮、总磷；北港水南洋溪断面水质属劣V类，主要超标项目为氨氮、总磷；西切流水质属劣V类，主要超标项目为氨氮；白坑湖出水水质属劣V类，主要超标项目为氨氮；树脚溪水质属劣V类，主要超标项目为氨氮。练江流域主要呈生活型有机污染。榕江南河上游揭西—普宁交接断面（龟山塔）水质在Ⅱ类标准内；龙江支流崩坎河普宁—惠来交接断面（新圩桥）水质为Ⅲ类标准。市区集中式饮用水源地三坑水库、汤坑水库和乌石拦河闸取水点水质分别达到Ⅰ类标准和Ⅱ类标准，全市18个建制镇及农村饮用水源地水质均在标准内，水质状况良好。

声环境 2019年，普宁市城市区域环境噪声平均等效声级为52.9分贝，与2018年53.3分贝相比，声环境质量略有下降。城市功能区域声环境市区建成区监测面积21.34平方千米，平均等效声级为54.4分贝，监测结果均达到《城市区域环境噪声标准》（GB3096—2008）各类标准。市区主要交通干道7条，监测路段31.98千米，其中流沙大道路段长7.32千米，城南大道路段长11.66千米，长春路路段长1.59千米，广达路路段长2.79千米，文竹路路段长3.77千米，赤华路路段长3.15千米。交通噪声平均等效声级为69.3分贝，比2018年69.0分贝略有上升。

（李绪旺）

【环境保护规划】 2019年，普宁市贯彻实施《揭阳市环境保护规划（2007—2020）》和《揭阳市环境保护和生态建设“十三五”规划》，推进水、气、土壤、声环境污染防治，确保饮用水源安全，从源头上严格管控工业企业、畜禽养殖和生活污染。

【环保责任考核】 2019年，普宁市落实2018年揭阳市环保责任考核工作，被揭阳市评为合格等次。

（李展彬）

【练江流域综合整治】 2019年，普宁市坚持把练江流域综合整治作为最大的政治工程、民生工程，坚决贯彻落实省委书记李希、省长马兴瑞指示批示要求，严格按照省委、省政府和揭阳市委、市政府决策部署，坚持源头治理、系统治理、科学治理，众志成城、攻坚克难，全力推动练江整治。练江已告别黑臭，生态功能逐渐恢复，迎来持续向好的“拐点”。

2019年12月28日，普宁市练江流域5座镇级污水处理厂通水启动仪式在英歌山（大坝）污水处理厂举行 （罗凯瀚 摄）

全面补齐生活污水处理设施短板 在练江流域规划建设总处理规模22.6万吨/天的市区、镇区污水处理厂9座和总处理规模4.6万吨/日的农村生活污水处理设施。至2019年年末，已建成总处理规模20万吨/天的市区（一、二、三期）及占陇4座污水处理厂，总处理规模2.6万吨/日的5座镇级污水处理厂，并均正式通水。同步建设污水截污管网，提升纳污截污能力，规划建设配套管网1034.36千米，至年末已建成1004.32千米。练江流域607个自然村已有578个村开工建设雨污分流工程，其中已完工258个；建成练江流域镇（街道）纳入市（镇）区污水处理厂的管网共518.8千米。

加快推进纺织印染环保综合处理中心建设 至2019年年末，该环保综合处理中心累计投入资金22亿元。已基本完成5幢印花厂房、园区道路、工业引水工程、供热供气工程和污水处理厂首期工程等项目建设，基本满足入园企业生产需求，该环保综合处理中心全流程已实现投产运营。是年12月，该中心污水处理厂获揭阳市生态环境局签发排污许可证，实现正常出水排放。全市66家有牌证印染印花洗水企业已有64家入园，其中印花区23家企业已全部进驻并进入试产阶段；印染区41家企业进场建设厂房，部分企业厂房已封顶，正在抓紧安装调试设备，并陆续进入投产阶段。

全力推动生活垃圾处理设施建设 按照垃圾处理“减量化、无害化、资源化”目标，日处理能力800吨的市生活垃圾环保处理中心一期项目已建成，并于2019年4月正式投入满负荷试运行，有效缓解市区生活垃圾处理压力；日处理能力1200吨的二期项目前期工作正加紧推进。对云落垃圾填埋场环境进行综合整治，消除地表水污染和安全隐患。推进对镇级垃圾填埋场整改工作，已有17个镇的垃圾填埋场完成整改，并通过揭阳市级验收和省级抽查复验。

严格管控工农业污染源 2019年1月1日起，全市园区外印染企业一律依法停产退出，为确保停产退出企业不出现反弹，普宁市委市政府主要领导多次带队，对企业进行昼夜突击检查，同时整合市生态环保、公安等部门力量，开展全时段巡查监管；对练江干支流重点河段每日进行水质监测，对重点断面加密监测频次并实时上报数据，同时采用先进的科技手段，借助市生态环境信息化管理平台水质自动监测系统采集数据，对水质明显出现异常的河段，通过无人机、无人船及时定点排查。是年，全市通过对练江流域工农业污染源的严格管控排查，完成对排查出的787家“散乱污”企业的整治和依法查处；完成对禁养区内18家规模养殖场、3901户养殖户和185个屠宰场（点）的关停取缔工作。

加快推进水利工程建设 列入《普宁市练江流域综合整治2019年行动计划》的17宗水利工程，计划总投资11.28亿元，累计投入10.24亿元，已完成建设7宗，在建扫尾9宗，开展前期工作1宗。同时结合省“三江连通”工程，全面开展“三江”干支流整治行动，实施河道大清淤、大疏浚、大治理，持续加强对堤岸

垃圾、杂物和水面漂浮物（水浮莲等）的清理。

扎实推进“水岸同治”与生态修复 强力推进堤岸及岸旁“拆违”，在保持堤岸稳定的前提下，累积拆除练江干、支流域各类构建物22.86万平方米。同时在练江干支流域规划建设体现文化、休闲等主题景观，完成练江水闸至练江综合整治指挥部江段河道整治、建成练江南堤生态景观廊道示范段（一期）项目；实施流沙中河下游、流沙新河下游生态修复工程，切实加强生态净化及群众休闲等功能设施建设，优化练江水岸环境，努力把练江建成普宁的城市景观轴。

多措并举大力宣传 坚持正确的舆论导向，大力宣传练江环境整治有关情况。每月主动召开一次新闻发布会通报练江水质情况，并通过微信公众号、抖音等政务新媒体把练江整治各方面工作最新进展第一时间向公众发布。拓展和完善公众舆论监督形式，在普宁电视台原已设立的民生身边事、练江综合整治、五城同创等专题栏目的基础上，依托《普宁新闻》节目，开设生态环境保护舆论监督“曝光台”和“回音壁”栏目，突出曝光练江流域水污染问题和整改情况。

多方筹措保障投入 练江整治时间跨度长，所需资金投入大，持续的资金投入是保障可持续推进的“关键一招”。普宁市在财力十分有限的情况下，通过各种渠道积极向上争取资金支持，争取乡贤慷慨解囊，统筹整合各类资金，向练江整治相关项目倾斜，全力以赴保障各类整治项目资金需求。根据工程建设情况和工作计划，及时调拨资金并足额拨付到位，确保工程资金不断流。在加大财政资金投入的基础上，建立健全多元化投融资机制，深入推进水污染治理市场化改革，通过发行债券、设立公益基金等方式，多方筹措环保基础设施建设资金。

（赖坚赐）

【环境监察与执法检查】 2019年，揭阳市生态环境局普宁分局根据《普宁市严厉打击非法排污专项行动方案》《普宁市严厉打击非法排污联动工作机制》《普宁市强力打击非法排污工作意见》等相关文件精神，依照“属地管理、分级负责、条块结合、无缝对接、全面覆盖、责任到人”的原则，落实网格化管理责任制，建立健全惩治非法排污联动机制，与属地政府、公安机关等多部门联合，重拳惩治环境违法犯罪行为。是年，出动执法力量3600多人次，检查各类企业1600多家次，立案查处各类环境违法案件53宗，其中逃避监管违法排污2宗，超标排污3宗，违反建设项目管理规定等违法行为为48宗，限期治理、限期整改59家次，实施环保查封2宗；取缔非法印染、印花、酸洗等非法排污场所12个，移送行政拘留3宗（拘留责任人3人），移送刑事拘留9宗、29人；受理群众有关环境问题投诉501件，办结率100%。

（赖丽纯）

【污染减排工作】 2019年，普宁市持续推进环境污染减排工作，取得一定成效。全年完成城镇生活污水处理厂减排重点项目建设3个。严控不达标工业废水排放，对园区外的64家印染、印花和服装洗水工业全部停产退出并注销排污许可证；取缔涉水“散乱污”企业项目7个；规模化养殖场污染治理项目14个，其中落实责任追究处理项目1个。是年，全市经上级有关部门核定的污水处理化学需氧量减排量2391.38吨、氨氮减排量243.8吨。其中城镇生活污水处理厂项目化学需氧量减排量967.02吨，氨氮减排量74.54吨；工业源关停退出、取缔项目化学需氧量减排量1378.37吨，氨氮减排量162.07吨；规模化养殖场整治项目化学需氧量减排量45.99吨，氨氮减排量7.19吨。

【建设项目环境管理】 2019年，揭阳市生态环境局普宁分局严把建设项目（环评备案）审批关，严格控制新增污染源。全年审批（环评备案）建设项目44个，“三同时”（建设项目需要配套建设的环境保护设施必须与主体工程同时设计、同时施工、同时投产使用）验收项目10个，“环评”和“三同时”执行率100%。

【突发环境事件应急预案备案管理】 2019年，揭阳市生态环境局普宁分局做好突发环境事件应急预案备案管理工作，落实相关企事业单位制定突发环境事件应急预案，加强企事业单位备案管理。全年落实突发环境事件应急预案备案的企事业单位65家。

（李展彬）

【固体废物管理与整治】 2019年，揭阳市生态环境局普宁分局加强对危险废物、医疗废物和进口废物等固体废物的管理，对危险废物年度申报登记、管理计划、贮存场所和转移等工作实施规范化管理。对全市污水处理厂产生的污泥进行全程规范监督，指导相关企业将污泥处理交由资质单位处置；指导医疗卫生机构将产生的医疗废物委托揭阳市民康医疗废物处理有限公司处理；

规范和加强对限制类进口废塑料加工企业的监管。是年，全市污水处理厂污泥无害化处置量15230.51吨，医疗废物处置量1083.24吨。

（张鹏程）

【环境科技】 2019年，市环境科学研究所为全市建设项目环境影响评价文件做好技术审查及评估；继续推进练江、榕江以及龙江流域水环境整治研究、生态环境保护研究、区域环境战略与发展研究、为环境管理决策提供科学依据和技术支持。

（赖　健）

【环保宣传】 2019年，揭阳市生态环境局普宁分局以“5·22”国际生物多样性日、“6·5”世界环境日和“6·14”低碳体验日为契机，开展形式多样环保公益宣传活动。在普宁电视台“普宁新闻”高频次播放全市加强生态环境保护、强化环保综合治理的信息，黄金时段滚动播放宣传标语、公益广告，扩大生态环保宣传面；成功参加2019年广东省污染防治攻坚战治理技术、装备、服务展示交流对接会，特邀央视团队拍摄练江整治宣传片，编撰《普宁练江综合整治概况》、制作《练江》宣传画册，并在上述展示交流会上进行分发宣传，现场发放宣传图册500多份、活动宣传U盘近100个，现场参与人数600多人，起到较好宣传效果；在局办公楼电子显示屏滚动播放环保公益宣传标语。向社会公布受理举报环境污染投诉电话，落实有奖举报，调动社会各界力量监督环境违法行为，形成人人支持、人人参与的良好社会氛围；加大环境空气质量、污染源排放等方面的政府信息公开力度，督促落实重点排污单位及时公开污染物排放信息；举办环保科普进学校讲座，结合生态示范村（镇、园）、绿色学校、绿色幼儿园、绿色社区创建活动，大力宣传环保知识，提高全民环保意识。

【环保队伍建设】 2019年，揭阳市生态环境局普宁分局加强政治纪律教育，坚持以学习贯彻习近平新时代中国特色社会主义思想为主线，严格落实第一议题制度，及时跟进学习贯彻习近平总书记最新重要讲话批示精神，以实际行动和成效增强“四个意识”、坚定“四个自信”、做到“两个维护”，认真落实“大学习、深调研、真落实”工作，“不忘初心、牢记使命”主题教育取得扎实成效。抓好作风建设，加强党性党风党纪教育和职业道德品行教育，深化廉政风险防控机制建设，开展正风肃纪行动，高质量完成省委巡视整改工作。加强能力建设，认真抓好干部职工环保法律法规学习和培训，派员参加环境应急监察、监测培训和交流学习，有效提高环保队伍的整体素质和技术水平。

（秦进吉）

·普宁美丽乡村小辑·

占陇镇下寨村

下寨村位于普宁市占陇镇西北部练江南岸，南邻国道324线。全村户籍人口近万人，土地总面积286.67公顷，其中耕地面积53.33公顷，主种粮食作物。辖区有旅游区1个，初中、小学学校各1所。

该村于1963年从埕塘折出，自成行政村，系革命老区。村聚落呈块状分布，建筑多为传统贝灰三合土结构潮式民居，以及现代兴建的钢筋水泥结构楼房。1993年修建有14米宽村道，南达占陇西市，北通北门村。2016年修建一条16米宽道路，南达市区文德路，北至普宁市占陇镇污水处理厂，交通较为便利。

近年来，下寨村大力实施乡村振兴战略，在美丽乡村建设中全面践行“绿水青山就是金山银山”发展理念，坚持“水岸同治”，严厉打击违法排污行为，推进练江流域综合整治，并注重将生态治理成果转化为发展的优势，探索出一个“生态+旅游”的良性发展模式。该村近年来致力打造的“栏臂湾生态园”地处练江中段，原来垃圾堆积如山、污水横流、臭气冲天。经过全力整治和打造，现成为一家集“农业示范、科普教育、生态旅游、休闲养生”为一体的综合类庄园，使全村再现往昔青山绿水的美丽风光。该村被评定为2019年普宁市10个美丽乡村之一。

（本文选自市文明办等单位编印出版的《2019年普宁市美丽乡村》宣传册）

农　业

农业开发与农村工作

【概况】　2019年，市农业农村局大力实施乡村振兴战略，推进农业供给侧结构性改革，优化农业产能和增加农民收入，保护粮食生产能力。并坚持质量兴农、绿色兴农、效益优先，推动农村各产业融合发展，农业产值稳中略升，农村经济持续稳定发展。全年农林牧渔业总产值58.75亿元，增长2.2%；农村居民人均可支配收入17244元，增长12.7%。

【强农惠农政策】　2019年，市农业农村局会同市、镇财政部门落实种粮补贴等强农惠农政策，扶持农业发展。全市耕地地力保护补贴面积1.63万公顷，补贴资金2147.35万元。以上资金均由市镇财政部门按有关规定直接将补贴款拨到各农户在农信社的“一卡通”专用账户，确保农民按时足额领到补贴款。落实政策性农业保险政策，全市政策性水稻种植保险承保面积708.47公顷，岭南特色水果（柑）承保203.33公顷，岭南特色水果（香蕉）承保面积43.33公顷，生猪养殖保险承保30979头，仔猪养殖保险承保38696头，能繁母猪承保3260头。

【农业龙头企业】　2019年，市农业农村局支持农业龙头企业做优做强，完善利益分享机制，促使龙头企业与农户共生共赢。全市共有农业龙头企业11家，其中国家级1家、省级5家、揭阳市级5家（具体见下表），主要经营鸡精、鸡粉、玉米粳、茶叶、蜜饯、蔬菜等。全年农业龙头企业总资产10.38亿元，销售收入8.56亿元，净利润9474.89万元，上缴税金4454.05万元，带动29987户农户增收8863.7万元。

表10　2019年全市农业龙头企业情况表

企业名称	级　别
广东佳隆食品股份有限公司	国家级
普宁市东昱食品有限公司	省级
广东佳润泰农业开发有限公司	
广东殿羽田食品有限公司	
广东利泰农业开发有限公司	
普宁市绿立农业发展有限公司	
普宁市石牌雅华食品厂	市级
普宁市金枝（茶业）保健品有限公司	
广东金宝师食品股份有限公司	
普宁市詹氏果蔬有限公司	
揭阳市普侨区富德园果蔬种植有限公司	

市农业局组织基层农技推广指导员到农村种植基地参观学习并进行农技推广指导（市农业局　供稿）

【农民合作社发展】 市农民专业合作社不断发展壮大。至2019年年底，全市工商登记注册的各类农民专业合作社288个，其中种植业类262个、畜牧业类3个、渔业类4个、服务业类8个、林业类10个、其他类1个。揭阳市级以上示范社10个，其中省级4个、揭阳市级6个。

【农村集体资产管理】 全市28个乡镇场街道和普侨区已全部开展农村综合产权交易所建设，并按照要求制定工作实施方案。至2019年年底，全市农村综合产权交易所成功交易673宗，成交额3.39亿元。其中，产权类77宗，起拍价9054.37万元，成交额9977.31万元，增加922.94万元，增幅10.19%；工程建设类596宗，预算价2.84亿元，成交额2.79亿元，节省546.86万元。

【美丽宜居村建设】 2019年，全市共创建生态宜居美丽乡村示范村63个，其中省级新农村连片示范建设主体村4个、省定贫困村18个、新创建生态宜居美丽乡村示范村41个。市认真学习浙江新农村建设经验，采取以点连线成片的建设思路，根据实际，特别结合交通沿线、溪河沿线、景区、城郊、农村风貌等形成6个示范片区，分别是以具有城郊接合部特色和红色革命为主题的大南山示范片区，以农村电商为特色的池尾示范片区，以练江流域生态修复为主题的占陇示范片区，以产业特色花卉苗木为主题的洪阳示范片区，以南溪水乡为主题的南溪示范片区和以梅花观光旅游为主题的大坪示范片区，着力打造具有普宁特色的美丽乡村。至年底，普宁市省级新农村连片示范建设工程已全面完工，在省的绩效考核中获得“良好”等次，其中尤以南溪镇登峰村乡村旅游特色突出获较高评价。省定贫困村创建社会主义新农村示范村工程项目已基本完工，41个新创建示范村建设正加快推进。

（赖伟豪）

【农业投资项目】 2019年，市农业农村局根据省、揭阳市和市涉农资金统筹整合工作领导小组办公室的部署，加强与相关部门联络沟通，研究制订《普宁市2019年涉农资金（农业产业发展类、农村人居环境整治类）分配方案》，切实做好市（含普侨区）涉农资金41137.98万元（含揭阳市级资金100万元）统筹整合工作。该资金主要用于打造示范村（41个）和示范镇（1个）、推进人居环境整治、501个村“三清、三拆、三整治”以及发展“一村一品、一镇一业”等农业投资项目。

（张春池）

南溪镇生态宜居美丽乡村——登峰村外景（陈少强　摄）

种植业

【概况】 2019年，普宁市大力发展现代化农果种植业，重点培育优势产业和特色产业，特色产业已基本形成集群化、区域化、基地化经营格局，全市农果种植业稳步发展。是年，全市粮食作物种植面积3.24万公顷，总产量44.55万吨；蔬菜种植面积1.12万公顷，总产量39.12万吨；水果种植面积2.23万公顷，总产量26.3万吨；花卉苗木栽培面积5980.22公顷，年销售总额近4亿元。

【粮食生产】 2019年，市粮食作物种植面积3.24万公顷，总产量44.55万吨。其中，水稻（早稻、晚稻）种植面积2.11万公顷、产量12.95万吨；番薯种植面积9612公顷、产量28.68万吨；马铃薯种植面积986公顷、产量2.63万吨；玉米种植面积376公顷、产量2300吨；大豆种植面积278公顷、产量600吨。

（赖伟豪）

【蔬菜生产】 2019年，全市蔬菜种植面积1.12万公顷，总产量39.94万吨。种植并上市销售的蔬菜品种有油菜、生菜、小白菜、大白菜、西洋菜、大头白、天津青、西兰花、芥蓝、包心菜、韭菜、西红柿、茄子、豆角、荷兰豆、芫荽、菠菜、苋菜、通心菜、芹菜、萝卜、马铃薯、大蒜、苦瓜、丝瓜、冬瓜、南瓜、竹笋、芦笋、葱、蒜等100多个品种。市各地生产的蔬菜除供应辖区城乡居民食用外，还销往汕头、广州、深圳、珠海及港澳地区。继续扩大优质蔬菜及网室大棚蔬菜生产规模，加强蔬菜绿色生态技术的推广应用。

普宁蕉柑　　（市水果蔬菜研究中心　供稿）

【水果生产】 2019年，市以实施乡村振兴战略、发展现代化果业生产为目标，重点培育优势产业和特色产业，特色产业已基本形成集群化、区域化、基地化经营格局。有以高埔、大坪、船埔、后溪等镇为主产地的青梅生产集群区，以梅塘、里湖等镇为主产地的青榄生产集群区，以梅林、云落、南溪等镇为主产地的蕉柑生产集群区。是年，全市各类水果种植总面积2.23万公顷，总产量26.3万吨，其中青梅、青榄、蕉柑三大宗水果种植面积分别达到5686.33公顷、3371.66公顷、2938.33公顷，年产量分别为5.68万吨、4.65万吨、4.51万吨。

【青梅产业园建设】 普宁市青梅产业园被列入2018年度的第二批省级现代农业产业园建设项目，产业园规划建设范围包括马鞍山农场、高埔、大坪、后溪4个乡镇场，面积267平方千米。其中核心区位于马鞍山农场，规划建设面积33.33公顷。青梅产业园由揭阳中元现代农业产业园股份有限公司牵头实施，市东昱食品有限公司、市青梅科技股份有限公司、市志达食品有限公司、市德龙生态农业发展有限公司等参与实施。2019年，市青梅产业园在有序推进第二批省级现代农业产业园建设的基础上顺利升级纳入国家级现代农业产业园创建体系，范围涵盖大坪镇、梅林镇、船埔镇、云落镇、后溪乡、大坪农场以及马鞍山农场七个乡镇场，总规划面积为595.53平方千米，围绕六大板块，统筹布局普宁青梅产业的生产、加工、流通、旅游、文化、研发、服务等功能，形成“一心驱动、一廊

普宁青梅凉果加工场　　（市水果蔬菜研究中心　供稿）

示范、园区支撑”的发展格局。

【花卉苗木生产】　2019年，全市花卉苗木栽培面积5980.22公顷，年销售总额近4亿元。花卉苗木销售以绿化苗木、盆花、盆景为主，绿化苗木类有大王椰、盆架子、大叶榕、玉兰等品种；盆景类主要栽培福建茶、榕树、罗汉松、九里香等品种；盆花类有兰花、杜鹃、四季橘、菊花等品种。花卉苗木产销以樟树、荫香、降香、秋枫、风铃木、桂花、沉香等品种较为畅销，市场经济效益较好。

【花卉苗木示范基地建设】　市花卉苗木示范基地建设主要集中在洪阳和广太两镇。洪阳镇素有“花果苗木之乡”的美称，经多年的发展，花卉苗木产业已成为洪阳最重要的支柱产业。2019年，全镇花卉苗木种植面积1666.67公顷，有大小花木场3000多个，2万多农户共5万多人从事花卉苗木的生产、经营、销售以及与之相关的业务，产品远销全国20多个省、市和地区。2009年，创办的“万花园”被省农业厅批准为省级现代农业园区，是全省规模较大的绿化苗木生产基地和专业市场，为提高档次，增强市场竞争力，2012年起又建立占地面积21.33公顷的“万花园”精品展示区。展示区分为展示区、种植园和中心服务区三个功能区，划分为68块面积大致相当的小花园，由农户承包经营，是集生产、销售、科研、旅游于一体的现代农业生态示范区。广太镇按照“推进农业产业化、规模化”的思路，按照“龙头企业＋专业合作社＋基地＋农户”的发展模式，全面推进绿化苗木规模建设。全年绿化苗木种植总面积近1000公顷，苗农外出租地种植总面积1000公顷，全镇近九成农村劳动力从事绿化苗木及相关行业，有注册的绿化苗木贸易公司20家，有绿化苗木协会1家、农业合作社2家，共有大小绿化苗木场2000多个，种植盆架子、金凤、白兰、罗汉松等300多个绿化苗木品种，销售市场遍及“珠三角”、福建、“长三角”、东北、西南等地区，形成种植、中介、销售、劳务、物流等完整产业链。

（王泽明）

林　业

【概况】　2019年，市全面实施“五路绿化”行动，抓森林资源培植和综合管护，森林资源持续稳定增长。全市林业用地面积9.77万公顷，有林地面积8.71万公顷；活立木总蓄积量343.14万立方米，森林覆盖率59.81%，林地绿化率96.5%。全年，共除治林业有害生物面积140公顷，完成森林碳汇重点生态工程建设713.73公顷，完成森林碳汇抚育工程建设1355.80公顷，完成道路绿化236.71千米，义务植树432万株。全市无发生大的森林火灾，重点节日防护期森林火灾零发生。

【造林绿化】　*义务植树*　2019年，市林业部门通过广播、电视、报刊等新闻媒介，开展植树造林宣传活动。在植树节期间，市五套班子领导分别挂钩各乡镇场街道，在全市范围内开展义务植树活动。全市各乡镇场街道也以不同形式组织开展义务植树活动，完成义务植树432万株。

“五路绿化”行动　2019年，共完成国道绿化里程77.11千米，投入资金91.59万元，种植苗木0.33万株；省道绿化里程24.85千米，投入资金11.79万元，种植苗木0.04万株；县道绿化里程56.95千米，投入资金555.91万元，种植苗木1.99万株；镇村道路绿化里程77.80千米，投入资金481.11万元，种植苗木1.84

万株。

造林质量管理　2019年，市林业部门继续抓好林木种苗的规划和生产管理。全年共准备苗木200万株，由各乡镇场街道组织造林专业队上山作业，保证各辖区内造林工程进度。健全林业工程建设监理体系，对造林工程进行全程跟踪监督和技术指导，全面规范造林技术规程，确保造林工程质量。

林业有害生物防治　2019年，市林业有害生物防治检疫站组织专业除治队伍，分别对薇甘菊疫情较为严重的大坝镇、燎原街道、下架山镇的林地进行除治，全年共除治林业有害生物薇甘菊面积140公顷。

【生态公益林建设】　2019年，市继续推进林业重点生态工程建设，全市共完成森林碳汇工程建设713.73公顷，其中人工造林66.67公顷、套种补植28.91公顷、更新改造213.33公顷。完成森林碳汇抚育工程建设1355.80公顷。对照《广东省生态公益林补偿资金管理办法》相关规定，抓好生态公益林效益补偿资金发放，至年底，累计发放补偿资金1817.43万元。

【森林资源管理】　林地保护管理　2019年，市林业部门严把征占用林地审核审批关，严格控制经营性项目占用林地。全年共审核审批征占用林地13宗，面积共64.15公顷，征占用林地审核审批率100%，征收森林植被恢复费865.57万元。严厉惩治各种破坏森林资源的违法犯罪行为，全年共受理辖区各类破坏森林资源案件137件，查处率100%。

林木保护管理　2019年，市林业部门严格执行木材采伐制度，控制林木消耗，做好森林资源采伐限额工作，严把采伐许可证发放。全市已办理的采伐许可证中准伐木材蓄积量53648.1立方米、面积749.3公顷。规范木材市场流通管理，严格审核签发木材运输证，执行木材凭证运输制度，实行全省联网管理。

野生动物资源保护管理　2019年，市林业部门通过开展“湿地保护日”“鸟节”“爱鸟周”“野生动物保护宣传月”等活动加大保护野生动物的宣传力度。开展专项行动，惩治各种破坏鸟类等野生动物资源违法犯罪活动，查处破坏野生动物等森林资源的刑事案件。全年共开展野生动植物执法检查行动15场次，举办专项宣传4场次，发放野生动物保护彩色宣传图谱及宣传环保袋2万个。做好野生动物疫源疫病监测防控，严密监测区域内候鸟等野生动物种群动态，配合做好高致病性禽流感防控。

【林业科学研究所】　市林业科学研究所位于云落镇湾肚坑水库旁，从事林业新品种引进、示范、试验和推广。2019年，有林业科研人员42人，有苗圃及试验用地8.67公顷，培育在圃苗木200万株。

（郑涌涛）

畜牧业

【概况】　2019年，市农业农村局抓好动物防疫体系建设，认真做好畜禽产品监管监测，推进畜禽养殖粪污资源化利用，推广畜禽标准化养殖技术的应用，走种养结合的生态养殖之路，实现畜牧业的可持续健康发展。是年，全市生猪饲养量33.6万头，家禽饲养量374.6万只，其中蛋鸡饲养量10.5万只；家畜家禽肉类产量2.69万吨，其中家禽蛋类产量1570吨。全市全年无发生重大动物疫情和畜禽产品质量安全事件。

【家畜家禽饲养】　2019年，市农业农村局继续引导扶持发展畜禽规模化养殖，推行畜禽标准化养殖，规模比重大幅度提高。分散饲养户逐步淘汰。全市共有畜禽养殖场（户）580个，其中规模化猪场23个、规模化蛋鸡场5个（无公害蛋鸡场2个）、规模化肉鸡场1个、规模化种鸭场1个、规模化肉鸭场1个，规模化肉鹅场1个、规模化奶牛场1个。

家畜饲养　全市生猪生产为种猪良种化，肉猪杂交瘦肉化，生长快，饲养期短，饲料报酬高，瘦肉率高。生猪规模养殖场主要分布在高埔、里湖、南溪、南径、马鞍山等乡镇场街道。全市奶牛的饲养以挤奶水牛为主，有挤奶水牛1000多头，主要分布在市境东部和北部，以赤岗镇的陈厝寨、赤过乌等村饲养最多。肉牛饲养主要分布于梅林、大坪、船埔等山区一带。2019年，全市生猪存栏11.95万头，出栏肉猪21.65万头；牛存栏1.39万头，出栏肉牛6980头。

家禽饲养　2019年，全市有5个规模化蛋鸡养殖场，建在梅塘大东山、大坝老东坑、洪阳岐岗、大池农场、马鞍山农场等村，饲养的蛋鸡主要为海兰W系列和罗曼粉品种。肉鸡饲养分布于马鞍山、大坝、梅塘、里湖、梅林、高埔等镇，饲养的肉鸡主要为本地草鸡、石歧杂鸡、三黄鸡和麻鸡品种。肉鸭饲养分布于马鞍山农场以及云落、高埔、

表 11　　普宁市几个年份畜牧业产量情况表

项目	年份	2009	2014	2019
肉类总量（万吨）		4.53	4.7	2.69
奶类总量（吨）		1385	1919	665
蛋类总量（吨）		2755	2784	1570
猪	年末存栏量（万头）	31.71	32.4	11.95
	出栏肉猪（万头）	41.38	46.5	21.65
牛	存栏量（万头）	2.68	2.64	1.39
	出栏肉牛（头）	5735	7176	6980
家禽	饲养量（万只）	850.22	764.1	374.6
	出栏肉禽（万只）	637.52	600.8	292.6
羊	年末存栏量（只）	657	946	1450
	出栏量（只）	260	520	880

里湖、南径、梅塘、里湖等镇。肉鸭饲养的品种主要为樱桃谷肉鸭。肉鹅饲养品种主要为狮头鹅和阳江鹅，饲养量较少，以内销为主。肉鸭、肉鸡饲养多采用水面养鸭，水里养鱼，利用山坡林地种果、繁殖牧草，果树下养鸡的复合生态种养模式。2019年，全市家禽饲养量374.6万只，出栏肉禽292.6万只。

【畜禽产品质量安全】　2019年，市农业农村局继续推进畜禽养殖及产品质量安全专项整治行动，组织人员深入到农资市场、畜禽养殖场进行全面检查和专项检查。全年共出动人员500多人次，重点检查畜牧业投入品包括种苗、饲料、兽药的来源和使用是否符合要求，是否建立养殖档案等，检查饲料经营企业20家、兽药经营企业14家、畜禽规模化养殖场33家。同时，为保障群众食用的畜禽产品质量安全，全年检测畜禽产品590批次，抽检合格率100%。

市马鞍山康旺养殖场建成的污水处理系统　　（市农业局　供稿）

【疫病防控体系建设】　2019年，市农业农村局坚持“预防为主”的方针，建立和完善全市动物防疫、检疫监督和疫情监测体系，全面提高重大动物疫病防控能力和水平。全年安排省涉农资金88万元，用于扶持养殖场疫病防控体系建设，优化场内设施设备，更好做好疫病防控。

【农业科技推广】　2019年，市农业农村局继续加快农业科技推广工作，发挥农业先进技术在生产中应用，提高农业生产能力，推进现代农业建设。是年，投入资金39万元，在全市20个乡镇推广实施基层农业科技推广体系改革与建设补助项目，主要推广育肥猪饲养技术、淡水池塘养殖水质工程化调控技术和罗非鱼膨化饲料养殖技术等项目。

【屠宰行业治理】 2019年，市农业农村局认真谋划全市生猪（牛羊）定点屠宰厂的设置，关停取缔散小屠宰场点。通过整治，全市保留25个“一镇一点”临时屠宰点并着手筹建一批新规划的定点屠宰厂，从根本上扭转屠宰场多、小、乱、污染严重的现象，确保人民群众吃上“放心肉”的目标。

【资源化综合利用】 2019年，市农业农村局继续做好畜禽粪污资源化综合利用工作。加强调查和宣传，促使生产工艺落后的养殖场改变生产方式，淘汰落后产能。是年，安排省涉农资金75万元，用于支持养殖场完善治污等设施，做好养殖资源化综合利用。至年底，指导做好资源化利用的养殖场有600多家，取得较好成效。

【畜禽疫病防控】 2019年，市农业农村局继续加强畜禽疫病防控工作，以“春、秋”两季集中免疫、常年补栏补免的免疫、监测、控制相结合方式，把好畜禽防疫关口，重点加强畜禽免疫示范村（点）建设，带动防疫薄弱村（点），防止重大动物疫病流行与传播。全年共免疫家禽禽流感166.06万羽，牲畜口蹄疫26.58万头份，其中免疫猪23.5万头份，牛羊3.08万头份，猪瘟疫苗23.5万头份。

【病害动物无害化处理】 2019年，市农业农村局继续加强规范管理和监督，切实抓对病死畜禽的无害化处理工作，切断动物疫病传播途径，确保畜禽产品质量安全。对符合条件的养殖场督促建设无害化处理设施，要求对病死畜禽按照规范进行无害化处理，并派出专项督查组对无害化处理进行跟踪监督。通过现场监督、定期不定期检查和抽查相结合等形式，加强对养猪场（户）、屠宰场（点）巡查监管，坚持做到对病死畜禽的“五不准一处理”。全年共出动巡查人员1000多人次，监督无害化处理病死猪2070头。

【畜禽监测】 2019年，市农业农村局继续推进兽医实验室建设，完善和加强动物疫病检测项目，完成上级动物疫病监测任务和全市动物疫情专项调查，做好动物疫情预警报告。是年，市农业农村局动物卫生监督部门通过对全市畜禽的免疫抗体检测和病原学调查监测相结合的方式，共自检监测畜禽血清学2255份和送检病原学检查440份，其中自检猪血清368份，牛、羊血清167份，鸡血清650份，鸭血清1070份，进行牲畜口蹄疫、高致病性禽流感H5N1和H7N9、布鲁氏菌病、猪瘟、非洲猪瘟等血清学检测，结果符合上级规定抗体水平。同时，配合省动物疫病预防控制中心和揭阳市动物卫生监督所疫病抽检工作，共抽检猪血清140份，禽拭子190份，牛羊血清30份，牛羊OP液等80份，进行“疯牛病”、非洲猪瘟、口蹄疫、高致病性猪蓝耳病等抗体及病原学检测，结果均阴性合格。

（陈钢舰）

水产业

【概况】 2019年，全市水产业稳步发展，养殖品种结构进一步优化，规模化、专业化水平逐步提高，名优品种养殖、休闲渔业、观赏鱼业逐步发展壮大。水产业分为淡水养殖和淡水捕捞。全市全年水产品产量8843吨，产值1.05亿元。其中，淡水养殖面积961公顷，水产品产量8652吨；淡水水产品捕捞191吨。全市有水产苗种繁育场2家，年产鱼苗5.48亿尾。养殖水域面积3.33公顷以上规模水产养殖场（户）26家，规模化专业观赏鱼养殖场1家、养鳖场4家、澳洲淡水龙虾养殖场2家。是年，市农业农村局按照省、揭阳市要求，制订水产养殖业油价补贴工作实施方案，并做好衔接配套工作，确保惠渔政策落到实处，加快全市渔业现代化发展。

【淡水养殖】 2019年，全市淡水养殖面积961公顷，水产品产量8652吨。养殖品种主要有“四大家鱼”（青鱼、草鱼、鲢鱼、鳙鱼）和鲮鱼、鲤、鲫、罗非鱼、淡水白鲳、桂花鱼、生鱼、乌鳢、蛙、鳖等20多个品种。养殖方式有单养、混养和综合养殖。实施单养的品种主要是罗非鱼和淡水白鲳，混养和综合养殖较为普遍。山塘水库复合生态种养模式是综合养殖的一种，是水产养殖效益较好的一种养殖方式。

【水产品质量安全】 2019年，市农业农村局通过举办培训班和食品安全宣传周等形式，加强水产品质量安全宣传。全年组织咨询、培训、专题讲座6场次、发放宣传资料860

份。继续推进水产品质量安全专项整治，制订《2019年普宁市水产品质量安全专项整治行动方案》《2019年普宁市水产品质量安全监控计划及实施方案》，成立水产品质量安全专项整治行动领导小组。多次组织执法人员进行检查，要求种苗繁育场，水产养殖企业及3.33公顷以上规模养殖场签订水产品质量安全承诺书，建立养殖生产记录。全年共出动执法人员480多人次，检查养殖户125个，重点检查渔业生产投入品包括种苗、饲料、渔药使用是否符合要求，是否使用违禁药物或添加剂。共抽检97个养殖场、287个样品进行药物残留例行监测，检查合格率为100%。

【水产品技术推广】 2019年，市农业农村局开展养殖技术培训，推广养殖新技术、新方法及鱼病预防技术，提高养殖户和养殖场科学养殖水平。市水生动物防疫检疫站实验室开展草鱼“三大病”和小瓜虫病的检验和检测，争取省渔业科技推广专项资金支持，开展渔业科技入户示范工程项目。

【水生生物资源养护】 2019年，市农业农村局积极开展增殖放流工作，养护渔业资源，维持水生生物多样性，保护渔业水域生态环境。8月在南溪镇榕江水域放流鲢鱼、鳙鱼、鲮鱼等鱼苗100万尾，通过科学搭配放流品种，有效补充和恢复生物种群，同时增强市民保护自然渔业资源和科学捕捞的意识。

【市鱼苗养殖场】 市鱼苗养殖场位于燎原街道，为鱼苗生产、经营、科技推广的服务性事业单位，为省级水产良种场。2002年，在里湖镇汤头村建设汤头分场，养殖面积7.33公顷。2019年年末，在职员工23人，其中高级工程师1人、水产工程师2人。全年人工繁育种苗1.25亿尾，产值100万元。开展淡水白鲳良种选育项目，引进异源异地淡水白鲳亲本，提高淡水白鲳苗种质量。继续和中国科学院水生生物研究所（设武汉）合作，探索研究异育银鲫“中科3号”人工繁育和成鱼养殖技术，推广淡水白鲳、异育银鲫、新吉富罗非鱼的科学养殖技术。是年，引进一批澳洲淡水龙虾亲本，在汤头分场开展温泉水加大棚保温新模式的人工繁育试验。

（姚逸逵）

扶贫工作

【概况】 2019年，市全面落实国家贫困革命老区扶持及扶贫相关政策，继续推进和落实省新时期精准扶贫精准脱贫工作，落实建档立卡贫困户“三保障”政策，实施建档立卡贫困户动态管理。严格按照国家和省要求，认真做好贫困人口退出和贫困村出列，按期按质完成脱贫攻坚任务。至12月底，全市29个乡镇场街道及普侨区的510个村建档立卡相对贫困户5562户、11301人，相对贫困村18个。累计脱贫退出5556户、11294人，脱贫退出率分别为99.9%、99.9%；有劳动力贫困户年人均可支配收入15157.28元、18个省定贫困村居民年人均可支配收入17576.79元，符合省、揭阳市提出的出列村16个。

【新时期精准扶贫精准脱贫政策实施】 2019年，市进一步落实脱贫攻坚责任制，全面推进新时期精准扶贫精准脱贫工作。按照扶贫相关政策及动态管理要求，继续全面做好相对贫困户精准识别、建档立卡工作动态管理。至12月底，全市29个乡镇场街道及普侨区的510个村，建档立卡相对贫困户5562户，总贫困人口11301人（其中有劳动能力贫困户1537户、6429人、无劳动能力贫困户4025户、4872人）。经省确认相对贫困村18个（其中东莞市帮扶16个、揭阳市直单位帮扶2个）。分散贫困人口分布在492个村（其中揭阳市直单位帮扶10个、普宁市直单位挂扶95个、乡镇场街道及普侨区自扶387个）。

【建档立卡贫困户“三保障”政策落实】 2019年，市全面落实农村贫困人口“三保障”（义务教育、基本医疗和住房安全有保障）政策。落实2019年春季辖区1639名贫困户学生的义务教育生活补贴；将符合条件的贫困户全部纳入最低生活保障；符合条件建档立卡贫困人口均由市财政全额资助缴纳城乡基本医疗保险并纳入重特大疾病救助范围；符合条件应参加养老保险贫困户，全额资助代缴居民基本养老保险；符合养老待遇的60周岁以上贫困人口均已领取养老金。同时，全面落实危房改造帮扶政策。

【产业帮扶和就业帮扶】 2019年，市实施“一镇一业”“一村一品”行动，以镇、行政村为单位建立扶贫产业，实行“公司+专业合作社+基地+农户”等经营模式，动员在家务农的有劳动能力贫困户参与扶贫产业项目，带动贫困户增收；实施“金融+公司+农户”扶贫模式，落实贫困户小额信贷政策。是年，新增贫困户小额信贷108户、100.98万元，累计落实175户、210.18万元，有效解决贫困户发展生产、自主创业资金难的问题。此外，利用各级财政支持精准扶贫项目收益，带动贫困户增收。开展有劳动能力贫困人口劳动技能培训，并安排公益性就业岗位。

【组织精准识别“回头看”】 2019年，按照上级“精准识别、建档立卡、动态管理”的要求，认真组织精准扶贫“回头看”，对不符合条件的予以清退，符合条件的及时纳入，做到不漏一户、不落一人、应扶尽扶。此外，积极开展扶贫领域作风问题专项治理，配合做好本级和省精准扶贫跟踪审计及上级巡视反馈问题的整改工作。

【消费扶贫工作推进】 2019年，普宁市做好消费扶贫工作，突出解决市场营销问题，扶持贫困地方农产品产销对接，鼓励引导社会做好消费扶贫工作，通过消费扶贫，促进贫困群众增收，更好做好扶贫工作。发挥农业产业化和龙头产业，依托农民专业合作社对贫困农户的辐射带动作用，进行产品宣传推广，依托电子商务营销，支持发展“电商+龙头企业、合作社+农户形式”采取线上、线下推进消费扶贫。各贫困村依托各地主要农业主导产业，如红薯、蕉柑、油甘、橄榄等农产品在销售渠道上依托电子商务从线上、线下推进销售效益，依托农产品展销会，推动消费扶贫。东莞市东坑镇驻南溪镇帮扶的四条村在深入开展挂钩扶贫各项工作同时，认真拓展消费扶贫，创办南溪“扶贫集市”。驻南溪村的东坑扶贫工作队积极统筹场地资源，以大港码头为依托，为贫困户免费提供在集市上的摆卖摊位，售卖该地特色农产品，解决低收入贫困户收入不稳定问题；依托吉之旅旅游有限公司出品的南溪蕉柑，通过线下销售，将贫困户种植的蕉柑统一打包包装后销售给旅游观光客或外来客人，累计带动贫困户10户参与该模式，已初具规模。着力发展农业特色产业，通过推进“一村一业、一镇一品”产业模式，鼓励贫困户种植种养焦柑、淮山、生姜、红薯等优质特色农产品，并帮助贫困村开展直购直销，打通农产品销售渠道。

【18个省定贫困村创建社会主义新农村示范村建设】 2019年，市扶贫办继续围绕“实现18个省定贫困村社会主义新农村建设由后队变前队、落后变先进”的目标任务，深入推进18个省定贫困村创建社会主义新农村示范村建设。至年底，18个省定贫困村（共30个自然村）已全面完成村居环境治理“三清三拆三整治”，均建有垃圾收集点（标准垃圾屋）并配有保洁员；建成行政村规范化卫生站18个和行政村综合性文化服务设施3个。30个自然村均完成雨污分流工程、村道水泥路面硬底化建设以及完成行政村委会通各自然村道路硬底化建设、集中供水到各自然村建设；30个自然村均已按需求配备1个以上标准化公厕。

【省定贫困村和相对贫困人口退出工作】 2019年，市18个省定贫困村居民人均可支配收入17576.79元；有劳动力贫困户人均可支配收入15157.25元。按照省定贫困村、贫困户退出机制实施方案要求，按照贫困村退出程序，经组织评议、镇级复核和市组织入村核实，全市18个省定贫困村中于2019年度退出有16个村（麒麟镇径水村、堆下村、陈洞村、发坑村、蔡口村、江头村，广太镇山后村，里湖镇蓬和村、寨洋村、松溪村，南溪镇北溪村、老方村、南溪村、金滘村、大陇村，大南山街道什石洋村），其中南溪镇蓝兜村、大南山街道和美村为村党支部软弱涣散村，暂缓退出。全市29个乡镇场街道（含普侨区）的510个行政村已建档立卡相对贫困户5562户、11301人，是年经评议核实脱贫退出5556户、11294人，暂缓退出6户、7人，退出率分别为99.9%、99.9%。

（林述鸿）

工　业

主导产业与民营企业

【概况】 2019年，普宁市完成工业总产值902.04亿元，比上年增长0.7%。规模以上工业总产值682.86亿元，同比增长0.6%。普宁市工业经济形成纺织服装、医药化工、食品加工、玩具塑料等支柱产业。辖区内有康美药业、高乐股份、佳隆股份、柏堡龙、舜喆（原雷伊）5家上市公司，利泰大健康产业、利泰广源、鹏源药业3家新三板挂牌公司。

【主导产业】 纺织服装产业　2019年，全市规模以上纺织服装工业总产值225.14亿元，比增15.8%，占工业总产值的32.97%。至2019年年末，全市有效注册商标数61431件，纺织服装类的商标有效注册量为29953件，其中中国驰名商标3件（名鼠、雅爵、珠密琪）、广东省著名商标8件（秋盛、伊凯琳、依雪妮、柏堡龙、妮可儿、名翰、黛柔、彬盛）。普宁市赢得"衬衣第一市""时尚衬衣的王国""衬衫制造专家"等美誉。

医药产业　2019年，全市规模以上医药工业总产值201.61亿元，比减35.2%，占规模以上工业总产值的29.5%。全市建立国家级技术创新载体8家，省级技术创新载体11家，参与制定国家标准12个。康美药业入选"2019广东省百强民营企业"；安诺药业获"2019年度国家知识产权优势企业""2019年广东省知识产权示范企业"称号；泰宝医疗连续七年获"广东省质量信用A类医疗器械生产企业"称号。

【企业技术创新与改造】 2019年，全市完成工业投资额96.51亿元，其中工业技改投资额55.93亿元。有规模上工业企业320家，开展技改的规模上工业企业数96家。至年末，全市有省级企业技术中心14家，市级企业技术中心19家。

【部分重点民营企业简介】 广东高乐股份有限公司　创建于1989年10月（原名为普宁振兴制造厂有限公司），2002年变更为广东高乐玩具股份有限公司，2010年2月首次公开发行A股并在深交所中小板上市。该公司注册资本94720万元，是集玩具产品开发、设计、生产与销售的高新技术企业，拥有自主品牌，研发能力强，销售网络广泛，生产技术处于国内同行业领先地位，是国内电子电动塑料玩具的龙头企业。主要产品包括电动火车、电动车、互动对打机器人、线控仿真飞机、智能女仔玩具、磁性学习写字板等。先后获得"广东省名牌产品""广东省著名商标""广东省民营科技企业""广东省电子玩具及模具工程技术研究开发中心""广东省外经贸厅重点培育和发展的出口名牌""广东省年度模范纳税户""广东省优势传统产业转型升级龙头企业"等称号。2019年，该公司占地面积6万平方米，总建筑面积12.8万平方米。年末，员工953人。全年实现产品销售收入5.08亿元，其中高新技术产品销售收入3.3亿元，上缴税收987.58万元。

广东佳隆食品股份有限公司　创建于1984年（原名为佳隆副食品厂），2002年变更为广东佳隆食品股份有限公司，2010年11月在深交所中小企业板挂牌上市，是一家集食品科研、生产与销售为一体化的民营股份制企业。该公司注册资金9.36亿元，"佳隆"商标为中国驰名商标、广东省著名商标，主要产品有鸡精、鸡粉、鸡汁、玉米粳、EAS芥辣、吉士粉、番茄酱等，产品通过ISO 22000食品安全管理体系认证、ISO 9001质量管理体系认证、ISO 14001环境管理体系认证和OHSAS 18001职业健康安全管理体系认证，拥有授权专利46件，其中授权发明专利6件和实用新型专利19件；2017—2019年有13个产品获得广东省高新技术产品证书。该公司先后被认定为中国调味品企业50强单位、中国鸡精行业10强单位、食品安全示范单位、广东省民营科技企业、高新技术企业、广东省重点企业直通车服务企业、农业产业化国家重点龙头企业、揭阳十大农业流通企业、承诺诚信单位和揭阳市知识产权重点保护企业。2019年年末，该公司员工438人。全年实现产品销售收入2.97亿元，利润总额3429.26万元，上缴税收3025.60万元。

广东柏堡龙股份有限公司 创立于2006年，公司总部位于流沙东街道新坛村，注册资本5.38亿元，是一家专业从事服装创意设计，集面料研发、组织生产、质量控制一站式服务的纵向一体化服装设计类企业。2015年6月26日，成功登陆深圳证券交易所中小板股票交易市场。该公司重视优秀产业资源整合，创新时尚产业设计，契合服装行业终端“快时尚”趋势，以“快速、多款、时尚”的设计生产模式为众多品牌客户服务，拥有匹克、特步、七匹狼、李宁等200多个知名品牌客户。该公司的服装设计作品获广东省2013年“省长杯”服装设计专项赛唯一一等奖。设立省级企业技术中心、省级服装用特殊功能纤维材料工程技术研究开发中心和省级工业设计中心，已与东华大学合作共建院士工作站，与武汉纺织大学、东华大学、五邑大学开展产学研合作关系，在服装的面料研发、裁剪技术、结构设计等方面，拥有设计版权2000多项，授权发明专利7件，授权实用新型专利19件，授权外观设计专利10件，软件著作权3件。该公司是国家高新技术企业、广东省创新型企业、广东省民营企业创新产业化示范基地、2018年度揭阳市“梁柱”企业、揭阳市知识产权保护重点企业、中国服装协会第七届理事会理事单位、广东省服装服饰行业协会会员、揭阳市文化产业促进会副会长单位。2019年，

广东柏堡龙股份有限公司总部外景　　（流沙东街道党政办　供稿）

该公司占地面积2.33万平方米，总建筑面积3.35万平方米。年末，员工762人。全年营业收入9.61亿元，其中高新技术产品及设计服务销售收入7.98亿元，利润总额1.70亿元，上缴税收6972.81万元。

广东利泰制药股份有限公司 创立于2001年，位于大南山街道工业区。2009年3月完成改制，是一家集药品研发、生产及销售于一体的高新技术企业。至2019年年末，该公司拥有符合国家药品GMP要求的现代化生产厂房、科研实验室、质量保证（QA）中心、质量控制（QC）中心、实验动物中心和大容量注射剂生产线10条。拥有高新技术产品10个，自主知识产权共计25项，其中已获授权发明专利10项、实用新型专利2项、外观设计专利13项、技术诀窍专利18项，另外公司还有6项发明专利已被受理。自主研发的“氨基酸注射液及其制备方法”专利技术先后获普宁市、揭阳市科技进步一等奖，广东省科学技术奖三等奖，广东省专利奖优秀奖；“少量抗氧化剂的十八复方氨基酸注射液及其制备方法”先后获2016年度广东省专利奖优秀奖，2017年中国专利奖优秀奖。该公司先后被认定为“国家火炬计划重点高新技术企业”“国家高新技术企业”“国家守合同重信用企业”“广东省创新型企业”“广东省工程技术研究开发中心”“广东省省级企业技术中心”“广东省战略性新兴产业骨干培育企业”“广东省民营企业创新产业化示范基地”“广东省院士专家企业工作站”“广东省科技特派员工作站”“广东省清洁生产企业”“广东省重点创新帮扶高成长民营企业”“广东省两化融合管理体系贯标试点企业”“广东省知识产权管理体系贯标企业”“广东省直通车服务重点单位”“揭阳市重点高新技术企业”“揭阳市民营梁柱企业”。2019年，该公司占地面积7.8万平方米，总建筑面积6.5万平方米。年末，员工519人。全年产品销售收入10.3亿元，其中高新技术产品销售收入8.9亿元，利润总额12332万元，上缴税金8102万元。

广东泰宝医疗科技股份有限公司 创建于2000年3月，是一家致力于高值功能性敷料、高端医疗设备等医疗器械产品的开发、生产和销售的高新技术企业。该公司设于普宁市英歌山工业园内，拥有现代

化生产厂房和10万级及万级洁净车间，建有国家医疗保健器具研究中心泰宝功能材料联合实验室、中山大学泰宝医用功能材料研究中心、广东省生物医用贴剂与敷料（泰宝）工程技术研究中心、揭阳市生物医用材料工程技术研究中心。该公司于2015年顺利通过知识产权管理体系认证，成为粤东首家通过贯标认证的企业。该公司作为揭阳市知识产权保护重点企业，2016年被评为广东省知识产权示范企业，2017年被认定为国家知识产权优势企业。已获得自主研发的专利技术255项，通过省级科技成果鉴定4项，获得“国家重点新产品”称号的产品3个、“国家高新技术产品”称号的产品10个。该公司于2019年11月25日在广东证监局完成辅导登记备案，目标板块为创业板。2019年，该公司占地面积2.94万平方米，总建筑面积2.37万平方米。年末，员工169人。全年产品销售收入1.51亿元，其中高新技术产品销售收入1.3亿元。

（杨小熙、谢卓润、方璧生）

工业园区

【市科技工业园简介】 2001年创办，位于市区西北部，东靠省道S236线，西临揭普高速，规划建设面积90公顷。至2019年年末，园区已引进制药、纺织服装、电器、炉具、食品、印刷和化纤等12家企业，投资规模18多亿元；拥有国家级高新技术企业3家，省级企业技术中心3家，博士后工作站1家，中国驰名商标2个，广东省著名商标2个，省级制造业百强企业1家，中国专利金奖1个。是年该园区工业总产值105亿元，上缴各种税收4.2亿元。

（李　玮）

【市英歌山工业园简介】 2007年9月设立普宁市英歌山工业区，2012年12月改称普宁市英歌山工业园，2016年变更为普宁市大健康产业园，2018年称广东普宁市产业转移工业园区（英歌山工业园）。位于市域中部大坝镇和赤岗镇交界处，规划用地总面积10.83平方千米，是普宁大健康产业名城的重要载体和发展平台。揭惠高速及汕湛高速（汕普路段）分别于工业园西侧和南侧通过，省道S236线在东侧通过，距厦深铁路普宁站约15千米，距潮汕机场40千米，工业园交通区位优势明显。园区按照“统一规划、统一征地、熟地出让”的发展思路，坚持高标准规划、高起点建设和高效能配套，全力打造产业集群，主要以生物医药、医疗器械和纺织服装为主导，于2015年纳入广东省产业集聚地管理，2018年2月经国务院批准列入《中国开发区审核公告目录》后，升格纳入“广东省产业转移工业园”管理。2019年，完成起步区120公顷土地的征用和创业路、康泰北路等6条市政道路及水磨溪石篱化整治工程建设。园区已引进企业28家（规模以上工业企业3家），其中广东佳隆食品股份有限公司、广东泰宝医疗科技股份有限公司等4家企业已建成投产，广东爱迪医疗科技有限公司、广东鼎孚包装材料有限公司等6个项目在建。

（杨志雄）

【市区中河经济技术开发区简介】 创建于1992年，位于市区广汕公路东埔段北侧，占地面积16.27公顷，建筑面积41万平方米，投资3.1亿元。开发区紧靠广汕公路，交通便利，内有水泥路11条（段），总长约4.5千米；绿化带2674平方米，楼房85幢，厂房41座。配套建设有生活住宅区、文化娱乐区、管理服务区，邮政、通信、供电供水、金融服务网点等功能设施。2019年年末，园区内有企业30多家，从业人员1600多人。全年工业总产值3亿元。开发区以纺织服装为主导产业，在区内及周边形成从进纱、织布、绣花、印染、织橡筋、生产到销售的完整产业链，产业集群发展效应明显。园区内有中国驰名商标“名鼠”1个，广东省著名商标“名鼠”“爱诺”“伊凯琳”3个。该开发区先后获“揭阳市达标工业园区”“揭阳市先进工业园区”称号。

（陈浩曼、许锴升）

【市纺织印染环保综合处理中心简介】 2014年创办，原称广东（粤东）纺织产业生态园，选址于南径镇与占陇镇交界处（俗称大径肚），距离普宁市城区约15千米。该项目是练江污染综合整治的重要工程，按照“产业集聚、企业集中、统一治理、土地集约”的原则规划建设。规划用地总面积420公顷，其中建设用地230.4公顷、非建设用地189.6公顷。项目计划总投资150多亿元（其中公共设施及配套工程等投资30多亿元），起步区用地68公顷，计划总投资28亿元，规划建设印花通用厂房、印染厂区、污水处理厂、集中供热供气项目、工业引水工程以及园区道路、管网等配套项目，安排全市有牌证印染企业、印花企业、洗水企业入驻生产。至2019年年末，市23家有牌证的印花企业已全部入驻印花通用厂房安装调试设备并陆续进入试产阶段；印染区已有22块地块41家企业进场建设，5家企业厂房已封顶并抓紧安装调试设备；园区污水处理厂第一阶段、供热供气项目首期工程及印花厂区等配套项目已基本建成并投入运营，园区从能源供应到污水集中处理三基本实现全流程投产。 （李 玮）

·普宁风物小辑·

嵌瓷·百鸟朝凤

嵌瓷，是潮汕地区富于地方特色的传统工艺美术品种和别具一格的建筑装饰艺术，始于明朝万历年间，盛行于清朝，至今已有400多年的历史。它与木雕、石雕并称潮汕古建筑“三绝”。普宁嵌瓷于2007年被列入第二批国家非物质文化遗产。普宁嵌瓷主要以色彩鲜艳而又精薄的瓷盘、瓷碗、瓷碟、瓷杯、瓷盒、瓷片等为原料，以石灰、红糖、草纸调制的灰浆作镶嵌黏合剂，以绘画和雕塑等造型艺术为基础，将经剪取的瓷片通过组合、拼贴的方式镶嵌成各种动物、植物、人物造型，装饰于庙宇、祠堂、古民居等的屋脊、垂带、檐下以及照壁等建筑部位，其成品五彩斑斓、形象生动、内涵丰富，且质感坚实，久经风雨，烈日暴晒而永不褪色，被誉为“屋顶上的艺术”“永远明亮的民间造型艺术”，是旅游胜地、文化古迹、宗教场所等一道靓丽的风景线。

嵌瓷以实用观赏为目的，“图必有意，意必吉祥”。其题材广泛，多以富有民间信仰的内容为主，或采用历史和民间传说中的英雄名臣、文人墨客，来反映人民群众扬正压邪、勇于进取的精神面貌，给人鞭策和启迪；或采用寓意吉祥、富贵的花虫鸟兽，营造吉祥、长寿、如意、富裕、和谐等富有传统文化朴素情感的艺术氛围。装饰在庙宇、祠堂、屋脊正面的嵌瓷，多以双龙戏珠、双凤朝牡丹等题材，装饰脊头、屋角头的嵌瓷，多是文武加冠，福禄寿（三星图）立体人物。装饰于檐下墙壁的嵌瓷则多为花卉鸟兽、鱼虾、昆虫等；照壁上的嵌瓷，常见的是麒麟、狮、象、仙鹤、梅鹿等。构图上多采用两边对称的手法，画面气势磅礴，注重大动态大效果；设色多用对比色，鲜艳夺目，制作精工细琢，填色描金，甚至点缀珠粒、珠片，使其更显名贵，具有视觉之美。

日前，笔者在普宁泥沟二房祠看到，屋顶上的百鸟朝凤嵌瓷非常精美，只见仪态雍容的凤鸟居于正中，昂首挺立，高贵优美，孔雀、白鹤等鸟或伫立或翱翔于松柏、牡丹、荷花之间，整体造型疏密得当，布局合理，生动传神。在中国人的心目中，凤凰为百鸟之王，是吉祥的神鸟。自古喜欢用百鸟朝凤来寓意百姓安居乐业，国家繁荣昌盛。而孔雀在传说中是拥有九德的吉祥鸟，百鹤象征吉祥长寿，二房祠借助传统题材将美好的寓意和祝福表现得淋漓尽致。

（本文图选自2020年9月7日《揭阳日报》“揭岭风情”版，蔡烨华 文 安静声音 摄）

国内贸易

市场建设与商品展销

【概况】 普宁商贸活跃，是粤东具有较强影响力的商贸名城。2019年，全市有经市场监管部门核准登记的各类市场主体5261户，各类物业市场34个，尤以服装、中药材、纺织品、茶叶、蔬菜和水果等十大专业市场驰名。围绕“稳增长、促改革、调结构、惠民生”总体部署，鼓励引导中高档批发市场、连锁经营和购物超市配套建设，加强专业市场规范管理，开展多形式促销联营，拉动消费增长。推动服装城二期、商品城二期项目建设，深化贸易流通体制改革，加快市场转型升级。

【广东冠东石化产品交易中心】 该交易中心2015年10月落户普宁并开业，是经省人民政府批准的从事石油与化工产品交易的省级电子商务平台，主要从事石油制品、化工上下游产品等产品销售、进出口业务以及相关电子商务平台服务。2019年年末，入驻该交易中心会员近260家。交纳所得税总金额3364万元。

【中国·普宁国际服装城】 中国·普宁国际服装城位于市区西北部，是广东省、揭阳市重点项目，是促纺织服装产业转型升级、打造“商贸名城”的重大战略项目。该项目计划总投资约25亿元，用地面积26.67公顷，建设商业街铺、批发商城、综合商务大楼、地下停车场、商业广场、国际大酒店、大型物流中心、国家纺织服装质检揭阳分中心大楼、汽车客运站以及派出所等。首期工程投资12亿元，建筑面积约30万平方米，于2008年8月开工建设，2010年12月竣工并开业，建成商铺、写字楼5000多间，场内经营商户达3000多户、从业人数2万多人。中国驰名商标“群豪”“名鼠”“雅爵”等数百个知名品牌云集。2019年，该服装城市场年购销额120亿元。2017年12月，该服装城二期工程“普宁布料服装网批城”开工建设，工程计划投资8亿元，建筑面积23.41万平方米。该服装城先后被认定为“广东针织服装国际采购中心”、粤东首家“广货网上行”电子商务平台；被评为“广东省电子商务示范企业”“广东省电子商务示范基地”“广东省就业先进单位”“广东省十大书香企业”“全国职工教育培训示范点”和被列为广东省“第二批现代服务业集聚区”、第二批“广东省生产性服务业功能区示范企业”；被原国家工商行政管理总局授予“全国诚信示范市场”“全国守合同重信用企业”称号。

【中国·普宁国际商品城】 中国·普宁国际商品城位于市区东部，是省、揭阳市和普宁市重点商贸流通项目，总投资12亿元，占地面积20公顷，

中国·普宁国际服装城外景　　（市工信局　供稿）

总建筑面积68万平方米，整体规划为东、西两大区域。项目分两期开发建设。西区工程占地面积8.8万平方米，建筑面积25万平方米，于2010年10月开工，2011年底建成投入运营，主要有服饰内衣商贸中心、服饰品牌区、美佳乐Mall、华影国际影城、商务公寓等主题板块，配套物流中心、地下停车场、中心广场、大型电子屏幕和大型舞台。西区含普宁国际电商城包括网上集聚中心、直播基地、电商配套中心、电商共享空间“四大产业功能”于一体的电商全产业链综合服务平台以及品牌服饰区、商务公寓。东区占地面积10.40万平方米，建筑面积47万平方米，于2013年10月开工，至2015年年底完工，于2018年进行全面改造升级。东区含尚东明珠、尚东新天地、尚东一品三大版块，规划将艺术、人文、旅游、情感与商业融汇于一体的多元化城市综合体。并完善配套设施，建设2万平方米休闲广场及5000个停车位。2019年，该商品城市场购销总额20亿元。

【普宁广场商业中心】 该商业中心又称万泰汇购物中心，位于市区普宁广场旁，于2015年建成，总投资10亿元，总建筑面积20万平方米，其中商业超市10万平方米，包括地下大型超市2.5万平方米，地下“潮流前线”2.5万平方米，地上5层购物中心5万平方米。商业中心由大型购物、休闲、娱乐中心和两座25层的甲级写字楼组成，集购物、娱乐、休闲、美食、商务办公于一体。2019年，该商业中心销售总额10.60亿元

【卜蜂莲花普宁连锁超市】 该店是泰国正大集团卜蜂莲花连锁超市在中国华南地区设立的第24家门店，广东省第19家门店，为普宁广场万泰汇购物中心首批开业的主力店之一。位于普宁广场万泰汇购物中心负一层，总租赁面积2万平方米。卜蜂莲花持续打造高效购物场景，自助收银机台、智能购物车等技术创新项目为顾客带来超凡便捷的购物体验。2019年年末，客流量超100万人，营业总额1亿元。该连锁超市先后荣获中国食品健康七星奖、中国连锁经营协会零售创新奖和中国最佳企业大学奖等。

【广东美佳乐购物广场有限公司】 该公司是一家以城市商业综合体、购物中心、时尚流行百货、大型生活超市、商贸市场、物流中心和社区（24小时）便利店为主体构成的商业运营连锁企业，长期与1000多家国内外知名品牌企业建立战略合作伙伴。在市辖区内设有普宁美佳乐MALL店、中华新城店、广达店、占陇店、洪阳店5个门店和社区“美鲜生”4家品牌店及“美加乐”52个营销网点，总经营面积逾23万平方米，员工逾2000人。该公司分设的揭阳美壹城、揭西美壹城购物中心即将开业。2019年该公司销售总额1.84亿元。该公司先后被评为“广东省重合同守信用企业”“广东省百城万店无假货活动示范店”“揭阳市流通环节食品安全示范店”“连锁经营创新标杆企业”“广东最具投资价值品牌”等。

【普宁星河领创企业管理有限公司】 该公司是星河·领创天下众创空间旗下公司，于2017年8月成立，位于市城区普宁星河明珠湾21幢，运营总面积2000平方米，由普宁市星河领创企业管理有限公司（星河控股全资子公司）负责运营。其致力于青年社群化办公环境，构筑集办公场地、开发设备、孵化培育、产业配套、模式梳理、路演指导、投融资、后勤保障等全方位创业服务体系，推动大众创业者的发展。2019年，举办创业路演、企业交流、专题论坛等创业活动22场次。年末，空间入驻率超95%，入孵项目36个。全年共举办创业活动22场次。该公司管理运营的众创空间服务体系获得省科技厅2019年度全省众创空间运营A级评价，是粤东地区唯一获A级评价的众创空间服务体系。

【普宁时代中心】 该中心位于市城区，是普宁市金莎投资有限公司于2012年投资开发的普宁地区第一个城市综合体，同时也是普宁市委、市政府实施“创建商贸名城”战略、配套完善城市功能、重点扶持的高标准投资项目。该中心于2017年全面完工投入使用，总投资额18.5亿元，项目总占地面积4.68万平方米，总建筑面积36.39万平方米（包括1–5层商业裙楼，4栋26层写字楼及公寓，1栋39层写字楼及五星级酒店，地下两层停车场）。停车场共设有停车位1200余个及各类配套设施用房；裙房屋顶设有1万平方米的超大空中花园，成为粤东旗舰级商业中心。

普宁星河COCO City 该项目于2015年10月17日，由普宁市金莎投资有限公司与深圳星河控股集团旗下商业COCO City在深圳正式签约、共同携手打造的超区域型潮流购物项目，于2017年12月26日正式进驻普宁时代中心，并开业运营。2019年，总计客流量1765万人次，营业额4.2亿元。

普宁星河 COCO City 外景 （市工信局 供稿）

沃尔玛普宁分店　该分店是沃尔玛在揭阳地区开设的第一家连锁商场，于2017年12月26日进驻普宁金莎时代中心并开业。分店租赁面积为1.3万平方米，主要经营生鲜食品、干货、家具、服装、家电等2万多种商品。为市民购物方便，采用互联网技术“扫玛购”、快速收银、人脸识别等购物体验。2019年年末，营业额约9000万元。

（孙晓雯、方璧生）

食品流通

【概况】　普宁市食品总公司是市商业集团属下一家国有企业，2019年年末在职员工179人。公司发挥肉食供应主渠道作用，认真做好市场供应分析研判，制订市场应急供应预案，加强对全市生猪调入批发总量调控；加强及防控重大动物疫病应急工作，积极应对因非洲猪瘟造成的市场生猪货源偏紧、价格上涨，及时调剂市场余缺，保障猪肉货源供应价格持稳；加强对各屠宰场点、生猪仓库进行严格卫生消毒和防疫工作。

【生猪定点屠宰】　2019年，市食品总公司配合市府办、市畜牧水产局开展生猪屠宰场点清理整治工作，进一步做好生猪屠宰场点的规划及选址。至年末，市食品总公司累计已建立生猪定点屠宰场点21个。

【生猪购销】　2019年，全年全市本地收购生猪30622吨，市外调入62520吨。市食品总公司下属各定点屠宰场点屠宰生猪16.5万头，纯销售猪肉14520吨。

（杨育生）

粮食流通

【概况】　市粮食和物资储备局是市发展和改革局挂牌单位，管理单位有市储备粮管理中心、市储备粮有限责任公司和市粮食总公司。2019年，全年粮食储备安全，粮源充足，品质优良，粮价平稳。

【粮食管理】　2019年，市粮食和物资储备局认真贯彻执行党和国家粮食方针、政策，做好全市粮食总量平衡工作；层层落实片区责任制，建立健全各项管理制度，做到辖区内在库粮油账账相符、账实相符，确保在库粮食安全无事故；粮食宜存率达到100%，完成揭阳市下达的粮食考评各项指标。是年，普宁市粮食安全责任考核被揭阳市评为优秀等次。严格执行揭阳市粮食和物资储备局《关于印发全市政策性粮食库存数量和质量大清查实施方案的通知》各项规定，做到储备粮出入库手续、原始凭证齐全完善，仓储、财会、统计三账反映粮食库存、储备粮划转、出入库情况在口径、数量和时间同步合规，真实一致。同时，按“通知”要求，对市粮食仓库开展春秋两季普查，无发现高温粮区；对达到轮换条件稻谷及时进行轮换。

【粮食储备】　2019年，普宁市完成揭阳市下达地方储备规模（原粮）的储备任务。落实“储备功能完善、品种结构优化、储备方式灵活、承储主体多元、粮食储备安全”的目标要求，探索建立政府储备和社会储备相结合的粮食储备新机制，全市储备粮足额到位，品质优良，宜存率100%，完成储备任务。

【粮食安全生产】　2019年，市粮食和物资储备局举办粮食安全生产专题培训班2场次，参加培训60人次。是年，组织参加普宁市应急管理局举办的安全生产检查员、安全生产管理员培训11人次。组织粮食储备安全大检查6场次，全年市粮食储备安全无事故。

（王文光）

供销社商品购销

【概况】 普宁市供销合作社联合社（简称“市供销社”）与市供销社集团公司是“一个机构、两块牌子”直属市人民政府管理的正科级（公益一类）事业单位，设秘书、人事、财会、审计、综合业务、企业管理、保卫共7个职能股，辖16个市直公司和22个基层供销社。2019年年末，在职干部职工1625人，代管合作商店545人。全年实现商品总购进84192万元，比增7%；商品总销售91474万元，比增7.25%；所有者权益15399万元，利润总额254万元。承办市政府2019年度“三防”物资储备编织袋20万条、麻皮10吨。存在问题：各类人才比较缺乏，经营单一。部分基层企业经济薄弱，经营效益低，企业存在一些遗留问题未能彻底解决；基层企业创新动力不足，基层企业队伍建设及管理仍不够到位，全系统农业社会化服务质量尚需进一步提高。

2019年4月16日，市供销社组团到台山市供销社实地调研学习推进助农服务体系建设 （市供销社 供稿）

【经营网点】 2019年，市供销社全资企业（市直公司）16个，由市供销社垂直管理的基层社22个。全系统经营网点598个，其中农资商品经营网点97个，日用消费品经营网点311个，其他经营网点190个。主营的农资商品有化肥、化学农药和农用薄膜等。全年全系统经营网点共销售农资商品计尿素46900吨，复合肥34885吨，碳胺16565吨，钾肥5265吨，农药6524吨，农膜361吨。

【党建工作及主题教育开展】 2019年5月，市供销合作社联合社召开第一次党员代表大会，选举市供销合作社联合社第一届党委委员。是年，该社机关党支部召开支委会议22次，党支部会议10场次，上党课4场次。全市供销系统发展新党员2名。全年市供销社组织干部职工开展“不忘供销事业初心、牢记为农服务使命”主题教育学习活动，共组织党员集中学习52场次，参加集中学习725人次，开展“送学上门”活动29场次；开展志愿服务活动4场次，参与活动的党员86人次，为群众办好事实事9件。

【新型乡村助农服务示范体系建设】 2019年，市供销社认真贯彻落实中央、省委、揭阳市委和普宁市委关于实施乡村振兴战略的决策部署，主动担当、积极作为，大力实施产业兴村行动，扎实推进新型乡村助农服务示范体系建设，努力打造服务农民生产生活的生力军和综合平台。12月，出台《普宁市人民政府办公室关于印发普宁市新型乡村助农服务示范体系建设实施方案的通知》。按要求市供销系统必须完成建设县域助农服务综合平台1个，镇村助农服务中心16个。其中，里湖供销社负责建设县域助农服务综合平台，占陇、军埠、麒麟、南径、洪阳、池尾16个基层供销社负责建设镇村助农服务中心。至年末，洪阳、南径、麒麟、大坝、南溪、军埠、大坪、梅塘、大南山、石牌10个基层社的镇村助农服务中心建成并运营，主要服务功能有农资农技服务、农产品购销加工服务、日用消费品供应服务等，服务农户11055户，开展助农服务培训8097人次。

【为农服务】 2019年，市供销社加强对25个农民专业合作社的管理，提高为民服务质量。是年，该社组织开展面对农民专业合作社的农技推广活动，参加培训约2.6万人次。发放农化服务手册，印发用肥、用药等农科知识宣传资料 2000 多份，指导农民合理施肥用药，及时防止病虫害，向农民传授科学种田知识。全年统防统治、测土施肥面积 133.33 公顷。发挥农村流通网络主导力量作用，推进农村日用消费品经营网络建设。是年，市供销社农村经营网络销售额 4150 万元。

（庄俊坤）

中国·普宁康美中药城　（江创波　摄）

药品药材购销

【普宁市医药总公司】　2019 年，市医药总公司下辖国有批发企业 7 家，国有参股企业 1 家。国有批发企业有广东振宁医药（集团）公司、广东振宁医药（集团）公司药品批发部、广东振宁医药（集团）医药发展公司、市医药公司、市药材公司、流沙药品公司、市医药贸易中心；国有参股企业有广东振宁医药集团贸易有限公司。全年市医药总公司属下 8 家国有批发企业、参股企业药品总销售 41096 万元，实现税利总额 920 万元。（江建南）

【中国·普宁康美中药城】　中国·普宁康美中药城前身为中国·普宁中药材专业市场，于 1997 年被国家认定为首批八个全国定点中药材专业市场之一，是全国 17 个中药材专业市场示范点之一。2012 年，康美药业投资 10 亿元兴建中国·普宁康美中药城，于 2017 年 6 月完工，7 月 1 日正式启动运营。康美中药城坐落于市区普宁大道与省道 S326 线路的交汇处，为厦深高铁普宁站前片区，具有优越的投资环境和四通八达的交通网络。新市场分为 3 个经营业态区域，分别为综合经营区，草药经营区及大品种经营区。以贵细中药材交易市场为主体，集“贸易、检验检测、信息发布、金融服务、办公、配套酒店商务”于一体，配套建设星级酒店、办公楼等相关设施。项目建成单元式商铺 935 套和 4 万平方米四星级酒店和商务办公大楼以及 7 万平方米的地下停车场，有近 2000 个机动车车位。作为粤东地区最大药材集散地，中药材销售辐射到全国，且远销日本、韩国、东南亚、北美等国家和地区，是中药走出国门、打进世界的南方窗口。市场经营以批发零售相结合，主要经营冬虫夏草、人参和鹿茸等贵细药材，经营全国各种地道中药材 1000 多个品种。采取产地直销方式，有中药材经营商户 590 家。2019 年，市场成交额约 26.27 亿元。先后获“广东省文明市场”“广东省文明诚信市场”“全国十大药材药品交易市场”“全国商品交易市场系统转型升级示范市场”称号，被列入省商务厅中药材流通追溯系统建设第一批试点单位。

（王瑞云）

烟草专卖

【概况】　普宁市烟草专卖局、广东烟草揭阳市有限公司普宁市分公司是“一个机构、两块牌子”的国有科级企业单位，主要职能是烟草行业行政管理、专卖执法和卷烟专营，内设党建监察部、综合管理部、专卖监督管理办公室（专卖稽查大队、内管派驻组）、营销部。年末，在职干部职工 289 人。全年销售卷烟 8.87 万箱，卷烟（含税）销售收入 33.19 亿元；查处烟草违法案件 168 宗，大要案 82 宗，捣毁制假烟窝点 12 个。是年，市烟草专卖局（分公司）被授予“广东省法治文化建设示范企业”称号，在市首次国家机关“谁执法谁普法”履职评议中被评为优秀单位。

【卷烟经营】　2019 年，全年全市烟草专卖行业共销售卷烟 8.87 万箱，同比增长 2.55%；卷烟含税销售收入 33.19 亿元，同比增长 7.81%；单箱销售金额 3.74 万元，同比增长

5.13%。实现税利总额8.59亿元，同比增长8.85%，其中净利润2.92亿元，同比增长18.24%；税费5.67亿元，同比增长4.58%。

【烟草专卖管理】 2019年，市烟草专卖局加强烟草专卖管理，查处涉烟违法案件168宗，其中5万元以上大要案82宗；破获机械制假烟窝点12个，查获各类制假机械49台，查获假私未包装烟支约4987.58万多支、烟丝烟叶26.87吨。抓获涉案犯罪嫌疑人111人，刑拘99人，批捕87人，获刑99人（93人属于往年积案）。

（陈若亭）

【普宁市金叶实业有限公司】 普宁市金叶实业有限公司成立于1988年11月，于2013年12月与市烟草专卖局剥离管理关系，隶属市委、市政府管理，属独立核算法人单位。2019年年末，该公司有干部职工598人，总资产5.55亿元，其中固定资产1.78亿元。公司内设办公室、人秘股、财务股和业务股4个股室，属下包括金叶大厦有限公司、金叶旅行社有限公司、金叶物业有限公司、金叶广告有限公司和洪阳金叶物业管理有限公司等5家全资子公司。主营商贸物流业等。全年各项业务总收入7878.51万元。

（张树涛）

食盐购销

【概况】 揭阳盐务局普宁分局和省盐业集团揭阳有限公司普宁分公司（简称“省盐业集团普宁分公司”）是“一个机构、两块牌子”的揭阳驻普非法人国有单位，担负普宁市民用食盐与食品加工用盐市场供应功能。2019年年末，该公司有干部职工14人。食盐储备设有流沙批发部仓库和练江食盐储备仓库，总使用面积约1550平方米，实际可存盐容量2210吨，常年储备盐850吨。2018年，根据上级《盐业体制改革方案》，原揭阳市盐务局普宁分局盐政执法管理职能剥离、部分盐政人员通过考核转隶到食品药品监管部门。

【食盐经营】 2019年，省盐业集团普宁分公司购进食盐5693吨，销售食盐5194吨，同比下降41.78%；小包装食盐2121吨，完成年指标任务4050吨的47.63%，同比下降21.82%；其中食品加工盐销售3073吨，完成指标任务9100吨的66.23%，同比下降51.79%。

（李育舜）

·普宁美丽乡村小辑·

梅塘镇景光村

普宁市梅塘镇景光村，又名洞景，俗称洞仔，位于梅塘镇区南面4公里处，因村处四面环山仅有一条沿山溪出入的小路，外窄而内里开阔，形似洞，兼此处景色优美，故名洞景。该村属革命老区，是土地革命战争时期杨开端烈士故乡。

明末，此处已有黎姓定居。清初，杨氏从相邻远光村进陂寨迁入，后黎氏于道光时迁走，该村遂为杨氏一姓。现全村有人口4000多人，村民多出外经商务工。有耕地50公顷，山地715.33公顷，农业主种水稻、番薯、蔬菜等，山林盛产杨梅、青榄、乌榄、油柑等水果，村金丝橄榄产品驰名海内外；洞仔杨梅远近闻名，是普宁主产地，村设有杨梅交易市场。

近年来，该村致力于生态旅游、美丽乡村建设，以“绿水青山就是金山银山”理念，多形式宣传美丽乡村建设，得到村民的大力支持和密切配合；同时，从全力做好“三清三拆三整治”“雨污分流”工作入手，大力整治乡村环境，建设池仔埔球场、村卫生站和公厕，修建长1165米的梅云公路景观段，让整个乡村的面貌焕然一新。该村被评定为2019年普宁市10个美丽乡村之一。

（本文选自市文明办等单位编印出版的《2019年普宁市美丽乡村》宣传册）

对外贸易·普宁海关

对外贸易

【概况】　2019年，普宁市外贸进出口总值44.26亿元，比2018年同期47.5亿元下降6.82%。其中，外贸出口值累计40.21亿元，比2018年同期42.39亿元下降5.14%；外贸进口值累计4.05亿元，比2018年同期5.11亿元下降20.74%。

【进出口企业】　至2019年年底，全市共有备案进出口企业301家。其中，有出口实绩企业129家，以生产和加工纺织服装、玩具、食品及电器等产品出口为主，纺织服装类产品出口值约占全部出口商品的78%；有进口实绩企业21家，以进口生产性原辅材料、机械设备及食品等为主。

（黄路平）

普宁海关

【概况】　普宁海关，前身为汕头海关驻普宁办事处，于1990年2月15日经海关总署批准设立，是汕头海关下属的正处级机构，1992年1月1日正式开关。2018年4月20日始，根据中央机构改革要求，质检总局原出入境检验检疫管理职责和队伍划入海关总署，出入境检验检疫系统统一以海关名义对外工作。同年12月，经海关总署批准设立普宁海关，原揭阳出入境检验检疫局普宁办事处管理职责和工作人员同时就地划入统一管理，对外工作。关区管理范围包括普宁市和普侨区。

2019年，普宁海关在编干部职工39人，内设办公室、政工监察科、综合业务（一科、二科）、查检科、企业管理科、稽查科7个科室，另外与揭阳海关缉私分局共管缉私科。是年，通关管理实现无纸化报关比例100%，电子支付比例100%；查验出口食品697批共1.2万吨。全年征收税款6173.9万元，同比增长1.3倍。

【通关管理】　2019年，普宁海关通过完善机制，堵塞漏洞，加强风险分析，加强联系配合，形成监管合力，提高业务执法效能。全年实现无纸化报关单比例100%，电子支付比例100%。

【税收征管】　2019年，普宁海关坚持依法治税，不断提高税收征管水平。推行一体化通关改革，开展“属地申报，口岸验放”政策宣传；落实关检业务融合改革要求，对辖区内出口企业开展自由贸易协定优惠关税待遇、原产地规则和原产地证书等的宣传、培训和普及，着力解决企业不懂、不能、不方便申请原产地证书等问题，不断提高实施自由贸易协定的有效性。全年累计签发原产地证书11223份、涉及金额25237.77万美元，帮助企业在进口国（地区）实现关税减免约3033.15万美元。完成3家企业货值共236.1万美元的进口设备减免税手续，累计减免税款约145万元。全年征收税款6173.9万元，同比增长1.3倍。

【查验检疫】　2019年，普宁海关全面深化检验检疫改革创新，主动担当服务地方经济发展的先行者。深入推进“查检合一”，全年共查检进出口食品697批、重量12011.93吨。推进动植物检疫规范化建设，着力做好进出境动植物疫情防控，维护国门生物安全。严格抓好进出境农产品质量安全监控，严守安全底线；加强国门生物安全宣传，面向校园、社区、企业开展国门生物安全宣传教育活动，营造国门生物安全人人有责的良好社会氛围。完善口岸疾病防控体系，扎实做好非洲猪瘟等疫病防控；建立健全普宁口岸传染病联防联控协作机制、通报交流机制以及各项应急预案。

【关区企业监管】　2019年，切实履行属地型海关职责，强化日常监管。率先在全关区提出日常监管工作试行机制，解决相关科室协作配合的瓶颈。结合关区实际，有针对性地对出口食品企业开展核查。有序开展暂时进口货物核查、企业日常监管、对关区内减免税设备开展贸易调查作业等相关工作。

【关区打私工作】 2019年，普宁海关持续保持高压态势，打私工作成果显著。落实反走私责任制，明确打私重点。重点关注固体废旧塑料进出口情况及香烟、成品油非法贩运情况，有针对性地开展打私工作；强化综合治理，密切与揭阳海关缉私分局、揭阳市打私办、普宁市打私办的联系配合，提高打私整体效能；强化责任，多方位、多渠道地加强联系沟通，加强反走私情报收集整理工作，随时掌握反走私动态，提高预警意识。

【口岸应急管理】 2019年，普宁海关着力健全国境安全应急管理体系，增强突发事件应急处置能力。加强应急管理工作组织领导，细化各项工作责任，做到分工明确，落实到位；印发网络安全、消防安全相关应急预案和宣传工作制度，认真研究各类突发事件的发生和发展规律，畅通信息，落实专人收集报告口岸非洲猪瘟等疫情防控动态信息，严格检验检疫措施，实施口岸疫情日报告制度，及时报告、积极反馈。加大培训力度，强化应急管理队伍建设。开展检疫查验、医学排查、流行病学调查、采样送检及个人防护等重点环节的知识培训和口岸核生化有害因子涉恐事件应急处置培训班，增强卫生检疫人员个人防护意识和反恐责任感。采用桌面推演形式进行非洲猪瘟突发事件应急处置演练，有力提升非洲猪瘟突发事件的应急处置能力。

【口岸服务地方外贸发展】 2019年，普宁海关密切关注、支持地方外贸发展。推行关区企业管理改革，精简行政审批，做好企业信用认证工作，让更多诚信守法企业能够享受到通关便利，增强竞争力。落实通关便利措施，提供优质服务，抓好“属地申报，口岸验放”“通关一体化”改革等措施的落实，提高企业的通关速度，降低企业的通关成本。做好政策宣传，尤其是减免税政策和通关一体化的政策宣传，让关区企业用好用足政策，积极分享改革的红利。主动向普宁市政府建言献策，支持地方政府用好用足政策，及时启动跨境电商项目。落实“暖企”行动。领导班子全体成员带头就如何进一步提高综合治税、企业管理、通关效能等工作开展专题调研。积极宣传海关各项业务改革措施，促进食品出口企业产品卫生质量符合进口国要求，推动关税保证保险政策落地，着力扶持高资信企业。全年共收到关区企业赠送的锦旗4面、感谢信3封。选派普宁海关优秀干部担任里湖镇蓬和村第一书记，完成省定点贫困村驻村扶贫项目3年任务期工作目标，完成汕头海关专项资金修缮当地小学校舍的帮扶任务。积极开展省级精神文明单位创建活动，组建志愿者服务队，主动融入地方创文工作，完成各项创文任务。

【口岸廉政建设】 2019年，普宁海关领导班子成员增强自律意识，认真推进党风廉政建设，坚决落实八项规定，严字当头，进一步严肃纪律、严格管理，从规范公务用车、严肃治理酒驾、醉驾等具体要求入手，引导干部职工从日常抓起，培养接受监督、习惯监督的思想意识自觉，保持警钟长鸣，进一步树立清风正气，筑牢廉政堤坝。扎实推进整治群体性腐败工作“回头看”工作，大力推动整治工作成果转化，落实各项管理制度，持续推进治理体系和能力建设，不断完善自我监督、自我完善机制。落实中央巡视、总关党委巡察整改工作，着力整治形式主义、官僚主义。是年，普宁海关未发生违法违纪案件和针对行政执法工作的投诉举报，整个队伍呈现廉洁自律、积极向上的良好精神风貌，受到地方政府和社会各界好评。

（吴垂鹏）

金 融 业

综 述

【地方金融业稳健发展】 2019年，普宁市共有12家银行业金融机构：中国人民银行普宁市支行（简称“人民银行普宁支行”）、中国工商银行股份有限公司普宁支行（简称“工商银行普宁支行”）、中国农业银行股份有限公司普宁市支行（简称“农业银行普宁支行”）、中国建设银行股份有限公司普宁支行（简称“建设银行普宁支行”）、中国银行股份有限公司普宁支行（简称“中国银行普宁支行”）、交通银行股份有限公司普宁支行（简称“交通银行普宁支行”）、广发银行股份有限公司普宁支行（简称“广发银行普宁支行”）、普宁市农村商业银行（简称“普宁农商行”）、中国邮政储蓄银行有限责任公司普宁市支行（简称“邮储银行普宁支行”）、广东普宁汇成村镇银行股份有限公司（简称“普宁汇成村镇银行”）、中国民生银行股份有限公式揭阳普宁广达支行（简称“民生银行普宁广达支行”）和广东南粤银行股份有限公司揭阳普宁支行（简称“广东南粤银行普宁支行”），共有银行网点207个，从业人员1865人。年末，全市银行业金融机构本外币各项存款余额822.71亿元，同比增长6.3%，其中储蓄存款余额631.29亿元，同比增长8.1%；本外币各项贷款余额385.46亿元，同比增长2.9%，其中涉农贷款余额259.21亿元，同比增长2.7%，小微企业贷款余额63.47亿元，同比增长22.1%。存贷款总量、增量居揭阳市各县（市、区）首位。年末存贷比46.8%，比年初下降1.6个百分点。

全市从事保险、证券、拍卖业的金融机构主要有：中国人民财产保险股份有限公司普宁支公司（简称“人保财险普宁支公司”）、中国人寿保险股份有限公司普宁支公司（简称“人寿保险普宁支公司”）、广发证券股份有限公司普宁流沙营业部（简称“广发证券普宁营业部”）、中泰证券股份有限公司揭阳普宁长春路营业部（简称“中泰证券普宁营业部”）、海通证券股份有限公司普宁新河东路营业部（简称“海通证券普宁营业部”）、万联证券有限公司揭阳普宁营业部（简称“万联证券普宁营业部”）、安信证券揭阳普宁流沙大道营业部（简称“安信证券普宁营业部”）、中山证券有限责任公司普宁河滨路证券营业部（简称“中山证券普宁营业部”）、东莞证券股份有限公司普宁新河东路证券营业部（简称“东莞证券普宁营业部”）、世纪证券股份有限公司揭阳普宁环市北路证券营业部（简称“世纪证券普宁营业部”）和在市区新设的华安证券股份有限公司普宁御景城证券营业部（华安证券普宁营业部），以及普宁市拍卖行等。年末，全市保险业从业人员4567人。全年保险业保费收入15.25亿元，同比增长6.0%，其中人身保险保费收入9.97亿元，同比增长4.7%，财产保险保费收入5.28亿元，同比增长8.8%；理赔支出3.28亿元，同比增长16.6%。年末，全市证券业从业人员135人。证券累计开户数27.17万个，同比增长8.68%；证券交易额2052.6亿元，同比增长53.1%。市拍卖行全年举办拍卖活动30多场次，拍卖成交额500多万元。（方杰、张瑜瑜）

【强化管理与协调服务，力促地方金融稳定】 2019年，市金融办以服务地方经济发展为重点，强化协调服务，采取一系列有效措施优化创新工作思路，指导协调各金融机构进一步完善金融服务，拓展金融业务，深化金融体制改革，在改善地方金融环境、完善地方金融服务体系、解决中小微企业融资难问题中发挥了积极作用。大力排查惩治非法集资和互联网金融风险等金融不稳定因素，维护人民群众利益，为地方金融稳定保驾护航。年末，全市本外币各项存款余额822.71亿元，比年初增加48.84亿元，增长6.31%，新增存款占揭阳市的31.43%，增速比揭阳市低0.52个百分点。各项贷款余额385.46亿元，比年初增加10.92亿元，增长2.91%，新增贷款占揭阳市的39.95%，增速比揭阳市高0.55个百分点。

（陈　婕）

人民银行普宁支行

【概况】 人民银行普宁支行址于普宁市流沙大道建设路，全行在编28人。2019年，普宁支行切实按照上级行金融工作部署和要求，认真执行稳健货币政策，开展金融服务创新，切实防范化解金融领域风险，较好地促进辖区经济金融平稳健康发展。

【货币政策“窗口”指导】 2019年，人民银行普宁支行深入贯彻落实稳健货币政策，引导全市银行业金融机构明确金融资源配置重点，优化信贷资源配置，加大对小微企业和涉农领域以及中医药等重点特色行业的金融支持。通过召开全辖金融联席会议和金融运行季度分析会议，把握辖区金融机构2019年信贷政策动向。建立小微企业金融服务监测机制，加强对各银行机构小微企业服务贷款成本及信贷投放情况的监测督导，组织督导辖区银行机构走访对接普宁地区6000多家暂无银行授信的企业，提高金融服务可及性。全年辖区银行机构累计走访企业8080家，首访企业7186家，累计发放贷款户数95户金额15089.50万元，加权平均利率5.88%。用准差别存款准备金率政策工具提升县域信贷支持能力，对新增存款用于当地贷款比例考核达标的普宁汇成村镇银行实施比正常标准低1个百分点的存款准备金率，分三次下调普宁农商银行共3个百分点的存款准备金率，两者合计释放可贷资金6.48亿元，并对考核达标的农业银行普宁市支行三农金融事业部执行比中国农业银行低2个百分点的存款准备金率。积极与当地政府相关部门和金融机构加强业务交流，互通监管信息和工作动态，聚焦深化营商环境综合改革、政银企合作有效途径探究、金融支持地方实体经济、纺织印染园企业融资、中国关税法制措施对进口企业的影响等开展专题调研，有效发挥金融参谋作用。

【普惠金融建设】 2019年，人民银行普宁支行切实履行“金融为民”服务理念，继续牵头配合推进全辖普惠金融建设。协助市金融办继续推进信用户、信用村系统信息数据的充实和完善，夯实金融精准扶贫的信用基础，配合做好县级综合征信中心农户信用信息系统技术操作、系统维护、业务指导等各项工作。持续深化农村支付服务环境建设工作，推进移动支付便民工程建设，加强对市邮政储蓄银行、农业银行、农商行三家涉农金融机构做好银行卡助农取款的指导工作，组织辖区发卡银行、收单机构等支付服务市场主体开展农村移动支付“十百千示范工程”，有序推进受理环境改造、云闪付APP建设及推广、重点行业和便民场景应用项目拓展、配套机制建设和宣传推广等工作，进一步发挥移动支付服务实体经济和社会民生的重要作用，助力乡村振兴发展。2019年，辖区642个助农取款服务点累计取款及转账金额2.88亿元。组织辖区的金融机构通过手机客户端推送、现场面对面开展对国库管理、征信管理、反假货币、金融消费者权益保护、预防和惩治电信网络诈骗等各类金融知识宣传10场次，发放各类宣传资料3600多份，帮助群众提高金融素养和防范金融违法犯罪的能力，为辖区营造良好、安全的金融环境提供有力支撑。

【金融风险防控】 2019年，人民银行普宁支行积极加强金融稳定管理，进一步严肃金融业重大事项及重要信息报告制度，健全大金融经营主要指标监测体系，做到金融风险早发现、早预警、早控制、早处置。加强金融突发风险事件应急处置和管理，梳理完善《人民银行普宁支行关于金融机构存款挤提事件的应急预案》《人民银行普宁支行处置现金供应突发事件应急预案》，加强节假日金库值班和现金管理，组织开展应对法人机构在流动性不足等情况下节假日申领发行基金的应急演练。及时布置辖区银行机构对涉康美药业其关联公司的账户、存贷款变化等信息动态进行定期监测及上报，重点关注上市公司债务风险情况。加大对辖内法人金融机构的经营状况、流动性状况实时监控及风险情况研判，深入市农商行督促指导做好风险化解处置，有效防范发生系统性金融风险。严格履行存款保险属地管理职责，督促市农商行、汇成村镇银行强化约束，落实存款保险早期纠正和必要的风险处置措施，保障储户存款安全。组织开展金融扫黑除恶和金融综治平安创建工作，督促全辖金融机构加强责任落实，强化风险监督管理，维护辖区金融安全稳定。召开普宁市银行业金融机构打击治理电信网络新型违法犯罪工作会议、辖内支付结算工作专项会议，推进防范治理电信网络新型违法犯罪工作，提高防范利用企业银行结算账户从事电信网络诈骗的能力，进一步加强企业银行账户管理，防范企业银行账户风险。

【金融服务管理】 2019年，人民银行普宁支行大力加强金融服务和管理手段，积极构建良好的金融服务体系。

征信管理 制订《征信信息安全事件应急处置方案》，进一步强化征信合规管理，落实征信信息安全主体责任。建设征信查询中心，并选址于工商银行普宁支行布设揭阳市首个“个人信用报告自助查询代理点”，进一步提升辖区个人征信服务水平，更好地服务普宁辖区及周边惠来、潮阳、陈店等地群众。规范信用信息查询服务。全年共接受个人、企业信用报告查询业务20420笔，同比查询量增加2963笔，增长16.97%，接受企业和个人征信咨询1900多人次。

支付服务 优化企业账户服务，推进取消企业银行账户许可工作。部署辖内银行机构开展人民币银行结算账户管理系统压力测试，确保辖内银行机构的账户管理系统能够支撑取消企业银行账户许可工作的承载能力；组织业务专题会、实地调研指导，督促银行机构认真做好取消后监测分析、政策宣传和舆情管理、资料报备等工作，重点防范和整治企业多头开户、乱开账户及出租、出借、出售账户，减少存量账户风险，遏制新开账户风险，确保账户业务相关系统安全稳定运行、账户业务连续处理。全年共办理企业银行结算账户行政许可2005份，并及时通过中国人民银行总行门户网站予以公示。

国库管理 严格执行国库业务操作制度，安全稳妥办理国库资金会计核算业务，切实履行好经理国库职责。全年共办理各项预算收入业务29.94万笔，金额118.96亿元，同比减少14.2%；地方财政支出业务7984笔，金额103.54万元，同比减少7.2%。加强国库资金运行统计分析，建立季度跟踪调研企业样本库，及时了解反馈企业经营及税负情况，并就异地退缴税进行专题调研，不断增强国库服务保障能力。开展国库会计风险管理情况、会计核算、系统运行及应急管理、国库经收处管理等六个方面自查自纠工作，建立健全CA证书管理核查常态化机制，强化国库业务风险防控，有效防范国库资金和系统运行风险。认定工商银行普宁支行具备本年度国库集中收付代理银行资格。

货币流通管理 继续加强货币流通管理和货币发行数据统计分析。开展人民银行普宁支行发行库管库员退休交接、发行岗位业务培训和“练兵比武”，强化空钞箱风险处置等发行业务风险防控，为货币发行工作安全科学顺利开展打下牢固基础。规范货币发行业务操作，做好发行基金出入库管理，严格入库钱捆质量查验，按照“只收不付”原则集中处理退出流通的各套人民币，至11月底，人民银行普宁支库发行基金累计投放回笼总额112.31亿元，净回笼22.19亿元，抽查金融机构上缴现金42次，退回不合格钱捆2.09亿元。做好2019年新版人民币发行工作。印发《普宁市反假货币工作联席会议成员单位职责》，进一步健全反假货币工作机制。是年收缴假人民币20余万元，并协助公安机关对查获的2起持有假币案件进行收缴鉴定。

【外汇管理与服务】 2019年，人民银行普宁支行按照“五个坚持”和“六个稳”工作要求，深化“放管服”改革，积极推进和落实外汇管理服务工作。加强货物贸易和服务贸易外汇监管，提升个人外汇业务监管效率，是年非现场核查10批次152家重点监测企业，现场核查重点企业4家次，专项核查服务贸易外汇业务19笔，监测到接近限额的个人外币存钞、提钞、购汇提钞和现钞结汇668笔，金额437.08万美元，有效防范跨境资金流动风险。依法开展服务贸易、资本金结汇异常线索排查，向公安机关移交涉嫌地下钱庄交易的外商投资企业有关线索7家次。开展FDI和ODI存量权益登记工作，联合银行机构对登记主体进行辅导催报。是年，按时完成90家FDI企业的存量权益登记，完成70家次贸易信贷调查企业数据的审核和报送工作，及时反映辖区进出口企业的生产经营动态变化情况。面向企业开展跨境人民币业务10周年宣传活动，继续以服务实体经济、促进贸易投资便利化为导向，坚持“本币优先”原则，支持企业使用人民币跨境结算。全年全辖累计办理跨境人民币业务401笔、4.09亿元。

（方杰、张瑜瑜）

工商银行普宁支行

【概况】 工商银行普宁支行设立于1984年，址于普宁市流沙新河西路。2019年，该支行开设营业机构11个，离行式自助银行4个。年末，各项存款余额104.11亿元，各项贷款余额51.71亿元，国际业务结算量2.12亿美元。

【存储业务】 2019年，工商银行普宁支行加强存款推动，组织做好增存管理和日均存储业务扩展基础工作，促进存储业务量协调增长。年末，各项存款余额104.11亿元，比年初减少0.86亿元，下降0.82%。其中，储蓄存款余额82.85亿元，比年初增加5.48亿元，增长7.08%；对公存款余额21.26亿元，比年初减少6.34亿元，下降22.97%。

【信贷业务】 2019年，工商银行普宁支行继续主推税易通、结算贷、个人经营快贷、e抵快贷以及个人住房贷款、汽车分期贷、个人e分期贷等线上线下贷款产品，支持地方重点项目建设、实体经济和个人消费金融需求，推进普惠金融业务发展。年末，各项贷款余额51.71亿元，比年初增加0.35亿元，增长0.68%。其中，公司类贷款余额32.45亿元，比年初减少0.87亿元，下降2.61%；个人贷款19.26亿元，比年初增加0.23亿元，增长1.27%。

【国际业务】 2019年，工商银行普宁支行坚持以市场和客户需求为导向，积极应对复杂多变的内外部环境，努力做好进出口企业国际结算服务和支持贸易融资金融需求，全力支持地方进出口业务发展。全年国际业务结算量2.12亿美元，结售汇量1.55亿美元，跨境人民币结算量1.83亿元。

【中间业务】 2019年，工商银行普宁支行持续推进中间业务产品营销拓展，强化互联网、大数据思维，坚持线上线下同步发展，加强客户拓展和业务推介，为广大客户提供多种渠道、众多产品、安全快捷的业务产品和金融服务，不断满足客户对金融资产综合化、多元化的配置需求。全年中间业务收入6826万元。

【行业管控与优化服务】 2019年，组织开展内控合规“压实责任年”主题活动、加强“八+2领域”案件风险排查，抓好内控案防、业务运营、风险管控责任落实和合规文化建设，保持各项业务稳健可持续发展，实现全年合规安全运营。着力抓好服务改进和客户体验，推进网点渠道建设，提升客户服务质效和智能自助渠道效能。1月11日、6月19日、9月21日，工商银行普宁支行属下分支机构普宁中药城支行（由原普宁池尾支行迁址更名）、普宁中河支行和普宁支行营业部分别完成网点标准化装修改造建设。

（郭义生）

农业银行普宁支行

【概况】 2019年，农业银行普宁支行有营业网点19个（其中市区网点9个，乡镇网点10个），没有网点离行式自助银行7个，网点遍布城区和全市大部分乡镇，服务网络齐全。在职员工239人。年末，各项存款余额140.23亿元，各项贷款余额56.78亿元，实现中间业务收入1.02亿元。当年，农业银行普宁支行综合绩效考核及KPI考核排名均居农业银行揭阳分行各地支行首位，普宁支行领导班子并获揭阳分行2019年“四好领导班子”称号。

【存储业务】 2019年，农业银行普宁支行坚持“以客户为中心”的服务理念，通过落实客户分层管理，对重点客户、高端客户、优质客户开展精准营销，进一步夯实客户基础，提升产品覆盖，促进存储业务稳步发展。年末，各项存款余额140.23亿元，比年初增加10.11亿元，增长7.77%。其中储蓄存款余额123.46亿元，比年初增加8.07亿元，增长6.99%；对公存款余额16.77亿元，比年初增加2.04亿元，增长13.85%。

2019年12月27日，农业银行普宁支行开展送金融知识进校园活动

（农业银行普宁支行 供稿）

【信贷业务】 2019年，农业银行普宁支行紧扣金融服务“三农”以及深化小微企业金融服务的战略部署，继续抓好大客户大项目和住房贷款投放，巩固传统领先优势，积极转变经营观念，把信贷工作重心逐步向优质中小企业客户和个人客户倾斜，提升信贷经营效益。年末，各项贷款余额56.78亿元，比年初增加6.87亿元，增长13.76%。其中法人贷款余额28.43亿元，比年初增加3.8亿元；个人贷款余额28.35亿元，比年初增加3.07亿元。

【国际业务】 2019年，农业银行普宁支行紧紧围绕全球经贸形势变化、国家更高水平对外开放趋势，通过夯实外贸客户基础、支持重大项目、做强金融市场业务，拓展新兴业务市场，主动对接“走出去”“引进来”外贸外资客户需求，适应企业跨境经营新模式新业态，积极开展跨境结算、融资等综合金融服务合作，促进全行境外业务健康较快发展。全年国际业务结算量0.82亿美元，比上年减少0.035亿美元；结售汇量0.81亿美元，比上年减少0.05亿美元；办理跨境人民币结算0.2亿元，比上年增加0.17亿元。

【中间业务】 2019年，农业银行普宁支行按照“强基础、补短板、促转型”的思路，固优补短，多渠道促进稳收增收创收。通过深化保险业务营销转型、做大做强分期业务、突出资产配置核心以及提升国际业务贡献度等一系列举措，进一步推动中间业务多元化发展，稳步提高经营效益。全年实现中间业务收入1.02亿元。

【行业管理与优化服务】 2019年，农业银行普宁支行顺应金融科技快速发展的新形势，推动“三农”和县域业务数字化转型。通过运用现代金融科技手段，实现数据、平台、场景、产品、风险管控的深度集成，推动县域农村金融服务线上线下一体化转型；着力打造农业银行新时代服务“三农”新亮点、新品牌。通过发展“惠农e贷+”，发挥惠农e贷对惠农e付、惠农e商的带动作用，实现三大业务深度融合。积极助力脱贫攻坚，推进“扶贫小额贷款”业务开展，有效缓解贫困户贷款难、贷款贵等问题，切实发挥服务“三农”作用，提升县域市场竞争力。加快网点轻型化、智能化改造，推动网点数字化转型、流程优化、基层减负，更好优化客户服务体验，提升市场竞争力和价值创造力。是年，深入开展“3·15”征信维权宣传活动、“6·14”信用记录关爱日、平安金融宣传月、“送金融知识进校园”、防范电信诈骗、反洗钱等一系列主题宣传活动，为广大群众普及金融安全知识，提高群众对金融欺诈行为的识别能力。

（马东楚）

建设银行普宁支行

【概况】 2019年，建设银行普宁支行有营业网点8个，离行式24小时自助银行10个，在职员工112人。年末，各项存款余额108.26亿元，各项贷款余额29.27亿元。该支行获总行、省分行“平安建行”创建活动先进集体、“惠懂你”营销转化千佳网点，该支行党支部被评为省分行、揭阳市分行先进基层党组织，员工许可莉获省分行“巾帼标兵”荣誉称号。

【存储业务】 2019年，建设银行普宁支行贯彻落实“以客户为中心”的经营理念，以存款和理财产品的良性互动为手段，为客户提供多元化的资产配置，扩大客户规模，存储业务稳步发展。年末各项存款余额108.26亿元，比年初新增10.62亿元，增长10.87%。其中企业存款余额60.45亿元，比年初新增5.97亿元，增长10.96%；个人存款余额47.81亿元，比年初新增4.65亿元，增长10.77%。

【信贷业务】 2019年，建设银行普宁支行落实普惠金融政策，创新信贷业务，支持中小微企业的融资需求，以“个人贷款+消费金融”协同模式发展个人资产业务，贷款业务持续、稳健发展。年末，各项贷款余额29.27亿元，比年初减少0.06亿元，下降0.02%，其中：对公贷款余额8.93亿元，比年初减少2.18亿元，下降19.65%；个人贷款余额20.34亿元，比年初新增2.13亿元，增长11.67%。

【国际业务】 2019年，建设银行普宁支行全年实现国际结算量4335万美元，比上年增加1522万元美元，增长54.1%。

【中间业务】 2019年，建设银行普宁支行通过拓展信贷及衍生产品、信用卡分期、投资理财和办理基金、保险、贵金属等业务，促进中间业务多元化收入。全年实现中间业务收入3448.93万元，比上年增加46.93万元，增长1.38%。

【行业管理与优化服务】 2019年，

建设银行普宁支行以“抓党建、促转型、谋发展”的工作思路，切实履行“两个责任”，全面推进从严治党、从严治行向纵深发展。扎实推进“不忘初心、牢记使命”主题教育，抓好学习教育、调查研究、检视问题和整改落实工作。持续深化新金融实践，实施普惠金融、住房租赁、金融科技等“三大战略”，更好服务社会民生。设立市域“中心＋网点”房贷经营模式，解决网点房贷业务经营能力和经营权限不匹配的问题，提升房贷业务经营效率和客户体验；加大普惠金融贷款投放力度，开展信贷业务创新，推进抵押类贷款营销，加强“云税贷”、“抵押快贷”等重点产品的拓展。根据市场需求，推进小微快贷、分期通、装修分期、税易贷、账户云贷等信贷业务投放，为居民经济生活提供个性化、高质量金融服务。普惠金融工作取得较好成效。年末，普惠金融贷款余额34520万元，比年初新增15804万元，增长84.4%。加强企业文化建设，以“聚人心、强技能、树竞争、提活力”为工作主线，不断提升员工积极性和对事业的创新创造活力。提升合规管理水平，完善合规运行管理机制，积极推动网格化管理、常态化监督检查、强化内控合规考核，确保金融风险有效管控。

（黄勇东）

中国银行普宁支行

【概况】 2019年，中国银行普宁支行开设营业网点8家，离行式自助银行10家，在职员工120人。年末，各项存款余额72.11亿元，各项贷款余额29.66亿元；国际结算业务量2.72亿美元，业务量继续保持全市同行业前列；是年，该支行被揭阳分行党总支部授予“先进基层党支部”称号。

【存储业务】 2019年年末，中国银行普宁支行人民币储蓄存款余额56.79亿元，比上年增加5.05亿元，比增9.74%；人民币企业存款余额15.32亿元，比上年增加0.1亿元。外币储蓄存款余额734万美元，比上年减少159万美元。

【信贷业务】 2019年，中国银行普宁支行继续落实普惠金融政策，加大支持小微企业融资发展力度，推进“中银中小企业融资融智南粤行——普宁站”活动落地，配合中国银行揭阳分行举办“中银中小企业融资融智南粤行——助力‘专精特新’企业融资服务专场”活动，现场为普宁当地近60家中小微企业提供授信等一站式综合金融服务。年末，各项贷款余额29.66亿元，比年初新增2700万元。其中：对公贷款13.63亿元，个人贷款余额16.03亿元。发挥中行海内外网络和国际结算产品优势，推出保理、信用证、福费廷、远期结售汇和“达”系列产品等便利融资业务，为普宁企业产品走向世界提供优质的金融服务。

【中间业务】 2019年，中国银行普宁支行通过拓展信贷及衍生产品、基金销售、保险代理、资管销售、债券、黄金宝、贵金属、家族信托等金融服务，促进业务收入多元化。全年实现中间业务收入2913万元。

【外汇结算】 2019年，中国银行普宁支行办理国际结算业务量2.72亿美元，全市同类业务量占比42.56%。跨境人民币业务量2.13亿元，全市同类业务量占比53%。是年，在2019年度银行外汇业务合规与审慎经营评估中获得100分，分类评级为A类。

【行业管理与优化服务】 2019年，中国银行普宁支行按照“激发活力，敏捷反应，重点突破”工作要求和“紧盯市场、管控风险、强化执行、提升效能、夯实基础、持续发展”工作主线，加强党的组织建设和党员干部队伍建设。创新信贷产品，强化普惠金融服务力度，支持普宁中小微企业发展，推出“专精特新”“中银企E贷”等信贷产品，解决小微企业融资难融资贵难题。开展金融知识进社区、进企业、进校园和“珍爱信用记录”等宣传活动。推进廉洁文化建设，与利泰制药公司、星河明珠湾廉洁伙伴合作单位开展党风廉洁文化共建活动；深化“基层风险防控50条”“风险管理及内控有效性”等专项活动，提高一道防线自查自纠能力，加强运营管理工作，确保各项金融业务实现合规安全运营无事故。

（王晓俊）

交通银行揭阳普宁支行

【概况】 2019年，交通银行揭阳普宁支行有营业网点4个，在行式24小时自助银行4个、离行式24小时自助银行7个，全辖在职员工55人。年末人民币存款余额38.77亿元，外币存款余额 17.13 万美元。各项贷款余额 25.14 亿元，全年国际业务结算量 4155 万美元，跨境人民币结算量 338 万元，中间业务收入 1938 万元。客户基础稳步夯实，业务结构稳固趋优。

【存储业务】 2019 年，交通银行普宁支行强化“发展业务就是发展客户”的理念，制订各条线客户储存业务拓展指导意见，持续开展优质客户营销，主攻重点项目建设资金存储、公司板块资金存储、个金板块存储等、加强客户名单制管理与联系，加强对公存款对私存款联动，推动业务创新及系统平台建设，全面增强存储业务“获客、活客、留客”能力。年末，各项存款余额 38.77 亿元，比上年末增加 2.78 亿元，增幅 7.71%。其中对私存款余额 22.84 亿元，对公存款余额 15.93 亿元。

【信贷业务】 2019 年，交通银行普宁支行着重推出普惠金融业务。开办个人经营性、小微企业经营性贷款，推出“药融通”“项目融资”“快捷抵押贷”等经营性信贷业务，为当地龙头企业、中小微企业加快发展，推动技术创新提供金融支持。全年实现贷款余额款 25.14 亿元（比上年减少 2955 万元，减幅 1.16%），其中对公贷款 10.39 亿元，对私贷款 14.74 亿元。

【国际业务】 2019 年，交通银行普宁支行以汇兑、结算、离岸业务为着力点，为众多进出口贸易企业提供高效的国际金融服务。全年国际业务结算量 4155 万美元，比上年减少 2845 万美元，减幅 40.6%，跨境人民币结算量 338 万元，比上年减少 10662 万元，减幅 97%。

【中间业务】 2019 年，交通银行普宁支行通过办理理财产品、卡类业务、代理保险、贵金属销售、收单业务和国际结算、信贷及信贷衍生产品等业务，推动多元化中间业务发展。全年中间业务收入 1938 万元。

【行业管理与优化服务】 2019 年，交通银行普宁支行提升金融服务质效，助力推进地方经济稳步发展。搭建便捷高效的金融服务渠道，成功开通“e 商通”“自助医院”“智慧金服”等服务系统的票据在线承兑业务。为满足市场金融服务需求，开展“访百万企业，助实体经济”专项活动，全年累计走访企业 1000 多户，其中首访 400 多户，进一步解决企业“融资难”问题。推动网点转型，全面推行的综合化全功能服务模式，重新规划网点各功能区域，实现客户服务零距离。围绕违规放贷、征信管理、印章管理等重点领域，开展“信贷大检查”“A 股上市公司专项排查”“押品排查”等专项排查工作，强化风险严控，严守金融风险底线。

（罗奕平）

广发银行普宁支行

【概况】 2019 年，广发银行普宁支行内设公司银行部、零售银行部、营业部、综合管理部四个部门，有离行式 24 小时自助银行 2 个，在职员工 32 人。年末，本外币各项存款余额 12.72 亿元，各项信贷余额 12.34 亿元。

【存储业务】 2019 年，广发银行普宁支行开办个人存款、对公存款、通知存款和协定存款等传统存储业务及“花样存”“优享存”“慧系列”等智能储蓄产品，强化现金管理，巩固主要客群行业结算存款。年末，本外币各项存款余额 12.72 亿元。

【信贷业务】 2019 年，广发银行普宁支行推出线上信用贷款“税银通”和“快融通”“E 秒贴”等对公产品。推广“自信一贷”“抵押易”等，发展消费贷、住房按揭贷款业务，满足客户多样化信贷需求。年末，各项贷款余额 12.34 亿元。

【中间业务】 2019 年，广发银行普宁支行经营结售汇、自研理财，代销国债，不断强化智慧城市系列产品和网银、手机银行、微信银行、信用卡、捷算通卡等全渠道交易系统场景化服务能力。全年中间业务收入 126.44 万元。

【行业管理与优化服务】 2019 年，广发银行普宁支行秉承“相知相伴、全心为您”的服务理念，从制度学习、标准解读、投诉处理、服务礼仪及行为规范培训等多方面入手，全方位提升员工服务水平。全面实行厅堂经理制，促进银客间直接交流，提高服务效率。严格执行国家法律法规和金融方针、政策，自觉维护金融稳定，加强员工行为管理，强化全员合规共识，营造依法合规、忠诚担当、敬业奋进的良好风气，提高支行合规经营水平；组织开展“普及金融知识 守住钱袋子”“金融知识进校园”“国家宪法宣传日”等系列金融知识、法律法规宣传活动，向金融消费者、普通民众普及基础金融产品知识，并揭示非法集资、民间借贷、电信诈骗的危害与风险，履行银行业员工服务社会、维护金融消费者合法权益的职责和义务。

（吴惠婷）

邮储银行普宁支行

【概况】 邮储银行普宁支行于2007年10月30日挂牌成立，为中国邮政储蓄银行首家县(市)级支行。2019年，开办自营网点4个、代理网点26个，内设机构有综合管理部、公司业务部、个人金融部。在储蓄业务、汇兑业务的基础上，先后开办个人理财（人民币理财、基金、代理保险、代理贵金属）、公司业务、商易通、信用卡、小额贷款、个人商务贷款、市场贷、住房按揭贷款、个人消费贷款、中小企业贷款、网上银行、手机银行、外汇结汇等银行业务。年末，各项存款余额80.5亿元，各项贷款余额29.79亿元。

【存储业务】 2019年邮储银行普宁支行开办有个人存款、对公存款等业务。年末，各项存款余额80.5亿元，比上年增长2.36%。其中个人存款余额61.19亿元，比上年增长4.89%；对公存款余额19.31亿元，比上年增长–5.02%。

【信贷业务】 2019年，邮储银行普宁支行开办有公司贷款、中小企业贷款、个人商务贷款、小额贷款、住房按揭贷款、个人消费贷款等信贷业务，并推出个人经营性贷款“市场贷”等新产品。年末，各项贷款余额29.79亿元，较上年负增长6600万元。其中公司贷款19亿元，较年初持平；小企业贷款3.70亿元，较年初负增长3306万元；个人经营性贷款4.09亿元，较年初负增长1585万元；个人消费贷款2.99亿元，较年初负增长1196万元。与市人社局合作推出的创业担保贷款全年累计放款31笔，金额609万元。

【国际业务】 邮储银行普宁支行提供西联汇款、公司结售汇等国际业务。年末，结汇180.71万美元，同比增长38.07%。

【中间业务】 2019年，邮储银行普宁支行继续加强中间业务多元化发展，除基本的银行结算业务外，邮储银行普宁支行还提供人民币理财产品、代理保险、基金、国债、信用卡、贵金属和代收代付、代理第三方存管等中间业务。年末，实现中间业务收入751万元，较上年增长58.05万元，增长8.38%。主要收入点在信用卡、理财及保险三大板块，其中信用卡实现收入337万元、理财实现收入156万元、保险实现收入52万元。渠道业务方面，年末完成个人网银新增11549户，手机银行新增45180户。

【行业管理与优化服务】 2019年，邮储银行普宁支行坚持服务“三农”、服务中小企业、服务社区的定位，履行金融服务实体经济职能，与经济环境社会协调发展，肩负精准扶贫社会责任，充分发挥点多面广、队伍深入乡村优势，切实加大乡村振兴支持力度，提高服务“三农”能力；加快信贷产品创新力度，优化信贷结构，加强对中小微企业的金融支持；完善网上银行服务渠道，推动中间业务多元化发展，满足不同客户群体多样化金融服务需求；强化员工培训，打造专业化服务团队；提升基层网点对外服务质量，普及金融知识，维护消费者的合法权益。

（李文新）

2019年8月24日，邮储银行普宁市支行组织业务人员到普宁市国防教育基地为预定新兵办理优待金发放专用银行卡 （邮储银行普宁支行 供稿）

普宁农商银行

【概况】 2019年，普宁农商银行继续以“立足地方，服务‘三农’、中小微企业和城乡居民，支持社区经济发展”为宗旨，以“普利惠融，共同圆梦”为服务理念，着力完善客户、产品体系和营销策略，切实加快经营转型，力争打造稳健型、零售型、创新型社区银行和城乡首选银行。内设部门18个，在编员工941人。年末，资产总额234.18亿元，比上年末增加8.91亿元，增幅4%；负债总额221.42亿元，增加10.73亿元，增幅5.1%；营业网点114个，覆盖全市各乡镇、街道及主要行政村，是市内规模最大、网点最多、服务面最广的银行业金融机构。

【存储业务】 2019年，普宁农商银行开办活期存款、定期存款、协定存款、通知存款等存储业务。年末，各项存款总额215.18亿元，比上年末增加9.96亿元，增幅4.9%。县域市场占有率26.2%。

【信贷业务】 2019年，市农商银行开办综合消费贷款、应收账款质押贷款、银行卡个人自助循环贷款、个人经营性贷款、个人消费性贷款、个人创业贷款、按揭贷款、企业流动资金贷款、妇女创业贷款、扶贫贷款等特色信贷业务。年末，各项贷款余额143.45亿元，比上年末减少2.72亿元，降幅1.9%。县域市场占有率37.2%。

【中间业务】 2019年，市农商银行开办“鲜特汇”收银台、移动缴费、网上银行、手机银行、超级网银、金融IC卡、代收财政非税、代开普通发票、代扣电费、代发工资、代理保险及“鲜特汇”电商平台等服务；取得“三资平台”和“乡镇国库代理”业务及耕地地力保护补贴等财政补贴代收代付业务资质。年末，累计发行银行卡133.83万张，受理社会保障卡80.8万张，布设222个助农取款点和76台自助设备。全年中间业务收入970.58万元。

【支农支小项目】 2019年，市农商银行深度融入县域主流经济，助力实施乡村振兴战略，持续强化对支柱产业、民生项目、中小微企业、涉农群体的金融支持，促进县域实体经济提质增效。全年新投放贷款12.18亿元，其中制造业贷款0.77亿元，批发零售业贷款1.46亿元，综合消费贷款4.68亿元。年末，涉农贷款余额108.29亿元，中小微企业贷款余额117.39亿元；按揭贷款投放4.84亿元，投放额居普宁银行业首位；累计发放精准扶贫贷款17户31.8万元；累计发放“妇女创业贷款”67户、689万元。践行普惠金融，常态化开展金融知识宣传教育活动。

【深化内部改革】 2019年，市农商银行深化内部改革取得重要进展；开展股权集中托管，推动股东股权管理优化；重建客户经理队伍，打造高效营销体系；全面优化信贷流程，增强贷款风险防控能力；推进绩效薪酬改革，完善考核体系建设；实施网点服务标准化改造，提升网点服务质效；优化5个营业网点，切实抓好降本增效工作。

（李泽文、李晓萍）

2019年5月12日，普宁农商银行组织举办“努力奋斗，我们是时代的追梦人”青年户外拓展活动 （谢文佳 摄）

民生银行普宁广达支行

【概况】 2019年，民生银行普宁广达支行紧跟总行改革转型战略，以客户为中心，围绕“民营企业的银行、科技金融的银行、综合服务的银行”三大战略定位，创新优化，业务量明显增加。业务结构持续优化，经营效益和服务能力稳步上升，各项业务保持良好增长态势。年末，各项存款余额8.98亿元，比上年末增加2.95亿元，贷款余额2.1亿元，比上年末增加0.87亿元。

【储蓄业务】 2019年，民生银行普宁广达支行业务范围覆盖个人存款、对公存款、通知存款和协定存款等传统存储业务及“非凡理财”“天溢金”等特色理财产品，推行“以客户为中心”和“以市场为导向”的营销服务理念，实施精细化管理，全面提升服务水平，以优质的管理和服务吸引更多零售客户，在业务人员精耕细作下，做大零售客户群体，不断夯实客户基础。年末，各项存款余额8.98亿元，比上年末增加2.95亿元。

【信贷业务】 2019年，民生银行普宁广达支行执行金融服务实体经济的方针政策，切实加强当地特色产业市场调研与分析，扎实推进信贷结构优化调整，为客户提供更优质的信贷资源支持。结合当地特色产业经济特征与民生银行信贷政策导向，多措并举支持具有区域特色的纺织服装、医药企业、高新技术科技企业及上市公司融资发债，助力辖区经济转型升级。信贷业务涵盖个人抵押贷、个人消费贷、住房按揭贷款和企业流动资金贷款等贷款业务品种，有效满足当地中小微企业的资金需求，切实做到服务地方经济发展。年末，各项贷款余额2.1亿元，比上年末增加8700万元。

【中间业务】 2019年，民生银行普宁广达支行持续优化财富类产品，以直销银行为载体，继续做强手机银行，拓展支付结算渠道，改善客户体验，为客户提供理财、基金、保险、贵金属等业务产品，进一步拓展客户规模与收入增长空间。全年中间业务收入177.93万元。

【行业管理与优化服务】 2019年，民生银行普宁广达支行不断加大对当地实体经济的支持力度，优化信贷结构，提高审批效率，加快产品创新，满足中小微企业的资金需求；同时根据总行战略实施客户化运营模式，全面完成厅堂一体化2.0版本的落地运营，不断提升网点综合服务能力，提升客户服务质量。

（王美波）

广东南粤银行普宁支行

【概况】 广东南粤银行普宁支行位于流沙市区环市北路御景城二期，于2016年设立营业网点，配置自动柜员机3台。2019年年末，各项存款余额5800万元，各项贷款余额8.49亿元，存贷款总体较年初稳定增长。

【存储业务】 2019年，广东南粤银行普宁支行按照“效益领行、营销立行、管理助跑”的总体思路，坚持存款是立行之本，主要开办个人存款、对公存款、大额存单等存储业务。年末各项存款余额5800万元，比上年末存款余额有较大突破。

【信贷业务】 2019年，广东南粤银行普宁支行以本地商户、小微企业、专业市场为主要营销方向，实现优质客户规模和客群的持续增长。开办个人经营性贷款、易押经营贷、个人消费贷款、企业流动资金贷款等业务品种，支持服务小微企业及个人融资需求。年末，各项贷款余额8.49亿元。

【中间业务】 2019年，广东南粤银行普宁支行持续推动中间业务的多元化，开办理财产品、网上银行、手机银行、贵金属等业务品种，线上线下同步发展，形成多渠道交叉发展的服务体系，为客户提供更优质的南粤银行特色服务。

【行业管理与优化服务】 2019年，广东南粤银行普宁支行紧扣“适应新常态、构建新模式”工作思路，合规经营，维护客户利益，加强网点建设和人员培训，开展“优质服务”活动，提升客户服务满意度。开展“金融消费者权益日”“金融知识进社区”“金融知识进校园”“普及金融知识”等宣传活动，向公众普及征信、反洗钱、非法集资及电信诈骗等金融风险防范知识，助力构建普宁市和谐金融环境。

（詹晓忠）

普宁汇成村镇银行

【概况】 普宁汇成村镇银行是经中国银监会批准，由揭阳农村商业银行发起设立的股份制商业银行，于2011年12月19日开业，2019年有营业网点16家，其中离行式自助银行2家；内设综合管理部、风险管理部、营运部、业务发展部和个人小额贷款中心5个职能部门。年末，各项存款余额 37.39 亿元，各项贷款余额 27.73 元。

【存储业务】 普宁汇成村镇银行开办个人存款、对公存款、通知存款、协定存款等存储业务及“乐万家”等存款系列产品业务。年末，各项存款余额 37.39 亿元，比上年增加 4.77 亿元，增长 14.63%。

【信贷业务】 2019 年，普宁汇成村镇银行开办个人经营性贷款、小企业流动资金贷款、小额循环贷款、个人住房按揭贷款等业务品种，支持服务“三农”、小微企业及个人融资需求。年末，各项贷款余额 27.73 亿元（其中涉农贷款 26.75 亿元），比上年增加 3.56 亿元，增长 14.75%。

【中间业务】 2019 年，普宁汇成村镇银行开办有银行卡、支付结算、网上银行、手机银行、网上快捷支付、银证转账第三方存管、委托贷款、代收代付、银行承兑汇票等业务，推动中间业务向多元化发展，满足不同客户群体多样化金融服务需求。全年中间业务收入 177.34 万元。

【“三农”特色服务】 2019 年，普宁汇成村镇银行坚持立足县域，支持“三农”，服务地方经济发展的经营宗旨，发挥自身经营机制灵活、决策链条短、运营效率高、扎根基层的优势，坚持阳光信贷，优化信贷资源配置，加大对“三农”经济支持力度，满足普宁地区农户生产经营资金需求，解决融资难问题。发展普惠金融，定期开展送金融知识下乡活动，宣传助农取款、反洗钱、反假币和残钞兑换等服务，推动金融服务向村镇覆盖延伸。落实便民利民措施，降低、减免业务手续费，让利于民。

（黄林畅）

人保财险普宁支公司

【概况】 2019 年，人保财险普宁分公司内设 9 个部门，属下有里湖营销服务部、洪阳营销服务部、占陇营销服务部、大南山营销服务部。年末共有员工 54 人。各项财险业务全面发展。全年财险承保金额 381 亿元，保费收入 14119 万元。

【财险承保与理赔】 2019 年，人保财险普宁支公司开办各类汽车、财产损失保险、责任保险、信用保险、车辆保险、住房按揭保证保险、家庭财产保险等近百个险种以及短期寿险、健康险、人身意外险、财产保险等保险业务，以及国家政策规定的农业保险等业务。全年财险承保金额 381 亿元，理赔宗数 8306 宗，赔付金额 6556 万元。保费收入 14119 万元。

（许南燕）

人寿保险普宁支公司

【概况】 人寿保险普宁支公司位于流沙市区广达东路金叶园西侧。2019 年，公司设总经理室、个险部、客户服务中心。下设占陇、洪阳、里湖、梅林、流沙营销服务部，个险营销员 1900 人。全年各险种投保总金额 30 亿元，保费收入 4.8 亿元。是年人寿保险普宁支公司被中国人寿保险股份有限公司授予全国人寿保险系统“双百强公司”（全国成长百强支公司、全国实力百强支公司）荣誉称号。

【人寿保险承保与理赔】 2019 年，人寿保险普宁支公司主要开办人寿保险、健康保险等人身保险业务。全年各险种投保总金额 30 亿元，比上年增加 13 亿元；理赔件数 5200 件，理赔金额 1980 万元，比去年理赔增加 908 件，赔付增加 210 万元。保费收入 4.8 亿元，其中，个人营销险种 1.3 亿元。

（陈贵强）

证券公司

【广发证券普宁流沙营业部】 营业部位于市区赤华北路轻纺城展销中心四楼。2019 年，在职员工 23 人，聘任业务人员 43 人，均具备证券从业资格。经营范围有：证券经纪、证券投资咨询、与证券交易和证券投资活动有关的财务顾问、融资融券、证券投资基金代销、为期货公司提供中间介绍业务、代销金融产品、证券承销与保荐。营业部证券资讯全面，推出“机器人投顾”“金股棒”“睿组合”等资讯服务，提供私人订制的金融理财方案。金融产品丰富，主流、特色理财品种应有尽有，满足多样化理财服务需求；业务品种齐全，具备科创板业务、期货介绍、融资融券、转融通、新三板和主板挂牌上市项目承揽、股权质押、约定购回、港股通、网下打新、个股期权、私募托管等新业务资格。借助金融技术、金融创新和电商平台，推出金管家服务营销体系，不断优化经纪业务服务平台和金融科技产品，实现线

2019年4月13日，广发证券股份有限公司联合广发期货股份有限公司在普宁市举办“2019年宏观经济走势分析及股指期货策略报告会”，普宁各大银行负责人以及250多名高净值投资者等应邀出席

（广发证券普宁流沙营业部　供稿）

上7×24小时“有问必答”快捷服务和积分商城服务平台的开设。有先进的柜台系统、网上（手机）开户系统，稳定高速的交易系统有电脑版、手机版、网页版、营业部终端、电话委托，交易快捷便利。与银行金融机构合作，实行单客户多银行三方存管业务，客户资金转账安全便捷。配备专业化富有活力的服务团队，为投资者提供一站式全方位的财富管理服务。全年，股票和基金成交1393.12亿元，比上年同期增加379.72亿元，经纪业务手续费净收入3612.4万元，比上年同期增加1008.97万元。（赖延霞）

【中泰证券普宁营业部】 营业部址于市区长春路金叶园，营业厅面积1025平方米，设有证券交易网络系统。2019年，有员工13人，经纪人14人，均取得证券从业资格。主要开办证券经纪、基金代销、融资融券、投资咨询、金融产品代销等业务。代理的证券品种有A股、B股、基金、债券、金融产品等，还有中小企业投融资业务及PB业务。全年营业部各项有价证券总交易量307.13亿元，营业总收入1087.5万元。（陈琼熙）

【海通证券普宁营业部】 营业部位于市区中信华府西向门市107—108号。2019年，有员工24人，均取得从业资格。营业部遵循“务实、开拓、稳健、卓越”经营理念，旨在为客户提供一站式专业综合金融理财平台，业务涵盖证券经纪、证券投资咨询、证券投资基金代销、融资融券、证券交易、与证券投资活动有关的财务顾问业务、代销金融产品、证券承销与保荐。全年营业部实现新增资产2.73亿元，营业收入690.97万元。（马家琪）

【中山证券普宁营业部】 营业部位于市区金叶大厦一楼，营业部面积300平方米，拥有免费停车场。2019年，在职员工19人，均取得证券从业资格。该营业部主要开办证券经纪、证券投资财务顾问、证券承销与保荐、融资融券、证券投资基金代销、代销金融产品、期货IB、期权、新三板上市项目承揽等。配备网上快速开户系统、高速交易通道、独立交易单元、网上交易、手机炒股等交易方式。为客户提供一站式专业综合金融理财平台。年末，股票和基金交易额44.47亿元。（赖智鹏）

【万联证券普宁营业部】 营业部位于市区普宁广场东侧御景城2期44—45号。2019年，在职员工22人，均取得证券从业资格。营业部秉承

万联证券普宁营业部前台　（万联证券普宁营业部　供稿）

万联证券“诚信、务实、团结、高效”的经营理念，以人为本，稳健进取，深入研究客户需求，致力于将客户利益放在第一位。营业部经营范围有证券经纪、证券投资咨询、证券投资基金代销、融资融券、代销金融产品、证券资产管理、证券承销与保荐。证券资讯全面，产品丰富。营业部配备网上快速开户系统、网上交易，手机交易等方式。营业部每月举行一次股民学校学习、资讯活动，邀请分公司投资顾问到场，为投资者解读当前市场热点，提供专业投资学习、投资咨询服务等。年末，营业部存量客户 1.5 万多户。全年股票交易额 389161.56 万元，基金交易额为 2343.74 万元，业务收入 128.33 万元。（王　婕）

安信证券普宁营业部　（安信证券普宁营业部　供稿）

【安信证券普宁营业部】　该营业部位于市区流沙大道西 88 号，营业部面积约 250 平方米，拥有免费停车场。2019 年，营业部在职员工 4 人，聘任经纪人 12 名，均取得证券从业资格。营业部坚持合规经营，加强传统经纪业务与新业务、新产品拓展。为普宁投资者提供证券代理买卖、证券承销与保荐、证券资产管理、证券投资咨询、融资融券、基金代销、金融产品代销、股指期货中间以及与证券交易、证券投资活动有关的财务顾问等服务。为投资者提供股票、基金、债券、期货、集合理财等基础及衍生产品，有效满足不同投资者的投资需求。全年，股票和基金成交额 30.09 亿元，业务收入 97.93 万元。（杜俊彬）

普宁市拍卖行

【概况】　普宁市拍卖行于 1991 年 10 月成立，是市内唯一经批准，被国家、省拍卖协会认定的符合法定的拍卖机构。拥有拍卖师 1 人，已输送报考拍卖师 3 人，有拍卖行业上岗资格证书 5 人，其他专业技术职称 10 人。办公经营场所 500 多平方米，其中，拍卖厅 300 多平方米，并配备有音响、显示屏幕和调音室等较为先进专业设备。

【拍卖业务】　2019 年，市拍卖行坚持公开、公平、公正和诚信原则，进一步强化拍卖运行机制，依规依法开展拍卖业务。全年举办各种拍卖类型活动 30 场次，拍卖品成交额 500 多万元。

（许炎宾）

教育·科技·气象

教　育

【概况】 2019年3月，根据市委、市政府制定颁发的《普宁市机构改革方案》文件精神，实施教育领域机构改革。市教育局是市政府工作部门，市委教育工作领导小组办公室设在市教育局，接受市委教育工作领导小组直接领导，承担该领导小组具体工作，主要负责组织研究教育领域党的建设和思想政治建设方针政策、教育发展战略规划、重大改革方案，协调督促落实该领导小组决定事项、工作部署和要求等。市教育局内设机构根据工作需要承担市委教育工作领导小组办公室相关工作，接受该办公室的统筹协调。

年末，全市有普通中小学校576所，其中高（完）中22所，初中74所（其中独立初中57所，九年一贯制学校17所），小学479所；特殊教育学校1所；中职学校4所；幼儿园361所。全市中小学在校学生36.38万人，其中，小学生21.49万人，初中生9.73万人，普通高中生5.16万人；特殊教育学校在校生104人，中职教育在校生1.44万人，在园幼儿10.28万人。在职公办教师1.85万人。

【教育投入与支出】 2019年，全市全年教育经费总投入41.15亿元（含教师工资），国家财政性教育经费30.84亿元，其中公共财政预算教育经费30.83亿元，人均教育经费总投入1656元，人均国家财政性教育经费1242元，人均公共财政预算教育经费1241.7元。国家财政性教育经费支出占国内生产总值的4.9%，公共财政预算教育经费占公共财政预算支出的比例为30.26%。学生人均公共财政预算教育事业费小学8222元，初中12619元，高中7989元；学生人均公共财政预算公用经费小学1539元，初中2503元，高中1058元。

2019年8月21日，2019年普宁市戴德丰博士高考中考优秀奖颁奖大会在市党政办公大楼十二楼会议厅召开　（市教育局　供稿）

【校舍建设】 2019年，市教育部门积极筹措资金投入中小学校舍建设。投入资金1.28亿元，新建、扩建中小学校3所，总建筑面积1.75万平方米。新增学位3313个，办学条件进一步优化。

【学前教育】 2019年，市教育局认真贯彻落实《国务院关于当前发展学前教育的若干意见》，教育部颁发的《幼儿园教育指导纲要》《3—6周岁儿童学习与发展指南》和广东省教育厅颁发的《广东省幼儿园一日活动指引（试行）》文件精神，加强幼儿园规划与建设，制订《普宁市城镇小区配套幼儿园治理工作方案》和《2019—2020年普宁市幼儿园建设提升方案》，科学规划布局，细化量化建设任务，提高公办幼儿园占比和普惠性幼儿园占比；印发

《关于做好普宁市第四批普惠性民办幼儿园认定申报工作的通知》，不断扩大普惠性学前教育资源，认定明珠娃哈哈幼儿园等64所幼儿园为普宁市第三批普惠性民办幼儿园。印发《关于举办2019年普宁市幼儿园教师专业技能大赛的通知》和《关于举办普宁市幼儿园科学保教培训活动的通知》，邀请广州大学教育学院主任叶平枝、广东教育出版社讲师张雅玲到普宁开设幼儿教育讲座，参加听讲幼师500多人；选派幼儿园园长、骨干教师参加国家培训、省级培训、揭阳市级培训，通过培训，提高幼儿园的保教质量，提升市幼儿园园长及幼儿教师整体素质、安全教育与安全管理水平。举办“践初心　秀技能　担使命”2019年普宁市幼儿园教师专业技能大赛，并选送3位选手参加省、揭阳市幼儿园教师专业技能大赛，其中幼师杨铿枫获揭阳市一等奖、广东省三等奖。认真执行国家学前教育资助政策，是年市公立幼儿园在园低保户和在园孤儿儿童总人数645人，免除保教费总金额43.12万元。全年全市有独立幼儿园361所，其中市直属公办幼儿园及乡镇场街道中心幼儿园31所，集体办的幼儿园5所，其他部门办的幼儿园1所，民办幼儿园324所；学校附设幼儿园（班）412所，普惠性民办幼儿园205所。在园在班幼儿10.28万人。其中，在独立公办园和公办学校附设幼儿园（幼儿班）就读的3.6万人，在民办幼儿园就读的人数6.68万人。普惠性民办幼儿园在园幼儿3.85万人，公办幼儿园和普惠性民办幼儿园在园幼儿占比72.51%。全市学前教育学龄人口数（3—5周岁）9.48万人，入园率98.3%。

【九年义务教育】 2019年，市教育局继续认真贯彻《中华人民共和国义务教育法》，积极推进均衡教育，依法组织中小学生入学，继续实施“入学通知书”制度，强化控辍保学措施，确保“普九”各率达标。全面贯彻执行国家教育方针，规范中小学办学行为。坚持“以流入地政府为主，以全日制公办中小学校为主”原则，建立完善异地进城务工人员随迁子女接受义务教育机制。严格按《普宁市消除义务教育阶段大班额工作专项规划》，全面做好消除大班额办学现象。切实规范中小学招生行为。是年秋季，继续实施主城区部分小学招生制度改革，制订《2019年普宁市主城区部分小学、公办幼儿园招生工作方案》，全面规划招生范围和招生计划，实施服务区域内入学和统筹范围内电脑随机派位相结合的办法进行招生改革。贯彻落实党和国家有关素质教育的法规，切实抓好教学质量管理工作，全市公办义务教育标准化学校覆盖率达到100%。配合省教育厅“世界银行贷款广东省欠发达地区义务教育均衡优质标准化发展示范项目”，并做好该示范项目在市实施各项准备工作。当年全市小学学龄儿童入学率100%，毛入学率105.37%；初中学龄少年入学率99.15%，毛入学率118.76%。九年义务教育巩固率99.38%。

【普通高中教育】 2019年，全市各普通高（完）中学认真贯彻落实创建“教育现代化先进市”工作，积极改善办学条件，提高办学水平。市第一中学、兴文中学、梅峰中学、英才华侨中学、普宁职业技术学校等五所学校纳入揭阳市高中阶段教育普及攻坚计划，规划投入资金13544万元。上述四所普通高中以创建广东省一级学校为目标，加大投入，改善软硬件条件，至年末已投入7412万元，创建工作正稳步推进中。认真落实《广东省教育厅关于普通高中学生综合素质评价的实施办法（修订）》，客观记录反映学生成长过程中的全面发展情况和个性特长，注重考查学生的社会责任感、创新精神和实践能力。是年，全市有普通高中学校22所（含5所民办学校），其中国家级示范性普通高中学校2所，省一级普通高中学校1所，揭阳市一级学校15所，县（市）一级学校1所，优质学校比例达到82%。普通高中在校生51615人，高中阶段教育毛入学率94%。

【中职教育】 2019年，全市继续推进壮大职业教育高质发展，提升职业教育产教融合水平。大力推行工学结合、校企合作的人才培养模式，为普宁社会事业和经济持续健康发展提供人才保障。当年，全市有普宁职业技术学校、普宁科技职业技术学校、普宁兴美职业技术学校、普宁中博职业技术学校4所，在校生14420人，中职教职工660人。

【民办教育】 2019年，市教育局继续认真贯彻落实《中华人民共和国民办教育促进法》和《广东省实施〈民办教育促进法〉办法》以及《广东省人民政府办公厅转发广东省教育厅关于促进民办教育规范特色发展意见的通知》等法律法规及相关文件精神，深入贯彻执行对民办教育“积极鼓励、大力支持、正确引导、依法管理”的方针政策，采取有效措施，支持鼓励民办学校进一步改善办学条件，强化党团组织建设，细化内部管理，规范办学行为，确保民办教育规范和有特色发展。年末，全市有各类民办学校34所（其中义务教育标准化民办学校29所），在校学生91456人，其中小学生49309人，初中生28618人，高中生13529人。

【特殊教育】 2019年5月，市教育局制订的《普宁市第二期特殊教育提升计划》经市人民政府同意印发实施。当年，全市义务教育阶段在校残疾学生1248人，入学率97.57%，其中“三残”儿童少年在读学生652人，入学率98.5%。中小学随班就读学校256所，开展随班就读工作的班级428个，随班就读学生623人，兼任教职工892人。建设资源教室22个。市有特殊教育学校1所，建有教学楼两幢，设无障碍通道，配备教学与康复训练功能室11间并配套特殊教育设施设备。开设有教学班5个，学生104人，特殊教育专任教师22人。抓好市特殊教育学校扩建工程规划，按照建设标准化特殊教育学校要求，规划扩建校园面积1.36万平方米，规划在学校北侧扩建一幢生活与教学用楼4500平方米，规划扩建适宜残疾学生使用的200米环形跑道田径场1个，占地面积4628平方米。

【思想品德教育】 2019年，全市各级中小学校认真贯彻习近平总书记在学校思政课教师座谈会重要讲话精神，加强学校思想政治课建设。严格按照国家课程计划，以课堂为主阵地，加强中小学生未成年人思想道德教育；以国家统编的思政课教材为主，积极挖掘地方特色乡土教材，以普宁“八一纪念馆”“庄世平纪念馆”等基地为切入点，全面开展爱国、爱家、爱校的系列活动，让学生接受历史教育、革命传统教育和乡土传统文化教育；将思想政治教育融入语文、历史、地理等学科教学，融入中小学校本课程，融入特色教育，促进思政课程与其他学科有机结合，构建大“思政课”格局。

进一步落实立德树人的根本任务，深入开展社会主义核心价值观教育活动。市教育局制订《普宁市教育系统未成年人思想道德建设工作方案》，扎实深入推进“创文”工作，有计划、有目的、有针对性地组织、开展各项未成年人思想道德建设活动。各中小学校通过学生大会、团队活动、班会课、升旗仪式、主题宣讲、“朝阳读书”、家校共育、社会实践等灵活多样的形式，广泛、深入开展“养成教育”“革命传统教育”“感恩教育”“法制教育”“禁毒教育”“小手拉大手，共建文明城”等主题教育活动。市教育局印发《关于开展“扣好人生第一粒扣子”主题教育实践活动的通知》，组织指导全市各中小学校广泛开展“传承红色基因”、中华优秀传统文化传承、学雷锋志愿服务、“劳动美”社会实践、“阳光成长”心理健康教育、“新时代好少年”先进典型等一系列教育实践活动。并在全市中小学生中选树30名普宁市“新时代好少年”、4名揭阳市“新时代好少年”、1名广东省“新时代好少年”作为中小学生学习榜样。加强大学新生征兵宣传教育。广泛宣传大学新生入伍优惠政策，动员大学新生积极报名参军。组织中小学生积极参加军训。在中小学生中开展国家安全教育系列活动。将国家安全教育融入爱国主义教育活动中，开展讨论、演讲、作文、宣誓、观看教育片、签名等形式多样的主题教育活动。以“特色立校、特色强校、特色兴校”为目标，开展普宁市素质教育特色学校创建工作。综合认定流沙第一小学等68所学校为第二批普宁市素质教育特色学校，综合认定大坝新兴初级中学等58所学校为第三批普宁市素质教育特色学校。市教育局与市关工委联合举行庆祝中华人民共和国成立70周年“向国旗敬礼，做贤德之人”中小学生征文比赛活动和“爱国情，报国志”高中生演讲比赛，评选出40多篇征文作品参加揭阳市同主题征文比赛活动，15名演讲选手参加揭阳市同主题演讲比赛。同时选送市5名学生的朗诵节目参加揭阳市中小学生“少年中国说，为祖国喝彩”经典朗诵比赛并获奖。

【德育队伍建设】 2019年，市教育局有计划，多渠道、多形式开展各类班主任培训活动，加强德育队伍建设；以德育科研为重点，教师专业发展为核心，立足校情和教师实际，有针对性地开展德育科研工作，提高德育队伍的科研能力和专业素养，营造良好的德育科研氛围。举行第二批揭阳市级名班主任工作室成员德育课题研究和学员培训活动。4—12月，以省市名班主任工作室为依托，组织全市骨干班主任分流沙、占陇、梅塘、洪阳、山区五个片区进行心理健康教育专题培训，参加培训的班主任共1500多人。12月1—2日，组织市5个名班主任工作室成员和部分骨干班主任参加深圳市名班主任专场学习活动。同月，市教育局下发《关于开展2018—2019学年度普宁市中小学（幼儿园）“优秀班主任”评选工作的通知》，经基层推荐和市教育局审核，157名班主任被评为“普宁市优秀班主任”，

81名德育工作者被评为先进德育工作者。

【毒品预防教育与禁毒宣传】 2019年，按照市委、市政府工作部署，加强对中小学生毒品预防教育并开展禁毒宣传，全面增强学生拒毒意识。市各中小学校通过制作宣传栏、《致家长一封信》、反毒品游行、“健康人生·绿色无毒”签名、制作禁毒手抄报、撰写禁毒教育心得、禁毒书画作品展等形式广泛开展毒品预防教育。抓好毒品预防教育“6·27”工程。落实《普宁市教育系统禁毒宣传教育工作方案（2017—2019年）》，促进全市各中小学校毒品预防教育工作规范化、制度化。开展“十个一”活动：上一次禁毒知识法制宣传课，召开一次禁毒拒毒主题班会，组织一次以“健康人生·绿色无毒”为主题的演讲比赛，撰写一篇禁毒心得体会，组织看一次禁毒影视片，组织学生给父母写一封禁毒告诫信，组织一次学生参观禁毒教育基地或公安强制禁毒所活动，组织一次“健康人生·绿色无毒”承诺签字仪式，组织一次禁毒防毒知识竞赛，组织一次校园周边环境净化活动。通过对市青少年毒品预防教育数字化平台的启用，学生注册和使用率达到100%。积极开展毒品预防教育示范学校创建工作。新坛小学、燎原中学、英才华侨中学、普宁职业技术学校等51所省级毒品预防教育示范学校创建校完成省级毒品预防教育示范创建学校的各项规范标准的实施任务，对全市中小学校开展毒品预防教育起到工作示范和带动作用。

【少年宫与校外活动阵地建设】 2019年，市教育部门全面推进乡村学校少年宫建设。继续加强对10所中央彩票公益金乡村学校少年宫项目的建设与管理，保障常态化良性运作。市政府投入252万元，新建10所乡村学校少年宫，基本实现乡村学校少年宫建设全覆盖，营造良好的未成年人思想道德建设环境。以市青少年宫为依托，开展体育美育等校外培训和社会主义核心价值观主题教育实践活动，全年共举办各类公益培训班250多场次，开展社会主义核心价值观主题教育实践活动50多场次，受益青少年5.6万人。是年，市财政拨专款40多万元支持教育部门，用于校外未成年人心理健康辅导站建设，为未成年人心理健康成长提供专业辅导，普及和宣传心理健康知识。

【艺术教育活动】 2019年，市教育局组织学校师生参加揭阳市教育局庆祝中华人民共和国成立70周年“我和我的祖国”系列文艺活动，普宁选派5名教师参加该次活动举行的教师歌手大赛，获3个一等奖、2个二等奖；选派4支合唱队参加该次活动举行的中小学生合唱比赛，获3个二等奖、1个三等奖；选派36名学生参加该次活动举行的中小学生现场书画比赛，获8个一等奖、15个二等奖、13个三等奖。组织学校师生参加揭阳市“爱祖国、爱科学”主题手抄报优秀作品征集活动，普宁有40多名学生和8名指导老师获奖；组织学校师生参加揭阳市中小学生“小手拉大手 争做贤德揭阳人”征文活动，普宁有139名学生和10名指导教师获奖。重点推进地方戏曲和高雅艺术进校园活动：3月，市教育局在市红领巾实验学校承办省教育厅组织的高雅艺术院团——中山大学合唱团进校园活动，共组织700多名中小学校师生观看演出；9—11月，市教育局与市文广旅游体育局联合举办4场次地方戏曲进校园活动，共有2000多名师生观看演出。同时，还先后承接3场非物质文化遗产图片展览活动，共组织3000多名中小学校师生参观展览。充分挖掘潮汕本土艺术教育资源，创建南山小学英歌队、华市小学民乐队等一批具有浓郁地方特色

2019年7月6日，普宁市“品众杯”诗词大赛决赛在市广播电视中心举行
（市教育局　供稿）

艺术团队；建设西陇小学灯笼工作坊、流沙第一实验小学版画工作坊、南山小学英歌民俗工作坊、仕林小学潮汕剪纸工作坊、圆山小学盘子画艺术工作坊等10多个工作坊。为庆祝中华人民共和国成立70周年，市教育局借鉴中央电视台品牌栏目——中国诗词大会的赛制模式，举行“品味诗词，弘扬国粹”为主题的“品众杯”诗词大赛，通过现场初赛、复赛、决赛和网络赛，激发广大师生学习诗词、品味诗词的热情，该活动共有1000多名选手参加初赛、140名选手参加复赛、24名选手参加决赛、上万名网民参加网络组比赛。创建省中小学中华优秀文化传承学校和艺术教育特色学校。是年，市兴文中学被评为广东省首批中小学中华优秀文化传承学校，市区流沙第四小学被评为广东省第二批艺术教育特色学校，流沙南街道南山小学、南溪镇仕林小学被评为广东省第三批艺术教育特色学校。

书法教育　2019年，市教育局艺术教育中心继续开展书法教学教研和书法教师专业提升活动。先后到赤岗、南溪、高埔、梅塘、麒麟、军埠等镇开展书法课堂教学教研和教师专业提升培训20多场次。举办市中小学书法骨干教师培训篆刻学习班，从全市挑选20多名有书法篆刻基础的书法骨干教师，组织为期8天的集中培训。先后邀请西泠印社社员、中国书法家协会会员李平教授和省青年书法家协会副主席彭双龙到普宁开办书法骨干教师专题讲座。开展各类绘画、书法艺术活动。联合市委宣传部在云落镇星河明珠湾广场举行千名师生写春联送春联活动；开展第三个校园汉字书写日系列活动——第二届“富德生命人寿杯”普宁市中小学师生书法现场大赛，近2万名师生参加活动。组织市青年书法教师选送作品参加揭阳市青年书法家协会纪念五四运动100周年书法展览；组织美术、书法老师，组建美化乡村墙绘服务队，开展墙画制作服务，先后在高埔镇、南溪镇、大坝镇共绘制墙画800多平方米，美化当地乡村环境，增添乡村文化艺术氛围。开展书法课题研究，其中“中小学书法教育的区域整体推进实践研究”项目通过上级教育部门立项。受揭阳市教育局有关科室委托，组织编辑出版揭阳市第六届中小学生艺术展演优秀作品集——《美在阳光下》，组织编辑出版2018年普宁市校园文化艺术节展演师生美术、书法、摄影优秀作品集——《撷美春华》，组织编辑出版广东省首届青少年书法大赛（普宁）作品集。

2019年1月25日，“书写美好普宁　共创文明城市”千名师生送春联活动在市区举行　（市教育局　供稿）

【体育活动】　2019年，市各中小学校认真推广《广东省中小学生广播体操》，大力推行大课间活动，加强“两操”和大课间活动的指导，提高学生在校运动与保健的质量；开展形式多样学校体育活动，掀起校园阳光体育高潮。8月，市教育局选拔优秀运动员组成教育系统代表团参加市第六届运动会，获得“市直系统组”团体总分第一名和金牌、银牌、奖牌三项第一名。其中篮球项目获得第三名；乒乓球项目获得男、女子团体冠军和男、女团体总分第一名，并包揽女子单项冠军、亚军、季军，男子单项亚军；羽毛球项目获得男、女团体冠军和男、女子团体总分第一名并包揽女子单项冠军、亚军、季军，男子单项冠军、亚军、季军。6月，举办2019年普宁市第三届中小学生校园足球比赛，全市共有77支代表队944名学生运动员参加比赛。经过二十多天比赛，市第二中学获得高中组男子队冠军，市兴文中学获得高中组女子队冠军；市第二中学获得初中组男、女子队冠军；流沙东街道新坛小学获得小学组男子队冠军，麒麟镇径水小学获得小学组女子队冠军。9月，市教育局组织普宁中小学生足球代表队参加2019年揭阳市第五届中小学校学生足球比赛，获得小学男子队、初中男子队冠军，高中组男子队季军、女子队亚军。

【校园安全管理】 2019年，市教育局认真贯彻“安全第一，预防为主，综合整治”的方针，围绕“打好基础，抓住重点，落实责任，依法管理”的思路，抓好学校安全知识宣传教育，落实各级安全管理责任制，多形式、全方位加强师生安全教育和校园安全管理。组织全市师生开展安全生产法律法规及应急管理培训，制订《普宁市教育系统2019年“安全生产月”和“安全生产万里行”活动方案》。全年组织师生开展防火灾、水灾、防溺水、防雷击、防地震等风险防范和交通安全培训1861场次，50多万人次参加培训，全面提高安全意识和应急管理能力及水平。制订、完善各类应急预案，积极开展避险防灾应急疏散演练活动，提高青少年学生安全防范意识和自防自救能力。加强校园安保“人防、物防、技防”建设，全市有98所学校建有微型消防站；强化校车管理，积极协调有关部门做好校车标牌申报与审批，全市有769辆校车取得校车许可标牌。联合市检察院开展进校园宣讲教育和督导检查活动，加强学生预防性侵害、预防校园欺凌的教育，提高其防范意识及应对能力；与市公安、市场监管等部门联合开展净化校园周边环境专项整治行动；开展对全市中小学校（幼儿园）食品卫生安全专项大检查，预防食物中毒事故发生；做好全市中小学校（幼儿园）校园安全隐患大排查，消除各项安全隐患；联合市交警、交通等部门，开展学生上下学交通安全专项整治和明察暗访，确保学生上下学安全。深化“平安细胞工程”建设，开展“平安校园”创建活动。是年，创建第七批普宁市“平安校园”31所，被评为揭阳市“平安校园”学校3所。

【青少年潮汕星河奖】 2019年，在第三十届潮汕星河奖评奖活动中，全市有3个学生集体和21名学生获潮汕星河科技奖；13名学生获潮汕星河奖学业奖；2个学生集体和1名学生获潮汕星河奖品德奖；1个学生集体获潮汕星河奖文艺奖。5名学生获潮汕星河“中青宝”助学金。在获奖项目中，市华南学校学生林弋婷获潮汕星河品德奖一等奖，市城西中学晨曦学生志愿者服务队、流沙北街道西陇小学学生足球社团志愿者服务队获潮汕星河品德奖集体三等奖。南溪镇仕林小学学生“仕林艺苑”潮汕剪纸艺术工作坊获潮汕星河文艺奖集体二等奖。新世界中英文学校学生杨瑞帆2019年参加全国高考理科总分680分列揭阳市第一名，市勤建学校学生卢嘉铭参加第九届“星河杯”作文比赛获决赛一等奖，均获得潮汕星河学业奖二等奖；市华美实验学校学生张绮彤、陈晓冬、吴振才、卢华玲、陈炎鑫、黄烁升、林可欣，普宁二中实验学校学生温可莜、林泽雯、方怀聪、曾绮涵，均获潮汕星河学业奖三等奖。市第二中学学生蔡子颖、林旭参加第十八届中国青少年机器人竞赛获高中组综合技能一等奖，获潮汕星河科技奖一等奖；市第二中学学生马嘉楷、王文琦、陈昱参加广东省中小学生创客大赛获团体中学组团体特等奖，普宁职业技术学校学生陈佳荣、黄楚婷参加广东省职业院校学生（中职组）专业技能大赛“动漫设计与制作”项目获团体一等奖，均获潮汕星河科技奖集体二等奖；市民德中学学生罗小焦参加第八届全国数控大赛数字化设计与制作项目全国总决赛二等奖，获潮汕星河科技奖二等奖；市第二中学学生庄慧玉、罗淑婷，市兴文中学学生陈耿楷，市下架山中学学生杨梓填、吴达强、饶番霖，流沙东街道北山小学学生许馨宜，普宁陈宝文学校学生黄可滢，普宁职业技术学校学生黄耿圳、庄锦辉、刘勇彬、谢畅洲、周梅洁、许梦婷、陈诗敏、叶泽凯、杨钒、韩惠柔、黄嘉宜、罗佳婷，均获潮汕星河科技奖三等奖。是年11月，市选拔学生参加第十一届“星河杯”潮汕青少年书画现场比赛，普宁市有8名学生获奖，其中市区流沙第一小学许嘉娴获绘画类高小组一等奖。

【扶贫帮困助学】 2019年，市教育局多措并举组织开展扶贫宣传、贫困青少年助学和扶贫志愿服务等活动。开展新时期精准扶贫对口单位——燎原街道泥沟村的帮扶工作。扎实做好全市学前教育家庭经济困难儿童资助、义务教育阶段困难家庭生活费补助、高中阶段国家助学金发放等工作。全年共下达资助金6980万元，30738人次受益。做好大学生生源地助学贷款相关工作，成功签订大学生贷款合同1265份。落实精准扶贫建档立卡学生3519人次，发放生活费补助559.12万元。协助做好2019年度广东省宋庆龄奖学金的评选，协助市总工会、市工商联等单位做好贫困学生和困难职工的帮扶救助。

【教师队伍建设】 2019年，市教育局、市人社局组织市第二中学、市华侨中学、市第一中学、市英才华侨中学和市特殊教育学校等学校赴华南师范大学、湖南师范大学等招聘国家“211”工程院校师范类应届毕业生36名，其中本科毕业生31名、硕士研究生5名；组织市第二中学等95所学校面向社会公开招聘全日制普通高等院校统招师范类毕业生164名。通过引进招聘高层次人才及短缺专业教师，提高市师资队伍素质和学校办学水平。

师德建设　市教育局持续加强师德师风建设，规范在职教师从教行为。在全市教育系统开展中小学（幼儿园）师德师风专项督查；推荐德才兼备优秀教师参加各级举行的师德师风评选表彰激励活动，市教师队伍中获得2019年潮汕星河辉勇师表奖13人。

保障教师待遇　依法依规落实市中小学教师工资福利待遇保障政策，落实中小学教师工资收入水平“两个不低于或高于”（中小学教师平均工资水平不低于或高于当地公务员平均工资水平，农村教师平均工资水平不低于或高于当地城镇教师平均工资水平）的规定。2019年，市中小学教师月均工资7687元，其中农村教师月均工资7990元，城镇教师月均工资7065元，公务员月均工资7430元，实现教师工资福利待遇“两相当”。继续落实山区和农村边远地区学校教师生活补助政策，当年市山区和农村边远地区学校教师生活补助（乡镇教师补贴）人均月达到1061元。切实调动山区和农村边远学校教师教书育人积极性，确保市教师队伍的稳定。

教师专业发展　落实高校毕业生到农村从教“上岗退费”政策，有计划有重点为农村学校补充音乐、美术、体育、信息技术等紧缺学科的专业教师。加强市中小学教师专业发展体系建设，2019年参加各级各类培训的教师56440人次，其中中小学校长培训2687人次、幼儿园园长任职资格培训141人。有计划地推进县（市）级中小学教师发展中心建设，努力提高各级各类教师培训的针对性和精准度。

【党建工作】　2019年，经市委批准，在市教育系统中成立市第二中学、市华侨中学两个学校党委会。是年，市教育局机关党总支部被评为普宁市先进基层党组织，陈锡鹏被评为市优秀党务工作者，杜文波被评为市直机关优秀党员。

【教学改革与研究】　2019年，市教育局教研部门继续加强对全市各中小学校教学改革与研究的指导，并精心组织开展各项教学能力测评活动，促进广大教师课堂教学质量进一步提高。11月中旬起，在全市开展高中课堂教学能力大赛，比赛至12月下旬结束，经评选，评出一等奖45人，二等奖107人，三等奖56人；在是年第二个学期中，在全市开展初中课堂教学评比活动，共有12学科600多位教师参赛，经评选，评出一等奖62人，二等奖159人，三等奖121人。11月下旬，举行2019年普宁市小学和初中道德与法治学科课堂教学评比活动，经评审，评出小学学段该学科教学一等奖7名、二等奖17名、三等奖10名，评出初中学段该学科教学一等奖10名、二等奖23名、三等奖20名。在小学、初中学段获一等奖的17名教师中，优中选优，评选出2019年普宁市思想政治课教学优秀教师8名。开展2018—2019学年度普宁市中小学先进科组评选活动，共评出75个先进科组并通报全市。其中创建示范科组11个，认定为第二届示范科组8个。是年，开展普宁市中小学教学论文评比与优秀成果宣读交流活动，共评出一等奖231篇，二等奖387篇，三等奖521篇；深入全市高中学校开展听课、评课、议课200多节，与一线教师研讨教学问题，较好指导教师教学；指导高考、中考备考工作，市教研部门工作人员走进市域全部高中学校调研，走进区域性初中学校32所，听课、评课、交流、座谈近60场次，为市相关学校高、中考备考出谋献策。指导市内各中小学校做好迎接省中小学校语言文字全面达标建设评估验收准备，是年全市有40所中小学校，接受省语委评估验收组抽检，达标率100%。继续组织市内中小学校参加创建揭阳市示范性汉字书写教育特色学校评选活动。是年，市红领巾实验学校被评为揭阳市语言文字规范化示范学校，市侨中实验学校被评为揭阳市规范汉字书写教育特色学校。

【行政审批】　2019年，市教育局行政审批部门共接待群众现场咨询158人次，接受电话咨询125人次。受理审批普宁市金锋实验学校，普宁市和美实验学校两所民办学校和市内各乡镇、街道开设的幼儿园共30所及各种文化教育培训机构11所。

【教育评估】　2019年6月，市流沙东街道北山中心幼儿园通过普宁市一级幼儿园督导评估。

【教育“创先”】　2019年12月，普宁市被广东省人民政府授予“广东省推进教育现代化先进县（市、区）”称号。

【教育装备】 2019年，省教育厅投入教育装备资金2240万元，购置优质资源“班班通”教学平台1768套，拨给普宁市中小学校使用。

【高考录取】 2019年，全市参加普通高校招生考试考生19351人，上本科录取最低控制分数线8826人，其中上优先本科录取控制分数线2106人；上专科录取最低控制分数线以上18433人，本科上线率46.8%，专科以上上线率为97.7%。

是年，市参加普通高考考生再创佳绩。市新世界中英文学校考生杨瑞帆以680分夺得揭阳市理科总分第一名，录取于清华大学；市二中实验学校考生李彤、市华美实验学校考生黄子盛以661分并列夺得普宁市理科总分第二名，均录取于北京大学医学部；市新世界中英文学校考生房怡菊以657分夺得普宁市理科总分第三名，录取于南京大学；市华美实验学校考生陈晓丽以624分夺得普宁市文科总分第一名，录取于中山大学；市华美实验学校考生杨丽霞以621分夺得普宁市文科总分第二名，录取于南开大学；市二中实验学校考生林耿以617分夺得普宁市文科总分第三名，录取于中山大学。全市有54位考生录取于中山大学，80位考生录取于华南理工大学，全市录取于本科院校6718人。

表12 2019年普宁市高考录取情况表

报考人数（含高职）	录取人数	其中				录取率
		普通高考本科（人）	3+证书本科（人）	普通高考专科（人）	3+证书专科（人）	
19351	16366	6717	1	9396	252	84.6%

表13 2019年普宁市公办中小学校情况表

辖地	校名	所在地	班级数（个）	学生数（人）
流沙东街道	普宁市流沙东街道北山小学	普宁市流沙东街道北山村委会	22	935
	普宁市流沙东街道大华溪小学	普宁市流沙东街道大华溪村	6	39
	普宁陈宝文学校	普宁市流沙东街道大林居委会	114	5283
	普宁市流沙东街道斗文初级中学	普宁市流沙东街道斗文村	19	872
	普宁市流沙东街道斗文小学	普宁市流沙东街道斗文村委会	28	1135
	普宁市流沙东街道浮江寮小学	普宁市流沙东街道浮江寮村委会	6	68
	普宁市流沙东街道郭厝寮小学	普宁市流沙东街道郭厝寮村委会	8	298
	普宁市流沙东街道湖东小学	普宁市流沙东街道湖东村委会	7	263
	普宁市流沙东街道华溪小学	普宁市流沙东街道华溪村委会	16	590
	普宁市流沙中学	普宁市流沙东街道华溪村委会	12	558
	普宁市流沙东街道六斗埔小学	普宁市流沙东街道六斗埔村委会	6	143
	普宁市流沙东街道上塘小学	普宁市流沙东街道上塘村	18	768
	普宁市流沙东街道溪心小学	普宁市流沙东街道溪心村委会	6	94
	普宁市流沙东街道新坛小学	普宁市流沙东街道新坛村委会	57	2540

续表 13

辖　地	校　　名	所在地	班级数（个）	学生数（人）
	普宁市流沙东街道秀陇小学	普宁市流沙东街道秀陇村委会	6	305
	普宁市流沙第一小学	普宁市流沙东街道培新街 74 号	81	3978
	普宁市城东中学	普宁市流沙东街道光平东路东段南侧	110	5729
流沙南街道	普宁市流沙南街道东埔小学	普宁市流沙南街道东埔村委会	17	706
	普宁市流沙第四小学	普宁市流沙南街道光草洋北楼园 1 幢 101 号	36	1919
	普宁市流沙南街道和美邻小学	普宁市流沙南街道和美邻村委会	6	74
	普宁市流沙南街道后坛小学	普宁市流沙南街道后坛居委会	18	697
	普宁市流沙南街道军屯小学	普宁市流沙南街道军屯村委会	6	151
	普宁市流沙南街道里宅小学	普宁市流沙南街道里宅居委会	17	747
	普宁市流沙南街道马栅学校	普宁市流沙南街道马栅村委会	25	1020
	普宁市流沙南街道石泉美小学	普宁市流沙南街道石泉美村委会	6	50
	普宁市流沙南街道泗竹埔小学	普宁市流沙南街道泗竹埔村委会	26	1136
	普宁市南兴中学	普宁市流沙南街道泗竹埔村委会	15	694
	普宁市流沙南街道香员坑小学	普宁市流沙南街道香员坑村委会	6	17
流沙西街道	普宁市流沙西街道赤水学校	普宁市流沙西街道赤水村委会	43	1913
	普宁市流沙第五小学	普宁市流沙西街道南平居委会	63	2793
	普宁市流沙西街道南山小学	普宁市流沙西街道南山村	38	1388
	普宁市流沙西街道城南初级中学	普宁市流沙西街道南山居委会	33	1562
	普宁市流沙第二小学	普宁市流沙西街道前蔡村委会	84	4087
	普宁市流沙西街道赵厝寮小学	普宁市流沙西街道赵厝寮村委会	19	805
	普宁市城西中学	普宁市流沙西街道赵厝寮村委会	17	834
	普宁市第二中学	普宁市流沙西街道广南居委会	148	7570
	普宁市第三中学	普宁市流沙西街道南平居委会	87	4290
	普宁英才华侨中学	普宁市流沙西街道南山居委会	68	3582
流沙北街道	普宁市流沙北街道白沙陇小学	普宁市流沙北街道白沙陇村委会	46	1979
	普宁市城关中学	普宁市流沙北街道白沙陇村委会	35	1760
	普宁市流沙北街道大扬美小学	普宁市流沙北街道大扬美村	6	192

续表 13

辖　地	校　　名	所在地	班级数（个）	学生数（人）
	普宁市流沙北街道南园小学	普宁市流沙北街道南园村委会	63	3006
	普宁市流沙第六小学	普宁市流沙北街道南苑新村	37	1614
	普宁市流沙第三小学	普宁市流沙北街道侨光居委会	48	2209
	普宁市城北中学	普宁市流沙北街道西陇村	16	689
	普宁市流沙北街道西陇小学	普宁市流沙北街道西陇村委会	27	1199
	普宁市流沙北街道小扬美小学	普宁市流沙北街道小扬美村	6	275
	普宁市流沙北街道新寨小学	普宁市流沙北街道新寨村委会	6	85
池尾街道	普宁市池尾街道东山小学	普宁市池尾街道东山村委会	6	125
	普宁市池尾街道多年山小学	普宁市池尾街道多年山村委会	8	255
	普宁市池尾街道高埕小学	普宁市池尾街道高埕村委会	11	307
	普宁市池尾街道初级中学	普宁市池尾街道高埕路口	15	672
	普宁市池尾街道高明小学	普宁市池尾街道高明村委会	6	230
	普宁市池尾街道贵政山小学	普宁市池尾街道贵政山村委会	12	334
	普宁市池尾街道合浦小学	普宁市池尾街道合浦村委会	6	158
	普宁市池尾街道华市小学	普宁市池尾街道华市村委会	19	695
	普宁市池尾街道林青小学	普宁市池尾街道林青村委会	6	47
	普宁市育英中学	普宁市池尾街道马嘶岩大道西段南侧	25	1209
	普宁市池尾街道山湖小学	普宁市池尾街道山湖村委会	25	1010
	普宁市池尾街道上寮小学	普宁市池尾街道上寮村委会	35	1490
	普宁市池尾街道上坛小学	普宁市池尾街道上耘村委会	6	138
	普宁市池尾街道松柏岭小学	普宁市池尾街道松柏岭村委会	6	92
	普宁市池尾街道塔丰小学	普宁市池尾街道塔丰村委会	22	844
	普宁市池尾街道塘边小学	普宁市池尾街道塘边村委会	6	203
	普宁市池尾街道西清小学	普宁市池尾街道西清村委会	4	47
	普宁市池尾街道新丰小学	普宁市池尾街道新丰村委会	6	141
	普宁市池尾街道新寮小学	普宁市池尾街道新寮村委会	23	1013
	普宁市池尾街道长岭口小学	普宁市池尾街道长岭口村委会	5	42
	普宁市池尾街道钟潭小学	普宁市池尾街道钟潭村委会	6	219

续表 13

辖　地	校　　名	所在地	班级数（个）	学生数（人）
里湖镇	普宁市里湖镇庵埔小学	普宁市里湖镇庵埔村	6	174
	普宁市里湖镇白水寨小学	普宁市里湖镇白水再村委会	0	0
	普宁市里湖镇池美小学	普宁市里湖镇池美村委会	7	246
	普宁市里湖镇富美小学	普宁市里湖镇富美村委会	11	370
	普宁市里湖镇古岭小学	普宁市里湖镇古岭村委会	4	17
	普宁市里湖镇和平小学	普宁市里湖镇和平村委会	6	217
	普宁市里湖镇河头小学	普宁市里湖镇河头村委会	13	500
	普宁市里湖镇第一小学	普宁市里湖镇老爷地 18 号	7	224
	普宁市里湖镇冷美小学	普宁市里湖镇冷美村委会	11	309
	普宁市里湖镇橄榄脚小学	普宁市里湖镇龙兴村委会	0	0
	普宁市里湖镇龙兴小学	普宁市里湖镇龙兴村委会	0	0
	普宁市里湖镇蓬和小学	普宁市里湖镇蓬和村委会	7	229
	普宁市里湖镇七贤小学	普宁市里湖镇七贤村委会	9	299
	普宁市里湖镇松溪小学	普宁市里湖镇松溪村委会	6	224
	普宁市里湖镇汤头小学	普宁市里湖镇汤头村委会	6	99
	普宁市里湖镇田中小学	普宁市里湖镇田中村委会	6	70
	普宁市里湖镇第二小学	普宁市里湖镇新池内村委会	18	724
	普宁市里湖镇初级中学	普宁市里湖镇新池内村委会	17	776
	普宁市里湖镇第三小学	普宁市里湖镇新松村委会	10	332
	普宁市里湖镇第四小学	普宁市里湖镇新松村委会	24	1034
	普宁市里湖镇麻园小学	普宁市里湖镇圆潭村委会	5	47
	普宁市里湖镇宅营小学	普宁市里湖镇宅营村委会	0	0
	普宁市里湖镇石牌小学	普宁市里湖镇寨洋村委会	9	277
	普宁市里湖镇三方小学	普宁市里湖镇寨洋村委会	5	23
	普宁市里湖镇石牌中学	普宁市里湖镇寨洋村委会	5	125
	普宁市里湖镇竹林小学	普宁市里湖镇竹林村委会	7	210
	普宁市里湖镇竹林初级中学	普宁市里湖镇竹林村委会	14	614
	普宁市里湖镇竹头小学	普宁市里湖镇竹头村委会	6	233

续表 13

辖　地	校　　名	所在地	班级数（个）	学生数（人）
	普宁市里湖中学	普宁市里湖镇新松村委会	52	2588
梅塘镇	普宁市梅塘镇安仁小学	普宁市梅塘镇安仁村委会	23	868
	普宁市梅塘镇安仁初级中学	普宁市梅塘镇安仁村委会	10	469
	普宁市梅塘镇东山小学	普宁市梅塘镇大东山村委会	6	224
	普宁市梅塘镇大宅小学	普宁市梅塘镇大宅村委会	6	111
	普宁市梅塘镇高埔小学	普宁市梅塘镇高埔村委会	6	199
	普宁市梅塘镇双湖初级中学	普宁市梅塘镇高埔村委会	0	0
	普宁市梅塘镇瓜园小学	普宁市梅塘镇瓜园村委会	6	128
	普宁市梅塘镇景光小学	普宁市梅塘镇景光村委会	6	151
	普宁市梅塘镇内丰小学	普宁市梅塘镇内丰村委会	6	198
	普宁市梅塘镇内光小学	普宁市梅塘镇内光村委会	6	94
	普宁市梅塘镇内联小学	普宁市梅塘镇内联村委会	6	114
	普宁市梅塘镇桥光小学	普宁市梅塘镇桥光村	9	311
	普宁市梅塘镇社山学校	普宁市梅塘镇社山村委会	17	582
	普宁市梅塘镇石乌小学	普宁市梅塘镇石乌村委会	12	460
	普宁市梅塘镇双湖小学	普宁市梅塘镇双湖村委会	5	14
	普宁市梅塘镇泗坑小学	普宁市梅塘镇泗坑村委会	19	778
	普宁市梅塘镇泗坑初级中学	普宁市梅塘镇泗坑村委会	9	321
	普宁市梅塘镇田丰小学	普宁市梅塘镇田丰村委会	6	97
	普宁市梅塘镇涂洋学校	普宁市梅塘镇涂洋村委会	27	1222
	普宁市梅塘镇溪南小学	普宁市梅塘镇溪南村委会	36	1122
	普宁市梅塘镇溪南初级中学	普宁市梅塘镇溪南村委会	11	454
	普宁市梅塘镇溪桥小学	普宁市梅塘镇溪桥村委会	6	137
	普宁市梅塘镇新光小学	普宁市梅塘镇新光村委会	6	110
	普宁市梅塘镇新寮小学	普宁市梅塘镇新民村委会	4	21
	普宁市梅塘镇梅峰初级中学	普宁市梅塘镇远光村	27	1268
	普宁市梅塘镇远光小学	普宁市梅塘镇远光村委会	26	1052
	普宁市梅塘镇长美小学	普宁市梅塘镇长美村委会	19	752

续表 13

辖　地	校　　名	所在地	班级数（个）	学生数（人）
	普宁市梅峰中学	普宁市梅塘镇远光村委会	49	2856
燎原街道	普宁市燎原街道大员小学	普宁市燎原街道大员村委会	6	254
	普宁市燎原街道果陇初级中学	普宁市燎原街道果陇村委会	9	343
	普宁市燎原街道泥沟初级中学	普宁市燎原街道泥沟村	9	330
	普宁市燎原中学	普宁市燎原街道泥沟村委会	26	1214
	普宁师范学校附属小学	普宁市燎原街道乌石村委会	33	1325
	普宁市燎原街道夏地小学	普宁市燎原街道夏地村委会	12	461
	普宁市燎原街道光南小学	普宁市燎原镇光南村委会	17	653
	普宁市燎原街道果陇小学	普宁市燎原镇果陇村委会	44	1767
	普宁市燎原街道泥沟小学	普宁市燎原镇泥沟村委会	41	1652
	普宁市燎原街道老村小学	普宁市燎原镇渔老村委会	6	43
	普宁市燎原街道渔新村小学	普宁市燎原镇渔新村委会	6	187
	普宁市普师高级中学	普宁市燎原镇乌石村委会	60	2776
	普宁市特殊教育学校	揭阳市普宁市燎原街道	7	104
大南山街道	普宁市大南山街道陂沟小学	普宁市大南山街道陂沟村	19	759
	普宁市大南山街道和美小学	普宁市大南山街道和美村	0	0
	普宁市大南山街道灰寨小学	普宁市大南山街道灰寨村	11	451
	普宁市大南山街道枧头寮小学	普宁市大南山街道枧头寮村	6	175
	普宁市大南山街道什石洋小学	普宁市大南山街道什石洋村	9	288
	普宁市大南山街道锡坑小学	普宁市大南山街道锡坑村	8	306
	普宁市大南山街道新宁小学	普宁市大南山街道新宁村	6	96
	普宁市大南山街道益岭小学	普宁市大南山街道益岭村	6	139
	普宁市大南山街道圆山小学	普宁市大南山街道圆山村	6	182
	普宁市大南山中学	普宁市大南山镇陂沟村	12	522
占陇镇	普宁市占陇镇陂头小学	普宁市占陇镇陂头村委会	9	312
	普宁市占陇镇北门小学	普宁市占陇镇北门村委会	6	160
	普宁市占陇镇定厝寮小学	普宁市占陇镇定厝寮村委会	6	160
	普宁市占陇镇东西南小学	普宁市占陇镇东西南村委会	12	376

续表 13

辖　地	校　　名	所在地	班级数（个）	学生数（人）
	普宁市占陇镇浮屿小学	普宁市占陇镇浮屿村委会	8	256
	普宁市占陇镇洪厝寨小学	普宁市占陇镇洪厝寨村委会	6	148
	普宁市占陇镇华林小学	普宁市占陇镇华林村委会	12	369
	普宁市占陇镇交丙耘小学	普宁市占陇镇交丙坛村委会	13	527
	普宁市占陇镇旧地小学	普宁市占陇镇旧地村委会	13	528
	普宁市占陇镇练江小学	普宁市占陇镇练江村委会	11	277
	普宁市占陇镇林厝寮小学	普宁市占陇镇林厝寮村	6	90
	普宁市占陇镇六营小学	普宁市占陇镇六营村委会	6	89
	普宁市占陇镇龙秋小学	普宁市占陇镇龙秋村委会	8	337
	普宁市占陇镇朴兜小学	普宁市占陇镇朴兜村委会	12	406
	普宁市占陇镇埔栅小学	普宁市占陇镇埔栅村委会	8	265
	普宁市占陇镇杉铺小学	普宁市占陇镇杉铺村委会	16	604
	普宁市占陇镇石港小学	普宁市占陇镇石港村委会	6	221
	普宁市占陇镇四德小学	普宁市占陇镇四德村	7	216
	普宁市占陇镇西楼小学	普宁市占陇镇西楼村委会	25	1105
	普宁市占陇镇桥柱初级中学	普宁市占陇镇西楼村委会	43	2096
	普宁市占陇镇西社双溪小学	普宁市占陇镇西社双溪村委会	6	177
	普宁市占陇镇西社西湖小学	普宁市占陇镇西社西湖村委会	6	231
	普宁市占陇镇西社西南小学	普宁市占陇镇西社西南村委会	7	281
	普宁市占陇镇西社初级中学	普宁市占陇镇西社西南村委会	10	424
	普宁市占陇镇西社溪东小学	普宁市占陇镇西社溪东村委会	6	67
	普宁市占陇镇西社新北小学	普宁市占陇镇西社新北村委会	6	230
	普宁市占陇镇西社新考小学	普宁市占陇镇西社新考村委会	6	96
	普宁市占陇镇西社新乡小学	普宁市占陇镇西社新乡村委会	6	56
	普宁市占陇镇下村小学	普宁市占陇镇下村村委会	12	380
	普宁市占陇镇三都初级中学	普宁市占陇镇下村村委会	13	552
	普宁市占陇镇下陇小学	普宁市占陇镇下陇村委会	6	221
	普宁市占陇镇下寨小学	普宁市占陇镇下寨村委会	21	869

续表 13

辖　地	校　　名	所在地	班级数（个）	学生数（人）
	普宁市占陇镇埕塘下寨初级中学	普宁市占陇镇下寨村委会	12	456
	普宁市占陇镇伟群初级中学	普宁市占陇镇新寮村	4	154
	普宁市占陇镇新寮小学	普宁市占陇镇新寮村委会	19	784
	普宁市占陇镇延长埔小学	普宁市占陇镇延长埔村委会	6	161
	普宁市占陇镇玉溪小学	普宁市占陇镇玉溪村委会	6	142
	普宁市占陇镇占陈小学	普宁市占陇镇占陈村委会	13	501
	普宁市占陇镇占梨小学	普宁市占陇镇占梨村委会	13	547
	普宁市占陇中学	普宁市占陇镇占梨村委会	32	1547
	普宁市占陇镇占苏小学	普宁市占陇镇占苏村委会	11	438
	普宁市占陇镇占杨小学	普宁市占陇镇占杨村委会	26	1127
	普宁市占陇镇志古寮小学	普宁市占陇镇志古寮村委会	11	336
	普宁市兴文中学	普宁市占陇镇东西南村委会	94	4393
军埠镇	普宁市军埠镇笔架山小学	普宁市军埠镇笔架山村委会	6	63
	普宁市军埠镇长太小学	普宁市军埠镇大长陇村委会	13	453
	普宁市军埠镇植英小学	普宁市军埠镇大长陇村委会	6	120
	普宁市军埠镇燕英小学	普宁市军埠镇大长陇村委会	10	311
	普宁市军埠镇寨内小学	普宁市军埠镇大长陇村委会	12	480
	普宁市军埠镇长乐小学	普宁市军埠镇大长陇村委会	12	514
	普宁市军埠镇何厝围小学	普宁市军埠镇何厝围村委会	10	295
	普宁市军埠镇第一小学	普宁市军埠镇军老村	11	376
	普宁市军埠镇军新小学	普宁市军埠镇军新村委会	6	241
	普宁市军埠镇神山沟小学	普宁市军埠镇莲坛村委会	11	420
	普宁市军埠镇莲坛小学	普宁市军埠镇莲坛村委会	25	942
	普宁市军埠镇莲坛丰美小学	普宁市军埠镇莲坛村委会	7	271
	普宁市军埠镇莲坛安田小学	普宁市军埠镇莲坛村委会	6	225
	普宁市军埠镇莲坛初级中学	普宁市军埠镇莲坛村委会	19	920
	普宁市军埠镇东桂小学	普宁市军埠镇陇头东桂村委会	6	222
	普宁市军埠镇浮洋小学	普宁市军埠镇陇头浮洋村委会	6	240

续表 13

辖　地	校　　名	所在地	班级数（个）	学生数（人）
	普宁市军埠镇陇头中学	普宁市军埠镇陇头浮洋村委会	26	1200
	普宁市军埠镇后楼小学	普宁市军埠镇陇头后楼村委会	23	988
	普宁市军埠镇山家小学	普宁市军埠镇陇头山家村委会	6	190
	普宁市军埠镇新南小学	普宁市军埠镇陇头新南村委会	6	186
	普宁市军埠镇三坛小学	普宁市军埠镇三坛村委会	6	252
	普宁市军埠镇石桥头石东小学	普宁市军埠镇石桥头村委会	22	934
	普宁市军埠镇石桥头石中小学	普宁市军埠镇石桥头村委会	25	1097
	普宁市军埠镇石桥头石西小学	普宁市军埠镇石桥头村委会	6	183
	普宁市军埠镇石桥头初级中学	普宁市军埠镇石桥头村委会	17	836
	普宁市军埠镇树脚小学	普宁市军埠镇树脚村委会	11	364
	普宁市军埠镇新厝小学	普宁市军埠镇新厝村委会	6	86
	普宁市大长陇中学	普宁市军埠镇大长陇村	39	1880
下架山镇	普宁市下架山镇西埔小学	普宁市下架山镇百吉岭村委会	6	197
	普宁市下架山镇陂新小学	普宁市下架山镇陂新村委会	6	96
	普宁市下架山镇多年小学	普宁市下架山镇多年村委会	6	123
	普宁市下架山镇古山小学	普宁市下架山镇古山村委会	6	86
	普宁市下架山镇和寮小学	普宁市下架山镇和寮村委会	12	360
	普宁市下架山镇横溪第一小学	普宁市下架山镇横溪村委会	10	336
	普宁市下架山镇横溪第二小学	普宁市下架山镇横溪村委会	12	411
	普宁市下架山镇蛟池小学	普宁市下架山镇蛟池村委会	11	427
	普宁市下架山中学	普宁市下架山镇蛟池村委会	34	1596
	普宁市下架山镇葵岭小学	普宁市下架山镇葵岭村委会	8	291
	普宁市下架山镇南华小学	普宁市下架山镇老南湖村委会	12	279
	普宁市下架山镇南城小学	普宁市下架山镇南城村委会	12	330
	普宁市下架山镇石盘小学	普宁市下架山镇石盘村委会	8	261
	普宁市下架山镇汤坑小学	普宁市下架山镇汤坑村委会	30	1245
	普宁市下架山镇涂坑小学	普宁市下架山镇涂坑村	7	269
	普宁市下架山镇碗仔小学	普宁市下架山镇碗仔村委会	3	6

续表 13

辖　地	校　　名	所在地	班级数（个）	学生数（人）
	普宁市下架山镇下西埔小学	普宁市下架山镇下西埔村委会	7	252
	普宁市下架山镇南湖小学	普宁市下架山镇新南湖村委会	14	353
	普宁市下架山镇虎岗小学	广东省普宁市下架山镇虎岗山村	6	83
	普宁市下架山镇水供塘小学	普宁市下架山镇水供塘村	6	198
	普宁市下架山镇咸寮小学	普宁市下架山镇咸寮村	6	139
	普宁市建新中学	普宁市下架山镇老南湖村委会	17	739
南径镇	普宁市南径镇白石小学	普宁市南径镇白石村	7	265
	普宁市南径镇碧屿小学	普宁市南径镇碧屿村委会	14	499
	普宁市南径镇车厝围小学	普宁市南径镇车厝围村委会	6	69
	普宁市南径镇大陇小学	普宁市南径镇大陇村委会	23	965
	普宁市南径镇大埔寮小学	普宁市南径镇大埔寮村委会	6	169
	普宁市南径镇毓秀初级中学	普宁市南径镇大埔寮村委会	18	777
	普宁市南径镇东岗寮小学	普宁市南径镇东岗寮村委会	6	134
	普宁市南径镇横山头小学	普宁市南径镇横山头村委会	6	56
	普宁市南径镇横山尾小学	普宁市南径镇横山尾村委会	6	188
	普宁市南径镇民智初级中学	普宁市南径镇林内	25	1248
	普宁市南径镇林内小学	普宁市南径镇林内村委会	12	459
	普宁市南径镇龙门小学	普宁市南径镇龙门村委会	32	1276
	普宁市南径镇陇华小学	普宁市南径镇陇华村委会	12	490
	普宁市南径镇磨坑小学	普宁市南径镇磨坑村委会	11	400
	普宁市南径镇庵脚小学	普宁市南径镇南径村委会	13	520
	普宁市南径镇东门小学	普宁市南径镇南径村委会	6	223
	普宁市南径镇平洋山小学	普宁市南径镇平洋山村	9	319
	普宁市南径镇青洋小学	普宁市南径镇青洋村	12	394
	普宁市南径镇青洋山学校	普宁市南径镇青洋山村委会	45	1984
	普宁市南径镇神山小学	普宁市南径镇神山村委会	6	165
	普宁市南径镇四睦小学	普宁市南径镇四睦村委会	9	285
	普宁市南径镇新厝小学	普宁市南径镇田南村委会	6	112

续表 13

辖　地	校　　名	所在地	班级数（个）	学生数（人）
	普宁市南径镇田南小学	普宁市南径镇田南村委会	11	386
	普宁市南径镇圩脚小学	普宁市南径镇圩脚村委会	14	512
	普宁市南径镇新寨小学	普宁市南径镇新寨村	6	73
	普宁市民德中学	普宁市南径镇南径居委会	48	2243
麒麟镇	普宁市麒麟镇蔡口小学	普宁市麒麟镇蔡口村委会	6	197
	普宁市麒麟镇苍豪小学	普宁市麒麟镇苍豪村委会	6	120
	普宁市麒麟镇林前小学	普宁市麒麟镇苍豪村委会	6	132
	普宁市麒麟镇陈洞小学	普宁市麒麟镇陈洞村委会	6	122
	普宁市麒麟镇大寮小学	普宁市麒麟镇大寮村委会	6	121
	普宁市麒麟镇堆下小学	普宁市麒麟镇堆下村委会	6	109
	普宁市麒麟镇发坑小学	普宁市麒麟镇发坑村委会	7	250
	普宁市麒麟镇高明小学	普宁市麒麟镇高明村委会	7	256
	普宁市麒麟镇莲溪小学	普宁市麒麟镇后山村莲溪经联社	6	150
	普宁市麒麟镇后山小学	普宁市麒麟镇后山村委会	7	241
	普宁市麒麟镇江头小学	普宁市麒麟镇江头村委会	6	216
	普宁市麒麟镇径水小学	普宁市麒麟镇径水村委会	18	690
	普宁市麒麟镇南陂小学	普宁市麒麟镇南陂村委会	8	265
	普宁市麒麟镇南陇小学	普宁市麒麟镇南陇村委会	18	696
	普宁市麒麟镇奇美小学	普宁市麒麟镇奇美村委会	12	414
	普宁市爱群中学	普宁市麒麟镇麒麟居委会	32	1505
	普宁市麒麟镇水寨小学	普宁市麒麟镇水寨村委会	12	511
	普宁市麒麟镇新溪小学	普宁市麒麟镇新溪村委会	8	250
	普宁市麒麟镇姚厝围小学	普宁市麒麟镇姚厝围村委会	13	464
	普宁市麒麟镇月屿小学	普宁市麒麟镇月屿村委会	31	1393
	普宁市麒麟镇樟岗小学	普宁市麒麟镇樟岗村委会	12	440
	普宁市麒麟镇龙峰初级中学	普宁市麒麟镇樟岗村委会	25	1224
洪阳镇	普宁市洪阳镇宝镜院小学	普宁市洪阳镇宝镜院村委会	16	596
	普宁市洪阳镇北村小学	普宁市洪阳镇北村村委会	6	146

续表 13

辖　地	校　　名	所在地	班级数（个）	学生数（人）
	普宁市洪阳镇东村方展禹小学	普宁市洪阳镇东村村委会	19	673
	普宁市洪阳镇杨安小学	普宁市洪阳镇杨安村委会	6	19
	普宁市洪阳镇富光小学	普宁市洪阳镇富袋村委会	7	258
	普宁市洪阳镇古份小学	普宁市洪阳镇古份村委会	6	158
	普宁市洪阳镇龟背小学	普宁市洪阳镇龟背村	6	86
	普宁市洪阳镇洪山小学	普宁市洪阳镇洪山村	18	717
	普宁市洪阳镇后坑小学	普宁市洪阳镇后坑村委会	6	116
	普宁市洪阳镇塔脚初级中学	普宁市洪阳镇后坑村委会	15	702
	普宁市洪阳镇后山小学	普宁市洪阳镇后山村委会	8	264
	普宁市洪阳镇厚田慈云小学	普宁市洪阳镇厚田村委会	6	160
	普宁市洪阳镇金锋小学	普宁市洪阳镇金丰村委会	0	0
	普宁市洪阳镇第二小学	普宁市洪阳镇崑安村	0	0
	普宁市洪阳镇第三小学	普宁市洪阳镇崑安村委会	33	1460
	普宁市洪阳镇林惠山小学	普宁市洪阳镇林惠山村委会	28	1079
	普宁市洪阳镇马湖小学	普宁市洪阳镇马湖村委会	6	142
	普宁市洪阳镇鸣岗小学	普宁市洪阳镇鸣岗村委会	26	1122
	普宁市洪阳镇鸣岗初级中学	普宁市洪阳镇鸣岗村委会	21	969
	普宁市洪阳镇第五小学	普宁市洪阳镇南村南门草埔	31	1263
	普宁市洪阳镇洪东中学	普宁市洪阳镇岐岗村龟背路顶	25	1210
	普宁市洪阳镇岐岗小学	普宁市洪阳镇岐岗村委会	12	324
	普宁市洪阳镇前山小学	普宁市洪阳镇前山村委会	6	137
	普宁市洪阳镇丘塘小学	普宁市洪阳镇丘塘村委会	9	306
	普宁市洪阳镇上寨小学	普宁市洪阳镇上寨村委会	5	35
	普宁市洪阳镇水吼小学	普宁市洪阳镇水吼村委会	18	627
	普宁市洪阳镇第六小学	普宁市洪阳镇水龙寨村委会	6	224
	普宁市洪阳镇乌黎小学	普宁市洪阳镇乌犁村委会	6	213
	普宁市洪阳镇第一小学	普宁市洪阳镇西村村委会	6	54
	普宁市洪阳镇初级中学	普宁市洪阳镇西村村委会	24	1072

续表 13

辖　地	校　　名	所在地	班级数（个）	学生数（人）
	普宁市洪阳镇仙步小学	普宁市洪阳镇仙步村委会	12	369
	普宁市洪阳镇第四小学	普宁市洪阳镇新安村委会	6	32
	普宁市洪阳镇雨堂小学	普宁市洪阳镇雨堂村委会	6	192
	普宁市第一中学	普宁市洪阳镇南村村委会	120	6412
赤岗镇	普宁市赤岗镇陈厝寨小学	普宁市赤岗镇陈厝寨村委会	6	199
	普宁市赤岗镇赤岗山小学	普宁市赤岗镇赤岗山村委会	13	522
	普宁市赤岗镇赤过乌小学	普宁市赤岗镇赤过乌村委会	6	25
	普宁市赤岗镇东华屿小学	普宁市赤岗镇东华屿村	6	102
	普宁市赤岗中学	普宁市赤岗镇东华屿村委会	30	1426
	普宁市赤岗镇后湖小学	普宁市赤岗镇后湖村委会	4	8
	普宁市赤岗镇埔下小学	普宁市赤岗镇埔下村委会	8	274
	普宁市赤岗镇青屿小学	普宁市赤岗镇青屿村委会	8	279
	普宁市赤岗镇上洞小学	普宁市赤岗镇上洞村	6	151
	普宁市赤岗镇双岐山小学	普宁市赤岗镇双枝山村委会	6	231
	普宁市赤岗镇五福屿小学	普宁市赤岗镇五福屿村委会	6	140
	普宁市赤岗镇西林小学	普宁市赤岗镇西林村委会	12	523
	普宁市赤岗镇仙洞小学	普宁市赤岗镇仙洞村委会	6	210
	普宁市赤岗镇杏芝围小学	普宁市赤岗镇杏芝围村	6	76
	普宁市赤岗镇张厝寨小学	普宁市赤岗镇张厝寨村委会	6	137
	普宁市赤岗镇彰宁小学	普宁市赤岗镇彰宁村委会	6	97
大坝镇	普宁市大坝镇白坑小学	普宁市大坝镇白坑村委会	10	291
	普宁市大坝镇半径小学	普宁市大坝镇半径村委会	7	262
	普宁市大坝镇坡乌小学	普宁市大坝镇陂乌村委会	12	383
	普宁市大坝镇大坝小学	普宁市大坝镇大坝村委会	22	927
	普宁市大坝镇新兴初级中学	普宁市大坝镇大坝居委会	22	1043
	普宁市大坝镇深水小学	普宁市大坝镇顶深水村委会	6	104
	普宁市大坝镇杜香寮小学	普宁市大坝镇杜香寮村	6	98
	普宁市大坝镇富美岭小学	普宁市大坝镇富美岭村委会	6	193

续表 13

辖　地	校　　名	所在地	班级数（个）	学生数（人）
	普宁市大坝镇横山小学	普宁市大坝镇横山村委会	17	554
	普宁市大坝镇葫芦地小学	普宁市大坝镇葫芦地村委会	12	475
	普宁市大坝镇湖美小学	普宁市大坝镇湖美村委会	10	335
	普宁市大坝镇华东小学	普宁市大坝镇华东村委会	13	481
	普宁市大坝镇华东初级中学	普宁市大坝镇华东村委会	11	485
	普宁市大坝镇九江小学	普宁市大坝镇九江村委会	6	73
	普宁市大坝镇东坑小学	普宁市大坝镇老东坑村委会	6	121
	普宁市大坝镇马厝宅小学	普宁市大坝镇马厝宅村委会	6	119
	普宁市大坝镇平林小学	普宁市大坝镇平林村委会	8	236
	普宁市大坝镇上村小学	普宁市大坝镇上村村委会	6	157
	普宁市大坝镇社前小学	普宁市大坝镇社前村委会	6	182
	普宁市大坝镇太兴小学	普宁市大坝镇太兴村	6	119
	普宁市大坝镇铁山洋小学	普宁市大坝镇铁山洋村委会	6	255
	普宁市大坝镇仙坛小学	普宁市大坝镇仙耘村委会	6	228
	普宁市大坝镇新锡小学	普宁市大坝镇新锡村委会	6	115
	普宁市大坝镇月堀小学	普宁市大坝镇月窟村委会	12	379
	普宁市大坝镇寨河小学	普宁市大坝镇寨河村委会	6	136
	普宁市培青中学	普宁市大坝镇横山村委会	22	1031
南溪镇	普宁市南溪镇北溪小学	普宁市南溪镇北溪村委会	6	206
	普宁市南溪镇大陇小学	普宁市南溪镇大陇村委会	11	288
	普宁市南溪镇典竹小学	普宁市南溪镇典郭村委会	6	71
	普宁市南溪镇典竹詹小学	普宁市南溪镇典詹村委会	6	199
	普宁市南溪镇东洋小学	普宁市南溪镇东洋村委会	4	44
	普宁市南溪镇篮兜小学	普宁市南溪镇篮兜村委会	9	284
	普宁市南溪镇老方小学	普宁市南溪镇老方村委会	6	251
	普宁市南溪镇南溪小学	普宁市南溪镇南溪村委会	10	279
	普宁市南溪镇南溪初级中学	普宁市南溪镇南溪村委会	5	170
	普宁市南溪镇平定桥小学	普宁市南溪镇平定桥村委会	6	181

续表 13

辖　地	校　　名	所在地	班级数（个）	学生数（人）
	普宁市南溪镇平时春小学	普宁市南溪镇平薛村委会	11	164
	普宁市南溪镇竹浦小学	普宁市南溪镇前寨村委会	6	218
	普宁市南溪镇三福小学	普宁市南溪镇三福村委会	6	99
	普宁市南溪镇仕林小学	普宁市南溪镇仕林村	6	112
	普宁市南溪镇市上小学	普宁市南溪镇市上村委会	6	185
	普宁市南溪镇下尾王小学	普宁市南溪镇下尾王村委会	6	218
	普宁市南溪镇下尾张小学	普宁市南溪镇下尾张村委会	12	359
	普宁市南溪镇新桥小学	普宁市南溪镇新桥村委会	6	77
	普宁市南溪镇扬美小学	普宁市南溪镇扬美村委会	16	650
	普宁市南溪镇扬美初级中学	普宁市南溪镇扬美村委会	9	303
	普宁市南溪镇玉滘小学	普宁市南溪镇玉滘村委会	12	177
	普宁市南溪镇浮山小学	普宁市南溪镇玉竹港村委会	6	121
	普宁市南溪镇钟堂学校	普宁市南溪镇钟堂村委会	22	941
	普宁市南溪镇登峰小学	普宁市南溪镇登峰村	9	173
	普宁市南溪镇金滘小学	普宁市南溪镇金滘村	7	226
	普宁市洪冶中学	普宁市南溪镇钟堂村	39	1859
广太镇	普宁市广太镇潮来港小学	普宁市广太镇潮来港村委会	6	176
	普宁市广太镇多年埔小学	普宁市广太镇多年埔村委会	6	175
	普宁市广太镇冯厝小学	普宁市广太镇冯厝村委会	6	88
	普宁市广太镇富儿小学	普宁市广太镇富儿村委会	6	43
	普宁市广太镇古岭小学	普宁市广太镇古岭村委会	6	186
	普宁市广太中学	普宁市广太镇广太居委会	28	1217
	普宁市广太镇广新小学	普宁市广太镇广新村委会	6	96
	普宁市广太镇太和小学	普宁市广太镇湖内村委会	6	158
	普宁市广太镇黄芽山小学	普宁市广太镇黄芽山村委会	6	200
	普宁市广太镇黄叶小学	普宁市广太镇黄叶村委会	6	64
	普宁市广太镇胶塘小学	普宁市广太镇交南村委会	8	285
	普宁市广太镇全西池小学	普宁市广太镇全狮池村委会	8	270

续表 13

辖　地	校　　名	所在地	班级数（个）	学生数（人）
	普宁市广太镇平宝山小学	普宁市广太镇平宝山村委会	6	124
	普宁市广太镇仁美小学	普宁市广太镇仁美村委会	12	381
	普宁市广太镇山后小学	普宁市广太镇山后村	6	189
	普宁市广太镇山前小学	普宁市广太镇山前村委会	6	195
	普宁市广太镇石潭小学	普宁市广太镇石潭村委会	6	102
	普宁市广太镇寨山头小学	普宁市广太镇寨山头村委会	18	576
云落镇	普宁市云落镇崩坎学校	普宁市云落镇崩坎村委会	11	352
	普宁市云落镇大池小学	普宁市云落镇大池村委会	14	493
	普宁市云落中学	普宁市云落镇大池村委会	22	987
	普宁市云落镇古安小学	普宁市云落镇古安村委会	6	148
	普宁市云落镇红光小学	普宁市云落镇红光村委会	6	130
	普宁市云落镇红饶小学	普宁市云落镇红饶村委会	6	90
	普宁市云落镇后坡小学	普宁市云落镇后陂村埔顶	6	99
	普宁市云落镇湖寨小学	普宁市云落镇湖寨村委会	14	567
	普宁市云落镇九岭小学	普宁市云落镇九岭村委会	6	185
	普宁市云落镇榕树埔小学	普宁市云落镇榕树埔村委会	7	236
	普宁市云落镇石示坑小学	普宁市云落镇石示坑村委会	6	49
	普宁市云落镇田心小学	普宁市云落镇田心村委会	6	130
	普宁市云落镇五斗小学	普宁市云落镇五斗村委会	6	148
	普宁市云落镇下埔寮小学	普宁市云落镇下埔寮村委会	6	91
	普宁市云落镇新星小学	普宁市云落镇新星村委会	6	194
	普宁市云落镇洋角小学	普宁市云落镇洋角村委会	6	150
	普宁市云落镇云楼小学	普宁市云落镇云楼村委会	6	249
	普宁市云落镇云落小学	普宁市云落镇云落村委会	12	517
	普宁市云落镇云联初级中学	普宁市云落镇云落村委会	14	704
	普宁市云落镇中央寨小学	普宁市云落镇中央寨村委会	7	280
高埔镇	普宁市高埔镇大星小学	普宁市高埔镇大星村委会	6	76
	普宁市高埔镇福田小学	普宁市高埔镇福田村委会	6	88

续表 13

辖　地	校　　名	所在地	班级数（个）	学生数（人）
	普宁市高埔镇高车小学	普宁市高埔镇高车村委会	7	233
	普宁市高埔镇高埔小学	普宁市高埔镇高埔村委会	14	571
	普宁市高埔中学	普宁市高埔镇高营居委会	22	1034
	普宁市高埔镇葵坑小学	普宁市高埔镇葵坑村委会	26	1172
	普宁市高埔镇葵坑初级中学	普宁市高埔镇葵坑村委会	43	2069
	普宁市高埔镇龙堀小学	普宁市高埔镇龙窟村委会	11	327
	普宁市高埔镇罗心田小学	普宁市高埔镇罗心田村委会	6	66
	普宁市高埔镇梅星小学	普宁市高埔镇梅星村委会	6	221
	普宁市高埔镇南营小学	普宁市高埔镇南营村委会	12	377
	普宁市高埔镇坪上小学	普宁市高埔镇坪上村委会	7	258
	普宁市高埔镇山下小学	普宁市高埔镇山下村委会	6	177
	普宁市高埔镇社径小学	普宁市高埔镇社径村委会	6	130
	普宁市高埔镇头寮小学	普宁市高埔镇头寮村委会	6	72
	普宁市高埔镇下营小学	普宁市高埔镇下营村	14	472
	普宁市高埔镇新圩小学	普宁市高埔镇新圩村委会	11	401
	普宁市高埔镇月塘小学	普宁市高埔镇月塘村委会	7	233
大坪镇	普宁市大坪中学	普宁市大坪镇大坪村委会	28	1284
后溪乡	普宁市后溪乡半径小学	普宁市后溪乡半径村委会	6	86
	普宁市后溪乡坑楼小学	普宁市后溪乡坑楼村委会	6	110
	普宁市后溪乡矿坑小学	普宁市后溪乡矿坑村委会	6	147
	普宁市后溪乡平洋小学	普宁市后溪乡平洋村委会	6	121
	普宁市后溪乡埔楼小学	普宁市后溪乡埔楼村委会	6	133
	普宁市后溪中学	普宁市后溪乡埔楼村委会	4	110
	普宁市后溪乡元明小学	普宁市后溪乡圆明村委会	0	0
船埔镇	普宁市船埔镇庵内小学	普宁市船埔镇庵内村委会	6	39
	普宁市船埔镇半溪小学	普宁市船埔镇半溪村委会	6	55
	普宁市船埔镇宝樟小学	普宁市船埔镇宝樟村委会	6	20
	普宁市船埔镇笔石小学	普宁市船埔镇毕石村委会	6	83

续表 13

辖　地	校　　名	所在地	班级数（个）	学生数（人）
	普宁市船埔镇船埔小学	普宁市船埔镇船埔村委会	18	690
	普宁市船埔中学	普宁市船埔镇船埔村委会	12	530
	普宁市船埔镇大福小学	普宁市船埔镇大福村委会	6	125
	普宁市船埔镇大洋小学	普宁市船埔镇大洋村委会	6	49
	普宁市船埔镇告坡小学	普宁市船埔镇告陂村委会	6	89
	普宁市船埔镇古坑小学	普宁市船埔镇古坑村委会	6	94
	普宁市船埔镇河坑小学	普宁市船埔镇河坑村委会	6	13
	普宁市船埔镇富足小学	普宁市船埔镇红足村委会	5	10
	普宁市船埔镇黄沙小学	普宁市船埔镇黄沙村委会	5	31
	普宁市船埔镇吉告小学	普宁市船埔镇吉告村委会	3	6
	普宁市船埔镇坑尾小学	普宁市船埔镇坑尾村委会	4	12
	普宁市船埔镇坑圆小学	普宁市船埔镇坑圆村委会	3	5
	普宁市船埔镇利坑小学	普宁市船埔镇利坑村委会	6	38
	普宁市船埔镇黄沙初级中学	普宁市船埔镇利坑村委会	3	26
	普宁市船埔镇两坑小学	普宁市船埔镇两坑村委会	6	43
	普宁市船埔镇梅田小学	普宁市船埔镇梅田村委会	8	274
	普宁市船埔镇埔仔小学	普宁市船埔镇埔仔村委会	6	80
	普宁市船埔镇青潭小学	普宁市船埔镇青潭村委会	4	12
	普宁市船埔镇深水小学	普宁市船埔镇深水村委会	6	64
	普宁市船埔镇天青小学	普宁市船埔镇天青村委会	6	155
	普宁市船埔镇西溪小学	普宁市船埔镇西溪村委会	5	20
	普宁市船埔镇席青小学	普宁市船埔镇席草湖村委会	1	1
	普宁市船埔镇新联小学	普宁市船埔镇新联村委会	6	81
	普宁市船埔镇樟树小学	普宁市船埔镇樟树村委会	6	48
梅林镇	普宁市梅林镇边角小学	广东省揭阳市普宁市梅林镇边角村委会	1	14
	普宁市梅林镇石峰小学	普宁市梅林镇边埔村委会	10	299
	普宁市梅林镇边潭小学	普宁市梅林镇边潭村委会	6	114

续表 13

辖　地	校　　名	所在地	班级数（个）	学生数（人）
	普宁市梅林镇边围小学	普宁市梅林镇边围村委会	5	40
	普宁市梅林镇高田小学	普宁市梅林镇大高田村委会	8	57
	普宁市梅林镇大岭下小学	普宁市梅林镇大岭下村委会	6	113
	普宁市梅林镇凤池小学	普宁市梅林镇凤池村委会	6	180
	普宁市梅林镇华寮小学	普宁市梅林镇华寮村委会	6	217
	普宁市梅林镇黄割田小学	普宁市梅林镇黄割田村委会	0	0
	普宁市梅林镇涧头小学	普宁市梅林镇涧头村委会	6	91
	普宁市梅林镇军田小学	普宁市梅林镇军田村委会	4	29
	普宁市梅林镇毛岭小学	普宁市梅林镇毛岭村	6	84
	普宁市梅林镇居民小学	普宁市梅林镇梅林居委会	27	1109
	普宁市梅林镇南阳小学	普宁市梅林镇南阳村委会	8	282
	普宁市梅林镇南阳中学	普宁市梅林镇南阳村委会	6	170
	普宁市梅林镇上楼小学	普宁市梅林镇上楼村委会	0	0
	普宁市梅林镇松阳小学	普宁市梅林镇松阳村委会	6	106
	普宁市梅林镇岁余坑小学	普宁市梅林镇岁余坑村委会	6	32
	普宁市梅林镇梅林小学	普宁市梅林镇西门村委会	10	267
	普宁市梅林镇新楼小学	普宁市梅林镇新楼村委会	20	750
	普宁市梅林镇新梅小学	普宁市梅林镇新梅村委会	6	79
	普宁市梅林镇初级中学	普宁市梅林镇营盘埔	12	596
	普宁市梅林镇永兰小学	普宁市梅林镇永兰村委会	6	30
	普宁市梅林镇石示头小学	普宁市梅林镇再头村委会	4	11
	普宁市梅林镇中段小学	普宁市梅林镇中段村	1	1
	普宁市梅林中学	普宁市梅林镇梅光村	30	1454
马鞍山农场	普宁市马鞍山初级中学	普宁市马鞍山农场	9	384
	普宁市马鞍山农场汉塘小学	普宁市马鞍山农场汉塘村委会	6	99
	普宁市马鞍山农场里仁潭小学	普宁市马鞍山农场里仁潭村委会	6	90
	普宁市马鞍山农场场部小学	普宁市马鞍山农场马鞍山村委会	11	447
	普宁市马鞍山农场泰盘小学	普宁市马鞍山农场泰盘村委会	4	30

续表 13

辖　地	校　　名	所在地	班级数（个）	学生数（人）
	普宁市马鞍山农场谢家洋小学	普宁市马鞍山农场谢家洋村委会	6	61
大池农场	普宁市大池农场大池小学	普宁市大池农场大池村委会	12	335
	普宁市大池农场初级中学	普宁市大池农场大池村委会	3	66
普侨区	普宁华侨管理区茶山小学	普宁市普侨区茶山村委会	3	7
	普宁华侨管理区后寮小学	普宁市普侨区后寮村委会	4	85
	普宁华侨管理区中心小学	普宁市普侨区侨新居委会	20	745
	普宁华侨管理区中学	普宁市普侨区侨新居委会	12	496
	普宁华侨管理区乌犁小学	普宁市普侨区乌犁村委会	4	112
	普宁华侨管理区北新小学	普宁市普侨区新兴村委会	4	144

表 14　　2019 年普宁市公办完全中学（初中阶段）情况表

校　名	所在地	班级数（个）	学生数（人）
普宁市池尾街道初级中学	池尾街道高埕路口	15	672
普宁市育英中学	池尾街道马嘶岩大道西段南侧	25	1209
普宁市赤岗中学	赤岗镇东华屿村委会	30	1426
普宁市船埔中学	船埔镇船埔村委会	12	530
普宁市船埔镇黄沙初级中学	船埔镇利坑村委会	3	26
普宁市大坝镇新兴初级中学	大坝镇大坝居委会	22	1043
普宁市大坝镇华东初级中学	大坝镇华东村委会	11	485
普宁市大池农场初级中学	大池农场大池村委会	3	66
普宁市大南山中学	大南山镇陂沟村	12	522
普宁市高埔中学	高埔镇高营居委会	22	1034
普宁市高埔镇葵坑初级中学	高埔镇葵坑村委会	43	2069
普宁市广太中学	广太镇广太居委会	28	1217
普宁市洪阳镇塔脚初级中学	洪阳镇后坑村委会	15	702
普宁市洪阳镇鸣岗初级中学	洪阳镇鸣岗村委会	21	969
普宁市洪阳镇洪东中学	洪阳镇岐岗村龟背路顶	25	1210
普宁市洪阳镇初级中学	洪阳镇西村村委会	24	1072

续表 14

校　名	所在地	班级数（个）	学生数（人）
普宁市后溪中学	后溪乡埔楼村委会	4	110
普宁市军埠镇莲坛初级中学	军埠镇莲坛村委会	19	920
普宁市军埠镇陇头中学	军埠镇陇头浮洋村委会	26	1200
普宁市军埠镇石桥头初级中学	军埠镇石桥头村委会	17	836
普宁市里湖镇初级中学	里湖镇新池内村委会	17	776
普宁市里湖镇石牌中学	里湖镇寨洋村委会	5	125
普宁市里湖镇竹林初级中学	里湖镇竹林村委会	14	614
普宁市燎原街道果陇初级中学	燎原街道果陇村委会	9	343
普宁市燎原街道泥沟初级中学	燎原街道泥沟村	9	330
普宁市燎原中学	燎原街道泥沟村委会	26	1214
普宁市城关中学	流沙北街道白沙陇村委会	35	1760
普宁市城北中学	流沙北街道西陇村	16	689
普宁陈宝文学校	流沙东街道大林居委会	114	5283
普宁市流沙东街道斗文初级中学	流沙东街道斗文村	19	872
普宁市流沙中学	流沙东街道华溪村委会	12	558
普宁市流沙南街道马栅学校	流沙南街道马栅村委会	25	1020
普宁市南兴中学	流沙南街道泗竹埔村委会	15	694
普宁市流沙西街道赤水学校	流沙西街道赤水村委会	43	1913
普宁市流沙西街道城南初级中学	流沙西街道南山居委会	33	1562
普宁市城西中学	流沙西街道赵厝寮村委会	17	834
普宁市马鞍山初级中学	马鞍山农场	9	384
普宁市梅林镇南阳中学	梅林镇南阳村委会	6	170
普宁市梅林镇初级中学	梅林镇营盘埔	12	596
普宁市梅塘镇安仁初级中学	梅塘镇安仁村委会	10	469
普宁市梅塘镇双湖初级中学	梅塘镇高埔村委会	—	—
普宁市梅塘镇社山学校	梅塘镇社山村委会	17	582
普宁市梅塘镇泗坑初级中学	梅塘镇泗坑村委会	9	321

续表 14

校　名	所在地	班级数（个）	学生数（人）
普宁市梅塘镇涂洋学校	梅塘镇涂洋村委会	27	1222
普宁市梅塘镇溪南初级中学	梅塘镇溪南村委会	11	454
普宁市梅塘镇梅峰初级中学	梅塘镇远光村	27	1268
普宁市南径镇毓秀初级中学	南径镇大埔寮村委会	18	777
普宁市南径镇民智初级中学	南径镇林内	25	1248
普宁市南径镇青洋山学校	南径镇青洋山村委会	45	1984
普宁市南溪镇南溪初级中学	南溪镇南溪村委会	5	170
普宁市南溪镇扬美初级中学	南溪镇扬美村委会	9	305
普宁市南溪镇钟堂学校	南溪镇钟堂村委会	22	941
普宁华侨管理区中学	普侨区侨新居委会	12	496
普宁市爱群中学	麒麟镇麒麟居委会	32	1505
普宁市麒麟镇龙峰初级中学	麒麟镇樟岗村委会	25	1224
普宁市下架山中学	下架山镇蛟池村委会	34	1596
普宁市云落镇崩坎学校	云落镇崩坎村委会	11	352
普宁市云落中学	云落镇大池村委会	22	987
普宁市云落镇云联初级中学	云落镇云落村委会	14	704
普宁市占陇镇桥柱初级中学	占陇镇西楼村委会	43	2096
普宁市占陇镇西社初级中学	占陇镇西社西南村委会	10	424
普宁市占陇镇三都初级中学	占陇镇下村村委会	13	552
普宁市占陇镇埕塘下寨初级中学	占陇镇下寨村委会	12	456
普宁市占陇镇伟群初级中学	占陇镇新寮村	4	154
普宁市占陇中学	占陇镇占梨村委会	32	1547

说明：此表为初级中学在校生情况，不含九年一贯制小学部分

表 15　　2019 年普宁市公、民办完全中学（普通高中阶段）情况表

学校名称	地　址	学校等级	上等级时间	班级数	在校生数
普宁市华侨中学	流沙大道西	国家级示范性	2013	106	5782
普宁市培青中学	大坝镇横山村委会	市一级	2015	4	116

续表 15

学校名称	地　址	学校等级	上等级时间	班级数	在校生数
普宁市大坪中学	大坪镇大坪村委会	市一级	2016	10	450
普宁市第一中学	洪阳镇南村村委会	市一级	2004	120	6412
普宁市大长陇中学	军埠镇大长陇村	县一级	2005	11	524
普宁市里湖中学	里湖镇新松村委会	市一级	2016	24	1261
普宁市普师高级中学	燎原街道乌石村委会	省一级	2009	28	1402
普宁市城东中学	流沙东街道光平东路东段南侧	市一级	2005	69	3748
普宁市第二中学	流沙西街道广南居委会	国家级示范性	2007	95	4993
普宁市第三中学	流沙西街道南平居委会	市一级	2005	49	2467
普宁英才华侨中学	流沙西街道南山居委会	市一级	2004	68	3582
普宁市梅林中学	梅林镇梅光村	市一级	2016	11	498
普宁市梅峰中学	梅塘镇远光村委会	市一级	2006	37	2339
普宁市民德中学	南径镇南径居委会	市一级	2016	13	600
普宁市洪冶中学	南溪镇钟堂村	市一级	2004	3	90
普宁市建新中学	下架山镇老南湖村委会	市一级	2015	6	250
普宁市兴文中学	占陇镇东西南村委会	市一级	2007	69	3726
普宁国贤学校	池尾街道高埕村委会	未评级	—	32	1688
普宁市华美实验学校	大南山街道市委党校对面	县一级	2013	87	4698
普宁市勤建学校	流沙北街道小扬美村委会	市一级	2013	52	2295
普宁新世界中英文学校	流沙西街道南山居委会	未评级	—	41	2015
普宁二中实验学校	流沙西街道南山居委会	市一级	2013	51	2675

说明：此表含民办学校所设普通高中班情况（表列最后 5 所学校）

表 16　　2019 年普宁市民办中小学校情况表

校　名	所在地	班级数（个）	学生数（人）
普宁市下架山镇知文小学	下架山镇和寮村乡道中段	17	626
普宁市下架山镇育星小学	普宁市下架山镇倪厝乡	12	432
普宁市占陇镇晨阳中英文小学	普宁市占陇镇埔栅村委会	8	310
普宁市崇远实验学校	普宁市大坝镇横山村	11	378

续表 16

校　名	所在地	班级数（个）	学生数（人）
普宁市金锋实验学校	普宁市洪阳镇金锋村	12	421
普宁市华南学校	普宁市流沙西街道广南居委会	44	1822
普宁市侨星学校	普宁市池尾街道山湖村委会	18	772
普宁市流沙第一实验小学	普宁市流沙东街道新光路松桂园东侧	130	5819
普宁市蓝翔小学	普宁市流沙北街道大扬美村委会	6	260
普宁市兴华学校	普宁市流沙北街道南园村委会	14	630
普宁市育才学校	普宁市流沙北街道新寨村	147	6547
普宁市国之栋小学	普宁市池尾街道山湖村委会	18	731
普宁市池尾街道育德小学	普宁市池尾街道钟潭村委会	12	357
普宁市占陇镇育林小学	普宁市占陇镇华林村委会	0	0
普宁市德才小学	普宁市大南山街道圆山村	6	127
普宁市和美阳光小学	普宁市流沙南街道马栅村	7	252
普宁市占陇镇华粤学校	占陇镇华林村委会	18	646
普宁市新村小学	普宁市大南山镇新村村委会	32	1331
普宁市洪城小学	普宁市洪阳镇仙步村委会	26	1120
普宁国贤学校	池尾街道高埕村委会	137	6813
普宁市占陇翔宇学校	普宁市占陇镇西社西南村委会	14	592
普宁市占陇华南学校	占陇镇占杨村委会	43	1881
普宁二中实验学校	流沙西街道南山居委会	379	17311
普宁市侨中实验学校	流沙南街道泗竹仔村委会	82	3647
普宁市洪阳镇光明小学	洪阳镇中山路 505 号	6	123
普宁市怡昌学校	流沙南街道马栅村委会	20	765
普宁市燎原国之栋学校	燎原街道泥沟村委会	36	1507
普宁市红领巾实验学校	流沙北街道赤华路与环城北路交接处	127	5593
普宁市国英学校	池尾街道塘边村	57	2394
普宁启航学校	大南山街道灰寨村委会	35	1460
普宁市南湖实验学校	流沙东街道北环二路小华溪路段	10	272
普宁新世界中英文学校	流沙西街道南山居委会	167	7720

续表 16

校　名	所在地	班级数（个）	学生数（人）
普宁市华美实验学校	大南山街道市委党校对面	218	11178
普宁市勤建学校	流沙北街道小扬美村委会	173	7461

（苏利发）

【普宁广播电视大学】 该校原址位于市区流沙人民广场，2018 年经普宁市委、市政府决定，迁至普宁市委党校内。该校创办于 1983 年，原名广东省广播电视大学普宁分校，1989 年改现名。1997 年、2005 年分别通过省高教厅（后并入省教育厅）、省教育厅和广东广播电视大学联合专家组的评估验收，为一所初具规模、效益明显的县级市广播电视大学。该校拥有现代化的教学设备设施、多媒体网络教学互动智慧平台，具有较为完善的现代化教育教学系统设备，能为成年人提供开放式大学教育条件，为当地教育部门以及其他机构开展现代远程教育提供教育资源。

该校学历教育与非学历教育并举，实施远程开放教育，强调优质教育资源的集聚、整合和共享，探索实现现代信息技术开发与成人教育发展的深度融合。依托国家开放大学（原中央广播电视大学）和广东开放大学（原广东广播电视大学）教学资源，以学历教育为基础，实践多层次、多规格、多功能、多形式的办学模式，主动适应本地经济建设及社会发展需求，扩大开放教育办学规模，发挥现代高等远程教学手段的优势，培养各级各类实用型人才。该校办学设有开放教育、网络教育、短期岗位培训、技术职务培训等。专科教育由国家开放大学、广东开放大学统筹计划，实行统一规范的教学计划、课程实施、教材使用、督教导学、国家命题、综合考评、颁发证书；本科教育与华南师范大学、福建师范大学、北京中医药大学联合办学，实行远程网络教育。学历教育国家备案承认学历。2019 年，该校学历教育开设有大专 6 个专业，本科 20 多个专业，在校学生 1878 人，其中专科 1189 人，本科 689 人。该校为教育部现代远程教育试点高校网络教育本科层次学历教育公共基础课全国统一考点，是年报考考生 574 人，报考科目共 900 人（科）次。其中计算机应用基础 471 人（科）次；大学英语（A）14 人（科）次，大学英语（B）384 人（科）次，大学英语（C）12 人（科）次；大学语文（B）19 人（科）次。6 月，该校与仲恺农业工程学院及何香凝艺术设计学院合作，作为其实践教学基地，实现校校联手，向办学多样性迈进。年末该校在职教职工 25 人，专职教师 12 人，兼职教师 30 人。

2019 年 6 月，普宁广播电视大学创设仲恺农业工程学院何香凝艺术设计学院实践教学基地，仲恺农业工程学院副校长、博士生导师田允波（右二）及何香凝艺术设计学院院长、教授李绪洪（右一）与该校主要负责人在实践教学基地举行授牌仪式　（吴鑫　摄）

2019年普宁广播电视大学学科设置及在校生、毕业生情况表

表 17　　　　　　　　　　　　　　　　　　　　单位：人

类　别	专业名称	学生数	小　计	合　计
电大开放教育专科	学前教育	154	1189	1878
	教育管理	69		
	行政管理	728		
	会计学	236		
	电子商务	2		
华南师范大学网络教育专升本	金融学	13	281	
	会计学	77		
	法学	41		
	行政管理	150		
福建师范大学网络教育专升本	体育教育	1	408	
	地理科学	3		
	物理	1		
	思想政治教育	1		
	汉语言文学	40		
	公共事业管理	296		
	行政管理	2		
	数学与应用数学	4		
	小学教育	26		
	数学与应用数学	4		
	英语	6		
	历史	1		
	化学	1		
	学前教育	22		
毕业生数	专科	288		519
	本科	231		

（谢杰雄）

【潮汕职业技术学院】 创办于1999年8月，经教育部批准设立的普通高等院校，2006年12月通过教育部全国高职高专院校人才培养工作水平评估。学院占地面积13.93公顷，总建筑面积93929.15万平方米，其中建有学生公寓3.5万多平方米。2019年年末，学生总数6069人，其中全日制在校生4938人，成人教育学生1131人；在职教师273人，其中高级职称54人。学院坚持改革创新，整合内部教学资源，重点实施专业群构建，突出持色专业、品牌专业打造，持续推进教学机制创新和办学设备的配置完善。按照专业群建设要求，学院设创业学院、信息工程学院、设计工程学院、财会金融学院、经济管理学院、人文

2019 年 4 月 28 日，潮汕职业技术学院第二十届校园文化艺术节举行闭幕式晚会现场　　（潮汕学院　供稿）

学院六个二级学院共 32 个专业；拥有机房 30 间、电脑 1800 多台，建有 VR 建模中心、食品药品检测实验室、高端服装定制工作室及展览厅、创客空间、潮汕文化研究中心等重点实训室 26 个，校外实训基地 32 个；建有标准塑胶运动场，学术报告厅 6 个，图书馆 1 座，藏书 54 万册。

学院秉承“敬业博学，厚德强技”校训和“育人为先，特色为重，技能为主，就业为本”办学理念。各项专业教学、实训项目具有特色、创造成绩。2019 年，学院大师工作室黄海宏等主持的“解决服装腋下运动机能的方法”项目获国家发明专利授权并实行转化，成效显著；个人或集体在参加全国高职院校及省高职院校各项技能大赛中共有 124 人次获奖，其中获全国技能大赛奖 39 人次，省一级技能大赛 85 人次；学院重视校园文化建设和综合治理工作，积极开展创建“平安校园”系列活动，确保校园和谐稳定；在学生管理上继续推行“520”特色育人工程，取得良好成绩，得到社会好评。学院曾先后被认定为全国创新人才培育示范单位、广东省众创空间试点单位、全国高职高专创新创业教育协作会副会长单位、全国跨境电商人才培训基地，获广东高校“最具就业保障”奖、全国高职高专院校创新创业教育工作先进单位。

2019 年潮汕职业技术学院专业设置与在校生、应届毕业生情况

表 18　　　　单位：人

设置专业	在校生	应届毕业生
幼儿发展与健康管理	163	—
工程造价	142	52
模具设计与制造	88	38
物联网应用技术	43	—
药品质量与安全	29	—
食品检测技术	294	128
建筑室内设计	39	—
工商企业管理	174	79
市场营销	140	72
电子商务	809	327
建筑工程技术	53	19

续表 18

设置专业	在校生	应届毕业生
建设工程管理	67	25
人力资源管理	165	77
商务英语	271	128
旅游管理	103	37
服装与服饰设计	71	49
数字媒体艺术设计	63	35
会计	443	239
室内艺术设计	166	127
产品艺术设计	15	—
证券与期货	7	7
财务管理	88	40
金融管理	120	61
审计	6	—
服装陈列与展示设计	17	—
物流管理	248	125
软件与信息服务	183	93
计算机网络技术	171	72
互联网金融	11	—
计算机应用技术	470	196
国际经济与贸易	35	15
动漫制作技术	244	79

（李育华）

【普宁职业技术学校】 该校创办于 1992 年，是由著名实业家、旅泰侨领张锦程乐捐巨资倡建的一所公立中职学校。2019 年，校园占地面积 16 万多平方米，校舍建筑面积 15 万多平方米。开设 31 个专业，其中数控、服装、汽修、电子商务 4 个专业是国家级示范专业或省级示范性专业，有全日制在校生 1.1 万多人，教职工 560 多人，专任教师全部具备本科以上学历。2000 年，该校被教育部定为首批国家级重点中职学校；2014 年 6 月，被教育部、财政部、人社部定为首批“国家中等职业教育改革发展示范学校”，同年，获“全国教育系统先进集体”称号。

2019 年，该校组织师生深入学习贯彻习近平新时代中国特色社会主义思想、党的十九大及历届全会精神，扎实推进“不忘初心、牢记使命”主题教育，并通过抓党建促

2019年5月5日，普宁职业技术学校教育活动周启动仪式暨校企合作签约仪式在该校礼堂举行　　　　　　（普宁职校　供稿）

进学校各项工作开展，在深化综合改革、提升办学内涵、培养高素质技术技能人才等方面取得较好成效。5月，该校被授予“广东省示范团校”称号；6月，该校党总支部被市委评为“先进基层党组织”；11月，该校选送的党建主题宣传片和微视频被市直工委评为优秀专题片和优秀微视频。进一步深化教育教学改革，教科研成果突出。是年，该校经韩山师范学院择优遴选，被认定为该学院“省示范性教师教育实践培育基地”。技能教学成效显著，在全国、全省职业院校技能大赛中，该校全年共有22个项目41名学生分别获一、二、三等奖，其中“交互动漫设计与制作”项目在全国职业院校信息技术技能大赛中获团队一等奖。6月，在该校举行的学生就业招聘供需见面会上，来自全国各地近600家知名用人单位为3400名学生提供16000多个实习就业岗位。进一步加强教学的国际交流与合作，提升办学品位。5月和10月，该校成功举办两期“中泰语言文化交流泰国学员汉语培训班”，培训泰国学员119人次。秉持“立德树人，德育为先”理念，重视学生德育工作，着力加强校园文化建设。5月，该校成功举办“职业教育活动周”系列活动，进一步发挥学校的示范引领作用。在2019年全省中等职业学校“文明风采”作品竞赛中，该校有34件学生作品获奖。在此基础上，该校选出4件学生作品和学校的活动总结案例参加省中职学校“文明风采”现场展示会及评选活动，其中该校学生4件作品分获金银铜奖，学校活动总结案例被评为优秀案例一等奖，并被省推选报送教育部，作为全国职业教育活动周展演展览活动候选项目。该校学生英歌舞协会在省中职学校优秀学生社团成果评选中获“特等奖社团”，该校同获“优秀组织奖”。

争取多方力量支持办学。是年10月，在重阳节举行的赞助该校奖教金交接仪式上，泰国侨领张锦程的长子张汉阳和张锦程长女张惠珍共赞助奖教金50万元人民币；上海汤豪仕餐饮连锁机构、上海潮州府餐饮管理有限公司、深圳市大疆百旺科技有限公司、中山市一品御厨大酒楼有限公司及该校校友会共赞助奖教奖学金90万元人民币。

（吴豪杰、刘敏）

科学技术

【概况】 2019年，市科学技术局（简称市科技局），内设人事秘书、科技创新、科技发展3个股室。年末，共有干部职工15人。全年全市被列入省科技项目资金扶持项目8项；首次认定为高新技术企业5家，重新被认定为高新技术企业5家，累计全市有高新技术企业32家。累计全市有7个省级技术创新专业镇。

【科技计划项目】 2019年，全市被列入省科技专项资金（“大专项+任务清单”）扶持项目8项。其中，医药及医疗设备研究开发项目3项，纤维制备及关键技术研究项目2项，食品加工关键技术研究项目2项，其他研究项目1项。

【高新技术企业】 2019年，市持续推进高新技术企业的培育和发展。至年末，首次被认定为高新技术企业有5家，分别是普宁市源辉化纤有限公司、广东亿方包装制品有限公司、普宁市普隆塑胶制品有限公司、广东殿羽田食品有限公司、揭阳市少记科技有限公司；被重新认定为高新技术企业的有5家，分别是广东安诺药业股份有限公司、广东秋盛资源股份有限公司、广东京汕密封件有限公司、广东瑞源科技股份有限公司、广东侨华科技有限公司。累计全市有高新技术企业32家。

表 19　　2019 年普宁市列入省科技专项资金（“大专项 + 任务清单”）项目一览表

项目名称	承担单位
开发护骨胶囊对激素性股骨头坏死的新用途	广东安诺药业股份有限公司
长效低毒抗菌聚酯纤维关键技术及产业化研究	广东柏堡龙股份有限公司
深静脉血栓防治设备及临床应用技术开发	广东泰宝医疗科技股份有限公司
高性能再生聚酯复合屏蔽纤维制备技术的研究及应用	普宁市源辉化纤有限公司
高安全回拉式自毁注射器制备关键技术的研发	广东海鸥医疗器械股份有限公司
面向 5G 的 MIMO 系统天线研究及应用	广东侨华科技有限公司
潮汕香菇菜加工关键技术及应用研究	广东好菇婆食品有限公司
低糖梅片加工关键技术的研究与应用	普宁市梅乡食品有限公司

普宁市高新技术企业一览表

表 20　　单位：万元

企业名称	主要高新技术产品名称	2019 年全年产品销售收入	其中高新技术产品销售收入
广东高乐股份有限公司	多功能环保磁性画板、智能遥控火车、仿真飞机、仿真机器人、智能女仔玩具、多功能遥控车、互动益智幼教玩具	50817.5	36588.6
广东利泰制药股份有限公司	氨基酸注射液、复方氨基酸注射液 17AA、复方氨基酸注射液 17AA- Ⅰ、复方氨基酸注射液 18AA、复方氨基酸注射液 18AA- Ⅰ、复方氨基酸注射液 18AA- Ⅱ、复方氨基酸注射液 18AA- Ⅳ、复方氨基酸注射液 18AA- Ⅴ、小儿复方氨基酸注射液 18AA- Ⅰ、精制冠心口服液	102947	38766
康美药业股份有限公司	中药饮片、中药配方颗粒等	1020389（预测数据）	685991（预测数据）
广东柏堡龙股份有限公司	干爽舒适型纤维制品、纳米级负离子纤维制品、生物改性蛋白纤维制品、三维立体成形针织物、基于精准裁剪的功能纤维制品设计服务	70600	50000
广东创时尚智能股份有限公司	聚酯类遮光防紫外制品、天丝类抗菌制品、竹纤维类抗菌制品	13358.86	10687.08
广东乐尔康生物科技股份有限公司	早强型聚羧酸减水剂、聚羧酸减水剂母液、增效剂、α－熊果苷、β－熊果苷、L－抗坏血酸 2－葡糖苷、γ－氨基丁酸、谷胱甘肽、茶氨酸、腺苷蛋氨酸、维生素 C 乙基醚	2677	2633

续表 20

企业名称	主要高新技术产品名称	2019 年全年产品销售收入	其中高新技术产品销售收入
广东威孚包装材料有限公司	功能性 BOPP 薄膜、全聚合物型 CPP 薄膜、功能性镀铝膜、完全降解流延聚丙烯薄膜、镀铝基膜、超高热封强度 BOPP 镀铝膜	53312	39973
广东昊天服装实业有限公司	免绒服装	1300.64	1300.64
广东三蓝药业股份有限公司	补肾养血丸、安胎丸、五参芪苓丸、上清丸、大黄蟅虫丸、陈夏六君子丸	2653.67	2452.94
广东高乐教育科技有限公司	高乐云教育平台及技术服务	10524.9	8230.53
广东金宝师食品股份有限公司	鲜味乌冬面	3683.29	2516.15
广东名辰堂健康产业股份有限公司	泰蛇宝宝紫草膏、泰蛇粉、泰蛇蛇脂软膏、乌青膏、泰比滴薄荷舒爽液、泰蛇婴孩爽身粉、爆折灵霜、脚跟膏、名辰堂绵羊油润肤霜、名辰堂维E凡士林润肤霜、名辰堂芦荟甘油	1001.2	20.4
普宁市梅乡食品有限公司	梅乡特制新型营养盐渍梅	2517.47	2136.25
广东瑞博制药有限公司	植物固体饮料	2007.14	676.25
广东妮可儿服饰有限公司	功能性家居服	2821.72	2038
广东康美通信息服务有限公司	信息技术服务费	54.4	54.4
广东益安生物股份有限公司	金雪能五花茶植物饮料	30.61	30.61
广东普利诗内衣实业有限公司	健康功能型内裤	2560.86	1920
广东科迪微晶玻璃实业有限公司	免磨免抛大板瓷白微晶玻璃、免磨免抛大板黑色透明微晶玻璃	17884	14486
广东泰宝医疗科技股份有限公司	藻酸盐功能性敷料、壳聚糖功能性敷料、静电离子感应痛消贴、静电离子感应乳康贴、静电离子感应妇康贴、静电离子感应穴位贴、医用退热贴、温感理疗贴、间歇性气压治疗仪、肢体压力套	15136.85	13048.98
广东海鸥医疗器械股份有限公司	一次性使用无菌自毁注射器带针、一次性使用回拉式自毁注射器 带针、一次性使用精密过滤输液器 带针	2540.82	1913.13
广东佳隆食品股份有限公司	基于生物催化技术的新型复合调味品（鸡粉）系列、基于生物催化技术的新型复合调味品（鸡精）系列、基于生物催化技术的新型复合调味品（鸡汁）系列	27493	23094
广东安诺药业股份有限公司	护骨胶囊、吲达帕胺片、阿奇霉素分散片	6776	6395

续表 20

企业名称	主要高新技术产品名称	2019 年全年产品销售收入	其中高新技术产品销售收入
普宁市源辉化纤有限公司	再生涤纶短纤维	14435.41	10826.56
广东秋盛资源股份有限公司	高强特本白棉型纤维、再生 1.4D 原液着色纤维、1.4D 黑色环保型气流纺专用纤维、再生 3D 高色牢度黑色纤维、3D 异型高吸水纤维、1.5D 异型高吸水纤维、再生 16D 艳红中空卷曲纤维、多孔中空三维卷曲纤维、1.5D 中空仿羽绒专用纤维、15D 多孔中空三维家纺专用纤维、7D 多孔中空三维家纺专用纤维、7D 三维中空亲水性卫生材料专用纤维、0.9D 细旦纤维	42578	33111
广东京汕密封件有限公司	组合式旋转油、变速箱组合式旋转油封、耐低温复合橡胶油封、输入输出防泥水防漏油油封、渣土工程汽车主减组合轴油封	3687.89	2781.08
广东瑞源科技股份有限公司	蓄热美体背心系列产品、保健超柔内衣系列产品、防螨止痒内衣系列产品、防脱散任意裁无缝服装系列产品	23945	15362
广东侨华科技有限公司	无线电视接收天线、无线通信天线	8728.34	8432.55
广东亿方包装制品有限公司	高强度化妆品玻璃瓶	4713.53	3535.15
普宁市普隆塑胶制品有限公司	功能性塑胶地板	1587	1421
广东殿羽田食品有限公司	真爱梅饼、无核话梅	4737.75	2124.13
揭阳市少记科技有限公司	高吸湿无毒无刺激无纺布	4935.18	3443.97

【技术创新专业镇】 市各乡镇场街道在推进“一镇一品”建设中，不断开展技术创新，拓展特色产业集群规模和优势，涌现一批彰显各自特色品牌产业的省级技术创新专业镇。至 2019 年，全市先后有流沙东街道（内衣产业），占陇、军埠镇及池尾街道（纺织服装产业），广太镇（花卉苗木产业），高埔镇（青梅产业），南径镇（蔬菜产业）7 个镇（街道）被省科技厅认定为广东省技术创新专业镇。

【科普宣传】 2019 年 5 月“防灾减灾日”，6 月“科技进步活动月”与 9 月“科普日”期间，市科技部门组织有关专家、技术人员送科技下乡、进校园开展科普知识图片展、发送科普资料、举办科普讲座和科技咨询服务等多形式的群众性科普系列宣传活动。其中在市区流沙广场、燎原街道泥沟村等地举办的大型科普宣传咨询活动 4 场次，向人民群众发放《防震减灾知识》《农村实用技术》《疾病防治知识》等科普书籍近 6000 多本（份），并赠送一批优质薯苗，接受农村群众咨询，帮助他们解决生产、种养技术难题，受到当地群众欢迎和好评。

（陈文生、赖源财、陈国海、谢素娇）

气　象

【概况】 2019 年，市气象局内设气象灾害防御管理办公室（市重大气象灾害应急指挥部办公室。简称“市防灾办”）、人力资源股、站网管理股、预报股、发展改革与财务股和市气象公共服务中心、市气象公共安全技术支持中心、市气象局机关服务中心，代管市突发事件预警信息发布中心。年末，在职干部职工12人。是年，市气象局持续推进全面深化气象管理体制改革，着力推进气象现代化工作；全力做好气象社会管理服务、气象监测预警预报服务、气象决策服务和公众气象服务，取得一定成效。全年市气象部门共发布气象灾害预警信号104次，启动气象灾害应急响应7次，发布停课预警信号3次，编发专项气象服务简报138期。

【天气总况】 2019年，全市天气气候的总体特征为：降水正常、气温偏高，汛期极端强降水频发、台风影响程度偏轻、灰霾日数增加。市全年降雨量2161.5毫米（降水量最大日为199.81毫米），相比历年偏多1%；年平均气温23.4℃（极端最高气温38.0℃，极端最低气温7.4℃），相比历年偏高1.5℃；年日照数2413.7小时，比历年平均值多258.6小时。汛期，全市遭受8轮强降水天气袭击。其中7月9—10日，全市出现暴雨到大暴雨，有18个气象站点录得雨量超过100毫米，其中池尾站录得全市过程最大雨量212.4毫米，多地出现较严重内涝。是年对市境有影响的台风有1907号台风“韦帕”和1911号台风“白鹿”，两个台风均给市境带来强降水。

【灾害性天气】 *降水分布不均* 2019年，全年降水量2161.5毫米，比历年偏多1%。各月降水分布不均，3月、4月、5月、7月、8月、10月、12月降水偏多，其中10月、12月分别偏多197%和154%；1月、2月、6月、9月、11月降水偏少，其中11月偏少100%。

气温偏高 2019年，全市平均气温23.4℃，比历年偏高1.5℃。各月平均气温变化幅度较大，除5月平均气温偏低，其余各月均偏高，其中2月偏高2.8℃，为全年偏高最大月份。年极端最高气温38.0℃，年极端最低气温7.4℃。1—2月，全市平均气温17.3℃，较历年同期偏高2.8℃，刷新市有气象记录以来历史同期气温最高纪录。

汛期极端强降水频发 2019年汛期，全市遭受8轮强降水天气过程袭击，分别出现在5月6—8日、5月26—28日、6月2日、6月10—12日、7月9—10日、7月31日—8月2日、8月18日、8月25—26日。其中7月9—10日，受西南气流和切变线共同影响，全市出现强降水天气过程，有18个气象站点录得雨量超过100毫米，其中池尾站录得全市最大雨量212.4毫米。据市“三防”办统计，此次强降水过程，全市受灾乡镇11个，受淹村庄27个，倒塌房屋5间；受灾人口83299人，转移人口1831人。直接经济损失2695.35万元。

台风影响 2019年对全市有影响的台风有两个：1907号台风“韦帕”和1911号台风“白鹿”。 台风“韦帕”于7月30日在南海形成，于8月1—2日分三次分别在海南文昌市、广东湛江坡头区、广西防城港登陆，为是年初次影响普宁的台风，较常年偏晚一个多月。受其外围环流影响，7月30日20时至8月3日8时，市马鞍山农场气象站录得最大阵风9级（21.5米/秒）。市境普降暴雨、局部大暴雨。全市平均雨量159.6毫米，有28个气象站点录得雨量超过100毫米，其中6个站点录得超过200毫米，军埠站录得全市最大雨量228.3毫米。

台风“白鹿”于8月21日在菲律宾以东洋面形成，24—25日分两次在台湾屏东、福建东山登陆，登陆时中心附近最大风力10级（25米/秒）。受其外围环流影响，24日20时到27日8时，普宁市有17个气象站点录得6级以上阵风，

2019年普宁市气候简要情况表

表21

单位：℃、毫米、小时

要素＼月份	1月	2月	3月	4月	5月	6月	7月	8月	9月	10月	11月	12月	全年
平均气温	16.6	18.2	18.9	23.4	24.7	28.3	29.3	29.0	28.3	25.7	21.3	17.2	23.4
平均最高气温	21.1	22.4	22.6	27.4	28.1	31.9	33.0	33.6	33.2	30.3	26.7	22.0	27.7
平均最低气温	13.8	15.8	16.3	20.6	22.3	25.8	26.6	26.0	24.7	22.4	17.5	14.0	20.5
降水量	8.2	31.8	157.6	256.4	284.2	222.2	440.5	398.3	150.3	114.2	0.0	97.8	2161.5
日照时数	145.5	91.0	106.2	137.3	177.9	237.9	253.9	267.8	283.2	269.0	261.4	182.6	2413.7

其中大坪农场站录得最大阵风8级（17.5米/秒）。市境出现暴雨到大暴雨的降水过程，全市平均雨量87.3毫米，有10个气象站点录得雨量超过100毫米，下架山汤坑村点录得最大雨量155.8毫米。

由于预报准确、防御得当，两个台风均未给市造成较大经济损失。

灰霾日数增多　2019年，全年市境灰霾日数增至62天，与上年同比增多21天。

高埔镇高埔大道东气象观测站　（市气象局　供稿）

【气象服务】　气象决策服务　2019年，市气象部门向市委、市政府及市各乡镇场街道、各相关部门发布各类决策气象服务材料251期，其中《重要气象信息专报》5期，《重大气象信息快报》25期，《天气报告》11期，天气实况汇报材料145期，台风加密报告22期。发出手机决策服务短信571.20万条次。为各级党政领导提供准确、及时的气象决策参考。

公众气象服务　2019年，市气象部门按照“一年四季不放松，每次天气过程不放过”的要求，认真执行领导业务带班值班制度，落实岗位责任制，按照“你的冷暖，在我心中；你若安好，便是晴天”的服务理念，认真做好气象监测预警预报服务工作。全年共发布气象灾害预警信号104次，其中，暴雨黄色预警信号42次、橙色12次、红色2次；雷雨大风黄色预警信号13次、橙色1次；高温黄色预警信号13次、橙色2次；寒冷黄色预警信号1次；森林火险黄色预警信号5次、橙色3次、红色2次；大雾黄色预警信号3次；台风白色预警信号2次、黄色1次、橙色1次。

专项气象服务　2019年，市气象部门在元旦、春运、春节、两会、清明、“五一”、高考、中考、端午、中秋、国庆期间共组织编印专项气象服务138期。完善气象信息发布平台服务群组分类工作，做好针对性的专业气象短信服务。

气象服务均等化　2019年，市气象局发布《普宁市气象公共服务白皮书（2019年版）》。加强与有关部门合作，努力提高公共气象服务能力，实现电视、广播、网站、电子显示屏、手机短信、微信微博、应急气象广播等多种媒体载体的扩展服务，提升气象服务均等化水平。

部门合作联动　2019年，市气象部门继续按照《普宁市气象灾害应急预案》的要求，履行气象灾害应急指挥部的职能，及时启动气象灾害应急响应，全年共启动应急响应7次。联合市自然资源局开展地质灾害气象风险预警工作，全年发布地质灾害气象风险预警8次；落实以预警信号为先导的停课机制，发布停课预警信号3次。加强与市广播电视台合作，开展日常天气预报发布，还针对重大天气或重大活动提供新闻稿和灾害天气滚动播报字幕稿67条次。加强与涉农部门合作，开展针对性的农业生产气象保障服务，编印春播春种、夏收夏种和秋收等专业气象服务资料9期，一周农事气象服务资料52期。

【气象社会管理】　气象防灾减灾工作　2019年，市府办发出《普宁市人民政府关于公布气象灾害防御重点单位的通知》文件，市气象局贯彻文件精神，认真组织开展重点单位气象灾害防御专项执法检查，切实管控气象安全风险，推动重点单位把气象灾害防御和减灾工作责任进一步落到实处。市气象局主要负责人是市“三防”指挥部副总指挥，切实履行职责，在是年台风影响期间，全过程坚守在市“三防”办值班室，积极参与防灾减灾工作的会商和指导。

行政审批服务　2019年，市气象局持续加强对市政务服务中心气象行政服务窗口的管理，服务窗口工作人员按照“便民、高效、廉洁、规范”的服务宗旨和“依法行政，办事高效，服务优良，群众满意”的工作目标，认真做好行政审批工作。全年受理办结防雷装置设计项目审核20件，完成防雷装置项目竣

2019年9月18日，市气象局在“全国科普日”开展气象科普宣传活动
（市气象局　供稿）

工验收9宗，提前办结率100%，群众满意率100%，未发生投诉事件。

防雷安全生产监管　2019年，市气象局严格依照《中华人民共和国气象法》和上级气象部门发布的气象灾害防御条例、防雷减灾管理办法等法律法规，切实履行防雷装置检测单位监管责任，针对市存在的防雷检测违法违规行为，加强督查和处理，与市住建局、应急管理局召开联席会议，落实部门行业监督责任和企业主体责任，进一步对全市防雷装置检测工作实行规范化管理，确保建筑设施防雷质量安全。

专项执法检查　2019年4月9日，市气象局联合市住建局开展对全市新建楼房和市政基础设施工程防雷安全专项执法检查；8月9日，联合市住建局、教育局、应急管理局、水利局，开展对贮存易燃易爆、有毒有害危险物品场所、重大建设项目、学校和水利工程等气象灾害防御重点单位开展气象灾害防御专项执法检查，共出动36人次，抽查6家单位与场所，发现存在气象灾害安全隐患1处，落实整改1处。

防灾减灾科普宣传　2019年，市气象部门利用手机短信、网络多媒体、广播等多种传播渠道向广大市民宣传气象防灾减灾知识和应对气象灾害措施；继续做好《广东省气象灾害防御条例》宣传，通过“普宁天气”官方微博、微信和气象应急广播系统发布（播出）条例全文内容，并通过一张图的形式重点宣传停课机制建立的举措。开展“世界气象日”开放日活动，积极参与安全生产月宣传咨询活动，通过现场解答、发放宣传册和摆放展板等形式向市民宣传气象法律法规和气象灾害防御知识。9月18日，以“礼赞共和国、智慧新生活”为主题的2019年普宁市“全国科普日”系列活动在潮汕职业技术学院举行。活动现场，市气象部门工作人员通过展示气象科普展板、现场咨询、发放气象防灾减灾科普宣传手册等，向学校师生宣传气象知识和应对气象灾害的方法，让智慧气象更好地服务校园。

【气象现代化建设】　普宁市突发事件预警信息发布中心　该中心为公益一类股级事业单位，委托市气象局管理，承担全市突发事件预警信息发布的组织、实施和管理。2019年，普宁市突发事件预警信息中心通过平台共发布各类气象灾害短信66万条次，并与其他部门合作，发布征兵宣传、安全生产宣传等各类公共服务信息，提升市灾害性天气监测预警能力和多元公共气象服务水平。

气象灾害防御培训　2019年，市气象局联合市教育部门开展气象灾害防御知识培训，组织培训学习明确建立教育系统应对台风暴雨停课工作机制的目的要义，明确停课标准和学校应该采取的应急措施，并开展台风暴雨停课应急演练。7月12日，联合揭阳市气象局在普宁举办气象信息员培训班，讲授气象防灾减灾知识、最新版预警信号解读和乡镇气象服务站的运维管理，发放省气象信息员培训有关教材和《防雷减灾36计》等宣传册，提升基层气象信息员的防灾减灾意识和工作能力。

完善气象观测网布点　2019年，市气象部门进一步完善市气象预警信息监测、发布系统，做好全市乡镇区域自动气象站的日常维护，该系统全年运行良好，对全市各地的气温、雨量、风速风向进行不间断的实时监测，提高中尺度天气系统检测、预警能力。新建下架山镇白沙溪水库、大坝镇锡坑水库、南径镇新楼里水库、大池农场金山洞水库、高埔镇高埔大道东、高埔镇下营村、云落镇云落村等7个落地区域自动气象预警监测网点。

（刘泳涛、王周玉、万永建、许佳龙）

文化·广播电视·旅游·体育

综　述

【文化、旅游、体育职能整合发展】 2019年3月，根据市委、市政府制定颁发的《普宁市机构改革方案》文件精神，牢固树立文化、广电、旅游、体育“一盘棋”思想，按照“宜融则融，能融尽融”的思路创新发展，团结协作、攻坚克难，实施对市文广新局、旅游局、体育局的职能整合，全面完成组建普宁市文化广电旅游体育局（其中对广播电视实行行业管理）工作，有序推进全市文化、广电、旅游、体育各项工作的开展和持续协作发展。市文化广电旅游体育局（简称“市文广旅游体育局”）是主管全市文化广电旅游体育事业的市政府组成部门，内设人事秘书股，文化遗产股，文化艺术与公共服务股，资源开发与产业发展股，广电管理股，市场管理股，文化市场综合执法大队，体育股8个业务股室，属下有市潮剧团、图书馆、文化馆、博物馆、德安里文物保护所、流沙影剧院、流沙电影院、洪阳影剧院、里湖影剧院，市体校、篮球队、明华体育馆、体育彩票发行分中心等15个企事业单位。年末，共有干部职工318人。全市有乡镇及街道文化站25个，村级文化室350个，民间英歌队48支、大锣鼓队26支、舞狮队20支、舞龙队3支、潮乐社10个、潮剧票友会3个、铁箸木偶戏班4个；有名胜古迹，文化遗址、革命胜迹、生态园区等景区景点50多处（其中国家AAA级旅游景区2家），有旅行社8家，四星级饭店2家，三星级饭店2家；有体育场地面积342万平方米，人均体育场地面积1.62平方米。是年，举办第二届普宁市英歌（民俗）文化节，举办普宁市庆祝中华人民共和国成立70周年各项系列文艺活动，举办第五届普宁梅花旅游文化节，举办普宁市第六届运动会。普宁市连续三届被文化和旅游部命名为“中国民间文化艺术之乡”。

【广播电视事业创新发展】 市广播电视台为市委宣传部直接领导下的正科级事业单位，由市文化广电旅游体育局实行行业管理。内设机构有行政股、总编室、事业股等5个股室；下设5个分支机构，即广播中心、电视中心、有线广播电视网络中心、广播电视发射中心和广告经营中心。2019年，该台坚持“团结、稳定、鼓劲，正面宣传为主”和“三贴近”的方针，牢牢把握正确舆论导向，紧紧围绕市委、市政府中心工作，唱响主旋律，打好主动仗，认真做好新闻宣传工作，加快事业建设和产业发展，积极推进融媒体中心建设，拓展经营创收业务，不断推进广电事业创新发展。全年该台共播出新闻稿件4260多篇，专题和系列报道200多期。编印《广电宣传》资料4期，播出公益宣传标语32580多（条）次。

（辜锐彬、黄卓广）

文　化

【第二届“普宁英歌（民俗）文化节”】 2019年2月6日至3月6日，由市委宣传部、市文广新局、市文联联合主办的第二届“普宁英歌（民俗）文化节”在市区主会场和洪阳、军埠、里湖、占陇等各乡镇场街道分会场举行。此次系列英歌民俗文化活动，全面展示了普宁英歌及其他非物质文化遗产项目的风采，凸显了普宁民俗文化的深厚底蕴。2月6日（农历正月初二日）在此次英歌（民俗）文化节开幕式上，有8支不同流派风格的英歌代表队和1支大锣鼓队在市区主会场表演，并巡游表演至市区各主要街道居民区，观赏群众热闹非凡。全市各地分会场相继举行行头桥（洪阳镇）、城隍公出巡（洪阳镇）、摆社（洪阳镇昆安村）、贺灯（军埠镇大长陇村）、大锣鼓标旗巡游（军埠镇陇头村）、跳火堆（占陇镇溪东村）、游景（里湖镇）等各项各具特色的民间文化活动。同时，成立普宁英歌文化研究会，举办英歌文化艺术讲座、英

2019 年 2 月 6 日，第二届英歌民俗文化节开幕式在普宁康美中药城举行（陈少强　摄）

歌（民俗）文化摄影比赛、国风民乐晚会等。据统计，此次英歌（民俗）文化节，全市各地共举办英歌及其他民俗文化活动 620 多场次，参加表演人数 2 万多人次，参与群众近 150 万人次。

【普宁市连续三度被命名为“中国民间文化艺术之乡”】 2019 年 2 月，省文化和旅游厅发布《广东省文化和旅游厅转发文化和旅游部关于命名 2018—2020 年度“中国民间文化艺术之乡”的通知》，在“通知”发布的名单中，普宁市（流沙西街道）被命名为“中国民间文化艺术之乡”。此前，普宁市已经连续两度入选“中国民间文化艺术之乡”。而此次第三个年度（2018—2020）的评审更加规范、要求标准更高，在全国原有申报的 963 个名额中，通过评审减为 175 个，广东省上一个年度上榜有 29 个，此次只有 11 个入选。普宁市以国家级非遗项目——“普宁英歌”在地方的盛行和享誉国内国际舞台，在全国民间文化艺术之乡审批中三度上榜，实至名归。

【普宁市庆祝中华人民共和国成立 70 周年专题晚会】 2019 年 9 月 23 日，由市委宣传部、市文广旅游体育局、市文联联合主办的“我和我的祖国”——普宁市庆祝中华人民共和国成立 70 周年专题晚会在市明华体育馆举行。晚会分为“我的祖国”“您的故事”和“我们的新时代”三个篇章，14 个节目，围绕“我和我的祖国”主题，紧扣中华民族站起来、富起来到强起来这条主线，以宏大的舞台场面、精彩的节目呈现，引领观众回顾中华人民共和国成立 70 年来的伟大征程，表达普宁人民对祖国的美好祝愿，展现全市人民奋力打造“商贸名城、创新之城”加快振兴步伐的豪迈气魄，激励全市人民高举中国特色社会主义伟大旗帜，团结一致，锐意进取，为决胜全面建成小康社会、夺取新时代中国特色社会主义伟大胜利、实现中华民族伟大复兴的中国梦、实现人民对美好生活的向往而不懈奋进。整场晚会主题突出、气势磅礴、精彩纷呈。市四套班子领导和机关干部、群众 2000 多人出席晚会，市电视台进行现场直播。

【普宁市庆祝中华人民共和国成立 70 周年系列活动】 2019 年 9—10 月，市宣传文化等部门，为隆重庆祝中华人民共和国成立 70 周年，在市区和各地举办普宁市群众美术书法摄影大展、潮声潮韵文艺晚会、广场舞展演评比活动、红色文化主题图片展、文艺下乡巡演等一系列活动，着力讴歌中华人民共和国的建设成就，展现新时代人民群众团

2019 年 9 月 23 日，普宁市庆祝中华人民共和国成立 70 周年专题晚会在市明华体育馆举行（王敏　摄）

结奋进、昂扬向上的精神风貌，营造庆祝中华人民共和国成立70周年的浓烈氛围，凝聚起同心共筑中国梦的磅礴力量。

【推进基层公共文化建设】 2019年年末，全市共有乡镇街道综合文化站25个，其中一级站1个（洪阳镇），二级站5个（流沙北、池尾、燎原街道和里湖镇、军埠镇），其余19个为三级站。继续推动各综合文化站对照国家二级站以上标准查漏补缺，完善提升；推动各村（社区）综合性文化服务中心进行达标建设。完成流沙北街道、占陇镇、大池农场3个镇级文体广场和7座旅游厕所的建设任务。

（陈秀纯、詹晓佳）

【文物保护工程建设】 2019年，市文广旅游体育局继续贯彻文物保护工作方针，推动文物事业可持续发展。继续做好普宁学宫修缮工程建设，该工程于2018年6月底动工至2019年年末，完成工程量的40%；2018年至2019年年末，完成洪阳崇圣祠屋面木作工程及其会文精舍旧屋面拆除，旧训导廨、省牲所墙体夯实，魏忠贤生祠复位等工程。推进虎头埔古窑址保护性工程建设。该工程于2018年5月动工至2019年年末，已完成工程主体建设量的90%，并进入主体工程室内外装饰。抓好德安里新寨祠堂修缮工程，至2019年年末，已完成门楼及两侧插稍房屋面盖瓦工程及墙体加固。

（赖民族）

【组织普宁英歌代表队外出交流演出】 2019年4月19—21日，26—28日，市文广旅游体育局、市文化馆两次组织普宁英歌代表队——南山英歌队分别参加第36届潍坊国际风筝会非遗项目巡游演出活动和赴香港元朗参加文化交流演出活动。7月11—13日，应邀又再次组织上述英歌代表队由省文化和旅游厅组团参加2019年北京世界园艺博览会“广东日”有关演出活动。

【组织群众文艺创作】 2019年1月，市文化馆组织开展2019年《普宁文艺》《新春联》征文征联活动，以优秀文艺作品弘扬新时代精神风貌。全年共出版《普宁文艺》两期和《2019年新春联》1期。

【书画摄影展览】 2019年，先后在市文化馆展厅举办的各项书画摄影展览有：2月18日，由市委宣传部、市文广新局、市文联主办，市文化馆、市美协、市书协、市摄协承办的第二届“普宁英歌（民俗）文化节”系列活动——“2019普宁市迎春美术书法摄影展”；3月14日，由市老干部大学主办、市文化馆协办的“砥砺前行·丹青筑梦”——2018年度普宁老干部大学国画班作品展；5月1—5日，由市总工会、市文广旅游体育局、市文联主办，市硬笔书协、市文化馆承办的庆祝中华人民共和国成立70周年系列活动——“书写新时代”普宁硬笔书协重点作者提升培训班二十人作品展；5月11日，由山东聊城市美协、广东潮州市美协、揭阳市美协、揭阳中国画院、普宁市文化馆、大埔县美协联合主办的庆祝中华人民共和国成立70周年“魅力普宁　雅汇潮汕”——全国书画名家邀请展（普宁站），参展作品共120件，展示南北书画艺术的文化内涵和特色；6月22日，由市文化馆、梵图画室联合主办的萌芽·美术基础作品展；9月30日，由市宣传文化部门主办的庆祝中华人民共和国成立70周年——普宁市群众美术书法摄影大展，参展作品内容关注本土、关注当下，主题鲜明，表现形式多样；11月23日，由市文化馆联合有关部门主办的“潮汕五少”（郑少洲、郑少文、郑少雄、郑少钦、郑少燕）艺术作品展。

【文艺下乡巡演】 2019年4月19日，由市扫黑办、市委宣传部、市文广旅游体育局主办，市文化馆、市潮剧团、市潮剧联谊会承办的“众志成城　扫黑除恶”普宁市扫黑除恶专项斗争文艺宣传巡演活动走进流沙明华公园，通过为市民进行专题文艺演出，提高广大群众对扫黑除恶专项斗争重大意义的认识。10月7日，由市委宣传部、市文广旅游体育局主办，市文化馆承办的庆祝中华人民共和国成立70周年——“放歌新时代”文艺下乡巡演在燎原街道果陇村举行。12月16日，由市新时代文明实践中心主办，占陇镇新时代文明实践所、市文化馆承办的普宁市“不忘初心　牢记使命”主题教育活动——“放歌新时代”文艺下乡巡演走进占陇镇。

【广场舞展演大赛】 2019年10月25日，由占陇镇人民政府、市文化馆主办的庆祝中华人民共和国成立70周年系列活动——“柜族小镇杯”普宁市广场舞展演大赛在占陇镇举行。来自全市各地的27支参赛队伍，400多名演出人员参加展演比赛。

【组织作品参加省第十五届美术书法摄影作品联展并获奖】 2019年6月，市文化馆组织收集、整理、报送有关作品参加广东省第十五届美术书法摄影作品联展并获奖。其中，许潮和的《书论数则》获书法类作品优秀奖；陈华南的《有朋自远方来》、纪华芬的《又见故乡梅花开》等获摄影类作品优秀奖。

【普宁英歌文化研究会成立】 2019年3月6日，为更好统筹、组织、协调全市英歌队伍，促进对英歌文化的研究、传承、保护及开发利用，普宁英歌文化研究会第一次会员代表大会在市文化馆三楼顺利举行。大会表决通过《普宁英歌文化研究会章程》，选举产生会长1名，常务副会长1名，副会长3名，理事25名。

【组织“非遗”作品参加第十五届中国（深圳）国际文化产业博览交易会展出】 2019年5月16日，第十五届中国（深圳）国际文化产业博览交易会在深圳会展中心举行。在市文广旅游体育局指导下，市文化馆、市非遗保护中心组织一批“非遗”作品随揭阳市代表团参展，并参加“中国工艺美术文化创意奖”评选活动，其中，周培旭创作的一件金身妆彩的工艺美术作品获铜奖。

【普宁英歌（民俗）文化节部分活动在市文化馆举行】 2019年2—3月初，由市委宣传部、市文广新局、市文联主办，市文化馆、市英歌文化研究会、市摄协、青年摄协等承办的第二届普宁英歌（民俗）文化节部分活动，包括英歌脸谱与服饰道具及摄影艺术展、非物质文化遗产及文创产品展、英歌文化与艺术讲座、英歌（民俗）文化摄影比赛获奖作品展分别在市文化馆展厅展出和开办。

【国家级非遗项目图片展】 2019年6月8—14日，由市文广旅游体育局、市文化馆、市非遗保护中心主办的庆祝中华人民共和国成立70周年系列活动——2019“文化和自然遗产日”普宁国家级非遗项目英歌文化图片展在市文化馆三楼展厅展出。

（陈华南）

【“5·18”国际博物馆日系列活动】 2019年5月中旬，为营造庆祝中华人民共和国成立70周年热烈氛围，并做好“5·18”国际博物馆日文博宣传，由省文物局主办，省流动博物馆、普宁市博物馆承办的“广东文博40年”图片展及“背着房子去旅行——贝类动物的世界”实物展分别在市博物馆展厅展出。同时，市博物馆还与市新华书店联合到部分中小学校开展“红色旋律、红色印象”——聆听一个红色故事、阅读一本红色书籍、诵读国学经典等系列活动，并在校园举办保护华夏优秀文化遗产——普宁市不可移动文物图片展。旨在聚集和发挥新时代博物馆在文化传承中的功能及“中枢”作用，进一步普及和提升以文化人、以文育人，促进社会文明进步。

【“不忘初心、牢记使命”——红色文化主题图片展】 为庆祝中华人民共和国成立70周年，配合全市开展的“不忘初心、牢记使命”主题教育活动，2019年10月起为期两个月由市委宣传部、市文广旅游体育局、市教育局主办，市博物馆承办，精心制作的“不忘初心、牢记使命”——红色文化主题图片展在市城关中学、育英中学、洪阳镇初级中学等10所中学巡回展出。图片展共制作34块展板，分革命先烈事迹和红色革命经典小故事两部分。旨在以普宁红色资源的丰富与厚重，激发青少年学生更自觉更深刻地接受革命传统教育，学习先烈浴血奋斗的革命精神和坚定信念，肩负起努力学习报效祖国的使命担当，让红色基因代代相传。

（江宁文）

【德安里社科教育和红色文化宣传展示】 2019年春节期间，在德安里博物馆举办“迎春人文社科图片展”，利用洪阳德安里景区旅游客源多的优势，多角度展示、宣传普宁人文社会科学发展的新貌。11月29日，组织举办“凝心聚力守初心，培根铸魂担使命”——红色文化主题图片展。旨在让广大游客，特别

洪阳德安里外景　　（陈少强　摄）

是青少年学生接受并传承红色基因，凝聚起同心共筑中国梦的磅礴力量。

【德安里文物保护和修缮工作】2019年，德安里文物保护所在做好德安里文物保护的基础上，按照文物修缮原则，做好省保重点建筑新寨主座修缮复原工程监管、官厅维修项目前期准备，并聘请有省级文物勘察设计资质的单位对方氏家庙（阿婆祠）进行勘察设计。10月22日，德安里经省社会科学界联合会评审，被确定为“广东省首批人文社会科学普及示范基地”。

（杨如波）

【潮剧创作与演出】2019年，市潮剧团加大剧目创作，精心排练大型古装潮剧《驱鳄记》（特聘汕头市原戏工室主任陈韩星等参与创作）。《驱鳄记》歌颂历史名人韩愈在潮州任职期间，为地方和人民办理释放奴隶、奖励农桑、驱除鳄患、兴办学校四件好事的功德。该剧在市红领巾学校礼堂进行隆重首演，得到多方赞赏。此外，市潮剧团努力落实文化惠民政策，全年共送戏下乡300多场次，演出剧目20多个。还派员指导、帮助、服务流沙兰花潮曲票友乐社、流沙潮乐学社、洪阳钧天乐社、市潮剧联谊会开展义务演出活动，传承弘扬地方传统文化，活跃丰富城乡人民群众文化生活。（李丹丽）

【图书阅览】2019年全年（统计至11月末），市图书馆共新增图书47657册，提供读者阅览报纸、杂志共502种，电子书37万种（数字图书馆）、讲座视频8850个（数字图书馆）、移动阅读文献200万种（移动学习通）。进馆读者416955人次，新增借书证3204张；书、刊、报阅览1201721册/份/（件）次，文献外借243420册/件次，信息咨询38278人次；数字图书馆访问101254次，文献阅读57287件次，网上参考咨询3470件次。移动图书馆访问52442次，移动文献阅读29541件次，微信咨询3585件次。开展送书下乡16批次，总共送书15520册。馆员参加业务培训8场次、98人次；开展文化志愿服务活动20场次、160人次。组织讲座、展览、培训、导读、阅读推广等读者活动127场次，读者参加活动总计23958人次。从是年2月始，每月定期在该馆举办“普宁红色故事会”活动，全年共举办24期，参加读者2650人次，其经验和做法被推荐在部分单位推广。3月，该馆投资50万元，建设“公共图书馆大数据系统”，进一步完善现代化管理功能和提升图书服务效能。8月，委托专业机构对旧报纸库房进行提质改造，为旧报纸营造良好的保存环境，方便读者检索利用。

【“周末悦读者”朗读活动】2019年3月起，市图书馆在少儿阅览室（普宁市新时代少儿文明实践所）开办“周末悦读者”朗读活动，为少儿朗读爱好者提供展示自我、分享阅读的平台，对培养少儿阅读兴趣，推动全民阅读具有积极意义。

（王乐群、詹锦荣）

【规范文化旅游体育市场管理】2019年，市文广旅游体育局贯彻落实“先照后证”商事改革制度，对于行业经营者，市场监管部门先予核发营业执照，公安部门核发特种行业许可证，公安消防部门核发消防合格证或备案证明，环保部门核发环保许可证或备案证明，卫生部门核发卫生许可证，文广旅游体育部门核发行业许可证，文化旅游体育市场经营户方可营业。年末，全市已核发行业许可证的有网吧42家，演出单位2家，歌舞、游艺娱乐经营场所44家，旅行社8家，国家A级旅游景区1个，星级饭店3家，游泳场所3家。对文化旅游体育经营单位实施行业法律法规培训、巡检和年审（年度报告）制度，确保行业经营合法合规。

【文化市场整治】2019年，市文广旅游体育局共出动执法人员1300多人次，分期分批检查印刷企业、网吧、歌舞娱乐、出版物、旅游、体育等经营场所900多家次，查处案件12宗，没收并公开销毁非法出版物一批。

（林曼群、周松青）

普宁市文学艺术界联合会

【概况】2019年年末，市文学艺术界联合会（简称“市文联”）属下有文艺团体会员组织32个（协会、社、院、馆、研究会）。市文联团体会员总数有3300多人，其中已加入全国各文艺协会会员45人，省各文艺协会会员165人，揭阳市各文艺协会会员900多人。是年，新成立普宁潮剧联谊会。举行市美术家协会第四次会员代表大会并进行换届选举。

【文艺活动】2019年，市文联组织举办（承办）及与有关单位联合

2019年9月30日，由普宁市文联主办的“不忘初心、牢记使命”庆祝中华人民共和国成立70周年文艺会演在明华园举行（市文联 供稿）

举办的文艺活动30多场次。1月，举办普宁市音乐艺术协会揭牌晚会暨“寻找普宁好歌声”第一季启动仪式；举行2019年新时代新发展文艺联欢会，邀请徐小岩将军参加活动并致辞；举行首届吉之旅杯“以花为媒·发现乡村之美”摄影大赛颁奖暨摄影展开幕仪式；联合市总工会在普宁高铁站举办“墨香情暖回家路·道德春联进万家”迎新年送春联活动。2月，组织龙腾乐社在赵厝寮文化广场举办新春公益潮剧会演；举办“梅溢清香”——2019年普宁市迎新春诗书画作品展。3月，举行普宁潮剧联谊会成立会暨潮剧演唱会。4月，举办第五次普宁之星（方忠群、陈赛坤、许家荣、王宇星）美术作品联展。5月，举办“书写新时代”普宁硬笔书协重点作者20人展和“魅力普宁·雅汇潮汕”书画名家邀请展。6月，举办第三届盛世华筝·万人古筝展演普宁站选拔赛。7月，组织全市文艺界代表开展市民文明规范大讨论活动和普宁之星第六次美术作品展览。8月，举行省民艺协主办的《天南》杂志总第32期（普宁专辑）出版发行座谈会和普宁之星第七次美术作品展览。9月，在市明华园举办迎国庆贺中秋潮曲文艺晚会和“不忘初心·牢记使命”庆祝中华人民共和国成立70周年文艺会演；在市文联展厅举办党的十九大报告全文长卷书法展。10月，举办“中国梦·普宁情·复兴路”征文征集活动暨颁奖仪式。11月，举办普宁之星第八回展览。12月，在第五届普宁梅花旅游文化节期间，举办梅花绘画作品专题展、“我歌普宁”诗歌大赛、十首推介普宁旅游歌曲展播活动，助力旅游文化节更好开展，擦亮“商贸名城、创新之城”城市名片。

【文艺书刊出版】 2019年，市民艺协主编的《普宁宗祠博览》，薛小娜的《蒹葭苍苍》等文艺丛刊、著作出版。全市各协会会刊《铁峰诗苑》《铁山》《普宁美术家》《普宁文学》《普宁谜苑》《普宁音乐》《百年汉韵》《翰墨会元》《忠兴文艺》《高阳之声》《普宁易坛》等继续内部出版交流。

（许月莹）

广播电视

【新闻宣传报道】 2019年，市广播电视台紧紧围绕市委、市政府的中心工作，发挥主流媒体职能，精心组织，精心策划，深入报道全市学习贯彻落实党的十九大精神和十九届二中、三中、四中全会精神的举措成效。认真做好宣传贯彻省委十二届六次、七次全会、揭阳市委六届六次、七次全会、普宁市委十三届五次、六次、七次全会精神，宣传报道中华人民共和国成立70周年和建党98周年丰功伟绩以及“不忘初心、牢记使命”主题教育开展情况。组织做好普宁市“两会”“五城同创”“练江整治”“农村人居环境整治”“乡村振兴”“壮丽70年.奋进新时代”等专题宣传报道；组织做好第二届普宁英歌（民俗）文化节、第六届市运动会、第五届普宁梅花旅游文化节等大型活动以及市创文创卫、社会治安综合治理、“众剑行动”、“扫黑除恶”、禁毒、安全生产、精准扶贫等工作的宣传报道，为普宁建设“商贸名城、创新之城”营造良好的宣传舆论氛围。该台还在《普宁新闻》节目中开辟专栏，围绕市委提出的“一核二园三区”建设，加大宣传报道力度，及时跟踪报道相关项目的建设进展和市党政领导调研督查等动态消息。围绕市练江流域综合整治、创建文明卫生城市“三清理三拆除三整治”工作和市纺织印染环保综合处理中心、生活垃圾环保处理中心、英歌山工业园（大健康产业园）、新汽车总站、新中医医院等市重点建设项目，大张旗鼓进行深入宣传报道，同时，深入采访报道普宁康美中药城、普宁国际服装城、普宁国际商品城做大做强实体市场，助力地方经济和产业发展的新举措，取得明显的宣传效果。

【融媒体中心建设】 2019年，市广播电视台按照市委、市政府工作部署，在市委宣传部直接领导下，抓住作为全省县级融媒体中心建设试点之一的契机，结合实际，积极推进传统媒体和新媒体融合发展。以市广播电视台为主体，整合电视、广播、网站、微博、微信公众号、客户端等媒体资源，组建市融媒体中心，并于3月29日举行挂牌正式运作。选定280平方米场所作为采编指挥中心，完成图纸设计，进入项目招投标阶段。是年市融媒体中心先后进行首次5G实时直播，现场直播揭阳市首届“贤德揭阳”端午龙舟赛普宁市初赛、揭阳市决赛和市第六届运动会活动开展盛况，得到社会各界的广泛关注和点赞。开发建设“普宁通”APP手机移动客户端，于8月16日正式上线，至年末共推出各类政务信息、民生新闻等5700篇，总点击量145万人次，下载量超10万人次，抖音阅读量1800万人次，实现点击率快速增长，受到各界好评。

【精品制作与特色节目】 2019年，市广播电视台在继续推出《民生身边事》栏目的基础上，结合市开展的“创文”“创卫”工作推进，以“关注民生、倡导文明、褒扬典型、曝光陋习”为宗旨，在《普宁新闻》中开设“曝光台”“回音壁”专栏，把镜头瞄准市民的生活习惯、生活状态，通过正反比对，褒扬典型，曝光陋习，弘扬正能量。同时，推出《大众健康行》《消防在身边》专题节目，取得较好的宣传效果。除自办《普宁新闻》《民生身边事》等节目播出外，还配合有关部门制作图文并茂的公益广告，自办一批特色、精品节目播出。主要有广播中心制作播出的《“1028”交通服务站》《开心直通车》《娱乐圈圈圈》和电视中心制作播出的《普宁风物》《商城聚焦》《大众健康行》等节目。通过推陈出新，优化整合、创新节目结构和内容，不断增强广播电视节目的可听可视效果。是年，电视主频道晚间黄金时间播出电视剧1000余集，午间剧场播出电视剧近2000集；第二频道白天播出电视剧2000多集，潮剧1000多小时，晚间播出电视剧2000多集。配合有关部门录制播出揭阳市首届贤德揭阳端午龙舟竞赛、市第六届运动会开幕式和闭幕式、“走进民族，走向世界”蓝海之星首届民族民间舞剧晚会、中国梦·劳动美——广东工人艺术团走进马鞍山农场、普宁市第六届运动会广场舞比赛、2019年迎中秋·贺国庆——普宁南溪镇水乡赏月“月满南溪”文艺晚会、市庆祝中华人民共和国成立70周年“我和我的祖国”专题晚会等各项活动的实况。

【广电事业建设与人才队伍建设】 2019年，市广播电视台继续加大事业建设投入，改善广播电视中心办公环境；大力发展数字电视业务，使数字电视用户保持基本稳定。通过加强管理，夯实广电基础建设，促进广电事业新发展。重视广电人才队伍建设，加强政治理论学习，在新时代作出新作为。组织党员干部职工深入学习贯彻党的十九大和历次全会精神，深入开展“不忘初心，牢记使命”主题教育，推进学习教育常态化、制度化。配合市直工委，举办普宁红色故事大讲堂暨市直“党建论坛”（第三期）活动；强化党员干部队伍的教育和管理，完善党内组织生活制度。全年共召开党支部大会32次，开展上党课活动26场次，参加会议和活动党员干部530人次。加强党性、党风、党纪教育，认真落实党风廉政建设责任制，严格遵守中央八项规定，扎实开展机关作风整顿和纪律教育学习活动；组织党员干部职工参与“创文”“创卫”和志愿服务活动，树立广电队伍良好形象。秉承用户至上原则，认真落实广电惠民便民举措，想方设法为用户解决问题，以优质的服务赢得用户信赖。

【安全播出】 2019年，市广播电视台通过不断健全完善机制，确保广播电视安全播出。着力在强化播控机房硬件建设和人员工作制度、技术保障上狠下功夫，成立安全播出指挥中心，切实完善物防、技防、人防措施，完善方案、预案和实操演练，实现安全播出监管全程全方位无缝隙化管理，确保是年全国两会和国庆、春节期间等重要保障期重要时段、重要节目实现零秒停播，实现节目安全播出零事故。对该台制作播出的广播电视节目审核严格执行“三审制”“重播重审制”“监听监看制”，确保广播电视节目宣传导向正确。加强广告管理，建立健全广告审查审播制度，规范广告经营活动，规范广告播出内容和播出时段时长以及随意插播，从源头上杜绝违法违规广告节目播出。

【产业经营】 2019年，市广播电视台强化服务意识，不断拓展思路，在创收形式多元化方面进行积极探索。该台通过办好办活节目，优化节目结构，吸引广告客户，拓展经营创收渠道。在创新广告形式，提高广告制作质量，办好办活广告节目上下功夫，得到客户信赖，取得一定广告经营效益。大力发展数字电视新用户，全年新增主机用户861台，分机306台；乡镇分前端数字电视主机用户94310台。加强有线网络技术维护和线路整修、改造、更换。全年处理整修用户网络报障7850多宗；新架设电缆10.29万米，新增用户放大器148个；新铺设光缆1.93万米，新增光机73个，确保有线电视网络信号传输质量进一步提高。同时，采取措施，推进“台网分离”工作，确保国有资产保值增值。

（黄卓广）

旅　游

【第五届普宁梅花旅游文化节】2019年12月末，按照市委、市政府的部署，本着“务实、创新、节俭”的原则，市文广旅游体育局联合有关部门举办“潮韵风华·梅香四方”——第五届普宁梅花旅游文化节，旨在扩大普宁的知名度，提升城市品位和对外形象，擦亮“商贾名城、创新之城”城市名片，助推现代服务业提质增效，达到以节促游、以节提位、以节造势，节会带动旅游文化商贸农特产等相关产业发展的良好效应。此届活动项目形式多样、内容丰富。以一台凸显普宁梅乡特色的精彩民间歌舞节目拉开旅游文化节序幕，围绕“梅香故里”“美丽乡村”“商贾名城”等三大系列共20多个活动项目，从市区铺开至各特色镇、特色村和各旅游景点，充分把旅游与民俗、文化、乡村、商贸、美食等融合起来。活动从开幕到结束，历时一个月，加上之前近半年活动推广，充分吸引众多市内外游客到此参观，凝聚人气、商气、财气，成为一次商贸旅游产业的大汇聚，一次旅游文化景区景点、特色乡村的大检阅，一次旅游文化品牌的大亮相，一次展会节庆的大突破。据中国移动大数据监测，自此届旅游文化节开幕至结束，到普宁旅游的市内外游客为1690.9万人次，同比上届游客增长24.43%；其中揭阳市外到访游客1395.4万人次，同比上届增长54.92%；揭阳市内到访游客295.5万人次，实现经济效益和社会效益“双丰收”。同时，在第五届普宁梅花旅游文化节组委会指导下，由市文明办、市文广旅游体育局、市委农办、市政府地方志办联合开展2019年普宁市寻找“美丽乡村”活动，经各地推荐、网络票选、实地考察、综合评审、公示等环节，大南山街道什石洋村、梅塘镇景光村、南溪镇新溪村、赤岗镇五福屿村、流沙东街道北山村、洪阳镇鸣岗村、梅林镇大高田村、池尾街道贵政山村、占陇镇下寨村、船埔镇樟树村10个村被评定为2019年普宁市美丽乡村。通过评选活动，全方位展现普宁乡村振兴和文明创建成果，引导更多的人去关注乡村、建设乡村，发掘乡村之美，促进全市文明村镇创建活动的开展和乡村振兴战略的实施向纵深发展。

【旅游资源】　市境内旅游资源丰富，以文物古迹、革命胜迹、观光农业、民俗风情、古村落、地热温泉、商务旅游等为特色，构成普宁特有的自然人文旅游景观。全市有古迹探幽、名胜风光旅游、红色文化旅游、观光农业与商贸休闲旅游，民俗风情观光等景观、景区、景点50余处。其中“流沙会议”旧址被命名为全国爱国主义教育示范基地，洪阳镇德安里、大南山街道百二坵田（藏莲寺）被评定为国家AAA级旅游景区。

名胜古迹　有马嘶岩、云石岩、

2019年12月31日，第五届普宁梅花旅游文化节开幕式在普宁康美中药城举行

（王敏　摄）

洪阳培风塔 （陈少强 摄）

圆通庵、南岩、盘龙阁、百二坵田（藏莲寺）等古刹名寺；全国知名的特大型清代建筑组群——洪阳德安里、林则徐病逝旧址——洪阳文昌阁和培风塔等名胜旧址；洪阳古官道、“石亭驿站”遗址、纱帽石摩崖石刻、青洋山摩崖石刻、后山遗址、虎头埔古窑址、龟山遗址、花鼓岩遗址和普宁故城址等。

革命史迹 普宁有着光荣的革命历史，境内有许多著名的革命胜迹。有“八一”南昌起义南下部队指挥部军事决策会议（又称“流沙会议”）旧址、普宁县苏维埃政府成立与办公旧址、白马仔村彭湃革命活动旧址、大南山石刻革命标语、红军（二、四师）野战医院旧址、普宁县临时人民政府成立旧址、潮汕人民抗日游击队成立旧址和大南山革命斗争展览馆等。

观光农业与商贸休闲 普宁是著名的水果之乡，享有“中国青梅之乡”“中国青榄之乡”“中国蕉柑之乡”等美誉。洪阳镇的万花园，有各式花卉、盆景、绿化苗木，成为集农业观光、种植、休闲娱乐于一体的旅游区。依托商贸优势，以市区的纺织服装、中药材及茶叶、花卉、水果等专业市场为基础开发的商贸特色旅游是普宁旅游一大亮点。

地热温泉 普宁有得天独厚的温泉资源，出露地面的温泉有8处，分别是汤头、古庵、下营、果陇、军田、汤坑、梅新和三坑水库库区的原汤坑仔，所有温泉温度在41℃以上，水温最高的是汤头温泉，高达65℃，古安温泉出水量最大，为5.9升/秒。地下热水埋藏浅，均贮存于较浅岩层中，极易开采。水质好，多属于低矿物重碳酸盐型淡水，无色、无味、透明，内含钙、铁、氟和硫化物，对皮肤病和风湿病有一定的浴疗效果。

民俗风情 普宁市被文化和旅游部命名为“中国民间文化艺术之乡”，“普宁英歌”与“普宁嵌瓷”被国务院公布为第一批与第二批国家级非物质文化遗产。特色传统民居有雕梁画栋、建筑风格独特的“下山虎”“四点金”“驷马拖车”“五壁联”等；特色民间工艺有嵌瓷、木雕、石雕、墙画；特色民艺民俗活动有舞英歌、舞虎狮、舞龙、大锣鼓标旗巡游、游景、打布马、摆社、游“老爷”、跳火堆等；特色乡音演奏有潮剧、潮州音乐、潮州歌册、山歌等；特色风味小吃名食有普宁油炸豆干、普宁面线、普宁豆酱、云落粿条、洪阳粿汁、大长陇南糖、洪阳酥糖等；特色品茗有乡情浓郁的潮汕工夫茶。

【旅游线路】 市内各旅行社开通有市内旅游、国内旅游、港澳台旅游和海外旅游等80多条线路。市内旅游推出从市区康美中药材城至国际服装城至盘龙湾温泉度假村至盘龙阁；以及从南岩文化风景区至洪阳德安里、万花园至国际服装城至国际商品城至康美中药材城2条往返商务休闲旅游线路。从揭阳市区至普宁国际服装城至普宁国际商品城至康美中药材城旅游线路入选为揭阳市首条商务休闲精品旅游线路。市旅游部门已推出市内旅游精品线路10条并收录于《普宁旅游》宣传册中。

【旅游商业】 2019年年末，全市有旅行社8家，旅游饭店75家。其中四星级饭店2家，三星级饭店2家，共有客房2895间。旅游住宿环境和服务质量日臻完善。市内旅游饭店餐饮设施齐备，部分餐厅设包厢，提供普宁地方特色风味菜肴和小吃，如油炸豆干、炒面线、炒粿条、鱼粥、糕粿、粘米圆、无米粿、春卷、甜汤、猪肠胀糯米等。市文化旅游部门、各旅行社与历届普宁梅花旅游文化节密切配合，大力推介推动商贸和休闲旅游发展，吸引了大批游客到普宁观光。

（林育生、江文玉）

体　育

【群众体育】　2019年，市文广旅游体育局认真贯彻落实以人民为中心的发展理念，继续深入实施《普宁市全民健身实施计划（2016—2020年）》，着力构建和完善全民健身服务体系，推动群众体育持续发展。根据2019年市体育场地调查统计，全市体育场地面积342万平方米，人均体育场地面积达到1.62平方米。经常参加体育活动的人数占全市总人口的41.5%。继续建设和配套公共体育场地设施。向全市部分行政村、广场、公园配套健身路径、乒乓球床、篮球架等体育健身设备，建设流沙西街道体育公园，初步择址在市区北二环路与广达路交会处西侧筹建市体育中心。全市各乡镇场街道、社区、行政村在“乡村振兴”行动中，加大投入兴建公共体育场地。在市举办的历届运动会影响带动下，全市全民健身运动广泛开展，群众体育蓬勃发展。在第四届、五届普宁梅花旅游文化节中，市体育部门组织举办普宁山地自行车骑行活动、普宁生态定向马拉松、2019年普宁市“农商银行杯”少年儿童乒乓球比赛、普宁市“体彩杯”羽毛球比赛、普宁市第三届潮人象棋公开赛等各项群众体育比赛活动。2019年普宁市“全民健身日”启动仪式活动在市明华体育馆举行。启动仪式上组织300多名群众健身爱好者参加11项健身项目表演，有彩带操（舞）、太极拳、柔力球、健身舞、健身气功、健身操、太极功夫扇、轮滑表演、武术等。健全群众体育组织机构。是年，新成立市健美健身协会、市徒步运动协会。积极选派人员参加上级举办的社会体育指导员培训，年底，全市共有社会体育指导员5938人。社会体育指导员分布在全市25个社会体育指导员服务站和上百个晨晚健身训练点，为各地群众开展体育健身活动进行指导服务，有效引领全民健身运动科学发展。继续组织国民体质监测活动。市体质测定与运动健身指导站组织专业人员深入全市各地农村、学校和城乡广场、公园，免费为不同人群进行体质测定，并指导服务群众科学健身。全年完成揭阳市下达的528例年度监测样本量任务和省下达的年常规监测样本量1500例任务。

2019年1月13日，参加第四届普宁梅花旅游文化节马拉松活动的队伍在广太镇潮来港湖兴里广场集中正待出发　　（陈少强　摄）

职工体育　2019年1月12日，由市体育局指导，广东美佳乐购物广场有限公司主办（并冠名）、汕头市传羽体育文化传播公司承办的普宁市首届“美佳乐杯”羽毛球混合团体赛在市明华体育馆举行。有来自潮汕三市（汕头、潮州、揭阳）共20支羽毛球队伍135名运动员参赛，比赛共进行48场次角逐，最终RC队（汕头）、天澜国际队（汕头）、粤东柑事陈皮队（潮州）、羽隆队（普宁）分别获得第一至第四名。1月20日，由市文明办、市团委、市总工会、市体育局和市卫计局联合主办，市徒步运动协会承办的“美好普宁，迎新徒步行”普宁市文明创建宣传活动在市区莲花山公园举行，有来自市各机关团体、企事业单位的干部职工及社会各界徒步爱好者、市民近5000人参加此次活动。活动从莲花山公园出发，沿着黄金国际假日酒店至池尾街道敬老院徒步一个来回，全程约6千米。3月5日至6日，市体育局、市篮球运动协会特邀广东宏远青年篮球队、湖北青年篮球队、汕头大学篮球队莅普宁，在市明华体育馆举办普宁市2019年篮球公开赛，促进市内外体育交流活动的开展。3月8日，由市总工会、市体育局联合举办的市机关、企事业单位工间操培训活动在市明华体育馆举行，来自市直机关、企事业单位、各乡镇场街道工作人员共80多人参加此次培训，系统学习第九套广播体操的各个动作要领。

农村体育　2019年，市文广旅

游体育局多批次向全市行政村补充健身路径、乒乓球床和篮球架；建设流沙西街道体育公园，持续做好有关乡镇、村庄、广场、公园等地公共体育场地设施（篮球架、乒乓球床、健身路径）的维护、更新工作。全市部分乡镇、村庄，经常利用传统节日，组织篮球、广场健身舞、龙舟赛等群众性体育比赛活动，不断满足人民群众多元化的体育健身需求。市体质测定与运动健身指导站派出工作人员深入全市各地农村、乡村广场和公园，免费为农村群众进行体质测试，现场工作人员给每位测试者出具分析报告及科学运动建议，指导群众进行科学健身。5月22日，组织举办“练江杯”2019年普宁市端午龙舟竞赛活动。该活动在市练江水闸上游至市练江整治指挥部河段举行。比赛项目分竞速赛和表演赛，市有关乡镇派出8艘标准龙舟参加比赛，4艘传统龙舟进行巡游表演。6月6日，由普宁市承办的揭阳市首届“贤德揭阳”端午龙舟竞赛决赛活动在普宁市练江上游上述同一河段举行。活动分表演赛（传统龙舟巡游）和500米直道竞速（标准龙舟）比赛，参赛的有榕城区、揭东区、普宁市、揭西县、惠来县、空港经济区、产业园7个县（市）区（园），各选派2艘标准龙舟（共14支队伍）进行比赛和各选派2艘（普宁市选派4艘）传统龙舟(共16支队伍)进行巡游表演。

2019年7月28日，参加普宁市城市公益健康徒步行活动的正在市区莲花山公园首行点集中待出发　（陈少强　摄）

老年人体育　2019年，全市老年人体育更加扎实有效开展。健全组织机构，市老年人体协指导成立洪阳镇及洪阳镇和安村、大坝镇白坑村3个分会，新增会员128人。市老年人体协积极组队参加各级比赛活动。7月22日，组织13支队伍200多人，参加在普宁广场举办的第三届“茅台王子”杯广场舞公益推广暨广东省广场舞大赛（普宁站）选拔赛，有3支队伍获选参加省赛资格；8月29日，组织11支广场舞队，参加在普宁兰花广场举办的2019年“佛慈制药杯”全国广场舞锦标赛（普宁站）选拔赛，有3支舞队获选参加全国赛资格；9月21日，组织庄彩虹舞蹈队参加在深圳市龙华广场举行的2019年“佛慈制药杯”全国广场舞锦标赛广东赛区赛，获优胜奖；10月18日，组织16支舞队，230人参加在普宁广场举办的“健康中国、舞动岭南”广东省第四届“白云山复方丹参杯”“聪明操”（普宁站）赛，有1支舞队获选参加省赛资格；10月22日，组织健身球队参加在珠海市举行的广东省老年人健身球操比赛，获优胜奖；11月25—26日，组织气排球队参加在汕尾市海丰县举办的“体育彩票杯”气排球邀请赛，普宁女队获第2名，男队获第4名。是年，市老年人体协及其分会组织举办的各项文体活动有：1月10日，市老年人体协在市兰花广场举行庆新春联欢表演活动，共有200多人分2场次表演了16个文体节目；6月24日，在普宁广场举办庆祝中国共产党建党98周年文体会演活动，以歌舞文体节目形式，表达老年人热爱党、热爱祖国的情怀；9月23日，组织206名女健身舞蹈队员参加在明华体育馆举行的普宁市庆祝中华人民共和国成立70周年文艺晚会表演；9月29日，组织54支老年人健身队伍，共1250人，在市区莲花山公园举行庆祝中华人民共和国成立70周年大型文体会演，表演项目有集体广场舞、太极拳、功夫扇、柔力球、健身球、红绸舞、健身操等。3月8日，市老年人体协洪阳镇分会、和安村分会联合在德安里礼堂，举办庆“三八”文体表演活动；10月1日，又联合在洪阳镇方方纪念广场举办庆祝中华人民共和国成立70周年暨第七届全国“老人节”文体活动。

学校体育　2019年1月23日，由团市委、市体育局主办，市篮球运动协会承办的2019年普宁市迎春大学生男子篮球联赛，在市区流沙广场举行，有来自中山大学、暨南大学、北京理工大学珠海学院、广东体育职业技术学院、韩山师范学院、广州体育学院、广东海洋大学、深圳大学等16支高校学生组成的队伍参赛，参赛队员均为放寒假回家乡的普宁大学生。该赛事共进行11天分48场次角逐。12月28—29日，由市文广旅游体育局主办的2019年普宁市“体彩杯”少年儿童围棋比赛在流沙第五小学举行。该赛事设置七个比赛组别，有500多名市内各中小学校少年儿童学生报名参赛。该次比赛活动为少年儿童围棋爱好者搭建学习交流平台，培养他们的创造性思维，让他们在切磋围棋技艺的同时磨炼意志，树立自信心。12月28日—29日，市文广旅游体育局、市教育局联合在流沙东街道新坛小学举行2019年普宁市“农商银行杯”中小学生乒乓球比赛。该赛设置小学组和中学组两个比赛组别，共有78名中小学生选手参赛。

【竞技体育】 2019年，市文广旅游体育局把握各体育项目业余训练和竞技体育发展的周期性，部署和落实好业余训练各项基础性工作，建立完善相关体制机制，保持各体育项目业余训练工作常态化，促周期性竞技体育发展初显成效。依托各基层训练点开展相关体育项目业余训练，不断夯实竞技体育发展根基；做好运动员在省、市注册、确认工作，积极组织教练员参加上级业务培训；积极组队参加上级竞技体育比赛，达到锻炼队伍、寻找差距、积累经验、提高水平的参赛目的。是年市田径队运动员黄烽扬参加省青少年田径锦标赛获得少年乙组400米赛第三名、200米赛第七名好成绩；组织队伍参加2019年揭阳市第一届“市长杯”羽毛球比赛，普宁派出的两支羽毛球代表队分别获得甲、乙组第三名好成绩。积极向上级输送体育后备人才，市男子篮球运动员郑嘉涵、马腾于8月被推荐到省体校男子篮球队训练；市田径运动员黄烽扬于10月被推荐到省体工队田径队训练。

【体育产业】 2019年，全市经营性体育健身活动持续活跃，体育消费人群进一步增多，体育产业不断发展，特别是在市多项大型体育赛事推动下，进一步刺激体育消费和体育投资热潮。开展2019年普宁市体育场地统计调查工作，摸清市体育场地数量、质量、类型、结构和使用管理等发展状况，对实施体育事业监督管理提供客观依据。据调查全市体育场地面积342万平方米，人均体育场地面积达到1.62平方米。游泳场所经营活动持续活跃，是年全市有游泳经营场所52家（含拆装式游泳经营场所）。市康迪生态旅游有限公司、市悦源庄生态旅游有限公司已取得高危险性体育项目经营许可证。市体育部门继续组织开展体育彩票销售网点业务培训，进一步提高网点销售能力和水平；改造升级全市体育彩票销售网点及其广告牌，提升网点对外形象；强化网点巡查监管和业务指导，加大公益体彩宣传力度。是年末，全市有体育彩票销售网点90个，全年总销售额5392万元。

【普宁生态定向马拉松活动】 2019年1月13日，由市体育局主办，广太镇政府、普宁吉之旅农业科技有限公司协办的普宁生态定向马拉松活动在广太镇潮来港现代农业生态园园区举行。有来自广州、深圳、汕头、潮州等地以及揭阳、普宁当地的近1000名选手参加活动。活动路线：起点从潮来港湖兴里广场至潮来港现代农业生态园园区绕跑，然后折回潮来港湖兴里广场终点，绕跑至终点完成距离约7—10千米。此次活动是第四届普宁梅花旅游文化节“动感体育活动”的重头戏之一，以“文明普宁　生态健康”为主题，旨在推动全民生态文明进步，健康文明的生活观念，并通过活动的亲民性与互动性，增强市民对群众体育运动的关注度、参与度。

2019年6月6日，首届“贤德揭阳”端午龙舟竞赛决赛在普宁练江水闸上游至练江综合整治指挥部河段举行（洪俊舟　摄）

【举办普宁市“练江杯”龙舟比赛和承办揭阳市首届“贤德揭阳”端午龙舟决赛】 2019年5—6月，市文广旅游体育局按照普宁市委、市政府的工作部署，积极落实做好普宁市“练江杯”龙舟比赛、揭阳市首届“贤德揭阳”端午龙舟竞赛决赛各项筹备工作，做好比赛、竞赛的队伍组织、场地布设、赛事活动器材等落实和精心准备。在市委、市政府重视支持及各有关部门通力协作下，上述两次龙舟赛事分别于5月22日、6月6日在普宁练江河段顺利举行，得到上级领导和社会各界人士好评。两次赛事活动的成功举办，不仅圆了练江两岸百万儿女重现练江赛龙舟的多年梦想，而且更体现了揭阳、普宁两级党委、政府下决心背水一战打赢练江治污攻坚战，还群众一江碧水、两岸秀色的决心。

【普宁市第六届运动会】 2019年8月18日至9月28日，普宁市第六届运动会在市区举行。此届运动会历时42天，共设置篮球、足球、乒乓球、羽毛球、田径、游泳、三棋、拔河、第九套广播体操、广场舞10个大项、233个小项的比赛项目，参赛人员分设乡镇场山区组、乡镇平原组、街道组，市直系统组共4个组别，全市28个乡镇场街道、11个市直系统组成39个代表团参加运动会，运动员、教练员、领队和裁判工作人员共4628人。此届运动会通过各大小项目比赛的角逐，有213支代表队获得了奖杯、奖牌，250多名运动员、48名裁判员和52支代表队获“体育道德风尚奖”。此次运动会规模大、时间长、影响广，对于提升市竞技运动水平，促进全民健身观念深入人心意义重大。

表22　　普宁市第六届运动会市直系统各代表团总分、奖牌统计表

组别	代表团	金牌	银牌	铜牌	奖牌总数	总分	名次
市直系统组	教育系统	8	6	5	19	419	1
	政府系统	3	3		6	338	2
	政法系统	1		1	2	236	3
	经信系统		2	1	3	224	4
	卫健系统		1	2	3	198	5
	建设系统			2	2	134	6
	农业系统			1	1	132	7
	武装系统	2			2	130	8
	通信系统					130	
	党群系统		1	2	3	123	9
	银信系统					70	10
街道组	流沙东街道	24	16	6	46	857	1
	池尾街道	18	15	5	38	797	2
	流沙北街道	11	8	11	30	676	3
	燎原街道	8	7	3	18	556	4
	流沙西街道	5	10	5	20	508	5
	大南山街道	1	9	9	19	493	6
	流沙南街道	9	4	5	18	441	7

续表 22

组别	代表团	金牌	银牌	铜牌	奖牌总数	总分	名次
乡镇平原组	洪阳镇	26	30	12	68	1232	1
	梅塘镇	16	31	20	67	1226	2
	占陇镇	12	12	12	36	953	3
	下架山镇	22	12	12	46	819	4
	里湖镇	9	8	6	23	615	5
	麒麟镇	11	5	4	20	520	6
	大坝镇	4	4	4	12	490	7
	军埠镇	6	4	5	15	451	8
	赤岗镇	8	4	4	16	380	9
	南溪镇	3	7	5	15	311	10
	南径镇	2	2	1	5	254	11
	广太镇	1		1	2	85	12
乡镇场山区组	云落镇	15	5	3	23	583	1
	高埔镇	2	6	4	12	350	2
	大坪农场	7	3	3	13	300	3
	船埔镇	1	6		7	277	4
	大坪镇	2	1		3	252	5
	梅林镇	1	3		4	230	6
	后溪乡		5	2	7	211	7
	马鞍山农场	4	2	1	7	140	8
	大池农场	1		2	3	33	9

（方凯生、吴浩翰）

卫生健康事业

综　述

2019年3月，根据市委、市政府制定颁发的《普宁市机构改革方案》文件精神，实施医疗卫生领域机构改革，组建普宁市卫生健康局（简称“市卫健局”）。至年末，全市共有各级各类公立医疗卫生单位38个（含归口市管理的市红十字会）。其中，市直医疗卫生单位12个（市人民医院、普宁华侨医院、市中医医院、市妇幼保健计划生育服务中心、市疾病预防控制中心、市慢性病防治中心、市康复医院、市医疗急救120服务中心、市无偿献血管理委员会办公室、市卫生健康服务中心、市病残吸毒人员收治中心），社区卫生服务中心7所，镇级卫生院19所（含普侨区人民医院），民营医院14所。有三级甲等医院3所（市人民医院、普宁华侨医院、市中医医院），二级甲等医院1所（市妇幼保健计划生育服务中心），中心卫生院4所（洪阳镇中心卫生院、占陇镇中心卫生院、里湖镇中心卫生院、梅林镇中心卫生院）。年末，全市卫生健康系统在编干部职工4702人，其中，卫生专业技术人员3897人（高级职称340人、中级职称972人，初级职称2292人，未取得专业技术资格293人）。医院编制床位6968张，实有床位7674张，全市平均每千人口拥有医院床位3.61张，平均每千人口拥有医生数1.79人，平均每千人口拥有护士数1.75人，基本适应城乡群众医疗卫生服务需求。

计划生育服务工作进入常态化管理轨道。是年，较好完成全年计生工作各项绩效目标。按照市计生统计口径，至12月底，全市户籍总人口2550778人，户籍人口出生45386人，出生率17.85‰，户籍人口自然增长率13.30‰，其中政策内生育36743人，政策生育率80.44%；全市户籍常住总人口1993253人，户籍常住人口出生35502人，出生率17.72‰，户籍常住人口自然增长率12.32‰，其中政策内生育28633人，政策生育率80.65%。依法控制政策外多孩出生，较好完成年度人口监测各项指标。

【深化医药卫生体制改革】 2019年，市卫健局贯彻落实省卫健委等部门关于现代医院管理制度试点和公立医院党建示范点创建工作的有关文件精神，在上年年末普宁市被遴选为广东省建立健全现代医院管理制度省级试点县、普宁市中医医院被遴选为省级试点医院的基础上，上半年按照“好中选优”原则，培育普宁市第一批公立医院党建工作示范点，同时康美医院作为民营医院被确定为揭阳市市级试点医院。7月，为确保试点工作顺利开展，市医改办印发《普宁市现代医院管理制度试点工作实施方案》，明确试点医院事业发展和建设总体规划，将市人民医院、华侨医院、中医医院、妇幼保健计划生育服务中心、皮肤科医院、康美医院6家医院列为县级现代医院管理制度试点工作单位。此6家试点医院制定现代医院章程，明确试点工作党的领导核心作用，把党的建设与现代医院管理制度建设紧密结合，同步规划，同步推进。是年，继续稳步实施分级诊疗制度，合理引导患者就医流向，把小病、常规病留在基层就医。

【医疗卫生服务体系建设】 2019年，市卫健局继续积极创建紧密型医疗卫生共同体，着力构建市、乡镇、村医疗服务一体化管理体系，充分发挥以市三甲医院为龙头、乡镇卫生院为枢纽、村级卫生室为基础的医疗卫生服务网络。以市3家三甲医院为牵头单位组建的紧密型医联体初见成效，逐步建立和完善双向诊疗工作制度。是年，各牵头医院共接收分院转诊的急重症患者316人次，向分院转诊的慢性、恢复期患者95人次，患者双向分级诊疗趋于合理。至年末，市人民医院洪阳分院门诊量为69605人次，同比增长27.08%，住院量13304人次，同比增长32.47%，业务收入8632万元，同比增长36.28%；普宁华侨医院下架山分院门诊量69563人次，同比增长1.39%，住院量4589人次，同比增长7.87%，业务收入2825.28万元，同比增长13.65%；市中医医院梅塘分院门诊量49152人次，同比增长4.47%，住院量5877人次，同比增长39.43%，业务收入2856.97万元，同比增长44.12%。以康美医院为代表的民营医院稳健发展，与公立医院形成资源共享、错位发展的良性格局。

【医疗卫生服务能力提升】 *医疗卫生服务能力建设项目强势推进* 2019年，市人民医院内科住院大楼建设项目、市妇幼保健计划生育服务中心综合大楼建设项目、市中医医院急诊门诊楼、医技药剂楼及配套工程项目积极推进中。市慢性病防治中心业务用房和配套设施设备、市医疗急救（120）服务中心业务用房和配套设施设备投入使用。12月，洪阳镇、占陇镇两所中心卫生院分别举行升级建设项目开业启用仪式。年末，13家纳入标准化建设的乡镇卫生院中，麒麟、赤岗、船埔、广太、云落、梅塘6所镇卫生院标准化建设项目竣工并投入使用；军埠、南溪、南径、大坝、后溪乡5所乡镇卫生院标准化建设项目竣工验收；梅林、高埔两所镇卫生院正在进行标准化建设项目的配套装修。是年，全市需要参与公建规范化建设的村卫生站504个，至年末全市已完成公建规范化建设的村卫生站336个，168个村卫生站建设正在推进中。

医疗卫生服务质量和管理水平多措并举提升 2019年，市卫健局与市人社局等部门，切实做好对高层次和短缺专业人才的引进工作。全年完成两次卫生事业单位专业人才公开招聘，共招录354人。积极扩大农村订单定向免费医学生培养规模，并完善就业、履约、激励等管理措施。是年市域农村订单定向医学生免费培养项目协议签订32人。招录2019年毕业的农村订单定向医学免费培养医学生2人，并已聘为市基层医疗卫生单位专业技术人员。做好对2019年全市1772名卫生技术人员初、中、高职称的申报和资料审核工作。是年，全市传统医学确有专长人员报名考核成功75人；执业（助理）医师报名并参加考试620人；按要求继续做好全科医师、产科医师、转岗儿科医师的培训。推荐市医疗卫生健康系统高层次人才8名为评审专家人选，参加各级拔尖人才评选；市医疗卫生健康系统列入2019年揭阳市管拔尖人才5人，列入普宁市管拔尖人才22人。全年举办医疗机构从业人员基本行为规范专题教育培训会、抗菌药物合理使用培训会、麻醉药品及精神药品处方权资格培训及考核、中医药知识及适宜技术视频培训会等29场（次），参加培训1300多人次。

【公共卫生服务能力建设】 *重大疾病防控* 2019年，持续完善普宁市防治重大疾病工作联席会议制度，突出抓好人感染高致病性禽流感、登革热、手足口病等为重点的传染病防控。7月22日，市域发生首例登革热病例，市卫健局迅速行动，立即调整成立登革热疫情防控工作领导小组和专家组，开展登革热防控督导工作，对疫点核心区（警戒区、监控区）开展灭蚊工作和蚊媒监测，处置疫点257个，灭蚊工作累计出动1685人次，灭蚊面积约1426万平方米。同时，联合市疾控中心举办登革热防控知识培训班，加强各级医疗机构医护人员防疫人员的培训。印制发放登革热疫情防控宣传资料3万份，及时开展宣传教育，做到防控知识家喻户晓。

爱国卫生运动 2019年，市爱卫会、市卫健局继续组织和发动，在全市开展爱国卫生清洁整治行动和病媒生物防治工作。以第31个爱国卫生月为契机，联合市各相关部门组织健康教育进学校，进农村、进社区活动，倡导健康文明生活方式，开展防疫知识宣传，组织环境卫生专项整治，在全市掀起爱国卫生运动新高潮，营造创建卫生城市浓烈氛围。各地开展以防控登革热为主题的爱国卫生统一行动，大力整治人居环境卫生，清除垃圾杂物、消杀蚊蝇等病媒生物滋生地。是年，全市各地共清除积水10176处，消杀蝇、蚊、鼠、蟑药物用量分别为：2913.8千克、6501.2千克、2491.6千克、2001.3千克。共出动专业消杀防控人员3850人次，喷杀车辆720车次，新装灭鼠闸笼4342个。稳步推进卫生城市创建工作。是年，全市有426个村被省爱国卫生运动委员会授予广东省卫生村称号，1个镇（下架山镇）被授予广东省卫生镇称号。

基本公共卫生服务项目实施 2019年，市卫健局和市财政局联合制订印发《普宁市2019年度国家基本公共卫生服务项目实施方案》，以奖勤罚懒为考核宗旨，切实提高基本公卫服务质量，保障居民享受到更好的基本公共卫生服务。是年，全市常住人口居民建档率82.59%，完成国家基本公共卫生服务项目要求的居民建档率80%的目标。全市免疫规划疫苗建卡建证接种24.44万人，建卡建证率达

到100%；接种率除麻风疫苗外均达95%以上。同时，联合市疾控中心、各乡镇卫生院及街道社区卫生服务中心开展“4·25”全国预防接种宣传日宣传活动，发放宣传资料1000多份。全年全市家庭医生已签约82.18万人，签约率39%，其中重点人群签约37.1万人，签约率64.61%。积极开展健康教育促进工作，市各基层医疗卫生机构共更新健康教育宣传栏6期，发放健康教育印刷资料452种，共210多万本；组织举办健康教育咨询活动及讲座544次，参与群众53582人次。全市慢性病防控专业队伍增至1495人。以创建省级慢性病综合防控示范区为契机，深入开展健康促进行动，加强健康科普宣传，推进健康教育进机关、进社区、进农村、进学校、进家庭活动开展，引导群众形成合理膳食、适量运动、戒烟限酒、心理平衡的健康生活方式，提升群众健康素质。全年全市共创建健康社区171个，覆盖率30.1%；创建健康家庭1710户、健康单位5个、健康学校10所，健康食堂6个、健康餐厅5个、健康小屋5间和创建市区商品城健康一条街。是年普宁市被省卫健委确认为“省级慢性病综合防控示范区”。加强对严重精神障碍患者的管理。是年，全市新排查精神障碍确诊患者914人，其中严重精神障碍患者检出率为4.54‰，对严重精神障碍患者管理率为94.58%，规范管理率为90.4%，均达到省指标要求。进一步建立健全传染病疫情报告和突发公共卫生事件信息报告制度，严格要求市各地传染病疫情报告及时率和突发公共卫生事件信息报告率两个100%。

综合医院诊治与中医医院治疗

【普宁市人民医院】 该院创建于1950年，是广东省县域第一家、揭阳市首家三级甲等综合医院。是一家集医疗、教学、科研、保健、预防、康复等功能为一体的综合医院，也是南方医科大学非直属附属医院。2019年年末，该院占地面积2.41万平方米，建筑面积69992平方米。员工2409人（在编1134人）。其中高级职称186人、中级职称350人；博士、硕士研究生99人，本科毕业生797人；受聘为南方医科大学教授、副教授45人，硕士生导师10人，揭阳市第八批优秀专家和拔尖人才1人，普宁市第六批优秀专家和拔尖人才8人。编制床位1600张，开放床位2200张。服务范围为本市及毗邻各县市区，服务人口约600多万人，是市区域医疗服务中心。该医院拥有64排螺旋CT、3.0核磁共振（MRI）、SPECT（小派特）、数字减影血管造影机（DSA）、全数字化乳腺X线摄影系统等万元以上设备1000多台（套）；设置有内科、外科、妇科、儿科、ICU（重症监护室）、NICU（新生儿重症监护室）、CCU（心内科重症监护室）、导管室等35个学科专业、32个临床科室和69个细分专业，其中省级临床重点专科2个，广东省重点扶持建设专科2个，揭阳市临床重点专科3个。该院下设洪阳分院（与洪阳镇中心卫生院组建紧密型医联体）。是年该医院申报揭阳市医学科研立项项目共60项，其中科研结题23项、阶段性小结9项。在省级、国家级以上医学杂志发表论文81篇；发表SCI（科学引文索引）论文2篇，累计发表SCI论文4篇。

2019年1月起，该医院取消耗材加成，通过努力控药比、降耗材、缩短病人住院时间等，有效减轻病人治疗费用负担。全年，该院门诊、急诊接诊103.2万人次；收治住院9.25万人次；开展手术2.56万例。业务收入12.3亿元。固定资产7.8亿元。该院在揭阳市同级医院中，业务量较大、住院天数少，人均住院费用较低，病人满意度较高。是年5月，该医院被评为全国“县域医院优秀管理团队”，院长陈阳生被授予广东省“五一劳动奖章”。

【普宁华侨医院】 该院是由香港普宁同乡会创会会长庄世平倡导，海外侨胞和港澳同胞捐资创建，经广东省卫生厅批准设立的一所公立综合医院，于2014年8月经国家卫计委考核评定为三级甲等综合医院，是省高等医学院校教学医院，南方医科大学非直属附属医院，中国人民解放军总医院（301医院）、广东省人民医院和广州军区总医院的合作医院。2019年年末，该院占地面积3.3万平方米，建筑面积9.1万平方米。员工1278人（在编766人），卫生专业技术人员1156人。其中高级职称104人（正高16人）、中级职称226人；揭阳市优秀专家和拔尖人才5人，普宁市优秀专家和拔尖人才9人；外聘教授5人；南方医科大学、广东医学院兼职教授、副教授49人，南方医科大学兼职硕士研究生导师10人。设16个职能科室、31个临床科室以及9个医技科室。学科齐全，有骨科、ICU两个省级重点扶持建设临床专科；有骨科、神经内科、心血管内科、肿瘤外科、消化内科五个市级重点专科；有新生儿科、肿瘤防治中心等院内特色专科。该院编制床位1100张，平均开放床位1150张。拥有全数字化血管造影设备（DSA）、1.5T核磁共振（MRI）、64排及6排螺旋CT、E9彩色B超、红杉树彩色B超、数字化X光线摄影系统CR、DR机，高压氧舱、血液透析机、全自动多功能生化分析仪、直线加速器，胸、腹腔镜，内窥镜、全自动酶标仪、肿瘤微创治疗等尖端医疗设备。重点发展心血管介入、肿瘤治疗和内镜治疗等微创诊疗技术。

全年该院门诊、急诊接诊45.17万人次，比增1.8%；住院治疗已出院4.45万人次，比增5.4%；开展手术8824例，比增18.6%。全年业务收入6.14亿元，同比增长7.7%。固定资产5.15亿元。该院曾先后被评为"全国医药卫生系统先进集体""广东省百家文明医院"。

2019年4月23日，普宁市中医医院举行"直升机航空医疗救援定点医院"揭牌仪式。图为参加揭牌仪式的领导和工作人员合影 （市中医医院 供稿）

【普宁市中医医院】 该院是一所集中医医疗、教学、科研、预防、保健、康复为一体的粤东地区规模较大、环境较优、技术力量较雄厚的三级甲等综合性中医医院，是省普通高等医学院校教学医院，是广州中医药大学第一附属医院、省第二人民医院技术合作医院。2019年年末，该院占地面积6.67万平方米，总建筑面积10万多平方米。设置床位1000张。员工680人（在编320人），卫生专业技术人员574人。其中高级职称51人（正高10人），中级职称136人；受聘广州中医药大学教授、副教授15人；享受国务院特殊津贴专家1人；岭南名医1人、南粤好医生2人、广东省名中医1人、广东省杰出青年医学人才1人；揭阳市名中医2人，揭阳市优秀专家和拔尖人才2人；普宁市优秀专家和拔尖人才2人。该院医疗设备先进，拥有全数字化血管造影设备（DSA）、1.5T磁共振、64排CT、双排CT、DR机、移动式G型臂及C型臂X光机、四维彩超、全自动生化分析仪、关节镜、椎间孔镜、腹腔镜等高端仪器设备300多台（套）。医疗设备总价值超亿元。是年4月，该院开启空中医疗救援项目，成为揭阳市首个直升机航空医疗救援定点医院。6月，成立普宁市中医医院科学技术协会。7月，该院正式成立介入治疗中心。年末，完成市老年康复医疗中心工程项目立项。该院坚持以中医为主、中西医结合的发展战略，临床科室设置齐全，中医特色明显。住院设有骨科（3个）、内科（4个）、外科（2个）、介入中心、儿科、妇产科、推拿科、针灸科、康复科、五官科、血液透析室、重症医学科（ICU）等20多个科室，并开设1个高端病区；门诊开设有中医特色的内科、外科、妇科、儿科、急诊科、骨伤科、针灸科、推拿室、理疗室、皮肤科、口腔科、眼科、耳鼻喉科、生殖科、医疗美容科等20多个临床科室，其中骨伤科为国家及省"重点专科"，脑病科、康复科、针灸科、儿科为广东省"重点专科"，妇产科为华南中医妇科联盟成员单位。外科、心病科、五官科、急诊科等专科的技术水平各具特色，国家、省、市级重点专科与该院特色专科共同构成粤东地区中医特色品牌。

全年该医院门诊、急诊接诊21.60万人次，住院治疗3.02万人次，开展各类手术6604例。业务收入3.78亿元，业务量及业务收入在粤东中医院中名列前茅。

【普宁市妇幼保健计划生育服务中心】 该中心的前身为普宁妇幼保健院，成立于1952年。2017年4月，按照市委、市政府决策部署，实施妇幼保健、计生宣传技术服务资源整合，市计划生育宣传技术服务中心并入市妇幼保健院组建为现名，加挂"普宁市妇幼保健院""普宁妇女儿童医院"牌子。该中心是一家集医疗、预防、保健、科研、教学和计生服务为一体的公益性专科特色突出的医院，是揭阳地区首家“爱婴医院”，是暨南大学附属第一医院医疗技术协作单位、南方医科大学广州华银病理诊断中心技术合作单位，是揭阳市手足口病定点收治医院之一，是普宁市出生缺陷综合干预中心和普宁市危重新生儿救治中心，成为普宁市妇女、儿童医疗保健服务和基层妇幼保健业务技术指导中心。6月，该中心加入由汕头大学医学院附属肿瘤医院牵头成立的粤东地区妇科肿瘤专科联盟。该中心在诊治孕产妇、新生儿、儿童的疑难危症、减少母婴并发症、降低孕产妇、新生儿死亡率等方面，处于地区领先水平，在粤东地区享有较高知名度和影响力。该中心占地面积2500平方米，建筑面积1.03万平方米。年末，员工668人（在编309人），卫生专业技术人员545人。其中高级职称33人、中级职称90人，普宁市第六批优秀专家和拔尖人才2人。内设职能业务科室30多个，编制床位351张，实际开放床位320张。开设有妇产、内儿、乳腺、妇女保健、儿童保健等10多个门诊室，住院设有妇产科（一区、二区、三区）、妇科、新生儿科（含NICU）和儿科、乳腺保健科等科（区室）。拥有高端妇产四维彩色多普勒超声诊断系统、高端彩色多普勒超声诊断仪、超高端彩色多普勒超声诊断仪、全自动毛细管电泳仪、时间分辨荧光免疫分析系统、多功能呼吸机等万元以上设备382台（套）。开展分娩接产、无痛分娩、剖宫产术、高危妊娠诊治、腹腔镜微创技术、新生儿振幅整合脑电图、亚低温治疗新生儿缺氧缺血性脑病等诊疗项目。产科、妇科、新生儿科、儿科、乳腺专科、四维彩色B超、新生儿游泳及抚触是该中心的特色专科与特色服务，拥有技术力量较为集中、设备较为先进的新生儿抢救中心和产科ICU。

全年该中心门诊、急诊接诊29.06万人次，同比增长3.0%，住院治疗22.5万人次，同比增长0.06%。业务收入2.63亿元，同比增长33.74%（其中医疗业务收入1.64亿元，同比增长2.81%）。业务收入和接诊人数在揭阳市妇幼卫生行业中较为突出。是年6月，该中心新生儿科评定为普宁市“党建示范窗口”单位。

【康美医院】 该院于2010年由康美药业斥资9亿多元动工兴建，按三级甲等医院标准设计建设。2013年7月建成试业，2014年7月1日正式运营，2017年通过揭阳市卫计局“二级甲等综合医院”等级评审，是社会资本举办的大型非营利性综合医院。该院位于市区流沙新河下段西岸，占地面积3.07万平方米，总建筑面积12万平方米，设计床位1080张，已开放床位550张。2019年年末，该院在职员工583人，卫生专业技术人员472人。其中高级职称34人（正高7人），中级职称86人。拥有128层高配螺旋CT、1.5T高配磁共振成像系统（MRI）、三维C臂机（术中CT）、双板无线DR、移动DR、数字化钼钨双靶乳腺机、乳腺全容积成像系统、四维全身超声诊断系统，四维心脏超声诊断系统等全套西门子影像设备，飞利浦最新型号全数字化血管造影设备（DSA），美国贝克曼库尔特全自动检验流水线，法国梅里埃全自动细菌鉴定及药敏分析系统，瑞士帝肯全自动酶免工作站，以及德国徕卡病理设备、世界名牌内窥镜及微创手术设备，口腔科拥有粤东首台德国原装进口西诺德3D数字扫描仪（口腔全景CT）。该院设有18间现代化层流净化手术室、20张床位的生命岛模式重症监护室（ICU）、35台德国进口血透机的血液透析中心。全年该院门诊、急诊接诊17.80万人次，住院治疗2.40万人次。业务收入2.30亿元，同比增长3.6%。

【洪阳镇中心卫生院】 该院成立于1952年11月，是一所集医疗、预防保健于一体的综合性一级甲等基层医院。2017年4月，升级为普宁市第二人民医院；12月，与普宁市人民医院组成紧密型医疗联合体，增挂普宁市人民医院洪阳分院牌子。该院被选定为2017年粤东西北地区47家中心卫生院升级建设项目之一，该院升级项目建设工程总面积49750平方米，其中急诊楼、综合楼升级面积4251平方米，是粤东西北地区47家升级建设的医院中建设规模最大的医院。该院升级项目建设于2017年8月正式开工，至12月底竣工，并举行启用仪式。2019年年末，该院员工381人（在编178人），卫生专业技术人员299人。其中主任医师3人，副主任医师9人，中级职称40人。编制床位99张，实际开放床位185张。拥有多层螺旋CT、全高清腹腔镜（DR）系统、双水平呼吸机、PCD6000型医用诊断X射线机、彩色B超、全自动生化分析机等医疗设备。新开设口腔科、耳鼻咽喉科等科室。全年，该院门诊、急诊接诊6.96万人次，同比增长27%；住院治疗1.33万人次，同比增长27.6%。业务收入8632万元，同比增长36.2%。

【占陇镇中心卫生院】 该院是一

所集医疗、预防保健于一体的综合性一级甲等基层医院。2017年4月，增挂普宁市第三人民医院牌子。与普宁华侨医院建立技术协作、对口帮扶关系，以技术援助、继续教育、扶持重点专科为主要内容，建立安全、高效的双向转诊通道。该院占地面积1.94万平方米，总建筑面积1.04万平方米（不含升级建设项目），承担占陇镇近16.4万常住人口及周边乡镇、外来人口共约50万人的基本医疗及急救任务。该院被选定为2017年粤东西北地区47家中心卫生院升级建设项目之一，升级项目建设工程总面积33922平方米。该升级建设项目于2018年9月开工，至年末完工并举行启用仪式。2019年年末，该院员工220人（在编193人），卫生专业技术人员165人。其中副主任医师1人、主治医师10人、执业医师及执业助理医师69人。编制床位99张，实际开放床位200张。住院分设有内儿科、外科、妇产科、精神科等科室，门诊开设骨伤科、中医理疗科、耳鼻喉科、口腔科等职能科室20多个。其中，精神科康复中心、手外科断指（肢）再植中心为该院重点专科，精神科被市残疾人联合会指定为普宁市精神残疾康复中心。该院配置有彩色超声波诊断仪、彩色经颅多普勒诊断仪、日本东芝全自动生化分析仪、德尔格全自动麻醉机等医疗设备。全年该院门诊、急诊接诊13.75万人次，住院治疗5640人次。业务收入3320万元，同比增长36%。

【里湖镇中心卫生院】 该院是一家综合性一级甲等医院，承担里湖镇居民的基本医疗、预防保健、卫生监督、计划生育及基本公共卫生服务等任务。2019年年末，该院占地面积4700平方米，建筑面积7100平方米。员工150人（在编84人）。其中主任医师1人、主治医师10人，医护人员取得初级职称78人；高级技工1人，中级技工2人。是年，着力改善就医环境与设备，新购置CT、麻醉机、经颅多普勒、全自动血凝仪、电子胃镜等医疗检验仪器设备一批。院内开设有儿科、外科、妇科、急诊科、中医科、西医科、五官科、血透室、胃镜室、碎石室、中医馆等10多个诊疗科室。住院病床80张。全年该院门诊、急诊接诊8.77万人次；住院治疗6122人次，实行手术700例。业务收入1839万元。

【梅林镇中心卫生院】 该院始建于1952年。是一家综合性一级甲等医院，承担梅林镇居民的基本医疗、预防保健、卫生监督、计划生育及基本公共卫生服务等任务。2019年年末，该院占地面积3700平方米，总建筑面积4600平方米。员工118人（在编62人），卫生专业技术人员104人。其中副高职称4人，中级职称14人，初级职称86人。实际开放床位52张。医院内开设有内科、外科、儿科、妇产科、预防保健科、急诊科、麻醉科、中医科、五官科、皮肤科、结核科、眼科、中医理疗科、检验科、影像科等业务科室。拥有医用X线诊断仪（DR）、多普勒彩色B超、心电监护仪、全自动生化分析仪、尿液分析仪、全血液分析仪、电解质分析仪、胎音监护仪、多导心电图机等医疗检验设备。全年该院门诊、急诊接诊8.6万人次；住院治疗3194人次，实行手术324例。业务收入1436万元，同比增长12%。

【下架山镇卫生院】 该院位于镇区下架山大道西侧。是一家综合性一级甲等医院，为下架山镇居民提供基本医疗和基本公共卫生服务。2018年5月，与普宁华侨医院组成紧密型医疗联合体，实现优势互补，资源共享。2019年年末，该院占地面积5600平方米，总建筑面积8000多平方米。员工154人（在编82人），其中副主任医师3人，主治医师8人，临床助理医师38人，护理人员40人；副高会计师1人。编制床位数60张，实际开放床位98张。医院内开设有外科、内儿科、妇产科、中医馆、放射室、B超室、化验室、口腔科等15个职能科室。拥有500毫安X光机、DR系统、全自动化学发光免疫分析仪、低温等离子灭菌机、彩色B超、四维彩超、经颅多普勒、韩国进口验光仪、呼吸麻醉机、多功能手术台、颈椎（腰椎）自动牵引台等医疗检验仪器设备。全年该院门诊、急诊接诊6.96万人次；住院治疗4621人次，实行手术860例。业务收入2825万元，同比增长13.6%。

【南径镇卫生院】 该院始建于1958年，位于南径镇南径圩西侧。是一家综合性一级甲等医院，为南径镇及周边镇居民口提供基本医疗和公共卫生服务。2019年年底，该院占地面积7400平方米，总建筑面积1.1万平方米。员工182人（在编88人），卫生技术人员116人。其中主治医师5人，助理医师22人，初级职称医护士89人，工勤人员11人。编制床位96张，实际开放床位154张。该院开设门诊部、外科住院部、内儿科住院部、妇产科住院部和防保组、财务组、公共卫生办公室等18个职能科室；拥有全自动X

射线摄影系统、全数字彩色多普勒超声诊断系统、彩色多普勒超声诊断系统、高频遥控X线诊断系统、超声经颅多普勒血流分析仪、血球计数仪、全自动生化分析仪、电子胃肠镜、心电图机、心电监护仪、呼吸机、万能手术床等一批医疗检验仪器设备。全年该院门诊、急诊接诊6.57万人次，住院治疗5591人次。业务收入2235万元。

妇幼健康与计生服务

【妇幼健康服务】 2019年，市卫健局、市妇幼保健计划生育中心和各地医疗卫生部门，继续做好妇女儿童健康服务能力稳步提升工作。至年末全市住院分娩婴儿38997例，住院分娩率100%，住院分娩剖宫产率22.03%；高危孕产妇7846例，检出率27.04%。完成44013例孕前优生健康检测和咨询，总检测率99.99%，孕期检测率91.78%，基本实现绩效目标。完成对15509名目标人群地中海贫血的免费筛检服务，为16492名农村妇女发放叶酸片，完成13234例产前唐筛，完成16799例产前结构畸形超声筛查，完成30640例新生儿代谢性疾病筛查，完成34140例新生儿听力筛查；完成孕产妇保健管理31575人，管理率为98.40%；完成0—6岁儿童保健管理191402人，管理率为86.17%；做好农村妇女“两癌”免费检查工作，其中乳腺癌筛查8402人，宫颈癌筛查8383人。

【计划生育服务】 2019年，市卫健局、市妇幼保健计划生育中心和各地计生服务部门按照“加强管理、优化服务”的工作思路，继续全面实施两孩政策、计生惠民措施和计生优质服务，稳步抓好计划生育各项工作，取得了较好成效。全年全市落实一孩、二孩登记29330人次；落实免费孕前优生健康检查对象8200对，占全年任务105.12%；落实计划生育“四项制度”奖励政策23798人次，兑现发放奖励金246.5万元。加强流动人口计划生育服务管理。年末，全市流动人口统计总数511913人，其中全员流出人口468750人；全员流入人口43163人，其中流入育龄妇女4756人。流入已婚育龄妇女计划生育服务覆盖率达到100%；流动已婚育龄妇女免费孕检率达到100%。

疾病与慢性病预防

【普宁市疾病预防控制中心】 该中心位于市区流沙西街道南平路1号。占地面积400平方米，总建筑面积3100平方米。该中心内设免疫规划管理、流行病及寄生虫防治、职业卫生、公共卫生等9个职能科室。2019年年末，员工93人（在编73人），卫生专业技术人员62人。其中高级职称3人，中级职称21人，初级职称38人。业务开展配设有艾滋病初筛室及高标准卫生检验室，配置有紫外分光度计、原子吸收分光光度计、原子荧光光度计、气相色谱仪、离子色谱仪、高效液相色谱仪等一批先进检验检测设备。该中心经评估考核，被定为“广东药学院公共卫生教学基地”。全面做好免疫规划、传染病防控管理、公共卫生监测、健康教育、慢性病综合防控示范区创建等工作。7月22日，市域发生首例登革热本地病例，市疾病预防控制中心积极采取防控措施，开展病例流行病学调查、规范做好疫点处置、开展疫点核心区、警戒区、监控区蚊媒监测、加强病例监测、开展病例搜索及共同暴露者、接触者管理等，全力做好疫病预防控制，防治疾病传播蔓延。

2019年5月30日，市疾病预防控制中心在普宁职校开展“世界无烟日”咨询签名活动 （市疾控中心 供稿）

【普宁市慢性病预防控制中心】 该中心加挂普宁市皮肤病医院、普宁市结核病防治所、普宁市精神卫生防治中心，是市卫健局辖下的公益一类股级事业单位。主要业务范围包括：结核病、皮肤病、性病、麻风病与精神病、高血压、糖尿病等慢性传染性疾病和慢性非传染性疾病的预防控制管理和治疗。为市医保定点单位，市皮肤、性病医疗指导中心，市结核病防治法定单位，市精神卫生防治技术管理机构，南方医科大学皮肤病医院专科联盟单位和省六大梅毒综合防治示范区之一。2019 年 6 月，该中心新址业务用房及装修工程项目完工，于 11 月迁往新址（市区普宁大道南侧普宁商业街第 128 幢）办公。年末，该中心员工 81 人（在编 48 人），卫生专业技术人员 65 人。其中高级职称 5 人（正高 1 人），中级职称 16 人，初级职称 44 人；揭阳市第八批优秀专家和拔尖人才 1 人、普宁市第六批优秀专家和拔尖人才 1 人。配备有日立 7100 全自动生化分析仪、五分类血细胞分析仪、过敏源检测仪等具有专科特色的先进医疗设备；设有规范化实验室、X 光室、B 超室、治疗室、激光美容室等诊疗服务室。其中规范化实验室是揭阳地区首批通过省专家组评定的“二级性病中心实验室”，也是普宁市“艾滋病初筛实验室”之一。该中心开展的性病系列检测、皮肤真菌涂片和培养，过敏源检测和结核菌培养及药敏试验均在揭阳地区处于领先水平；开设的治疗室是揭阳地区唯一专门治疗皮肤病和性病的独立科室，开展的过敏源检测、光动力学治疗、尖锐湿疣治疗、扁平疣疣体种殖术、宫颈微波治疗等项目基本接近或达到省级水平。开设的激光美容室开展光子嫩肤、激光脱毛、去除斑痣、文身、光疗等项目；痤疮治疗室开展果酸活肤、水杨酸焕肤和痤疮的综合治疗（红、蓝光治疗、面膜、挑粉刺）等项目。上述部分皮肤治疗项目开拓了皮肤科治疗新领域，填补了揭阳地区的空白。该中心承接省级多项课题项目调研监测工作，如“肺结核病人的结核菌株培养和耐药性监测”“性病艾滋病高危人群干预”“艾滋病自愿咨询与监测”“麻风病线索调查”等。全年该中心门诊接诊 8.89 万人次，住院治疗 1199 人次。业务收入 3176.76 万元。该中心方育东获 2015—2019 年全国麻风病防治管理信息系统工作先进个人，赖庆松获 2019 年“普宁市优秀共产党员”“普宁贤德人物”称号。

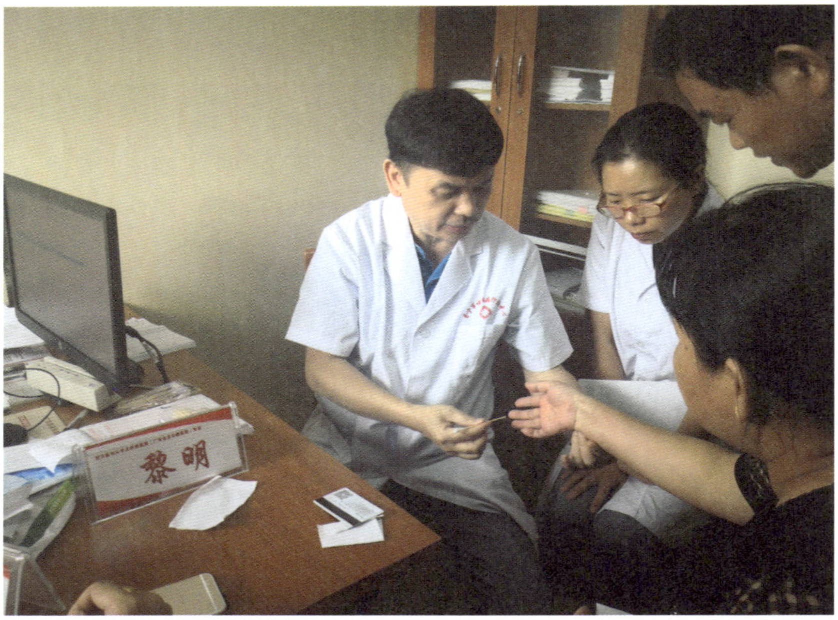

2019 年 8 月，南方医科大学皮肤病医院专家陈永锋等到普宁市慢性病预防控制中心开展联合巡诊活动（市慢性病预防控制中心　供稿）

医政管理与职业健康、卫生监督、安康投保

【医政管理】 2019 年，市卫健局继续积极推进市医疗卫生事业的发展，全面加强医疗质量管理工作。对市内医疗机构血液透析质量安全、新生儿科等重点科室所在医院的疾病感染管理、医疗美容质量安全等进行专项检查；组织医疗护理专家组，开展 2019 年全市医疗机构医疗护理服务状况的监督检查并对医疗护理质量和安全进行评估；规范精神病医院收治管理，做好严重精神障碍患者救治救助；做好登革热医疗救治工作。加强医疗废物管理，组织市各医疗机构做好揭阳市卫健局部署的医疗废物三年统计工作。开展市医疗机构从业人员基本行为规范专题教育培训，做好 2019 年全科医生培训和产科儿科医师转岗培训，完成助理全科医生培训 32 人、全科转岗培训 90 人、全科岗位培训

100人、助理全科医生带教师资培训35人、儿科医师岗位培训4人、产科医师岗位培训26人。申报揭阳市医学科技立项和新技术推广应用项目共133项。

【职业健康】 2018年，市卫计局印发《普宁市职业病防治规划（2017—2020年）》的通知，依法统筹协同落实全市职业病防治规划及目标。2019年，市卫健局持续推进各地各有关部门落实职业病防治工作，统筹协调落实职业病防治，切实控制、减少和消除职业病危害。积极开展水泥制品及石材加工、汽车维修保养等重点行业领域的职业卫生专项治理；全面普及职业卫生知识，指导广大职工正确使用职业病防护设备、设施和个人使用的职业病防护用品，提升职工对职业病防治的意识，增强企业全方位的防治观念。同时，积极筹建市人民医院、华侨医院和市中医医院作为市首批职业健康检查防治机构的相关工作。

【卫生监督】 2019年，市卫健局行严把卫生许可准入门槛，全年受理并办结审批服务事项155件。其中公共场所卫生许可89件，放射诊疗许可（X射线影像诊断）2件，饮用水供水单位卫生许可4件，医疗机构执业许可注册、变更60件。完成2019年度市各医疗机构的检核工作。对市内740家医疗机构的人员资质、房屋设置、基本设施配备、医疗废物处置、药品管理、传染病管理与消毒隔离制度执行等情况进行现场审核；做好2019年度市城乡饮用水监管，完成水龙头出水水质监测45份和枯水期、丰水期城乡饮用水水质卫生监测160份。完成2019年度“双随机、一公开”监测任务，其中公共场所卫生监测34家，饮用水卫生监测35份，学校卫生综合测评32家，医院消毒效果监测12家，校外培训机构教室采光和照明抽检19家。实行常态化卫生监督执法检查。全年，出动卫生监督执法检查人员2300多人次，检查医疗机构、学校、公共场所、供水单位等980多家次，对存在卫生安全问题的单位落实现场整改或限期整改。配合市“扫黑除恶”专项斗争和社会治安“众剑行动”，开展惩治非法行医专项行动，全年共查处非法行医案件54宗，责令停止诊疗活动54家，罚款33万元，没收非法所得43万元。

【安康投保】 2019年，市政府积极推进“银龄安康”老年人意外伤害险投保工作，由市公共财政出资193.675万元为全市户籍人口65周岁以上老年人投保意外伤害险，每人年保额10元，减轻老年人因发生意外住院带来的后顾之忧。

（李创勋、钟敦瑜、黄泽锦）

·普宁美丽乡村小辑·

赤岗镇五福屿村

普宁市赤岗镇五福屿村，位于赤岗镇东部，与洪阳镇北村毗邻，面积113.33公顷，人口3870人。村民以经营农业为主，主要农作物有蕉柑、水稻等。洪棉公路于村南经过，村西与揭普高速公路赤岗段互交，交通便利。

近年来，该村深入贯彻落实乡村振兴战略，在上级党委、政府的大力支持下，村“两委”干部敢于担当，积极作为，带领村民整治乡村环境，重建一方新家园：投入30多万元清拆600多个露天厕所以及40处共800多平方米的违章搭建物，并进行平整绿化；投入70多万元铺设朝阳南路等，实现村巷道水泥硬底化；投入20多万元建设卫生站，努力解决村民“看病难”的问题；投入120多万元建设寨前池小广场、投入240多万元建设党建主题公园以及公园至五福屿桥沿河生态水系景观带等，全力推进美丽乡村建设。

如今的五福屿村，巷道干净整洁，村寨风格别致，党建氛围浓厚，沿河景色宜人，一幅美丽乡村新画卷正在徐徐展开。该村被评定为2019年普宁市10个美丽乡村之一。

（本文选自市文明办等单位编印出版的《2019年普宁市美丽乡村》宣传册）

社 会 生 活

人 口

【概况】 2019年年末，普宁市户籍人口248.3109万人（统计至10月31日），其中男性128.4487万人，女性119.8622万人；农业人口137.3万人，城镇人口111.01万人；全市常住人口212.32万人，市区常住人口58.19万人。在普宁市定居的少数民族户籍人口4113人。全市有办理登记的流动人口41028人，其中有办理登记的少数民族流动人口5009人。是年全市户籍人口出生率8.2‰，户籍人口死亡率3.8‰，户籍人口自然增长率4.4‰。出生人口性别比110.27（女性为100）。

（市公安局、市统计局、市卫健局）

【人口控制】 2019年年初，市发改局加强人口发展战略研究，促进生育政策和相关经济社会政策配套衔接，积极应对人口老龄化。至10月末，全市户籍人口248.31万人，人口出生率8.2‰，人口自然增长率4.4‰，人口发展进入低速增长阶段。

（方时林、李梅鑫）

【流动人口服务与管理】 2019年，市公安局做好流动人口登记、居住证办理、信息采集工作，强化实有人口管理。是年，全市已办理居住登记的流动人口41028人，发放居住证1523张。市卫计局加强流动人口计划生育服务管理。至是年12月，全市流动人口总数为511913人，其中全员流出人口468750人；全员流入人口43163人，其中流入育龄妇女4756人。流入已婚育龄计划生育服务覆盖率达到100%；流动已婚育龄妇女免费孕检率达到100%。

（市公安局、市卫健局）

劳动保障

【概况】 2019年，普宁市人力资源和社会保障局（简称“市人社局”）致力稳定和促进就业，推进人力资源和城乡劳动保障事业改革发展。全年组织举办各种公共就业服务招聘会20多场次，有7000多名求职者与企业达成就业意向；组织城乡劳动力职业技能培训7180人。稳定和促进城乡就业工作，城镇登记失业率控制在2.19%以内。力促劳动关系和谐稳定，维护劳动者合法权益。

（王志坚）

【稳定和促进就业】 2019年，市人社局深入实施就业优先战略，全面贯彻中央和省、揭阳市“稳就业”决策部署，抓好促进就业有关政策落实，稳住就业基本盘，推进就业创业工作。全年全市共支出扶持就业创业专项资金471.48万元，城镇新增就业人数9528人，城镇失业人员实现再就业2863人，就业困难人员再就业331人，城镇登记失业率控制在2.19%以内。发放创业担保贷款31笔609万元，支付贴息

2019年6月15日，普宁职校成功举办学生供需见面会，来自全国各地的近600多家企业为近3400名学生提供16000多个实习就业岗位

（普宁职校 供稿）

27.85 万元，直接或间接带动就业 102 人。

【城乡劳动力就业招聘】 2019 年，市人社局开展“南粤春暖”“高中职学校毕业生校园招聘会”“高校毕业生网络招聘会”等公共就业服务活动，为用工企业与求职者搭好对接平台。2 月 12—18 日，市人社局与流沙东街道办事处联合举办普宁市 2019 年“南粤春暖”暨“精准扶贫”印染企业分流职工招聘会，进场招聘企业 100 多家，进场应聘 6000 多人次，达成就业意向 2100 多人。6 月，与揭阳市人社局联合，分别在市新世纪职业学院、潮汕学院和普宁职校联合举办 3 场毕业生校园招聘会，共有来自全国各地 1000 多家企业参加招聘活动，6100 多人进场求职，4600 多人与企业达成就业意向。

【职业技能培训】 2019 年，市人社局制订落实职业技能提升行动三年实施方案，强化劳动力职业技能培训与产业转移的有机衔接，推进劳动力技能晋升培训工作。全年全市参加培训的城乡劳动力 7180 人，劳动力技能晋升培训补贴 2692 人次、603.37 万元。围绕推进实施全市乡村振兴战略的要求，实施“潮菜师傅”工程，全面打造潮菜品牌，传承潮菜的精湛技艺，支持有意愿的农村劳动力参加专业技能培训，提升农村劳动力技能，助力乡村振兴发展。全年建成“潮菜师傅”培训基地 3 个，培训潮菜烹调技能人才 416 人。

（洪良财）

【劳动关系和谐稳定】 2019 年，市人社局贯彻实施《中华人民共和国劳动法》《中华人民共和国劳动合同法》《广东省企业集体合同条例》，维护企业和职工的合法权益，劳动关系保持和谐稳定。坚持宣传教育与监督并重的原则，继续大力推进企业劳动合同管理，鼓励和指导企业与劳动者依法签订劳动合同，规范劳动合同制度实施。按时按质完成企业薪酬调查工作。是年，审批办理企业实行不定时工作制和综合工时工作制 2 家，劳务派遣行政许可 5 家。 （周凯丰）

【工伤认定与劳动仲裁】 2019 年，全市工伤事故认定 82 宗，不予认定 1 宗，不予受理 3 宗；受理劳动人事争议调解案件 209 宗，涉及劳动者 209 人，涉及金额 1011 万元；受理劳动人事争议仲裁案件 49 宗，涉及劳动者 49 人，涉及金额 796.3 万元，仲裁结案率 100%，法定审限内结案率 100%。 （周凯丰、陈宏丰）

【劳动者合法权益维护】 2019 年，市人社局坚持源头预防、动态监管、违法查处、失信惩戒相结合的劳资纠纷预防化解机制，发挥劳动保障监察职能作用，着力解决群众反映的热点、难点问题，全力以赴解决欠薪问题，维护社会稳定。全年共调处劳资纠纷案件 489 件，立案 7 件，追回被欠工资 1562.42 万元；接待来电、来信、来访 965 批次，来访劳动者 1433 人，来访案件办结率 100%。 （罗宜清）

社会保险

【概况】 2019 年，普宁市社会保险基金管理局（简称“市社保局”）为市人社局属下行政类事业单位，内设人秘股、计划财务股、机关事业单位养老保险关系股、机关事业单位养老保险待遇核发股、保险关系股、待遇发放股、居民养老保险股、信息技术股、社会保险稽核股、职业年金服务中心。年末，有干部职工 56 人。主要承办社会养老保险（机关事业单位养老保险、城镇企业职工基本养老保险、城乡居民基本养老保险）、工伤保险、失业保险和职业年金服务工作。全年全市参加企业养老保险在职人员 17.22 万人，离退休 2.44 万人；参加机关事业单位养老保险在职人员 3.21 万人，离退休 1.26 万人；参加城乡居民社会养老保险 83.38 万人，其中 60 周岁以上领取养老待遇 24.94 万人；参加失业保险 5 万人；参加工伤保险 6.99 万人。市医疗保障局是市政府工作部门，于 2019 年 3 月挂牌正式成立，内设股室 3 个：人事秘书股、保险与救助股、价格与基金监管股；下属事业单位 1 个：普宁市医疗保险管理服务中心。年末，干部职工 34 人。主要负责贯彻落实党中央、省委、揭阳市委和普宁市委关于医疗保障工作的方针政策和决策部署，组织实施基本医疗保险、医疗救助、价格与基金监管等医疗保障工作。2019 年全市参加城乡医保 194.75 万人，参加职工医保 6.59 万人。 （陈奕潮）

【机关事业单位养老保险】 2019 年，全市参加机关事业单位养老保险在职 3.21 万人，基金收入 103366 万元；离退休 1.26 万人，全年基金支出 81289 万元。7 月，市社保部门按时完成全市机关事业单位离退休人员的基本养老金调整工作，月人均增加 199 元，调整后月人均养老待遇 4532 元。推进机关事业单位养老保险制度改革工作。完成机关事业单位养老保险基金清算，基本完成2014年10月起至2019年年末养老保险费应收、补收工作。3月，对退休人员进行重新核定待遇，并如期完成待遇重核第一阶段工作；5月，全市机关事业单位职业年金征缴工作启动，分期分批完成补征收2014年10月至启动月个人部分和第一期单位部分年金实账积累工作。

（陈育武、吴莹莹）

【城镇企业职工基本养老保险】 2019年，全市参加城镇企业职工基本养老保险60047人，基金收入64521万元。企业职工离退休人员2.44万人，全年发放企业职工基本养老保险各项待遇60373万元，社会化发放率100%。按时完成退休人员基本养老金年度调整工作，月人均增加136.91元，调整后月人均养老待遇为1999.01元。做好合理流动就业人员养老关系转移接续工作，是年办理跨省转入371人，转入基金1741.31万元；办理跨省转出334人，转出基金831.03万元。贯彻落实企业职工养老保险省级统筹改革，6月起，实现省内企业职工养老保险转移业务只转移关系不转资金改革目标。（李晓春、邱晓生）

【城乡居民基本养老保险】 2019年，全市参加城乡居民基本养老保险83.38万人，其中领取待遇24.94万人；基金收入55750万元，基金支出51646万元。是年，城乡居保基础养老金标准提高22元，从每人月均148元增加到170元。遵照社保扶贫各项政策，落实好社会保险精准扶贫工作。做好建档立卡贫困人员参保和待遇发放相关工作，确保建档立卡贫困人员应保尽保、及时享受待遇。全年全市建档立卡贫困人员符合城乡居保参保条件8991人，全部参加城乡居民基本养老保险，其中符合政府代缴4549人，按每人每年120元的缴费标准全部办理代缴；符合领取待遇条件4442人，全部落实发放待遇。（林赛端）

【失业保险】 2019年，全市参加失业保险5万人，失业保险基金收入1187万元，由财政部门全额上解揭阳市。是年，申请领取失业保险待遇14人，发放失业保险金15.63万元；申请失业保险稳岗补贴的企业21个，发放失业保险稳岗补贴99万元。

【工伤保险】 2019年，全市参加工伤保险6.99万人，工伤保险基金收入644万元，由财政部门全额上解揭阳市。是年办理领取工伤保险待遇42人，发放工伤保险待遇310.94万元，由揭阳市社保局直接支付。贯彻执行工伤保险省级统筹，按照省的统一部署，实现基金省级统收统支统管，提升基金抗风险能力；统一参保对象，将公务员队伍纳入工伤保险制度范围，实现机关与企业事业单位工伤保险制度并轨；统一待遇计发基数，提高待遇水平；统一业务一体化办理信息系统，实现集中管理，实时监控。

（陈尊跃）

【社保基金监督】 2019年，市社保部门注重社保基金监督工作，贯彻落实省《社会保险基金支付风险三年专项行动方案》和揭阳市社保局2019年内控监督检查工作方案，加强稽核内控工作，防范和化解经办风险，健全事前事中事后监管体系，通过建立企业职工退休联审核查制度，与公安、民政、卫健、法院等部门建立信息共享机制，严格执行养老保险待遇领取资格认证制度，严防基金损失。同时，通过信息比对和协查等措施，查核并追回违规领取和重复领取的养老保险待遇，保障社保基金安全。

（黄丹馥）

【社保经办服务】 2019年，市社保部门继续落实社保经办系统行风建设，落实省、市行风建设工作要求，加强经办服务规范化管理，提升效能，优化服务，推进服务事项标准化建设，依照业务管理规程，简化手续，限时办结，打造群众满意的便民服务窗口。是年，待遇领取资格认证方式变革，全面取消集中认证，推行以数据比对为主的认证方式，待遇领取人员可通过“广东人社”APP、“广东社保”APP等方式进行生存认证，社保经办服务更加高效快捷。（李坚旭）

【社会保障卡建设】 社会保障卡（简称“社保卡”）是由人力资源和社会保障部统一规划，面向全社会发行，用于办理人力资源社会保障事务，享受社会保障及其他社会公共服务的多功能智能卡。2019年3月，揭阳农行社保卡即时制卡机正式启用，大大缩短社保卡的申领时间，从以往需要2至3个月缩短到5至10分钟即可完成，新办、补换社保卡平均只需8分钟。5月，揭阳社保卡数据采集系统升级，推出首次申办社保卡二维码，首次自助申请社保卡可扫描二维码采集信息，申办社保卡后，银行会电话通知领卡。

【广东省集中式人力资源和社会保

障一体化信息系统建设】2019年，根据上级统一部署，普宁市属于广东省集中式社会保险信息系统第三批集中上线县区，按照上线标准，推进社保数据上线清洗工作，对全市社保数据进行集中测试、转换，并于年底前顺利上线，实现全省职工养老、工伤、失业等业务统一办理、数据共享、服务协同。

（韦　宏）

医疗保障

【概况】 2019年，根据市委、市政府制定颁发的《普宁市机构改革方案》文件精神，统筹推进市医疗保障领域机构改革。3月23日，新组建的市医疗保障局（简称“市医保局”）挂牌正式成立，3月25日，市委、市政府批准印发《普宁市医疗保障局职能配置、内设机构和人员编制规定》，涉改人员调动、办公用房配备、资产划转、档案交接等工作快步上轨，实现医疗保障职能全面融合。5月上旬，市医疗保险管理服务中心整体划转市医保局，无缝对接医疗保险经办业务。10月1日，市民政局的医疗救助职责整体移交医疗保障部门统一管理，同月上旬，各乡镇场、街道办顺利完成交接工作。年末，市医保局内设人事秘书股、保险与救助股、价格与基金监管股，下属事业单位有市医疗保险管理服务中心。有干部职工34人。主要负责贯彻落实党中央、省委、揭阳市委和普宁市委关于医疗保障工作的方针政策和决策部署，组织实施基本医疗保险、医疗救助、价格与基金监管等医疗保障工作。是年全市参加城乡医保194.75万人，参加职工医保6.59万人。

【医疗救助】 2019年，市医保局以完善大病保险和医疗救助制度为抓手，推进医保精准扶贫工作，重视困难群体因病致贫、因病返贫问题，狠抓落实“两不愁三保障”医保相关政策，落实困难群众参加基本医疗保险政策，加强医疗救助和基本医疗保险、大病保险费用结算的有效衔接，配合完成医疗救助“一站式”结算服务上线相关工作，最大限度减轻困难群众医疗费用负担。2019年度资助参加基本医疗保险48298人，救助金额869.36万元。住院救助13764人次，救助金额5930.88万元。

【医保基金监管】 2019年，市医保局高度重视基金安全，不断加强自身建设，完善执法制度，规范监管执法，组织加强对辖区内定点医疗机构监督管理，全面组织对欺诈骗保的专项治理。通过加强政策宣传、突击检查、夜间巡查等方式，持续保持对欺诈骗保违法违规行为的查处力度。同时，通过互联网+大数据+监管，升级智能监控系统，加强重点品种监控，科学控制医疗费用尤其是药品费用的不合理增长，促进药品的合理使用。全年共出动检查指导人员330多人次，检查定点医疗机构、医保经办机构90多家次，切实加强对上述定点机构的监管和服务指导。

【优化医保经办服务】 2019年，市医保局加大信息化建设投入，对参保信息查询、异地就医等提供应用支持，让数据多跑路，让百姓少跑腿。优化医保经办工作流程，精简办事程序，完善服务指南，对办事条件实行一次性告知；强化落实首问责任制，对前来办事的群众有耐心和责任心，认真解释回答群众提出的问题。简化职工医保住院登记审核手续，参保患者到市内定点医院住院不再填写城镇职工医疗保险参保人员住院登记表和不用再到市医保经办机构审核确认，凭其本人身份证或社保卡就可直接办理住院手续；意外受伤参保人住院从原先需逐级审核，改由参保的意外受伤者（或家属）个人承诺，到市内医院住院时填写基本医疗保险意外受伤承诺书，由院方连同住院资料一并归档。

【职工基本医疗保险】 2019年，全市参加职工基本医疗保险6.59万人，享受待遇1.81万人次，基金收入1.11亿元，基金支出1.48亿元。

【生育保险】 2019年，全市生育保险参保人数4.35万人，基金收入0.1亿元。生育费用报销0.14万人次，基金支出0.05亿元；落实职工生育保险、生育津贴政策等，保障参保人的合法权益。是年生育津贴申请310人，基金支出0.03亿元。

【城乡居民基本医疗保险】 2019年，全市城乡居民医保参保194.75万人（不包含中途参保），完成揭阳市下达任务的101.43%，基金收入13.63亿元（其中征缴收入3.15亿元），基金支出15.08亿元。

（陈镇填、陈松锋、周松青）

民政事务

【概况】 市民政局内设机构6个，

下属事业单位5个。民政工作主要职责是基本民生保障、基层社会治理、基本社会服务，包括最低生活保障、特困人员供养、临时救助、生活无着流浪乞讨人员救助、社会福利及慈善事业发展、基层政权建设、区划地名管理、殡葬管理、婚姻登记管理、收养登记管理、社会组织登记管理、社会工作人才队伍建设、福利彩票销售等；服务对象主要包括困难群众、特困人员、孤弃儿童、事实无人抚养儿童、老年人、残疾人、流浪乞讨人员等。全年全市有城乡低保对象2.62万人，共支出发放低保金9708.57万元；有城乡特困人员4080人，共发放特困供养金4491.93万元；有孤儿422人，发放孤儿基本生活费676.5万元。是年还继续实施对残疾人困难生活补助、重度残疾人护理补贴和各项临时救助政策，分别发放生活补贴、护理补贴和临时救助金等。

【最低生活保障】 2019年，市民政部门依法依规，公正、公平、公开实施最低生活保障政策，建立应保尽保、应退尽退的动态管理工作机制，畅通社会化发放渠道，按时、足额发放低保金，有效维护社会稳定。是年，城镇低保标准提高到743元/人·月，农村低保标准提高到547元/人·月；城镇居民补差水平571元/人·月，农村居民补差水平271元/人·月。年末，全市共有城乡低保对象26163人，其中城镇居民889人，农村居民25274人，全年共支出低保金9708.57万元，其中城镇低保金支出749.58万元，农村低保金支出8958.99万元。

【城乡特困人员供养】 2019年，市民政部门按照“入保自愿，退保自由”的原则，实行特困人员动态管理机制下“应保尽保、应救尽救”，确保特困人员基本生活，维护社会稳定。年末，全市共有城乡特困人员4080人，其中农村特困人员4020人，城镇特困人员60人，供养标准为农村875元/人·月、城镇为1189元/人·月，全年累计发放供养金4491.93万元。11月，市民政局发出《关于印发〈普宁市民政局关于全面开展特困人员照料护理工作的实施方案〉的通知》，全面落实特困人员照料护理制度。12月起，在全市实施特困人员照料护理费发放。发放标准为半自理特困人员在机构集中供养并提供照料护理的3525元/人·月，在家庭分散供养的423元/人·月；全护理特困人员在机构集中供养并提供照料护理的4230元/人·月，在家庭分散供养的846元/人·月。是年全市生活不能自理特困人员共146人，其中分散供养112人（半自理59人，全护理53人），集中供养34人（半自理20人，全护理14人），共发放照料护理费19.95万元。

【临时救助】 2019年，市民政部门贯彻实施临时救助政策，发挥社会救助托底线、救急难的作用，解决城乡困难群众突发性、紧迫性、临时性基本生活困难。是年全市临时救助1282户、3834人，发放临时救助金991.1万元。

【残疾人补贴】 2019年，市民政部门与市残联联合，做好残疾人困难生活补贴和重度残疾人护理补贴审核及发放工作。是年残疾人困难生活补贴标准165元/人·月，重度残疾人护理补贴标准220元/人·月。全年共发放残疾人困难生活补贴811.09万元，受益4185人；发放重度残疾人护理补贴4568.15万元，受益17917人。

【孤儿生活保障】 2019年，市民政部门按照省民政厅、省财政厅《关于进一步规范孤儿基本生活保障制度的通知》精神，及时调整年度孤儿基本生活费标准，保障孤儿基本生活权益。是年全市共有孤儿422人，其中市社会福利中心集中供养孤儿72人。该年度社会散居孤儿养育标准1125元/人·月，福利机构集中供养孤儿养育标准1785元/人·月，全年共发放孤儿基本生活费676.5万元。落实事实无人抚养儿童基本生活保障制度，是年全市共有事实无人抚养儿童308人，基本生活保障标准为600元/人·月，全年共发放基本生活保障金217.35万元。为解决市社会福利中心学龄儿童的教育问题，是年市民政局投入资金45万元，在市社会福利中心设立特殊教育班，于9月2日正式开班。至年末该班有学生11人，配专职特教老师2人、助教老师2人。

【殡葬改革】 2019年，市民政部门坚持依法行政、规范管理，积极开展移风易俗宣传活动，倡导生态安葬、低碳祭扫和文明节俭办丧事的新风。积极推动全市公益性骨灰楼（堂）、公墓建设，进一步完善殡葬基本公共服务，落实殡葬基本服务政策，由政府免费提供的7项基本服务费用的殡葬基本服务政策，全面面向办理殡葬事务的城乡居民实行，政策的实施涵盖殡葬服务全过程。全年免除殡葬基本服务费用9550宗，计884.2万元。

【基层政权建设】 2019年，市民政部门着眼健全自治、法治、德治相结合的乡村治理体系，完善基层民主制度；加强村务监督委员会建设，发挥村务监督委员会的监督作用，确保公开事项和决策过程公开化、规范化、标准化；加强城乡社区协商建设工作，推动基层民主，畅通民主渠道；实施“头雁”工程，选优配强村（居）“两委”干部队伍，是年补选村（居）委会成员38人，其中村（居）委会主任25人；全力打造“阳光村务”，推进村务公开“五化”创建活动，推动村（居）落实“四议两公开”制度，规范村务公开事项，全面提升基层治理水平；指导修订村规民约和居民公约，提高村民自治能力，是年全市428个村（社区）修订完成村规民约和居民公约，修订率75%。

【社会组织管理】 2019年，市民政部门坚持培育发展和管理监督并重，强化社会组织意识形态阵地教育和管理。至年末，全市有办理备案登记的社会组织663个，其中行业协会28个，一般社团162个，民办非企业单位473个。配合市委组织部做好非公有制经济组织和社会组织党组织创建工作；配合公安等部门查处非法社会组织，推动社会组织健康有序发展。各类社会组织在化解社会矛盾、救灾抢险、扶贫济困、帮孤助残等方面发挥积极作用。

【婚姻登记】 2019年，市民政部门积极推动市区婚姻登记处标准化、规范化和信息化建设，不断提升优质服务水平。是年市民政局对市区婚姻登记处进行全面升级改造，配齐服务设施，改善服务环境，以点带面推进乡镇婚姻登记机关规范化建设。制订完善各项规章制度，加强工作人员的业务培训，不断提升服务质量。是年，全市办理结婚登记17881对，离婚登记2729对，补发婚姻登记证1289宗。

【社会福利】 2019年，市民政部门认真贯彻落实《广东省老年人权益保障条例》，推动社会福利向普惠型发展，做好80周岁以上高龄老人生活津贴的发放和管理工作。年末，全市80周岁以上高龄老人34505人。按普通高龄老人25元/人·月、特殊群体（特困人员、低保户、重点优抚对象）高龄老人200元/人·月、百岁老人500元/人·月的津贴标准，全年累计发放高龄老人生活津贴1392.29万元。继续推进“政府民生综合责任保险”投保工作，由市政府出资为全市人民统一购买“政府民生综合责任保险”，完善政府对公众因突发事故所致人身伤亡的救助和保障机制，提高公众防范突发事故风险能力。是年全市参保人数250.37万人，保险费1.18元/人·年，总保费295.43万元。12月，市委组织部、市民政局印发《关于提高四类老职工（人员）生活救助标准的通知》，从2020年1月起提高“40%精简退职老职工”“精简退职老职工”“因故离队人员”“失去公职人员”等四类人员的救济补助标准，切实保障四类人员的基本生活。“40%精简退职老职工”的救济补助标准382.9元/人·月，“精简退职老职工”“因故离队人员”“失去公职人员”的救济补助标准326.2元/人·月。

【区划地名】 2019年，市民政部门推进普宁华侨管理区改制设镇申报工作，在征求有关部门和社会公众意见后，按照程序将普宁华侨管理区改制设立普侨镇有关事项上报揭阳市人民政府。是年完成揭西－普宁县级界线联检工作，对建筑物命名6宗，拍摄《揭阳地名故事（普宁篇）》专题片，全市有10个地名故事入选该片拍摄及制作。

【慈善事业】 2019年，市民政部门积极推动慈善事业发展，进一步完善社会保障体系。8月，“普宁市关爱孤残儿童基金会”正式挂牌运作，开创孤残儿童救助新渠道，至年末，共募集资金58万元，开展孤儿助学19人次，支出助学资金4.3万元。统筹各类民生保障资金和社会资源，继续开展全市贫困家庭先天性心脏病患者救治工作，及时资助、救治先天性心脏病患者，减轻患者家庭就医经济压力。是年，组织106名先天性心脏病患者送往南部战区总医院实施手术治疗；继续开展普宁市爱心光明行活动，资助3579名贫困家庭白内障患者实施康复手术治疗。是年，市民政部门联合赤岗镇政府、普宁一线爱心协会在青屿村开展“关爱空巢老人”志愿服务进村（社区）活动，慰问帮扶空巢老人；组织发动市桥善爱心协会、市永定职业培训学校等社会组织捐款18万元（与彩票公益金14.16万元统筹使用）在六一儿童节慰问全市农村留守儿童1582人。全年民政部门接收公益慈善捐赠926.14万元。

【医疗救助】 2019年，市民政部门统筹政策资源，与基本医疗保险、大病保险政策相衔接，发挥医疗救助制度的兜底保障作用，切实帮助城乡困难群众解决医疗困难问题。

是年1—9月城乡医疗救助11549人次，共支出医疗救助金5931.27万元，其中医院医疗一站式救助5971人次，共支出377.62万元；其他特殊困难人员医疗救助5578人次，共支出5553.65万元。机构改革后，医疗救助职能划转到市医疗保障局，从10月起，城乡居民医疗救助业务由市医疗保障局承担。

【社工工作】 2019年，市民政部门积极推进“双百镇（街）社会工作服务站”建设，开展“第二批广东社工双百计划”，招聘8名社会工作者进驻社工站，完成占陇、大坪镇2个社工站组建工作。落实资金保障，支持指导全市4个社工站开展社区探访、社区活动、社区宣传、村民援助、志愿服务、学生辅导等方面专业社工工作，打通民政服务“最后一公里”，发挥社会工作在兜底民生保障和加强社会治理中的积极作用。

【福利彩票】 2019年，市民政部门加强福利彩票公益宣传力度，通过市区主干道投放福彩公益广告牌、广播电视台黄金时段播放广告、悬挂宣传横幅等方式，树立福利彩票“公益慈善”形象。是年全市福利彩票累计投注额6733万元。

（钟东阳）

民族宗教事务

【概况】 2019年年末，全市有少数民族户籍人口4113人，分别是壮族、藏族、瑶族、苗族、回族、侗族、土族、白族、维吾尔族、黎族等。有少数民族干部、专业技术人才78人。全市主要宗教有佛教、道教、天主教、基督教（新教），宗教信众35821人，其中佛教22700人，道教2200人，天主教7066人，基督教（新教）3855人。

【民族事务管理】 2019年年末，全市有常住少数民族户籍人口4113人，居住半年以上少数民族流动人口5009人。市民宗局分别组织维吾尔族和回族在辖区经营民族特色食品的经营者进行法律法规宣教和民族团结宣传活动，帮助少数民族创业者熟悉普宁市场经营环境，提供经营就业和生活等方面的咨询和帮助。

【主要宗教和活动场所】 2019年，全市主要宗教有佛教、道教、天主教、基督教。宗教团体有佛教协会、基督教三自爱国会。至年底，普宁市登记发证的宗教活动场所有103处。其中佛教52处，道教7处，天主教22处，基督教（新教）22处。

【宗教事务管理】 2019年，市宗教局贯彻执行国务院新修订的《宗教事务条例》，全面贯彻党的宗教信仰自由政策，推进宗教中国化进程，依法管理宗教事务，着力提高宗教工作法制化水平。推动宗教团体加强自身建设，加强宗教人才队伍建设，为宗教团体提供必要的支持和帮助，明确职能定位，完善体制机制，发挥桥梁纽带作用。

【宗教慈善事业建设】 2019年，市民宗局认真引导和组织各宗教团体、宗教场所开展慈善工作，组织普宁市佛教协会和龙溪寺、七星洞等宗教团体（场所）的宗教人士到军埠镇、广太镇、大坝镇、高埔镇等地开展公益慈善活动，扶贫济困，发挥宗教界的积极社会效应。全年市宗教界捐助社会公益扶贫救灾资金387.5万元。

（许一帆）

普宁市残疾人联合会

【概况】 2019年，普宁市残疾人联合会（简称“市残联”）内设人秘股、康复股、教育就业股，有各乡镇场街道基层残联28个。是年，市残联致力建设“残疾人两个体系，改善残疾人生活状况”，加快残疾人小康进程。开展全国残疾人第三轮对市182户残疾人家庭收入状况调查，调查人数居省第一位。全年新增办理第二代残疾人证2340本，全市累计办理第二代残疾人证的残疾人有25347人。是年，选送市肢体残疾人张金娜参加全国残疾人职业技能竞赛，获得服装裁剪技能项目竞赛（个人）第四名。

【残疾人就业】 2019年，市残联落实《残疾人就业条例》，继续加大力度做好残疾人就业工作。是年推荐进揭阳市残疾人制衣就业培训基地就业17人，在益君嘉食品有限公司就业24人。全面推进用人单位按比例安排残疾人就业，强化保障金征缴力度。全年全市用人单位安排残疾人就业249人。

【残疾人职业培训】 2019年，市残联通过扶持市残疾人职业培训中心（加挂广东省残疾人劳动力转移培训——揭阳基地），扩大残疾人职业培训规模。开办制衣就业培训班，培训各类残人48名；委托普宁市博大职业技术学校举办残疾青年扫盲培训班，培训各类残疾人60名；举办两期青梅种植技术培训班，培训各类残疾人200名。推荐残疾人参加各类全国、省及揭阳市残联组织的职业培训和竞赛。其中市肢体残疾人张金娜参加全国残疾人职业技能大赛，获服装裁剪技能项目比赛（个人）第四名。

【残疾人就业保障金征收】 2019年，市残联联合税务局转发上级有关残疾人就业保障金征收工作意见文件到市各用人单位，落实各用人单位按时完成按比例安排残疾人就业年审和就业保障金征收。全年全市已安排残疾人就业用人单位133个，其中安排残疾人就业249人，征收残疾人就业保障金976.57万元。

【残疾少年儿童教育】 2019年，市残联联合市教育局加强残疾少年儿童助学力度，帮助残疾少年儿童解决入学难问题。全年入学残疾少年儿童1439人，残疾少年儿童入学率达95.05%。开展“南粤扶残助学工程”活动和资助学龄前残疾儿童康复教育，使贫困家庭的残疾青少年及儿童能够接受教育，为18名应届大学生享受南粤扶残助学工程资助共21.5万元，为30名学龄前残疾儿童接受康复教育共3万元；继续做好普通高考残疾考生申报登记和考前指导工作，配合广东省培英职业技术学校招收残疾人学生，是年，2名残疾人学生通过测试和面试入读该校。

【残疾人康复服务】 2019年，市残联新增2个精神病防治定点机构和1个定点康复机构。开展居家康复及支持性服务；为贫困精神病患者提供免费住院补贴250人，每人每年一次性补助3000元。委托民办残疾儿童康复定点机构完成0—6岁残疾儿童康复训练330人次，减免康复费用396万元。与市卫生和计划生育局联合开展残疾人家庭医生签约服务项目，市内有26个卫生医疗机构成为残疾人服务项目定点机构，全年辖区内进行签约服务残疾人4935人，康复服务率85.3%。残疾人就诊，市残联按每年人40元（残疾人自付部分）补助给各定点卫生医疗机构。是年，市残联投入资金110万元，新建4个康园中心，累计已建有社区康园中心5个。全年为102名重度肢体残疾人和精神残疾人提供日间照料服务；投入资金105万元，为210户有残疾人家庭进行入户无障碍通道改造，同时配发一批无障碍设备。通过动态更新调查有辅具需求的残疾人，对其康复需求的辅具归类造册，采购一批辅具发放给有辅具需求的602名残疾人，发放辅助器具923件。

【残疾人扶贫解困工作】 2019年，市残联加大对残疾人扶贫力度，继续做好“两项补贴”制度的政策衔接，全面启动“残疾人两项补贴管理系统”联合审批制度，资金发放由民政部门负责，补助标准生活津贴每人每月165元，重度护理补贴每人每月220元。全年发放贫困残疾人生活津贴、重度残疾人生活津贴和重度残疾人护理补贴共5379.24万元。开展精准扶贫工作，继续挂钩船埔镇深水村，筹集资金1万元，走访慰问该村贫困户。组织评残医生进村入户，对224名建档立卡贫困残疾人评残并办理残疾人证。春节和“全国助残日”期间，市残联组织并委托各乡镇场街道残联走访慰问贫困残疾人、残疾人服务机构、残疾人专职委员及残疾人工作者活动。其中走访慰问残疾人750人次，送上慰问金70多万元，发放大米、食用油等慰问品一批。

2019年10月22日，市残联在船埔镇埔仔村举办青梅种植技术培训班，为来自该镇及邻近乡镇的120名残疾人传授青梅种植技术　（市残联　供稿）

【全国残疾人基本服务状况和需求信息动态更新工作】 根据省残联等12部门《转发中国残联等部门关于做好全国残疾人基本服务状况和需求信息数据动态更新工作意见的通知》要求，2019年7月1日零时起，全市启动残疾人基本服务状况和需求信息动态更新工作。全市28个乡镇场街道出动567个调查小组，1768名登记及培调员，对全市25674名在册残疾人进行动态更新，完成残疾人调查表录入23971张（其中入户登记23122人，电话登记849人），入户登记率为96.46%，未完成登记的残疾人主要是查无此人1人，已搬迁106人，空挂户16人，外出786人，死亡791人。至年末，完成入户调查工作，省残联委托第三方现场评估，给予较高评价。

【全国残疾人家庭收入状况调查工作】 2019年，普宁市是揭阳市唯一被中国残联抽中为全国残疾人收入状况调查的样本县，根据上级对调查工作的指导意见，市残联落实做好被抽中的182户残疾人家庭户收入状况调查工作，出台《关于印发〈2019年度全国残疾人家庭收入状况调查普宁市工作方案〉的通知》，成立领导小组，落实责任制。4月15日，派出一个由4人（通过国家培训）组成的调查小组奔赴全市27个乡镇场街道入户调查，统一购买生活用品（如食用油等）慰问每一户残疾人家庭，对调查对象用聊家常方式，对调查表内容逐项进行了解核实登记，让每一户残疾人家庭都能感受到政府的关怀，做到调查一人温暖一家的社会效果。至年末，完成对抽样的166人（户）残疾人家庭收入状况的调查登记，未完成调查16户，其中4户其残疾人已亡故、外出迁走的12户。

【普宁市残疾人联合会第五次代表大会】 2019年12月30日，普宁市残疾人联合会第五次代表大会在市区召开，揭阳市委常委、普宁市委书记张时义，市委副书记、代市长黄锐亮，揭阳市残疾人联合会党组书记、理事长林小彭，市人大常委会主任陈华娜，市政协主席杨镇松，市委副书记郑海忠和130名代表出席开幕式。大会听取并审议通过普宁市残疾人联合会第四届主席团工作报告；选举产生普宁市残疾人联合会第五届主席团委员，选举产生主席团主席、副主席；推举执行理事会正、副理事长；通过各专门协会主席名单。

（罗潇波）

普宁市红十字会

【概况】 市红十字会是从事人道主义的社会救助团体，弘扬“人道、博爱、奉献”的红十字精神，红十字事业是党和政府在人道领域联系群众的桥梁和纽带。2019年，配合市党政各项部署，开展“救灾、救助、救护”工作，做好“造血干细胞捐献、无偿献血”的宣传和推广工作，开展“红十字送温暖”和开展应急救护知识宣传培训“进机关”“进企业”“进校园”“进社区”公益活动。

【应急救护培训】 2019年，在“世界红十字日”活动周期间，市红十字会联合市消防大队举办“纪念红十字日暨消防员应急救护培训”活动，有180多名消防人员参加培训。4月，组织专业培训师和志愿者，先后在普宁二中、灰寨小学、大坝小学和民德中学开展应急救护培训活动4场次。6月，联合普宁一线爱心协会、微露爱心协会、桥善爱心协会130多名志愿者开展“普宁市2019年抗洪抢险综合应急救援演练”活动。8月，联合市市场监管局开展“应急救护培训”活动，该局干部职工及部分私营企业负责人参加该次培训活动。9月，联合里湖中学和

2019年9月25日，市红十字会联合里湖中学和榕水志愿者协会在该校开展急救知识培训。图为师生及志愿者参加培训现场（市红十字会 供稿）

榕水志愿者协会开展急救知识培训，有200多名师生及志愿者参加培训活动。11月，联合市广播电视台、市妇联等单位在流沙广场举办“不忘初心 牢记使命”主题教育便民服务活动，现场进行“心肺复苏术”等应急救护演练，在晨练市民中普及红十字应急救护知识。

【扶危济困与医疗救助】 2019年，市红十字会在开展救死扶伤、扶危济困、救灾救助等工作中发挥积极作用。是年，市红十字会对市各地特困户的99名病患者进行救助，救助资金共48.9万元。9月，牵头组织爱心人士为占陇镇石港村重病患贫困家庭陈镇发一家募捐33.61万元。

【惠民公益活动】 2019年2月，市红十字会到梅塘镇开展“博爱送万家”活动，为贫困家庭发送生活物资及慰问金。5月，联合市残联开展“普宁市助残日系列”活动，向行动不便的残疾人捐赠轮椅60台，筹集教学物资到市特殊教育学校开展慰问活动。7月，联合市卫健局、市疾控中心、康美医院及广东医科大学宁夏服务队等单位在南径镇四睦村开展下乡义诊志愿服务。

【“三献”工作新突破】 2019年，市红十字会组织多次到校园、社区及广场等地进行无偿献血和造血干细胞捐献宣传活动8场次，开设讲座2场次。5月，市造血干细胞志愿者黄静任完成造血干细胞捐献，成为普宁第3例、广东省第716例造血干细胞成功捐献者。

（黄红瑛）

居民生活

【概况】 国家统计局普宁调查队于2007年10月由原普宁市农村社会经济调查队和普宁市城市社会经济调查队组建成立。2019年，该调查队内设综合法规股、经济调查股、住户和价格调查股，编制9人。

【居民消费价格指数调查】 2019年，普宁市居民消费价格总指数为104.4%。

【城乡居民收入调查】 2019年，全市居民人均可支配收入21980元，同比增长7.6%；其中城镇居民人均可支配收入27139元，同比增长4.2%；农村居民人均可支配收入17244元，同比增长12.7%。

2019年普宁市居民消费价格指数情况表

表23　　单位：%

项　目	价格指数
居民消费价格总指数	104.4
食品烟酒	111.3
衣着	106.1
居住	99.8
生活用品及服务	100.2
交通和通信	97.1
教育文化和娱乐	100.8
医疗保健	103.2
其他用品和服务	101.5

说明：表中数据以上年同期价格为100的指数

（邱少芳）

乡镇场街道

流沙东街道

【概况】 流沙东街道位于市区东部，北纬23°17′47″，东经116°13′49″，总面积26.94平方千米。辖14个村委会和3个社区居委会。2019年年末，辖区户籍人口12.13万人。全年工农业总产值50.34亿元，财政收入11009万元，税收收入7229万元。交通便利，通过街道南部的国道G324线与省道S236线于街道东部交汇，北二环路与环市东路在街道北部交汇。工业基础雄厚，拥有8个工业小区，有各类企业806家，形成纺织、服装等支柱产业；商贸流通活跃，有7个大型综合市场，经营商户3410户，形成服装、副食品、水果、茶叶、海鲜等批发市场。辖内有普宁“八一”纪念馆（“八一”南昌起义南下部队指挥部军事决策会议旧址）、莲花寺、新坛紫晖园、新坛生态园、斗文鼎泰园、铁山森林公园等旅游景点，其中普宁“八一”纪念馆为全国爱国主义教育示范基地，新坛紫晖园被誉为“粤东地区第一座农民公园”，被揭阳市旅游部门列为生态旅游景点。街道连续多年被中国纺织工业协会授予“中国内衣名镇”称号，被省科技厅批准为“广东省技术创新专业镇”，通过省教育厅“广东省教育强镇”验收。

【农业】 2019年，街道辖区种粮直补、综补和良种补贴面积101.6公顷，补贴资金12.86万元。全年粮食作物种植面积1109公顷，总产量6800吨；蔬菜种植面积72.3公顷，产量2655吨；瓜类（含果用瓜）种植面积3.9公顷，产量153吨；水果种植面积16.7公顷，产量165吨。鼓励农村居民发展其他农副业。全年农业产值6900万元，农村经济总收入6111万元，农村居民人均年纯收入11661元。

【工业】 2019年，街道继续实施纺织服装产业发展规划，加快完善工业小区建设，完善产前、产中、产后产业链衔接，形成纺织服装产业集聚区。辖内有中河经济技术开发区和新坛、斗文、湖东、华溪、郭厝寮、上塘、秀陇8个工业小区，有各类企业806家，以发展纺织、服装等设计生产和加工为主导产业。其中新增规模上工业企业5家，累计42家。辖区企业获授权的商标、外边设计专利有300多件。其中，服装类有中国驰名商标“名鼠”1件，广东省著名商标“名鼠”“爱诺”“安蒂妮”“伊凯琳”“柏堡龙”“黛柔”“彬盛”7件，揭阳市知名商标8件。全年街道工业总产值49.64亿元。

【商贸流通与服务业】 2019年，

2019年2月12日，普宁市2019年“南粤春暖、精准扶贫暨印染企业分流职工”招聘会在普宁国际商品城举办　　（流沙东街道党政办　供稿）

街道扎实推进城市化建设，加快产业转型升级，大力发展第三产业。通过推动商贸物流平台升级，整合完善产业链，加速货物流通周转速度，提供专业化、高效率、低成本的仓储配送服务，构筑以新坛物流中心、商品城物流中心为引领，其他物流加速聚集的覆盖全市、辐射省内外的物流配送中心，全年货物周转值 17 亿元。普宁国际商品城、中华新城、流沙副食品市场、水果市场、茶叶市场、流新海鲜水产品市场、普宁市流新副食品综合市场 7 大综合市场年成交额 24 亿元。完成尚东新天地、尚东步行街、“鲤鱼嘴”等商贸地段（点）的升级改造。是年新增限额以上商业企业 3 家，新增限额以上服务企业 3 家。

【电子商务】 2019 年，街道大力发展电子商务，助推企业产品“走出去”。引导辖区耿兴针织制衣有限公司“思雅尔”服饰和广东名鼠股份有限公司驰名商标“名鼠”服饰等与网商群体对接，培育电子商务龙头企业，打造普宁“淘品牌”网购热；借助普宁国际商品城“中国内衣家居服采购基地”平台优势，加快电子商务、物流融合发展。街道被阿里研究院列为 2019 年淘宝镇，新坛、新安、郭厝寮、上塘、华溪、斗文、秀陇 7 个村被列为淘宝村。全街道从事电子商务的企业及个体户 2200 多家，全年电子商务成交额 21 多亿元。

【重点项目建设】 2019 年，街道辖区内的普宁市流新副食品综合市场完成建设并投入使用。配合推进普宁市新汽车总站、粤东“三江”（韩江、榕江、练江）连通北山村引水工程和普宁市塘沟河综合整治工程建设。全面抓好辖区内城市各主次干道、村道的硬底化和绿化等升级改造。推进广东名鼠股份有限公司服装创新产业园（首期）工程项目建设。加快新安片区旧区改造和大林社区“三旧”改造进程。

【新农村与社区建设】 2019 年，街道持续实施乡村振兴战略，加快推进各村（社区）基础设施建设步伐，实施村居植绿覆绿行动，加快推进农村雨污分流工程建设。街道、村（社区）两级共投入资金 400 多万元，用于做好对村居道路、路灯、池塘等涉及民生工程项目的修缮及公共基础设施的维护。街道筹资 42.37 万元建成第 3 期村居光伏发电项目；新坛村投入 3300 万元，建成榕德里解困楼。是年，新坛村被评为“广东美丽乡村特色村”，北山村被评为“普宁市十大美丽乡村”。

【社会保障】 2019 年，全街道城乡居民医疗保险参保 93502 人，社会养老保险参保 30016 人。全年发放低保金 260.81 万元，受益 359 户 776 人；发放五保金 106.27 万元，受益 103 人；发放部分退役军人和其他优抚对象抚恤及补助金 282.74 万元，受益 528 人；发放残疾人生活津贴和护理补贴 239.84 万元，受益 977 人；发放孤儿基本生活费 7.76 万元，受益 10 人；发放事实无人抚养儿童生活保障金 8.64 万元，受益 16 人；发放高龄补贴 64.17 万元，受益 1630 人；发放冬春生活救助、应急生活救助 38.9 万元，受益 1897 人次。各村共投入 610 万元为村民办理（补助）医疗保险、养老保险。实行“街道领导班子挂钩到村、干部职工结对到户”的扶贫对策，全面推进辖区 11 个行政村分散人口贫困户 157 户、252 人的精准扶贫工作。筹资 400 多万元，开展扶贫助困活动。

【教育事业】 2019 年，全街道有九年一贯制学校 1 所、中学 2 所、小学 14 所，在校中小学生 23685 人，在职教师 981 人；有幼儿园 50 所，在职幼师 952 人。是年，街道教育组获得“2019 年普宁市幼儿园教师专业技能大赛优秀组织奖”；流沙第一小学少先队大队部被评为“2019 年揭阳市少先队红旗大队部”；新坛小学少先队大队部、秀陇小学少先队大队部被评为“2019 年普宁市先进大队部”；陈宝文学校被评为“揭阳市文明校园”；流沙第一实验小学被评为“普宁市文明校园”；湖东中心幼儿园、星语幼儿园被评为“普宁市平安校园”。流沙第一小学、郭厝寮小学、流沙第一实验小学被评为 2019 年七年级新生综合素质监测表彰单位；陈宝文学校初中数学组、初中语文组、小学数学组等三个科组被普宁市教育局评为示范科组；北山中心幼儿园升级为普宁市一级幼儿园。

【文体事业】 2019 年，街道继续加强基层文化建设。全街道有综合文化站 1 个，村（居）文化室（农家书屋）14 个，文体广场 10 个，老年人文化活动中心 4 个，农村文化公园 6 座。是年，街道、村（居）两级投入 42.8 万元，用于完善文化站设施设备、购买农家书屋书籍、举办各项文娱体育活动。投入 20 多万元，对街道综合文化站进行易址升级改造，新建新时代文明实践中心；投入 12 万元，按照标准完善玉环社区、大林社区、新美社区 3 个综合性文化中心的设施设备配套，全年免费开放文化活动室1500小时，接待群众1万人次。在街道各村（居）播放公益电影180多场次，观看群众5万多人次。组织街道体育代表团参加普宁市第六届运动会，获金牌24块、银牌16块、铜牌6块，获得此届运动会街道组（7个街道组团参赛划分组别）奖牌总数第一名、总分第一名和最佳组织奖。

【卫生与计生服务】 2019年，街道有社区卫生服务中心1所，建筑面积1842平方米，设有急诊和其他门诊科室10个，设有手术室和住院部。全年门诊接诊76172人次。有村（居）卫生站（室）14个。建立健全各种传染病报告制度和免疫规划疫苗接种网点，确保接种疫苗的质量和服务水平。全年辖区免疫规划疫苗接种率98%。是年，全街道人口出生2322人，人口出生率18.88‰；符合政策生育率80.10%；人口自然增长率14.79‰。做好计划生育服务，全年为辖区已婚育龄妇女提供免费孕前健康检查232人次；指导“全面两孩”政策实施，至年末有963对已婚育龄夫妇办理“全面两孩”生育登记。

【安全生产】 2019年，街道、村（居）两级落实安全生产保障资金共230多万元，其中街道本级投入95.8万元。流沙东消防队以租赁方式配置5吨消防车1辆，购置器材器具5类263件（套）；各村（居）微型消防站增购各类消防器材设备一批，街道应急救援能力进一步得到增强。按“属地管理”原则，划分各片区，实施街道、村（居）和各片区三级网格化管理，落实“党政同职、一岗双责”管理责任制，采用专项检查和综合整治相结合，治理安全生产存在的突出问题。全年街道、村（居）共出动安全宣传车63辆次，开展消防安全宣传302场次，发放有关消防知识和安全生产读本5900多本（卡），组织辖区企业主要负责人368人参加全市安全生产大培训。组织安全生产、消防安全大排查大整治496场次，出动检查人员3942人次，检查各类生产经营场所3092家次，排查并整改存在安全隐患4533处。

【环境保护与环境卫生整治】 2019年，街道继续加强环境保护工作，持续加大练江流域辖区河段的环境污染综合整治力度。对各村（居）生活垃圾实行集中收集处理，累计建有垃圾收集点98个，建成垃圾压缩转运站10个，基本实现垃圾收集辖区全覆盖。落实街道、村级河长制，街道与各村（居）、各业户、各居户实行门前环境卫生三包责任制，共签订卫生责任书8500多份。注重落实门前环卫三包的日常清理与检查，组织开展每月全街道环境卫生集中整治日活动，形成辖区环境卫生整治常态化。

【文明创建】 2019年，街道落实文明城市创建工作，推进文明城市建设进程，优化人居环境。全年，街道、村（居）两级投入1300多万元，持续推进“创文”、“创卫”、人居环境整治、“三清三拆三整治”大行动，落实“门前三包”责任制，开展交通劝导活动。建成新时代文明实践所1个、新时代文明实践站3个。全年，街道、村（居）两级共制作宣传创建文明城市公益广告标语、墙画6000多幅，发放宣传资料45000余份。开展清除乱贴“牛皮癣”广告纸专项整治30多场次、开展清除占道经营行为专项整治120多场次。街道组织各村（社区）对卫生死角定期或不定期排查和治理，形成长效管理机制。

【基层党组织建设】 2019年，街道将“不忘初心、牢记使命”主题教育活动、“两学一做”学习培训活动和日常党建工作结合，推动主题教育活动常态化。全面推进基层党组织规范化建设，新坛村党委、斗文村党总支部、城东派出所党支部被普宁市委评为“先进基层党组

2019年4月19日，流沙东街道联合有关部门开展第四次禁毒行动

（流沙东街道党政办 供稿）

织”；流沙商会党支部被定为揭阳市、普宁市社会组织党建工作示范点。柏堡龙股份有限公司成立街道第一个上市公司党支部，推进普宁国际商品城党建工作；辖区17个中小学校全部单独建立党（总）支部。做好2个软弱涣散村党组织的帮扶整顿，妥善解决存在的问题。全年开展党建直联日活动70多场次，参加活动党员干部7300多人次；组织各分支部书记参加集中学习培训68人次，开展党员培训4期共408人次。全街道设党工委1个，村级党委会1个；设党总（支）部49个，其中村（社区）党总（支）部16个，“两新”党总（支）部10个。党员总数2349人。是年发展新党员12人，重新审核1291份村（社区）党员干部党籍材料。

【社会管理与志愿服务】 2019年，街道加强和改进工青妇侨工作，发挥人民团体的桥梁和纽带作用。全街道有青年志愿者服务队共21支，组织开展敬老、慰问、环境卫生整治等志愿服务活动120场次。街道妇联开展爱心慰问活动，发动企业捐资，慰问孤儿和特困儿童；创建普宁市平安家庭1户。完善网上办事系统，实现市、街道和村（居）三级网上办事系统对接，为群众办事提供“一站式”服务。通过市信息公开管理系统、政务公开栏、专线咨询监督电话、专题座谈会和印发资料等方式，做好政务信息公开。全年街道发布各类政务信息258条次。

【社会治安综治与维稳】 2019年，街道继续深化平安建设，推进基层网格化信息管理工作，实施群防群治“三结合四联动”机制。街道17个村（社区）及中河开发区共建立一级网格单元18个，配备网格员45人；二级网格单元80个，配备网格员153人；三级网格单元174个，配备网格员272人。街道有市公安派出所1所，警员18人，协警63人，各村（居）建有治安联防队伍17支、285人，做好执勤和开展治安隐患排查，惩治各种违法犯罪活动。全年在辖区开展社会治安整治“众剑行动”等专项行动155场次，出动1.25万人次，检查各类存在治安隐患复杂场所7580个次，设卡盘查125场次；侦破各类刑事案件141件，刑拘各类犯罪嫌疑人162人。街道建有维稳中心及17个村（居）维稳工作站，依法防范和化解社会矛盾；落实镇（街）领导接访制度。全年，辖区两级维稳平台受理各类矛盾纠纷等50件，调处化解50件，调处化解率100%。“一村一法律顾问”工作全面开展，全年累计为群众提供法律咨询204次，为群众上法治课68次。

（陈浩曼、许锴升）

流沙西街道

【概况】 流沙西街道位于市区西南部，北纬23°18′35″，东经116°09′26″，总面积10.46平方千米。辖4个村委会、9个社区居委会。2019年年末，辖区户籍人口9.95万人，其中农村户籍人口3.59万人。全年社会总产值7.33亿元，工农业生产总值2.2亿元，财政收入1888万元，税收收入3595万元，固定资产投资8600万元。交通便利，流沙大道、普宁大道、环城南路与赵华路、赵贵路、赤华路、玉华路南段、文竹路南段、广达路南段、南平南路、流石路形成三横八纵的主要交通网络，练江干流（流沙新河）流经全境。民营经济发达，全街道有各类民营企业25家，以纺织、服装为支柱产业；商贸流通活跃，流沙广场周边至平湖一带是市区繁荣的商业集中地，市重点项目普宁大道商业街成为辖区商业圈的新亮点；文化资源丰富，流沙人民公园的“红宫”和革命烈士纪念碑是普宁市爱国主义教育基地，南山社区是某集团军装备部长、1988年“全国抗洪模范”江明坤故里，赤水村“普宁赤水陈氏凤瑞祖墓园”被列为普宁市文物保护单位。街道先后被命名为“广东省民间文化艺术之乡”“中国民间文化艺术之乡”。存在问题：需进一步加大对经济有拉动力的经济实体的培植力度，以改变财政增收乏力，发展投入不足的状况；辖区人户分离情况较严重，一些住户情况较复杂，社会管理工作难度大，社会矛盾和不稳定因素依然存在，必须继续做好管控工作。

【农业】 2019年，全街道粮食作物种植面积34.13公顷（包括水稻、薯类等），总产量930吨，其中水稻种植面积8.13公顷，产量97吨；蔬菜种植面积26公顷，产量833吨。水果种植面积9公顷，产量12吨。鼓励发展其他农副业。全年农业产值300万元，农村经济总收入6.19亿元，农村居民人均年纯收入17244元。

【工业】 2019年，街道有各类工业企业12家，其中新增规模上工业企业1家，累计有规模上工业企业3家，形成以纺织、服装生产加工为主的支柱产业。全年实现工业产值

2.17 亿元。

【商贸流通】 2019 年，街道新增限额上商业企业 6 家；新增个体工商经营户 792 家，累计有个体工商经营户 4446 家。全年商贸服务业经营收入 5.84 亿元。

【重点项目建设】 2019 年，街道列入市重点建设项目 2 个，其中，续建项目 1 个、新建项目 1 个。至年末共完成投资 1.97 亿元。续建项目为计划总投资 5 亿元的市珠宝城（2018 年开工），位于赤华南路西侧，建设用地面积约 6.9 万平方米，由市英豪投资有限公司投资建设。至年末，该项目已完成北幢至第 22 层、南幢至第 23 层主体工程建设。新建项目为计划总投资 5300 万元的赤水村社会主义新农村示范区，该项目占地面积约 6.62 万平方米，计划总建筑面积约 38.98 万平方米，主要建设 20 幢高层住宅楼及其商铺、架空层、地下车库和消防、绿化、美化等配套设施。至年末，该项目已完成东区地下室底板建设，其中各楼栋正按计划逐步动工，西区已进行地基开挖打桩建设。

【新农村与社区建设】 2019 年，街道继续深入开展“五城同创”工作，着力整治人居环境，重点整治村级环境卫生存在的盲点死角和村级集贸市场的乱搭乱建及“脏、乱、差”现象。在此基础上，各村（社区）以建促治，加大投入，实施美丽乡村建设。南山社区投入 120 万元，实行对南西园片区两条村道的水泥硬底化建设，投入 100 万元，对校东路进行沥青铺设，又投入 40 万元，对该社区周围的沟渠淤泥进行清理；赵厝寮村完成老寨前石板路铺设，完成村文化广场前池塘周围石雕栏杆建设，又投入 10 万元，对“华美家园”南侧道路进行混凝土硬底化浇筑；赤水村对村文化广场周边的沟渠、路道、桥进行全面整修，并继续完善该村雨污分流工程，对主沟渠两侧进行安全栏围护和植树绿化。

流沙西街道夜景 （黄梓扬 摄）

【社会保障】 2019 年，全街道城乡居民医疗保险参保 66802 人，参保率 93.66%；社会养老保险参保 6387 人，参保率 87.37%。全年发放低保金 252.39 万元，受益 194 户 417 人；发放特困人员供养金 28.65 万元，受益 27 人；发放部分退役军人和其他优抚对象抚恤补助金 34.15 万元，受益 392 人；发放孤儿基本生活费 10.8 万元，受益 8 人；发放残疾人生活津贴 28.89 万元和护理补贴 124.56 万元，分别受益 141 人和 486 人。

【教育文体事业】 2019 年，全街道设初级中学 2 所，小学 5 所，九年一贯制学校 1 所，公办幼儿园 1 所和一批民办幼儿园。在校初中生 2932 人，在校小学生 12768 人；中学在职教师 582 人，小学在职教师 237 人，在职公办幼师 40 人。改善办学条件，深化教育改革。辖区各中小学投入 345.7 万元用于改善教育教学设施，全部接通互联网，实现“校校通”；多媒体教室座位数占比 100%，教师配备办公电脑 100%，平均每 100 名学生拥有学习终端 21.9 台。各学校按规定配备计算机教室，并按要求开设计算机教学课和进行计算机实践课。是年，流沙第五小学、城西中学被市教育局评为“普宁市第三批创客教育实验学校”；城西中学晨曦青年志愿者服务队被评为普宁市青年志愿者先进集体，并获潮汕星河品德奖集体三等奖。全年辖区教师参加市初中课堂教学评比活动和各级举办的教师专业能力大赛有 19 人次获奖。全街道设综合文化站 1 个（含广播电视），村（社区）文化室（农家书屋）5 个（藏书 2.3 万册），文体广场 4 个，老年人文化活动中心 5 个，农村文化公园 1 个。

【卫生与计生服务】 2019 年，街

道设社区卫生服务中心1所，建筑面积1000平方米，设有各项门诊科室7个，全年门诊接诊34928人次。有村（居）卫生站（室）28个。建立健全各种传染病报告制度和免疫规划疫苗接种网点，确保接种疫苗的质量和服务水平。全年辖区免疫规划疫苗接种率95%以上。新设置健康教育工作示范村卫生室，开展健康教育与义诊服务12次，接受健康咨询5690人，健康档案电子建档率84.58%。是年，全街道人口出生1728人，人口出生率15.42‰；符合政策生育率83.22%；人口自然增长率10.28‰。做好计划生育服务，全年免费为辖区已婚育龄妇女孕前健康检查532人次；指导“全面两孩”政策实施，至年末，辖区共有855对已婚育龄夫妇办理“全面两孩”生育登记。

【安全生产】 2019年，街道、村（居）二级共投入430多万元，增设消防软梯、灭火器、应急照明灯、消防栓、喷淋系统、防火门安全标志等消防灭火器材一批，按“属地管理”原则，划分各片区，实施街道、村（居）和各片区三级网格化和户籍化管理，落实“一岗双责”管理责任制，采取常规检查和综合整治相结合，治理安全生产存在突出问题。全年街道出版安全生产宣传专栏26个次，悬挂张贴宣传标语62条（幅），发放宣传资料1800多份；组织辖区生产经营者和安全生产责任人参加消防安全培训3场次800多人次；组织安全生产大检查、大整治行动113场次，检查各类生产经营场所432个次，其中存在安全隐患限期整改34处，取缔“二合一”“三合一”场所13处。街道全年未发生人员伤亡的火灾事故。

【基层党组织建设】 2019年，全街道设党工委1个，党（总）支部39个，其中，村级党（总）支部13个，“两新”党（总）支部4个。全街道党员总人数1889人。全年举办党员培训6场次，发展党员20人，培养入党积极分子17人。全年查办违法违纪案件18件，处分18人。开展领导干部驻点直接联系群众活动，成立团队13个，组织驻点人数72人，走访群众21994户，入户率100%。

【社会治安综治与维稳】 2019年，街道继续深化平安建设。全面深入开展社会治安综合治理“众剑行动”和扫黑除恶专项斗争，严厉惩治各类违法犯罪活动。开展“中心+网格化+信息化”建设，不断创新和加强社会治安管理水平。街道设有市公安派出所1所，各村（居）建有治安联防队伍，做好执勤和开展治安隐患排查。全年，辖区内共收集涉黑涉恶犯罪线索8条，均已交办查处；破获各类刑事案件113件，刑拘各类犯罪嫌疑人117人，其中涉盗抢销赃案件67件，破获犯罪团伙9个、30人，抓获通缉逃犯24人；治安案件予以行政处理63件、154人。开展“黄赌毒假”惩治行动，侦破毒品犯罪案件56件，查处吸毒人员63人，强制隔离戒毒42人。街道建有维稳中心及各村（居）维稳工作站13个，实现“一村一法律顾问”建设，开展社会矛盾排查化解和法律咨询援助服务。全年辖区两级维稳平台受理各类矛盾纠纷案件32件、36人次，调处化解29件，调处化解率90%。

（林壮锋、许春婷）

流沙南街道

【概况】 流沙南街道位于市区流沙大道以南，北纬23°17′41″，东经116°10′26″。总面积15.88平方千米。辖马栅、石泉美、香员坑、泗竹埔、光草洋、泗竹仔、东埔、军屯、和美邻9个村民委员会和后坛、里宅、流新、立新4个社区居委会。2019年年末，辖区户籍人口6.42万人，其中农村户籍人口4.5万人。全年工农业总产值66.57亿元，财政收入2867万元，税收收入6130万元，固定资产投资19.2亿元。全街道有工业园区3个，有各类企业278家，形成纺织、服装、房地产等支柱产业，商贸流通活跃，主要有流沙副食品市场、康美中药材市场两个专业市场。街道先后被评为“中国淘宝镇”，被授予“揭阳市文明街道”“揭阳市卫生镇”称号。

【农业】 2019年，街道粮食作物种植面积570.2公顷，其中水稻种植面积366.5公顷，粮食总产量3560吨；蔬菜总产量10450吨。鼓励发展其他农副业。全年农业产值7290万元，农村经济总收入8930万元，农村居民人均年纯收入9280元。

【工业】 2019年，全街道有工业园区3个，累计有各类企业278家，其中工业企业52家，新增规模上工业企业6家，形成以纺织、服装、房地产为主的支柱产业。全年实现工业产值65.84亿元。

【重点项目建设】 2019年，街道有市重点建设项目4个。其中，盛迪嘉光明传奇广场项目，占地面积

17.93万平方米，建筑面积21万平方米。累计投入资金9212.47万元，用于建设总部经济基地、酒店综合体及相关配套设施，至年末，地下设施支护桩及高压旋喷桩已完工。盛迪嘉光明印象花园项目，占地面积8.85万平方米，建筑面积54万平方米。累计投入资金6.27亿元。至年末，部分楼栋建设已封顶，正在进行内部装饰装修。港泰公寓建设项目，总建筑面积12.7万平方米，累计投入资金2亿元。至年末，该项目主体结构建设已完工。香山公馆建设项目，占地面积1万平方米，总建筑面积2.3万平方米。累计投入资金350万元。至年末，该项目楼体主体结构建设已完成70%。

【商贸流通】 2019年，全街道有个体工商经营户805家。有流沙副食品专业市场（建成于1991年）和康美中药材市场（建成于2017年）。其中，流沙副食品市场占地面积1.33万平方米，建筑面积1.07万平方米，总投资1700万元，主营各类干鲜食品、补料等，有经营商户308家，年集贸成交额2.8亿元。康美中药材市场采用中西结合的建筑风格，设施配套完善，主营名贵精细中药材，有经营商户354户，年集贸成交额27.2亿元。

【新农村与社区建设】 2019年，街道继续以创建省文明城市、省卫生城市为切入点，深入推进“五城同创”工作。全面推进乡村振兴战略，辖区9个行政村全面完成村庄规划编制工作，泗竹埔村、石泉美村美丽生态宜居示范村建设有序推进；持续开展“厕所革命”，各村（居）基本完成“1村1公厕”配套建设；推进练江整治，有10个村（居）雨污分流工程全面启动；香员坑村“三旧改造”项目全面启动；规划建设马栅村农贸市场，帝景城、盈泰华府等高档住宅区建成，厦深高铁普宁站核心区区位优势凸现；完善配套市政设施，南竹路拆迁顺利完成，全面启动建设，优化市区交通网络。是年，泗竹埔村、后坛社区被揭阳市文明委授予“揭阳市文明村（社区）”称号，街道获授“揭阳市文明街道”称号，辖区11个村（居）全部通过市农村人居环境“三清三拆三整治”验收。

【教育文体事业】 2019年，全街道有公办中学1所，小学11所，在校中小学生7463人。在职教师389人。深入开展“控辍保学”、教学质量提升等工作。是年流沙第四小学被评为“广东省艺术教育特色学校”。街道设有综合文化站1个，有村（居）文化室（农家书屋）13个，城南文化广场1个，村全民健身广场9个，老年人文化活动中心8个。

【社会保障】 2019年，街道继续完善社会救助体系，实现低保、五保动态管理，完成企业职工养老保险、城乡居民养老保险和医保年度任务。是年末，全街道城乡居民医疗保险参保59772人；社会养老保险参保9208人。全年发放低保金81.35万元，受益109户、222人；发放五保金85.07万元，受益83人；发放部分退役军人和其他优抚对象抚恤补助金156.89万元，受益127人；发放残疾人生活津贴和护理补贴77.56万元，受益310人；发放孤儿基本生活费9万元，受益7人。

【卫生与计生服务】 2019年，街道有社区卫生服务中心1所，全年门诊接诊25810人次。有村（居）卫生站（室）9个，完成石泉美村、军屯村、泗竹仔村公建卫生站建设。是年，全街道人口出生1052人，出生率为16.29‰；符合政策生育率79.66%；人口自然增长率11.58‰。做好计划生育服务，全年免费为辖区已婚育龄妇女孕前健康检查180

流沙南街道航拍图　　（张声金　摄）

人次；指导“全面两孩”政策实施，至年末共有426对已婚育龄夫妇办理“全面两孩”生育登记。

【安全生产】 2019年，街道按“属地管理”原则，划分各片区，实施街道、村（居）、各片区三级网格化管理，落实“一岗双责”管理责任制，采取常规检查和综合整治相结合，治理安全生产存在突出问题。全年开展火灾隐患专项整治、建筑施工安全单位、道路安全、校车安全等专项检查共46场次，参检1906人次，共排查生产经营场所1216家，落实整改223家，落实技防改造87家，采取停电强制措施19家，搬迁15家。

【基层党建】 2019年，全街道有党员1218人，发展党员17人。开展“不忘初心、牢记使命”主题教育，打造“双带双强”党建品牌。建立“第一议题”学习制度，完善党工委会议议事规则，完成揭阳市驻镇（街道）巡村巡察反馈395个问题的整改。全年街道领导干部“上讲台”为基层党员讲党课30多场次，组织参观红色革命教育基地3次，开展党建直联活动50次，帮助基层解决实际问题16件。夯实党组织基础，优化升级街道党校、街道党群服务中心和13个村（社区）党群服务中心。推进党的基层组织建设三年行动计划，抓实基层党建示范点泗竹埔村、后坛社区工作，以点带面，提升基层组织力。持续推进“四风”整治和反腐败工作，落实党风廉政主体责任，加强廉政建设。开展警示教育、“举报贪腐·共创廉洁”宣传周活动、纪律教育学习月等活动。整治“庸政懒政怠政、不作为慢作为乱作为”现象，深入排查各类问题线索9条，立案9件，给予纪律处分14人次，诫勉处理8人次，批评教育6人次，谈话提醒4人，“红红脸、出出汗”逐步成为常态。

【社会治安综治与维稳】 2019年，街道继续深化平安建设，开展社会治安整治“众剑行动”“黄赌毒、两抢一盗”打击专项行动和“扫黑除恶”专项斗争，维护社会治安稳定。市万泰慈善基金会捐赠街道治安巡逻车10辆，做好执勤和开展治安隐患排查，惩治各类违法犯罪活动。全年辖区破获刑事案件153件，刑拘犯罪嫌疑人150人；抓获通缉逃犯19人；治安案件予以行政处理160件、162人。开展“中心＋网格化＋信息化”建设，实行社会治安网格化管理。全年街道、村（居）两级维稳平台受理各类矛盾纠纷案件108件，调处化解108件，调解率100%。

（赖锡河、林燕珊）

流沙北街道

【概况】 流沙北街道位于市区北部，北纬23°18′30″，东经116°09′30″。总面积10.41平方千米。辖6个村委会和6个社区居委会。2019年年末，户籍人口7.64万人。全年工农业总产值32.86亿元，财政收入1.03亿元，税收收入8079.45万元，固定资产投资9.6亿元。交通便利，国道G324线过境段和主干街道、村道形成四通八达的交通网络；商贸流通活跃，辖区内有普宁轻纺城、布料城等专业市场，商品销售网络遍布省内外；产业结构进一步优化，以休闲购物、金融服务、电子商务为代表的第三产业发展迅猛，普宁广场万泰汇商业中心、时代中心星河COCO City等城市综合体运营成熟，华美中心城建成投入运营。电子商务保持良好发展态势，街道连续四年入选“中国淘宝镇”，南园、白沙陇、西陇、小扬美4个村入选“中国淘宝村”。是年，街道被市评为文明镇（街）。

【农业】 2019年，全街道粮食作物种植面积151.47公顷，总产量2809吨；蔬菜种植面积60.53公顷，总产量2224吨。鼓励农村发展其他农副业。全年农业产值2100万元。

【工业】 2019年，全街道有工业小区4个，有各类工业企业253家，其中规模上工业企业9家（是年新增3家），形成纺织、服装、医药等支柱产业。全年实现工业产值32.65亿元。

【商贸流通】 2019年，街道继续招商引资，以休闲购物、金融服务、电子商务为主导的第三产业发展态势良好。是年，街道新增规模上服务业企业1家，新增限额以上商业企业4家，累计有限上商业企业26家，商户4867家。注重发展和壮大实体专业市场，轻纺城、布料城等专业市场的集聚、辐射、带动力得到进一步巩固提升。普宁广场万泰汇购物中心和星河COCO City运营逐步成熟，已引入300多家品牌商家（其中沃尔玛、星巴克等国际品牌商家9家）。电子商务业发展迅速，成为街道经济新的增长点。是年，街道被阿里研究院评为“中国淘宝镇”，南园、白沙陇、西陇、小扬美村入选“中国淘宝村”。

【重点项目建设】 2019年，街道有市重点建设项目2个。其中，市丽景苑商住小区项目计划总投资4000万元，占地面积3769.6平方米，设计总建筑面积26896.5平方米。主楼盘设计层高28层，至年末，主楼楼层已建至地面8层。市盛世华府商住小区项目计划总投资3.5亿元，占地面积15463.12平方米，设计总建筑面积115564平方米。至年末，该项目已进入地下基础设施建设。

【新农村与社区建设】 2019年，全街道完成县乡公路安全生命防护工程建设270米，“往返不畅”路段整治1690米；配合做好城北鱼肉菜市场的升级改造工程。启动南园村、大扬美村农贸市场建设；辖区6个行政村全面铺开“雨污分流”工程建设，其中南园、白沙陇、新寨村已完成雨污分流管道铺设工作，其余3个村的铺设工作正抓紧推进，累计完成管道铺设2240米；推进“厕所革命”，在辖区建设标准化公厕8个。持续开展农村人居环境综合整治，全面清理路边、堤边和村前屋后垃圾死角。完成南园、白沙陇、西陇、新寨、小扬美、大扬美6个村卫生站规范化建设，并以点带面推进村级卫生站公建民营规范化建设，提升辖区基本公共卫生服务环境和服务水平。

【社会保障】 2019年，街道城乡居民医疗保险参保55120人，城乡居民社会养老保险参保7203人。全年发放低保金253.87万元，受益605人；发放五保金57.92万元，受益57人；发放部分退役军人和其他优抚对象抚恤补助金159.36万元，受益137人；发放残疾人生活津贴和护理补贴132.86万元，受益548人；发放孤儿基本生活费10.35万元，受益8人。是年，全街道相对贫困人口脱贫75户、146人，脱贫率达96%。

流沙北街道夜景 （黄梓扬 摄）

【教育文体事业】 2019年，全街道有中学2所，小学11所，在校中小学生20445人，在职中小学教师997人。进一步巩固教育创强、创均、创现工作成效，提高整体教育教学质量。是年在市七年级新生综合素质监测中，街道教育组、流沙第三小学、小扬美小学被列为表彰表扬单位；流沙第三小学被评为“揭阳市文明校园”；中庆诺德幼儿园被评为“揭阳市平安校园”；育才学校被评为“广东省书香校园”；城关中学参加第六届广东青少年科技模型大赛获团体一等奖。街道有综合文化站（含广播电视）1个，村（社区）文化室（农家书屋）6个，文化体育中心5个，文化公园5个。经常举办灯谜、英歌舞表演等群众性文化活动，丰富群众精神文化生活。是年街道选派运动员参加市第六届运动会，其中1名学生获少年组800米赛跑第一名。

【卫生与计生服务】 2019年，街道设社区卫生服务中心1所，建筑面积910平方米，设有肠道门诊、发热门诊、全科门诊和戒烟门诊4个。有村（居）卫生站（室）6个。建立健全各种传染病报告制度和免疫规划疫苗接种网点，确保接种疫苗的质量和服务水平。全年辖区免疫规划疫苗接种率96.01%。是年，全街道人口出生1442人，人口出生率16.27‰；符合政策生育率79.33%；人口自然增长率12.36‰。做好计划生育服务，全年免费为辖区已婚育龄妇女孕前健康检查207人次；指导“全面两孩”政策实施，至年末，辖区共有515对已婚育龄夫妇办理“全面两孩”生育登记。

【安全生产】 2019年，街道按照安全生产“一岗双责”要求和“属地管理”原则，落实“网格化”管理和“户籍化”管理，深入开展安全生产的协调、指导、检查和专项整治工作。是年，共排查整治各类生产性场所353家（个），其中小作坊267家，建筑场所32个，其他生产性场所5个；排查整治小档口1025家，居民住宅小区8个，人员密集场所12个，建筑业14家。共整治火灾隐患213处，其中，限期整改8处，查封4处，落实搬迁6处，停产整改15处，落实技防改造3处。

【社工服务】 2019年，街道发挥青年志愿服务队、福利会等社会组织活力，开展多场次的环境卫生清扫、扶贫慰问、儿童帮教等活动，进一步增进社会稳定和谐。

【社会治安综治与维稳】 2019年，全街道继续深化平安建设，开展社会治安治理“飓风2019”“众剑行动”“扫黑除恶”等专项行动，提升惩治效能和社会治安防控能力，严厉惩治各类违法犯罪活动。建成4个镇级治安卡口和6个村级治安卡口，建成6个村级治安视频监控系统。街道有市公安派出所1所，建有治安联防队8支、108人，设有社区警务室2个和治安岗亭4个，做好执勤和开展治安隐患排查，惩治各类违法犯罪活动。全年辖区破获各类刑事案件141件，刑拘各类犯罪嫌疑人110人，抓获通缉逃犯17人；查处治安行政案件58件，处理违法人员77人。收戒吸毒人员54人，强制隔离戒毒38人。推进扫黑除恶专项斗争，共侦破涉恶刑事案件6件，刑拘涉恶犯罪嫌疑人12人。开展“飓风2019”专项行动，破获涉毒案件9件、9人；破获涉赌案件4件、8人；破获涉黄案件2件、2人。街道建有维稳中心及各村（居）维稳工作站9个，实现“一村一法律顾问”建设，开展社会矛盾排查化解和法律咨询援助服务。全年街道、村（居）两级维稳平台共受理矛盾纠纷案件27件，已调处化解27件。

（李　虹）

池尾街道

【概况】 池尾街道位于市区西部，北纬23°18′57″，东经116°08′10″。总面积40.1平方千米。辖19个村委会和2个社区居委会。2019年年末，辖区户籍人口8.07万人。全年工农业总产值61.8亿元，财政收入13355万元，税收收入10440万元，固定资产投资26.38万元。交通便利，揭普、普惠高速公路纵贯境内，设有池尾出入口；国道G234线、省道S236线、省道S238线在街道中心城区交会，为粤东交通枢纽之一。工业较发达，有上市公司2个，形成纺织、服装、食品等支柱产业；商贸流通活跃，电子商务高速发展，为市“商贸优化发展区”。辖区内有庄世平博物馆和十八烈士墓等爱国主义教育基地，“贵政山茶叶陶罐”制作工艺项目被列为省级非物质文化遗产名录，重点文物有新石器时代墓葬群遗址和唐代肇建的马嘶岩等名胜。街道先后被评为“广东省乡镇企业百强镇”“科技实力强镇”“文明街道”“广东省技术创新专业镇（纺织服装类）”和中国“淘宝镇”（其中15个村被评为“淘宝村”）及“揭阳市电子商务示范街道”。

【农业】 2019年，街道落实强农惠农补贴政策，推动农村种养殖业发展。全年共发放耕地保护补贴资金38632元。全年粮食作物种植面积406.4公顷，总产量9510吨，其中水稻种植面积234.4公顷，产量1758吨；蔬菜种植面积172公顷，产量7752吨。鼓励发展其他农副业。全年农业产值3000万元，农村经济总收入8.86亿元，农村居民人均年纯收入15253元。

【工业】 2019年，街道有工业园区2个，规模上工业企业24家，各类企业200多家，形成纺织、服装、食品、生物科技、微晶玻璃等支柱产业。拥有上市公司2家、中国驰名商标3个、广东省著名商标8个。全年工业产值61.5亿元。

【商贸流通】 2019年，街道有限额上商业企业37家。大力扶持电子商务发展，有电子商务专业市场1个，商户2000多户，淘宝店超3万家，有多家年销售额超亿元的网货供应商，辖区内电商创业及就业人员超1万人。全年集贸成交额100多亿元。物流完善，有从事快递业站（点）20多家，快递业务基本覆盖全国各大中城市。是年，街道对上寮电商产业园和以山湖路、长春路为轴线的电商网批点集聚地进行环境提升改造，提升电子商务经营环境，形成以上寮、山湖村为中心，向周边高埕、新寮、钟潭、塔丰等村辐射扩展的电商聚集园区。依托潮汕学院电子商务专业教学平台的孵化培育辖区电商体系建设以及上寮电子商务公共服务中心建设，大力发展电子商务特色经济。

【重点项目建设】 2019年，街道有市重点建设项目7个。其中，市翔栩嘉应华府建设项目，完成投资9200万元。至年末，完成部分楼层的梁板结构和部分楼栋负一层梁板及其地下室底板的建设。市盛迪嘉光明花园建设项目，累计总投资约29亿元。至年末，项目主体结构建设已基本完成，正在进行小区园林绿化。市保利和府建设项目，计划总投资23.37亿元，至年末，完成投资2.98亿元。该项目一期楼栋已基本封顶，正准备进入内部装修。市悦府世家建设项目，至年末，完成投资12.9亿元。该项目已完成部分楼层的梁板结构和第二十二栋楼（会所）地上三层封顶。由于资金问题，该项目已暂处停工状态。市凤凰山生态旅游建设项目和市凤凰城花园建设项目，已分别完成投资5000万元和3000万元，两个项目已完成公园主体及相关项目的前期规划筹建准备，由于征地问题，市自然资源国土部门要求暂停施工。

【新农村与社区建设】 2019年，街道、村（居）两级继续投入资金建设美丽乡村"三大工程"，推动村道水泥硬底化、人居环境美化绿化、水利基础设施等项目建设。以农村人居环境整治为突破口，推进"五水清漂，五边清污""雨污分流""厕所革命""三清三拆三整治"等工作，并以点带面，全面掀起建设美丽新农村（社区）高潮。是年，上寮村对村文体广场进一步绿化美化并配套活动设施；新寮村完成集贸市场二期工程建设；西清村完成后河沟、大段池、宫前池堤岸石篱化建设；合浦村建成村学校外文体广场，并整修广场周边环境和完善活动设施配套。推进村庄规划编制，已完成19个行政村村庄整治建设规划（2018—2022）的编制，并报送市审批。是年，辖区贵政山村被评"普宁市十大美丽乡村"，山湖村、上寮村被列为市美丽乡村建设示范村。

【社会保障】 2019年，全街道城乡居民医疗保险参保72498人，参保率109.38%；社会养老保险续保16548人，参保率82.24%。全年发放低保金156.91万元，受益192户538人；发放五保金71.39万元，受益70人；发放部分退役军人和其他优抚对象抚恤补助金329.72元，受益477人；发放孤儿基本生活费11.14万元，受益10人。

【教育文体事业】 2019年，全街道有公办初级中学2所，在校生1881人，在职教师239人；有公办小学19所，在校生7390人，在职教师352人；有民办小学3所，在校生1860人，在职教师143人；有公办幼儿园1所，在园幼儿103人，在职幼师14人；民办幼儿园35所，在园幼儿6531人，在职幼师757人。推进"书法""养成""青少年校园足球""创客"四大特色教育。推进"互联网+教育"工作，逐步完善"三通两平台"建设，探索智慧教育及智慧课堂教学模式实验，促进教育信息化与课堂教育的融合。是年，街道24所公民办中小学通过"广东省依法治校达标学校"的评估验收；育英中学、池尾中学等9所学校被评为普宁市"文明校园"；新寮小学设立揭阳市唯一一间"新农村舞蹈教室"，同时也是普宁市"青少年毒品预防教育示范学校"；山湖小学、华市小学被普宁市教育局认定为首批"普宁市素质教育特色学校"。街道有综合文化站（含广播电视）1个，有村（居）文化室（农家书屋）19个，文化广场10个，老年人文化活动中心19个，农村文化公园9个。

【卫生与计生服务】 2019年，街道设社区卫生服务中心1所，建筑面积7173平方米，设有急诊和各项门诊科室，设有手术室和住院部，开放病床50张。有卫生专业技术人员121人，其中中级职称17人，初级职称104人。全年门诊接诊88811人次，住院治疗2617人次，病床使用率45.6%。全年实现医疗业务收入1734.2万元。有村（居）卫生站（室）45个，全面开展新型农村合作医疗工作。全年举办各类健康知识讲座12次，开展公众健康咨询9场次，播放健康知识音像资料6种，下乡发放各类宣传资料6.47万份，接受健康教育群众2406人，居民基本健康知识知晓率85%以上。深入敬老院、村居，对老年人、孕产妇、儿童等重点人群进行定期随访和健康指导，建立居民健康档案62953份，建档率94.4%。是年，全街道人口出生632人（其中政策内出生428人），人口出生率8.14‰；符合政策生育率79.78%；人口自然增长率6.3‰。做好计划生育服务；全年免费为辖区已婚育龄妇女孕前健康检查110人次；指导"全面两孩"政策实施，至年末，辖区共有654对已婚育龄夫妇办理"全面两孩"生育登记。

【安全生产】 2019年，街道、村（居）两级做好消防安全生产工作，定期组织到辖区的生产性和经营性场所开展安全宣传，防止各类安全生产事故发生。落实消防工作责任制，街道联合派出所对所管辖责任区开展消防监督检查，对各类场所全面检查过关。山湖村通过对安全生产高风险区域的整治工作验收，进一步完善消防栓管网建设，共建消防栓29个。全年街道共组织排查整治辖区生产储存经营场所156家

589场次，逐家逐次填写消防监督检查记录589份，当场整改消防隐患222处，限期整改2处，并与各单位签订消防责任书。

【党建工作】 2019年，全街道设党工委1个，党总（支）部49个，党员总人数2108人。其中村级党支部21个，党员1384人；两新经济组织党支部7个，党员80人（其中上市公司党支部1个，党员22人）。是年街道纪工委查办违纪案件，给予诫勉处理8人；立案19人，处分14人，其中党内警告4人，党内严重警告6人，开除党籍4人。

【社会治安综治与维稳】 2019年，街道继续深化平安建设。围绕防控违法犯罪、化解矛盾纠纷、排除公共安全隐患三大工作重点，进一步完善街道综治维稳中心功能，全面推进社会治安综合治理网格化管理，实现“中心＋网格化＋信息化”工作模式。深入开展涉枪、涉抢、涉毒、涉假的惩治和扫黑除恶专项斗争，推进社会治安治理“众剑行动”和禁毒统一清理清查专项行动，惩治各类违法犯罪活动。全年辖区破获各类刑事案件135件，刑拘各类犯罪嫌疑人119人。其中，“两抢一盗”案件74件，刑拘犯罪嫌疑人40人；毒品案件15件，刑拘犯罪嫌疑人15人；破获犯罪团伙4个，抓获团伙成员27人。治安案件予以行政处理71件、103人，其中强制戒毒27人。抓获通缉逃犯19人。街道建有维稳中心1个及各村（居）维稳工作站21个，实现“一村一法律顾问”建设，开展社会矛盾排查化解和法律咨询援助服务。全年辖区两级维稳平台受理各类矛盾纠纷案件54件，调处化解51件，调处化解率94%。

（李升炫、许跃青）

燎原街道

【概况】 燎原街道位于市区西北部，北纬23°20′08″，东经116°09′19″。总面积30.08平方千米。辖果陇、泥沟、光南、乌石、夏地、大员、渔新、渔老、埔上寮、四岭头10个村委会和1个社区居委会，共有34个自然村。2019年年末，户籍人口19892户、9.15万人。全年工农业总产值17.32亿元，财政收入3077万元，税收收入940万元。交通方便，省道S236线、环北二路、环城北路、汕湛高速公路从辖区经过，揭普高速在泥沟村设出入口。工业较发达，全街道有各类工业企业235家，形成纺织、服装生产等支柱产业；商贸流通活跃，辖区内的普宁国际服装城有商户3000多户，年集贸成交额110亿元；旅游文化资源丰富，泥沟村、果陇村被评为省级古村落，泥沟英歌舞、果陇潮汕大锣鼓标旗巡游蜚声海内外。

【农业】 2019年，全街道粮食作物种植面积1342.07公顷，总产量7952吨；果菜总产量12904吨；淡水养殖总产量342吨。全年农业产值1.19亿元，农村经济总收入9.05亿元，农村居民人均年纯收入9884元。

【工业】 2019年，全街道有各类工业企业235家，年产值2千万元以上工业企业5家，形成纺织、服装生产等支柱产业。重点企业群飞织造生产针织、梭织服装，主要出口欧美等国家，年产值2230万元；昊天服装实业有限公司生产的纯兔绒服饰主要在国内一、二线城市销售，年创产值2019万元。全年实现工业产值16.13亿元。

【商贸流通】 2019年，街道重点商业企业有恒悦汽车销售有限公司，

燎原街道一角　（江创波　摄）

年销售额1.48亿元。辖区内的普宁国际服装城，有商户3000多户，从业2万多人，是粤东唯一的省级电商平台，年集贸成交额110多亿元。和润二手车交易市场，投资额1.4亿元，已建成并投入使用。

【新农村与社区建设】 2019年，街道全面开展农村生活垃圾整治工作，实现市场化保洁机制和通过“一事一议”制度收取垃圾处理费，基本实现生活垃圾日产日清。整治村（居）环境卫生乱象，以“治污水、清垃圾、上设施、建机制”为抓手，推进农村人居环境综合整治工作，打造美丽乡村。加大基础设施建设，已建成果陇、泥沟、光南、乌石、夏地、大员、渔新、渔老、埔上寮9个村级卫生站。

【社会保障】 2019年，全街道城乡居民医疗保险参保73713人，参保率96.2%；社会养老保险参保24853人。全年发放低保金170.78万元，受益508人；发放五保金170.1万元，受益162人；发放孤儿生活保障金24.6万元，受益17人；发放部分退役军人和其他优抚对象抚恤补助金658.58万元，受益495人。在果陇村建有供养孤寡老人的燎原敬老院，建筑面积752平方米。

【教育文体事业】 2019年，全街道有初级中学3所，在校初中生1889人，在职教师222人；有小学8所，在校生6409人，在职教师365人；有幼儿园12所，在职幼师218人。街道有综合文化站1个（含广播电视），村（居）文化室（农家书屋）10个，文体广场15个，老年人文化活动中心5个，农村文化公园6个。辖区文物景点有湖山岩、进士第、百岁亭、石母泉；爱国主义教育基地有三祝岭烈士陵园、泥沟村群众学校；旅游特色景点有龙田温泉；特色食品果陇源昌酸梨豉、光南豆干。

【卫生与计生服务】 2019年，街道有社区卫生服务中心1所，建筑面积4110平方米，设有急诊和其他门诊科室9个，设有手术室和住院部。全年门诊接诊54554人次，手术治疗188人次。有村（居）卫生站（室）11个。建立健全各种传染病报告制度和免疫规划疫苗接种网点，确保接种疫苗的质量和服务水平。是年，全街道人口出生1707人，人口出生率18.68‰；符合政策生育率79.39%；人口自然增长率10‰。做好计划生育服务；全年免费为辖区已婚育龄妇女孕前健康检查213人次；指导“全面两孩”政策实施，至年末辖区有1658对已婚育龄夫妇办理“全面两孩”生育登记。

【安全生产】 2019年，街道按“属地管理”原则，划分各片区，实施街道、村（居）和各片区三级网格化和户籍化管理，落实“一岗双责”管理责任制，采取常规检查和综合整治相结合，治理安全生产存在突出问题。全年街道、村（居）开辟定期安全生产知识宣传栏12处，组织生产经营者和安全生产责任人参加消防安全培训180人次。组织安全生产大检查、大整治行动16场次，检查各类生产和经营场所289家，其中存在安全隐患限期整改28处。

【基层党建】 2019年，街道党工委编制党建工作《应知应会》口袋书，抓好系列主题党日教育活动。组织街道领导班子成员到泥沟村烈士纪念碑、群众学校学习参观，重温入党誓词；组织街道班子成员分别到各党组织上党课14次，开展志愿活动56场次。狠抓党员教育。在七一建党纪念日，街道领导班子成员分别到党建示范村果陇村和软弱涣散党组织夏地村为党员上乡村振兴主题党课；持续抓好党建“六个规范化”建设，并按省委组织部设置指引，在辖区规范设置11个村（居）党群服务中心。严格落实发展党员政治审查制度，全年新发展党员19人，处理党员队伍中存在“带病入党”党员88人，终止党代会代表资格7人。制定全年党员培训计划，举办各类培训班9场次，参训党员干部816人次。推进党风廉政建设和反腐败工作，大力整治“四风”问题，强化问责追责，推动工作落实。

【社会治安综治与维稳】 2019年，街道继续深化平安建设，在辖区及各村（居）主要路口安装治安监控联网摄像头。辖区有市公安派出所1所，各村（居）建有治安联防队伍，做好执勤和开展治安隐患排查，惩治各种违法犯罪活动。推进社会治安治理“众剑行动”，开展扫黑除恶专项斗争。全年发放“扫黑除恶”专项斗争宣传册5000份、宣传海报33张、宣传横幅17条，设置3块大中型宣传牌，并在辖区13个LED电子显示屏进行滚动宣传。全年辖区排查扫黑除恶线索60条，核实有效线索19条。破获各类刑事案件19件，刑拘各类犯罪嫌疑人28人。街道建有维稳中心及各村（居）维稳工作站12个，实现“一村一法律顾问”建设，开展社会矛盾排查化解和法律咨询援助服务。全年街道、村（居）两级维稳平台受理各类矛盾纠纷案件40件，调处化解34件，调处化解率 85%。

（严俊华、方耀扬）

大南山街道

【概况】 大南山街道位于市区南部，北纬 23°16′31″，东经 116°10′11″。总面积 93.4 平方千米，其中耕地面积 3.35 平方千米，山地面积 70.8 平方千米。辖 18 个村委会和 1 个社区居委会，共有 34 个自然村。2019 年年末，辖区户籍人口 4.19 万人，其中农村户籍人口 3.9 万人。全年工农业总产值 16.04 亿元，财政收入 2563 万元，税收收入 2400 万元，固定资产投资 6.27 亿元。辖区生态自然资源丰富，有 5163.3 公顷省级生态林。大南山是土地革命战争时期全国 13 块革命根据地之一的东江根据地重要组成部分，有革命胜迹遗址 12 处，有 3 个市、县级爱国主义教育基地，其中普宁县苏维埃政权成立旧址（原陂沟振声学校）、普宁县苏维埃政权办公旧址（原什石洋辉祖祠）是揭阳市爱国主义教育基地。著名旅游景点有百二垭田（藏莲寺）、利泰飞鹅岭农业生态公园、宝龙寺和望天石等。存在问题：街道整体经济综合实力较弱，部分工业企业规模小，技术含量低，经济整体素质和效益较差；旅游和轻工业格局规模效应尚未能充分体现，需加大力度拓展旅游资源和轻工业布局。

【农业】 2019 年，街道辖区粮食作物种植面积 705 公顷，总产量 4034 吨，其中水稻种植面积 476 公顷，总产量 2735 吨；水果种植面积 295 公顷，总产量 268 吨；蔬菜种植面积 244 公顷，总产量 8679 吨。广东利泰农业开发有限公司在辖区内建设有 16.67 公顷蔬菜大棚，生产樱桃番茄、甜瓜、哈密瓜、小青瓜、南瓜等，是年公司主要农产品樱桃、番茄产量 2208 吨，产值 4071 万元。全年街道农业产值 8997 万元，农村经济总收入 5.85 亿元，农村居民人均年纯收入 1.5 万元。

什石洋村爱国主义教育基地“红色长廊”　（大南山街道党政办　供稿）

【工业】 2019 年，全街道有工业园区 1 个，有各类工业企业 12 家，其中规模上工业企业 7 家，形成制药、服装生产等支柱产业。街道制药龙头企业广东利泰制药股份有限公司是一家集药品研发、生产、销售于一体的高新技术企业，生产基地占地面积 26.67 公顷，企业注册资本 3.88 亿元，该公司有员工 500 多人。主要研发生产大容量注射剂、口服液体制剂、糖浆剂、合剂、洁肤类化妆品等，其生产线和车间均获 GMP 认证。全年街道实现工业产值 15.14 亿元。

【重点项目建设】 2019 年，全街道列入市重点建设项目 2 个。其中，大南山城市公园（广东万泰大南山康养中心）建设项目，计划总投资 25 亿元，占地面积约 100 公顷，规划总建筑面积约 20 万平方米。规划建设养老公寓、老年休闲健身中心、老年养生度假中心、综合养老医院和山湖景观等设施，将其打造成集医养服务和健身休憩、生态观光、休闲体验于一体的综合旅游示范区。至年末，该项目土地利用总体规划（2010—2020 年）修改方案已获省政府批复。翔栩水岸花园建设项目，计划总投资 13.82 亿元，规划总建设面积约 24 万平方米（其中计容面积约 17.5 万平方米）。规划建设 6 幢高层住宅区、沿街商铺、幼儿园、地下车库及社区养老服务等设施。至年末，已完成投资 3 亿元。

【新农村与社区建设】 2019 年，街道以“守护青山绿水，打造红色旅游，发展健康产业，推进民生实事”为发展思路，整合辖区各村红色资源，规划全域红色革命精品旅游路线，打响大南山红色旅游品牌，助推乡村振兴发展。综合利用各级资金，推进各村（社区）“三清三拆三整治”、雨污分流、垃圾处理、村道硬底化、公共服务、绿满家园等项目建设，完善贫困村基础设施，提升人居环境整体水平；加强统筹规划，扶持百二垭田风景区、宝龙寺风景区扩大规模。是年，利泰飞鹅岭农业生态公园被评为广东十佳最美农业公园和广东省AAAA级农业公园。

【社会保障】 2019年，全街道城乡居民医疗保险参保34668人；社会养老保险参保9532人。全年发放低保金249.64万元，受益212户747人；发放特困人员供养金85.05万元，受益81人；发放残疾人生活津贴和护理补贴125.6万元，受益372人；发放孤儿基本生活费2.7万元，受益2人；发放孤儿生活保障金1.44万元，受益2人；发放自然灾害生活救助资金12万元，受益385户、640人。推进精准扶贫工作，实现辖区相对贫困户173户、539人预脱贫。

【教育文体事业】 2019年，全街道有初级中学1所，小学8所，在校中小学生4200多人，教职工239人。实施素质教育，发挥“养成、书法、足球”三大特色教育的优势，推动中小学教育教学质量全面提高。灰寨、陂沟、新村小学和大南山中学被评为“普宁市特色学校”；大南山中学、陂沟小学被评为“普宁市校本研训先进单位”。街道设有综合文化站1个（含广播电视），村（居）文化室（农家书屋）18个，文体广场3个，老年人文化活动中心18个。春节期间，街道在灰寨、新宁等村主持举办宣传禁毒、扫黑除恶专题灯谜会和开展其他文艺活动。

【卫生与计生服务】 2019年，街道有社区卫生服务中心1所，建筑面积2500多平方米，设有急诊和其他门诊科室5个，设有手术室和住院部。新建村级卫生站（室）11个。建立健全各种传染病报告制度和免疫规划疫苗接种网点，确保接种疫苗的质量和服务水平。全年辖区免疫规划疫苗接种率98%。是年，全街道人口出生926人，人口出生率9.54‰；符合政策生育率82%；人口自然增长率7.51‰。做好计划生育服务，全年免费为辖区已婚育龄妇女孕前优生健康检查30人次；指导“全面两孩”政策实施，至年末辖区有346对已婚育龄夫妇办理“全面两孩”生育登记。

【安全生产】 2019年，街道按“属地管理”原则，划分各片区，实施街道、村（居）和各片区三级网格化和户籍化管理，落实“一岗双责”管理责任制，采取常规检查和综合整治相结合，治理安全生产存在突出问题。全年街道、村（居）开辟定期安全生产知识宣传栏20个，悬挂安全生产、消防安全宣传标语横幅100余条（幅），发放宣传资料1600多份，组织生产经营者和安全生产责任人参加消防安全培训暨消防演练2场次共360多人次；组织安全生产大检查、大整治行动34场次，出动执法人员460人次，检查辖区各类企业商户420余家，整改各类安全隐患260多处。完成辖区“安全主题公园”建设。

【基层党组织建设】 2019年，街道设党工委1个，设党（总）支部31个。其中农村（社区）党支部19个，机关企事业单位党支部5个，“两新”组织党（总）支部6个。辖区党员总数1185人。党组织在辖区各村（居）、机关企事业单位及社会组织覆盖率100%。推进党建“六个规范化”工作，建成街道党校和19个村级党建服务中心。强化党建直联工作，全年街道驻村（点）直联干部共接访走访群众2200多人次，召开座谈会400多场次，受理群众诉求300余件，收集群众意见建议500多条。发挥党建对红色资源保护开发、红色文化传承、红色经济发展的示范引领作用，将什石洋村“红色村”党建示范工程与新农村示范村、美丽乡村建设、乡镇旅游建设等统筹规划、统筹建设，“红色党建”成为大南山党建工作的特色品牌。

【社会治安综治与维稳】 2019年，街道继续深化平安建设，着力消除治安隐患，推进扫黑除恶专项斗争，开展社会治安治理“众剑行动”。全年辖区内共破获各类刑事案件23件，刑拘各类犯罪嫌疑人26人；治安案件予以行政处理42件、69人，其中强制戒毒10人；抓获通缉逃犯6人。全年街道、村（居）两级维稳平台受理案件15件，调处化解15件。

（王丹豪）

里湖镇

【概况】 里湖镇位于市区西北部15千米处，地处山区与平原结合部，北纬23°21′26″，东经116°02′32″。总面积84.9平方千米。辖23个村委会和2个社区居委会。

2019年年末，辖区户籍人口11.58万人。全年工农业总产值36.91亿元，财政收入5182万元，税收收入1048万元。交通方便，国道G238线穿镇而过。农业特色突出，有茶叶、蕉柑、青榄等特色优势产业，“白水磜炒茶”“五峰山绿茶”在粤东地区有较高的知名度；商贸活跃，是周边地区物资集散中心，是粤东地区闻名的凉果产区和集散地，有知名度较高的茶叶专业市场以及服装、水果、杉木、副食品等专业市场；开拓旅游业，汤头村利用温泉，白水磜、龙兴（下营）村等利用山地森林资源，大力发展乡村旅游。龙兴村成功入选2019年广东省首批“国家森林乡村”。该镇先后被评为“广东省中心镇”“揭阳市建设社会主义新农村示范点”“揭阳市文明镇”“揭阳市卫生镇”“揭阳市创文工作先进集体”。存在问题：镇大部分企业规模偏小，家庭式小作坊居多，产业层次较低，企业自主创新和转型升级能力不强；资源开发利用不够充分，重点项目投资建设偏少，经济增长的内生动力不足。

【农业】 2019年，全镇粮食作物种植面积2209.9公顷，粮食总产量7084吨，其中水稻种植面积1557.13公顷，年产量9522吨；蔬菜种植面积959.4公顷，年产量31913吨；蕉柑、青榄等水果种植面积562.13公顷，年产量8186吨；淡水养殖总产量33.2吨；茶类种植面积236公顷，茶叶加工产量102吨。发展其他农作物种植和农副业生产。全年农业产值1.42亿元。

【工业】 2019年，全镇有各类企业169家，其中规模以上工业企业15家。形成凉果加工、茶叶加工生产批发等支柱产业。全年工业产值35.49亿元，其中规模以上工业产值27.8亿元。

【重点项目建设】 2019年，里湖污水处理厂配套管网（引榕南、北片区）工程完工并投入使用，铺设管网9.28千米，总投资3750万元；广东省泰盛农业科技有限公司盛世田园建设项目计划总投资2.38亿元，至年底已投资580万元，完成前期机械设备购置和动工准备工作。

里湖茶叶专业市场外景　（江创波　摄）

【新农村与社区建设】 2019年，镇继续推进新农村示范村建设项目，规划示范村建设项目47个，至年末已全部完成。继续做好文明卫生镇、村（社区）创建工作，在辖区全力开展人居环境“三清理三拆除三整治”行动，至年末共拆除危房585处、31856平方米、猪牛羊栏和露天厕所6383处、52192平方米、乱搭建物204处、6507平方米、违规广告牌151处；推进农村生活污水处理设施建设，镇区17个自然村纳入镇区污水管网工程，其他72个自然村建设厌氧池、人工湿地，计划总投资约8400万元，建设排污（水）管网141.7千米、人工湿地10个、厌氧池62个，至年末，已投入资金5600万元，完成管网铺设92.75千米，建成农村生活污水处理设施厌氧池48个、人工湿地10个；加快农村厕所改造步伐，至年末，完成卫生户厕改造19655（个）户，完成公厕改造（新建）11个；积极建设“四好农村路”，镇村两级投入资金210万元，完成自然村水泥硬底化公路建设8千米；完成里湖红色文化公园建设和火烧溪东侧（外洋坡）水利设施及其配套工程建设。

【环境保护】 2019年，镇严格落实“河长制”，继续开展榕江、火烧溪水岸区域的综合整治。对沿岸畜禽养殖业进行全面清理，严厉惩治河道非法采砂堆砂运砂行为。投入800多万元，实施里湖镇凉果废水综合整治工程建设，并对斑湖沟进行清淤。保持生态环境保护高压态势，严厉打击涉水环境违法行为，整治“散乱污”工业企业（场所），全年关停取缔排污不达标企业8家，升级改造企业排污设施173家。

【第四届铁观音茶文化节举办】 2019年，作为第五届普宁梅花旅游文化节系列活动之一的“茶韵·里湖”第四届铁观音茶文化节在里湖镇成功举办。茶文化节从12月31日开始，活动为期一个月。活动内容包括铁观音茶王赛初赛、铁观音茶王赛决赛、颁奖文艺晚会、茶艺表演、茶文化节宣传造势活动等。

2019年，“茶韵·里湖”第四届铁观音茶文化节举办了文艺晚会，图为晚会结束后主办单位负责人和演职员合影 （里湖镇 供稿）

【社会保障】 2019年，全镇城乡居民医疗保险参保93196人；社会养老保险参保42908人。全年发放低保金586.13万元，受益1733人；发放部分退役军人和其他优抚对象抚恤补助金334.51万元，受益606人；发放其他特困人员救助金350.94万元，受益331人。推进新时期精准扶贫精准脱贫攻坚工作，至年末，全镇有建档立卡相对贫困人口565户1323人，全部达到脱贫标准。

【教育文体事业】 2019年，全镇有中学4所，在校生4620人，在职教师355人；有小学22所，在校生6122人，在职教师408人；有幼儿园6所，在职幼师160人。成功举办里湖镇庆祝第35届教师节奖教奖学表彰大会。镇设综合文化站1个（含广播电视），村（社区）文化室（农家书屋）23个，文体广场6个，老年人文化活动中心6个，文化公园2个。

【卫生与计生服务】 2019年，镇设中心卫生院1所，建筑面积7132平方米。有卫生专业技术人员101人，其中中级职称10人，初级职称78人。设有急诊和各项门诊科室10多个，设有手术室和住院部。全年门诊接诊85621人次，住院治疗5230人次。有村（居）卫生站（室）23个。建立健全各种传染病报告制度和免疫规划疫苗接种网点，确保接种疫苗的质量和服务水平。全年辖区免疫规划疫苗接种率96%。是年，全镇人口出生2084人，人口出生率17.17‰；符合政策生育率79.7%；人口自然增长率12.41‰。做好计划生育服务，全面免费为辖区已婚育龄妇女孕前健康检查290人次；指导“全面两孩”政策实施，至年末，全镇共有790对已婚育龄夫妇办理“全面两孩”生育登记。

【安全生产】 2019年，镇落实安全生产“党政同责、一岗双责”责任制，组织开展安全生产、消防安全专项整治行动，深入排查辖区各类生产经营服务场所，及时消除安全隐患。全年共出动检查人员1365人次，检查各类生产经营单位734家次，排查安全隐患214处，责令整改214处。向生产经营单位发放消防安全知识手册、《家庭火灾逃生法》、《消防安全20条》等宣传资料1200多份。

【党建工作】 2019年，全镇设党委会1个，党（总）支部156个，有党员2591人。镇党委认真落实基层组织建设三年行动计划和组织力提升30条措施，开展党建工作“六个规范化”建设，实施“富美村党建引领乡村振兴”灯塔工程，建成富美、池美两个党建示范村，建成里湖镇红色文化公园教育基地；整顿转化竹头村软弱涣散党组织，以点带面提升全镇党建水平；开展基层党组织“头雁”工程，组织村（社区）党组织书记（后备干部）参加大专学历教育。是年，镇有4名党务干部获得“普宁市优秀党务工作者”称号、3名党员获得“普宁市优秀共产党员”称号。全年辖区发展新党员39人，确定入党积极分子381人。

【社会治安综治与维稳】 2019年，继续在全镇开展社会治安综合治理“众剑行动”，惩治黄赌毒假、“两抢一盗”等违法犯罪活动，社会治安形势持续好转。全年，镇公安派出所共破获各类刑事案件44件，刑拘各类犯罪嫌疑人43人，抓获网上通缉逃犯14人；治安案件予以行政处理24件、42人，其中收戒吸毒人员12人，行政拘留13人。全年镇、村（居）两级维稳平台共化解各类矛盾纠纷案件102件。

（李建伟）

梅塘镇

【概况】 梅塘镇位于市区西北部11.6千米处，北纬23°21′14″，东经116°05′03″。总面积73.05平方千米。辖23个村委会和1个社区居委会。2019年年末，辖区户籍总人口14.62万人。全年实现工农业总产值27.62亿元，财政收入2919万元，税收收入630万元，固定资产投资8.75亿元。农业特色突出，是市农业技术示范镇，景光“杨梅”、社山“通心菜”和大东山、涂洋、高埔“青榄”等特色农业实现产业化，芳淳农业公司“普薯32号”、涂洋果林场“冬节圆青榄”被评为首届“普宁市十大农特产品”；工业以发展塑料制品、食品加工、网线和电线生产为主；商贸流通活跃，镇和部分村被评为全国淘宝镇、村，有梅塘中心市场等4个农村集贸市场。辖区内有建于明永乐十年（1412年）的白水岩、建于清代的浴龙岩等文化旅游景点。

【农业】 2019年，镇继续落实各项强农惠农政策，发放耕地地力补助资金204万元，发放生态公益林效益补偿资金22万元。持续加强农业工作，立足梅塘“生态发展区”定位，实施“一村一品”工程。是年全镇粮食作物种植面积2600公顷，总产量3.54万吨；水果种植面积1393.33公顷，产量1.07万吨。全年农业产值2.18亿元，农村经济总收入22.43亿元，农村居民人均年纯收入8907.71元。

【工业】 2019年，镇有工业园区4个，有各类企业235家，其中新增规模上工业企业1家，累计规模上工业企业5家，形成以发展塑料制品、食品加工、网线和电线生产为主的支柱产业。全年实现工业产值25.44亿元，其中规模上工业产值12.5亿元。

2019年5月30日，梅塘镇组织工作人员开展交通秩序整治统一行动，图为整治队伍集中准备出发现场（梅塘镇党政办 供稿）

【商贸流通】 2019年，镇辖区建有梅塘中心市场、溪南农村集贸市场、安仁农村集贸市场和景光村季节性水果市场4个集贸市场。

【新农村与社区建设】 2019年，镇垃圾中转站建成并投入使用。利用汕湛高速路在大东山村设出入口的契机，进一步优化全镇交通网络布局，改善城乡交通条件。建设“四好农村路”，推进村道混凝土硬底化建设，至年末，完成辖区6条村道、全长6.11千米的铺筑。进一步完善镇村人居卫生环境，至年末，完成镇区污水处理厂主体建设和42个自然村雨污分流工程。

【人居环境整治】 2019年，镇以整治农村人居环境为突破口，全面开展“三清理三拆除三整治”专项行动，共清理垃圾乱堆乱放1210处，清理积存垃圾杂物7275吨，溪河池塘淤泥、漂浮物、障碍物5012吨；拆除危房1279处、64795平方米，污染严重猪牛羊栏和露天厕所8849处、93495平方米、乱搭乱建构筑物140处、7463平方米，违规广告牌355处；整治污水乱排乱倒125处、“三线”（供电线、电话线、网线）乱搭乱接269处。全镇141个自然村均全面通过市组织的“三清三拆”验收。大东山村建设成为全市生态宜居美丽乡村示范村，景光村被评为普宁市“十大美丽乡村”。严格落实“河长制”，建立健全河长巡河常态化工作机制，加大河道两岸植绿护绿力度，全面取缔河道两岸垃圾堆放点。加强禽畜养殖业的治理及巡查监管，杜绝禽畜养殖场（户）违规养殖及污水乱排放。全面整治“散乱污”工业企业（场所），明确人居环境保护红线底线。

2019年11月11日，梅塘镇领导班子成员到农村开展精准扶贫慰问活动
（梅塘镇党政办 供稿）

【社会保障】 2019年，全镇城乡居民医疗保险参保110603人；社会养老保险参保23852人。全年发放低保金478.69万元，受益1472人；发放五保金384.67万元，受益366人；发放部分退役军人和其他优抚对象抚恤补助金357.39万元，受益1912人；发放残疾人生活津贴和护理补贴262.35万元，受益1036人；发放孤儿基本生活费30.92万元，受益29人；发放大病医疗救助金185万元；发放临时生活救助资金32万元。全镇建档立卡贫困户344户411人，全部完成预脱贫工作。全年落实财政专项帮扶资金86.19万元，社会团体捐赠资金50万元，第10个“广东扶贫济困日”募捐资金7.99万元。落实教育扶贫、住房保障、结对帮扶等政策，持续开展光伏扶贫行动。

【教育文体事业】 2019年，全镇有中学5所，在校生2983人；有小学21所，在校生7757人；有九年一贯制学校1所，在校生588人；在职中小学教师813人。各中小学校功能室及体育活动场地配置齐全，安仁中学、长美小学配备高标准足球场。是年高考再创佳绩，辖区梅峰中学专科上线率达93.6%。镇设有综合文化站1个，村（居）文化室（农家书屋）24个。

【卫生与计生服务】 2019年，镇设中心卫生院1所，建筑面积3780平方米，设有急诊和各项门诊科室10个，设有手术室和住院部。全年门诊、急诊接诊48883人次。医疗收入2856.97万元。有村（居）卫生站23个、卫生室16个。家庭医生签约67223人，签约率45.2%，其中重点人群签约20197人。是年，全镇人口出生2329人，人口出生率15.96‰；符合政策生育率79.7%；人口自然增长率11.3‰。做好计划生育服务，全年免费为辖区已婚育龄妇女进行孕前健康检查343人次；指导“全面两孩”政策实施，至年末辖区共有765对已婚育龄夫妇办理“全面两孩”生育登记。

【安全生产】 2019年，镇坚持安全生产“安全第一，预防为主”方针，按照“突出重点、依法整顿、标本兼治、务求实效”要求，及时掌握各企业安全生产动态，建立安全生产定期汇报制度。在各村居、车站、公共娱乐场所等人流、物流、车流密集地段张贴安全生产标语口号，出动宣传车深入企业、厂家广泛开展安全生产宣传，发送有关安全生产法律法规，《消防安全基本要求》《企业安全防火制度》等宣传资料。全年组织生产经营者和安全生产责任人参加消防安全培训3场100多人次；组织安全生产大检查、大整治行动200多场次，检查各类生产经营场所300多家，其中存在安全隐患现场整改400多处，限期整改200多处。

【党建工作】 2019年，镇设党委会1个，党（总）支部128个，党员总数3024人。全年吸收新党员36人。镇党校全年举办专题培训班10期，参加培训1151人次。全面落实基层党建30条规范措施和六个规范化建设，打造大东山、涂洋两个党建示范村，这两个党建示范村党组织是年被评为普宁市“先进基层党组织”；实施基层基础保障工程，加大村党组织服务群众专项经费使用，完成镇公共服务中心和村党群服务中心升级建设。是年，选派4

名村（社区）“两委”干部、后备干部参加大专学历教育，优化调整4个基层党组织；强化后备干部考核培养，配备农村后备干部人选83人，其中大专学历以上60人，35周岁下66人。加强党员纪律教育，严肃党纪。是年镇纪委处理辖区违纪违规党员干部41人（其中开除党籍15人），终止各级党代会代表资格5人。

【社会治安综治与维稳】 2019年，镇继续深化平安建设，惩治各种违法犯罪活动。开展社会治安治理“众剑行动”和扫黑除恶专项斗争，加强对废弃厂房、闲置楼房、出租屋、山林果场等场所的排查监管，“盗、抢、黑”等突出违法犯罪得到有效遏制。同时开展禁毒清理清查专项行动252次，出动清查人员6935人次，清查重点区域389个，娱乐场所3家，企业工厂75家，重点偏僻山林18处，出租屋48间，盘查可疑人员786人，排查在册吸毒人员349人，查处吸毒人员13人。全年辖区共破获各类刑事案件41件，刑拘各类犯罪嫌疑人41人；治安案件予以行政处理74件、62人，其中收戒吸毒人员8人。完善维稳工作制度，发挥镇社会治理智能指挥中心作用，提高社会治理智能化、科学化、精准化水平，做好社会矛盾纠纷排查化解工作。镇、村（居）两级维稳平台全年共受理各类矛盾纠纷案件83件，化解办结78件。

（李怿楠、全勇）

占陇镇

【概况】 占陇镇位于市区东部9千米处，北纬23°17′17″，东经116°15′32″。总面积51.27平方千米，其中耕地面积15.58平方千米，林地面积10平方千米。辖37个村委会和2个社区居委会，共有45个自然村。2019年年末户籍总人口19.72万人。全年实现工农业总产值125.06亿元，税收收入3.54亿元，财政收入1.14亿元，固定资产投资32亿元。交通便利，国道G324线、占棉公路穿境而过。农业特色突出，建有国家、省级示范项目“千亩蕉柑标准化示范区”和普宁市优质水稻无公害蔬菜机械化示范基地；工业产业发达，全镇有工业园区4个，有各类工业企业450家，形成纺织、服装、印染等支柱产业；商贸流通活跃，全镇商户4836户，年集贸成交额8.2亿元；电子商务活跃，被阿里研究院评为“中国淘宝镇”，辖区有9个村被评为“中国淘宝村”。该镇曾先后被评为省级中心镇、省卫生先进镇、省科技创新专业镇。存在问题：当前经济下行压力仍较大，稳增长任务十分艰巨，产业层次较低，创新能力不强，企业结构较为单一，经济发展后劲乏力；练江整治成果巩固压力大，城乡生态有待进一步改善，人居环境还需加强日常化管理；民生事业短板仍需进一步补齐，基础公共服务不够均衡，群众利益诉求复杂多元，社会管理压力大。

【农业】 该镇建有国家、省级示范项目“千亩蕉柑标准示范区”和普宁市优质水稻无公害蔬菜机械化示范基地。2019年，全镇粮食作物种植面积3244.47公顷，总产量16794吨，其中水稻种植面积1795公顷，产量11311吨；蔬菜总产量14438吨；果蔗总产量619吨。全年发放耕地地力保护补贴18.98万元，补贴面积149.92公顷；发放基本农田保护补贴35.4万元。全年农业总产值1.06亿元，农村经济收入1.7亿元，农村居民人均年纯收入10986元。

【工业】 2019年，全镇有四海工业区、占陈工业区、交丙坛工业区、洋美山工业区等4个工业园区，有各类工业企业450家，其中规模上

占陇镇镇区航拍图　（江创波　摄）

工业企业42家，形成纺织、服装、印染等支柱产业。落实民营经济扶持政策，强化服务企业和项目，推进企业脱困促产、增资扩产、提质增效，稳定企业生产经营。全镇有省名牌产品3个、省著名商标5件、高新技术企业4家、省民营科技企业7家。全年实现工业产值124亿元。

【商贸流通】 2019年，全镇限上商业企业19家，有商户4836户。在镇城区主要开设有中市综合市场、西市综合市场和占陈国产布市场和占杨里布市场等4个专业市场，年集贸成交额8.2亿元。是年帮扶实现“个转企”（个体商户转为企业）商业企业57家，“小升规”（小企业升级为上规模企业）商业企业6家，其中限额以上商业企业4家。

【电子商务】 2019年，镇继续推动“互联网+”电子商务发展战略，突出纺织服装特色专业镇优势，鼓励传统企业“网上淘金”，支持社会青年创办电商企业或依托第三方平台开展网络销售。多场次组织辖区内各类企业家、社会青年参加市电子商务、“阿里巴巴农村淘宝”服务培训活动。是年，全镇注册淘宝网店1851家，从业人员15987人。全年全镇电子商务交易额约60亿元，快递业务量保持较好增长态势。该镇被阿里研究院评为“中国淘宝镇”，西楼、下村、新寮、占陈、交丙坛、朴兜、下寨、占苏、占杨9个村被评为“中国淘宝村”。推进农村淘宝服务站建设，建成新寮、西楼、朴兜、下村、下寨等5个农村淘宝村级服务站，为广大农村群众提供一站式综合电商服务。

【重点项目建设】 2019年，镇配合完成一批省、揭阳市和普宁市重点项目征地拆迁及其项目建设。占陇污水处理厂选址于该镇下寨村海仔洋片，占地面积5.88公顷，日处理污水量5万吨，是年，该工程已完工并投入使用。市纺织印染环保综合处理中心27.47公顷征地拆迁工作全面完成，已有22家有资质印染印花企业入园筹划建设。占陇镇中心卫生院改造升级工作已完成，新建住院楼15层、24240平方米，综合楼7层、5430平方米。市区污水处理厂三期工程2.92公顷征地拆迁任务、练江干支流拆违加固工程征地拆迁任务、汕湛高速公路占陇段86.72公顷征地拆迁任务均完成。

【练江流域综合整治】 2019年，镇坚持源头治理，重点治污，练江干流占陇段水质实现明显好转，基本消除黑臭，生态功能逐步恢复。雨污分流工程建设持续推进，全镇39个村（居）雨污分流工程全面启动建设，至年末累计共投入资金4058.37万元，建设排污（水）主管总长34.13千米、支管总长99.77千米。关停取缔“散乱污”工业企业19家，整合搬迁2家，升级改造2家；查封、拆除21个非法生猪屠宰场，其中拆除3个；拆除练江“1+10”干支流堤岸及岸边违建楼房面积4.33万平方米、临时构建物面积1.98万平方米，清理河道漂浮物、障碍物约200万吨，辖区内练江干支流基本贯通。投入400多万元，完成小北村退水闸、下寨村水闸电排、旧地村水闸电排的修缮；投资2000多万元，打造辖区内练江南堤练江水闸至练江综合整治指挥部所在地滨岸休闲长廊，练江综合整治工作迎来新“拐点”。

【农村生活垃圾处理】 2019年，全镇建有垃圾压缩转运站1个、村级垃圾收集点47个；购置可移动垃圾压缩车、清运车、铲车、推土机、洒水车等专用车辆，镇区公共场所、主要道路两侧配置垃圾桶4565只。建立市场化运行机制，卫生保洁采取向社会购买服务方式，每月投入保洁费用24万元，聘请保洁公司负责镇区约20平方千米范围的环境卫生清理保洁，聘请清运公司转运清理全镇生活垃圾，逐步实现“政府主导、市场运作、社会参与”的市场化运行机制。完善农村生活垃圾“户收集、村集中、镇转运处理”的收运处理模式，各村根据经济状况、人口数量建有专门的垃圾收集点，配备专业或兼职保洁人员390人，基本实现生活垃圾“日产日清”。

【新农村与社区建设】 2019年，镇贯彻实施乡村振兴战略，全面推进农村人居环境治理“三清三拆三整治”工作。全年共清理杂草杂物、积存垃圾等1.04万吨；清理溪河池塘淤泥、漂浮物和障碍物1.2万吨；拆除危房467处、3.76万平方米；拆除乱搭乱建构筑物2670处、7.95万平方米；拆旧补绿、美化绿化面积1.56万平方米。全镇农村、社区人居环境更加整洁美观。持续推进美丽乡村建设，是年，辖区下寨村、西湖村、交丙坛村被评选为普宁市首批美丽乡村，其中交丙坛村并被评选为揭阳市首批美丽乡村；西楼村党建文化主题公园落成。

【文明城市创建活动】 2019年，镇开展文明城市创建活动，在辖区内布设各类户外公益广告牌等设施800多块（个），宣传党的十九大精神、习近平新时代中国特色社会

占陇生态园一角　（陈少强　摄）

主义思想、社会主义核心价值观、中国梦等内容。全面整治环境卫生和市场秩序，拆除违法违规广告牌约1.87万块；清理主干道两旁乱贴广告纸条段约12.1千米。整治集贸市场，解决脏乱差、占道经营、乱摆卖等问题。宣传道德典型，发放公民道德宣传倡议书1.6万余份。健全镇志愿者服务队，组织志愿者美化镇区环境服务活动17场次，累计8000多人次参加活动。镇获2019年度普宁市文明镇称号。

【社会保障】 2019年，全镇城乡居民医疗保险参保155900人；社会养老保险参保57780人。全年发放低保金612.08万元，受益1870人；发放部分退役军人和其他优抚对象抚恤补助金499.27万元；发放孤儿基本生活费18.9万元；发放事实无人抚养儿童保障金16.56万元；发放特困人员救助费298.2万元；发放残疾人补助金402.6万元；发放80周岁以上老年人生活津贴104.16万元。成立镇村两级退役军人服务站，做好退役军人服务保障工作，为全镇烈属、军属和退役军人家庭计2428户悬挂光荣牌。强化脱贫攻坚工作，围绕2020年全面脱贫的工作目标，落实干部挂钩到户到人帮扶措施。投入58.26万元建设第三期光伏发电扶贫项目，年末，全镇贫困户210户、256人全部实现脱贫。

【教育文体事业】 2019年，全镇有公办初级中学6所，在校生5036人，在职教师450人；有公办完全小学37所，在校生13157人，在职教师670人。是年中考，占陇中学上普宁二中分数线人数列全市各公办初级中学第一名；镇小学六年级毕业生成绩在市教育局七年级新生素质监测中被评为优秀等次。加强中小学校教学科研工作，镇有一批教师在市级以上教学比赛中获奖，其中西楼小学教师纪艳萍参加揭阳市小学数学说课比赛获一等奖，并代表揭阳市参加省级比赛。完善学校设施设备建设，筹资5400多万元，建设桥柱中学综合楼。镇有综合文化站（含广播电视）1个，有村（居）文化室（农家书屋）37个，村级公园4个，全民健身广场37个。组织镇运动员参加市第六届运动会，获得乡镇平原组比赛项目总分第三名。交丙坛村少年锣鼓队和下寨村英歌队参加2019年春节市区民间文艺活动表演；成功协助举办普宁“练江杯”龙舟竞赛，其中占陇队包揽前三名；协助举办揭阳市首届“贤德揭阳”端午龙舟赛决赛。

【卫生与计生服务】 2019年，镇有中心卫生院1所，建筑面积43000平方米。设有急诊和各项门诊科室26个，有卫生技术人员169人，住院床位200张，设有手术室和住院部。镇中心卫生院升级改造工程竣工。有村（居）卫生站（室）81个，私营综合医院1所，私营眼科医院2所。完成37个村公建民营卫生站规范化建设。建立健全各种传染病报告制度和免疫规划疫苗接种网点，全年辖区免疫规划疫苗接种率95.5%。加强登革热疫情防控，加强疫情监测和处置。是年，全镇人口出生3979人，人口出生率20.02‰；符合政策生育率80.07%；人口自然增长率14.91‰。做好计划生育服务，全年免费为辖区已婚育龄妇女孕前健康检查609人次；指导“全面两孩”政策实施，至年末，全镇有1387对已婚育龄夫妇办理“全面两孩”生育登记。

【安全生产】 2019年，镇根据《占陇镇安全生产集中整治工作方案》，成立安全生产集中整治工作领导小组，开展针对危险化学品、交通运输、消防和建筑施工等领域的安全生产集中整治行动。全年镇、村播放安全生产公益宣传片、宣传动画片和宣传标语29000余（条）次，悬挂宣传横幅231条。全年镇共出动检查组42（个）次，参检人员202人次，检查各类生产性场所、小档口、“三小”场所、人员密集场所等426家（处），共排查出存在安全隐患

212处，全部落实现场整改和限期完成整改。全年辖区无发生重大安全生产、消防安全事故。

【基层党组织建设】 2019年，全镇设党委会1个；党（总）支部71个，其中农村党（总）支部39个，机关企事业单位党（总）支部24个，“两新”组织党支部8个。全镇党员总数3674人。全面落实党建工作“抓基层、强基础”要求，制订全镇党建工作意见和镇党委中心组理论学习计划，把党建工作列入对村（社区）考核重要内容。全年组织中心组学习会18场次，举办各类培训班52期。开展“不忘初心、牢记使命”主题教育活动，强化学习教育、调查研究、检视问题、整改落实四项重点措施的推行。加强村级党组织领导班子建设，是年选优配强村支部书记3人。加强女干部的选拔培养，每个村（社区）至少配备1名妇女干部，干部队伍结构进一步优化。推进农村后备干部培养，推荐5名优秀干部参加大专学历教育，39个村（社区）共培养后备干部126人。加强农村违纪违法警示教育和农村基层干部违法违纪线索排查，查处农村基层干部违纪违法案件52件、77人。

【基层公共服务综合平台建设】 2019年，完成镇、村两级公共服务平台硬件设施配套建设，选齐配强公共服务平台工作人员。镇公共服务中心设置计划生育、民政、社会保障、婚姻登记、财政惠农、殡葬管理6个服务窗口和农业发展服务中心、农村劳动力服务中心、农村土地流转服务中心、农村集体资产交易中心、农产品检测站、退伍军人服务站6个中心（站），从镇相应部门抽调精干人员安排到窗口工作，充实镇级综合服务中心队伍；村级公共服务站按照统一部署，完善外观设置、背景墙、制度牌上墙公开、办公室资源整合等硬件设施建设，39个村（居）党群服务中心建设全部完成，发挥代办员服务群众的作用，提高办事效率，打通服务群众“最后一公里”，打造“高效、快捷、便民、惠民”基层公共服务综合平台。完成30个村普惠金融建设，拓展网上办事系统，提高办事效率。

【社会治安综治与维稳】 2019年，镇继续深化平安建设，开展社会治安综合治理“众剑行动”和扫黑除恶专项斗争，惩治各类违法犯罪活动。全年镇村两级共组织开展治安综合治理和扫黑除恶专项行动清查100多场次，侦破涉黑涉恶案件13件，刑拘涉黑涉恶犯罪嫌疑人22人，抓获涉黑涉恶网上通缉逃犯5人。开展“中心+网格化+信息化”建设，实行社会治安网格化管理。全年镇、村两级维稳平台共受理各类矛盾纠纷案件42件，已全部调处化解。

（张　越）

军埠镇

【概况】 军埠镇位于市区东部10.5千米处，北纬23°15′37″，东经116°15′38″。总面积27.26平方千米。辖15个村委会和1个社区居委会，共有29个自然村。2019年年末，户籍人口29654户13.2万人。全年工农业总产值13.3亿元，财政收入2690万元，税收收入2096万元，固定资产投资26.26亿元。交通便利，镇区有主要街路4条，总长8千米，国道G324线横贯镇境北部，普宁大道贯穿镇境南部，境内有县道占（陇）汤（坑）、军（埠）仙（城）公路，乡道有军（埠）石（桥头）、军（埠）树（脚）和军（埠）朴（兜）等公路。农业特色突出，是市力葛主产区之一；有工业园区1个，各类企业302家，形成纺织、服装等支柱产业；商贸流通活跃，有服装、纺织2个专业市场。该镇曾先后被评为“广东省乡镇企业百强镇”“科技实力强镇”“揭阳市技术创新专业镇”“广东省技术创新专业镇”，2个村被评为“中国淘宝村”。存在问题：经济下行压力较大，产业转型升级面临瓶颈；生态环境保护任重道远，人居环境亟待改善；民生事业短板较多，公共服务供给不足。

【农业】 军埠是全市力葛主产区之一。2019年，全镇力葛种植面积14.1公顷，产量38吨；粮食作物种植面积1681公顷，总产量10199吨；蔬菜总产量13797吨；淡水鱼养殖总产量92吨。推进“一村一品”建设，大长陇南糖、笔架山力葛、新厝面线为知名产品。全年农业产值1.12亿元，农村经济总收入13.6亿元，农村居民人均年纯收入10075元。

【工业】 2019年，全镇有工业园区1个，占地面积6平方千米，有各类企业302家，其中新增规模上工业企业2家，累计15家。纺织服装产业优势明显，成为最主要的支柱产业。拥有“珠密琪”1个中国驰名商标和“雷伊”“侨华”“天姿芳”3个广东省著名商标及“早稻田”“森顿”“东方公子”3个揭阳市知名商标等一系列品牌纺织服装产品。全年实现工业产值12.18亿元。

【商贸流通】 2019年，全镇新培植限上商业企业1家，累计2家。镇发挥大长陇、石桥头两个“中国淘宝村”的集聚优势，鼓励大众创业，推广企业发展电商的做法，引导厂家创新销售模式，用“互联网+”，把纺织服装生产基地的优势转化为市场竞争力、份额的占有率，形成厂货网上行的新业态。实施电子商务下乡工程，推进村级淘宝服务站发挥效益，构建“互联网+”新型产销体系，促进农民创业创富。

【重点项目建设】 2019年，镇继续加快市重点项目——普宁东部商贸城建设。该重点项目总投资15亿元，占地面积20万平方米，规划建筑面积60万平方米。建设大型超市、商业步行街、生态型商住区、商业休闲广场、电商大厦、进口商品贸易区和研发中心、商务酒店、生活配套服务区。至年底该项目完成投资5.6亿元。

【新农村与社区建设】 2019年，镇实施《普宁市军埠镇总体规划（2016—2035）》，推进“五路绿化”大行动，完成汤坑溪军新、笔架山段溪旁及村居的植绿任务。实施乡村振兴战略，完成110千伏润秋变电站、占汤公路的改建，改造升级一批乡道主干道。新建成农村主题公园和全民健身广场3个，实现辖区所有行政村主题公园、文体广场全覆盖。“三清三拆三整治”工作扎实开展，全镇29个自然村顺利通过市验收。农村人居环境持续改善。

【环境保护】 2019年，镇全力推进练江流域汤坑溪军埠段治理工作，克服“等靠要”思想，主动作为，以垃圾日清、水岸同治、禽畜治理、雨污分流为抓手，全面落实河长制，整改中央环保督察指出的问题，网格化清理清查非法排污行为，以“零容忍”的态度，发现一个，取缔一个。辖区农村雨污分流工程继续稳步推进。

【社会保障】 2019年，全镇城乡居民医疗保险参保99258人，医保报销13277人次，报销金额8354.55万元；社会养老保险参保18150人。全年发放低保金343.09万元，受益1055人；发放五保金153.3万元，受益146人；发放部分退役军人和其他优抚对象抚恤补助金302.99万元，受益576人；发放孤儿基本生活费4.05万元，受益3人；发放残疾人生活津贴和护理补贴177.9万元，受益696人。新增就业495人，转移输出农村劳动力168人。

【基层公共服务平台建设】 2019年，镇立足群众“易办事少跑路”的便民服务理念，推进镇村两级公共服务综合平台建设，打造1个镇级公共服务中心、16个村级公共服务站，开启“一门式一网式”服务新模式，不断提高政务服务水平。全年镇村两级公共服务平台行政审批和服务事项办结率100%。

【教育文体事业】 2019年，全镇有中学4所，在校生4789，在职教师761人；有小学24所，在校生9648人。是年中考，全市前2800名中考优秀考生所在学校占比率排名中，辖区的陇头中学列第二名，莲坛中学列第三名，石桥头中学列第五名，大长陇中学列第八名。7月，镇举办中考表彰大会，重奖2019年中考全镇5个优秀单位和159名优秀个人。推进文化、体育事业发展。全镇设综合文化站1个，广播电视站3个，村（居）文化室（农家书屋）15个，广播站15个、文体广场（活动中心）26个。基本实现辖区行政村、社区文体设施全覆盖。

【卫生与计生服务】 2019年，镇有卫生院1所，设内科、外科、妇产科、儿科、中医科、五官科、口腔科、防疫科、公共卫生科等科室，有医生66人，护士36人。有村（居）卫生站（室）15个。推进卫生创强活动，继续深化医药卫生体制和公立医院综合改革，军埠卫生院新住院大楼完成主体结构建设。是年全镇人口出生2527人，人口出生率18.6‰；符合政策生育率80.65%；人口自然增长率14.65‰。做好计划生育服务，全年免费为辖区已婚育龄妇女孕前优生健康检查688人次；指导“全面两孩”政策实施，至年末，辖区有1562对已婚育龄夫妇办理“全面两孩”生育登记。

【安全生产】 2019年，镇继续加强安全生产工作，实行镇党政班子成员包单元、镇机关干部包村、村干部包角落、职能部门包行业的责任制，并编制成镇安全生产、消防安全责任一览表，形成纵横条块相结合的责任制网络。采取常规检查和综合整治相结合，对各类生产经营性场所进行地毯式排查并登记备案。全年组织生产经营者和安全生产责任人参加消防安全培训4场700人次；组织安全生产大检查、大整治行动5场次，检查各类生产经营场所800家，其中存在安全隐患现场整改1200处，限期整改300处。全年辖区未发生安全生产消防事故。

【社会治安综治与维稳】 2019年，

镇继续深化平安建设，开展“中心＋网格化＋信息化”建设，实行社会治安网格化管理。全力化解管控各类社会矛盾纠纷，重拳惩治各类违法犯罪活动。推进扫黑除恶专项斗争，全面开展社会治安治理“众剑行动”。全年辖区共破获各类刑事案件30件，刑拘各类犯罪嫌疑人40人；查处吸毒人员16人，实行强制戒毒12人，社区戒毒4人。深入开展“学讲话，解民忧”百日接访专项行动，解决一批民事突出问题。全年辖区镇、村（居）两级维稳平台共受理各类矛盾纠纷案件16件，调处化解16件，化解率100%，历年积案全部成功化解。

（吴贵义）

下架山镇

【概况】 下架山镇位于市区东部8.7千米处，北纬23°15′35″，东经116°14′15″。总面积82.74平方千米，其中山地面积50.76平方千米。辖32个村委会和1个社区居委会，共有44个自然村。2019年年末，辖区户籍人口17875户、11.21万人。全年工业总产值14.95亿元，财政收入877.39万元，税收收入877.39万元，固定资产投资4.78亿元。交通便利，普宁大道贯穿镇境南部，有华（林）下（架山）、占（陇）葵（岭）、占（陇）汤（坑）和流（沙）下（架山）等公路过境；农业特色突出，是市优质甘薯种植示范基地之一；工业较发达，有工业园区2个，各类企业70多家，形成服装、医药、印染、化纤等支柱产业。

【农业】 2019年，全镇农作物种植面积2427.47公顷，其中建成和寮、蛟池水稻连片示范田30多公顷，建成省级优势农作物重大技术集成推广项目示范片6.67公顷。全年粮食作物种植面积1859.33公顷，总产量11241吨，其中水稻种植面积1057.7公顷，产量6444吨；蔬菜种植面积469公顷，产量16966吨；水果种植面积545公顷，产量4672吨；淡水鱼养殖产量134吨。全年农业产值1.55亿元，农村经济总收入4.97亿元，农村居民人均年纯收入9885元。

【工业】 2019年，全镇有工业园区2个，总面积66.67公顷。有各类企业70多家，其中规模上工业企业6家，镇区建有广东康美药业股份有限公司西药生产基地，形成服装、印染、医药、化纤等支柱产业。全年实现工业产值13.4亿元，其中规模上工业产值11.6亿元。

【商贸流通】 2019年，镇继续培植下架山农贸综合市场，扩大商品流通，市场有固定商户200多户，全年集贸成交额1.35亿元。镇区有寿生堂、立丰药业连锁经营店和新华隆超市。发展电子商务，实施电商下乡工程，扶持农村电商发展。全镇累计有农村淘宝村级服务站9个。

【新农村与社区建设】 2019年，镇坚持以习近平生态文明思想为指导，加大练江综合整治力度，严厉打击各类非法排污行为，关停取缔一批“散乱污”违法企业，按时完成环保督察交办案件，练江拆违有序推进，整治成效不断巩固。开展“三清理三拆除三整治”工作，推进人居环境综合整治，镇容村貌大幅度提升。逐步完善农村基础设施，全面推进农村生活垃圾治理和雨污分流工程建设。全镇32个行政村完成村庄规划编制。

【社会保障】 2019年，全镇城乡居民医疗保险参保85012人，全年医保报销6000多人次，报销金额4000多万元。城乡居民社会养老保险参保15774人。全年发放低保金308万元，受益1003人；发放五保金173万元，受益165人；发放部分退役军人和其他优抚对象抚恤补助金100多万元，受益608人。脱贫攻坚有序推进，围绕“两不愁三保障”，推进社会保障兜底，全镇建档立卡贫困人口231户、381人，

下架山镇航拍图 （陈少强 摄）

全部完成预脱贫工作。在葵岭村老人活动中心建有敬老院1座，建筑面积1932平方米。

【教育文体事业】 2019年，全镇有中学1所，小学26所，在校中小学生7742人，在职教师394人；有幼儿园9所，在园幼儿3380人。是年中考，下架山中学考生录取上市二中28人，市重点、副重点高中上线率达46%。全镇有文化站1个，村（居）文化室（农家书屋）32个，文体活动中心（文体广场）21个。是年，镇选派109名运动员参加市第六届运动会，获得22金18银12铜的好成绩。碗仔村入选广东省第五批古村落。文物胜迹有位于碗仔村的大南山红军石刻标语和位于咸寮村的红色石洞（被定为“普宁市党员教育基地”）。经常开展的民俗文化活动有石盘舞狮，横溪舞龙，汤坑、咸寮、高明、新南湖等村的英歌舞。

【卫生与计生服务】 2019年，镇设卫生院一所，占地面积5600平方米，建筑面积7000平方米。院内建有全市首家独具特色的“中医馆”。该院与普宁华侨医院联结为紧密型医联体，亦称普宁华侨医院下架山分院。有副主任医师3人、主治医师8人、主管护理师2人。设住院床位120张。推进村级卫生站公建民营规范化建设，是年村级卫生站规范化建设完成17个、在建15个。是年，全镇人口出生2026人，人口出生率17.58‰，符合政策生育率84.01%，人口自然增长率12.45‰。做好计划生育服务，全年免费为辖区已婚育龄妇女孕前优生健康检查337人次；指导“全面两孩”政策实施，至年末，辖区共有713对已婚育龄夫妇办理“全面两孩”生育登记。

【安全生产】 2019年，全镇建有一支11人的镇级专职消防队，镇区消防安全重点管控地段有消火栓12个；建成水供塘、汤坑、涂坑、百吉岭村和下架山中学5个微型消防站。是年，镇、村（居）开辟定期安全知识宣传栏32处，悬挂张贴宣传标语2500条（幅），发放宣传资料4400份，组织安全生产经营者和安全生产管理人员参加消防安全培训6场、450人次；组织安全生产大检查、大整治行动12场次，检查各类生产经营场所353家，其中存在安全隐患现场整改257处，限期完成整改89处。

【社会治安综治与维稳】 2019年，镇继续深化“平安下架山”建设，重点惩治涉枪、涉恶、涉毒和“两抢一盗”等违法犯罪活动。全年辖区共破获各类刑事案件28件，刑拘各类犯罪嫌疑人28人；治安案件予以行政处理25件、31人。组织禁毒大排查行动90场次，清查各类场所2450处，查处收戒吸毒人员24人。强化维稳工作，发挥镇村两级维稳平台作用，开展领导接访、约访、下访活动。全年受理各类矛盾纠纷案件88件，调处化解85件，化解率96.6%。

（陈深龙）

南径镇

【概况】 南径镇位于市区东北部13.2千米处，北纬23°21′02″，东经116°17′21″。总面积52.86平方千米，其中耕地面积20.24平方千米，山地面积13.33平方千米。辖圩脚、田南、南径、东岗寮、平洋山、白石、神山、四睦、大埔寮、磨坑、青洋、陇华、碧屿、车厝围、青洋山、大陇、林内、龙门、横山头、横山尾20个村委会和1个社区居委会。2019年年末，户籍人口29228户、15.45万人。全年工农业总产值28.41亿元，财政收入2701万元，税收收入400.1万元，固定资产投资4.58亿元。农业特色突出，是市蔬菜三产区之一，也是市商品蔬菜主要生产基地；全镇有各类工业企业11家，主要以发展塑料、电子、服装、食品产业为主；商贸流通活跃，南径蔬菜专业市场是市重点专业市场之一，也是省级著名专业市场。

【农业】 2019年，镇申报耕地地力补贴1479.8公顷，下发补贴资金191.66万元。根据农田沙土质优势，大力发展特色农业，主要农产有蔬菜、番薯、甘蔗等。全年粮食作物种植面积917.5公顷，总产量53382吨，其中水稻种植面积665公顷，产量45000吨，薯类种植面积316.6公顷，产量8482吨；蔬菜种植面积397.4公顷，产量12850吨；水果种植面积4公顷，产量194吨；淡水鱼养殖面积50公顷，总产量3750吨。全年农业产值6.83亿元，农村经济总收入14.57亿元，农村居民人均年纯收入11231元。

【工业】 2019年，全镇有各类工业企业11家，其中规模上工业企业5家，形成塑料、电子、服装、食品等支柱产业。全年实现工业产值21.58亿元，其中规模上工业产值7.62亿元。

【南径蔬菜专业市场】 南径蔬菜

专业市场位于镇政府所在地南侧，是市商品蔬菜主要集散地。市场于1988年8月建成交付使用，占地面积6826平方米，总建筑面积1870.58平方米，总投资120万元，拥有钢筋水泥框架结构市亭3幢，杉瓦结构市亭2幢。市场内配套有1245平方米的停车场和2个服务台，露天部分全部铺设水泥路面。市场专营蔬菜批发，有商户208户，每天上市品种60多个，日成交量近百吨。主要销往广州、深圳、珠海、潮阳、惠来、揭阳和市内各镇。广西、江西、福建、海南等省部分市县及本省东莞、澄海、饶平等地菜商也把当地盛产的时鲜蔬菜运此交易。2019年集贸成交额约2.7亿元。

南径佳润泰公司蔬菜产业基地　　（南径镇党政办　供稿）

【“一镇一品”建设】 南径镇于2009年被评为揭阳市蔬菜技术创新专业镇，2012年被列为揭阳市首批“一镇一品”专业示范镇，2016年被省评为广东省技术（蔬菜）创新专业镇。至2019年，该镇成立有蔬菜协会及5个蔬菜专业合作社和创办农业龙头企业——佳润泰公司，引领菜农“抱团”发展，形成规模化生产及其销售模式。佳润泰公司的“佳润泰”、青洋村的“恒春”与白石村的“白发”等蔬菜品牌商标获国家商标局授权使用。佳润泰公司有员工230人，设7个蔬菜产业基地，基地总面积533.33公顷，有2个蔬菜产品加工厂，产品年加工量3.8万吨。全年实现产值9498万元。该公司先后获得“广东省农业重点龙头企业”“广东省菜篮子工程佳润泰蔬菜基地”“广东省名牌产品”“广东省守合同重信用企业”“绿色食品”“广东名菜”“重点培植民营骨干企业”“广东省名特优新农产品”“广东省农产品出口示范基地”“十大农特产品”等荣誉称号，部分蔬菜生产创新技术项目获各级科学技术进步一等奖。

【新农村与社区建设】 2019年，全镇20个行政村完成村庄规划编制，基础设施建设不断完善。投入60多万元，对睦龙公路、西龙潭灌渠和穿山洞、新楼里水库进行抢险加固，完成南洋溪南渠清淤疏浚；平洋山线、林横线、青磨线等8条公路线路的道路生命防护工程全面完成；青洋山村村道石埠堀、神山村村道长福寺路段以及圩脚村、田南村（新厝片）等15个村庄村内主干道完成修缮绿化；推动南径污水处理厂道路硬底化建设；横山尾村举办农业生产和农业机械操作推广活动；投入502万元，推进横山尾美丽乡村示范村建设；全面推进村居环境治理“三清理三拆除三整治”工作，35个自然村全部通过市组织的验收；建立健全环境卫生长效管理机制，基本实现村（社区）生活垃圾日产日清日运。

【社会保障】 2019年，全镇城乡居民医疗保险参保119571人；社会养老保险参保27957人。全年发放低保金460万元，受益1503人；发放五保金272万元，受益260人；发放部分退役军人和其他优抚对象抚恤补助金172万元，受益691人；发放残疾人生活津贴和护理补贴382万元，受益1493人；发放孤儿基本生活费12万元，受益17人。发放医疗救助金369万元，发放80周岁以上老人生活津贴75万元。建立健全退役军人服务保障体系，涉军优抚政策进一步落实。

【环保项目建设】 2019年，镇持续推进南径污水处理厂及配套管网工程建设。污水处理厂配套管网（一期）工程全面完成，配套污水管网总长9.87千米，全部贯通并投入使用。污水处理厂日处理污水量约2500吨，出水水质达标。污水处理厂配套管网（二期）工程已铺设12.3千米。推进“雨污分流”“绿满家园”“水岸同治”和“厕所革命”（清理露天厕，新建卫生公厕；改造整洁符合卫生标准户厕）工作，全力做好综合整治和建设。推进练江流域综合整治，辖区35个自然村生活污水排放按照“应收尽收、应纳尽纳”原则，优化方案设计排污（水）管网57.3千米，已完成56.48千米，优化完成率98.57%，34个自然村完成排污管网建设任务。提高生活污水处理质量标准，10个村增设一体化污水处理设施，设备正在安装调试中。

【推行“河长制”工作】 镇辖区内主要河流有练江干流青洋山段，练江主要支流西切流（长约13.2千米）、南洋溪（长约22千米）。完善镇级“河长制”会议制度和督察制度、巡查制度。设置“河长制”牌，明确整治责任、区域，健全河道保洁员队伍，及时清理打捞河道漂浮物和垃圾杂物，实现河流顺畅、河面整洁。完善镇级水库、河流数据采集，为水资源综合利用和三防标准化建设打好基础。开展面上污染源清理整治，保持对非法“散乱污”工业企业“零容忍”高压态势，铁腕打击非法排污企业。是年查封散乱污企业10家，责令停工整改21家；查封石板厂4家，责令停工整改2家；停业整改洗车场6家；关停涉污排放养殖场5家；关停取缔非法屠宰场6家。全面清理禁用、限用超标农药及化肥，确保南洋溪、西切流水质稳定达标。

【教育文体事业】 2019年，全镇有中学3所，小学23所，中小学（含高中）在校生14104人，在职教师918人。教育信息化实现改善升级，成立“南径镇创客指导中心”，新建创客空间26个；依法治教工作加快推进，25所中小学校通过“法治校园”验收。镇有综合文化站（含广播电视）1个，村（居）文化室（农家书屋）20个，文体广场3个。是年，完成南径镇文化广场、青洋山村桥头风景区、龙门村鲤鱼池生态园建设。文物胜迹有位于白暮洋村的潮汕人民抗日游击队（即韩江纵队）成立旧址杨氏祖祠，位于青洋山村牛头山上的元代内阁大学士刘南海所书的“朝阳”石刻和明代潮州先贤林大春的草书诗文石刻。

南径镇区远眺　　（江创波　摄）

【卫生与计生服务】 2019年，镇设卫生院1所，20个行政村全面建成村级卫生站。创建东岗寮、横山头、林内、青洋山、神山、四睦6个省卫生村；创建横山头、大陇、青洋山、东岗寮、南径、白石、四睦等7个慢性病综合防控示范村。开展爱国卫生运动，全力做好登革热、禽流感、非洲猪瘟等疫病和重大疾病防控。全年累计两癌筛查752人，实施疾病救治帮扶1192人次；发放严重精神障碍患者救治监护补助资金56.22万元。是年，全镇人口出生2746人，人口出生率17.87‰；符合政策生育率78.84%；人口自然增长率13.89‰。做好计划生育服务，全年免费为辖区已婚育龄妇女孕前健康检查720人次；指导“全面两孩”政策实施，至年末，全镇有826对已婚育龄夫妇办理“全面两孩”生育登记。

【安全生产】 2019年，镇按“属地管理、一岗双责”原则，全面加强安全生产工作，落实业主安全生产主体责任，抓好校车安全、建筑施工安全监督管理，保障人民群众生命财产安全。全年共组织安全生产大检查36场次，出动检查组483组2856人次，检查企事业单位和各类生产经营场所836家，查处存在消防安全隐患单位204家，发出整改通知书204份，落实现场整改和限期整改743处。全年辖区未发生较大安全生产事故和消防安全事故。

【基层党建工作】 2019年，镇设党委会1个，基层党总（支）部104个，党员总数2497人。按照基层党建“六个规范化”建设标准，实现辖区党员活动室全覆盖，形成阵地面积达标、功能配套齐备、服务规范精准、管理制度健全、作用发挥充分的基本格局。全年组织中心组学习会12场次，组织党建专题研讨班5个，其中主题发言15人次，交流发言32人次，形成调研报告14篇。全年发展新党员38人。全镇设党员干部联系群众驻点团队21个，驻点团队成员114人，开展密切联系群众，倾听基层群众干部心声，切实帮扶解决农村及群众存在问题和困难。

【乡贤公益活动】 镇支持各村（社区）成立乡贤咨询委员会，倡导成立南径镇创建文明城镇促进会，为内外乡贤支持家乡建设、充分发挥桥梁纽带作用提供平台。两个社会组织设立奖教奖学、治安消防基金等，积极推动辖区平安建设和文化教育事业发展，并经常开展扶贫济困、社会救助活动。

【社会治安综治与维稳】 2019年，镇继续深化平安建设。投入50多万元，完善镇区治安监控系统和智能指挥中心建设，社会治安综合治理信息化、智能化水平进一步提升。建立和完善基层网格化治理体系，建成一级网格21个、二级网格59个、三级网格151个，网格员695人。21个村（居）全面完成“三个最”（最安全稳定、最公平公正、法治环境最好）创建工作；20个村分步实施平安视频监控系统建设。禁毒创先争优成效显著，投入资金100多万元，创建镇社区戒毒社区康复中心。全年辖区共破获各类刑事案件37件，刑拘各类犯罪嫌疑人48人；查处吸毒人员28人；清查惩治涉电信诈骗135人。加强维稳工作。全年镇、村两级维稳平台受理各类民事纠纷26件，调处化解26件。

（郑远帆）

麒麟镇

【概况】 麒麟镇位于市区东北部14.4千米处，北纬23°22′56″，东经116°16′47″。总面积56.27平方千米，其中耕地面积16.66平方千米，山地面积26.63平方千米。辖19个村委会和1个社区居委会，共有45个自然村。2019年年末，辖区户籍人口13.48万人，其中农村户籍人口13.5万人。全年工农业总产值7.1亿元，财政收入2987万元，税收收入157万元，固定资产投资4.1亿元。农业特色突出，特色农产品有油甘、甜油甘、韭菜等；商贸流通活跃，设有蔬菜、水果、副食品3个专业市场，是年新增个体工商经营户23家，累计736家，年集贸成交额1.92亿元。

【农业】 2019年，镇推进种养结构调整，加大农田保护力度，大力发展“一村一品”“三高”农业。全年粮食作物种植面积1997.93公顷，总产量12104吨，其中水稻种植面积1138.6公顷，产量7222吨；蔬菜种植面积1180.6公顷，总产量42803吨。全年农业产值2000万元，农村经济总收入2.23亿元，农村居民人均年纯收入8651元。

【工业】 2019年，全镇有工业园区1个，累计有各类工业企业62家，其中规模上工业企业4家。全年实现工业产值6.9亿元。

【新农村与社区建设】 2019年，镇坚持规划引领发展，完成全镇19个行政村村庄规划编制工作。开展苍豪线、南蔡线公路安全生命防护工程；推进径水村主要村道广告招牌清理并进行统一设置；推进奇美、南陇、陈洞、樟岗、堆下、苍豪等村村道共8条段（总长7.6千米）路基混凝土硬底化建设；推进堆下、发坑、蔡口、樟岗等村沟渠共5条段（总长4.2千米）两边堤岸的修缮工程；整修奇美村文化广场；完成姚厝围村中兴路排涝渠建设；安装姚厝围村主要路道路灯；维修并增设径水、苍豪等村村道路灯及治安监控设施；新建陈洞村老年人文化活动中心和“不忘初心、牢记使命”

径水村光伏发电项目 （麒麟镇党政办 供稿）

主题文化广场；完成樟岗村灯光篮球场建设；完成堆下村寨前池挡水墙构筑和大寮村寨前广场整修。揭惠高速公路麒麟出入口连接线通车，推进省道S237线麒麟段拆迁工作。加强能源改造，实施麒麟电网新建台区7个、改造台区26个，解决低压台区10处，轮换智能费控表1500只。加大东龙潭水库、蔡口水库饮用水源保护区环境保护力度。

【生态环境保护】 2019年，镇加大环境污染防治力度，推进练江流域综合整治。建立健全镇、村两级"河长制"，推进全镇各溪段、沟渠、池塘的清淤和水浮莲、水面漂浮物的打捞、疏通；整治非法排污企业，推进禽畜养殖业治理，禁止禽畜粪水直排。围绕乡村振兴战略，推进"三清三拆""雨污分流""绿满家园""水岸同治" "厕所革命"等工作，着力补齐环保设施短板；建立完善农村生活垃圾规范化收集、转运和处置体系，实现全镇日常垃圾全部压缩并转运到市生活垃圾环保处理中心进行无害化处理；实施辖区主干道1.9千米长道路两侧绿化工程；建成江头、陈洞、堆下、发坑、径水、蔡口6个省定贫困村11个雨污分流处理终端和管网铺设工程；完成麒麟镇污水处理厂一期及14.2千米配套管网建设，并于12月底通水试运行。

【社会保障】 2019年，全镇城乡居民医疗保险参保10.03万人，参保率90%；社会养老保险参保2.17万人。全年发放低保金1099.33万元，受益3252人；发放五保金209.68万元，受益200人；发放部分退役军人和其他优抚对象抚恤补助金431.82万元，受益680人；发放孤儿基本生活费28.91万元，受益19人；发放残疾人生活津贴和护理补贴344.16万元，受益1438人。推进新时期精准扶贫工作，核查全镇贫困户666户、2093人。辖区6个省定贫困村完成揭阳市第四阶段省定贫困村脱贫攻坚核查整改工作。

【教育文体事业】 2019年，全镇有初级中学2所，在校生2710人，在职教师248人；有小学20所，在校生7037人，在职教师486人；有幼儿园30所，在园幼儿3301人，在职幼师201人。是年中考，爱群中学、龙峰中学共有102名学生被普宁二中、华侨中学、英才中学等重点中学录取。加快创建广东省教育现代化先进镇步伐，改善办学条件，强化教师队伍建设，巩固"书法教育、养成教育、校园足球、创客教育"四大核心特色教育，径水小学、龙峰中学被教育部列为足球特色学校。全镇有综合文化站1个（含广播电视），村（居）文化室（农家书屋）19个，文体广场19个，老年人文化活动中心18个。

【卫生与计生服务】 2019年，镇设卫生院1所，建筑面积6355平方米。开办急诊和其他门诊科室6个，设有手术室和住院部。全年门诊接诊89788人次，手术治疗356人次。有村（居）卫生站（室）28个。推进医德医风建设，改善医疗服务条件，投资239万多元，增购高清电子胃肠镜等医疗设备，组织开展贫困村妇女"两癌"筛查，完成家庭医生签约服务35792人，落实精准扶贫对象健康检查回访。加强乡村卫生服务一体化管理，完成姚厝围、潮围、新溪等8个村规范化卫生站建设。建立健全各种传染病报告制度和免疫规划疫苗接种网点，确保接种疫苗的质量和服务水平。是年，全镇人口出生2423人，人口出生率17.7‰；符合政策生育率80.02%；人口自然增长率13.3‰。做好计划生育服务，全年免费为辖区已婚育龄妇女孕前健康检查404人次。指导"全面两孩"政策实施，至年末，

2019年6月，麒麟镇组织在中小学校学生中开展禁毒教育暨签名活动

（麒麟镇党政办　供稿）

辖区共有938对已婚育龄夫妇办理“全面两孩”生育登记。

【安全生产】 2019年，镇继续深化平安建设。按“属地管理”原则，划分各片区，实施镇、村（居）和各片区三级网格化、户籍化管理，落实“一岗双责”管理责任制，采取常规检查和综合整治相结合，治理安全生产存在的突出问题。开展安全生产、消防安全等安全隐患大排查大整治专项行动。全年镇、村（居）组织安全生产大检查、大整治行动8场次，检查各类生产经营场所109家，其中存在安全隐患现场整改83处，限期整改39处，查封存在严重消防安全隐患场所7处，现场拆除3处。

【社会治安综治与维稳】 2019年，镇继续深化平安建设。开展社会治安治理“众剑行动”和“扫黑除恶”专项斗争，惩治各类违法犯罪活动。全年辖区共破获各类刑事案件28件，刑拘各类犯罪嫌疑人34人；治安案件予以行政处理61件，其中行政拘留16人，强制戒毒8人。推进“中心+网格化+信息化”建设，开展“学讲话，解民忧”百日接访专项行动。全年镇、村（居）两级维稳平台受理各类矛盾纠纷案件13件，调处化解13件，调处化解率100%。

（陈小仪）

洪阳镇

【概况】 洪阳镇位于市区以北15千米处，北纬23°26′12″，东经116°13′04″。总面积63.2平方千米，其中耕地面积11.07平方千米，园地11.33平方千米，林地24平方千米。辖32个村委会和2个社区居委会。2019年年末，户籍人口38642户、17.25万人。全年工农业总产值16.6亿元，财政收入5334万元，税收收入1074万元，固定资产投资13.33亿元。交通便利，省道S236线（池揭线）、S237线（占棉线）和揭普高速、潮惠高速在洪阳交叉穿过，镇区距离揭普高速、潮惠高速出入口均约2千米，距普宁高铁站、潮汕国际机场约35分钟车程，为普宁北部重要交通枢纽。农业特色突出，是市蕉柑主产区之一和著名的“花卉苗木之乡”；工业较发达，有各类工业企业37家，形成服装、纺织、食品、五金等支柱产业；商贸流通活跃，有花卉苗木、粮食、水果、农副产品等4个综合贸易市场，商户2781户。辖区有“培风塔”“普宁学宫”、林则徐病逝旧址“文昌阁”、清代提督府“德安里”等省（县）级文物保护单位及文物古迹20多处；该镇是已故中央统战部副部长、中侨委党组书记、全国侨联副主席方方的故里，镇区建有“方方纪念馆”。该镇先后被评为“广东省卫生先进镇”“广东省村镇建设先进单位”“广东名镇”“广东省教育强镇”“广东省文明镇”“广东省历史文化名镇”“中国历史文化名镇”“全国重点镇”。

【农业】 2019年，全镇粮食作物种植面积812公顷，总产量4670吨；果菜总产量22155吨；禽畜饲养量26.5万头（只），其中生猪0.5万头，“三鸟”26万只；淡水鱼养殖总产量860吨。全年农业产值5.3亿元，农村经济总收入1.94亿元，农村居民人均年纯收入9020元。

【工业】 2019年，全镇有各类工业企业37家，其中规模上工业企业10家，以发展服装、纺织、食品、五金生产等为支柱产业。全年实现工业产值11.3亿元，其中规模上工业产值10.96亿元。

【商贸流通】 2019年，全镇有限额上商业企业累计7家；新增市场主体商户718户，累计2781户。支持和引导美佳乐洪阳购物中心发展，打造集休闲、娱乐、购物为一体的综合平台。重点商业企业有隆腾发

洪阳镇区一角 （洪阳党政办 供稿）

纺织品有限公司，主营产品为服装、鞋帽，年销售额1.1亿元。有水果、粮食、农副产品和花卉苗木4个专业市场，以水果、茶叶、副食品、花卉苗木为重点的传统服务业不断壮大，市场交易活跃。全年实现外贸出口额4812万元。

【新农村与社区建设】 2019年，镇推进省级新农村连片示范建设，推进坧塘、龟背、岐岗、水龙寨4个“生态宜居美丽乡村示范村”建设和前山、后山、厚田、马湖、昆安5个新农村建设。以生态宜居美丽乡村建设为抓手，推进坧塘等29个村村庄规划编制工作，加快推进村庄整治和基础设施项目建设，着力改善农村人居环境。投入300多万元，推进“四好农村路”建设，实施坧塘、林惠山等村村道水泥硬底化4.65千米；投入430.9万元，推进金丰村14.87公顷耕地提质改造项目建设；投入400多万元，实施林惠山村改水工程；投入40万元，推进辖区供水管网东线加压项目建设；投入10多万元，新增取水井一口，解决镇区东片水压低、居民用水困难问题。

【污水处理厂建设】 2019年，洪阳镇污水处理厂厂区及污水主干管网已全面建成启用，配套管网（二期）工程已完成工程设计和施工合同签约并进入施工，至年末，工程基本完工，进入竣工资料整理和验收准备阶段。雨污分流工程加快建设，全镇32个村已全部开工，至年末，有15个村完成工程建设。辖区已建成村居生活污水处理一体化设施（人工湿地、厌氧池）21个，在建26个。

【社会保障】 2019年，全镇城乡居民医疗保险参保13.23万人；城乡居民社会养老保险参保2.82万人。全年发放低保金508万元，受益1434人；发放五保金234万元，受益220人；发放部分退役军人和其他优抚对象抚恤补助金71.36万元，受益23人；发放孤儿基本生活费24.68万元，受益17人；发放残疾人生活津贴和护理补贴358.43万元，受益1091人；发放高龄补助金92万元；发放救济金23万元，救济特困户600多户、2000多人。推进退役军人服务站规范化建设，全镇设34个村（社区）退役军人服务站。全年辖区实现脱贫173户186人。

【教育文体事业】 2019年，全镇有中学5所，在校初中生3953人、高中生6918人，在职教师935人；有小学30所，在校生12376人，在职教师704人；有幼儿园13所，在园幼儿6093人，在职幼师331人。推进教育领域综合改革，加快教育现代化进程。投入1620万元，改建水吼小学校舍，8月竣工交付使用。是年全市七年级新生综合素质监测，镇荣获三个第一（总评全市第一、平均分全市第一、及格率全市第一）。镇有综合文化站（含广播电视）1个，村（社区）文化室（农家书屋）32个，文体广场9个，老年人文化活动中心30个，农村文化公园5个。是年配合做好普宁学宫等一批历史文化项目修缮工作；完成坧塘和仙步等31个村级综合文化服务中心建设；成功举办第五届普宁梅花旅游文化节“蝶舞·洪阳”宝镜院蝴蝶兰迎春花展。组织运动员参加第六届市运动会，取得市运动会乡镇平原组总分、金牌数、总奖牌数第一的成绩。

【卫生与计生服务】 2019年，镇设中心卫生院1所，占地面积18666.67平方米，建筑面积49750平方米，设有急诊和各项门诊科室6个，设有手术室和住院部，有病床185张。有员工381人，专业技术人员324人，其中副高职称5人，中级职称36人。全年门诊接诊7万人次，住院治疗约1.3万人次，年业务收入8632万元。有村（居）卫生站（室）34个。落实乡村卫生服务一体化管理，开展无偿献血和登革热防控工作，加强对食品安全监管。

洪阳镇农产品批发市场鸟瞰　　（洪阳党政办　供稿）

建立健全各种传染病报告制度和免疫规划疫苗接种网点，确保接种疫苗的质量和服务水平。全年辖区免疫规划疫苗接种率90%。推进洪阳镇中心卫生院升级改造和农村卫生站公建民营规范化建设，提升基层医疗服务水平。是年，全镇人口出生3126人，人口出生率17.62‰；符合政策生育率80.77%；人口自然增长率12.96‰。做好计划生育服务，全年免费为辖区已婚育龄妇女孕前健康检查534人次；指导“全面两孩”政策实施，至年末，辖区共有1061对已婚育龄夫妇办理“全面两孩”生育登记。

【安全生产】 2019年，镇进一步加强安全生产和消防工作，推进火灾高风险区域隐患整治。全年共出动检查人员1580人次，检查各类生产经营场所833家，责令关停取缔8家，临时查封446家，完成整改549家，整治火灾隐患4365处。

【社会治安综治与维稳】 2019年，镇继续推进平安建设，开展社会治安治理“众剑行动”和红袖章集中巡查活动，发挥公安机关主力军作用，严厉惩治各类违法犯罪活动。突出问题导向，围绕“有黑扫黑，无黑除恶，无恶治乱”的目标，抓好线索排查、案件查处工作。全年在辖区内共排查涉黑涉恶线索114条，其中有效线索22条，立案破获涉黑涉恶类刑事案件22件，破获普通涉恶类犯罪团伙2个，抓获涉黑涉恶犯罪嫌疑人41人（其中抓获通缉逃犯10人）；破获涉毒刑事案件3件，刑拘涉毒犯罪嫌疑人3人；查处治安案件216件，其中民事激化化解14件、处罚29件，行政拘留25人，查处吸毒人员13人，予以强制戒毒7人。开展矛盾纠纷排查化解，妥善解决各类社会矛盾。全年镇、村两级维稳平台共受理矛盾纠纷等154件，调处化解149件，调处化解率96.75%。

（李锐旭、林浩冰）

大坝镇

【概况】 大坝镇位于市区西北部区7.8千米，北纬23°22′20″，东经116°10′46″。总面积59.36平方千米。辖26个村委会和1个社区居委会。2019年年末，户籍人口11.63万人。全年工农业总产值17.21亿元，财政收入3792万元，税收收入750万元，固定资产投资10.2亿元。交通便利，省道S236线（池揭线）纵贯镇区。农业特色突出，盛产普宁红脚芥蓝和青梅，是市粮食蔬菜主产区之一；工业较发达，有各类工业企业156家，形成服装、五金、塑料、食品等支柱产业；商贸流通活跃，镇区有农副产品市场。主要旅游景点有月窟村云石岩、铁山洋村五福堂等。

【农业】 2019年，镇继续落实强农惠农政策。全年发放耕地地力保护补贴资金169.1万元。全镇粮食作物种植面积1353公顷，总产量23415吨，其中水稻种植面积667公顷，产量4162吨；果蔬总产量4.3万吨；淡水鱼养殖总产量550吨；禽畜饲养量生猪0.71万头，“三鸟”30万只。全年农业产值1.62亿元，农村经济总收入10.47亿元，农村人均年纯收入8562元。

【工业】 2019年，市重点建设项目英歌山大健康产业园位于镇区，镇发挥园区辐射作用，鼓励创新驱动，带动全镇经济稳步发展，至年底园区已引进企业23家。全镇有各类工业企业156家，其中新增规模上工业企业2家，累计10家，形成服装、五金、塑料、食品等支柱产业。全年工业产值15.59亿元，其中规模上工业产值11.99亿元。

【“一镇一品”建设】 2019年，镇以“一镇一品”为切入点，扶持发展特色农业，打造大坝镇“普宁红脚芥蓝”品牌。“普宁红脚芥蓝”是著名潮汕农特产，在大坝农村已有300余年的栽培历史。由于该镇气候、土质、水源等自然条件优越及当地农户长期的种植选育，形成红脚芥蓝抗病性强、长势好、产量高，炒吃之口感爽脆、略有回甘、营养丰富的独特品质。在该镇西北部已形成连片红脚芥蓝种植基地，种植面积20多公顷，每公顷年产值约75万—105万元。

【新农村与社区建设】 2019年，镇继续开展农村人居环境整治，推进“三清理三拆除三整治”专项行动。全年共清理积存垃圾、乱堆乱放杂物2187处、4175吨；清理河塘沟渠淤泥、漂浮物8679吨；拆除危旧房，污染环境猪牛栏，露天厕所、茅厕和乱搭乱建构筑物5681处、70165平方米；拆除违规广告牌，完成垃圾乱扔乱放和“三线”整治3387宗（处）；拆旧补绿、美化绿化面积12500平方米，拆旧复垦面积8.7公顷。开展“厕所革命”，完成户厕改造20275户，新建标准化公厕3个。整治农贸市场周边乱摆乱卖、乱停乱放现象。全面启动和部署美丽新农村建设，完成26个村村庄规划编制工作。完善垃圾日产日清体系，推进英歌山（大坝）生活垃圾压缩站建设，镇区推行卫生保洁市场化运作，各村按500人口标准配备保洁员队伍，增设村级垃圾收集点26个，购置环保垃圾桶850个。生活垃圾实行的“村收集—镇转运—县处理”模式高效运转。是年农村人居环境整治行动全镇84个自然村全部通过揭阳市和普宁市组织的验收组验收，打造出山顶、大坝、白坑、马厝宅、平林等村新一批清拆整治亮点。该镇被评为揭阳市“三清三拆”工作（第一阶段）先进镇。

【水环境治理】 2019年，镇继续推进辖区练江、榕江支流流域的环境治理行动，落实镇村两级“河长制”，定期开展巡河工作。严厉整治各类污染源，关停取缔“散乱污”工业企业35家、非法屠宰点12处；加大水资源保护力度，开展白坑湖水库水环境专项整治；开展河道、渠道清淤疏浚和堤岸加固工作，清理疏浚河道18.8千米，完成河堤和道路绿化7.5千米。英歌山（大坝）污水处理厂顺利通水启动，26个行政村雨污分流工程建设全面铺开。全年累计完成农村雨污分流管网铺设189.65千米，配备一体化污水处理设备14套。

【社会保障】 2019年，全镇城乡居民医疗保险参保9万多人；城乡居民社会养老保险参保4.5万人。全年发放低保金253万元，受益856人；发放五保金213万元，受益203人；发放部分退役军人和其他优抚对象抚恤补助金340.96万元，受益608人；发放孤儿基本生活费21万元，受益17人；发放残疾人基本生活补助金165万元，受益586人。

【教育文体事业】 2019年，全镇有初级中学2所，在校生1529人，在职教师203人；有小学23所，在校生6275人，在职教师414人；有镇办幼儿园1所，在园幼儿178人，在职幼师2人。投入22万元，开展教师节奖学奖教活动；投入1200多万元，建设大坝镇中心幼儿园（含镇文化站）。镇设文化站1个，广播电视站1个，村（社区）文化室（农家书屋）27个，有镇村文体广场26个。

【卫生与计生服务】 2019年，镇有卫生院1所，建筑面积3558平方米，设有急诊和各项门诊科室，设有手术室和住院部，有病床52张。全年门诊接诊15939人次。镇有村（社区）卫生站（室）26个，其中已完成村级卫生站公建民营规范化建设26个。是年，全镇人口出生2067人，人口出生率17.01‰；符合政策生育率80.36%；人口自然增长率11.86‰。做好计划生育服务，全年免费为辖区已婚育龄妇女孕前优生健康检查440人次；指导“全面两孩”政策实施，至年末，辖区有1651对已婚育龄夫妇办理“全面两孩”生育登记。

【安全生产】 2019年，镇落实安全生产“党政同责、一岗双责、齐抓共管”要求，投入10多万元，完善镇专职消防队应急救援设备，完成25个村微型消防站建设及其设备配套建设。加强安全生产、消防安全宣传和培训工作，整治安全生产存在突出问题。全年镇村两级共组织安全生产大检查、大整治行动15场次，检查各类生产经营场所378家，排查发现存在安全隐患落实现场整改84处，限期完成整改28处，查封存在严重安全隐患场所3处。

【基层党建】 2019年，镇设党委会1个，村级党（总）支部27个、机关、企事业单位党（总）支部17个，“两新”党支部2个。全镇党员总数2326人。全年考察培养入党积极分子23人，发展新党员30人。抓好党风廉政建设，镇纪委全年立案查处党员干部违纪违法案件20件、20人。是年镇被评为普宁市党建示范镇。

【社会治安综治与维稳】 2019年，镇持续深化“平安大坝”建设，开展扫黑除恶专项斗争和社会治安治理“众剑行动”，惩治各类违法犯罪活动。全年辖区共破获各类刑事案件21件，刑拘各类犯罪嫌疑人28人；办结涉恶案件5件、12人；治安案件予以行政处理25件、22人。建立健全党政领导接访制度，发挥领导干部驻点直接联系群众平台作用，及时回应群众诉求。全年辖区镇村两级维稳平台受理各类矛盾纠纷案件6件，调处化解6件。是年，该镇被评为揭阳市创建“三个最”（最安全稳定、最公平公正、法治环境最好）优秀镇。

（黄辛泽、张琪）

南溪镇

【概况】 南溪镇位于市区东北部23.8千米处，北纬23°20′48″，东经116°14′26″。北回归线从该镇北部经过。东与揭阳市榕城区梅云街道接壤，南与洪阳镇、广太镇接壤，西与揭西县棉湖镇接壤，北与揭阳市榕城区霖磐、白塔两镇隔榕江相望。辖区面积50.18平方千米，其中耕地面积15.02平方千米，园地面积2.08平方千米，林地面积10.9平方千米。境内榕江堤围13.8千米，洪阳河堤9.8千米。辖40个村委会和1个社区居委会，共有44个自然村。2019年年末，户籍人口12.7万人，其中农村户籍人口12.62万人。全年工农业总产值7.38亿元，财政收入4513.83万元，税收收入443.99万元，固定资产投资6.5亿元。农业特色突出，是市蕉柑、生姜、淮山主产区和花卉苗木之乡；商贸流通活跃，主要有南溪小商品市场、南溪综合市场2个集贸市场，商户776户；辖区内有各类企业143家，形成服装、五金等支柱产业；辖区有“南岩古寺东方玉佛国”风景区和“杨石魂故居”爱国主义教育基地。境内河流纵横交错，水量充沛，景色优美，乌篷船“泛舟南溪水乡”观光旅游项目远近闻名。是年，该镇被评为“2018年度普宁市社会治安综合治理先进集体”“广东省教育强镇”。

南溪镇新农村示范村登峰村航拍图　（杨浩彬　摄）

【农业】　2019年，镇以“一村一品、一镇一业”为抓手，逐步形成新斗生姜、加兴竹笋、平薛甘薯、北溪淮山、镇区蔬菜等五大特色农业产业带，打造“南溪蕉柑”特色品牌，同时把水乡山水资源、绿色苗木资源作为镇的发展优势与电商平台、“互联网+”载体合作宣传推介，推动农业向提质增效转变。申报扬美村嘉宝果种植产业项目入选广东省农村农业厅“一村一品、一镇一业”项目库，与广东佳润泰农业开发有限公司合作创建市蔬菜市级产业园项目。全年粮食作物种植面积884公顷，总产量9023吨，其中水稻种植面积758公顷，产量4647吨；番薯种植面积126公顷，产量4376吨。蔬菜种植面积689.6公顷，产量18988吨；水果种植面积707公顷，产量8924吨，其中蕉柑种植面积462公顷，产量6987吨；淡水鱼养殖面积58.31公顷，产量1543.4吨；禽畜饲养量肉猪0.96万头、耕牛28头、鸡6.17万只、鹅0.03万只、鸭3.72万只。全年农业产值2.68亿元，农村经济总收入11.5亿元，农村居民人均年纯收入17244元。

【工业】　2019年，全镇有各类企业143家，其中规模上工业企业累计4家，形成服装、五金等支柱产业。全年实现工业产值4.7亿元。

【新农村与社区建设】　2019年，镇以新农村示范村登峰村、广东省古村落新溪村、红色文化村钟堂村和6个省定贫困村作为全镇重点村，着力推进辖区美丽乡村建设。开展创建文明村镇、卫生村镇活动，全面推进村居环境“三清三拆”整治行动。对村居危房、乱搭乱建物、猪牛羊栏、露天厕所茅房、违规广告牌、“三线”（供电线、电话线、网线）乱搭乱接等进行全面排查、清理、拆除；做好垃圾日清日运集中进行无害化处理工作，实施雨污分流工程，推进村道水泥硬底化、人畜分离、绿满家园、旧屋修缮等工作，打造生态宜居的美丽乡村。全年6个省定贫困村共投入资金4994.05万元，推进道路交通、农田水利、雨污分流、公共服务等基础设施建设；完成辖区新农村建设项目36个，在建项目28个，初步形成具有水乡特色、乡村魅力的宜居宜业宜游社会主义新农村。其中，南溪村以“泛舟南溪”为主题特色，打造第一批贫困村特色精品村，完成村文化广场改造、西头公园、农贸市场改造，完成东河桥至南溪桥路段石栏杆项目建设；新溪村投入400多万元，建设水岸同治亮点工程，是年被评为普宁市“十大美丽乡村”。

【南溪水乡观光旅游项目开发】　2019年，镇继续加强旅游产业规划布局，促进水乡旅游项目建设有序推进，打造国家级生态水乡旅游名镇。“泛舟南溪水乡——乌篷船水上观光旅游”项目，成为揭阳市生态水乡旅游观光特别推荐的精品线路。是年，春节、“五一”、国庆等节假日期间共接待游客5万多人次。新溪村利用丰富的溪河资源、完好的原生态环境、保存完整的古村落，创新推出摄影写生旅游项目；登峰村依托水乡和南岩古寺以及富有特色的潮汕民居，发展参禅与民居体悟相结合的民宿业。

【社会保障】 2019年，镇顺利完成农村医保社保扩面征缴工作。全镇城乡居民医疗保险参保10096人，参保率93%；社会养老保险参保88344人，参保率81.8%。全年发放低保金662.76万元，受益543户1998人；发放五保金196.35万元，受益187人；发放部分退役军人和其他优抚对象抚恤补助金423.54万元，受益546人；发放残疾人生活津贴和护理补贴265.6万元，受益850人；发放孤儿基本生活费28.35万元，受益21人。

【教育文体事业】 2019年，全镇有中学3所，在校初中生2245人，在职教师275人；有九年一贯制学校1所，在校生924人，在职教师64人；有完全小学22所、非完全小学9所，在校生4511人，在职教师368人。是年，镇顺利通过广东省创建教育强镇评审验收及复评检查验收，并作为普宁市接受国家创建教育均衡县验收组被抽查的镇级代表单位，接受督导检查。推行书法、创客、剪纸等特色教育，仕林小学被评为第三批广东省中小学艺术教育特色学校，同时该校的潮汕工作坊剪纸项目获得省中小学生艺术展演一等奖，并于7月参加全国第六届中小学生艺术展演荣获三等奖。镇有综合文化站（含广播电视）1个，村（居）文化室（农家书屋）41个，村文体广场44个，老年人文化活动中心25个，农村文化公园8个。是年镇选派运动员组团参加市第六届运动会，获得3金7银5铜的好成绩。成功举办南溪水乡“宋情潮韵·乌船悠悠”文艺会演和“同舟共济·活力南溪”龙舟文化节等系列文化活动，助推南溪水乡生态旅游产业发展；推进杨石魂故居爱国主义教育基地的改造提升和洪山洞生态旅游村建设。

2019年端午，南溪镇举办龙舟文化节。图为开展龙舟竞赛活动现场

（许少波　摄）

【卫生与计划生育】 2019年，镇有卫生院1所，建筑面积1729平方米。设有急诊和各项门诊科室1个，设有手术室和住院部。全年门诊接诊21720人次，手术治疗71人次。有村（居）卫生站（室）40所。建立健全各种传染病报告制度和免疫规划疫苗接种网点，确保接种疫苗的质量和服务水平。全年辖区免疫规划疫苗接种率95.1%。是年，全镇人口出生2157人，人口出生率17.04‰；符合政策生育率80.41%；人口自然增长率12.25‰。做好计划生育服务，全年免费为辖区已婚育龄妇女孕前健康检查536人次；指导“全面两孩”政策实施，至年末，辖区有736对已婚育龄夫妇办理“全面两孩”生育登记。

【安全生产】 2019年，镇按“属地管理”原则，划分各片区，实施镇、村（居）和各片区三级网格化和户籍化管理，落实“党政同责、一岗双责、齐抓共管”责任制，采取常规检查和综合整治相结合，治理安全生产存在突出问题。开展“严排查、严整治、严监管”专项行动，强化食品药品、危险化学品、建筑施工、旅游景区等重点领域的安全生产、消防安全隐患排查和整治。全年共出动检查人员230组750人次，检查各类生产经营场所147家（其中危化品企业1家），查出存在消防安全隐患420处，全部予以落实现场整改和限期整改。全年辖区未发生较大安全生产事故和消防安全事故。

【基层党组织建设】 2019年，镇辖区设镇党委会1个、村党委会1

个；村（社区）党总（支）部52个，机关企事业单位党支部20个，“两新”组织党支部2个（非公有制经济组织党支部）。全镇有党员2641人，其中农村党员2077人，预备党员48人。

【社会治安综治与维稳】 2019年，镇继续深化平安建设。推进“中心+网格化+信息化”建设，实现镇村治安视频监控系统、治安卡口全面联动，将图巡与人巡、车巡等传统方式结合，做到人防、物防、技防一体化运行。镇有市公安派出所1所，各村（居）建有治安联防队伍，做好执勤和开展治安隐患排查，惩治各类违法犯罪活动。全年辖区共破获各类刑事案件19件，刑拘犯罪嫌疑人49人，其中破获盗窃等犯罪团伙1个，刑拘犯罪嫌疑人6人；缉捕网上通缉逃犯24人。查处治安案件10件、17人，其中聚众赌博2件、11人，收戒吸毒人员5人。镇建有维稳中心及各村（居）维稳工作站42个，实现“一村一法律顾问”建设，开展社会矛盾排查化解和法律咨询援助服务。全年辖区镇、村（居）两级维稳平台共受理各类矛盾纠纷案件2件，调处化解2件。

（沈洁丽、薛泽微）

2019年7月1日，南溪镇委、镇政府组织党员干部到洪阳方方纪念馆开展重温入党誓词活动 （广太镇党政办 供稿）

广太镇

【概况】 广太镇位于市区东北部21.3千米处，北纬23°27′53″，东经116°16′45″。总面积37.34平方千米，其中耕地面积4.18平方千米，林地面积20平方千米。辖21个村委会和1个社区居委会。2019年年末户籍人口6.55万人，其中农村户籍人口6.41万人。全年工农业总产值9.28亿元，财政收入2228万元，税收收入375.87万元，固定资产投资4.1亿元。交通便利，省道S236线贯穿镇境中部，潮惠高速公路穿境而过并在山后村设立出入口。农产品流通活跃，是揭阳、潮阳、普宁三地农产品集散地，形成以经营水果、蔬菜、肉类为主的市场2个；实施镇发展规划，建设广太新城区，铺设广太环城路、三横三纵新区道路，逐步使之形成苗木集贸区、苗木种植区、特色旅游观光区、生态养老区等四个功能区的村镇结构。曾被评为“广东省科技创新专业镇”和“揭阳市科技创新专业镇”。多年埔村凤归岭北坡有清乾隆名宦郑大进墓地，绵远村虎头埔新石器时代古窑群遗址为广东省迄今发现的最早古窑址，被称为“广东第一窑”。

【农业】 镇农村以培植绿化苗木产业为主，种植经验丰富，形成苗木产销一体化模式。2019年，全镇绿化苗木种植总面积约1000公顷，辖区近九成劳动力从事绿化苗木及相关行业。全镇已注册绿化苗木贸易公司20家，成立绿化苗木协会1家、农业合作社2家。有大小绿化苗木场2000多个，种植盆架子、金凤、白兰、罗汉松等300多个绿化苗木品种。镇绿化苗木国内销售市场遍及福建、“珠三角”、“长三角”及东北、西南等省份，形成种植、中介、销售、劳务、物流各个环节完整的产业链。辖区内有小（1）型水库3个、小（2）型水库10个及7个村管山塘、1个电站和4个电排，农业生产水源充足。全年粮食作物种植面积254公顷，总产量1605吨；水果种植面积381.4公顷，产量4288吨；蔬菜种植面积428.5公顷，产量14147吨；淡水鱼养殖面积37.9公顷，产量340吨；农副业肉猪饲养量1.15万头，耕牛210头，鸡、鹅、鸭饲养量24.88万只。全年农业产值4.68亿元，农村经济总收入5.77亿元，农村居民人均年纯收入 8994 元。

【工业】 2019 年，全镇有各类工业企业 16 家，其中规模上工业企业 2 家。全年实现工业产值 4.6 亿元，其中规模上工业产值 2.67 亿元。

【商贸流通】 2019 年，全镇有各类限额以上商业企业 7 家。新增个体工商经营户 168 家，累计 818 家。建有两个以销售水果、蔬菜、肉类为主的集贸市场。

【新农村与社区建设】 2019 年，镇以建设美丽乡村为导向，加强村（居）保洁队伍建设，配备 128 名村级保洁员，推进环卫保洁市场化运作，实行省道 S236 线辖区段绿岛及镇区垃圾清运外包。加快垃圾无害化处理设施建设，建成镇垃圾压缩转运站 1 座；推进东改溪、西改溪、金坑溪和洪阳河过境段“三溪一河”整治，修复加固水库堤围，实施截污清污和河畔植树绿化。是年各村（居）共投入资金 180 万元，完成村道路灯建设及维护，完善农田水利设施建设，对文化广场进行整修，加装安全护栏、石椅、灯光布设和绿化。大寮村投入 60 万元，新建老年人活动中心、修整地埕。推进村居雨污分流工程及农村生活污水处理设施建设。全年辖区建设农村生活污水排放管网约 96 千米，完成 3 个污水处理一体化设施建设，建成人工湿地 7 个、厌氧池 28 个；完成上年末排查出的 45 户户厕的提质改造。

【社会保障】 2019 年，全镇城乡居民医疗保险参保 41944 人，城乡居民社会养老保险参保 14903 人。全年发放低保金 294.63 万元，受益 906 人；发放五保金 116.55 万元，受益 111 人；发放部分退役军人抚恤补助金 29 万元，受益 200 人；发放其他优抚对象抚恤补助金 221 万元，受益 302 人；发放孤儿基本生活费 13.5 万元，受益 10 人；发放事实无人抚养儿童生活费 8.64 万元，受益 12 人；发放高龄补助金 25.89 万元，受益 863 人。

位于广太镇绵远村的虎头埔古窑群展厅外景　　（广太镇党政办　供稿）

【精准扶贫】 镇全面落实新时期精准扶贫精准脱贫政策，扶贫对象全部实现政策性保障兜底，脱贫攻坚成效明显。严格按照扶贫资金管理制度管理省市县和东莞市各级财政扶贫资金，先后投入资金 419.11 万元，建设 5 座光伏发电站，总建设面积约 2720 平方米，实现年收益率 10% 左右，用于贫困村集体经济及帮扶对象的分红；开展各种专业和实用技术培训，举办 2 期电商和苗木栽培培训班，引导创业贫困户加入到“互联网 +”的创业大潮中；邀请东莞市人民医院的专家、主任医师、主治医生联合镇卫生院医生到山后村进行义诊。

【教育文体事业】 2019 年，全镇有成人学校 1 所，在读学员 758 人，在职教师 6 人；有中学 1 所，在校初中生 1209 人，在职教师 181 人；有小学 17 所，在校生 3325 人，在职教师 297 人；有幼儿园 5 所，在职幼师 85 人。镇有文化站 1 个，广播站 1 个，有线电视站 2 个，村（居）文化室（农家书屋）21 个，文体广场 16 个，老年人文化活动中心 10 个，农村文化公园 3 个。节庆期间，镇和各村（居）组织举办灯谜、龙舟赛、电影放映、友谊球赛、潮剧、英歌舞表演和文艺会演等各类文体活动。

【卫生与计生服务】 2019 年，镇有卫生院 1 所，建筑面积 3058 平方米（含在建面积 2579 平方米），设有急诊和各项门诊科室 4 个，设有手术室和住院部。全年门诊接诊 13431 人次，手术治疗 29 人次。有村（居）卫生站（室）22 个。建立健全各种传染病报告制度和免疫规划疫苗接种网点，确保接种疫苗的质量和服务水平。全年辖区免疫规划疫苗接种率95%以上。是年，全镇人口出生1257人，人口出生率18.66‰；符合政策生育率79.79%；人口自然增长率12.88‰。做好计划生育服务，全年免费为辖区已婚育龄妇女孕前优生健康检查185人次；指导“全面两孩”政策实施，至年末，辖区有552对已婚育龄夫妇办理“全面两孩”生育登记。

【安全生产】 2019年，镇按“属地管理”原则，划分各片区，实施镇、村网格化管理，落实“一岗双责”管理责任制，采取常规检查和综合整治相结合，治理安全生产存在的突出问题。全年镇、村（居）悬挂张贴宣传标语88条（幅），发放宣传资料110份，组织生产经营者和安全生产管理人员参加消防安全培训2场次、126人次。组织安全生产大检查、大整治行动16场次，共出动检查执法人员158人次，检查各类生产经营场所16家（企业、小作坊12家），排查建筑工地5处、人员密集场所5处、“三小”场所22处、易燃易爆物品库存点2处和机动车辆16辆，共排查出存在安全生产和消防安全隐患12处，发出现场整改决定书8份，责令限期整改文书4份。全年全镇安全生产、消防安全零事故。

【社会治安综治与维稳】 2019年，镇继续深化平安建设，推进扫黑除恶专项斗争、“飓风2019”专项行动深入开展，惩治各类违法犯罪活动。是年，镇在全市年度平安建设（综治工作）检查考评中获得优秀等次。全年辖区破获刑事案件19件，刑拘各类犯罪嫌疑人23人，抓获通缉在逃人员3人；查处治安案件40件、26人，其中涉赌1件、1人，吸毒19件、19人，予以强制戒毒13人。全面普查在建建筑工程，严控新增违法建设，抓好违建巡查控停工作，是年共清理控停违法建筑工程29处。排查化解各类社会矛盾纠纷。全年镇、村两级维稳平台共受理各类矛盾纠纷等7件，调处化解7件。

（林苏芬）

赤岗镇

【概况】 赤岗镇位于市区北部15千米处，北纬23°26′08″，东经116°10′19″。总面积23.67平方千米。辖15个村委会和1个社区居委会，共有32个自然村。2019年年末，辖区户籍人口6.19万人。全年工农业总产值8.83亿元，财政收入3597万元，税收收入548万元，固定资产投资3亿元。辖区东连洪阳镇，西接揭西县棉湖镇，南邻大坝镇。交通便利，省道S237线横贯全镇，甬莞高速公路在镇区设有出入口。农业以发展粮食生产和蔬菜、荔枝种植为主，是著名的荔枝之乡；工业较发达，有工业园区4个，有各类工业企业168家，形成电线、电缆、塑料制品、食品加工等支柱产业；商贸活跃，有各类商品货物营销商户1059户。

【农业】 2019年，镇夯实农业发展基础，兴修水利、推进基本农田标准化建设，在稳定粮食生产及产量的同时，不断巩固和提升“一镇一业”“一村一品”工程，扶持陈厝寨村“十一养牛场”，发展赤岗山“风吹寮荔枝”、双枝山“红脚芥蓝”、上洞“韭菜花”等特色农业项目，继续加强对埔下豆干、赤过乌奶牛制品等农业品牌产品的打造，做实市场营销知名度。是年，全镇粮食作物种植面积153.3公顷，总产量4396.1吨；蔬菜种植面积88公顷，总产量2284.5吨；水果种植面积254.5公顷，总产量5640.75吨；淡水鱼养殖总产量843吨。是年发放耕地地力保护补贴资金93.87万元。全年农业产值1.32亿元，农村经济总收入4.5亿元，农村居民人均年纯收入9077元。

赤岗山村成片荔枝林 （陈少强 摄）

【工业】 2019年，全镇有工业园区4个，有各类工业企业168家，其中规模上工业企业7家。继续完善招商引资、投资环境提升和企业服务等工作，推进企业扎根发展。发挥赤岗镇电线电缆、塑料制品、食品加工等支柱产业优势，以广东盛世机械科技有限公司、普隆塑胶制品有限公司、好日子食品有限公司等龙头企业辐射带动民营经济整体水平的迅速提升和中小企业转型升级。全年工业产值7.51亿元。

【重点项目建设】 2019年，镇列入市重点项目建设的有镇区兴华路至陈厝寨路段改造工程。该改造工程计划投入资金1338万元，建设路段全长1.03千米，路基宽28米（15米宽四车道主路面，两侧分别预留2.5米宽停车道和4米宽人行道），道路配套建设排污排水管网，两侧安装照明路灯并植树绿化。至年底，完成规划设计立项招投标等前期工作，完成排污管道和路面排水沟铺设。

【新农村与社区建设】 2019年，镇着力实施乡村振兴战略，全面规划，加快美丽乡村建设进程。推进英歌山大健康产业园征地拆迁，完成征地面积68.2公顷。对农村饮水安全工程进行增资扩网，完成陈厝寨、赤岗山、埔下等村自来水管网的铺设。加快农村道路交通设施建设步伐，对赤岗山、张厝寨、仙洞等村村道路面进行拓宽并进行水泥硬底化和排水沟改造。解决垃圾终端处理问题，对镇垃圾压缩站进行改造升级，新扩建一座垃圾压缩站，新增垃圾日处理量60吨，并及时将全镇各村（社区）、单位收集垃圾进行压缩转运到市垃圾燃烧发电站进行终端无害化处理。发挥各村（社区）乡贤咨询委员会作用，动员在外乡贤和社会各界人士捐资办学，规划对赤岗山小学进行改（扩）建，总投资约2888万元。推进农村（社区）人居环境“三清三拆三整治”行动。全年累计清理村居巷道废弃物乱堆乱放场所4597处，共清理积存垃圾、杂物、杂草、建筑废料11744吨；清理沟渠池塘溪河淤泥、漂浮物和障碍物2058吨；清拆危旧房669处，清拆面积21572平方米；清拆涉污染环境卫生乱搭建猪牛羊栏1745处，清拆面积15174平方米；清理“三线”（电力、电视、通信线）乱搭乱接466处。实现拆旧补绿、美化绿化面积8830平方米。打造建设赤岗山村等一批生态宜居美丽乡村示范村。

赤岗镇仙洞村生态园　　（陈少强　摄）

【环境污染治理】 2019年，镇坚持“绿水青山就是金山银山”理念，铁腕整治环境污染，打好污染防治攻坚战。对“散乱污”企业保持“零容忍”高压打击态势，关停“散乱污”工厂170家，升级改造工厂112家，切实刹住工业面源环境污染。完善“河长制”，按照“属地管理”原则，全面落实整治责任，推动巡河常态化，及时发现、解决水环境污染问题，实现河道顺畅、河面整洁。推进禽畜养殖业、屠宰场（点）、涉水企业的专项整治行动，取缔非法屠宰场（点）4个。分期分批推进雨污分流工程建设，通过联片集中处理、分散处理等方式，改善农村人居环境面貌。

【社会保障】 2019年，全镇城乡居民医疗保险参保50542人，医保住院报销6537人次、3746.44万元；社会养老保险参保24355人。全年，发放最低生活保障金225.14万元，受益624人；发放五保金94.82万元，受益97人；发放部分退役军人和其他优抚对象抚恤补助金149.08万元，受益308人；发放孤儿基本生活费8.1万元，受益6人；发放高龄生活津贴33.68万元，受益972人。开展新时期精准扶贫工作，建档立卡贫困户164户、376人，多方筹资落实帮扶资金21.49万元。

【教育文体事业】 2019年，全镇有初级中学1所，在校生1398人，在职教师161人；有小学15所，在校生2975人，在职教师249人；有公办中心幼儿园1所，小学附设幼儿园5所，民办幼儿园2所，在园幼儿1019人。有成人文化技术学校1所。是年，完善文体设施建设，新建仙洞村文化活动广场、赤岗山村文体广场及配套设施项目，修缮张厝寨村老人活动中心。全镇有综合文化站1个（含广播电视），村（居）文化室（农家书屋）15个，文体广场12个，老年人文化活动中心9个，农村文化公园6个。

【卫生与计生服务】 2019年，镇有卫生院1所，村（居）卫生站（室）15所。以提升医疗卫生水平为出发点，继续加强乡村卫生服务一体化管理，提高农村卫生站（室）服务能力，加快全镇卫生事业发展。是年，全镇人口出生1059人，人口出生率16.22‰；符合政策生育率80.08%；人口自然增长率11.17‰。做好计划生育服务，全年免费为辖区已婚育龄妇女孕前优生健康检查157人次；指导“全面两孩”政策实施，至年末，全镇有744对已婚育龄夫妇办理“全面两孩”生育登记。

【安全生产】 2019年，镇强化安全生产工作，按“属地管理，行业管理”原则，推进安全生产、消防安全隐患大排查大整治，排查整治各类安全隐患。全年开展安全生产、消防安全联合大检查100多场次，出动检查人员1000多人次，排查各类生产经营场所141家，查出存在安全隐患258处，落实整改251处，关停“三合一”小作坊1家。

【社会治安综治与维稳】 2019年，全镇继续深化平安建设，开展社会治安综合治理“众剑行动”和扫黑除恶专项斗争，惩治各类违法犯罪活动。全年辖区破获各类刑事案件21件，刑拘各类犯罪嫌疑人28人，抓获通缉逃犯15人；查处行政案件43件、10人，其中查处吸毒人员8人，收戒吸毒人员5人。加大社会矛盾排查化解和源头治理力度，压实维稳责任。全年辖区镇村两级维稳平台共受理各类矛盾纠纷案件17件，已全面化解，调处成功率100%。

（方舜梅）

梅林镇

【概况】 梅林镇位于市区西南部19千米处，北纬23°14′57″，东经115°59′07″。东与云落镇、西与船埔镇、北与普侨区、南与高埔镇为邻，总面积147.71平方千米。辖36个村委会和1个社区居委会，共有103个自然村。2019年年末，户籍人口18078户、7.68万人。全年工农业总产值9.1亿元，财政收入4319万元，税收收入306万元，固定资产投资2.68亿元。农业特色突出，是普宁青梅、青榄、油柑主产区之一；全镇有工业企业58家，以发展水果、食品加工为支柱产业；商贸活跃，主要有农贸综合市场、服装市场、草药市场、新楼综合市场4个专业市场，有商户927户，年集贸成交额4900万元。辖区内有盘龙阁寺、西林寺等旅游景点。

【农业】 2019年，镇完成“一村一品、一镇一业”青梅、蕉柑、柑橘、三叉苦4个项目申报，是年10月被广东省认定“一村一品、一镇一业”专业镇。大力扶持农业龙头企业，绿立公司发展蕉柑规模化种植400多公顷，年产量4000吨，是粤东最大的单一品种蕉柑生产基地，2019年12月被认定为“广东省重点农业龙头企业”。是年，全镇粮食作物种植面积1859公顷，总产量11021吨；青梅种植面积900公顷，总产量4781吨；青榄种植面积961公顷，总产量3748吨；其他果蔬总产量19904吨；淡水鱼养殖总产量216吨；禽畜饲养量生猪0.63万头，“三鸟”5.44万只。落实各项惠农政策，全年发放中央财政耕地地力

梅林镇大高田梅园　　（黄梓扬　摄）

补贴130.8万元。全年农业产值4.5亿元。

【工业】 2019年，镇继续实施乡贤回归工程，加大招商引资力度。全镇有工业企业58家，其中规模上工业企业累计3家，以水果、食品加工为支柱产业。全年工业产值4.6亿元。

【新农村与社区建设】 2019年，镇投入资金200多万元，完成新一轮全镇总体规划修编和各村村庄规划设计。实行生活垃圾收运市场化，打包给保洁公司清运，镇区8个村实行上门收集垃圾制度，做到生活垃圾日产日清、集中收运；组建集市经营管理队伍对农贸市场进行日常管理，规范商贩摆卖和市场秩序。开展“三清三拆三整治”工作，整治村居环境，成功通过上级验收。开展雨污分流工作，全镇98个自然村均完成雨污分流建设工程；建设镇区污水处理厂。推进县道X109线埔尾桥至大九岭桥路段改建工程，正在进行水泥硬底化建设；配合市交通局抓好县道X096新大线里坪公路梅林段改建工程。投入资金136多万元，完成再头、隆营、大廖3个村总长8.36千米公路改造工程。

【社会保障】 2019年，全镇城乡居民医疗保险参保60204人，其中参保人在市外住院报销金额820.82万元，受益1405人；城乡居民社会养老保险参保14417人，参保金额173万元。全年发放低保金378.68万元，受益1221人；发放五保金247.8万元，受益236人；发放部分退役军人和其他优抚对象抚恤补助金132.6万元，受益291人；发放孤儿救助金56.7万元，受益42人。是年全镇贫困户360户、667人全部完成脱贫。

梅林镇绿立公司蕉柑生产基地 （梅林镇党政办 供稿）

【教育文体事业】 2019年，全镇有中学3所。其中市办梅林中学1所，在校高中生490人、初中生950人，在职教师118人；镇办初级中学2所，在校生821人，在职教师118人。有公办小学23所，在校生3905人，在职教师323人。镇设综合文化站（含广播电视）1个，村（居）文化室（农家书屋）36个，文体广场31个。开展市第五届普宁梅花旅游文化节活动，打造大高田村赏梅点旅游品牌；选派镇运动员参加市第六届运动会，取得山区组五人足球第一名、成年篮球第二名、三人篮球第二名和广场舞第二名的好成绩。春节、元宵节举办“英歌”“迎长灯”“猜谜”等民间文化活动。

【卫生与计生服务】 2019年，镇有中心卫生院1所，占地面积3427平方米，总建筑面积5000平方米。设有门诊急诊科室10多个和配套各项医疗设备。有村（居）卫生站（室）36个，其中完成11个村卫生站公建民营规范化建设。是年，全镇人口出生1476人，人口出生率18.33‰；符合政策生育率80.69%；人口自然增长率14.37‰。做好计划生育服务，全年免费为辖区已婚育龄妇女孕前健康检查181人次；指导“全面两孩”政策实施，至年末，辖区有384对已婚育龄夫妇办理“全面两孩”生育登记。

【安全生产】 2019年，镇按“属地管理”原则，划分各片区，实施镇、村（居）和各片区三级网格化和户籍化管理，落实“一岗双责”管理责任制，采取常规检查和综合整治相结合，治理安全生产存在突出问题。全年镇、村（居）组织安全生产大检查、大整治行动23场次，检查各类生产经营场所437家，其中存在安全隐患现场整改38处，限期完成整改2处。

【社会治安综治与维稳】 2019年，

镇继续推进“平安梅林”建设，开展社会治安治理“众剑行动”、扫黑除恶专项斗争，全镇社会治安持续稳定。全年共破获各类刑事案件21件，刑拘各类犯罪嫌疑人13人；治安案件予以行政处理20件、14人，其中收戒吸毒人员6人。镇、村两级维稳平台，全年排查化解社会矛盾纠纷316件。是年，镇在市平安建设（综治工作）检查考评中被评为优秀单位。

（赖达军、郑俊荣）

船埔镇

【概况】　船埔镇位于市区西南部35千米处，北纬23°13′33″，东经115°53′12″。西北部与揭西县、汕尾市陆河县接壤。总面积127.84平方千米，其中山地面积73.45平方千米，耕地面积50.81平方千米。辖28个村委会和1个社区居委会，共有120个自然村。2019年年末户籍人口5.76万人。全年工农业总产值4.45亿元，财政收入2890万元，税收收入145万元，固定资产投资1.85亿元。农业特色突出，是普宁青梅、青榄、吊思茅乌榄、菠萝、油甘等水果主产区之一，是著名青梅、青榄之乡；全镇有各类企业43家，以水果加工为主导产业；商贸流通活跃，有各类经营商户196户，年集贸成交额0.97亿元。该镇先后被评为“揭阳市青梅专业镇”，新联村吊思茅乌榄被评为“普宁市十大农特产品”。

【农业】　全镇粮食作物以种植水稻和甘薯为主，盛产青梅、青榄、乌榄、菠萝、油甘，是著名青梅、青榄之乡。2019年，全镇粮食作物种植面积1446.67公顷，总产量7853吨；水果种植面积6733.33公顷（其中青梅种植面积2806.67公顷），总产量2.65万吨；蔬菜总产量1.12万吨；淡水鱼养殖总产量10.6吨；禽畜饲养量生猪1.6万头，鸡鸭鹅17.46万只。全年农业产值3.33亿元，农村经济总收入2.95亿元，农村居民人均年纯收入6878元。

【工业】　2019年，全镇有各类企业43家。以发展水果加工业为主，青梅深加工产品有干湿梅、话梅、甜蜜梅等。全年工业产值1.12亿元。

【重点项目建设】　2019年，镇污水处理厂及配套管网工程项目被列为市重点项目建设，该污水处理厂服务范围主要为镇驻地区，包括船埔村、大洋村的崩坎自然村等村落，服务范围面积0.79平方千米，服务人口7100多人。该厂污水处理能力设计规模为700立方米/天，配套污水收集主次干管网总长约3.6千米及新建一体化泵站1个。项目总投资估算1213.4万元（不含征地费），其中工程建设费为1052.12万元。至年末，基本完成配套管网建设，厂区主体建设正在进行中。

【社会保障】　2019年，全镇城乡居民医疗保险参保43860人；城乡居民养老保险参保16802人，其中重度残疾人660人免费参保。全年发放低保金226.04万元，受益759人；发放五保金183.33万元，受益175人；发放部分退役军人和其他优抚对象抚恤补助金139.37万元，受益81人；发放残疾人生活津贴和护理补贴193万元，受益663人；发放孤儿基本生活费39万元，受益27人。加大低保工作力度，低保人均月补差提高，居民增加到521元，农村增加到246元。是年新增城镇就业人数172人，培训农村劳动力189人，培训电商人员430人。

【精准扶贫】　2019年，全镇精准扶贫对象235户、386人，涉及28个行政村，其中市房管局、药监局、盐务局、旅游局、建行普宁支行及普宁残联挂钩帮扶6个行政村共95户、173人，镇自扶22个行政村共

船埔镇老仙洞连片梅园　　（陈少强　摄）

157户、228人。对无劳动力贫困户落实“三保障”政策，确保做到其基本生活保障应保尽保；针对有劳动力贫困户的不同情况，引导各贫困户积极参与，加入青梅等船埔特色农业产业就业。是年，全镇脱贫人口386人，完成年度脱贫任务。

【教育文体事业】 2019年，全镇有初级中学2所，在校生556人，在职教师116人；有小学26所，在校生2142人，在职教师221人；有幼儿园2所，在职幼师由小学教师兼任。镇设综合文化站（含广播电视）1个，村（社区）文化室（农家书屋）28个，文体广场28个，老年人文化活动中心28个。

【卫生与计生服务】 2019年，镇有卫生院1所，建筑面积4389平方米，设有急诊和各项门诊科室，设有手术室和住院部。有村（居）卫生站（室）27个。是年，全镇人口出生1105人，人口出生率18.40‰；符合政策生育率80.81%；人口自然增长率14.27‰。做好计划生育服务，全年免费为辖区已婚育龄妇女孕前健康检查205人次；指导“全面两孩”政策实施，至年末，辖区有816对已婚育龄夫妇办理“全面两孩”生育登记。

【环境卫生整治】 2019年，镇推动乡村振兴战略实施，建设社会主义新农村，打造美丽宜居家园。全力推进村居环境治理“三清理三拆除三整治”工作，以行政村为主体组织实施，加大人员、设备及资金投入，派镇驻村包片干部进行指导。是年，全镇清理垃圾杂物乱堆乱放场地3208处，清理杂草杂物、积存垃圾5030吨，清理溪河渠池塘淤泥、漂浮物和障碍物902吨；拆除危房2439处共110016平方米，拆除乱搭设猪牛羊栏和露天厕所、茅厕786处共12475平方米，拆除乱搭建构筑物215处共2998平方米，拆除违规广告牌38处。整治污水乱排乱倒行为258宗，整治供电线、电话线、网络线“三线”乱搭乱接现象181宗。镇区推行保洁新机制，撤销镇区范围内原固定垃圾桶，改为定时上门收集形式，实现“垃圾不落地”；镇28个行政村和1个社区全部采取聘请保洁公司实施市场化运作与村民保洁相结合方式对日常生活垃圾进行收运处理，做到生活垃圾日产日清。全镇环境卫生面貌得到较大改观。

【乡村旅游】 2019年，镇辖区吉告村在市举办梅花旅游文化节期间，打造具有船埔旅游新特色的客家山歌擂台赛观赏活动，吸引众多游客前来参与，活动期间共接待各地游客4.5万多人次，带动旅游消费约25万多元。改进原有相对单一的乡村旅游发展模式，打造田园综合体观赏廊道，创新梅园观赏与山乡自然风光、娱乐吃住一体化模式，擦亮“梅香古韵·魅力船埔”名片，推进乡村振兴战略有效实施。

【见义勇为】 2019年，镇辖区居民周万辉因救溺水老人献出年轻宝贵生命，事件发生后，揭阳市和普宁市见义勇为委员会确认其舍身救人、见义勇为义举。各级主流媒体相继宣传报道其见义勇为事迹，各级机关代表和社会团体到其家中慰问。周万辉被省文明办追授为“广东好人”称号，被共青团普宁市委追授为“普宁市优秀共青团员”称号。

【安全生产】 2019年，镇按“属地管理”原则，划分各片区，实施镇、村（居）和各片区三级网格化和户籍化管理，落实“一岗双责”管理责任制，采取常规检查和综合整治相结合，治理安全生产存在突出问题。全年镇、村（居）组织安全生产、消防安全大检查、大整治行动30场次，检查各类生产经营场所和企事业单位265家，排查发现存在安全隐患23处，均全部落实现场完成整改。

【社会治安综治与维稳】 2019年，镇继续深化平安建设，加大各村（居）治安管理视频监控系统的覆盖范围。加快政法队伍建设和社会治安综治网格员队伍建设，实现29个村（居）网格员上线运作全覆盖。全年辖区侦破刑事案件1件，刑拘犯罪嫌疑人1人；治安案件予以行政处理2件、6人。全年镇、村（居）两级维稳平台共受理群众矛盾纠纷案件21件，调处化解21件。

（吴王涛）

高埔镇

【概况】 高埔镇位于市区西南部26.2千米处，北纬23°09′46″，东经115°57′41″。总面积105.84平方千米，其中耕地面积10.63平方千米，山地面积79.74平方千米。辖16个村委会和1个社区居委会，共有56个自然村。2019年年末，户籍人口7.34万人，其中农村户籍人口7.2万人。全年工农业总产值19.6亿元，财政收入3661万元，税收收入749.71万元，固定资产投资1135万元。交通便利，国道G324线穿境而过，潮惠高速公路在境内设有高柏出入口。农业特色突出，是普宁青梅的主产区之一和著名的青梅之乡；有各类工业企业 92 家，形成青梅食品深加工等支柱产业；商贸流通活跃，有集贸市场 1 个，各类商户 1257 户。生态、文化旅游资源丰富，有省级生态林 2341 公顷，文化旅游景区（景点）有梅园千亩连片生态旅游区、七星洞森林公园等。

【农业】 2019 年，全镇粮食作物种植面积 1410 公顷，总产量 8443 吨，其中水稻种植面积 964.7 公顷，产量 5927 吨；水果种植面积 4822 公顷，总产量 3.63 万吨，其中青梅种植面积 3510 公顷，产量 2.08 吨；蔬菜种植面积 393.3 公顷，总产量 14177 吨。发展其他农副业。全年农业产值 4.02 亿元，农村经济总收入 5.39 亿元，农村居民人均年纯收入 6821 元。

【工业】 2019 年，全镇有各类工业企业 92 家，其中规模上工业企业 5 家，形成以青梅食品深加工为主的支柱产业。龙头企业有广东殿羽田食品有限公司、普宁市中梅食品工业有限公司等，主要产品有凉果、果酒、梅酱、梅粉、熏制果五大类共 200 多个品种，年加工青梅果品 3 万多吨，供出口和内销。全年工业产值 15.58 亿元。

【商贸流通】 2019 年，全镇有集贸市场 1 个，各类商户 1257 家，年集贸成交额 1.68 亿元；限上商业销售额累计完成 1216 万元。累计外贸出口总额 285 万美元，实际利用外资 26.5 万美元。

【重点项目建设】 2019 年，镇辖区列入市重点建设工程有 3 个。其中，市山区公路崩东线复线崩坎至高埔段改建工程，计划投资 8092 万元，改建路段全长 8.76 千米。至年末，已投资 2800 万元，完成全路段改建总工程量约 72%。镇区污水处理厂建设项目（配套污水收集主次干管网总长 13.94 千米），计划总投资 2458 万元。至年末，正进入项目征地、拆迁、青苗赔偿等工作。市兴星学校建设项目，选址于镇月塘村营盘山，占地面积约 6.67 公顷，计划总投资 6029 万元。计划建设教学楼、宿舍楼及道路、绿化、排污排水等相关配套设施，至年末，约投资 2000 万元，完成工程规划设计，用地预审、立项和用地调规手续等前期相关工作。

【社会保障】 2019 年，全镇城乡居民医疗保险参保 61250 人，社会养老保险参保 23560 人。全年发放低保金 331 万元，受益 410 户、1016 人；发放五保金 188 万元，受益 179 人；发放部分退役军人和其他优抚对象抚恤补助金 103 万元，受益 231 人；发放残疾人生活津贴和护理补贴 245 万元，受益 853 人；发放孤儿基本生活费 55 万元，受益 48 人。

【教育文体事业】 2019 年，全镇有初级中学 2 所，在校生 3103 人，在职教师 248 人；有小学 16 所，在校生 4872 人，在职教师 323 人。镇设综合文化站（含广播电视）1 个，村（居）文化室（农家书屋）16 个，文体广场 12 个，老年人文化活动中心 10 个，农村文化公园 1 个。是年，镇选派 72 名运动员参加市第六届运动会，在各项目比赛中取得较好成绩；高埔中学的毕业生田镇基和郑玉辉就读省职业技术学校参加第 45 届世界技能大赛分别获得"数控铣"项目和"综合机械与自动化"项目的冠军。

【卫生与计生服务】 2019 年，镇有卫生院 1 所，建筑面积 2352.2 平方米，设有急诊和各项门诊科室 7 个，设有手术室和住院部。全年门诊接诊 24800 人次，手术治疗 36 人次。有村卫生站 16 个，并全部完成村级卫生站公建民营规范化建设。是年，全镇人口出生 1484 人，人口出生率 19.94‰；符合政策生育率 83.94%；人口自然增长率 15.61‰。做好计划生育服务，全年免费为辖区已婚育龄妇女孕前健康检查 262 人次；指导"全面两孩"政策实施，至年末，共有 1185 对已婚育龄夫妇办理"全面两孩"生育登记。

【安全生产】 2019 年，镇按"属地管理"原则，划分各片区，实施镇、村（居）和各片区三级网格化和户籍化管理，落实"一岗双责"管理责任制，采取常规检查和综合整治相结合，治理安全生产存在突出问题。全年镇、村（居）组织安全生产大检查、大整治行动 45 场次，检查各类生产经营场所 900 家，其中存在安全隐患现场整改 400 处，限期完成整改 72 处，查封严重安全隐患场所 18 处。全年全镇未发生重特大安全生产事故。

【基层党建】 2019 年，全镇设党委会 1 个、党（总）支部 31 个。辖区党员总数 1772 人。按照"控制总量、优化结构、提高质量、发挥作用"原则，严格按照发展党员程序，全年发展新党员 24 人。成立由镇委主要领导担任组长的"不忘初心、牢记使命"主题教育领导小组，组织党员干部学习《习近平关于"不忘初心、牢记使命”重要论述选编》和习近平总书记系列重要讲话精神，基层党支部累计开展集中学习90余次，参加党员人数1700多人。开展“三学四重五查”主题党日活动70余次。

【社会治安综治与维稳】 2019年，全镇继续深化平安建设。镇有市公安派出所1所，各村（居）建有治安联防队伍，做好执勤和开展治安隐患排查，惩治各种违法犯罪活动。全年辖区共破获各类刑事案件23件，刑拘各类犯罪嫌疑人25人；治安案件予以行政处理32件、46人，其中收戒吸毒人员4人。镇建有维稳中心及各村（居）维稳工作站18个，实现“一村一法律顾问”建设，开展社会矛盾排查化解和法律咨询援助服务。全年辖区两级维稳平台共受理各类矛盾纠纷案件19件，调处化解17件，调处化解率89.5%。

（陈奇骏、官全华）

大坪镇

【概况】 大坪镇位于市区西南部36千米处，北纬23° 10′ 52″，东经115° 50′ 29″。总面积74.98平方千米，其中耕地面积8.27平方千米，山地面积66.71平方千米。辖12个村委会和1个社区居委会，共有79个自然村。2019年年末户籍人口3.35万人，其中农村户籍人口3.23万人。全年工农业总产值11.02亿元，财政收入1481万元，税收收入176万元，固定资产投资1.54亿元。交通便利，区位优越，镇内有里坪公路、高坪公路、溪坪公路通过。农业特色突出，是普宁青梅、青榄主产区之一；工业以青梅加工产业为主；商贸有限额以上商业企业1家。林木、水力、矿产资源丰富，花岗岩石遍布多个山头，储量约1亿立方米；自然环境优美，素有“小山城”美誉。

【农业】 2019年，全镇粮食作物种植面积1050公顷，总产量6280吨，其中水稻种植面积711公顷，产量4255吨；水果种植面积1610公顷，总产量13463吨，其中青梅种植面积1125公顷，产量8402吨；蔬菜种植面积280公顷，总产量7796吨；淡水鱼养殖面积9.07公顷，总产量89吨；禽畜饲养量生猪1874头、“三鸟”2.47万只。全年农业产值2.83亿元，农村经济总收入2.03亿元，农村居民人均年纯收入8215元。

【工业】 2019年，全镇有各类企业37家，其中工业企业16家，规模上工业企业3家，形成以青梅加工为主的支柱产业。全年工业产值8.19亿元，其中规模上工业总产值7.59亿元。

【重点项目建设】 2019年，镇有市重点建设项目——广东普宁·善德梅海青梅特色田园乡村项目，项目规划占地面积799.2万平方米，设计总建筑面积1.97万平方米，计划总投资1.2亿元。主要建设包括青梅产业基地片区、梅园体验休养区、乡野游园片区、山居养生度假片区、自然探索体验区、乐动花林、星空营地及相关配套设施。至年末，已投资1500万元，完成观景台、观光栈道、道路水泥硬底化建设等工作。

【新农村与社区建设】 2019年，镇持续推进村（社区）人居环境“三清理三拆除三整治”工作，全镇79个自然村全部通过市验收组验收。全年清拆危房塌屋、污染环境猪牛羊栏、露天厕所茅房和乱搭乱建物1185处；清理房前屋后和村巷道杂草杂物、积存垃圾3740吨，清理沟渠池塘溪河淤泥、漂浮物和障碍物2169吨。完成拆旧补绿、美化绿化面积3657平方米。完善道路基础设施建设，新建埔岭村村桥1座，动工建设镇区坪卫路；投入77万元，

大坪镇人民政府一角　（大坪镇党政办 供稿）

完成Y348、Y350、Y351线农村公路生命防护工程建设。推进镇区污水处理厂项目建设，完成规划设计、立项备案、选址调规、厂址征地前期工作，配套主管网铺设已完成70%。有10个行政村全面启动农村生活污水处理设施建设，至年末均即将完工。

【社会保障】 2019年，全镇城乡居民医疗保险参保2.67万人，城乡居民养老保险参保5988人。全年发放低保金99.54万元，受益169户、336人；发放五保金75.1万元，受益65人；发放部分退役军人和其他优抚对象抚恤补助金71万元，受益119人；发放残疾人生活津贴和护理津贴152.3万元，受益591人；发放孤儿基本生活费11.3万元，受益9人。全年为贫困群众发放医疗救助金和临时救助金175万元。设立大坪镇退役军人服务站，为全镇421户退役军人家庭悬挂光荣牌。设立广东社工“双百计划”大坪镇社工站，充实基层服务力量。开展“六一”慰问活动，慰问孤儿、贫困儿童10人次；慰问农村留守儿童68人。精准扶贫深入推进，累计建设光伏发电站“造血型”项目3个；实施贫困户危房大排查及扶助工作。

【教育文体事业】 2019年，全镇有完全中学1所，在校初中生837人，高中生448人，在职教师118人；有小学11所，在校生1565人，在职教师134人；有幼儿园6所，在园幼儿1127人，在职幼师62人。镇设综合文化站（含广播电视）1个，村（居）文化室（农家书屋）12个，文体广场37个，老年人文化活动中心1个，农村文化公园1个。

【乡村文化旅游】 2019年，镇成功筹办第五届普宁梅花旅游文化节大坪镇各项系列活动，举办“尚德·大坪”普宁客家文化节启动仪式和普宁善德梅海第四届客家擂茶大赛等，促进旅游、文化、农业融合发展。大唐古道建设基本完成，成为连接辖区文化旅游景区“北园”“南园”的纽带。是年，善德村入选广东省首批“国家森林乡村”。

【卫生与计生服务】 2019年，镇有卫生院1所，建筑面积4700平方米，设有急诊和各项门诊科室15个，设有手术室和住院部。全年门诊接诊23483人次，住院治疗2159人次，手术129人次。有村（居）卫生站（室）12个。建立健全各种传染病报告制度和免疫规划疫苗接种网点，确保接种疫苗的质量和服务水平。全年辖区免疫规划疫苗接种率97%。是年，全镇人口出生632人，人口出生率18.27‰；符合政策生育率81.01%；人口自然增长率14.31‰。做好计划生育服务，全年免费为辖区已婚育龄妇女孕前健康检查102人次；指导“全面两孩”政策实施，至年末，辖区有146对已婚育龄夫妇办理“全面两孩”生育登记。

【安全生产】 2019年，镇、村（居）增设新消防车一辆和近10万元的消防器材。按“属地管理”原则，实施镇、村（居）和各片区三级网格化和户籍化管理，落实“一岗双责”管理责任制，采取常规检查和综合整治相结合方式，治理安全生产存在突出问题。全年辖区开设定期安全知识宣传栏13处，悬挂张贴宣传标语82条（幅），发放宣传资料4084份，组织生产经营者和安全生产责任人参加消防安全培训5场、288人次；组织安全生产大检查、大整治行动6场次，检查各类生产经营场所482家，发现存在安全隐患16处，均责令现场整改或限期完成整改。

【基层党组织建设】 2019年，镇设党委会1个，机关企事业单位党（总）支部12个，村级党（总）支部13个，“两新”组织党支部5个。全镇党员总数985人。

【社会治安综治与维稳】 2019年，镇继续深化平安建设。开展“扫黑除恶”专项斗争和社会治安治理“众剑行动”，严厉惩治各类违法犯罪活动。镇有市公安派出所1所，各村（居）建有治安联防队伍，做好执勤和开展治安隐患排查，发动群众参与扫黑除恶专项斗争。全年辖区共破获各类刑事案件2件，刑拘各类犯罪嫌疑人2人；治安案件予以行政处理13件、3人。镇建有维稳中心及各村（居）维稳工作站13个，实现“一村一法律顾问”建设，开展社会矛盾排查化解和法律咨询援助服务。全年镇、村两级维稳平台受理各类矛盾纠纷案件112件，调处化解112件。是年，镇被评为市平安建设（综治工作）优秀单位。

（钟彩琴）

云落镇

【概况】 云落镇位于市区南部11千米处，北纬23°14′58″，东经116°04′45″。总面积103.04平方千米，其中耕地面积23.38平方千米，山地面积72平方千米。辖18个村委会和1个社区居委会，共有49个自然村。2019年年末，户籍人口

7.71万人，其中农村户籍人口7.56万人。全年工农业总产值14.81亿元，财政收入2045.58万元，税收收入2045.58万元，固定资产投资8.06亿元。交通便利，国道G324线、普惠高速公路穿镇而过，有里云公路、崩坪公路、梅云公路在境内与广汕公路交汇。农业特色突出，是市青梅种植区之一和著名的青榄、棠梨之乡；工业较发达，有工业园区2个，有各类工业企业39家，形成生物制药等支柱产业；商贸流通活跃，有限上商业企业2家、商户715户，设有综合专业市场1个。生态、文化旅游资源丰富，有省级生态林3436.6公顷，旅游景点有星河明珠湾、盘龙湾温泉度假村、望天石景区、盘龙阁寺等。

【农业】 2019年，镇落实各项强农惠农富农政策，巩固农业基础地位，增强粮食生产后劲，推广油柑、棠梨、青榄等优稀特水果种植，引导农民发展立体养殖业和农副业，推进农业现代化和农民增收致富。全年粮食作物种植面积1796.33公顷，总产量1.04万吨，其中水稻种植面积1024.02公顷，产量5761.96吨；水果种植面积1809.09公顷，总产量1.76万吨；蔬菜种植面积486.13公顷，总产量1.74万吨。全年农业产值2.33亿元，农村经济总收入5.52亿元，农村居民人均年纯收入9016元。

【工业】 2019年，全镇有2个工业园区，累计有各类工业企业39家，其中规模上工业企业7家，形成以生物制药为主的支柱产业。规模上企业主要有广东亿方包装制品有限公司、广东时珍制药有限公司、广东奇灵制药有限公司、广东瑞博制药有限公司等。全年工业产值12.48亿元，其中规模上工业产值10.48亿元。

【商贸流通】 2019年，镇有限上商业企业2家，商户715户，设有新圩（大池）综合专业市场，年集贸成交额1.38亿元。辖区金融服务便捷，有邮政储蓄银行、农村商业银行、汇成村镇银行等多家银行服务网点。星河明珠湾、盘龙湾温泉度假村等重点项目发展态势良好，带动镇生物医药、休闲旅游产业发展。镇建设有电子商务平台，创建云楼、田心、崩坎村农村淘宝服务站，帮助更多农村青年在电商平台实现就业，助力农民增收和农村经济转型升级。

【重点项目建设】 2019年，位于镇辖区的省“十二五”规划重点项目——普宁市生活垃圾环保处理中心已正式运行。其他市、镇重点项目建设正有序进行。市星河明珠湾项目完成环湖跑道、一期商业街改造、星河水世界整改等建设，三期山湖名庭工程投建47幢商品楼及别墅（总建筑面积约36万平方米），主体结构基本完成，正在完善配套设施；盘龙湾温泉度假村二期工程完成2栋养生客房、2个温泉厕所、房车营地、梅岭公园建设；华南师范大学附属普宁学校已开工建设；崩坎村碗洋坑蓄水陂及配套管网工程稳步推进，镇污水处理厂、“雨污分流”配套管网和人工湿地建设全面动工。

【新农村与社区建设】 2019年，镇持续推进社会主义新农村建设，投入资金加强农村基础设施建设，拓宽村主干道，建设村级活动场所和自来水饮水工程，完善村民健身广场和农田水利、村（居）垃圾收集设施；开展厕所革命，推进“三清三拆三整治”专项行动，对村庄的溪河池塘淤泥、漂浮物、障碍物进行全面清理；拆除村居危房、露天厕所、茅厕和乱搭乱建物一批，并对空地及时进行植绿补绿，新建部分村居卫生公厕，实施对破旧户厕的改造等，大力改善优化辖区人

云落蝴蝶谷景区一角　　（云落镇党政办　供稿）

居环境。加快环保设施建设，配合保障市生活垃圾环保处理中心建设进程。试行保洁市场化运作，对辖区内“五边”地带垃圾死角和历史积存垃圾进行全面清理，由专业保洁公司对生活垃圾进行收集转运并集中统一进行无害化处理。镇污水处理厂建设工程基本完工，镇区“雨污分流”配套管网建设稳步推进；辖区有12个村启动人工湿地（公园）建设。推进现代农业园区建设，培育创建现代农业产业园。加快规划建设油柑连片种植园，支持辖区盘龙湾温泉度假村等一批等农业龙头企业，发挥农业科技创新、高质量发展作用，带动乡村振兴。

【社会保障】 2019年，全镇城乡居民医疗保险参保59744人，参保率98%以上；城乡居民养老保险参保26603人，其中是年新增参保969人。全年发放低保金239.63万元，受益728人；发放五保金153.3万元，受益146人；发放部分退役军人和其他优抚对象抚恤补助金65.94万元，受益67人；发放残疾人生活津贴和护理补贴238.94万元，受益956人；发放孤儿基本生活费22.95万元，受益17人；发放80周岁以上高龄生活津贴37.35万元，受益1038人。全镇精准扶贫对象151户、193人，投入帮扶资金28.13万元。至年末，实现脱贫151户、196人。

【教育文体事业】 2019年，镇继续加大教育投入和教改力度，整合教育资源，巩固创建“教育强镇”成果，推进教育均衡发展。全镇有中学2所，九年一贯制学校1所，在校初中生1784人，在职教师202人；有小学17所，在校生4014人，在职教师281人；有独立幼儿园5所，小学附设幼儿园17所，在园幼儿1920人，在职幼师154人。镇设综合文化站1个（含广播电视），村（居）文化室（农家书屋）18个，文体广场19个，老年人活动中心9个。春节、元宵等节日期间举办英歌表演、游“老爷”、舞狮、客家山歌表演、潮剧表演等民间文化活动。组织开展广场舞、篮球赛、乒乓球赛等群众文体活动。在星河明珠湾园区，配合举办迎春灯会、企鹅展和普宁首届公益快乐跑活动等；分别在云落、大池等村举办“助农惠民乐万家”“乡乡乐起来”等主题晚会，满足群众精神文化需求。

【卫生与计生服务】 2019年，镇有卫生院1所，建筑面积7372平方米，设有急诊和各项门诊科室7个，设手术室和住院部。全年门诊接诊43929人次，手术治疗218人次。有村（居）卫生站（室）21个，其中新建为公建民营规范化卫生站7个。建立健全各种传染病报告制度和免疫规划疫苗接种网点，确保接种疫苗的质量和安全。全年辖区免疫规划疫苗接种率95%以上。是年，全镇人口出生4562人，人口出生率19.74‰；符合政策生育率80.09%；人口自然增长率16.02‰。做好计划生育服务，全年免费为辖区已婚育龄妇女孕前健康检查208人次；指导“全面两孩”政策实施，至年末，辖区共有901对已婚育龄夫妇办理“全面两孩”生育登记。

【安全生产】 2019年，全镇建有村（居）微型消防站18个，增设灭火器等消防器材一批。按“属地管理”原则，划分各片区，实施镇、村（居）和各片区三级网格化和户籍化管理，落实“一岗双责”管理责任制，采取常规检查和综合治理相结合，治理安全生产存在突出问题。全年镇、村（居）开辟定期安全知识宣传栏26处，发放宣传资料1105份；开展“安全生产月”“安全生产万里行”等大型安全生产宣传活动2场次；举办村（居）微型消防站巡讲培训、工贸行业企业安全生产培训等各类安全培训3场次；开展逃生疏散演练、消防安全演练、防震减灾演练等各类应急演练19场次。组织开展安全生产、消防安全大检查、大整治行动，全年累计出动检查组101组次、检查人员1036人次，对全镇200多家各类生产经营场所进行排查，发现存在安全隐患112处，全部落实现场整改和限期完成整改。全年辖区未发生重特大安全生产事故。

【社会治安综治与维稳】 2019年，镇持续开展社会治安综合治理“众剑行动”和红袖章集中巡查行动，启动社区戒毒康复“8·31”工程，开展社区戒毒、社区康复工作，形成对戒毒及康复人员长效管控机制。发挥公安主力军和各村（居）治安联防队伍作用，惩治各种违法犯罪行为。全年共破获各类刑事案件11件，刑拘各类犯罪嫌疑人21人，其中涉毒犯罪嫌疑人3人，网上通缉逃犯8人。协助处理交通事故案件62件，调解民事纠纷案件58件，化解劳资纠纷案件10件。镇建有维稳中心及各村（居）维稳工作站19个，实现“一村一法律顾问”建设，开展社会矛盾排查化解和法律咨询援助服务。全年辖区镇、村（居）两级维稳平台受理各类矛盾纠纷案件60件，调处化解60件，办结率100%。

（郑洁钰）

后溪乡

【概况】 后溪乡位于市区西南部58.3千米处，北纬23°11′18″，东经115°47′50″。总面积80.18平方千米，其中耕地面积2.94平方千米，山地面积25.34平方千米。辖6个村委会和1个社区居委会，共有33个自然村。2019年年末，户籍人口1.42万人，其中农村户籍人口1.33万人。全年工农业生产总值1.62亿元，财政收入1287万元，税收收入44万元，固定资产投资6053万元。农业特色突出，出产野生蜂蜜、高山炒茶、咸菜等农产品，是普宁青梅主产区之一；工业以水果加工和水利发展为主导产业。辖区森林资源丰富，森林覆盖率达91%，山林植被和生物多样性保护较好，有桫椤、将军木（白桂木）和禾雀花等珍稀植物。境内有普宁最高峰峨嵋嶂、石公嫲奇石景观、后溪河谷原生态走廊风光，有始建于南宋时期的圆通庵古刹、峨嵋知青点高山云雾茶场等自然和历史人文景观。

【农业】 后溪乡是普宁青梅主产区之一，圆明村建有青梅品种改良种植基地。2019年，全乡粮食作物种植面积521公顷，总产量3185吨，其中水稻种植面积249公顷，产量1415吨；水果种植面积1904公顷，总产量1782吨，其中青梅种植面积1624公顷，产量1690吨；蔬菜种植面积375公顷，总产量10712吨；副业肉猪饲养量0.65万头，耕牛220头，鸡、鹅、鸭饲养量7.3万只。全年农业产值9500万元，农村经济总收入1.83亿元，农村居民人均年纯收入9761元。

后溪乡宣传片正在取景拍摄　　（后溪乡党政办　供稿）

【工业】 2019年，全乡有各类工业企业13家，以青梅加工、水力发电为主产业。其中规模上工业企业有添隆食品厂，其“梅峰”系列果制品畅销海内外。辖区建有水电站13座，装机容量5600千瓦。全年工业产值0.66亿元。

【新农村与社区建设】 2019年，按照上级的工作部署，全乡深入开展村居环境治理“三清理三拆除三整治”工作，各村（社区）发挥党员先锋模范带头作用，发动群众拆除一批危房，露天厕、茅厕，违建构筑物、污染环境猪牛羊栏；清理沟渠池塘淤泥、漂浮物，屋前屋后杂物垃圾。对破旧户厕进行改造，对村道、空地进行补植花木绿化。通过此次环境治理，辖区村容村貌更加整洁美观。开展美丽乡村创建工作，埔楼村被市定为美丽乡村建设先行点，结合该村为红色革命村的红色资源深入挖掘，进行规划设计建设，并以点带面，推进美丽乡村建设在辖区全面铺开。

【乡村旅游】 2019年，乡党委、乡政府深入贯彻乡村振兴战略，推动乡村旅游发展。做好山水资源和历史人文资源及古树名木调查保护工作，并将调查成果编撰成册。编入在册的全乡具有显著山水特色、历史人文特色的景观、景点10多处，古树名木18种101棵。对接第五届普宁梅花旅游文化节，规划到辖区旅游路线四条，开放圆明村赏梅景区、上楼村赏梅景区等，做好各村旅游导览图。是年12月，后溪乡被省林业局评定为“广东省森林小镇”，是迄今揭阳市唯一入选的省级森林小镇。

【社会保障】 2019年，全乡城乡居民医疗保险参保11634人，参保率87.3%；社会养老保险参保4698人，参保率98.1%。全年发放低保金61.5万元，受益74户、187人；发放五保金50.4万元，受益48人；发放部分退役军人和其他优抚对象抚恤补助金29.4万元，受益45人；发放残疾人生活津贴和护理补贴137.6万元，受益472人；发放孤儿基本生活费 17.9 万元，受益 17 人。

【教育文体事业】 2019 年，全乡有初级中学 1 所，在校初中生 136 人，在职教师 37 人；有小学 5 所，在校生 812 人，在职教师 55 人。乡设有综合文化站 1 个（含广播电视），村农家书屋 6 个，文体广场 1 个。

【卫生与计生服务】 2019 年，乡有卫生院 1 所，建筑面积 741 平方米，设有门诊和住院部。全年门诊接诊 5100 人次，住院治疗并已出院 2402 人次。有村（居）卫生站（室）7 个。建立健全各种传染病报告制度和免疫规划疫苗接种网点，确保接种疫苗的质量和服务水平。全年辖区免疫规划疫苗接种率 100%。按照乡镇卫生院标准化建设要求，在原大坪供销社后溪站址新扩建乡卫生院。是年，全乡人口出生 270 人，人口出生率 18.3‰；符合政策生育率 82.61%，综合节育率 79.32%；人口自然增长率 13.29‰。做好计划生育服务，全年免费为辖区已婚育龄妇女孕前健康检查 63 人次；指导“全面两孩”政策实施，至年末，辖区共有 104 对已婚育龄夫妇办理“全面两孩”生育登记。

【安全生产】 2019 年，乡按“属地管理”原则，划分各片区，实施乡、村和各片区三级网格化和户籍化管理，落实“一岗双责”管理责任制，采取常规检查和综合整治相结合，治理安全生产存在突出问题。全年共出动安全宣传车 97 辆次，播放安全广告 230 余次，张贴宣传标语 580 条（幅），发放宣传资料 4000 份，组织生产经营者和安全生产责任人参加消防安全培训 1 场 80 人次。组织安全生产大检查、大整治行动 25 场次，检查各类生产经营场所 900 家（次），排查出安全生产隐患 80 余处，全部责令现场整改或限期完成整改。全年全乡未发生重大安全生产事故。

【基层党建】 2019 年，全乡设党委会 1 个，党支部 14 个，党员总人数 461 人。乡党委按市委组织部基层党建“六个规范化”工作要求，督促指导全乡 14 个支部对标整改，推动基层党组织建设标准化，推动党的活动制度化、教育管理正规化、党务工作程序化。开展“三学三敬三做”党建直联日主题活动，以党建为引领，组织做好农村人居环境综合整治、精准扶贫和禁毒、社会治安综合治理与维稳工作。

【社会治安综治与维稳】 2019 年，全乡继续深化平安建设。按照市委扫黑除恶工作部署，深入开展社会治安综合整治“众剑行动”，强力扫黑、禁毒、打假，确保社会稳定。乡有市公安派出所 1 所，各村建有治安联防队伍和治安监控系统，做好执勤和开展治安隐患排查，惩治各类违法犯罪活动。全年辖区共破获各类刑事案件 1 件，刑拘各类犯罪嫌疑人 1 人。乡建有维稳中心及各村维稳工作站 7 个，实现“一村一法律顾问”建设，开展社会矛盾排查化解和法律咨询援助服务。全年乡、村两级维稳平台受理各类矛盾纠纷案件 18 件，调处化解 18 件。

（陈钟荣）

建设中的后溪乡卫生院　　（后溪乡党政办　供稿）

大池农场

【概况】 大池农场属国有农业企业，受上级农垦局和普宁市双重管辖，位于市区西北部 23.5 千米处，北纬 23°21′58″，东经 115°57′16″。东与里湖镇、西与揭西县坪上镇、南与普侨区、北与揭西县钱坑镇邻接。总面积 19.51 平方千米，其中耕地面积 2.24 平方千米（水田面积 1.95 平方千米，旱园面积 0.28 平安千米）。辖 8 个村委会、1 个社区居委会和 3 个直属管区。2019 年年末，户籍人口 1535 户、9065 人，农场在职职工 92 人，退休职工 293 人。全年实现社会总产值 1.87 亿元，地区生产总值 1.24 亿元，工农业总产值 5393 万元，固定资产投资 1780 万元。农场以发展果林业和橡胶种植为主，为农业农村部天然橡胶生产基地之一。

【农业】 2019 年，农场继续鼓励农民发展青榄、柑橘、龙眼、荔枝、桃、李、油茶种植和发展淡水养殖、禽畜饲养、观光农业等，建有油茶基地 20 公顷。落实各项惠农政策，是年发放耕地补贴 20.05 万元，生态林补贴 16.03 万元。全年粮食作物种植面积 379 公顷，总产量 2171 吨；水果种植面积 453 公顷，总产量 2920 吨；淡水鱼养殖 46.67 公顷，总产量 258 吨，产值 346 万元；禽畜饲养生猪 1.2 万头，"三鸟" 10.53 万只。全年农业总产值 3976 万元，农村经济总收入 1.48 亿元，农村居民人均年纯收入 1.98 万元。

【橡胶种植】 农场以发展橡胶种植为主导产业，下设 3 个管理区。至 2019 年，橡胶种植面积累计 506.29 公顷，计 15.63 万株，主要品系有 IAN873、774、525、7–33–97、湛试 32713。是年农场有割胶技术工 12 人，分 60 个开割树位，每个岗位计 2000 至 2200 株，实行 5 天一刀制，平均每个开割树位计 26 刀，单株胶树计收干胶 1.23 公斤，共收干胶 29.5 吨。农场职工人均年纯收入 4.02 万元。

【油茶种植】 2019 年，农场累计种植油茶面积 20 公顷，计 2.4 万株，落实管理人员 3 人，负责日常除草、施肥、杀虫等管养工作，油茶长势良好。全年投入管理经费 20 万元。

【新农村与社区建设】 2019 年，农场及各村（居）两级共投资 711.38 万元，实施新农村（社区）建设项目 16 个。其中 3 个村委会和 1 个社区居委会"一事一议"建设项目共 4 个，总投资 135 万元。项目建设内容包括新砌村（居）河池石栏杆总长 402 米，配套道路排水设施，新铺人行道长 600 米及种植绿化树，清运处理垃圾约 800 吨；新增大池村路灯 20 盏，文体广场地埕水泥硬底化 580 平方米并配套凉亭 1 个。实施村（居）雨污分流工程建设项目 9 个，总投资 271.38 万元；村（居）卫生站规范化建设项目 2 个，总投资 44 万元；美丽乡村示范村（军坡村）建设项目 1 个，总投资 500 万元。

【社会保障】 2019 年，农场辖区城乡居民医疗保险参保 7756 人，参保率 86%；社会养老保险参保 3205 人（包括新农保参保 3120 人）。全年发放低保金 39.01 万元，受益 35 户、117 人；发放五保金 23.05 万元，受益 22 人；发放部分退役军人和其他优抚对象抚恤补助金 27.68 万元，受益 18 人；发放残疾人生活津贴和护理补助 27.36 万元，受益 104 人；发放孤儿基本生活费 2.7 万元，受益 2 人。

【教育文体事业】 2019 年，农场有中学 1 所，在校初中生 69 人，在职教师 25 人；有小学 1 所，在校生 333 人，在职教师 37 人；有幼儿园 1 所，在园幼儿 95 人。农场设有综合文化站（含广播电视）1 个，村（居）文化室（农家书屋）9 个，村（居）文体活动中心（场地）9 个。

【卫生与计生服务】 2019 年，农场有村（居）卫生站（室）5 个。是年，农场人口出生 175 人，人口出生率 19.15‰；符合政策生育率 80%；人口自然增长率 13.79‰。做好计划生育服务，全年免费为辖区已婚育龄妇女孕前健康检查 13 人次；指导"全面两孩"政策实施，至年末，辖区有 71 对已婚育龄夫妇办理"全面两孩"生育登记。

【安全生产】 2019 年，农场持续抓好安全生产工作，贯彻落实安全生产各项法律法规，把安全生产管理纳入日常工作重要议事日程，落实"一岗双责"责任制，开展安全生产大整治、大排查行动，消除各项安全隐患。全年组织开展安全生产、消防安全检查行动 60 场次，出动检查人员 480 人次，排查查出存在安全隐患 16 处，全部落实现场整改和限期完成整改。

【基层党组织建设】 2019 年，全农场设党委会 1 个，党支部 9 个，党员总数 252 人。是年，农场配合揭阳市委第四十八专项巡察组驻镇巡察工作，推动党建六个方面工作规范化建设，促进基层党组织建设更加规范化。

【社会治安综治与维稳】 2019 年，农场继续推进平安建设。在场部、村（居）主要路口设置视频监控系统对辖区治安动向进行严密管控。开展社会治安综合治理"众剑行动"和扫黑除恶及禁毒专项斗争，严惩各类违法犯罪活动。全年，辖区社会治安综合治理和扫黑、禁毒等专项行动累计出动执法人员366人次，检查过往车辆上百辆，清查山林窝棚87个，清查企业工厂52家，涉毒、涉黑、涉抢、涉假等违法犯罪行为得到有效震慑。全年辖区无重大治安、刑事案件发生。继续完善农场领导驻村直联、接访、回访、案件包案制度，领导处理案件到位及时率100%。农场维稳部门全年受理各类矛盾纠纷案件6件，调处化解6件。

（唐汉镇、杨树珊）

大坪农场

【概况】 大坪农场创建于1959年，属国有农业企业，受上级农垦局和普宁市双重管辖。位于市区西南部36千米处，北纬23° 10′ 52″，东经115° 50′ 29″。地貌以丘陵地形为主，总面积27.5平方千米。辖4个村委会、1个社区居委会和1个橡胶管理区。2019年年末户籍人口7813人。农场以橡胶种植和生产干胶为主导产业，橡胶种植面积488.67公顷。辖区凉亭村盛产八仙茶，“凉亭八仙茶”远近闻名。

【农业】 2019年，农场粮食作物种植面积315公顷，总产量1284吨，其中水稻种植面积102公顷，产量570吨；水果种植面积939公顷，主种青梅，年产量576吨。橡胶林地面积488.67公顷，计有橡胶树木14.07万株，年可收干胶10吨；油茶种植面积34.67公顷，计4.16万株；饮用茶各品种种植面积135公顷，年各类茶制品产量125吨。发展其他农副业。全年农业总产值5070万元，农村经济总收入1.3亿元，农村居民人均年纯收入1.53万元。

【村居环境综合治理】 2019年，农场开展村居环境综合治理“三清三拆三整治”工作，按照上级行动工作要求，实行网格化结构管理，按“属地管理”原则，由包单元干部组织职工群众集中开展对包片区域村居环境“脏乱差”现象实行综合整治。至年末，农场各村、社区、管理区共清理乱堆乱放场地地段25处，清理杂草杂物、积存垃圾废物150吨；清理池塘溪河淤泥、漂浮物70吨；拆除破旧危房293处、10762平方米，拆除污染严重的户外搭建猪牛羊栏和露天厕所180处、2937平方米。查处垃圾乱扔乱放行为20宗，查处污水乱排乱倒行为20宗。实行拆除后空地、路段及时美化绿化面积120平方米。

【社会保障】 2019年，农场辖区城乡居民医疗保险参保1351人：城乡居民养老保险参保6606人。全年发放低保金63.16万元，受益69户166人；发放五保金25.2万元，受益24人：发放部分退役军人和其他优抚对象抚恤补助金9.04万元，受益9人；发放孤儿基本生活费6.5万元，受益7人。关心困难群众，是年救济困难群众14户、14人，救济金额1.4万元。

【教育文体事业】 2019年，农场筹措资金850万元，建设义务教育规范化学校5所，按照教育创强标准对5所小学硬件设施全面升级，顺利通过省教育创强复评督前检查。辖区有小学5所，在校生830人，在职教师50人：有幼儿园1所，在园幼儿49人，在职幼师3人。有村（社区）文化室（农家书屋）4个，文体广场2个。

【卫生和计生服务】 2019年，农场有村级卫生站（室）4个。全年辖区人口出生132人，人口出生率15.68‰；符合政策生育率81.82%；人口自然增长率12.71‰。做好计划生育服务，全年免费为辖区已婚育龄妇女孕前健康检查58人次；指导“全面两孩”政策实施，至年末，辖区有78对已婚育龄夫妇办理“全面两孩”生育登记。

【安全生产】 2019年，农场按“属地管理”原则，划分各片区，实施场、村（居）和各片区三级网格化和户籍化管理，落实“党政同责、一岗双责”、坚持“三个必须”管理责任制，采取常规检查和综合整治相结合，治理安全生产存在突出问题。建成大坪农场安全文化主题公园，多场次组织村民、师生到主题公园参观学习，增强安全生产观念和知识面。全年组织生产经营者和安全生产责任人参加消防安全培训3场次120人次；组织开展安全生产大检查3场次，重点排查安全问题较突出生产企业、经营场所3家，发现存在安全生产、消防安全隐患8处，全部落实现场整改和限期完成整改。

【基层党组织建设】 2019年，农场设党委会1个，党支部10个，党员总数252人。建设农场党建主题文化广场和农场党校，全面提升农村基层党组织建设。组织党员、干部认真研读习近平总书记系列重要讲话精神，提升党员干部干事能力和服务水平。

【社会治安综治与维稳】 2019年，农场继续推进平安建设，开展社会治安综合治理“众剑行动”和以扫黑除恶、禁毒、打假等为重点的专项整治行动，推进“打防控”一体化建设，严惩各类违法犯罪行为，维护社会治安稳定。全年辖区共破获各类刑事案件1件，刑拘各类犯罪嫌疑人1人。场建有维稳中心及各村（居）维稳工作站1个，实现“一村一法律顾问”建设，开展社会矛盾排查化解和法律咨询援助服务。全年辖区两级维稳平台受理各类矛盾纠纷案件12件，调处化解12件。

（钟文纵）

马鞍山农场

【概况】 马鞍山农场属国有农业企业，受上级农垦局和普宁市双重管辖。位于市区西南部24.6千米处，北纬23°07′05″，东经116°01′38″。总面积28.4平方千米，其中耕地面积2.14平方千米。辖汉塘、马鞍山、新圩、里仁潭、落湖坝、谢家洋、泰盘7个村委会和1个居民委员会及红星、峡岭、河东、沙溪4个橡胶管理区。2019年年末，户籍人口2929户、10481人。全年工农业总产值1.7亿元。交通便利，场部距国道G324过境线和普惠高速公路出入口3.7千米。农业特色突出，是普宁青梅主产区之一，是农业农村部、省农垦局投资创办的“天然橡胶生产基地”之一；全场有各类企业16家，全年工业产值8481万元。

【农业】 2019年，农场在保障主导产业橡胶种植面积和粮食种植面积的基础上，鼓励农民开展水果种植和淡水养殖，发展特色农业，农业生产稳步发展。全年粮食作物种植面积348公顷，总产量2333吨；水果种植面积575公顷，总产量1356吨；蔬菜总产量2670吨；淡水鱼养殖面积40公顷，总产量390吨；禽畜饲养生猪1.72万头，“三鸟”20万只。全年农业总产值9002万元，农村经济总收入1.5亿元，农村居民人均年纯收入1.6万元。

【橡胶种植】 农场主导产业以橡胶种植为主，是国有天然橡胶生产基地之一，设有橡胶管理区4个，在职职工79人。至2019年年末，累计橡胶种植面积496.67公顷，累计有橡胶树木20.98万株。

【新农村与社区建设】 2019年，农场累计投入209.43万元。推进美丽乡村与社区、管理区建设。投入24.8万元，实施农场公共活动场地绿化工程；投入11.91万元，完成场部商业街东段路灯架设；投入27.64万元，完成马鞍山村巷道水泥硬底化工程建设；投入24.47万元，建设排污设施工程；投入17.51万元，实施马水厂引水坡修护工程；投入86.28万元，实施场部公共设施配套工程；投入16.82万元，完成垃圾临时堆放点建设工程。

【社会保障】 2019年，农场辖区城乡居民医疗保险参保8540人，参保率92%；社会养老保险参保2160人，参保率76%。全年发放低保金96.6万元，受益103户、237人；发放五保金17.8万元，受益16人；发放部分退役军人和其他优抚对象抚恤补助金8.5万元，受益9人；发放残疾人生活津贴和护理补贴53.24万元，受益162人；发放孤儿基本生活费4.5万元，受益5人。

【教育文体事业】 2019年，农场有初级中学1所，在校生385人，在职教师26人；有小学5所，在校生727人，在职教师71人；有幼儿园1所，在园幼儿324人，在职幼师2人。农场有村（居）文化室（农家书屋）7个，全民健身广场5个。

【卫生与计生服务】 2019年，农场设有村（居）卫生站（室）7个，开展医疗和公共卫生服务。全年辖区人口出生204人，人口出生率18.42‰；符合政策生育率81.86%；人口自然增长率12.1‰。做好计划生育服务，全年免费为辖区已婚育龄妇女孕前健康检查48人次；指导“全面两孩”政策实施，至年末，辖区有56对已婚育龄夫妇办理“全面两孩”生育登记。

【安全生产】 2019年，农场出动检查人员192人次，检查企事业单位及各类生产经营场所20家，发现存在安全隐患3处，限期落实完成整改3处。全年辖区无重大安全事故发生。

【社会治安综治与维稳】 2019年，农场继续深化平安建设。农场有公安派出所1所，各村（居）建有治安联防队伍，做好执勤和开展治安隐患排查，惩治各类违法犯罪活动。全年辖区治安案件立案9件，查处9件。受理各类民事矛盾纠纷案件2件，调处化解2件，调处化解率100%。全年无重大治安、刑事案件发生。

（熊汉涛、黄晓龙）

普侨区

普侨区保障性安居工程排水配套设施建设项目　　（普侨区　供稿）

【概况】　普侨区位于普宁市区西部20千米处。原称普宁华侨农场，全省23个华侨农场之一，始建于1961年，直属省侨办管理和领导，先后安置来自印尼、马来西亚、越南等东南亚13个国家和地区的归难侨，素有“小小联合国”之称。1988年，省政府决定，华侨农场下放给所在地级市汕头市辖管，汕头市又将华侨农场委托普宁县管理。1995年8月，揭阳市委、市政府决定设立揭阳市普宁华侨管理区（简称揭阳市普侨区，保留普宁华侨农场牌子），作为揭阳市人民政府的派出机构，为县（处）级单位，相应赋予部分县级行政、经济管理职能。2019年12月24日起，揭阳市又将普侨区成建制划转由普宁市管理。全区总面积15.63平方千米，建成区面积4平方千米。下辖后寮、乌犁、新兴、北窜、茶山5个村委会和侨新居委会。2019年年末，户籍人口1.19万人，其中归侨侨眷约3300人。是年上半年全区生产总值（GDP）8914万元；全年工农业总产值1.83亿元，财政总收入4012万元，税收收入1225.75万元。

【侨区改制基本完成】　2019年2月27日，揭阳市委六届第69次常委会会议决定，原则同意揭阳市委编办提出的普宁华侨管理区改革工作要点，侨区行政规划申请成立镇级组织，归普宁市属地管理。8月14日，普侨区采纳各方意见后向普宁市委、市政府报送改制设立普华镇的请示。9月17日，普宁市政府十五届49次常务会议原则同意普宁华侨农场改制设镇的事项，市委常委会会议原则同意普宁华侨农场改制设镇事项。10月9日，市委十三届七次全会通过普宁华侨农场改制设镇事项。普宁市委托广东省行政区划与地名建设促进会作为第三方机构进行社会风险评估，组成专家组开展专家论证，广泛征求有关单位和社会公众的意见和建议。风险评估和专家组专家论证都认为，不会产生明显的不稳定社会因素，风险级别为低级。至年末，普宁华侨农场改制设镇事项，正按行政区划设立、调整、变动、报批程序，积极申办中。

【产业发展】　设区起至2019年，普侨区先后规划建设南部工业园、中药材生态园、揭阳市华侨文化产业创意园，园区配套设施不断完善，产业建设得到长足发展。2019年，全区有各类企业71家，其中工商企业39家，工业企业33家。

工业　初步形成以凯递技术、集鑫塑胶为主的塑胶制品，以万佳晟环保、奥钢装配式建筑为主的建筑材料制品，以潮康食品、六华亨食品、侨园食品等为主的食品加工，以兴伟印刷、新春印刷为主的印刷业，以高新技术企业汉邦生物为主的兽药制品等一系列支柱产业。全年工业产值1.15亿元。

商贸业　有普侨加油站、普工气库、零售超市、农村淘宝店等销售载体。

特色产业　“三香”（沉香、檀香、降香）形成规模化种植，种植面积200多公顷。

【新农村与社区建设】　2019年，区推进交通基础设施建设，建成（改造）公路10.79千米，在建及计划建设公路9.63千米；建成农村公路、村道22.1千米，实现“村村通公路”，各自然村村道均实现水泥硬底化建设。侨区大道、侨政路、侨钱路、侨坪路、侨东路与省道S238线以及正在建设的绿宝大道构成“七横”，中心大道与正在建设的侨新路、侨园路及规划建设的汕湛高速普侨连接线（连通中心大道）、侨北路组成“四纵”，主干路网纵横交错、四通八达。建成供水能力5000吨/日的自来水厂及配套供水管网3.86

花鼓岩寺外景　　（普侨区　供稿）

千米，基本实现“村村通自来水”。建成库容30万立方米，处理能力25吨/日，使用年限15年的垃圾填埋场以及覆盖全区的生活垃圾收集体系，并以政府采购服务形式每年投入150多万元雇佣专业保洁公司负责全区生活垃圾清运及公共区域、主要道路绿化管理和环卫清扫等工作。建成处理能力3500吨/日的污水处理厂和污水管网10千米。石牌河小流域综合治理一期工程已完成河堤整治、堤防加固、河道清淤疏浚等，正在加速推进堤岸绿化、美化及其他配套工程建设。辖区中心区域不断扩容提质，建成湖绿景美、凸显普侨山水特色的侨城公园，并与全民健身广场、生态文化广场、群众服务中心连成一体，形成占地8公顷的核心景观区。完成中心区一期至六期安居工程，建成安居楼21栋、626套及周边美化绿化亮化工程，人居环境大为改善。在建项目有保障性安居工程排水配套设施、福利院敬老楼、石牌河（茶山溪）整治等一批基础设施建设。

【社会保障】 2019年，全区城乡居民医疗保险参保9809人；社会养老保险参保4495人。全年发放低保金38.6万元，受益100人；发放五保金14.96万元，受益15人；发放部分退役军人和其他优抚对象抚恤补助金3.97万元，受益60人；发放残疾人生活津贴和护理补助49.34万元，受益156人；发放孤儿基本生活费9.87万元，受益10人。依托揭阳市金荣技工学校，抓好侨民群众职业技能培训。统筹发展妇女儿童、老年人、工会、残疾人等事业，推进老年人免费健康体检等民生实事，提高侨民、群众生活质量和幸福指数。

【教育文体事业】 区先后通过广东省教育强区和国家义务教育均衡区验收，正在推进教育现代化先进区创建工作。2019年，全区有初级中学1所，在校生474人，在职教师41人；有小学5所，在校生1131人，在职教师68人；小学附设幼儿班在园幼儿293人。区设有综合文化站（含广播电视）1个，村（居）文化室（农家书屋）6个，文化广场9个。

【卫生与计生服务】 2019年，全区有医院1所（普侨区人民医院），有病床70张；有员工75人，其中中级职称2人，初级职称51人。有村（居）卫生站5个。是年，全区人口出生158人，人口出生率13.43‰；符合政策生育率80.38%；人口自然增长率12.92‰。做好计划生育服务，全年免费为辖区已婚育龄妇女孕前健康检查12人次；指导“全面两孩”政策实施，至年末，辖区有52对已婚育龄夫妇办理“全面两孩”生育登记。

【安全生产】 2019年，区持续抓好安全生产工作，履行安全生产责任制和各项安全生产规章制度，把安全生产管理工作纳入日常工作重要议事日程，落实“一岗双责”责任制，开展安全生产大整治、大排查行动，解决安全生产、消防安全存在的问题和隐患。全年累计开展安全生产、消防安全检查行动82场次，出动检查人员410人次，排查各类生产经营场所、企事业单位等34家，查出存在安全隐患58处，现场完成整改48处，限期落实完成整改10处。

【社会治安综治与维稳】 2019年，全区继续深化平安建设。开展扫黑除恶专项斗争和“众剑行动”社会治安综合治理，惩治各种违法犯罪活动。全年辖区共破获各类刑事案件4件，刑拘各类犯罪嫌疑人2人；治安案件予以行政处理6件、8人。

（陈　妍）

人物·荣誉

新任县级市领导

中共普宁市委副书记、市人民政府党组书记、代市长黄锐亮简介

黄锐亮，男，1966年10月生，揭阳榕城人，研究生学历。1989年6月参加工作，1994年6月加入中国共产党。1989年6月华中师范大学中文系汉语言文学专业毕业后，到汕头市教育局义务教育科工作（其间：1989年10月至1991年10月挂职汕头金山中学任教师、政教处干事）；1992年2月在揭阳市教育局义务教育科（师范科）工作；1993年9月任揭阳市教育局义务教育科副科长；1994年1月任揭阳市教育局办公室副主任；1995年4月任揭阳市委组织部组织科副科长；1996年4月任揭阳市委组织部办公室副主任；1996年7月任揭阳市委组织部办公室主任（其间：1999年9月至2002年7月在广东省委党校在职研究生班经济学专业学习，研究生毕业）；2002年10月任揭阳市纪委、市监察局干部室主任；2008年6月任揭阳市纪委、市监察局效能监察室主任（其间：2008年10月至2010年12月在华南理工大学EMBA班学习，获高级管理人员工商管理硕士学位）；2011年12月任揭阳市纪委常委、效能监察室主任；2012年3月任揭阳市纪委常委、效能监察室主任、正处级干部；2012年9月任揭阳市纪委常委（正处级）；2016年12月任揭阳市纪委副书记；2018年1月任揭阳市纪委副书记、市监委副主任；2019年10月任揭阳市纪委副书记、市监委副主任，中共普宁市委副书记；2019年11月起任揭阳市纪委副书记、市监委副主任，普宁市委副书记，普宁市人民政府党组书记、副市长、代市长，为揭阳市第六届人大常委会委员。

中共普宁市委副书记、二级调研员郑海忠简介

郑海忠，男，1968年7月生，广东普宁人，学历本科，工商管理硕士。1992年6月加入中国共产党，1993年9月参加工作。1993年9月暨南大学历史学专业毕业后到普宁市参加工作，为普宁市委试用期人员；1994年10月为普宁市委办办事员；1997年5月任普宁市委办干事（副股级）；1999年1月任普宁市委调研室副主任、市委新闻秘书；2000年9月任普宁市委办公室副主任、调研室副主任、市委新闻秘书；2001年11月任普宁市梅塘镇党委书记；2002年3月任普宁市梅塘镇党委书记、镇人大主席；2003年12月任普宁市委办主任；2005年11月任揭阳市委政研室副主任（其间：2008年10月至2010年12月在华南理工大学EMBA班学习，获高级管理人员工商硕士学位）；2009年1月任揭阳市委副秘书长（其间：2010年9月至2010年12月参加广东省委党校中青班学习）；2013年5月任揭阳市文广新局局长、党组副书记；2013年12月任揭阳市文广新局局长、党组书记（其间：2014年9月至2014年10月参加广东省委党校县处级读书班学习）；2019年1月任普宁市委副书记（正处级）；2019年6月任普宁市委副书记、二级调研员。

中共普宁市委常委蔡桂君简介

蔡桂君，女，1974年9月生，揭阳惠来人，研究生学历。1993年7月参加工作，1995年12月加入中国共产党。1993年7月普宁师范学校普通班中专毕业后参加工作，为惠来县英内小学教师。1996年12月在共青团惠来县委工作；1997年6月任共青团惠来县委办公室副主任（其间：1994年9月至1997年7月在广东广播电视大学会计专业大专班学习，大专毕业）；1997年12月任共青团惠来县委办公室主任（其间：1998年9月至2000年12月在广东省委党校行政管理专业学习，大学毕业）；2000年12月任共青团惠来县委副书记；2003年6月任共青团惠来县委副书记，主

持全面工作（其间：2001年6月至2002年8月在共青团广东省委挂职，挂任联络部部长助理；2002年9月至2004年6月在中南财经政法大学行政管理专业研究生课程进修班学习）；2005年6月任共青团惠来县委书记（其间：2005年9月至2005年11月参加广东省第二十七期中青年女干部培训班学习）；2008年8月任惠来县神泉镇党委副书记（正科），主持镇政府工作。2008年9月任惠来县神泉镇党委副书记、镇长；2009年8月任惠来县委常委；2009年9月任惠来县委常委、宣传部部长（其间：2010年3月至2010年7月参加广东省委党校中青年干部培训班学习；2011年9月至2014年7月在中共中央党校法学理论专业学习，研究生毕业）；2019年2月任普宁市人民政府党组成员、副市长；2019年3月任普宁市人民政府党组成员、副市长，市政务服务数据管理局党组书记；2019年12月任普宁市委常委、宣传部部长，市政务服务数据管理局党组书记。

中共普宁市委常委、市人民政府党组副书记、副市长钟金鸿简介

钟金鸿，男，1975年9月生，揭阳揭东人，大学学历。1996年8月参加工作，1999年6月加入中国共产党。1996年7月潮州农业学校多种经营专业学习，中专毕业。1996年8月在揭东县玉湖镇农业站参加工作；1996年10月为揭东县玉湖镇农业站办事员；1999年6月任揭东县玉湖镇农业站副站长；2001年12月任揭东县玉湖镇计育办副主任（其间：2002年12月参加中山大学法律专业自学考，大专毕业）；2005年3月任揭东县玉湖镇党政办主任；2005年4月任揭东县玉湖镇政府副镇长、党政办主任；2006年8月任揭东县玉湖镇党委委员、副镇长、党政办主任；2007年12月任揭东县建设局副局长、党组成员（其间：2006年9月至2009年1月在中央广播电视大学公共事业管理专业本科班学习，大学毕业）；2009年11月任揭东县环境卫生管理局局长、党组书记；2012年12月任揭东县政府党组成员，县政府办公室主任；2013年3月任揭阳市揭东区政府党组成员，区政府办公室主任；2016年4月任揭阳市揭东区委办公室主任，区政府办公室主任；2016年5月任揭阳市揭东区委常委，区委办公室主任；2016年6月任揭阳市揭东区委常委、区委办公室主任，区政府党组成员；2017年7月任揭阳市揭东区委常委、区委办公室主任；2018年12月任揭阳市揭东区委常委；2019年3月任揭阳市揭东区委常委、区人民政府党组副书记、副区长；2019年12月任普宁市委常委，普宁市人民政府党组副书记、副市长。

中共普宁市委常委陈震坤简介

陈震坤，男，1970年1月生，广东普宁人，大学学历。1986年12月参加工作，1993年12月加入中国共产党。1986年12月为普宁市流沙供销社售货员（其间：1986年12月招收为全民合同制工人）；1990年5月在普宁市供销集团公司工作（其间：1988年10月至1991年7月在广东省供销社学校供销企业经营与管理专业学习，中专毕业）；1993年10月任普宁市供销集团公司团委书记（其间：1994年5月录为聘用制干部）；1996年3月任普宁市供销集团公司企管部副主任、团委书记（其间：1993年6月至1996年7月在广东省委党校涉外经济专业学习，大专毕业）；1996年11月为普宁市直属机关工作委员会办事员；1997年5月任普宁市直属机关工作委员会团委书记（其间：1998年3月转为录用制干部）；1998年6月任普宁市直属机关党委委员、纪委副书记、团委书记（1999年3月过渡为机关工作者）；1999年6月任普宁市直属机关工作委员会秘书科副科长、团委书记；2000年7月为普宁市纪委科员；2002年8月任普宁市纪委办公室副主任（其间：2002年2月至2003年8月借调到省纪委办案）；2004年8月任普宁市纪委办公室主任（其间：2002年9月至2005年7月在华中科技大学网络教育学院法学专业学习，大学毕业）；2006年10月任普宁市纪委常委、办公室主任（其间：2006年12月公务员登记）；2007年5月任普宁市纪委常委；2009年8月任普宁市纪委常委（主任科员）；2011年7月任普宁市占陇镇党委副书记（正科级）；2011年9月任普宁市占陇镇党委副书记、镇长；2014年1月任普宁市赤岗镇党委书记、人大主席；2015年7月任普宁市流沙北街道党工委书记；2017年1月任普宁市流沙北街道党工委书记，市政府党组成员；2017年3月任普宁市政府党组成员，市府办主任、党组书记；2017年12月任普宁市政府党组成员，市府办主任、党组书记，市英歌山工业园党工委书记；2019年1月任普宁市委常委，市政府党组成员，市政府办公室党组书记、主任，市英歌山工业园党工委书记；2019年3月起任普宁市委常委，市英歌山工业园党工委书记，占陇镇党委书记。

中共普宁市委常委谢婷简介

谢婷，女，1981年9月生，揭阳空港人，大学学历。2003年12月加入中国共产党，2005年4月参加工作。2004年6月仲恺农业技术学院经济系财务管理专业学习，大学毕业；2004年6月在家待业；2005年4月参加工作，为揭阳市揭阳经济开发试验区党委、管委办公室试用期人员；2006年4月为揭阳市揭阳经济开发试验区党委、管委办公室科员；2006年6月为揭阳市机构编制委员会办公室行政机构编制科科员；2008年6月任揭阳市机构编制委员会办公室行政机构编制科副主任科员；2010年5月任揭阳市机构编制委员会办公室综合科副主任科员；2011年4月任揭阳市机构编制委员会办公室综合科副科长；2012年6月任揭阳市机构编制委员会办公室综合科主任科员；2014年9月任揭阳市机构编制委员会办公室行政机构编制科科长；2019年4月任揭阳市委机构编制委员会办公室行政机构编制科科长；2019年5月任揭阳市委机构编制委员会办公室副主任、行政机构编制科科长；2019年12月起任普宁市委常委、组织部部长、党校校长。

中共普宁市委常委（挂职）李灿明简介

李灿明，男，1972年8月生，东莞东坑人，学历大专。1990年7月参加工作，1995年6月加入中国共产党。1990年7月在惠阳地区农业学校果树专业学习，中专毕业。1990年7月为东莞市东坑镇侨务办见习干部；1991年7月任东莞市东坑镇侨务办干部；1991年11月任东莞市东坑镇工交办出纳；1993年12月为东莞市东坑镇石油公司东坑分公司负责人；1995年7月为东莞市东坑镇社会事务办办事员（其间：1994年9月至1997年7月在华南师范大学经济管理专业学习，在职大专毕业）；1999年8月为东莞市东坑镇社会事务办科员；2001年6月任东莞市东坑镇社会事务办副主任；2002年2月任东莞市东坑镇社会事务办主任；2005年10月任东莞市财政局东坑分局局长；2008年4月任东莞市财政局东坑分局局长、东坑镇会计核算中心主任（其间：2009年4月定为正科级）；2011年3月任东莞市财政局东坑分局局长；2013年4月任东莞市东坑镇外经办主任、企业工委副书记（其间：2014年9月至2014年12月参加中青年干部培训班学习）；2015年1月任东莞市东坑镇商务办主任、企业工委副书记；2016年8月任东莞市东坑镇党委委员、商务办主任、企业工委副书记；2016年9月任东莞市东坑镇党委委员、商务办主任；2016年10月任东莞市东坑镇党委委员；2019年5月任东莞市东坑镇党委委员、东莞市驻揭阳普宁市扶贫工作组组长；2019年6月任中共普宁市委常委（挂职），东莞市东坑镇党委委员、东莞市驻普宁市扶贫工作组组长。

普宁市人民政府党组成员、副市长陈泓铎简介

陈泓铎，男，1976年11月生，揭阳榕城人，大学学历。1998年3月加入中国共产党，1998年12月参加工作。1998年7月广东公安高等专科学校治安管理专业学习，大专毕业。1998年7月至1998年12月在家待业；1998年12月任揭阳市公安局指挥中心科员；2000年1月任揭阳市公安局经保分局科员（其间：1997年7月至2001年6月在中国人民公安大学公安管理专业学习，大学毕业）；2001年11月任揭阳市公安局经济犯罪侦查支队机动大队二中队中队长；2003年9月任揭阳市公安局经济犯罪侦查支队副主任科员；2003年12月任揭阳市公安局政治处干部科副科长；2008年6月任揭阳市公安局指挥中心指挥科科长；2013年4月任揭阳市公安局政治处干部科科长；2014年12月任揭阳市公安局禁毒支队政委；2018年10月起历任揭阳市林业局党组成员、市公安局森林分局局长（副处）；2019年10月任揭阳市普宁市人民政府副市长，市公安局局长，揭阳市公安局森林分局局长（副处）；2019年11月任普宁市人民政府党组成员、副市长，市公安局党组书记、局长、督察长，市委政法委第一副书记，市禁毒办主任。

普宁市人民政府党组成员、副市长魏智勇简介

魏智勇，男，1973年8月生，揭阳榕城人，大学学历。1996年10月参加工作，1998年6月加入中国共产党。1996年7月韩山师范学院微机应用专业学习，大专毕业。1996年7月至1996年10月待分配。1996年10月在揭阳市榕城区榕东街道办事处工作；1998年3月在揭阳市榕城区纪委工作（其间：1998年6月过渡为党的机关工作者）；2000年12月任揭阳市榕城区纪委科员（其间：2001年9月至2004年7月在韩山师范学院计算机科学技术及应用专业学习，大学毕业）；2005年9月任揭阳市榕城区监察局副局长（其间：2006年12月公务员登记）；2007年1月任揭阳市榕城区监察局副局长、纪委办公室主任；2009年6月任揭阳市榕城区纪委常委、监察局副局长、办公室主任；2009年

12月任揭阳市榕城区纪委常委、办公室主任、第二派驻纪检监察组组长；2011年9月历任揭阳市榕城区纪委副书记、办公室主任、第二派驻纪检监察组组长；2016年11月起历任揭阳市榕城区纪委副书记、区监察局局长、东阳街道党工委书记；2017年12月任揭阳市榕城区监察局局长，东阳街道党工委书记、区人大常委会东阳街道工作委员会主任；2018年1月任揭阳市榕城区东阳街道党工委书记、区人大常委会东阳街道工作委员会主任；2019年3月任揭阳市榕城区人民政府党组成员、副区长；2019年12月任普宁市人民政府党组成员、副市长。

先进集体、先进个人事迹

“广东省五一劳动奖状”获奖集体
——永定职业培训学校简介

普宁市永定职业培训学校成立于2010年，该校开办10多年来，通过各类职业培训共为社会输送电子商务、农业种养、纺织服装、财务会计、机械维修以及机动车驾驶等人才5万多人，帮助4万多人实现转移就业。学校每年免费为贫困山区培训农民工800人，累计已经免费培训8000多人，使很多拥有一技之长的农民实现脱贫致富，因此该校被普宁市人力资源和社会保障局评定为市农村劳动力转移就业培训示范基地。此外学校还先后为普宁市山区各乡镇修建道路、老年人活动中心、学校、帮扶贫困人口、帮扶贫困大学生等累计捐资400多万元。

2017年在政府的大力支持下，在该校组建了揭阳市公安局普宁市机动车驾驶人考试基地。至2019年，该校积极对标省总工会有关职工之家、职工培训和职工文体活动等各项目一体化建设标准，投入资金380多万元，建设总面积达到1800多平方米的大型员工服务中心，设置职工培训中心，职工之家，文体活动中心，职工书屋，爱心妈妈小屋，职工文化长廊，员工心理咨询室等活动阵地及设施，并组建职工醒狮队、职工乒乓球队等。真正做到为员工贴心服务，凝聚起加快培训学校优质发展的正能量和向心力。

学校于2013年和2017年两度获评全国文明诚信、优质服务单位，该校董事长获评全国文明优秀经理人，下属企业普宁市永定机动车驾驶员培训有限公司2013年—2016年连续四年在揭阳市交通局年度评比中被评为优秀单位（第一名），其中2015年获评AAAA级信誉单位。2019年，该校被省总工会授予“广东省五一劳动奖状”。

（市总工会）

“广东省五一劳动奖章”获得者陈阳生简介

陈阳生医师长期奋战在临床第一线，对泌尿系统疾病及疑难病的诊治有丰富的临床经验和较高的造诣。2003年，他担任普宁市人民医院院长，团结带领全院干部职工，艰苦奋斗、励精图治、锐意改革，十多年来，把一家积弱多年的县医院建设成为揭阳地区的医疗龙头单位，并跻身国家先进医院行列，成为广东省县域第一家，揭阳市首家三级甲等医院，同时在“中国县级医院竞争力100强医院”中位居全国第14位、广东省第2位。

在医学科研上，陈阳生医师有四个项目获揭阳市科技进步奖，并先后在国家级、省级等医学杂志上发表论文20多篇。1992年成功为晚期膀胱癌患者进行膀胱全切除可控性回结肠代膀胱手术，目前该患者仍健在。另外，在尿道狭窄、闭合性肾损伤、直肠癌的诊治方面有丰富的临床经验，其中“直肠癌经肛内根治术”解决了低位直肠癌以往因需结肠造口而不被病人接受的问题，该术式达到国内先进水平。

担任院长以来，他坚持以习近平新时代中国特色社会主义思想为指导，坚持以人民健康为中心，倡导“忠实于科学，服务于健康”的医院文化，正确定位医院，开展内部改革，强化医院管理，实现医院事业跨越式发展，受到上级党委和政府的充分肯定以及人民群众的广泛好评。2019年，陈阳生被省总工会授予“广东省五一劳动奖章”。

（市总工会）

“广东好人”事迹

山区青年周万辉义无反顾舍己救人

英雄救人事件回放

2019年6月3日晚10点多钟，正在普宁市船埔镇街区家中的青年牙医周万辉，突然听到从20多米外的河边传来救命声，就匆匆从三楼冲下来跑到出事现场。原来是69岁的邻村农民古义旋在拦河坝捕鱼时，不慎滑进几米深的河里，双脚被自己撒下的渔网缠住，动弹不得。

这时，站在岸上的妻子见势不妙，大声呼救，周万辉和几位居民同时到达出事现场，水性好的他第一个跳进水里，费力地帮古义旋解开脚下一层层的渔网，并拼尽力气将其推向岸边获救。但周万辉的双脚也被渔网缠住，并陷入淤泥中，无法自救。

船埔镇领导登门慰问救人英雄周万辉的家人　　通讯员　摄

邻居周海涛等人很快找来一根长竹竿准备搭救周万辉，可惜他已因体力消耗过大沉入水底。大伙迅速报警并自发下水施救。

当地镇政府马上组织公安、消防力量赶来相助，经过2个多小时的救援，才打捞到周万辉，可这位危难时刻舍身救人的英雄，已经壮烈牺牲，他仅开了28载的生命之花，永远凋零在故乡的河水里。

当地党政开展关爱行动

在周万辉牺牲的第二天清早，船埔镇委、镇政府迅速召开会议，布置关爱英雄亲属行动。“周万辉才28岁，许多事还来不及做。他抛下了两个分别只有3岁多和2岁的幼女，今后该如何在失去父爱的环境中长大？他仅有25岁的妻子，该怎样迈过年轻丧偶这道很难跨越的门槛？英雄年已半百的父亲和已近50岁的母亲，又该怎么面对白发人送走黑发人、少了一个儿子为自己养老送终的痛苦？家人承受着突然性重大打击，日子会非常难过。我们要为今后周万辉两个小孩正常的抚养、教育和其父母养老提供必要的经济保障，以替救人英雄行未尽的孝心和父爱，让他少了牵挂，走得安心。”镇委书记郑浩鹏的话引起大家的共鸣，他们号召全镇共同为并不富裕的英雄家庭捐款。

当天上午，镇委镇政府派人登门看望救人英雄遗属，并送上慰问金。

同一天，船埔派出所为周万辉申报见义勇为奖。目前，普宁市有关部门正在着手办理此事。

船埔社区乡贤咨询委员会率先组织多方力量，捐出39万多元，普宁市委宣传部、各社会团体和各界人士都纷纷行动，连几百里外的省客家商会、深圳普宁商会，甚至是马来西亚的华侨也解囊相助。船埔小学学生杨臻鸿听说周万辉叔叔是好人后，把平时省吃俭用的20元零用钱捐出。

6月9日，船埔镇委、镇政府隆重举行周万辉追悼会，2000多名各界人士从四面八方赶来，为英雄送上最后一程。

当主持人刚开始念悼词时，原先晴朗的天空突然下起了小雨，仿佛苍天也为英雄垂泪。动人的场景还在上演，追悼会刚开完，周万辉的父亲周演泉被人拉住了，对方从包里摸出4万元慰问金说：“救人英雄的两个后代，还得靠您这位爷爷帮助拉扯大，这笔钱是我的一份心意，请收下吧。”经打听，对方是附近里湖镇一位老板，但他不肯透露真名。

6月11日至12日，普宁市工商联和心连心爱心协会，分别登门捐款8万元和7万元，至此，社会各界先后共为周万辉的家人捐款达150多万元。同时，被周万辉救起的古义旋老人因惊魂未定，精神恍惚，未能出行，特委托其妹带上两个儿子上门向周万辉父母感谢其子的救命之恩和对英雄牺牲的痛切哀悼，并送上10万元报恩金。表示要把周家当作亲戚，尽力帮助英雄后代抚养成人。6月14日，船埔镇党委书记郑浩鹏专门指示镇教育、妇联等部门，近期要联手拿出对周万辉两个幼女将来上幼儿园和读书的帮扶计划，尽力促使小姐妹能长大成人和成才，完成英雄生前未竟的心愿。

一时间，南阳山区涌现一股股关爱英雄家属的暖流。中华民族见义勇为、好人有好报的传统美德，在穿越几千年后，依旧熠熠生辉。

（转载自2019年6月17日《揭阳日报》社会·民

生版报道，记者：林春晓）

链接：

2019年6月，市船埔镇青年周万辉为救落水老人献出了年轻的生命，其事迹在社会各界引起了极大反响。为弘扬社会正气，推动社会文明进步，14日，揭阳市见义勇为评定委员会举行仪式，向周万辉家属颁发见义勇为证书及一次性抚恤金。接着，周万辉被广东省文明办追授为“广东好人”称号，被共青团普宁市委追授为“普宁市优秀共青团员”称号。

（本刊编辑部综合补记）

新闻人物

杨晓婷：全盲女孩，圆梦高考
——广东省首位全盲考生已被潮汕职业技术学院录取

普宁市的全盲女孩杨晓婷，在2019年的高考中，在众人的关心和帮助下，顺利参加考试，成为广东省第一位盲人高考生。8月5日上午，在广州的家中，杨晓婷接到了一通来自家乡的电话，电话那头，位于普宁的潮汕职业技术学院的老师告诉她，她已被该学院商务英语专业录取，即将成为广东省首位盲人大学生，开启新的圆梦之旅。

“在家等录取结果的时候，心里很不安，像悬着一块大石头，听到被录取的消息后，我真的是超级无敌开心，现在很期待大学生活。”5日下午，羊城晚报记者通过电话连线采访杨晓婷时，能够明显地感受到她是一个乐观开朗的女孩，而在她向记者谈起自己双眼失明以及后来继续求学参加高考的经历时，轻盈欢快的语调中更是没有丝毫悲苦，甚至还不时爽朗地笑了起来。

高考　做完95页盲文试卷花费11.7个小时

2018年12月，杨晓婷在家人的陪伴下，回到了户籍所在地普宁市的梅峰中学报名参加高考。

2019年6月7日，杨晓婷在梅峰中学志愿者的搀扶下进入一间由乒乓球室改造而成的特殊考场，走向自己的梦想。考场里，普宁特殊教育学校教师肖灵心经自愿报名与抽签程序成为她的监考员，考桌上摆着一套专程从北京“飞”到普宁的盲文试卷。

据悉，除了普宁当地专门为杨晓婷改造一个特殊

杨晓婷在家中认真学习盲文

考场、选派一位熟悉盲文的监考老师外，省教育考试院、揭阳市公安局和教育局还于6月3日派出6名相关人员，带着专用保密箱出发到北京，历时3天从教育部领回了一套共95页的盲文试卷。

由于盲文试卷的题型题量、难易程度和普通考卷基本相同，但盲人考生在答题中只能用手摸着卷子来答题，较为费时，因此考试时长比普通考生延长30%。杨晓婷说，95页的盲文试卷，她总共花费了11.7个小时。“这两个数字承载了太多人对我的关心和帮助。”杨晓婷说，在她报名参加考试到正式进入考场的7个月时间里，普宁梅峰中学为她提供了详细的指引，并为她安排了便利的考场、热心的志愿者，此外还有多个单位的暖心接力，她才得以圆梦，这让她非常感动。

6月8日，高考结束后，杨晓婷发出了全盲后的第一条微信朋友圈：“感恩可以用盲文试卷去赴我迟到的青春之约，完成心愿啦！”这条朋友圈让杨晓婷收到了很多朋友的评论，其中不少人都表示讶异。原来，拥有一双明媚漂亮大眼睛的杨晓婷，如果不点破，没有人会知道她竟然是一名全盲女孩。在此之前，她也和很多朋友隐瞒了自己全盲的事实，而高考让她打开了心结，接受并认可自己。

心路　从隐瞒眼疾到慢慢打开心结

从小在广州生活、学习的杨晓婷并非先天盲人，直到小学六年级参加学校组织的视力检查时，杨晓婷在用手遮住右眼的瞬间突然发现，自己的左眼看不见了。但年幼的她一直隐瞒着这件事情，遇到磕磕碰碰时也总是努力假装视力正常。直到读初二时，杨晓婷因视力障碍不小心撞到电线杆严重受伤后，委屈的她才终于把自己左眼失明的事实告诉了家人。后经医院检查，杨晓婷被确诊为视网膜色素变性，那一年她才14岁。此后，她的右眼视力也不断下降，到高二时视力已极度微弱。要强的她一直不愿意接受自己即将失明的现实，也不愿意让别人知道自己的眼疾，因此她总是努力地伪装自己是和别人一样的，也会想尽一切办法自己解决因为视力问题带来的困扰。

“高二的时候，我的视力已经很差了，到了夜晚就完全看不到东西，那时候在学校住宿，我上完晚自习回到宿舍洗完澡和衣服后，要去晾衣服时，几乎是看不到晾衣绳的，后来我就想了一个办法，在晾衣架顶端装了一个夹子，依靠这个夹子碰到晾衣绳时会发出声音来判断晾衣绳的位置。”杨晓婷告诉记者，她觉得自己的视力下降后，听力反而灵敏了许多。

不过，从2017年5月起，因为眼疾，杨晓婷只能辍学在家了。但更大的打击让她倍感失望——2018年开始，她双眼全盲了，伤心失落中，杨晓婷把心中高考的梦想连同自己一起封闭了起来，再也不愿走出家门了。

后来，在姐姐和父母的开导下，杨晓婷才逐渐走出家门，并于2018年7月7日至10日参加了为期四天的独立出行活动。也正是在这个活动中，她得知全盲考生可以使用盲文试卷参加普通高考，她于是兴奋地开始学习盲文，下定决心参加2019年的普通高考。

高考备考本身已经十分枯燥，用盲文备考更加考验意志力。杨晓婷说，学习盲文很难很苦，她最初非常不习惯，阅读也十分缓慢。英语本来是她擅长的科目，可到了黑暗的世界，却成了巨大的挑战。“英语26个字母在盲文里需要转换成数字，再从数字翻译成对应的英语单词，阅读效率很低；数学也一样，用盲文演算、画图，实在太难了。”杨晓婷说。

未来　梦想着毕业后能从事教育事业

功夫不负有心人，杨晓婷的坚持和努力，也终于让她圆了大学梦想。据悉，在日前的高考放榜后，杨晓婷的成绩超过了大专线，她经了解后填报了位于家乡普宁的潮汕职业技术学院商务英语专业，如今她如愿被正式录取了。

“就像参加高考一样，我的人生还有很多梦想，要努力去实现！”杨晓婷说。而在谈及未来的发展方向时，杨晓婷称，她希望以后可以从事教育或者培训类的职业，她也会努力在大学期间，做好相关规划，“首先要考取一个教师资格证。”杨晓婷笑着告诉记者。

但对于杨晓婷来说，如何适应大学新的学习生活环境，又是摆在她面前的难题。采访中，杨晓婷告诉记者，这几天她就要赶赴北京，参加一个视障大学生的预科班，这也是为即将开启的大学生涯做好准备。“预科班会开设一些独立出行、学习电脑等方面的课程，旨在让视障学子更快地适应大学生活。”杨晓婷说，她的家人原本是要陪同她一起去北京的，但最后都被她婉拒了，她希望可以独立克服遇到的种种困难。

杨晓婷说，她喜欢向日葵，因为它象征着向往光明、充满热情。在接下来的学习生活中，她还要不断努力，积极乐观面对生活，正如她在朋友圈中写道：“下了一天的大雨，也顺带把我头顶上的那片乌云给冲刷走啦！”

盲文录取通知书正在赶制中

值得一提的是，录取杨晓婷的潮汕职业技术学院方面，目前正在赶制属于杨晓婷的盲文录取通知书。据潮汕职业技术学院副院长李育华介绍，该学院将为杨晓婷制定一套适合她的个性化培养方案，尽最大可能为她提供学习和生活的便利，根据她的兴趣和特长，安排专业学习计划。同时，将免去杨晓婷的学费。近期，该学院也会安排与杨晓婷及其家人会面，一起根据实际情况，再优化为其制定的培养方案，希望能够为这位盲人大学生安上一对“千里眼”，让她真正完成大学学业。

（转载自2019年8月8日《羊城晚报》粤东新闻·社会版报道，记者：赵映光，通讯员：罗凯瀚。配图照片为受访者提供。）

链接：

全盲女孩杨晓婷以自强不息的奋斗精神和坚定的意志追求大学梦实现的感人事迹，经推荐分别参加2019年第四届揭阳市玉德人物和2019年普宁市贤德人物评选，分获“揭阳市玉德人物”“普宁市贤德人物”荣誉称号。

（本刊编辑部补记）

人物表

表 24　　2019 年普宁市委、市人大、市政府、市政协领导班子成员名录

单　位	职　务	姓　名
市委	书记	张时义
	副书记	黄锐亮（2019 年 10 月起）、陈思鹏（2019 年 1 月止）、郑海忠（2019 年 1 月起）
	常委	张时义、黄锐亮（2019 年 10 月起）、陈思鹏（2019 年 1 月止）、郑海忠（2019 年 1 月起）、林晓韩（女，2019 年 12 月止）、陈汉水（2019 年 12 月止）、谢荣标（2019 年 12 月止）、杨燕斌（2019 年 12 月止）、陈焕生、蔡桂君（2019 年 12 月起）、陈少平、钟金鸿（2019 年 12 月起）、孟祥志（挂职，2019 年 3 月止）、黄创明、陈震坤（2019 年 2 月起）、谢婷（女，2019 年 12 月起）、黎汝庆（挂职，2019 年 6 月止）、李灿明（挂职，2019 年 6 月起）
市人大常委会	主任	陈华娜（女）
	副主任	黄逸彬、郑和强、黄维江、温秋亮、刘睿华、林杰丹
市政府	市长	黄锐亮（代市长，2019 年 11 月起）
	副市长	孟祥志（挂职，2019 年 3 月止）、陈少平（2019 年 2 月起，2019 年 12 月止）、陈裕民（2019 年 12 月止）、方锦屏（女，2019 年 2 月止）、陈俊礼（2019 年 12 月止）、陈卫华、钟金鸿（2019 年 12 月起）、陈泓铎（2019 年 11 月起）、魏智勇（2019 年 12 月起）、蔡桂君（2019 年 2 月起，2019 年 12 月止）、熊孟清（挂职，2019 年 6 月止）
市政协	主席	杨镇松
	副主席	张壮友（2019 年 11 月止）、陈阳生、高淑音（女）、陈少林

（市委组织部）

表 25　　2019 年普宁市出席全国、广东省人大会议代表名录

姓名	单位（职务）	当选（确认）代表时间	何级何届代表
佘丹青	普宁市水果蔬菜局党组成员、市果树研究中心主任	2018 年 1 月	十三届全国人大代表
张建明	普宁市梅塘镇大东山村委会村党支部书记、村委主任	2017 年 12 月	十三届省人大代表
陈少生	普宁市统计局副局长	2017 年 12 月	十三届省人大代表
苏华敏	揭阳市华美育才学校校长	2017 年 12 月	十三届省人大代表

续表 25

姓名	单位（职务）	当选（确认）代表时间	何级何届代表
陈淑龙	广东佳隆食品股份有限公司生产车间操作工	2017 年 12 月	十三届省人大代表
陈志宏	揭阳市普侨区人民医院检验师	2017 年 12 月	十三届省人大代表
毕　娜	广东利泰制药股份有限公司生产车间主任	2017 年 12 月	十三届省人大代表

（市人大办）

表 26　　2019 年普宁市市直单位（含驻普单位）主要负责人（党、政正职）名录

单　位	职　务	姓　名	备注（年度内任职变动时间）
市纪委	书记	陈焕生	
市监委	主任	陈焕生	
市委办公室	主任	陈少平	2019 年 3 月止
		陈尊凡	2019 年 3 月起
市委组织部	部长	杨燕斌	2019 年 12 月止
		谢　婷	2019 年 12 月起
市委宣传部	部长	林晓韩	2019 年 12 月止
		蔡桂君	2019 年 12 月起
市委统战部	部长	陈汉水	2019 年 12 月止
市委政法委	书记	谢荣标	2019 年 12 月止
		陈少平	2019 年 12 月起
市委机编办	主任	温伟涛	2019 年 3 月起
市直工委	书记	郑炎新	2019 年 3 月止
		黄海滨	2019 年 3 月起
市委巡察办	主任	陈伟斌	
市政府办公室	党组书记、主任	陈震坤	2019 年 3 月止
		李春光	2019 年 3 月起
市发展和改革局	党组书记、局长	陈尊凡	2019 年 3 月止
		马俊锋	2019 年 3 月起
市教育局	党组书记、局长	李悦双	
市科学技术局	党组书记、局长	陈华生	2019 年 3 月止
		温达华	2019 年 3 月起
市工业和信息化局	党组书记、局长	陈瑞宏	2019 年 3 月起

续表 26

单　位	职　务	姓　名	备注（年度内任职变动时间）
市公安局	党组书记、局长	陈泓铎	2019 年 11 月起
	政委	方明和	
市民政局	党组书记、局长	魏奕楼	2019 年 3 月止
		林文敏	2019 年 3 月起
市司法局	党组书记、局长	黄楚雄	2019 年 3 月止
		赖卓平	2019 年 3 月起
市财政局	党组书记、局长	黄光胜	
市人力资源和社会保障局	党组书记、局长	江少涛	
市自然资源局	党组书记、局长	赖少坤	2019 年 3 月起
市住房和城乡建设局	党组书记、局长	方树良	
市交通运输局	党组书记、局长	张丹青	
市水利局	党组书记、局长	黄楚武	2019 年 3 月起
市农业农村局	党组书记、局长	林雁辉	2019 年 3 月起
市文化广电旅游体育局	党组书记、局长	黄楚雄	2019 年 3 月起
市卫生健康局	党组书记、局长	古新民	2019 年 3 月起
市退役军人事务局	党组书记、局长	黄创峰	2019 年 3 月起
市应急管理局	党组书记、局长	林嘉全	2019 年 3 月起
市审计局	党组书记、局长	许朝霞	
市市场监督管理局	党组书记、局长	周雪亮	
市统计局	党组书记、局长	卢锡宏	
市医疗保障局	党组书记、局长	李灿光	2019 年 3 月起
市城市管理和综合执法局	党组书记、局长	黄伟文	2019 年 3 月起
市信访局	党组书记、局长	黄锐添	
市政务服务数据管理局	党组书记	蔡桂君	2019 年 3 月起
	局长	陈秀虹	2019 年 3 月起
市林业局	党组书记、局长	杨娘德	
市民族宗教事务局	局长	钟建丰	2019 年 3 月起
市人大常委会办公室	主任	陈裕茂	
市人大常委会法制工作室	主任	陈　娴	
市人大常委会选举联络任免室	主任	陈蔓瑛	

续表 26

单　位	职　务	姓　名	备注（年度内任职变动时间）
市政协办公室	主任	陈辉雄	2019 年 3 月止
		陈楚滨	2019 年 3 月起
市政协组织联络室	主任	张芳龙	
市人民法院	党组书记、院长	方丹林	2019 年 4 月止
		林育胜	2019 年 4 月起
市人民检察院	党组书记、检察长	魏伟填	
市总工会	党组书记、主席	王银婵	2019 年 4 月止
	主席	刘睿华	2019 年 4 月起
	党组书记、常务副主席	王银婵	2019 年 4 月起
团市委	党组书记、书记	江静纯	2019 年 3 月止
		陈　敏	2019 年 3 月起
市妇联	党组书记、主席	余艳萍	
市工商联	主席（兼职）	罗辉衡	
	党组书记、常务副主席	陈红瑜	
市侨联	党组书记、主席	许建中	
市文联	主席	李明生	2019 年 3 月止
		陈俊通	2019 年 3 月起
市科协	主席	曾妙玲	
市残联人联合会	理事长	杨建群	2019 年 3 月起
市英歌山工业园	党工委书记	陈震坤	
	副主任（主持管委会全面工作）	郑海涌	2019 年 2 月止
	主任	杨春新	2019 年 3 月起
市委党校	校长	杨燕斌	2019 年 12 月止
	常务副校长	郑致招	2019 年 1 月止
		陈建民	2019 年 3 月起
市委党史研究室	主任	罗汉斌	
市房地产管理局	党组书记、局长	吴小青	2019 年 12 月止
市公路局	党组书记、局长	王础鹏	2019 年 7 月起
市城镇环境卫生管理局	局长	黄伟文	
市政府地方志办公室	主任	郭晓滨	

续表 26

单　位	职　务	姓　名	备注（年度内任职变动时间）
市档案馆	馆长	张选贤	2019 年 3 月起
普宁职业技术学校	校长	林日阳	
市人民医院	院长	陈阳生	
市广播电视台	党组书记、台长	官楚生	2019 年 3 月止
		孙文波	2019 年 3 月起
市供水管理局	党组书记、局长	钟俏和	
市供销合作社联合社	党组书记、主任	韦昭存	
市市场物业管理局	党组书记、局长	江华茂	
市水果蔬菜局	党组书记、局长	陈洪民	
市国有资产管理局	党组书记、局长	黄卓生	
普宁广播电视大学	校长	张木喜	
市科技工业园	党组书记、主任	郑华强	
市商业（集团）公司	副经理（主持全面工作）	黄学强	
市金叶实业有限公司	总经理	翁林生	
市医药总公司	经理	陈镇南	
市建筑工程总公司	经理	黄永星	
市汽车总站	站长	许秋钦	
市物资总公司	副经理（主持全面工作）	庄建生	
市二轻集体企业联社	副主任（主持全面工作）	陈振文	
中国抽纱普宁公司	副经理（主持全面工作）	陈少雄	
广东普宁土产进出口公司	副经理（主持全面工作）	吴旭升	
2019 年机构改革后不再保留单位			
市机编办	主任	温伟涛	2019 年 3 月止
市经济和信息化局	党组书记、局长	马俊锋	2019 年 3 月止
市国土资源局	党组书记、局长	赖少坤	2019 年 3 月止
市水务局	党组书记、局长	黄楚武	2019 年 3 月止
市农业局	党组书记、局长	何文东	2019 年 3 月止
市文化广电新闻出版局	党组书记、局长	赖卓平	2019 年 3 月止
市卫生和计划生育局	党组书记、局长	古新民	2019 年 3 月止
市安全生产监督管理局	党组书记、局长	林嘉全	2019 年 3 月止

续表 26

单　位	职　务	姓　名	备注（年度内任职变动时间）
市城市管理局	党组书记、局长	黄伟文	2019 年 3 月止
市环境保护局	党组书记、局长	杨庆伟	2019 年 3 月止
市外事侨务局	党组书记、局长	黄海滨	2019 年 3 月止
市食品药品监督管理局	党组书记、局长	李灿光	2019 年 3 月止
市综合政务服务管理办公室（政务服务中心）	党组书记、主任	王春良	2019 年 3 月止
市畜牧水产局	党组书记、局长	房仲调	2019 年 3 月止
市档案局（档案馆）	局长	郑泽生	2019 年 3 月止
市体育局	党组书记、局长	陈树忠	2019 年 3 月止
市旅游局	党组书记、局长	孙文波	2019 年 3 月止

表 27　2019 年普宁市乡镇场街道党（工）委，乡镇人民政府、农场、街道办，普侨区党委、管委会主要负责人（党、政正职）名录

单　位	职　务	姓　名	备注（年度内任职变动时间）
流沙东街道	党工委书记	黄创峰	2019 年 3 月止
		陈华生	2019 年 3 月起
	办事处主任	张敏生	2019 年 3 月止
		杨少辉	2019 年 3 月起
流沙西街道	党工委书记	张绍冲	2019 年 3 月止
		张晓彬	2019 年 3 月起
	办事处主任	王义文	2019 年 3 月止
		江静纯	2019 年 3 月起
流沙南街道	党工委书记	陈瑞宏	2019 年 3 月止
		林赛鹏	2019 年 3 月起
	办事处主任	郑启文	
流沙北街道	党工委书记	林锡南	
	办事处主任	张荣生	2019 年 3 月止
		罗荣波	2019 年 3 月起
池尾街道	党工委书记	陈喜鸿	2019 年 3 月止
		陈　铭	2019 年 3 月起
	办事处主任	黄海斌	

续表 27

单 位	职 务	姓 名	备注（年度内任职变动时间）
大南山街道	党工委书记	韦明生	
	办事处主任	黄庆茂	
燎原街道	党工委书记	马汉强	
	办事处主任	黄山青	2019 年 3 月止
		李明生	2019 年 3 月起
梅塘镇	党委书记	陈文生	
	镇长	马楚盛	
里湖镇	党委书记	陈贤清	2019 年 3 月起
	镇长	陈贤清	2019 年 3 月止
		邱海兵	2019 年 4 月起
占陇镇	党委书记	林雁辉	2019 年 3 月止
		陈震坤	2019 年 3 月起
	镇长	周少添	
军埠镇	党委书记	林文敏	2019 年 3 月止
		张绍冲	2019 年 3 月起
	镇长	陈展航	
下架山镇	党委书记	张晓彬	2019 年 3 月止
		郑文勇	2019 年 3 月起
	镇长	郑文勇	2019 年 3 月止
		张荣生	2019 年 4 月起
南径镇	党委书记	王础鹏	2019 年 3 月止
		陈会彬	2019 年 3 月起
	镇长	陈会彬	2019 年 3 月止
		黄海鸿	2019 年 4 月起
麒麟镇	党委书记	陈家国	
	镇长	杨少辉	2019 年 3 月止
		刘晓杰	2019 年 4 月起
洪阳镇	党委书记	叶长青	
	镇长	杨春新	2019 年 3 月止
		黄增勇	2019 年 3 月起

续表 27

单　位	职　务	姓　名	备注（年度内任职变动时间）
南溪镇	党委书记	陈维敏	
	镇长	詹汉龙	
广太镇	党委书记	陈　铠	2019 年 3 月止
		张敏生	2019 年 3 月起
	镇长	陈忠诚	
赤岗镇	党委书记	王粉娟	
	镇长	蓝愈鹏	
大坝镇	党委书记	郑海涌	2019 年 2 月止
		杨春新	2019 年 3 月起
	镇长	陈海雄	2019 年 1 月起
梅林镇	党委书记	房关宝	2019 年 11 月止
		郑浩鹏	2019 年 11 月起
	镇长	郑浩鹏	2019 年 4 月止
		魏永平	2019 年 4 月起
船埔镇	党委书记	杨建群	2019 年 3 月止
		郑浩鹏	2019 年 3 月起，2019 年 11 月止
	镇长	房美创	
大坪镇	党委书记	钟思深	
	镇长	郑碧浩	2019 年 4 月止
		钟俊锋	2019 年 4 月起
后溪乡	党委书记	官雨霖	2019 年 3 月止
		郑碧浩	2019 年 3 月起
	乡长	房海波	
高埔镇	党委书记	温武宗	2019 年 3 月止
		官雨霖	2019 年 3 月起
	镇长	郑立军	
云落镇	党委书记	温达华	2019 年 3 月止
		温武宗	2019 年 3 月起
	镇长	赖基宏	
普侨区	党委书记	马汉强	2019 年 12 月起
	主任	郑瑞存	2019 年 12 月起
大池农场	党委书记、场长	钟良清	

续表 27

单　位	职　务	姓　名	备注（年度内任职变动时间）
大坪农场	党委书记、场长	官锦周	
马鞍山农场	党委书记、场长	黄七星	

（市委组织部）

表 28　2019 年普宁市获得正高技术职称人员分类名录

姓　名	单　位	职称类别	评定时间
李晓辉	普宁市人民医院	普通外科主任医师	2019 年 12 月
彭晓容	普宁市人民医院	放射医学主任医师	2019 年 12 月
蔡卓宏	普宁华侨医院	小儿内科主任医师	2019 年 12 月
许宏俊	普宁华侨医院	普通内科主任医师	2019 年 12 月
谢锐捷	普宁市妇幼保健计划生育服务中心	麻醉学主任医师	2019 年 12 月

（罗凯彬）

荣誉表

表 29　2019 年普宁市“广东省五一劳动奖章（奖状）”获得者（集体）名录

姓　名	评定（颁奖）时间	评定（颁奖）单位	获得荣誉称号
陈阳生（普宁市人民医院院长）	2019 年 4 月	广东省总工会	广东省五一劳动奖章
普宁市永定职业培训学校	2019 年 4 月	广东省总工会	广东省五一劳动奖状

（市总工会）

表 30　2019 年普宁市“中央、国家部级表彰的先进单位（个人）”名录

获奖单位（个人）	评定（颁奖）时间	评定（颁奖）单位	获得荣誉称号
流沙西街道	2019 年 2 月	文化和旅游部	“2018—2020 年度中国民间文化艺术之乡”
广东省普宁市立丰药业有限公司团支部	2019 年 5 月	共青团中央	“全国五四红旗团支部（团总支）”
普宁市	2019 年 7 月	国务院扶贫办、商务部、财政部	“2019 年国家级电子商务进农村综合示范县”
安诺药业	2019 年 11 月	国家知识产权局	“2019 年度国家知识产权优势企业”

（钟桂萍）

表 31

2019 年普宁市“铁山兰花奖”获得者名录

一、海外侨胞、港澳同胞（颁发勋章）

姓　名	旅居地	祖　籍	捐资金额（万元）	主要捐赠项目
陈小丹	中国香港	占陇镇西楼村	1880	奖教奖学、捐建学校
陈　武	中国香港	下架山镇横溪村	300	奖学基金
苏攒洵	孟加拉	南径镇青洋山村	250	青洋山村景观路二期工程
叶喜鸿	中国香港	占陇镇西社双溪村	193	兴修水利、修建路灯、奖教奖学
张乙坤	新西兰	燎原街道泥沟村	100	普宁二中奖教奖学基金
许义良	中国香港	下架山镇新南湖村	100	捐建学校
张浩晖巫丽玲（女）	中国香港	燎原街道泥沟村	60	奖教奖学
陈木和	中国香港	燎原街道光南村	58	奖教奖学、修路灯、捐建公园
陈钦海	中国香港	燎原街道光南村	55	奖教奖学、修路灯、捐建公园
许玉任	中国香港	下架山镇新南湖村	50	捐建学校
翁赛花（女）	新加坡	下架山镇新南湖村	50	捐建学校

（黄卓纯）

二、国内人士（颁发勋章）

姓　名	籍　贯	捐赠金额（万元）	主要捐赠项目
陈慰忠	占陇镇练江村塗寨	180	大坝镇陂乌村自来水供水管网工程
韦标城	大坝镇华东村	280	大坝镇华东中学综合楼及运动场地
温武队	普宁市船埔镇樟树村	100	普宁二中奖教奖学基金
林辉勇	揭阳市惠来县靖海镇资深村	100	普宁二中奖教奖学基金
洪江游	普宁市流沙南街道军屯村	129.61	普宁二中奖教奖学基金
周日贤	普宁市下架山镇葵岭村	69	普宁二中奖教奖学基金
许典雄	普宁市流沙北街道南园村	100	普宁二中奖教奖学基金

（钟东阳）

经济和社会统计资料

2019 年普宁市经济运行情况分析

2019 年，普宁市以习近平新时代中国特色社会主义思想为指导，全面贯彻党的十九大和十九届二中、三中、四中全会精神以及习近平总书记对广东重要讲话和重要指示批示精神，以“不忘初心、牢记使命”主题教育为新起点，落实省委“1+1+9”工作部署和揭阳市委“融湾建带”工作部署，围绕“打造商贸名城、创新之城，建设粤东城市群新城市中心”发展定位，以“一核二园三区”为抓手，统筹做好“六稳”工作，推动经济社会总体实现平稳发展。

全年实现地区生产总值（GDP）629.29 亿元，同比增长 2.8%，三次产业结构由去年 4.5 ∶ 63.2 ∶ 32.3 调整为今年的 6.2 ∶ 37.6 ∶ 56.2。

一、经济运行的基本情况

（一）三次产业

农业产值稳中有升。全年农林牧渔业总产值 58.75 亿元，比上年增长 2.2%。其中：农业产值 43.39 亿元，增长 7.1%；牧业产值 8.39 亿元，下降 25.4%；林业产值 4.22 亿元，增长 10.5%；渔业产值 0.97 亿元，增长 10.1%；农林牧渔服务业产值 1.79 亿元，增长 16.4%。从主要产品来看，谷物产值 3.9 亿元，蔬菜产值 15.5 亿元，水果产值 10.2 亿元，肉猪产值 4.8 亿元，家禽产值 2.5 亿元。

工业经济稳中向好。全年完成工业增加值 214.18 亿元，下降 0.3%，其中，规模以上工业增加值 140.06 亿元，下降 0.9%。从行业上看，规上工业中纺织服装制造业、医药制造业两大主要行业累计完成工业产值 426.8 亿元，占全市规模以上工业产值比重达 62.5%。从产销情况看，全年规模以上工业企业产销衔接良好，累计实现销售产值 817.45 亿元，产销率达 89.0%。

第三产业贡献显著。全年完成第三产业增加值 353.9 亿元，增长 5.1%，成为市经济增长的新引擎，对全市生产总值增长的贡献率为 74.8%，拉动生产总值增长 2.1 个百分点，支撑全市经济增长作用显著。分行业看，批发和零售业、住宿和餐饮业、金融业、房地产业和其他服务业分别增长 4.5%、4.5%、5.0%、5.5% 和 5.8%，5 个行业累计实现增加值 344.19 亿元，占第三产业增加值比重达 97.3%，拉动 GDP 增长 2.2 个百分点。

（二）三大需求

投资需求稳步回升。全年固定资产投资累计完成 291.2 亿元，增长 7.8%。第三产业投资保持活跃，完成投资额 193.1 亿元，增长 28.6%，高于全市固定资产投资增速 20.8 个百分点，其中：房地产投资保持较快增长，完成投资额 60.0 亿元，增长 14.2%。全市在库项目个数（不含房地产）781 个，其中：500—5000 万元项目数 731 个，占总项目数 93.6%，完成投资额 156.1 亿元，增长 2.3%。

消费市场平稳增长。普宁市积极落实国家扩内需，调结构政策，采取推进重点商圈升级改造，巩固提升批发市场、百货商场等传统业态，用心培育信息、文化、健康、旅游等消费新热点新业态等多种措施扩大需求，大力促进消费升级，消费集聚潜力不断提高。全年社会消费品零售总额完成 405.2 亿元，增长 7.0%。从商品销售额看，批发业商品销售额 396.6 亿元，增长 13.6%；零售业商品销售额 289.5 亿元，增长 8.6%；住宿业营业额 6.8 亿元，增长 8.1%；餐饮业营业额 11.4 亿元，增长 12.2%。普宁国际电商城的启动，市电子商务公共服务中心的建成推动普宁电子商务快速发展，2019 年快递业务量累计完成 89923.11 万件，同比增长 48.4%，快递业务收入累计 63.71 亿元，同比增长 47.2%。

利用外资基本稳定。全年新签利用外资合同项目 1 个，实际利用外资 503 万美元，累计合同利用外资

2670万美元，增长49.5%。

（三）三项收入

财税收入平稳增长。全年地方一般公共预算收入21.2亿元，下降10.4%。其中税收收入14.1亿元，下降14.5%，税性收入占一般公共预算收入的比重为66.6%；从主要税种看，增值税下降14.7%，土地增值税和印花税增长拉动最大，对税收收入增长贡献率达21.7%，分别增长34.6%和增长26.4%。

居民收入稳定增加。2019年，根据城乡一体化住户调查，市全体居民人均可支配收入为21980.1元，同比增长7.6%，高于年初预期目标0.6个百分点。其中城镇和农村居民人均可支配收入分别为27139.4元和17244.4元，同比分别增长4.2%和12.7%。

居民储蓄保持稳定。全市住户存款余额达到631.3亿元，比上年增加47.0亿元，同比增长8.1%；户均住户存款达10.89万元，比上年增加0.74万元。

（四）市场价格

2019年，全年居民消费价格指数（CPI）为104.4%，较上年同期提高3.6个百分点，八大类商品（及服务）价格指数呈"六涨二降"。"六涨"分别是食品烟酒上涨11.3%，衣着上涨6.1%，医疗保健上涨3.2%，其他用品和服务上涨1.5%，教育文化和娱乐上涨0.8%，生活用品及服务上涨0.2%；"二降"分别是交通和通信下降2.9%，居住下降0.2%。

（五）要素供给

信贷规模适度增长。年末全市金融机构本外币各项存款余额达到822.7亿元，比年初增长6.3%；各项贷款余额385.5亿元，增长2.9%。金融机构存贷比为46.9%，仍处于低位运行。

民生支出稳步增长。全年实现地方一般公共预算支出93.2亿元，同比增长14.7%，比去年同期提高14.1个百分点，财政支出有力保障民生支出，其中：教育、医疗卫生等八项支出合计80.4亿元，同比增长14.1%，比去年同期提高11.9个百分点，占一般公共预算支出86.3%，略低于去年同期0.4个百分点，财政支出合理调控。

二、经济运行中存在的问题

（一）工业增速严重受阻。一是高新企业较少，低端产业较多。全市规模以上工业企业高新技术企业，占比仅8.4%，创新能力薄弱，导致新产品开发力度小，产品附加值低，工业企业大而不优，大而不强直接影响工业经济质量和发展后劲。二是规模工业企业同比增幅缩减。龙头企业增长势头锐减，拖累规上工业增速。三是部分企业处于关停产状态。全市规模以上工业企业关停产企业占总个数的30.3%，经济载体减少明显。

（二）固定资产投资增长乏力。与2018年同期比增速回落3.2个百分点。一是大项目少小项目多的局面不断加剧。亿元项目数仅占全部项目的4.5%。二是三次产业投资结构不尽合理。三次产业完成投资分别比上年同期增长-49.6%、-17.2%和28.2%，第一第二产业投资增速明显低于第三产业，占投资总额比重33.2%的第二产业增速下降幅度较大。

（三）限上商业亟待转型升级。2019年，限上商业销售额（营业额）完成不及预期，限上商业企业经营模式亟待转型升级，以满足市场日新月异的消费新变化新需求。限上商业缺少新零售新业态新商业模式企业，传统的限上商业模式企业不足以反映市真实的商业经济和高质量发展状况。

（四）农业经济规模化欠缺。受环保综合整治及猪瘟影响，牧业生产严重受挫，全年完成牧业增加值同比下降25.4%，从侧面反映市牧业养殖规模户较少，散养户居多，急切需要培育规模化养殖户以对抗各种政策性、灾害性等不确定性因素的冲击。

三、下一步工作措施及建议

虽然目前经济下行压力加大，我们更要坚持稳字当头，积极进取，进一步抢抓粤港澳大湾区和先进示范区建设机遇，围绕"五位一体"总体布局和"四个全面"战略布局，紧扣全面建成小康社会目标任务，全力做好各项工作。

（一）产业提质增效要加快。加大产业转型提质力度，发挥主导行业支撑作用。一方面着力提升传统产业发展优势，围绕医药、纺织服装两大支柱产业，盘活生产潜力，延伸产业链条，提升产业层次，打造有影响力的产业集群；一方面是增强重点企业生产活力，提升主导产业支撑水平。加强生产调度和数据监测预警分析，充分发挥重点骨干企业对工业增长的强大引擎作用；一方面重点扶持农业产业化龙头企业，提高市特色农业主导产业和支柱产品，发展培育规模养殖户种植户，壮大全市农业农村经济规模。充分发挥园区集聚效益，让大项目大企业尽快投产构成新的增长力。要采取一系列有利于加快园区发展的政策措施，使园区成为项目落地的集聚区、经济发展的核心区、产业转移的承载区，高新技术的先导区，为全市经济发展带给新的支撑和发展动力。继续强化"四上"企业新增培育工作。充分挖潜培育“四上”储备企业，重点挖掘大型“互联网+”新商业模式企业等服务业企业，提高第三产业的发展潜力。

（二）投资增长后劲要狠抓。抓重大项目的引进和开工。目前由于市5000万元以上重大项目个数较少，对全部投资增长的主导作用下降，投资拉动力不足。下阶段务必加大招商引资力度，抢抓政策机遇，用心筹措资金，力促投资项目特别是重大项目的引进和开工建设。加强部门协作，积极申报大项目，好项目。各部门应尽快全面进行重大项目的申报入库，确保投资总量平稳增长。

（三）做好预警监测工作。全市各有关预警单位要对标对表，落实责任，紧紧围绕市委、市政府2020年经济社会发展预期目标和“五本台账”内容，结合统计工作实际，坚持“事前计划推‘入库’、事中监测促进度、事后分析补短板”原则，加强日常统计预警监测工作，确保及时掌握全市经济运行和“五本台账”进展情况，实实在在推动全市企业和项目取得实质性进展，为市委、市政府决策部署提供强有力统计保障和服务。

表32　　2019年普宁国民经济主要指标快报

指　标	计量单位	2019年	同比增长（%）
一、人口情况（含普侨区）			
年末常住人口	万人	212.32	0.2
年末户籍总人口	人	2483109	—
#城镇人口	人	1110098	—
人口出生率	‰	8.2	—
人口死亡率	‰	3.8	—
人口自然增长率	‰	4.4	—
城镇化率	%	47.9	0.05
二、综合（含普侨区）			
地区生产总值	万元	6292889	2.8
第一产业	万元	389938	3.5
第二产业	万元	2363928	0.1
#工　业	万元	2141838	−0.3
建筑业	万元	222421	6.8
第三产业	万元	3539023	5.1
三次产业比重	%	6.2 ∶ 37.6 ∶ 56.2	
人均地区生产总值	元	29674	2.6
注：户籍人口统计口径不一致，与往年不可比。			
三、农业			
（一）农林牧渔业总产值	万元	587523	2.2

续表 32

指　标	计量单位	2019 年	同比增长（%）
# 农业产值	万元	433942	7.1
林业产值	万元	42167	10.5
牧业产值	万元	83857	−25.4
渔业产值	万元	9681	10.1
农林牧渔专业及辅助性活动产值	万元	17875	16.4
（二）主要农产品产量			
稻谷产量	吨	129493	2.1
薯类产量	吨	313060	2.4
蔬菜（含菜用瓜）产量	吨	399353	7.6
茶叶产量	吨	1909	33.5
园林水果总产量	吨	226743	23.7
生猪年末存栏	头	133792	9.2
牛年末存栏	头	13414	−10.9
家禽年末存栏	只	866165	6.2
生猪出栏头数	头	212500	−36.1
牛出栏头数	头	5805	−11.1
家禽出栏头数	只	5111865	6.3
肉类总产量	吨	26304	−25.1
# 猪肉产量	吨	16600	−35.2
家禽肉产量	吨	7971	5.3
水产品产量	吨	8843	0.3
四、工业			
全部工业总产值	万元	9020364	0.7
规模以上工业增加值	万元	1400649	−0.9
# 先进制造业	万元	669567	−18.7
高技术制造业	万元	461528	−36.6
规模以上工业总产值	万元	6828676	−1.0
# 纺织服装制造业	万元	2251424	14.0

续表 32

指　标	计量单位	2019 年	同比增长（%）
医药制造业	万元	2016073	-37.4
五、国内贸易（含普侨区）			
社会消费品零售总额	万元	4051515	7.0
批发零售业销售额	万元	6860270	11.4
住宿餐饮业营业额	万元	178954	10.6
六、财政			
一般公共预算收入	万元	211869	-10.4
# 税收收入	万元	141157	-14.5
非税收入	万元	70712	-1.1
一般公共预算支出	万元	932043	14.7
# 八项支出合计	万元	803913	14.1
七、金融业		12 月末余额	比年初 ±%
金融机构本外币各项存款余额	万元	8227085	6.3
境内存款	万元	8202084	6.3
# 住户存款	万元	6312926	8.1
境外存款	万元	25001	14.2
金融机构本外币各项贷款余额	万元	3854570	2.9
境内贷款	万元	3850637	2.9
# 住户贷款	万元	1635468	18.3
境外贷款	万元	3932	21.3
八、对外经济			
新签利用外资合同项目	宗	1	-99.0
合同利用外资额	万美元	2670	49.5
实际利用外资额	万美元	503	-16.3
外贸进出口总额	亿元		
# 出口总额	亿元		
进口总额	亿元		

续表 32

指　标	计量单位	2019 年	同比增长（%）
九、投资、房地产			
固定资产投资额	万元	2907947	8.3
# 项目投资	万元	2308350	6.9
房地产开发	万元	599597	14.2
民间投资	万元	1824008	1.8
基础设施投资	万元	1300264	59.5
第三产业投资	万元	1931199	28.6
工业技术改造投资	万元	559287	−7.5
房屋施工面积	平方米	3434612	27.2
商品房屋销售面积	平方米	893862	−3.9
十、城乡居民人均可支配收入	元	21980	7.6
城镇居民人均可支配收入	元	27139	4.2
农村居民人均可支配收入	元	17244	12.7
十一、运输业			
货物周转量	亿吨公里	17.6	8.9
客运周转量	亿人公里	9.4	7.5
公路运输周转量	亿吨公里	18.5	8.8
十二、邮电业			
邮政业务总量	万元	19812	79.1
电信业务总量	万元	113964	5.0
快递业务量	万件	89923	48.4
快递业务收入	亿元	63.71	47.2
十三、物价指数		12 月环比	1– 本月止累计比
居民消费价格总指数	%	99.4	104.4
食品烟酒	%	97.7	111.3
衣着	%	100.4	106.1
居住	%	102.0	99.8

续表 32

指　标	计量单位	2019 年	同比增长（%）
生活用品及服务	%	100.0	100.2
交通和通信	%	100.2	97.1
教育文化和娱乐	%	99.8	100.8
医疗保健	%	99.9	103.2
其他用品和服务	%	100.2	101.5
十四、教育业			
各级学校所数	所	935	4.8
各级学校在校学生数	人	479347	4.5
各级学校教职工数	人	34895	−0.6
各级学校专任教师数	人	27361	2.1
高中等院校录取数	人	43615	4.3
十五、旅游业			
旅游总收入	万元	773403	6.5
城市旅游接待总人数	人次	12645139	6.5
国际游客	人次	130027	1.0
国内游客	人次	12515112	6.6

2019 年普宁市及各地规模以上工业总产值和固定资产投资额完成情况表

表 33

单位名称	规模以上工业总产值（亿元）		固定资产投资额（万元）		
	2019 年	同比增长（%）	全年计划	2019 年	完成全年 ±%
普宁市	682.85	0.6	3019500	2907947	96.3
流沙东街道	49.64	1.8	290000	175348	60.5
流沙南街道	70.39	46.6	156500	192307	122.9
流沙西街道	4.03	65.8	72300	60895	84.2
流沙北街道	7.47	139.2	96000	91545	95.4
池尾街道	61.55	52.8	285000	277672	97.4
燎原街道	2.69	21.9	49000	42622	87.0

续表 33

单位名称	规模以上工业总产值（亿元）		固定资产投资额（万元）		
	2019 年	同比增长（%）	全年计划	2019 年	完成全年 ±%
大南山街道	15.38	18.5	33000	62774	190.2
赤岗镇	7.51	74.7	50000	29956	59.9
大坝镇	10.52	46.8	101000	102631	101.6
洪阳镇	13.51	61.3	133000	133285	100.2
南溪镇	3.21	−5.0	65000	69467	106.9
广太镇	2.67	30.8	40000	40967	102.4
麒麟镇	6.42	20.0	50000	43913	87.8
南径镇	7.62	45.5	54500	45878	84.2
占陇镇	133.15	59.5	320000	320194	100.1
军埠镇	12.18	−2.8	253000	262633	103.8
下架山镇	12.49	22.3	165000	47133	28.6
高埔镇	15.31	21.1	13500	13721	101.6
云落镇	10.48	−22.8	70000	80634	115.2
大坪镇	7.59	−19.3	18000	15350	85.3
船埔镇	0.30	−88.0	19000	18019	94.8
梅林镇	4.87	30.3	29000	21943	75.7
里湖镇	27.80	33.2	100000	87101	87.1
梅塘镇	12.48	−37.5	112000	94790	84.6
后溪乡	1.35	52.6	3000	3721	124.0
大池农场	—	—	2700	0	0
马鞍山农场	3.14	22.4	7000	13314	190.2
大坪农场	—	—	4500	0	0
科技工业园	2.29	−21.9	25700	0	0
英歌山工业园	6.43	23.6	96100	14243	14.8
市直	170.38	−40.1	—	—	—
其他项目	—	—	305700	545891	174.5

（市统计局）

文 献 专 载

市委十三届九次全会报告

（2020 年 6 月 18 日）

中共普宁市委书记　符　贤

一、回顾去年工作，发展稳中有进

过去一年，我们在揭阳市委的坚强领导下，坚持以习近平新时代中国特色社会主义思想为指导，深入贯彻落实习近平总书记对广东重要讲话和重要指示批示精神，认真落实省委“1+1+9”工作部署和揭阳市委“融湾建带”总体思路，紧密结合“不忘初心、牢记使命”主题教育，坚持稳中求进工作总基调，坚持新发展理念，坚持高质量发展要求，科学应对改革发展稳定各种挑战，推动全市各项事业取得新进展，在建设“商贸名城、创新之城”征程上迈出坚实步伐。全年实现地区生产总值 629.3 亿元，比上年同期增长 2.8%。

（一）持续学懂弄通做实，始终以习近平新时代中国特色社会主义思想统一思想、凝聚力量、引领发展。坚持以学习贯彻习近平新时代中国特色社会主义思想为主线，严格落实第一议题制度，及时跟进学习贯彻习近平总书记最新重要讲话精神，进一步增强“四个意识”，坚定“四个自信”，坚决做到“两个维护”。认真落实“大学习、深调研、真落实”工作，举办 14 期市管干部、38 期基层党组织书记专题培训班。“不忘初心、牢记使命”主题教育取得扎实成效，开展“四个教育”3274 场次、主题党日 4220 场次，大力推动“8+2”专项整治，为群众办好事实事 2.2 万件。

（二）党的领导和党的建设全面加强。高质量完成党政机构改革工作，构建了优化协同高效的党政机构职能体系。实施加强基层组织建设三年行动计划和“提升组织力 30 条”，规范提升 568 个村（社区）党群服务中心，推动 27 个软弱涣散村（社区）党组织提档升级，建立 12 个党员教育基地和 28 个“党建灯塔工程”，打造 4 个党建示范镇和 72 个党建示范村。深入开展省城市基层党建示范市创建工作，上市公司全部单独组建党组织。持之以恒正风肃纪反腐，问责形式主义、官僚主义以及“为官不为”216 人，查处违反中央八项规定精神问题 37 个、处理 63 人次，全市立案 578 件 578 人，为国家和集体挽回经济损失 1.24 亿元。严格落实省委巡视及揭阳市委驻镇巡村专项巡察整改工作，完成 4 轮常规巡察和 1 轮村级专项巡察，巡察镇街 7 个、市直单位 15 个、村居 123 个。

（三）高质量发展不断推进。不折不扣落实各项减税降费政策，全年预计新增减免税费规模超 7 亿元，新增各类市场主体 1.4 万户，“四上”企业 78 家。创新创业能力进一步提升，认定国家高新技术企业 11 家，评价国家科技型中小企业 16 家，认定省高新技术产品 75 个，新增市级工程中心 14 家。纺织印染环保综合处理中心实现全流程投产运营。广东普宁市产业转移工业园区（英歌山工业园）起步区 120 公顷征地任务全面完成，鼎孚新材料、爱迪医疗等重点项目落地建设。商贸流通持续活跃，服装城、中药材市场、星河 COCO City 等大型商贸市场销售额达 157 亿元；全市电子商务交易额达 507.7 亿、增长 9.5%，快递业务量达 8.99 亿件、增长 48.4%，获得“全国电子商务进农村综合示范县”等称号。现代农业扎实推进，成功列入全国农村一、二、三产业融合发展先导区创建名单，现代农业产业园正式纳入省级现代农业产业园名单。

（四）城市中心建设提质增效。互联互通交通格局进一步形成，配合推进揭惠、汕湛、陆惠高速公路建设，揭惠高速公路麒麟站出入口正式开通；汽车总站新建工程有序推进，国道324线、国道238线、省道228线、省道255线等重点路段加快改造升级，县道石云线、乡道船水线等“四好农村路”统筹推进，燎原东路等市政道路逐步完善。城市管理力度持续加大，国土空间总体规划编制全面启动，“多规合一”加快推进，行政村村庄规划覆盖率达到100%；严肃控停拆除在建违法建设，治理违法建设32.3万平方米；做好土地征收储备，计划征收储备土地28宗、253.26公顷；文明城市创建工作扎实推进，普宁市融媒体中心开始运营，全覆盖建设新时代文明实践中心（所、站），成功举办庆祝中华人民共和国成立70周年系列文化活动、梅花旅游文化节、第六届运动会。乡村振兴取得实效，深入推进“百村示范、千村整治”工程，1236个自然村“三清理三拆除三整治”全面铺开。

（五）三大攻坚战取得关键进展。坚决打好污染防治攻坚战，练江流域9座污水处理厂全部建成通水，完成配套截污主管网建设，农村雨污分流加快推进；生活垃圾环保处理中心一期实现满负荷试运行，二期建设前期工作基本完成；练江水质显著提升，成功承办揭阳市首届“贤德揭阳”端午龙舟竞赛决赛活动。尽锐出战打好脱贫攻坚战，全面实现“两不愁三保障”，99.9%贫困人口实现脱贫“摘帽”，顺利完成16个省定贫困村出列任务、505个相对贫困村脱贫达到出列标准。牢牢守住不发生系统性区域性金融风险底线，积极稳妥处置上市企业风险，有序推进地方金融机构化解潜在风险。

（六）社会治理水平和民生保障水平持续提升。圆满完成中华人民共和国成立70周年和澳门回归20周年等重大安保维稳工作，实现“五个坚决防止”工作目标。推动一批信访积案化解，信访总量同比下降10.3%。深入开展扫黑除恶专项斗争，“‘村霸’等黑恶势力问题挂牌整治地区”如期摘帽。严厉打击盗抢骗、涉黄赌毒、涉环境污染等突出违法犯罪活动，全面构筑社会治安防控体系安全网。大力加强安全监管，深入开展安全生产、消防安全、道路交通安全隐患排查整治行动，全市生产安全事故下降9.84%。通过“广东省推进教育现代化先进市”督导验收，完成321所义务教育薄弱学校“全面改薄”任务，特色教育深入开展。持续发展医疗卫生事业，人民医院、中医医院等公立医院持续升级建设，洪阳、占陇中心卫生院成功开业，乡镇卫生院标准化建设、村卫生站规范化建设全面推进，3个以三甲医院为牵头单位的紧密型医联体运营良好，成功创建“省级慢性病综合防控示范区”。

一年来，市委坚持总揽全局、协调各方。坚持加强和改善党委对人大、政协工作的领导，积极支持人大、政协依法依章履职。爱国统一战线不断巩固壮大，工会、共青团、妇联等群团组织作用进一步发挥，市总工会、团市委、市妇联、市科协、市侨联、市残联等顺利完成换届选举。召开市委议军会议，党管武装、国防动员和后备力量建设等得到全面加强。

今年春节以来，面对突如其来的新冠肺炎疫情，全市上下在以习近平同志为核心的党中央坚强领导下，认真按照中央、省委和揭阳市委决策部署，坚决贯彻“坚定信心、同舟共济、科学救治、精准施策”总要求，全党动员、全民参与、全力以赴，落细落小落实各项防控措施，统筹推进疫情防控和经济社会发展，做到“两手抓、两不误、两促进”，推动疫情防控和经济社会发展取得阶段性成效。

二、把握大局大势，凝聚改革发展强大动力

新冠肺炎疫情不可避免对经济社会造成冲击，但总体来看，疫情的影响是短期的，也是可控的，随着疫情防控形势持续向好，经济社会运行将加快恢复。当前，普宁正面临转型升级的关键阶段。这个阶段，我们拥有难得的发展机遇。省委明确提出要“充分释放大湾区、先行示范区‘双区驱动效应’”“推动形成以珠三角核心区为主动力源、沿海经济带为主动力轴，辐射带动北部生态发展区的动力传导机制”，揭阳市委明确提出要“构建‘三中心一示范区’，推动全市全域‘融湾建带’”。“双区”驱动、“湾带”共振、“新城市中心”赋能所带来的政策红利、产业分工、资源要素等，必将增强普宁发展新动力。这个阶段，我们也面临很多困难挑战。跳出普宁来看，作为揭阳市新城市中心之一，我们不可有基础条件较好的优越感，但必须有被超越的紧迫感，甚至被边缘化的危机感。揭阳中心城区随着榕江新城的开发，空铁港一体化的形成，集聚功能将进一步增强；惠来县随着“一城两园”的开发建设，必将形成新的吸附作用。普宁唯有急起直追，谋划重大基础设施的互联互通，重塑城市架构，重新布局城市空间和产业载体，才能焕发新的生命力，才能把劣势转化为新一轮发展优势。

立足普宁来看，从金融风险背后的企业经营不规范问题，可以看出普宁资本运营“脱实向虚”“赚快钱”思想盛行，扎根实业不足，“以工立市、以商兴市”的思想基础不牢固，导致经营变形、工作变形、引导变形。普宁唯有沉下性子，牢固树立“以工立市、以商兴市”的思想和工作导向，进一步把实业做实、把商贸做活，才能使普宁的发展之路又稳又实，增强发展后劲。

面对机遇挑战，我们必须保持清醒头脑，正视短板、直面问题。一是经济基础薄弱问题仍然突出。经济下行压力持续加大，距离构建高质量现代化经济体系差距仍然很大，特别是今年以来，受疫情影响，全市工业生产、消费、投资等多项指标降幅较大，对经济基础造成了一定的冲击。二是发展支撑远远不足。可用于配置的资源不多，发展受到限制；产业支撑后劲不足，支柱产业大而不优、大而不强，新兴产业发展缺乏基础，现有产业对进一步发展支撑乏力；商贸流通、新业态新模式发展程度不高，电子商务、现代物流业、现代服务业发展无论规模和品质都有待进一步提升。发展空间依然受限，交通设施基础薄弱、拓展延伸瓶颈制约明显，城市空间拉开不够，无法满足新经济新产业发展的新需求新格局；城市发展支撑“先天不足”，水资源紧缺迫在眉睫等问题仍未得到根本性解决。三是政府引领发展、驾驭市场能力有待进一步提升。城区“脏乱差”问题突出，违建行为屡禁不止，练江综合整治仍然任重道远，社会民生补短板杯水车薪，社会治理压力有增无减，各领域风险隐患难以预测，各种社会乱象不同程度存在，局部事件、舆情事件多发易发，各级各部门疲于应对，长期发展谋划不足，市场规范力度不大等。四是部分干部思想能力作风还未能适应新时代要求。一些干部不同程度存在形式主义、官僚主义，表现为有的得过且过、推诿扯皮，习惯打“太极”、混日子；有的表态多、调门高，行动少、落实差，开口要官；有的门好进、话好说，不拿好处不办事，拿了好处乱办事，当“两面人”；有的避重就轻，有好处抢着干、有问题绕道走，装腔作势；有的明目张胆、为所欲为、自以为是；有的挖空心思找门路、托关系，心思不在工作上。一些干部斗争意识不强，担当精神不够，对问题不敢协调、不敢拍板、不敢解决；一些干部能力恐慌，距离系统化、专业化、精准化的要求有较大差距；个别干部不讲政治、不守规矩，违纪违法现象时有发生。

面对机遇挑战，我们必须推进治理体系和治理能力现代化，从强化政府引领入手，规范市场行为，拓展发展空间。一要统筹推进疫情防控和经济社会发展。落实常态化防控措施，进一步完善和加强防控工作措施，巩固疫情持续向好形势。坚持疫情防控与经济社会发展“双线作战”，把基础设施及民生配套投资项目台账、工业技改投资项目台账、房地产监管项目台账、土地整备供应台账、综合管理预算台账5本台账作为行动指南和工作抓手，坚定不移推进复产达效，加快产业发展，增加项目投资，促进消费潜力释放，稳住外贸基本盘，力争把疫情耽误的时间抢回来，把疫情造成的损失补回来，确保经济社会持续健康发展。二要强化规划引领作用。紧紧抓住编制国土空间规划和“十四五”规划的窗口期，把普宁放到揭阳市“三中心一示范区”的体系中，科学谋划好未来发展布局，推进“多规合一”，实现以规划规范城市空间、引导产业布局、引领经济社会发展。不折不扣强化规划刚性执行，严格落实控规单元管理，遵循“单元整备、地块开发”原则，实行土地统一规划、统一征收、统一报批、统一供给、统一建设，使全市土地的开发利用都纳入规划的管控之中。三要以基础设施建设带动重构城市框架。在系统谋划推进疏港铁路、北二环延长线建设工程、占陇至麒麟高速公路连接线新建工程、省道237线普宁赤岗至麒麟段改建工程、国道238线普宁益岭至惠来交界段改建工程、揭普惠城市快速通道、水资源优化配置工程等重大基础设施建设的基础上，立足揭阳市“三中心一示范区”大格局，围绕城市化工业化这个核心，拉开城市框架，重塑城市空间，牢牢掌控发展资源，联动揭阳粤东新城、揭阳中心城区发展，久久为功把普宁建成屹立于粤东城市群的新城市中心。四要推动思想能力作风进入新时代。普宁干部在工作历练中，表现出很好的素质。进入新时代，思想能力作风也要紧跟上新时代。要注重从跟随式、应急式的工作模式转变到引领式、担当式的工作模式，更好发挥政府在规划管控中、在资源配置中的关键作用，坚决防止规划变形走样，坚决防止按市场按主体随意变更；更好发挥政府规范管理的带头作用，既要以最优的方式服务市场主体，也要以最严的手段管理市场主体，以制度的刚性要求规范行为，在制度的轨道上推进发展，更好规范、加强和平衡政府、市场、市场主体的行为和关系，彻底解决“弱”和“乱”的问题，提高政府有序有力有效引领发展、驾驭市场、聚焦要素的能力。要着力提高干部分析问题、解决问题的能力，在破解难题推动落实的过程中多给党员干部出题目、交任务、压担子，多激励党员干部敢担当、善作为、重实干，着力增强党员干部“八种本领”，打造忠诚干净担当高素质干部队伍，为事业发展注入源源不断的动力。

三、聚焦重点任务，决战决胜全面建成小康社会

今年是全面建成小康社会和“十三五”规划收官之年，也是练江综合整治和文明创建“迎考”之年，更是普宁振兴发展的关键之年，做好全年工作至关重要。

今年全市工作的总体要求是：高举习近平新时代中国特色社会主义思想伟大旗帜，全面贯彻党的十九大和十九届二中、三中、四中全会以及中央经济工作会议精神，深入贯彻落实习近平总书记对广东重要讲话和重要指示批示精神，认真贯彻落实省委十二届八次、九次全会和揭阳市委六届七次、八次全会精神，紧紧围绕全面建成小康社会的目标任务，坚持稳中求进工作总基调，坚持新发展理念引领高质量发展，坚持以供给侧结构性改革为主线，深入落实省委“1+1+9”工作部署和揭阳市委“融湾建带”总体思路，立足“商贸名城、创新之城”定位，统筹推进新冠肺炎疫情防控和经济社会发展，扎实做好“六稳”工作，精准落实“六保”任务，全面打好打赢三大攻坚战，坚决夺取疫情防控和经济社会发展“双胜利”，确保全面建成小康社会和“十三五”规划圆满收官。重点聚焦以下几方面工作。

（一）坚持党建引领，着力强化全面建成小康社会政治保证。决胜全面建成小康社会，必须坚定不移加强党的领导和党的建设，激发全市广大党员干部在新时代新担当新作为。要认真落实新时代党的建设总要求，推进全面从严治党、依规治党，更好地守初心担使命，把全市各级党组织锻造得更加坚强有力。

一是持续强化政治建设。要抓实理论武装，持续深入学习习近平新时代中国特色社会主义思想和习近平总书记重要讲话精神，更好地运用党的创新理论武装头脑、指导实践、推动工作。要完善办好政治要件推动习近平总书记重要指示批示精神落地落实工作机制，坚决执行重大事项请示报告制度，增强“四个意识”，坚定“四个自信”，做到“两个维护”。要建立健全“不忘初心、牢记使命”主题教育长效机制，推动制度刚性执行，聚焦“8+2”专项整治，切实抓好问题整改，不断巩固拓展主题教育成果。要认真执行新形势下党内政治生活若干准则，不断加强和规范党内政治生活，推动党员干部自觉接受党内生活锻炼。

二是坚决维护意识形态安全。要全面压实意识形态工作责任制，完善监督管理体制和阵地建设，牢牢掌握意识形态工作的领导权、主动权、话语权，保证意识形态绝对安全。要打好意识形态领域主动战，紧扣全面建成小康社会加强正面宣传，增强主流媒体的影响力号召力，形成强大的正面宣传声势，巩固党和人民团结奋斗的共同思想基础。要健全网络综合治理体系，加强网络舆情监测，落实网络舆情处置制度和机制，提高网络舆情应对处置水平，打好网络意识形态攻坚战。

三是全面加强基层党组织建设。要全力打好基层党建三年行动计划收官战，深入落实“提升组织力30条”，实施农村基层党建“整镇推进、整县提升”创建行动，深化党建示范镇村创建工作，着力补短板、强弱项、提质量，推动农村基层党组织全面进步全面过硬。要扎实谋划2021年村级换届选举工作，开展“四集中四清理”专项行动，提前分析研判村（社区）“两委”班子，坚持依法依规、稳中求进、先易后难、分类施策，集中攻坚“三个一肩挑”，提前谋划做好党员干部培养和储备工作，深入实施“头雁工程”，为村级换届选举工作打好基础。要持续整顿软弱涣散基层党组织，深入推进城市基层党建示范市创建工作，加强“两新”组织党建工作，建立城市基层党建联席会议制度，构建“四共四力”机制，推动街道社区党组织和市直单位、驻地单位党建互联互动。要完善基层基础保障，推动更多资源、服务、管理下沉到基层，完善党群服务中心建设，提升服务群众能力水平。

四是努力锻造过硬干部队伍。要树立正确选人用人导向，突出政治标准选人用人，围绕发展选干部，用成绩说话，凭实绩用人，打造一支有激情、在状态、敢担当、善作为的干部队伍。要坚持成系统成版块开展干部队伍调研和分析研判，在脱贫攻坚、练江治理、社会综合治理、违法建设整治一线考察识别领导班子和领导干部，加大发现培养选拔优秀年轻干部力度，激励领导干部积极担当作为。要健全澄清保护和容错纠错机制，坚持“三个区分开来”，旗帜鲜明保护和支持鼓励敢抓敢管、真抓实干、勇于担当、善作善成的干部，为敢于担当的干部担当，为敢于负责的干部负责。

五是驰而不息正风肃纪反腐。要健全完善监督体系，充分发挥监察体制改革的制度优势和治理效能，推动监督常态化、全覆盖、高质量。要坚持不懈地抓好党风廉政建设，持续巩固拓展落实中央八项规定精神成果，深化整治形式主义、官僚主义，深挖细查隐形变异的享乐主义和奢靡之风，让“四风”无所遁形。要发挥巡视巡察利剑作用，持续抓好中央、省委巡视和揭阳市委巡察整改落实，推动本级巡察全覆盖，从根本上解决影响基层改革发展稳定的突出问题。要保持惩治腐败高压态势，一体推进不敢腐、不能腐、不想腐，坚决查处领导干部违纪违法案件，从严整治侵害群众利益的不正之风和腐败问题，深挖细查涉黑涉恶腐败和“保护伞”案件，切实减存量、遏增量，不断巩固发展反腐败斗争压倒性胜利。

（二）坚持“融湾建带”，着力推动高质量发展。要牢牢把握“双区驱动效应”，抢抓省构建“一核一带一区”区域协调发展新格局和揭阳市“融湾建带”的重大历史机遇，围绕目标定位，发挥独特优势，走好走实普宁高质量发展之路。

一是大力推动制造业转型升级。要坚持创新驱动发展，充分利用高新技术和先进适用技术改造提升医药、纺织服装两大传统支柱产业，推动传统制造业转型升级，以制造业支撑商贸发展。要着力培育医药领域品牌产品和知名企业，实现医药产业品牌高端化，促使产业全面升级、产业链延伸；推动服装产业融合快时尚元素，实现从设计到成品的全产业链提升，逐步形成个性化设计、个性化智能制造。善用大湾区反向配套和高端产业延伸作用，大力发展医疗器械、生物医药、智能制造、电子信息等新兴产业。

二是大力发展现代服务业。要聚焦提高现代服务业比重，鼓励各类资本投资生产性服务业和生活性服务业，依靠市场机制和现代科技创新推动现代服务业发展。要大力引进大湾区管理经验和优质服务，依托揭阳滨海新区发展需要，推动金融服务、科技服务、大宗商品交易、节能环保等生产性服务业向专业化和价值链高端延伸，助推文化创意、旅游休闲、健康养生等生活性服务业向高品质和多样化升级。要推进电子商务和现代物流融合发展，进一步培育壮大电商主体，加快构建现代物流配送体系，抢占电商领域运营制高点。

三是全面落实企业发展扶持政策。要树立过“紧日子”思想，坚决压缩一般性支出，以政府“紧日子”换企业“好日子”。要不折不扣落实好国家减税降费政策，严格依法依规抓收入，全力保障财政正常运转和收支平衡。要加大民营经济支持力度，持续深入开展“暖企”行动，落实帮助企业复工复产工作措施，充分利用财政、税收、金融等政策，强化土地、资金、人才等要素保障与供给，支持企业实施新一轮技术改造，支持企业建立研发机构，加大企业中长期信贷支持力度，切实解决制造业企业融资难融资贵融资慢问题。

（三）坚持紧扣“一核二园三区”，着力建设新城市中心。明确以产业为支撑的商贸名城定位，按照城市化工业化的要求，推动“一核二园三区”联动发展、协调发展，形成产城融合、产贸融合发展格局，建设新城市中心。

一是全面铺开基础设施建设。要大力对接揭阳疏港铁路、粤东城际轨道、陆惠高速规划建设，支持服务汕湛高速建设，优化高速出入口连接线，提升交通格局。加快建设北二环延长线建设工程、占陇至麒麟高速公路连接线新建工程、省道237线普宁赤岗至麒麟段改建工程、国道238线普宁益岭至惠来交界段改建工程、揭普惠快速通道等道路工程，构建普宁与揭阳中心城区、惠来的快速通道。全面铺开市政道路建设，加快完善生活性道路“九纵五横”、交通性道路“三纵三横”的交通网络，加快“四好农村路”建设，助力各个功能区高效联动发展。配合推进“三江连通”工程建设，积极推进水资源优化配置工程建设，加快普宁北部中心水厂工程建设，奋力优化保障城市饮用水需求。

二是重构城市框架。要充分发挥规划引领作用，利用疏港铁路设站普宁、揭普惠快速通道等重大基础设施规划建设契机，围绕“一核二园三区”，突出产城融合、产贸融合、“中心镇+园区”以及组团式发展，加快构建“东进、北拓、南联、西优、中调”城市发展框架。东进，即加快市区向东部片区推进，立足城市副中心定位，以北二环延长线为轴，以占陇镇为依托，规划建设东部创新城，联动纺织印染环保综合处理中心，科学布局纺织服装产业升级提质链条、仓储物流等生产性服务业，建设金融服务中心，培育形成区域发展新动能，打造产城融合新城区。北拓，即推动城市布局向北部片区拓展，依托疏港铁路设站洪阳，推动洪阳中心镇扩容提质，全面激活英歌山工业园发展动能，整合北部片区旅游资源，连片打造集大健康产业和旅游观光产业为一体的集聚区。南联，即向南对接联动粤东新城，以高铁普宁站、疏港铁路南站点为基点，打造高铁经济圈，推动要素对接、资源共享、产业互补。西优，即推动西部片区优化发展，立足在高水平生态保护中发展休闲农业、文化旅游、养老养生等生态产业，全面加快交通基础设施建设，推动青梅现代农业园等项目建设，做大做强青梅、青榄特色产业，打造生态发展示范区。中调，即推动中心城区调整提升，继续推进“一轴一带”建设，通过三旧改造、建筑活化、公园开放、景观提升等手段，实施中心城区微改造提质行动，加快提升城市品位，强化集聚功能，形成现代化城市核心区。

三是加快重要载体建设。要全面推进东部创新城开发建设，面向未来做好规划，通过管控单元规范有序推进土地征收整合储备供应工作，科学有序开展开发建设，打造粤东地区的创新示范区与活力健康城。聚焦大健康产业定位，加快广东普宁市产业转移工业园区（英歌山工业园）建设，完善园区发展规划、管理运营机制，加强土地征收储备，加快解决闲置土地等历史遗留问题，积极引入生物医药、新材料、高端医疗器械、现代中药等重大产业项目，促进园区尽快成型达效。继续完善纺织印染环保综合处理中心基础设施建设，加快启动园区二期工程，推进园区生活配套区、仓储物流区、印染后道整理配套区建设，完善园区功能，提高园区竞争力；推进入园企业尽快建成投产运营，创造条件支持入园企业技术改造，真正实现产业升级和污染治理双提升。

四是加强城市精细化管理。要坚决打好违法建设治理攻坚战，全面落实“拆除一批、没收一批、整改一批、集中连片整治一批”工作部署，严禁增量，消化存量，分类施策，严守新增违法建设“零增长”红线，以铁的手腕坚决打击小产权房和变相小产权房的建设，严肃控停治理在建违法建设，加快消化历史遗留存量违法建设，规范农村宅基地管理和农房建设秩序，做到管住现在、规范未来。要强化土地整备清理力度，严格落实控规单元管理，重点抓好普宁市体育新城、北二环大道两侧、北二环延长线两侧、普宁大道两侧等大宗用地的收储整备供给，牢牢管住管好土地开发，最大限度发挥土地资源效益。要管控好、规划好、利用好66家印染印花洗水入园企业原有用地，发挥土地的最大效益。

（四）坚持抓重点补短板强弱项，着力打好打赢三大攻坚战。对照目标任务、倒排工期、攻坚克难，坚决打好打赢三大攻坚战，提升全面建成小康社会成色。

一是全面完成脱贫攻坚任务。要进一步强化兜底保障，压实帮扶工作责任，及时做好返贫人口和新发生贫困人口的监测和帮扶，确保在脱贫奔康路上一个不落。要加大产业扶贫、就业扶贫后续扶持，排查解决脱贫攻坚问题，严把贫困人口退出关，严格落实“四个不摘”，巩固脱贫成果。要加强扶贫资产管理和扶贫资金监管，加快扶贫项目建设进度，安全、规范、高效使用扶贫资金，确保每一笔扶贫资金都用在“刀刃”上。

二是坚决防范化解重大风险。要强化风险意识，坚持底线思维，把金融领域风险作为防风险的重点，着力加强风险隐患防范化解。要依法依规支持上市企业化解经营风险，推动企业聚焦实业、做精主业，防止盲目扩张，引导企业守住风险底线。要稳妥有序推进地方金融机构风险化解，坚决清收压降不良贷款，严厉打击恶意逃废债务，加快推动地方金融机构规范管理，确保存在风险有效化解。要大力整治民间非法集资等金融乱象，严把市场准入关，依法取缔和惩处无牌照、超范围违法违规经营活动，加强监督管理，坚决清理查处非法金融业务，确保不发生区域性系统性金融风险。要深刻吸取金融风险背后的经验教训，引导金融“脱虚向实”，推动资源要素向实体经济集聚、政策措施向实体经济倾斜、工作力量向实体经济加强，筑牢经济发展坚实基础。要严格落实政府债务限额管理要求，确保政府债务规模适度、风险可控、助力发展。要深入排查化解社会领域重大风险，补齐监管短板，健全风险监测预警和早期干预机制，筑牢风险防火墙。

三是决战决胜练江综合整治。要坚持久久为功，持续发力，按照“全面、系统、深入”的要求，以练江12本台账为抓手，围绕今年完成练江水质基本消除劣Ⅴ类的目标以及6月底前6条支流稳定消除劣Ⅴ类、8月底前全部9条支流稳定消除劣五类的要求，抓实“截污、控源、清拆、修复、提升”等工作重点。全力加快污水管网建设，网格化全面排查工程问题、及时转化为工程手段解决的方式，加快完成配套管网和农村雨污分流项目建设任务；完善生活垃圾环保处理中心一期运营管理，启动二期建设，推进垃圾分类配套设施建设，规划建设普宁市循环经济生态园，加快解决垃圾处理问题；继续加大环境执法力度，坚决打击“散乱污”企业，加快推进生猪（牛、羊）定点屠宰厂（场）建设经营工作，坚决管控各类污染源；加快水利项目建设，同步推进干支流综合整治，推进“绿廊+景观节点”建设，打造两岸生态景观轴。

（五）坚持完善制度建设，着力深化重点领域改革。以坚持和完善中国特色社会主义制度、推进国家治理体系和治理能力现代化为主轴，继续深化各领域各方面体制机制改革，推动各方面制度更加成熟更加定型。

一是加快建立完善各项制度。要坚决破除制约普宁高质量发展的体制机制弊端，加快构筑产学研深度融合的创新体系，巩固提升企业创新主体地位，持续激发各类市场主体活力，构建高质量现代化经济体系。要深化行政体制改革，进一步深化“放管服”改革、商事制度改革、审批制度改革，调整优化政府机构职能，打造廉洁高效的政府职能体系。要坚持完善制度与深化改革有机结合，努力把各项改革举措及时上升为制度成果，使制度成果系统集成为制度优势，将制度优势更好地转化为治理效能，推进治理体系和治理能力现代化。

二是全面落实各项改革任务。要深化乡镇街道体制改革，高质量推进理顺权责关系、优化机构设置、健全运行机制、完善保障体系等各项改革任务，进一步完善基层治理体系，并以此为契机建立镇街村（社区）基层网格化治理体系，提高基层治理体系和治理能力现代化水平。规范行政区划管理，扎实推进普侨区改制设镇工作，彻底理顺行政管理体制。深化事业单位改革，完成承担行政职能事业单位改革，稳步推进从事生产经营活动事业单位改革，整合撤并散、弱、小事业单位，保障好医疗、教育等民生领域编制需求。

三是打造营商环境高地。要着力营造各类市场主体公平竞争的市场环境、政策环境、法治环境，在准入、成本、税费、融资等方面综合施策，完善构建亲清新型政商关系的政策体系，着力帮助解决企业在融资、用地、用工等方面的突出问题，激发企业和企业家创新创业的激情。要聚焦企业、群众反映突出的“痛点”“难点”“堵点”，加快“数字政府”建设，进一步深化“一门式一网式”政府服务模式改革，提高行政效能和服务水平，力争企业、群众办事“最多跑一趟”，真正把普宁建成服务效率高、管理规范、综合成本低的营商环境高地。

（六）坚持推进乡村振兴，着力激发农村发展内生动力。今年是打赢脱贫攻坚战和实施乡村振兴战略的历史交汇期，要认真按照“五个振兴”重要要求，抓重点、补短板、强基础，推动农业全面升级、农村全面进步、农民全面发展。

一是抓好美丽乡村示范建设。要深入推进“百村示范、千村整治”工程，加快创建生态宜居美丽乡村示范镇、示范村，巩固提升省级新农村示范片和省定贫困村创建新农村示范村建设成效，以点带面、连线成片、全域推进、滚动创建具有普宁特色的生态宜居美丽乡村。要全域整治农村人居环境，继续抓好“三清三拆三整治”、雨污分流、垃圾日清、垃圾分类、“厕所革命”等基础性工作，为建设生态宜居美丽乡村打下坚实基础。要加快补齐农村基础设施建设短板，重点抓好交通、物流、水利、饮水、信息等重大工程建设，完善教育、医疗卫生、社会保障、文化体育等公共服务体系，加快推进城乡基本公共服务均等化。

二是发展壮大农村经济。要大力发展特色农业，以“一村一品、一镇一业”为抓手，重点抓好青梅、蕉柑、青榄、蔬菜、花卉绿化苗木等产业建设，逐步形成具有区域特色的农业主导产业、支柱产品和特色品牌。要高度重视农业科技创新，加强与大专院校、科研单位合作，切实解决农产品加工环节品种单一、科技含量低的问题。要深入拓展现代农业新业态新模式，以特色农业资源和农业高科技为载体，建设一批具有历史、地域特点的特色景观旅游村镇，形成现代农业与乡村旅游融合发展的新态势。

三是加大农村管理力度。要把农村土地制度改革作为乡村振兴的动力源和突破口，深入推进农村集体产权制度、宅基地制度等改革落地，进一步规范农房建设秩序，促进土地要素有效利用，为乡村振兴提供基础制度支撑。要扎实推进农村集体“三资”管理规范化建设，深化“三资”管理专项治理，推动农村集体“三资”管理制度化、信息化、公开化。要完善农村集体产权交易机制，加强农村综合产权交易所建设，强化日常监督管理，推动农村集体资产资源流转全部纳入农村产权交易市场规范交易。要全面加强村级财务管理，严格落实“村账镇管”制度，强化镇级会计委托代理中心对农村财务的监督管理，建立常态化指导督查机制，促进村级财务阳光运行。

（七）坚持以人民为中心，着力增强人民群众获得感幸福感安全感。抓住人民群众最关心最直接最现实的利益问题，精准发力、补上短板、完善制度，切实解决好群众的操心事、烦心事、揪心事。

一是切实保障和改善民生。要把稳就业作为重中之重，全面提升劳动者职业技能水平和就业创业能力，大力实施“潮菜师傅”“南粤家政”、企业学徒等培养工程，规划发展地摊经济、小店经济。要健全社会保险统筹机制，完善覆盖全民的社会保障体系。要突出加强困难群众兜底保障工作，进一步提高社会救助保障标准，继续开展扶贫帮困、爱心捐赠等公益活动，保障弱势群体的合法权益，切实做到弱有所扶。

二是不断巩固提升教育卫生事业。要始终坚持教育优先发展地位不动摇，扎实推进教育体制机制改革，全面加强学校思政课建设，持续深化教师队伍建设，加快补齐学前教育、特殊教育和职业教育短板，推动“麻雀学校”撤并，加快华南师范大学附属普宁学校等重点学校建设步伐，增加优质学位供给。坚持“以人民健康为中心”，落实医疗卫生补短板工作，推进卫生服务硬件设施建设，加快市直医院升级、乡镇卫生院标准化以及村卫生站规范化建设，新建市精神卫生医院和传染病医院，提升医疗卫生水平；抓住被列为紧密型县域医疗卫生共同体建设试点县契机，深化公立医院改革，大力推进医共体建设，加快建立分级诊疗制度，切实解决“看病难、看病贵”问题。

三是力争成功创建省县级文明城市。要用绣花功夫精细化管理城市，强力推进市容环境卫生、交通秩序等专项整治，坚决管住城区“脏乱差”，形成文明创建长效机制，提升城市品质，打造宜居宜业宜游之城。要认真做好新时代文明实践中心省级试点建设工作，力争实现文明实践中心（所、站）建设全融入、全覆盖。要深入实施文化惠民工程，弘扬潮汕特色文化，传承红色基因，举办各类文化体育休闲活动，不断丰富群众的精神文化生活。要持续培育践行社会主义核心价值观，倡导团结友爱、守望相助、宽容和睦的新型人际关系，营造社会文明新风。

（八）坚持共建共治共享，着力提升社会治理规范化法治化水平。强化社会治理，规范社会秩序，全力把普宁打造成为最安全稳定、最公平公正、法治环境最好的地区之一。

一是坚决打赢扫黑除恶专项斗争攻坚仗。要坚持“有黑扫黑、无黑除恶、无恶治乱”工作要求，以“一十百千万”和“六清”行动为抓手，持续深入开展扫黑除恶专项斗争，坚决铲除黑恶势力滋生土壤。要坚持重典治乱，按照“黑恶积案清零、问题线索清零”要求，聚焦重点地区、重点行业、重点领域的突出问题，以“破案攻坚”开路、以“打伞破网”断根、以“打财断血”绝后、以“行业治理”提质，斩断各种乱象背后的“利益链”，在打深打透基础上建立健全长效常治机制。

二是全面深化社会治理。要摸清信访积案底数，加大化解力度，成立工作专班，紧盯涉访涉稳重点人重点事，以钉钉子精神攻坚销案，从源头上减少信访问题的发生。要深入开展社会矛盾问题八个专项治理行动，围绕重点领域、重点群体、重点人员以及可能引发群众越级上访的苗头性、倾向性问题，及时发现和处置各类社会不稳定因素，做到化解在小、化解在早。要加大社会治安管理力度，持续整治两抢一盗、黄赌毒、涉食品药品安全、涉环境保护、涉假等各类违法犯罪，加大力度打击治理电信网络新型违法犯罪，加快推进综治视联网系统和“雪亮工程”建设，完善社会治安防控体系，不断提升人民群众安全感。要坚决守住安全底线，进一步落实安全生产责任制，健全隐患排查和预防控制体系，抓好安全生产监管重点，加强防灾减灾能力建设，坚决遏制重特大事故发生。

三是切实加强法治建设。要坚持以法治为基础，强化法治思维和法治方式，促进社会公平正义、安定有序。要加快法治政府建设，强化依法行政，规范部门执法，进一步营造公平公正的法治环境。要深化司法体制综合配套改革，全面落实司法责任制，提升司法质量、效率和公信力，树立法律权威。要加强法制宣传，发挥法律援助作用，深化基层法治建设，营造全社会尊法学法守法用法的良好氛围。

政府工作报告

——2020年6月23日在普宁市第十五届人民代表大会第五次会议上

普宁市人民政府代市长　黄锐亮

2019年和今年以来工作回顾

过去一年，在揭阳市委市政府和市委的坚强领导下，在市人大及其常委会和市政协的监督支持下，我们深入学习习近平新时代中国特色社会主义思想，全面贯彻党的十九大和十九届二中、三中、四中全会精神以及习近平总书记对广东重要讲话和重要指示批示精神，以“不忘初心、牢记使命”主题教育为新起点，认真落实揭阳市“融湾建带”工作部署，紧紧围绕“打造商贸名城、创新之城，建设粤东城市群新城市中心”的发展定位，以“一核二园三区”为抓手，统筹做好“六稳”工作，推动经济社会总体实现平稳发展，用实绩实效庆祝中华人民共和国成立70周年。

一、实体经济平稳发展。全年实现地区生产总值629.3亿元，比上年（下同）增长2.8%；规上工业增加值140.1亿元，下降0.9%；固定资产投资额290.79亿元，增长8.3%；社会消费品零售总额405.2亿元，增长7%；一般公共财政预算收入21.19亿元，下降10.4%；税收收入14.12亿元，下降14.5%。全市金融机构各项存款余额822.71亿元，比年初增长6.3%；贷款余额385.46亿元，比年初增长2.9%。城乡居民人均可支配收入21980元，增长7.6%。大力实施“暖企行动”，累计为企业减免税费超7亿元。市场主体发展壮大，新增各类市场主体14359户，其中新增企业2111户，现有各类市场主体55818户；新增注册商标6183件，有效注册商标达6.14万件，注册商标总量居全省县级第一位；新增“四上”企业78家。电子商务势头强劲，拥有17个“中国淘宝镇”、73个“中国淘宝村”，获得“全国电子商务进农村综合示范县”“电子商务促进乡村振兴十佳县域”等荣誉称号。全年实现电子商务交易额507.7亿元，增长9.5%；快递业务量8.99亿件，增长48.4%；快递业务收入63.71亿元，增长47.2%。

二、产业结构优化升级。园区建设成效显著，产业转移工业园区（英歌山工业园）起步区加快建设，基础设施配套日趋完善，出让土地169.1公顷，引进鼎孚新材料、爱迪医疗等高端制造项目落户，累计入驻企业26家；纺织印染环保综合处理中心首期道路、污水处理厂等基础设施基本建成，累计投资22亿元，印花区23家企业已全部入驻并陆续试产，印染区41家印染企业已全部进场建设，部分企业已建成试产。招商引资扎实推进，成功与神州数码、新城控股、金泰克等大型企业签约。创新驱动有效实施，11家高新技术企业通过评审，75个高新技术产品通过认定，新增市级工程中心14家，支持利泰申报省级重点实验室，拥有省级工程中心14家、科技特派员工作站6家、省级专业镇7个。

三、城市建设扎实推进。坚持规划引领，启动国土空间总体规划编制，“多规合一”加快推进，行政村村庄规划覆盖率达到100%。交通网络持续完善，揭惠高速麒麟互通连接线完成建设，汕湛高速、新汽车总站、厦深铁路普宁站改扩建工程以及市区燎原东路等7条市政道路建设扎实推进，省道228线梅林桥至大坪段、省道255线马南山至三洲桥段等一批省道改建工程顺利开展。城市品位明显提升，星河明珠湾、水岸城、嘉应华府等一批高品质住宅全面建设，服装城二期、商品城尚东新天地、流新副食品综合市场等商贸平台建成开业。城市管理水平不断提高，坚决采取“四清两断”措施，严肃控停拆除在建违法建设，拆除违法建设24宗、面积26515平方米，治理违法建设32.3万平方米。严格落实以控规单元规范土地征收整备出让，新增土地整备35.52公顷，处置闲置用地9.96公顷，盘活低效用地9.07公顷，实施“三旧”改造5.27公顷。

四、生态环境持续改善。练江综合整治扎实推进，练江流域9座共22.6万吨/天的生活污水处理厂全部建成通水运营，完成配套截污主管网建设；生活垃圾环保处理中心一期实现满负荷试运行，二期已启动建设；青洋山桥交界断面主要监测指标持续优化，水质明显改善，生态功能逐渐恢复；成功承办揭阳市首届“贤德揭阳”端午龙舟竞赛决赛活动，全面展示练江治理成效。城乡人居环境显著提升，1236个自然村“三清三拆三整治”全面铺开，完成4个省级新农村示范片主体村建设，创建生态宜居美丽乡村示范村63个，大南山街道被评为生态宜居美丽乡村示范镇，流沙东街道新坛村成为50个广东美丽乡村特色村之一；大力推动农村“雨污分流”全覆盖，建成农村雨污分流处理终端350个，铺设主管933公里，支管1400公里；加强自然保护区和水源地保护，新增森林碳汇林713.33公顷，道路绿化92.4公里。

五、乡村振兴成效明显。农村改革深入推进，集体资产清产核资全面完成，“三资”管理平台运行良好，承包地经营权流转、产权制度改革试点工作扎实开展。加快农村道路升级改造，29条山区公路改造工程有序推进，完成“四好农村路”25条59.35公里、4个未通客车行政村公路改造和45个自然村道路硬底化建设，进一步提升农村公路通行水平。脱贫攻坚成效显著，全市99.9%的贫困人口实现脱贫，顺利完成16个省定贫困村出列任务。现代农业加快发展，成功列入全国农村一二三产业融合发展先导区创建名单，普宁市现代农业产业园被纳入国家现代农业产业园创建管理体系，佳隆、利泰、殿羽田等6家企业被评为省重点农业龙头企业。大力加强耕地保护，全面完成“大棚房”清理整治，新增垦造水田14.66公顷、拆旧复垦25.8公顷，建设高标准农田1466.67公顷。

六、民生事业不断发展。财政民生支出80.56亿元，增长15.64%，占一般公共预算支出86.43%。十件民生实事有效落实。新增城镇就业9528人，城镇登记失业率2.19%；保障性住房首期工程已顺利封顶。困难群众生活保障工作扎实推进，最低生活保障人员、特困人员、孤儿、事实无人抚养儿童、残疾人等各类困难群众保障标准全面提高；关爱残疾儿童基金会挂牌运作，社会福利中心特教班开班教学，集中养育孤残儿童教育保障、医疗保障工作进一步强化。教育质量不断提升，顺利通过省推进教育现代化先进市督导验收，全面完成了321所义务教育薄弱学校“全面改薄”任务，华南师范大学附属普宁学校、黄埔职业技术学校等项目建设加快推进，“书法、养成、校园足球、创客”四大特色教育深入开展。卫生健康事业加快发展，医药卫生体制改革不断深化，医联体效果显著，医共体建设逐步推进，成功创建“省级慢性病综合防控示范区”；医疗硬件设施不断完善，3家市直重点医院改扩建、201个村卫生站规范化建设加快推进，洪阳、占陇中心卫生院成功开业，完成梅塘、云落等6家卫生院标准化建设并投入使用。文化体育旅游事业扎实推进，普宁市融媒体中心开始运营，明华体育馆、流沙人民广场升级改造工程顺利竣工并投入使用，新增省级文物保护单位1处，新建乡镇（街道）文化广场3个，成功举办庆祝中华人民共和国成立70周年系列文化活动以及第五届梅花旅游文化节、第六届运动会、普宁英歌（民俗）文化节等群众性文体活动。

七、社会大局和谐稳定。顺利完成庆祝中华人民共和国成立70周年和澳门回归20周年安保维稳工作。积极稳妥处置上市企业风险，有序推进地方金融机构化解潜在风险，地方金融秩序持续保持稳定。铁腕推进扫黑除恶专项斗争，立涉“村霸”案件5宗，刑拘犯罪嫌疑人16名，捣毁涉恶类普通犯罪团伙24个，“村霸”问题整治摘牌。成立公安交警铁骑队，深入开展“飓风2019”专项行动，重拳打击违法犯罪，扎实推进“众剑行动”，常态化开展联勤联防联动巡逻，梳理化解重点信访积案60宗，动态化开展矛盾隐患排查，社会大局保持稳定。全年安全生产事故下降9.84%，没有发生较大及以上安全生产事故。

八、政府建设持续进步。坚持党对政府工作的领导，持续深入学习贯彻习近平新时代中国特色社会主义思想，扎实开展“不忘初心、牢记使命”主题教育，组织开展9个专题调研，建立完善“一台账两清单”和集中治理清单，完成34个问题集中整治。基本完成政府机构改革任务，政府工作部门优化调整为27个，普侨区正式划入我市管理。统筹推进“数字政府”建设和“放管服”改革，改造提升政务服务平台，实现市镇村三级平台互联互通，实行“一窗通办”“一窗受理”。全面落实党风廉政责任制，严格执行中央八项规定，“三公”经费支出继续下降。坚持依法行政，自觉接受人大、政协及社会各界监督，人大代表建议和政协委员提案办结率均达到100%。

同时，民族宗教、人民武装、国资管理、侨务、双拥、人事、统计、审计、物价、人防、气象、地方志等工作取得新进步，工会、妇女、儿童、共青团、工商联、残疾人和慈善福利等工作实现新发展。

各位代表！今年突如其来的新冠肺炎疫情，对全国经济社会发展带来前所未有的冲击。面对疫情的严峻形势，全市上下坚决贯彻习近平总书记“坚定信心、同舟共济、科学防治、精准施策”的防控总要求，严格执行中央、省、揭阳市和市委有关决策部署，坚定把保护人民群众身体健康和生命安全放在首位，严格按照“四早”“四集中”原则，有力有效落实“外防输入、内防扩散”系列举措，疫情防控取得阶段性胜利。同时，毫不放松抓经济社会发展，第一时间落实上级各项决策部署，及时出台共渡难关普“惠”十二条等一系列帮扶措施，全面加快企业复工复产；编制了基础设施及民生配套投资项目、工业（技改）投资项目进度管理、土地征收整合储备、供应计划、应在建房地产开发项目进度管理、综合管理预算“五本台账”，积极筹备地方政府专项债券申报，梳理了97个年度重点项目，年度计划投资达138.8亿元，谋划申报了53个省“十四五”规划重大项目，全面扩大有效投资；以“十二本台账”为抓手开展练江水污染整治奋战50天行动，扎实推进脱贫攻坚和乡村振兴，从严抓好安全生产和森林防灭火工作，科学有序推进学生返校复学，全市经济社会运行秩序逐步恢复正常，社会大局持续保持稳定。

同时，我们也要清醒地看到，普宁经济社会发展还面临着多重困难和挑战：一是经济基础仍然薄弱。经济下行压力持续增大，工业增长后劲乏力，创新引领远未形成，工业园区优势仍未完全发挥，传统产业转型升级进展缓慢，新兴产业尚未形成规模，新旧动能接续转换速度不快，与现代化经济体系、高质量发展距离仍很大。二是产城融合一体发展存在不足。城市难以进一步承载和吸引新的产业，现有产业对城市发展支撑不足，制约加快发展的因素还很多。三是城市规划建设管理水平与新城市中心的定位极不适应。城市规划引领不够，系统化、专业化、精准化程度不高，“一核二园三区”发展格局落地慢、支撑少，执法不严不硬，城乡违法用地、违法建设、小产权房存量较大，烂尾工程、问题楼盘还未完全理顺。四是生态环保治理任务繁重。环保基础设施欠账仍然较多，城市截污管网距离应收尽收差距很大，练江综合整治达标任务依然艰巨。五是社会治理压力大。经济领域风险隐患不容忽视，个别金融机构潜在风险、上市公司经营风险化解压力大，风险背后的经营秩序还需进一步规范；疲于解决历史遗留问题，矛盾化解牵涉太多精力，安全生产风险隐患依然较多，应急管理体系亟须加强完善，网络舆情、局部事件易发多发，与群众期望还有距离。六是社会事业发展和乡村振兴任务艰巨。教育、卫生、文化、体育与民生领域短板较多，特别是在疫情防控中，暴露出公共卫生应急管理方面许多薄弱环节；乡村人居环境整治资金缺额巨大，传统农业向现代农业转型任重道远。七是政府治理体系和治理能力建设亟须加强。特别是政府引领发展、驾驭市场的能力还存在不足，政府决策机制不够规范、管理存在缺失，一些行业仍存在无序发展，法治政府建设和营商环境建设亟待加强；政府系统一些干部思想能力作风还未进入新时代，担当精神不够、斗争精神不足、执行力不强，“中梗阻”“小鬼推磨”等问题未根本解决，违纪违法现象时有发生，对权力运行的制约和监督需进一步加强。对此，我们务必正视历史积累的问题，看清自身发展的差距，知难而进，奋勇前行，着力在补短板、强弱项、赋动能、增优势上下功夫，切实解决存在的突出问题。

2020年工作安排

新的一年，是全面建成小康社会和“十三五”规划收官之年，也是应对疫情考验、决战完胜脱贫攻坚、推进高质量发展的关键之年，完成今年各项目标任务艰巨、意义重大、责任重大，必须加倍付出艰苦努力。

当前，由于国际疫情持续蔓延，疫情防控还远未到放松之时，受疫情影响，经济发展面临重大挑战。一季度全市实现地区生产总值124.67亿元，下降7.8%，各项主要经济指标出现回落，与全省情况大致相同，但随着疫情防控和经济社会发展的统筹推进，经济社会秩序加快恢复，经济指标逐月回升，经济发展中积极因素和企稳向好趋势不断汇聚。我们必须坚持一手抓防控，一手抓发展，把抗疫中激发出的使命感、焕发出的精气神，转化为振兴发展的动力源，进一步抢抓粤港澳大湾区和先行示范区建设机遇，聚焦“融湾建带”新部署，聚焦“两城一中心”（商贸名城、创新之城，粤东城市群新城市中心）新定位，着力补齐发展面临的短板和不足，推动形成新的发展动能，确保经济平稳健康发展、社会大局和谐稳定。

今年政府工作的总体要求是：坚持以习近平新时代中国特色社会主义思想为指导，全面贯彻党的十九大和十九届二中、三中、四中全会以及中央经济工作会议精神，深入贯彻落实习近平总书记对广东重要讲话和重要指示批示精神，认真贯彻落实省委十二届八次、九次全会和揭阳市委六届七次、八次全会精神以及普宁市委十三届九次全会精神，紧紧围绕全面建成小康社会的目标任务，坚持稳中求进工作总基调，坚持新发展理念引领高质量发展，坚持以供给侧结构性改革为主线，深入落实揭阳市委“融湾建带”总体思路，立足“商贸名城、创新之城”定位，统筹推进新冠肺炎疫情防控和经济社会发展，扎实做好“六稳”工作，精准落实“六保”任务，全面打好打赢三大攻坚战，坚决夺取疫情防控和经济社会发展“双胜利”，确保全面建成小康社会和“十三五”规划圆满收官。

当前，全球疫情影响仍在持续，国际形势复杂严峻，我们的发展仍面临一些难以预料的影响因素。综合研判形势，我们对疫情前考虑的预期目标作了适当调整，暂不提出全年经济增速具体目标。我们要做最坏打算，做最充分准备，用最有力工作，争取最好结果。要优先稳就业保民生，坚决打赢脱贫攻坚战，努力实现全面建成小康社会目标任务。城乡居民人均可支配收入增长 7.5%；居民消费价格涨幅控制在 3% 以内；城镇登记失业率控制在 3.5% 以内；节能减排约束性指标完成上级下达年度目标；努力完成“十三五”规划目标任务。

各位代表！进入下半年，我们要只争朝夕，埋头苦干，扎扎实实做好经济社会发展各项工作：

一、聚焦疫情防控和经济社会发展，奋力夺取和实现双胜利

持续抓好疫情常态化防控。准确把握疫情防控形势，绷紧疫情防控这根弦，慎终如始，毫不懈怠抓好各项防控工作，推动疫情防控形势持续稳定向好，坚决夺取疫情防控的胜利。全面落实“外防输入、内防反弹”策略，用好“大数据＋网格化＋运转专班”力量，把防控责任落实到“最后一公里”，扎密扎牢疫情防控网。坚持依法科学精准有序抓好疫情防控工作，加强重点地区来普人员服务管理、加强无症状感染者的筛查和管理、加强核酸检测服务，做到应检尽检、愿检尽检，不断巩固疫情防控成果。压实企业、学校主体责任，严把重点场所“防疫关”，维护生产经营和教育教学正常秩序，确保企业员工和学校师生身心健康。

促进经济社会平稳健康运行。坚持“战疫情、稳经济”两手抓，统筹抓好当前所需和长远发展，扎实做好“六稳”工作，落实“六保”任务，实现经济平稳健康发展。持续加大企业帮扶力度，认真落实好减税降费、金融服务、减免租金、稳岗补贴等各项政策和复工复产各项扶持政策，精准有序推动企业复工复产、达产达效。以“五本台账”为抓手，强化投资拉动，积极扩大内需，做好城市经营。理顺医药卫生体制，健全重大疫情、公共卫生应急管理和救治体系。围绕公共服务、社会治理、产业生态、基础设施等重点领域，推进建设和储备一批补短板项目。

二、聚焦新城市中心，推动产城融合一体发展

构建城市发展新架构。紧扣“融湾建带”总要求，统筹编制好国土空间规划和“十四五”发展规划，强化规划引领作用。突出城市空间架构优化调整，围绕“一核二园三区”建设，按照“东进、北拓、南联、西优、中调”和组团式发展思路，拓展城市空间，重塑城市架构，整合“园区＋产业＋中心城镇”要素，优化产业布局，着力打造新城市中心。全面激活东部片区发展活力，依托规划建设疏港铁路、揭普惠快速干道等重大基础设施，对接联动揭阳中心城区、滨海新区；以纺织服装产业提质升级为主线，发挥纺织印染环保综合处理中心、占陇中心镇作用，规划建设东部创新城，引进现代物流、智能制造、金融服务、科技孵化等生产性服务业，着力发展高铁经济圈，打造集产业集聚、现代服务、交通集散、现代居住于一体的城市副中心，纾解中心城区压力。拓展北部片区发展格局，依托产业转移工业园区集聚和辐射带动作用，瞄准引进以生物医药、健康保健、高端医疗器械等为主的高新技术企业，全力打造医疗健康产业高地；以疏港铁路设站洪阳为契机，充分发挥靠近揭阳市区的区位优势和独特的资源禀赋，着手连片打造集花卉苗木、休闲农业和乡村旅游等特色产业为一体的特色农业和特色旅游集聚区。提升西部片区发展效益，立足生态发展区功能定位，做足休闲农业、生态旅游、养老养生、特色农产品深加工等文章，加快推进现代农业产业园建设，连片打造田园综合体，培育创建森林特色小镇和森林康养小镇，打造绿色发展高地、生态宜居新城。加快中心城区提质增效，继续推进“一轴一带”建设，加快补齐基础设施短板，科学布局教育、医疗、文化等公共服务设施，实施微改造提质工程，加快城市综合体、宜居项目和高端商业中心建设，打造现代化城市核心区。

优化水资源配置。推动供水管理体制改革，完善供水体系，深化与粤海集团全面合作，合理规划及统筹调配全市供水及水资源。全力推动水资源优化配置工程，加快推进北部中心水厂建设，推进实现与揭阳供水系统并网，解决人民群众多年盼望、梦寐以求的饮水用水问题。积极配合“三江连通”工程建设，扎实推进榕江关埠引水工程（普宁段）、乌石拦河闸引水工程，提升水资源保障能力。加快推进莲花山水厂原水输水管道改建项目，推进农村集中供水工作，力争完成50个未通水行政村集中供水工程，实现全市行政村集中供水全覆盖。继续抓紧推进三坑水库除险加固等10宗练江整治水利规划项目，加快补齐水利短板。

加快交通互联互通。立足揭阳市“三中心一示范区”大格局，不断提升对外联通能力。大力对接揭阳疏港铁路、揭惠城际轨道规划建设，全力服务汕湛高速、揭惠高速建设，优化高速出入口连接线；改扩建国道324线池尾至云落段、国道238线普宁益岭至惠来交界段、省道237线普宁赤岗至麒麟段，新建北二环至麒麟出口互通、北二环延长线工程，规划建设揭普惠快速通道，更好与揭阳中心城区和粤东新城实现联动发展。实施城市交通畅通工程，全面铺开白沙陇路及周边道路、石英路及玉华南路延长线、文竹北路延长线等3条（约4.5公里）市政道路建设，强力打通龙溪路、新美路、河滨南路等3条断头路，加快完善生活性道路“九纵五横”、交通性道路“三纵三横”的交通网络。完成新汽车总站建设，疏导过境人流货流，提升中心城区辐射力。继续推进省道255线马南山至三洲桥段、县道新大线里湖至梅林桥段等6条41.7公里道路改建工程，决胜攻坚“四好农村路”建设，进一步改善农村交通环境；推进省道228线梅林桥至大坪段路面改造工程、崩东线后溪乡区段改建工程等山区公路建设，助力推动南阳山区高效联动发展。

加强和规范城市管理。持续加大土地资源的管控力度，强化政府主导，着力抓好土地的控规单元，以控规单元规范土地的征收、整合、储备、供应，做到土地统一规划、统一征收、统一报批、统一供给、统一建设，重点抓好普宁市体育新城、北二环大道两侧、普宁大道两侧、北二环延长线等大宗用地的储备供给，谋划北三环大道用地规划控征，留足开发空间。全面清理已批未征、已征未供、已供未用土地，逐宗进行消化解决。加快消化解决历史遗留问题，彻底解决普宁广场BT项目遗留问题，着手谋划处置好兰花广场地下、普宁大道入口相关建筑物历史问题。抓好66家印染企业原有用地的管控、规划和利用，进一步发挥土地效益。坚决打好违法建设治理攻坚战，完善控违管理体系，理顺问题楼盘，严控小产权房建设，全面加强巡查监管执法，对新增违法建设做到发现一起、拆除一起，完成30万平方米以上治理目标，打造集中连片整治示范区。改变城市规划区农村“宅基地’分配理念，鼓励集中建设居民住宅小区，让居民享受城市生活。加快编制公共停车场、绿地专项规划，重点推进智能停车场建设，优化提升城市公共空间。加快补齐城市公共设施短板，全力支持揭阳市天然气管道工程（普宁段）建设，加快推进500kV盘龙站、220kV陌山站等电网工程建设，保障城市用气用电需求。加大城乡综合整治力度，深入开展环境卫生、交通秩序、道路绿化等专项行动，着力解决城市“脏乱差”问题，力争成功创建广东省县级文明城市。

聚力园区提质增效。全面推进东部创新城开发建设，充分发挥“商贾名城、创新之城”的未来引领，建设融总部商务、众创孵化、电商营运、创新智造、金融咨询等现代产业服务功能为一体的粤东地区创新示范区与活力健康城，进一步扩大城市空间。推进产业转移工业园区与城市公共设施无缝对接，积极打造“5G+工业互联网”应用示范园，加快完善园区基础设施。重点分类梳理园区工业用地，对应制订跟踪服务计划、开工建设计划、用地收回计划、招商供地计划、征地报批计划，精准推动项目落地建设。坚持以产业链为导向，以园区产业链发展优增量，精准引进1家以上年主营业务收入10亿元左右的战略性新兴产业企业或先进制造业企业，以及5家产值1亿元以上的产业链企业，提升园区发展支撑。进一步完善纺织印染环保综合处理中心建设，推动印染企业转型升级、按时投产运营，着力打造绿色安全环保园区；探索与社会资本合作建设园区公共服务配套，推进仓储物流、后道整理、员工宿舍、变电站、消防站等项目建设，确保园区进入高效运转轨道。重点打造1—2个村镇工业集聚区改造提升示范点，就近纳入园区管理，推动高标准通用厂房建设，促进小微企业聚集发展。按照“领导小组+管委会+投资公司”的模式，进一步理顺工业园区管理机制，建立健全园区管理机构，加快成立现代农业产业园管委会、东部创新城管委会，推进产业转移工业园区服务中心建设，优化提升园区管理服务。

三、聚焦“商贾名城、创新之城”，推进经济高质量发展

提升产业支撑能力。大力实施医药、纺织服装等传统产业提升计划，全面延伸医药产业链，以构建大健康产业为目标，支持医药企业转型升级，针对产业链薄弱环节大力培育、精准招商，增创产业新优势；

稳固纺织服装全产业链优势，突出服装研发设计和智能制造，构建快时尚服装产业；重点抓好投资1000万元以上产业项目建设，加快推动名鼠服装创新产业园以及丽达厂房设备、秋盛涤纶短纤维等项目建设。积极谋划新兴产业，抓住大湾区反向配套和高端产业延伸契机，大力发展节能环保、生物医药、智能制造、电子信息等新兴产业，培育经济新动能。精准推进“个转企、小升规、规进高、高上市、创品牌、提存量”工程，加大力度培育一批成长性中小企业、“四上”企业、高新技术企业、上市企业，壮大企业规模。

强化创新引领作用。着力提升企业创新能力，强化产学研合作，支持企业加大研发投入、组建研发机构，开展核心关键技术攻关和重大成果产业化，争创更多名优品牌和发明专利，实现年主营业务收入5亿元以上的工业企业研发机构全覆盖，培育一批“小巨人”企业和单项冠军企业。实施新一轮技术改造，引导企业实施数字化、网络化、智能化技术改造，加大设备更新和技改投入，力争今年技改投入增长7%以上。深入实施高企数量和效益“双倍增计划”，力争高新技术企业达到42家，培育一批高盈利的高新技术企业。加快科技企业孵化器和众创空间建设，支持普宁职业技术学校申报省级众创空间认定，多形式鼓励社会资本和企业建设一批专业化众创空间和孵化基地，打造产业创新“孵化平台”。

做强现代服务业。发挥商贸流通优势，对接滨海新区产业需要，大力引进建设高级酒店、城市综合体、高端商务区等城市配套项目，全面培育引进大宗商品交易、现代物流、金融服务、科技服务、节能环保等生产性服务业和文化创意、旅游休闲、健康养生等生活性服务业，促进证券期货、信息咨询、连锁超市、4S店、写字楼等新业态发展，提升现代服务业比重。规划发展地摊经济、小店经济和夜间经济，加快步行街、大型商圈建设，打造一批高品质餐饮街区，挖掘消费潜力。加快推进布料服装网批城、广东烟草粤东区域卷烟物流配送中心、智慧物流中心、纯晶玻璃冷链仓储物流中心、立白物流配送中心等项目建设，进一步发挥中药材专业市场、国际服装城、国际商品城等商贸平台作用，吸引更多新型商业模式入普孵化，提升现代服务业发展水平。推动电子商务聚集发展、创新发展，支持电子商务企业做大做强，打造一批电子商务旗舰型企业，推进电子商务与产业发展深度结合，规划建设电子商务创意小镇，加快建设国际电商城和跨境电商平台，创建国家级快递物流试验区，打造电子商务强市。

四、聚焦练江综合整治，打好打赢污染防治攻坚战

凝聚合力攻坚练江治理。坚持源头治理、系统治理、科学治理，围绕“截污、控源、清拆、修复、提升”等工作重点，以“一河一策一专班”“一厂（场）一网一专班”为抓手，推动练江水质实现不可逆、可持续的根本性好转。加快推进市生活垃圾环保处理中心二期、市区污水处理厂四期建设，新建占陇、英歌山（大坝）、麒麟、南径污水处理厂103公里配套管网。实施占陇污水处理厂提标改造，推进截污“毛细管网”建设，6月底前全面完成流域405个自然村雨污分流建设和市区污染源排查接驳，确保生活污水全部收集到位，基本实现城乡生活污水处理全覆盖；推进流沙新河、流沙中河、白坑水等9条支流综合整治工程，8月底前全面完成稳定消除劣V类目标。同步推进榕江、龙江流域综合整治，抓好洪阳河二期、榕江东门溪、崩坎水等河涌整治工程建设，加快推进赤岗、南溪、广太、梅林、高埔、船埔、大坪污水处理设施建设。

全面加强污染综合防治。加大污染源管控力度，完成第二次污染源普查。发挥群众参与监督作用，落实举报奖励制度，深入排查整治“散乱污”企业，严惩偷排、漏排、超标排放等环境违法行为，坚决清除禁养区禽畜养殖。加快解决垃圾处理问题，规划布局建设全域建筑渣土、污泥集中处理场，加快循环经济生态园开工建设，配套完善一批镇级垃圾转运站，完善日常保洁和垃圾收集处理机制，实施垃圾分类处理。强化生猪屠宰监管，加快推进生猪（牛羊）定点屠宰厂（场）建设经营，减少面源污染。综合整治工业废气、工地扬尘、道路扬尘、露天焚烧和餐饮油烟、机动车尾气，全力实现蓝天保卫战三年行动计划目标。加大饮用水源地和三坑水源林、盘龙阁等自然保护区保护力度，坚决守住林业生态保护红线，严格管住非法采石采矿、采砂取土、违规造坟等行为。

打造一河两岸生态景观带。围绕“一河一策”编制成果，健全河长制、湖长制组织架构系统和制度体制，加快推进“互联网+河长制（湖长制）”信息管理平台建设和运营管理等工作，推动形成共建共治共享治水格局。谋划推进建设练江堤岸生态及景观绿化，按照“绿廊+景观节点+休闲体育”的模式，打造水清岸绿生态的城市生态景观带。深入开展“五清”“清四乱”专项行动，同步实施土地整备，提升河堤两岸生态建设经济效益。

五、聚焦脱贫攻坚，引领推动乡村振兴发展

决胜脱贫攻坚。严把贫困人口退出关，严格落实“四个不摘”，巩固脱贫成果。建立机制，做好返贫人口和新发生贫困人口的监测和帮扶，防止脱贫人口返贫和新增贫困人口，真正实现小康路上一个都不能少。用好财政专项扶贫资金，推进重点扶贫产业项目建设。持续加强教育扶贫、推进健康扶贫和社会保障扶贫，补齐短板，兜住脱贫攻坚的底线。开展全方位靶向式职业技能培训，提升贫困群众技能，提高就业创业能力，增强内生动力。

突出产业振兴。按照农业“组织化、现代化、产业化”发展思路，做强做大富民兴村产业，深入实施“一村一品、一镇一业”工程，扶持特色农业集约化、产业化发展，加快创建国家现代农业产业园，因地制宜、连片集中打造田园综合体，以家庭农场、示范农民合作社、龙头企业等新型农业经营主体为依托，培育发展科学种养、农产品深加工、互联网 + 农业等新业态，大力发展现代精品农业。推进水田垦造、拆旧复垦，落实最严格的耕地保护制度，稳定粮食生产，支持发展规模化生猪养殖，进一步落实好“水缸子”“米袋子”“菜篮子”“果盘子”“后花园”等建设。推进培育创建省级休闲农业与乡村旅游示范镇（点）、4A 级农业公园，推进南溪水乡田园、里湖盛世田园、高埔青梅田园小镇、善德梅海青梅特色田园乡村等项目建设，推动农旅、文旅、商旅全面融合，打造一批高品质的景区景点和旅游产品，推动一二三产业融合发展。

建设美丽乡村。全域推进农村人居环境整治，打造美丽乡村示范点，重点做好“三清三拆三整治”后续村容村貌美化绿化，因地制宜开展“厕所革命”，新建或改造 137 座农村公厕；狠抓污水管网、垃圾收运、村巷道硬化、“四好农村路”等基础设施建设，力争实现干净整洁村全覆盖，新打造 150 个美丽宜居村、建设一批特色精品村。结合党群服务中心等载体建设新时代文明实践中心，宣传弘扬社会主义核心价值观，完善村规民约，推进移风易俗。

深化农村改革。全面铺开农村集体产权制度改革工作，规范农村宅基地管理，探索农村土地流转模式，选取 2 个乡镇进行土地股份合作制改革。进一步理顺农村集体经济组织管理机制，规范 6 个涉农社区管理。扶持 35 个行政村发展壮大集体经济，消除集体经济薄弱村空壳村。统筹推进涉农资金整合，提高涉农资金使用效益，推广新农村建设“农民工匠”模式，助力乡村振兴。

六、聚焦民生实事，不断提升群众获得感和幸福感

优先发展教育事业。坚持教育的公益性和普惠性，大力推进教育机制体制改革，努力办好人民满意教育。大力发展学前教育，推进新建小区配套建设幼儿园，认定一批民办普惠性幼儿园，确保公办园在园幼儿占比达到 50%，公办园和普惠性民办园在园幼儿占比达到 80% 以上。大力推进义务教育薄弱环节改善与能力提升，全面推进华南师范大学附属普宁学校、下架山横溪第一小学、池尾贵政山小学、特殊教育学校二期等工程建设；完善农村学校布局规划，加快推进乡镇寄宿制学校改扩建，争取整合 12 所“麻雀学校”。谋划筹建一所普通高等院校。探索建立教育资源共建共享模式，推动教育资源向农村、山区、边远地区倾斜，推动校长、教师到农村、山区、边远地区支教，大力整治教师乱抽调现象；支持和规范民办教育，优化发展职业教育，提升教育质量。坚持“五育”并举，积极培育和践行社会主义核心价值观，做好学生心理健康和安全教育。推进教师发展中心建设，实施“名校长、名教师、名班主任”培育工程，建立校长后备人才库，着力提升校长治校能力。全面落实中小学教师平均工资“两个不低于或高于”政策，在全社会营造良好的尊师重教氛围。

大力发展医疗卫生事业。加强公共卫生服务，加快建设公共卫生医学中心，提升疫情防控和应急能力。全面推进医疗卫生服务能力建设项目，完成市人民医院内科大楼、市妇幼保健计划生育服务中心综合大楼建设项目，加快推进市精神卫生医院和市中医医院老年康复医疗中心建设，全面完成市公共卫生应急救治服务体系提升工程建设。提升基层医疗服务能力，强化“三医联动”，深化公立医院改革，以创建紧密型县域医共体建设试点县为契机，大力推进以 2 家综合性三甲医院为龙头，覆盖全市基层公立医疗机构的紧密型医共体建设。鼓励和引导社会资本创办非营利性医疗机构。加强医疗人才队伍建设，引进重点学科带头人等高层次人才。加强医保基金使用监管，完善按病种分值付费体系和村卫生站医保结算管理。以创建全国基层中医药工作先进单位为契机，完善中医药体系建设，丰富中医药人才培养的方式和途径，提升中医药服务能力，使中医药更好地为维护人民群众的健康服务。健全综合监管制度，强化医疗服务日常监督，开展打击非法行医、黑诊所专项行动，进一步规范医疗市场秩序。

融合发展文化旅游体育事业。整合全市旅游资源，继续办好梅花文化旅游节，打造“潮汕水乡”乡村旅游集聚区，支持利泰飞鹅岭农业生态公园创建国家3A级旅游景区。实施“微景观”项目，积极推进“产业+旅游”，串点成线，推进旅游、生态、文化等融合发展。重点将洪阳、南溪、广太串连成片，以洪阳古镇文化、南溪水乡、广太园林为主线，开辟打造一条集文化、美食、休闲的精品旅游线路。进一步补齐公共文化设施短板，推进我市第一批文化馆、图书馆总分馆制7个分馆和21个基层服务点建设，保护修缮林则徐纪念馆、普宁学宫、德安里、虎头埔古窑群展厅等文化遗产。挖掘潮汕特色文化内涵，传承保护“普宁英歌”“普宁嵌瓷”等非物质文化遗产资源，修缮八一纪念馆、“红色村”等红色遗址遗迹。支持社区小型足球场等基层文体设施建设，打造一批社区体育公园，促进全民健身。

完善社会保障体系。围绕实施“粤菜师傅”和“南粤家政”工程，积极招收社会青年、退役军人、下岗职工、返乡农民工等就读职校技校或接受职业培训，以技能培训提升为抓手，促进重点群体就业。加快启用普宁市劳动保障综合服务中心，全面提升劳动保障窗口服务水平，更好地服务群众和企业。加强困难就业人员托底保障和零就业家庭动态清零。深入实施参保计划，推动城乡居民基本养老保险基金市级管理，做好关键时点、困难人群的基本生活保障和医疗保障，完善残疾人康复服务，加强精神病患者看护收治。实施保障性安居工程，加快保障性住房建设。启动建设集社会养老、孤（弃）儿童养育、特困人员救助供养、流浪乞讨人员救助安置为一体的民政福利园，着力构建“大救助、大养老、大儿童保障、大慈善、大社会治理”五大民政工作体系。全面落实拥军优属政策，妥善做好军转干部配偶安置工作，大力支持驻军家属楼建设，推动军民深度融合发展，推进省级双拥模范城创建。

提升财政保障能力。全面推进乡镇街道财政管理体制及运行机制改革，提升公共服务保障水平。推进预算改革提质增效，制订预算及资金管理方案，以预算综合管理台账为抓手，盘活财政存量资金，加强政府债券管理，加快重点项目建设资金支出进度，尽快形成实物工程量，提高财政资金使用效益。加大“六稳”“六保”工作力度，全力兜牢“保工资、保运转、保基本民生”底线。牢固树立党政机关带头过紧日子的思想，从严控制一般行政经费和“三公”经费增长，确保民生基本公共服务和重点项目建设资金需要。

抓好十件民生实事。在办好省、揭阳市十件民生实事的基础上，做好我市2020年十件民生实事。一是增加学前教育和义务教育公办学位供给，提升学前、普通高中生均公用经费保障水平。二是实施技能提升工程。三是推进“四好农村路”和“万里碧道”建设。四是完善疫苗接种管理体系建设。五是加强地质灾害防治。六是深化“厕所革命”。七是加强食品安全保障。八是提高低保、特困人员、孤儿基本生活及困难残疾人两项补贴保障标准，加强残疾儿童康复救助工作。九是开展城市生活垃圾分类处理试点。十是推进重点区域饮水安全工程建设。

同时，组织实施好第七次人口普查，做好地方志、新闻出版、广播电视、红十字会等工作。

七、聚焦营商环境，全力服务企业发展

加大暖企力度。坚决落实系列惠企利民政策措施，认真研究制订相关配套保障措施，继续开展减税降费，严格依法规范财税征管，确保该减的税减到位、该降的费降到位，用政府的“紧日子”换企业的“好日子”。健全完善政银企定期协调机制，突出金融支持实体经济，成立企业发展基金，全力服务实体经济发展。落实好普惠性人才政策，制定人才引进专项政策，引进优秀高端人才和急需紧缺人才，筹划建设人才公寓。着力构建亲清政商关系，完善领导干部联系民营企业制度，帮助解决实际困难，营造尊重、激励和保护企业家干事创业的良好氛围。

优化政务服务。持续推进“放管服”改革，大力推进“互联网+政务服务”，推进“数字政府”改革建设，加快实现“让数据多跑路，让群众少跑腿”。持续精简行政审批事项，推进审批服务“马上办、网上办、就近办、一次办”，大力推广运用“粤商通”，更大力度推进商事登记制度、工程审批制度改革，将企业开办时间减少到1个工作日，将工程建设项目审批时间压缩到80个工作日以内，实现政务服务提速增效。推行智能化服务，搭建集智能自助办理、5G网上办事体验和大数据应用展示为一体的智慧政务服务平台，提高智能服务水平。全方位助力企业发展，对重大产业项目，实行“一项目一指挥部”，从项目立项到落地、建设、投产实行全过程跟踪服务和支持保障，力促重大产业项目落地生根、投产达效。

加强市场监管。坚持严格管理和优化服务并重，建立健全经济治理、行业治理等相关制度，刚性落实制度要求，规范市场主体行为，推动市场规范良性发展。持续深化商事制度改革，进一步放宽市场准入门槛，提升市场退出效率，推进清理“僵尸企业”。支持行业协会建设，强化行业自律，引导市场主体诚信经营、公平竞争。健全完善信用体系，深入推进政务诚信、商务诚信、社会诚信和司法公信建设，推动“信用普宁”建设。

八、聚焦社会治理，打造共建共治共享新格局

加强社会治理。牢固树立国家总体安全观，深化乡镇（街道）管理体制改革，强化完善网格化管理体系建设，进一步提升基层治理体系和治理能力水平。深入推进扫黑除恶专项斗争，全面开展社会治安综合治理专项行动，强力整治涉黑、涉恶、电信网络诈骗、盗抢、黄赌毒、交通违法等突出违法犯罪，确保年底前实现“电信网络诈骗问题整治”摘牌。筑牢治安防控网络，推动综治视联网、“雪亮工程”等视频监控系统建设；围绕智慧新警务建设，加强基层派出所建设，强化智慧天眼、社区警务、铁骑巡逻等措施，全力提升群众安全感、满意度。继续推动社会治理重心向基层下移，坚持和发展新时代“枫桥经验”，落实信访案件领导干部包案和接访下访制度，健全完善非诉讼纠纷解决机制，依法及时就地解决群众合理信访诉求，预防处置突发性事件，切实营造良好的社会环境。全力支持普侨区改制设镇工作，梳理存在问题，理顺行政管理体制，圆满完成普侨区改制设镇工作任务。

强化应急管理。抓好安全生产、消防安全、食品药品安全工作，深入开展危险化学品、交通运输、建筑施工等重点行业领域安全生产综合治理。集中整治超载超限，建立健全客货运行业监管长效机制，建设运营5个治超卸货场和3个非现场执法监测点，全力保障道路交通安全。坚持“以防为主”的理念，加强地震、气象预警预报，突出抓好地质灾害隐患点、内涝易发地下水道等治理工作。针对新冠肺炎疫情防控暴露的不足和短板，健全应急管理体系，提高处理急难险重任务能力，推进应急管理平台和应急指挥中心建设，大力实施防灾减灾工程，坚决遏制较大以上事故发生。

防范化解重大风险。支持指导上市企业对接用好国家和省扶持政策，积极防范和化解企业运营风险，推动企业聚焦实业，防止“脱实向虚”，促进企业持续健康发展。深化地方金融监管体制改革，强化地方金融监管和风险防控处置，推动农合机构回归服务“三农”和中小微企业主责主业，大力整治非法集资等金融乱象，严厉打击恶意逃废银行债务行为，稳妥推进地方金融机构风险化解，守住不发生区域性金融风险底线。加强政府债务管理，杜绝违法违规融资，严格管控政府性债务规模和债务率，坚决防范政府性债务风险。

九、聚焦思想能力作风，全面加强政府自身建设

坚持党建引领，把牢发展方向。学深悟透做实习近平新时代中国特色社会主义思想，树牢“四个意识”、坚定“四个自信”、做到“两个维护”，巩固深化“不忘初心、牢记使命”主题教育成果，以党的政治建设为统领，全面推进政府系统的政治建设、思想建设、组织建设、作风建设、纪律建设，把制度建设贯穿其中，坚决以新气象新担当新作为落实好上级和市委的各项决策部署。深化乡镇街道体制和事业单位改革，做好机构改革“后半篇文章”，健全基层网格化治理体系，不断提升政府治理体系和治理能力现代化水平。

严格依法行政，强化政府引领能力。坚持依法施政、依法行政、依法办事，健全政府运行体制机制，规范政府行为，严格按照法定权限和法定程序行使权力，坚决维护制度权威，确保在制度的轨道上推进发展。充分发挥政府“有形之手”的作用，强化规划、制度的刚性执行，彻底解决“弱”“乱”问题，坚决规范市场行为，提高制度引领发展、驾驭市场、聚焦要素的能力。深化政务公开，依法接受党内监督、人大法律监督、政协民主监督以及监察委员会监督，强化舆论监督和社会监督，发挥审计监督和统计监督作用，让权力在阳光下运行。

坚持务实干事，狠抓工作落实。按照系统化、专业化、精准化工作要求，以落实“五本台账”为抓手，以推动项目为引领，坚持问题导向、目标导向、结果导向，做到“不忽悠、不跑调，实打实、硬碰硬”，统筹推动各项工作高标准谋划、高水平开展、高效率落实。以能力素质提升为核心，落实增强“八项本领”要求，多举措加强干部队伍建设，树立“站在普宁看普宁，跳出普宁看普宁”的思维方式，着力提高干部分析问题、解决问题的能力。进一步树立激励有作为、鞭策慢作为、惩处不作为和乱作为的鲜明导向，倡导

"干"字当头、善作善成，努力营造干部愿干事、敢干事、能干成事的环境氛围。

锤炼过硬作风，树立良好形象。始终把政治纪律和政治规矩挺在前面，使严实作风成为治理能力建设的重要保障。严格执行中央八项规定，力戒形式主义、官僚主义，持之以恒纠"四风"。保持反腐败高压态势，紧盯重大工程、重点领域、关键岗位，强化廉政监督和防控，推进国有资产、领导干部履行经济责任情况审计全覆盖，坚决查处不正之风和腐败行为，切实做到干部清正、政府清廉，全力营造风清气正的良好政治生态。

2020年6月23日，普宁市第十五届人民代表大会第五次会议在市党政会议中心开幕（市人大办　供稿）

调　研　报　告

普宁市精准扶贫精准脱贫工作情况的调研报告

2019年7月29—30日，普宁市人大常委会组织省、揭阳市、普宁市三级人大代表，深入到大南山街道什石洋村察看精准扶贫精准脱贫工作，并通过听取市有关工作部门汇报、座谈讨论等形式，对市精准扶贫精准脱贫工作情况进行调研，并形成专题调研报告。

一、基本情况

近年来，市委、市政府及市扶贫工作部门坚持以习近平总书记有关精准扶贫精准脱贫的重要论述为指导，认真贯彻落实中央、省、揭阳市脱贫攻坚战略部署及扶贫开发工作会议精神，进一步推进脱贫攻坚各项工作的深入开展。根据省、揭阳市及普宁市精准扶贫精准脱贫三年攻坚实施方案，进一步落实脱贫攻坚责任制，以各级审计、巡查巡察反馈问题的整改落实为动力，深挖扶贫工作中存在问题，举一反三，认真落实整改，努力促进扶贫工作有效开展，继续从扶贫对象的精准识别、建档立卡、挂钩帮扶脱贫成效等方面认真落实全市新时期精准扶贫精准脱贫攻坚工作。

至2019年6月底，全市28个乡镇场街道有相对贫困村和分散贫困人口村506个。其中：相对贫困村18个，分散贫困人口村488个，建档立卡相对贫困户5693户，总贫困人口11272人，其中：有劳动能力贫困户1596户、6394人，无劳动能力贫困户4097户、4878人。经过各地各帮扶单位的共同努力，多管齐下，全面扎实推进贫困村、贫困户帮扶工作、“三保障”政策等的贯彻落实，至2018年12月底，全市预脱贫5621户、10990人（含2016年、2017年预脱贫户），脱贫率分别为97.38%、96.51%。市辖区18个省定贫困村居民人均可支配收入15630.78元；有劳动能力贫困户人均可支配收入12419.46元。

二、主要做法

（一）狠抓脱贫攻坚组织保障

一是强化挂钩帮扶责任和分散负责定点责任。全市实施精准扶贫的18个相对贫困村由东莞市对口帮扶16个村、揭阳市级单位对口帮扶2个村；面上488个村分散相对贫困户贫困人口的脱贫工作，揭阳市安排10个市直单位对口帮扶10个村，其余478个村分散相对贫困户贫困人口由普宁市、镇二级负责落实挂扶（其中，市直97个单位挂扶95个村，乡镇场街道自扶383个村），确保每一户贫困户都有帮扶责任人进行帮扶。二是落实领导责任制。在落实领导挂镇挂村包户的基础上，按照省、揭阳市及普宁市《关于落实脱贫攻坚责任制工作的通知》进一步落实党委政府专题研究扶贫工作的会议制度，落实领导遍访制度。2018年至2019年上半年共召开普宁市委书记专题会、市委常委会、市政府常务会等各类会议34次，专题研究扶贫工作，普宁市党政主要领导带队扶贫调研31次。严格落实县级党委书记遍访贫困村制度，普宁市委书记张时义已走遍全市18个省定贫困村，各乡镇场街道党（工）委书记、各村（社区）党支部书记也按要求遍访辖区内贫困户。

（二）狠抓扶贫资金筹集、使用、管理

一是积极筹集扶贫开发资金。据统计，2016年至2019年上半年累计筹集扶贫开发资金合计19023.451万元（6∶3∶1各级财政专项资金10467.747万元，行业扶贫资金606.095万元，帮扶单位资金6187.62万元，群众自筹1762.091万元），其中2019年上半年筹集扶贫开发资金1581.35万元（帮扶单位资金1397.86万元，群众自筹183.4944万元）。已投入使用资金，2016年至2019年上半年累计投入16864.187万元

（6∶3∶1各级财政专项资金10467.747万元，其他资金投入6396.44万元）。二是强化资金监管，确保专款专用。普宁市的各级财政扶贫专项资金，认真按照上级资金下达的文件要求，及时下达，从组织领导、制度措施方面提出具体要求，各有关乡镇场街道、村、帮扶单位共同认真制订具体帮扶项目计划和资金使用计划，并按规定将项目资金实施及使用情况在村、镇公开平台进行公示，精准扶贫资金项目在市政府政务公开网站扶贫模块公示，并按粤财农〔2016〕166号、粤扶办〔2017〕38号、普财农〔2016〕38号各级文件有关扶贫资金使用监督规定，认真制定市各级各年度扶贫专项资金使用计划和项目计划，并按照项目实施内容组织实施和资金管理。按照“项目跟随规划走、资金跟随项目走、监管跟随资金走”的原则，确保专款专用。财政专项扶贫资金主要用于促进贫困人口增收，包括扶持分散贫困户产业发展、小额信贷、资产收益，兼顾教育、医疗保障等方面。加强扶贫项目立项实施、资金拨付、验收监管、绩效评估等工作，做到项目、资金和效果“三公开”，接受群众监管和审计核查。同时，切实加强预防扶贫领域职务犯罪，设立举报电话，警钟长鸣，坚决杜绝挤占、挪用、贪污扶贫资金等行为发生。

（三）全面落实“两不愁、三保障”政策

一是全面落实贫困户子女（在校生）生活费补助，其中落实2018年市辖区贫困户子女（在校生）教育生活费补助（包含非普宁籍在校生）1750人。二是将全市符合条件无劳动能力或丧失劳动能力的贫困人口4878人全部纳入低保、五保(含孤儿、困儿)政策性兜底。三是落实基本医疗、大病保险和养老保险政策，由财政全额资助已在市各地建档立卡贫困人口参加2019年城乡基本医疗保险并纳入重特大疾病救助范围，对符合条件的贫困人口4506人由财政全额资助代缴参加2018年居民基本养老保险。全市符合领取养老待遇条件的60周岁以上贫困人口已有4543人领取养老待遇，实现应保尽保。四是落实危房改造政策，2016—2018年贫困户危房改造总计116户，其中已完成危房改造115户(2016年完成改造61户，2017年完成改造45户，2018年完成改造9户），尚存1户，计划于2019年完成改造。

（四）狠抓产业扶贫工作

一是利用各级财政支持精准扶贫资金项目收益形式带动贫困户增收。据统计，2016—2018年财政支持精准扶贫项目资金共10467.747万元。至2019年6月底，各镇、村办项目共144个(其中建扶贫光伏电站116个、参股项目17个，物业项目3个，农业项目1个，基础设施7个)。其中镇级项目69个，建设扶贫光伏电站63个，参股项目6个，其中未完成项目1个，即里湖镇2018年镇级统筹项目（项目建设已完成，工程未结算）；村级项目共75个，建设扶贫光伏电站53个，农业项目1个，物业项目3个，参股项目11个，基础设施7个，其中未完成21个，主要涉及南溪镇等原参股项目改为光伏电站项目19个，基础设施1个，购买商铺1个。但由于跟踪审计及巡察发现部分参股项目不合理，要求落实整改，经相关镇、村及帮扶单位协商，南溪镇5个村和里湖镇松溪村将原来项目进行调整，现已调整批复同意改为扶贫光伏电站，项目已完成招投标和合同签订，正在抓紧实施。按照前段2018年考核通报存在问题整改和揭阳市督办函指出问题整改要求，市辖区麒麟镇5个村参股项目作深入整改，计划将原参股资金收回，并按照有关文件要求选定新项目，并启动项目变更程序尽快组织实施。二是认真组织实施“一镇一业”、“一村一品”行动。以镇、行政村为单位建立当地具有一定规模的扶贫产业，建立“公司+专业合作社+基地+农户”等经营模式，动员在家务农的有劳动能力贫困户参与扶贫产业项目。如麒麟镇发动贫困户参与合作社的方式，以参与蔬菜种植为主的合作社经营模式，带动贫困户增收。

三、存在的主要问题

市新时期精准扶贫精准脱贫工作虽然取得一定成效，但对照省、揭阳市的要求还存在一些差距。主要有：一是脱贫难度大，特别是市辖区贫困人口分散、面广；贫困户劳动力文化水平低、自我发展能力差，尚存在“等、靠、要”思想，自我脱贫意识差。二是由于贫困地方资源匮乏，经济基础薄弱，贫困村主导产业培育困难，缺乏有力的龙头企业带动，影响贫困村、贫困户收入，对脱贫长效机制建立与落实的难度加大。贫困户对扶贫小额信贷积极性不高。三是社会组织、企业、乡贤、热心人士对精准扶贫工作的参与力度还需进一步加强。四是个别乡镇场街道领导认识不充分、不到位，出现帮扶工作开展不平衡。五是个别村干部工作积极性不高，业务水平低，相关扶贫资料台账不齐全，整理不规范。六是部分镇扶贫机构力量薄弱，没有专职人员，有的扶贫干部身兼多职。

四、建议意见

为全力推进全市精准扶贫精准脱贫各项工作，确保全面完成新时期精准扶贫精准脱贫攻坚任务，建议继续抓好下面几点工作：

（一）提高政治站位，坚决打赢脱贫攻坚战。要认真贯彻落实党的十九大会议精神，以习近平新时代中国特色社会主义思想为指导，进一步提高政治站位、政治担当，充分认识当前脱贫攻坚的艰巨性、复杂性，继续深入实施精准扶贫精准脱贫方略，分类指导、因户施策，采取积极有效措施，加大帮扶力度，确保完成任务。

（二）进一步加强领导，落实责任。各地各单位要切实负起主体责任和属地责任，强化政治意识、大局意识、核心意识、看齐意识，切实加强组织领导，层层压实责任，确保各项工作任务的如期完成。继续认真贯彻落实中央、省、揭阳市和普宁市委、市政府新时期精准扶贫精准脱贫工作部署，加强督查指导，加快工作的推进。各相关职能部门继续认真按照省、揭阳市有关精准扶贫精准脱贫文件要求，根据各自分工职责，合力攻坚，把相关工作落到实处。继续做好有关审计、各级巡视巡察发现问题的整改落实工作。

（三）加强监管，充分发挥扶贫资金应有效益。继续做好各地各帮扶单位扶贫项目的落实工作，加大资金筹措力度，确保扶贫项目的顺利推进，同时加大扶贫资金监管力度，确保扶贫资金使用合理合规，确保发挥效益。继续以高压态势做好预防扶贫领域职务犯罪工作，警钟长鸣，坚决杜绝挤占、挪用、贪污扶贫资金等行为发生。

（四）进一步夯实基层基础，着力增强贫困户自我发展能力。继续落实对村对户帮扶规划，重点落实对户帮扶工作，继续做好对扶贫对象的思想转变，克服“等、靠、要”思想，努力做好帮扶对象的增收脱贫、继续完善落实好政策扶贫等工作。

（市人大办）

普宁市饮用水源及备用水源情况的调研报告

2019 年 7 月 29—30 日，普宁市人大常委会组织省、揭阳市、普宁市三级人大代表，通过实地查看、听取汇报、座谈讨论等形式，对市饮用水源及备用水源情况进行调研，并形成专题调研报告。

一、基本情况

普宁市是全国第一人口大县（市），全市户籍人口 245 万人，其中城镇人口 107 万人，市区常住人口 57 万多人。普宁辖区有榕江、练江、龙江三大河流穿境而过，蓄水工程 327 宗，有效总库容 2.26 亿立方米。市大中型水厂 4 座，总制水能力日产 35 万吨。根据《普宁市城市总体规划（2015—2030）》，到 2020 年，全市常住人口达 266 万人，其中城镇人口为 159 万人，城镇化水平为 60%；到 2030 年，全市常住总人口达 298 万人，其中城镇人口达 223 万人，城镇化水平达到 75%。作为一个新兴城市，普宁市水资源十分匮乏，人均水资源占有量仅为全省的 37% 和全国的 42%，水资源供需矛盾日益突出，水资源不足成为当前制约我市经济和社会发展的重要因素之一。

迄今全市共有三个饮用水源地，分别是榕江乌石拦河闸水源地、汤坑水库水源地和三坑水库水源地，其中三坑水库作为莲花山水厂的应急备用水源，在榕江水质水量发生异常或引榕水管检修时作为应急使用。

二、饮用水源及备用水源保护工作

为切实做好饮用水源及备用水源保护工作，确保市饮用水安全。近年来，市认真按照《水污染防治法》《广东省饮用水源水质保护条例》和省环保厅《关于进一步加强饮用水源环境保护工作的函》要求，依法履行饮用水源保护职责，全面做好饮用水源及备用水源保护各项工作。

（一）加强领导，落实饮用水源及备用水源保护。市委、市政府高度重视饮用水源及备用水源保护工作，把保护饮用水安全作为一项重要工作来抓，切实履行饮用水源环境保护的职责，全面落实《全国城市饮用水水源地环境保护规划（2008—2020 年）》。把饮用水源保护工作作为各乡镇场街道任期目标考核内容，要求各乡镇场街道采取措施，保护辖区内饮用水源，做到“一把手”亲自抓、负总责。政府各职能部门明确各自职责，主动配合生态环境部门工作，形成生态环境部门统一监督管理、各部门齐抓共管的工作局面。市政府印发《普宁市实施〈全国城市饮用水水源地环境保护规划（2008—2020年）〉工作方案》，全面落实饮用水源及备用水源环境保护的各项措施，将各项任务分解到各有关职能部门，明确职责，确保任务完成。

（二）采取措施，保护饮用水源安全。一是依法做好饮用水源保护区划分。分别建立市区4个饮用水源一级保护区、11个镇级集中式饮用水源一级保护区和10个农村饮用水源保护区。二是市政府制订颁布了饮用水源保护区通告、管理办法，对饮用水源保护区依法实行规范管理，划定禁养区，清理整治畜禽养殖场（点）。三是逐步完善饮用水源保护区基础设施建设。积极申请环保专项资金用于9个饮用水源保护区的标准化工程建设及4个市区饮用水水源保护区物理隔离工程建设，监督施工单位加紧推进项目施工进度。四是定期开展水质监测，确保饮用水安全。市区饮用水源保护区水质每年进行12次定期监测，建制镇和农村集中式饮用水源每季度监测一次。同时根据汛期、枯水期及水库藻类暴发期水质的变化情况予以加密监测，定期发布水质信息情况，做到及早发现问题，及时启动应急机制，妥善应对、处置环境污染事故和突发事件。五是加强巡查监管。严格按照饮用水源保护相关要求，切实加大饮用水源地保护力度，对违法建设项目进行严厉打击，提高全市饮用水安全保障程度。市饮用水源保护区内列入清理整治项目37项，2020年前需完成治理项目20项，主要为村庄和发电站治理项目，项目治理工作正有序开展中；2018年6月底前需关闭、拆除和复绿项目17项已全部完成。

（三）编制《普宁市水资源综合规划》和规划供水工程。市委、市政府委托广东省水利电力勘测设计研究院编制《普宁市水资源综合规划》，已完成初稿，正在征求意见。根据《普宁市水资源综合规划》，在考虑强化节水等优化措施的前提下，普宁市供水仍不能满足设计水平年的供水需求，因此考虑改扩建或新建供水工程。市拟规划新建坎下水库、茅坪水库、青子园水库、圆控潭水库、娘岭水库、宝月水库共6宗水库作为供水水源，规划兴建库容分别为134万立方米、5120万立方米、347万立方米、972万立方米、598万立方米、880万立方米。同时，加快推进榕江片区设计供水能力达15万吨/日的北部中心水厂项目建设。

（四）从揭西县龙颈水库引入水源。2019年，市北部的洪阳、大坝、南溪、广太、赤岗5个镇总人口达50多万人，该地区没有大中型水库，城镇供水主要依靠小型水库和地下水，农村居民主要饮用地下水。而该地区地下水氟、铁含量严重超标，饮水极不安全，加上近年来市建设英歌山工业园、纺织印染环保综合处理中心，北部地区工业用水需求巨大，是当前全市供水最紧张、解决农村饮水安全任务最艰巨的地区。近年来，普宁市委、市政府高度重视，多次深入调查研究，广泛听取各方意见建议，反复论证比较，认为必须从龙颈水库揭西县第三水厂引入自来水，才能从根本上解决北部地区的用水问题。经多次与揭西县协商，双方达成统一意见，揭西县同意供应自来水后，市加快推进从揭西县第三水厂引水工程建设，并与揭西县签订《揭西至普宁北部地区供水项目合作框架协议书》，就揭西县第三自来水厂向普宁市供水合作项目达成一致，建设普宁市从龙颈水库直接引水工程，供水规模为20万吨/日。引水方案有两个：一是引原水方案。该方案第一个取水点邻近揭西县第三水厂取水位置，为龙颈电站尾水，第二个取水点设于五经富水与灰寨水交汇口上游约500米处，同时增大北部中心水厂在三洲拦河闸前取水规模。二是引成品水方案。揭西县第三水厂的供水管道已铺设至棉湖镇，供水管道共2条，规划供水人口14万人。该方案拟于棉湖镇的供水管道将自来水经赤岗镇接入，以解决普宁赤岗镇和洪阳镇供水问题。

三、存在主要问题

普宁市下大力气做好水资源保护工作，依法划定饮用水源保护区，完善饮用水源保护区管理制度和提高饮用水源监测能力，加强饮用水源地监管，农村饮用水源安全得到保障。但仍然存在一些问题。一是供水水源分布不平衡。除市区外，大部分乡镇供水缺乏稳定的水源。二是水质型缺水严重。除榕江和水库水源外，其他符合饮用水标准水源少。三是供水能力不足。通过现状水资源供需平衡分析，普宁市供水保证率较低，在枯水年缺水现象普遍存在，供水水源已无开发潜力，急需寻找新的水源。四是水源单一，缺乏应对突发事件的能力。除莲花山等市属水厂有备用水源外，大部分地区供水水源较为单一，当出现输水管道破裂或者水源地发生突发污染时候，缺乏应对突发事件能力。

四、建议意见

生活饮用水事关人民群众身体健康和生命安全，事关经济发展和社会稳定。市政府及有关职能部门和单位要按照相关法律法规的要求切实履行职责，将饮用水供水保障作为一项重要民生工作来抓，确保群众饮用水安全和有效供给。

（一）加快推进从揭西县龙颈水库引水工程的建设。普宁辖区的揭阳市人大代表要在揭阳市人代会议召开时积极提议案或建议意见，争取揭阳市委、市政府对普宁市从揭西县龙颈水库引水的大力支持，争取将“普宁市从揭西县龙颈水库引水”列为揭阳市民生重点项目，以切实解决普宁市长期供水安全保障问题，维护经济可持续发展和社会和谐稳定。

（二）推进供水管网及设施改造建设。要将莲花山水厂原水输水管道改建工程作为重要民生项目来抓，统筹安排财力，落实专项资金支持改造提升。市供水局要广辟筹资渠道，加大对莲花山水厂原水输水管道改建工程建设资金的筹措。对老化的供水管网，要加强管理、巡查，及时更新和修复损毁管网。

（三）加强饮用水源地保护。要严格按照饮用水源地保护规划要求和对照环境污染整治目标，整合环保、农业、水利、住建、国土、林业等部门相关资源，加强农业面源污染治理和城乡环境卫生综合治理，强化监管力度，持续开展饮用水源保护区环境整治工作，管好饮用水源源头。建立健全水源巡查制度，及时发现并制止威胁供水安全的行为；规范开展水源及供水水质监测和检测。

（四）健全农村饮水工程及水源保护长效机制。要结合农村饮水工程建设、农村环境综合整治、新农村建设等工作，多渠道筹集水源保护资金。进一步加强农村饮用水源及备用水源规范化建设，推进农村水环境监管和综合整治，加强水源周边生活污水、垃圾及畜禽养殖废弃物的处理，综合防治农药化肥等面源污染。

（五）强化宣传教育和公众参与。切实加强饮用水安全、水源保护等相关知识及工作的宣传力度，增强市民水源保护意识。逐步公布水源水和出厂水水质状况，搭建公众参与平台，强化社会监督，构建全民行动格局，切实提升饮水安全保障水平。

（市人大办）

普宁市养殖产业发展情况的调研报告

按照市人大常委会的工作安排，2019 年 5 月，市人大农村农业委员会组织对普宁市养殖产业发展情况进行调研。通过深入基层，走访养殖企业，了解全市养殖业发展情况，分析研究当前畜牧水产业存在的“短板”，探索养殖产业在实施乡村振兴战略中的发展路径，形成专题调研报告。

一、市畜牧水产业基本情况及现状

2018 年年末，全市生猪、肉牛、肉羊、家禽出栏分别为 29.05 万头、0.448 万头、0.085 万头、298 万只，生猪、肉牛、肉羊、家禽期末存栏分别为 12.25 万头、0.71 万头、0.135 万头、83.49 万只。另外，蜂蜜养殖全年计 1.03 万箱。全年水产品产量 8816 吨，其中淡水养殖面积 958 公顷，淡水养殖产量 8631 吨，淡水非养殖水域捕捞 185 吨。

（一）畜禽养殖废弃物资源化利用工作的基本情况和现状

至 2019 年 5 月，全市共有畜禽规模养殖场 43 家，专业养殖户 474 户。43 家畜禽规模养殖场已全部落实雨污分流、实行水冲粪或干清粪工艺，配套沼气池或三级化粪池等相应的治污设施，专业养殖户也基本配套相应的治污设施。

（二）畜禽遗传资源保护开发利用、现代畜禽种业建设情况及现状

至 2019 年 5 月，全市仅有一家父母代种鸭场，畜禽种业对外依赖程度高，畜禽种业发展滞后。

（三）水产养殖业基本情况及现状

全市有水产苗种繁育场 2 家，年产鱼苗 5.4 亿尾。养殖水域面积 3.33 公顷以上规模水产养殖场（户）29 家，

规模化专业观赏鱼养殖场1家、养鳖场1家。年水产养殖业产值在9800万元上下。

（四）畜禽与水产饲料产业的基本情况及现状

全市目前取得“饲料生产许可证”的饲料厂家2家，分别是普宁市好来屋饲料厂［编号：粤饲证（2013）20001］和普宁市旺旺泰饲料有限公司［编号：粤饲证（2014）20012］。全市28个乡镇街道共有畜禽与水产业饲料经营店79家。

全市草原草地总面积约666.67公顷，其中可利用面积约200公顷。

二、已开展的工作及成效

畜牧业是市农业农村经济的重要组成部分，对保障农产品有效供给，稳定增加农民收入，保护和改善生态环境，维护社会经济稳定发展，具有十分重要的意义。

（一）市开展畜禽养殖废弃物资源化利用的工作情况和取得的成效

市养殖业管理部门编写了《普宁市畜禽养殖粪污治理简单技术指南》，指导养殖户完善治污配套设施，建设与养殖规模相适应的污水处理设施，做到干清粪、雨污分流和养殖场废弃物的综合利用。

全市有畜禽规模养殖场43家，其中34家生猪养殖场已全部落实雨污分流、实行水冲粪或干清粪工艺，配套沼气池或三级化粪池等相应的治污设施，规模养殖场粪污处理设施装备配套率达到100%，全市畜禽粪污综合利用率约75%。还推动一批高标准的项目实施，引导普宁梅塘育宏养猪场、普宁市马鞍山吉田养殖场、高埔大顺养猪场申报世界银行贷款牲畜废弃物管理项目建设单位，同时在环保部门备案，投入资金1000多万元。

（二）畜禽遗传资源保护开发利用、现代畜禽种业建设与管理、推进畜牧业结构调整已开展的工作及成效

认真贯彻落实《畜牧法》，严格执行保护制度，采取有效措施，实现依法保护畜禽种业和有序管理。与已建有畜禽种业的企业签订普宁市动物养殖场畜禽产品质量安全责任书等，明确双方的权利、责任和义务。

（三）饲料管理工作开展情况

饲料管理工作部门严格执行生产许可证管理制度强化饲料行业监管，每年至少对饲料生产厂家巡查监督4次；每年至少对饲料经营店巡查2次，主要检查店铺是否具有工商营业执照，产品标签、生产许可证、检验合格证、批准文号是否齐全，产品购销台账是否健全，是否有对饲料再加工、添加物质或者进行拆包、分装的行为，是否有经营假冒、伪劣、霉变或者超过保质期的饲料的行为。

（四）水产养殖业工作开展情况

持续深入加强与中国科学院武汉水产生物研究所合作，探索研究异养银鲫“中科3号”人工繁育和成鱼养殖技术，推广淡水白鲳、异养银鲫和新吉富罗非鱼的科学养殖技术。利用市辖区山塘水库众多、水质优良的有利条件，创新健康养殖模式，进一步提高罗非鱼养殖产品的品质和产量，力争使每亩水域产量达到375公斤。

根据《渔业法》和上级有关文件精神和要求，市渔业管理部门制订《普宁市养殖水域滩涂规划编制工作方案》，成立普宁市养殖水域滩涂规划编制工作领导小组。组织开展水产苗种专项整治工作，指导水产苗种生产单位补充完善各类鱼苗种生产材料、设备。全市现有持证水产苗种生产单位2家，有效确保优质水产苗种供应。

市有关管理部门每季度坚持对规模养殖场巡查不少于一次。2019年1—5月，出动巡查共126家、380人次。并指导督促乡镇街道畜牧水产兽医站对辖区内养殖场的监管工作，确保监管工作全覆盖，不留死角。开展联合专项执法检查4次，巡查执法检查出动执法人员384人次。

三、存在的问题

（一）用地压力大。用地问题严重制约市畜禽养殖业发展，全市总面积为1620平方千米，禁养区面积为724.84平方千米，非禁养区面积仅占总面积的55%。除去限养区、居民聚居区域、湖泊水库等不适合畜禽养殖的场地，加之畜禽养殖防疫需要，养殖场建设应选择偏远场地，适合建设养殖场的场地极为有限。

（二）环保压力大。近些年来由于生态环境整治、畜禽养殖禁养区划定等环境综合整治工作的开展，市畜禽养殖产业淘汰了一大批环保意识差、养殖水平落后的养殖场户，2018年全市就关停取缔了9家规模养殖场、1535户养殖户。环保高压态势下倒逼市养殖场、户全面进行环保设施升级，废弃物资源化利用率提升。但是，环保治污配套设施的建设和升级需要投入大量资金，从而大大增加养殖成本，影响市畜禽养殖业规模化、现代化进程。

（三）疫病防控形势严峻，疫病风险增大。一是畜病禽病种类多，防控难度大。特别是非洲猪瘟已成为养猪业的头号杀手，迄今该病无有效疫苗。二是畜禽交易流动性大，外疫传入风险增大。普宁人口众多，从外地购进畜禽量大，交易流动频繁，对我市动物疫病防控形成重大威胁。三是部分养殖场业主防疫意识淡薄。一些跨行业进入的新建养殖场业主防疫意识不强，有的规模养殖业主为了快速达到饲养规模，跨区域、长距离大量引种，给市动物疫病防控带来隐患。四是防疫设施条件和防疫队伍素质还不适应当前防疫工作需要。市动物疫病防控经费投入尚不足，检疫诊断设施设备较落后，疫病防控基础较脆弱。乡镇、村级动物防疫员体系尚未完全建立，乡镇兽医防疫工作量多难度较大，防疫设施条件和基层畜牧兽医队伍素质还不完全适应新的疫病防控形势的需要。

（四）渔业基础设施建设滞后，执法力度有待加强。由于市渔业尚未完全形成规模化养殖，向上级争取项目资金较为困难，养殖效益不高，投入扩大再生产资金有限，全市鱼塘老化，难以满足现代化渔业发展的需要。且财政投入资金有限，执法装备相对落后，正常巡查监管经费欠缺，日常监管和执法工作有待进一步加强。

四、建议意见

（一）领导重视，加强疫病防控。一是高度重视，加强领导。新的《动物防疫法》明确规定“各级人民政府应加强对动物重大疫病防控工作的领导，市（县）级以上人民政府要建立健全疫情监测网络，并把动物防疫纳入本级国民经济和社会发展规划及年度计划，将所需经费纳入财政预算”。各级各部门要站在全局和战略的高度，高度重视动物防疫工作，牢固树立成败在防疫，抓防疫就是抓发展的意识，抓动物防疫就是抓公共卫生的意识，加强领导，准确把握严峻的疫情形势，强化责任制和责任追究制。二是加强防控。各乡镇要高度重视动防工作，按照“政府保密度、畜牧部门保质量”的要求，毫不松懈地抓好非洲猪瘟，高致病性禽流感、口蹄疫、猪瘟、高致病性猪蓝耳病、猪二型链球菌病等重大动物疫病的综合防控工作。既要重视突发疫情的控制，又要重视平常时期的预防；既要着力于做好季节性的集中免疫，更要着力于建设防控工作的长效机制，切实加强免疫和疫情监测工作，完善应急机制，提高应急处置能力。三是加强动物防疫基础设施和队伍建设。市政府应落实好防控经费，做好疫苗、消毒药、防护服等动物疫病防控物资储备、调运和分发，要加强以冷链体系建设为重点的基础设施建设，解决落实好防疫人员的劳务费，改善工作条件和工作待遇。加强对基层畜牧兽医人员和村级动物防疫员的培训、教育和管理，增强责任心和事业心，提高政治业务素质和服务水平。

（二）大力发展规模养殖，着力提高畜禽养殖规模化程度。通过大力发展规模养殖，尽快弥补散养户下降的畜禽数量，一是科学规划布局。要按照“科学规划、合理布局、种养结合、适度规模”的原则，正确处理好发展与保护的关系，根据土地和环境的承载能力，搞好规划布局。建议市政府安排专项经费，职能部门组织专门人员对畜禽养殖小区和规模养殖场（户）做好规划布局，并作为今后发展布点的依据，从而减少布点的盲目性，达到生产发展和环境保护两不误。二是发挥政策的引导作用。要积极争取国家和省的项目资金支持，认真落实好国家扶持生产的各项政策，管好用好项目资金，并在市财政预算中安排畜禽发展专项资金，重点扶持规模畜禽养殖场。三是加强金融支持力度，切实解决养殖户贷款难问题。

（三）科学合理划定禁养区，指导养殖废弃物综合利用。一是政策的连贯性和稳定性对于畜禽养殖产业的健康发展有重要影响，实施生态环境整治要依法依规科学划定禁养区、限养区。二是各级有关部门对于政策的解读要科学到位，比如禁养区限养区适养区这类名词，禁养区不是无养区，是指县级以上地方人民政府依法划定的禁止建设养殖场或禁止建设有污染物排放的养殖场的区域。这对于基层决策和执法具有重要意义。三是对于环保治污设施不完善和综合利用不到位的养殖场、户应加强科学指导，根据上级相关标准，对上述养殖场、户进行改造，以利于养殖业的科学发展。

（四）建立完善渔业检测经费保障机制，加强渔业执法队伍建设。逐步增加水产检测经费预算，保障水产疫病的监测、预防、控制及监督管理等正常需要，为市水产品质量安全提供保障。加强执法队伍建设，提高水产执法水平，进一步加强对检测监督人员的培训教育，使执法主体和执法人员树立服务意识全局意识，建立严格执法、依法监管的长效工作机制，进一步加大水产执法力度，及时发现和查处各类违法案件，确保《渔业法》《广东省水产品质量安全条例》等法律法规的有效实施。

综上所述，当前市畜禽养殖业正值重要的转型期，面临新的发展机遇和挑战。畜禽肉和粮食一样具有安天下的基础性作用，必须保持稳定发展，确保市场有效供给。建议当前要以发展现代畜牧业为主线，高度重视，加大投入，切实解决好畜禽疫病防控、标准化规模养殖和养殖废弃物资源化利用等关键问题，推进全市畜禽养殖产业持续健康发展。

（市人大农村农业委员会）

普宁市红色文化资源保护和利用情况的调研报告

为加强普宁市红色文化资源保护和利用工作，助推红色文化旅游产业发展，2019 年 8 月 27 日，市政协组织教科文卫体委员会部分委员，就市红色文化资源保护和利用情况开展调研，并形成专题调研报告。

一、基本情况

（一）红色文化资源保护情况。上级及市各级党政对红色文化资源保护和利用工作高度重视，社会各界大力支持，多方筹资对市革命遗址、纪念馆、纪念碑、烈士墓等红色文化资源进行抢救、整理、保护和开发利用。2006 年，市投入资金 260 多万元，全面完成普宁县农会办公旧址（培风塔）修缮工作；近期计划进行保护、开发利用的革命遗址 34 处，主要有普宁市流沙会议旧址（“八一”纪念馆）、普宁县临时人民政府成立旧址、普宁县农会办公旧址（培风塔）、杨石魂故居、多年山村十八烈士墓、普宁市大南山革命斗争历史展览馆、大南山街道什石洋红色村等。重点对“八一”南昌起义南下部队指挥部军事决策会议旧址进行展品提升设计，陈列大纲已聘请专家组论证通过，将按程序逐级向上级宣传部门上报审定。

（二）红色文化资源利用情况。一是加快红色旅游景区建设。全市有红色旅游景区（景点） 35 处，红色旅游讲解、导游工作人员 65 人。2019 年 1 月，省委组织部调拨 500 万元专项党费补助大南山街道什石洋村，用于创建红色村党建示范工程；同年 2 月，市财政投入资金 20 万元，用于完善大南山街道什石洋、陂沟、灰寨、和美等四个“红色村”旅游标识系统，其中陂沟村、灰寨村已完成旅游标识的设置并通过验收。池尾街道在最大程度上保留原有多年山村十八烈士墓园景观的基础上，围绕墓园周边地域规划建设红色主题文化公园，打造红色旅游精品景区；南溪镇革命先烈杨石魂故居进一步提升景区文化内涵，充实展出文物资料，完善展览柜、宣传牌等配套设施；修缮船埔镇樟树村革命历史展览馆，已完成修缮和展馆内容布置，正在建设樟树村革命烈士纪念碑。二是优化提升红色旅游景区和精品线路。推出涵盖大南山街道什石洋村革命斗争历史展览馆、“八一馆”、方方纪念馆、培风塔等景区（景点）的“普宁红色主题一日游线路”。大南山街道什石洋红色村“一一五一”（一条红色旅游线路、一条红色长廊、五个红色遗址修缮、一个红色阵地）工程建设正在抓紧进行。三是加大力度宣传红色旅游。开展红色旅游宣传推广，如在学雷锋月组织红色旅游活动，在第四届普宁梅花旅游文化节推出以红色旅游为重点的多项活动，营造红色旅游浓烈社会氛围。

二、存在问题

通过调研了解，全市红色文化资源保护和利用取得了一定成效，但仍存在一些不足。主要有：有关部门对红色文化资源缺乏系统调查和整理，情况掌握不足；红色旅游景区均免费开放，无门票收入，单靠政府资金补助难于维持景区正常运营；红色旅游景区中的革命遗址以建筑物、陵园为主，挖掘深度不够，杂、散、乱的问题依然存在，且规划的红色旅游线路缺乏有效整合，项目单一，市场竞争力和吸引力不够；红色旅游景区以教育功能为主，功能单一，无法满足普通游客尤其是年轻游客对“吃住行游购娱”的需求。

三、意见建议

为加强市红色文化资源保护和利用工作，加快推进市红色文化旅游产业发展，结合平时社情民意收集情况和本次调研情况，市政协提出以下意见建议：

（一）加强协调联动，建立红色档案。建议组织、宣传、党史、文化旅游等部门，加强统筹协调，组织对全市红色革命遗址进行调查、摸底，搜集、整理史料，对具有代表性的革命遗址进行编录，建立红色档案，为进一步做好市红色文化资源保护和利用工作打好基础。

（二）整合红色资源，打造精品旅游。建议对已具一定规模的革命旧址进行整体改造，与其他较为分散的革命遗址遗迹、纪念场馆等红色资源进行统一规划和有效整合，与周边的意识形态基地、爱国主义教育基地、公共文化资源一起打造，增强旅游线路的吸引力和竞争力，形成一批内涵丰厚、品牌突出、特色鲜明、具有一定规模和较高管理服务水准的红色经典景区和红色旅游精品。

（三）拓展服务配套，增加旅游收入。建议将红色旅游线路与生态旅游资源、商业旅游资源一起整合，增加旅游消费；在红色旅游景区（景点）开发红色主题和地方特色美食餐馆，既方便游客又增加旅游收入；开发红色主题文化创意产品，如红军帽、红军包、红军鞋、玩具枪等。

（四）强化教育功能，弘扬红色文化。建议积极组织引导广大群众特别是青少年到红色革命遗址参观，接受爱国主义教育，增强爱国情感；精心策划节庆活动，利用重要节日在红色革命遗址开展祭英烈、过党日、重温入党誓词、入队、入团等活动，加强对党员干部、人民群众的党性教育和爱国主义教育，提升红色革命遗址的教育功能。

（五）加大宣传力度，增强宣传实效。建议紧扣党性教育和爱国主义教育主题，深入挖掘革命史迹资料，开展学术研究，将普宁红色革命历史制作成小视频、电影、电视剧等，可将观看普宁红色革命历史视频或电影作为红色旅游项目之一，通过多媒体视觉展示等形式，增强教育宣传实效。

（六）加强队伍建设，打造专业队伍。建议组建综合素质高的讲解人员队伍，创作统一规范的讲解词。可以邀请播音主持、党史专家、大学教师对讲解人员进行集中授课培训，提高讲解水平；也可以邀请老党员、老干部、老八路、老民兵到革命遗址现身讲述，增强革命事迹的历史感和真实感。

（市政协教科文卫体委员会）

普宁市练江污染综合整治情况的调研报告

为民主监督练江污染综合整治决策部署的贯彻落实情况，助力练江污染综合整治工作，2019 年 10 月 16 日，市政协组织社会法制与环境资源委员会部分委员，就练江污染综合整治情况开展调研，并形成专题调研报告。

一、基本情况

近年来，市委、市政府深入贯彻落实习近平生态文明思想，认真落实中央第五环境保护督察组对练江流域污染整治指示精神，全力以赴推进练江污染综合整治工作，取得显著成效。

（一）补齐环保基础设施建设短板。一是补齐生活污水处理短板。规划建设市区、镇区污水处理厂 9 座，总处理规模为 22.6 万吨 / 天；规划建设农村生活污水处理设施，总处理规模 4.6 万吨 / 天。至 2019 年 10 月，已建成市区（一、二、三期）、占陇等 4 座污水处理厂，总处理规模 20 万吨 / 天；南径、麒麟、英歌山（大坝）、梅塘、云落 5 座在建污水处理厂，总处理规模 2.6 万吨 / 天，年底前可完成建设任务；规划建设配套管网 1034.33 千米，现已建成 858.9 千米。练江流域 607 个自然村已有 575 个开工建设雨污分流工程，其中已完工 154 个；计划建设污水处理一体化设施 44 个，已建成 6 个；计划建设人工湿地 98 个，已建成 31 个；建成纳入市（镇）区污水处理厂的管网 518.811 千米（镇街及村建设部分）。二是加快建设市纺织印染环保综合处理中心。目前园区各项工作取得突破性进展，建设步伐全面加快，累计投资 18.96 亿元，其中政府投资 7.24 亿元，社会资本投资 11.72 亿元。五幢印花厂房、纺织西路、工业引水工程、污水处理厂首期和能源供应设施首期建设基本完成。印花区 23 家印花企业全部进驻安装和调试设备，印染区 39 家印染洗水企业进场自行建设厂房，已完成总工程量 73.68%。三是提升生活垃圾处理水平。市生活垃圾环保处理中心项目建设加快提速，800 吨 / 日的首期项目已于 2019 年 4 月 28 日正式投入试运行，现已累计处理生活垃圾 10 万多吨，试运行以来设备运行状况良好，有效缓解市区生活垃圾处理压力。处理规模 1200 吨 / 日的二期项目正在编制工程招标文件。投资 9284 万元的云落填埋场升级改造工程已完成。全市有 17 个镇级垃圾填埋场停用且覆土复绿，赤岗等 14 个镇级垃圾填埋场完成整改并通过揭阳市级验收。洪阳、高埔、大坝 3 个镇级填埋场实施规范化封场治理，已完成规范化封场治理工作，并通过普宁市工程竣工验收，正在组织申报揭阳市级验收。四是实施水岸同治。加快水利工程建设。练江流域规划建设 27 宗水利工程，计划总投资 20.24 亿元，目前累计投入 12.88 亿元，建成 3 宗，在建 11 宗，进行前期工作 13 宗。加快流沙中河和新河下游生态修复工程建设。目前，流沙中河下游生态修复工程处于前期准备阶段，流沙新河市区段、流沙新河南华路至环市北路段生态修复工程正在进行试验工作，流沙新河环市北路至晖晗桥段水生态修复工程正在开展 EPC 招投标。同时，在练江流域设置 20 个水质监测站点，每月通报水质监测结果。

（二）*加强工业和农业污染治理*。一是高压打击工业污染。制定《普宁市印染行业污染物排放总量削减工作方案》，要求 66 家有牌证印染企业从 2018 年 10 月起，按照国家排污许可证核定的污染物排放总量削减 50% 以上，降低练江流域水污染负荷。2019 年 1 月 1 日注销园区外印染企业排污许可证，园区外印染印花企业全部依法停产退出。清理整治“散乱污”企业，实施关停取缔、整合搬迁、改造升级等措施。制订《普宁市练江流域入河排污口清理整治工作方案》，对入河排污口逐个制定整治措施，全面开展清理整治。二是全面清理整顿畜禽养殖。全面扩大禁养区范围，将市区及练江干支流 1000 米内列为禁养区，关停取缔禁养区内 18 家规模养殖场、3901 户养殖户。非禁养区禽畜养殖场的规范化建设工作已完成。对适养区内的规模化养殖场加强环境监管，督促、指导其配套完善污染防治设施，完善环保手续。印发《普宁市生猪（牛、羊）定点屠宰设置规划实施方案》，对全市定点屠宰厂（场）重新布局，练江流域计划设置 9 个。

（三）*建立生态环境保护责任体系*。一是构建“党政同责”责任体系。出台《普宁市环境保护责任考核办法》，以制度文件的形式，明确地方党政环境保护“党政同责”，厘清各相关部门环境保护职责，进一步加强生态环境保护工作。二是全面推行“河长制”。建立“市镇村”三级“河长”组织体系，细化至村级考核，全面压实属地整治职责。练江流域设置 32 个水质考核断面（其中县级考核断面 1 个、镇级考核断面 23 个、重要支流考核断面 8 个）。三是严肃追责问责。对在生态环境保护工作中失职失责渎职行为，坚决按照有关规定严肃追责问责。同时，加强环保问题暗访工作，对练江流域 15 个乡镇全覆盖开展暗访。2018 年 6 月以来，市纪委监委查处环保领域问题 51 宗，问责 466 人次，其中，立案 125 人，移送司法机关 1 人，诫勉谈话 70 人。

（四）探索形成有利于生态环境保护的用人导向机制。建立可检查可量化的干部考核评价体系，把生态环境保护和污染治理工作与领导班子和领导干部考核、提拔考察、问责等紧密结合，制定出台《普宁市党政领导干部生态环境损害责任追究实施细则》《普宁市生态环境保护工作责任清单》等文件，落实环境保护主体责任，全面构建“党政同责、一岗双责、失职追责、齐抓共管”推进环境保护工作的强大合力，探索形成有利于生态环境保护的用人导向机制。

二、存在问题及不足

练江污染综合整治取得显著成效，但还存在一些问题及不足。主要有：

一是练江流域生活污水处理设施建设滞后，南径、麒麟、英歌山（大坝）、梅塘、云落等 5 座污水处理厂仍未建成，流域内“雨污分流”工程建设总体进度不理想，配套管网建设进度慢。

二是市纺织印染环保综合处理中心建设滞后，特别是印染区企业厂房建设慢，有牌证印染洗水企业尚未进园集中生产、集中治污。

三是练江流域内的水利工程和流沙中河、流沙新河河道生态修复工程进展较慢。

三、意见建议

为深入推进练江污染综合整治工作，坚决打好污染防治攻坚仗，市政协提出如下意见建议：

一是压实部门责任，倒排工期，强化督查问责，全力加快污水处理厂、“雨污分流”工程、水利工程、河道生态修复工程、垃圾处理设施等环保基础设施建设，进一步提高治污保洁能力。

二是加快市纺织印染环保综合处理中心建设，完善配套设施，优化管理服务，尤其要加快印染区企业厂房建设，推动企业早日投产、早日发挥经济效益和社会效益。

三是要继续保持打击污染环境违法犯罪行为的高压态势，清理整治“散乱污”企业，规范畜禽养殖，坚决遏制工业污染和农业面源污染。

四是要严格落实“河长制”，加强日常巡查监管，加强练江水质监测，确保及时发现污染问题，及时落实整改，防止污染出现反弹。

（市政协社会法制与环境资源委员会）

·普宁美丽乡村小辑·

池尾街道贵政山村

池尾街道贵政山村，位于普宁市区中心西南部，总面积472.20公顷。北临练江上游，西背莲花山，南依大南山，东接赤水村、赵厝寮村，依山傍水、风景优美、钟灵毓秀、人杰地灵。系红色革命老区村。1927年10月3日，曾有300多名“八一”南昌起义军指战员，为中华人民共和国成立伟大事业在此血染莲花山畔，英勇牺牲。

在贵政山村，最受外界赞誉的便是贵政山茶叶陶罐的传统手工制作技艺。据载，贵政山茶叶陶罐历史悠久，其制作工艺始创于清朝中叶，由于技艺独特，陶罐能贮存茶叶十年至三十年不变质，是富有地方特色并能展现民族文化创造力的民间手工艺品。随着时代的发展，贵政山的茶叶陶罐产品也走上更加规格化、系列化、标准化的制作轨道。该技艺被列入省级非物质文化遗产名录，为美丽贵政山添加了浓墨重彩的一笔。

近年来，贵政山村以开展文明创建工作为抓手，合理利用村内闲置地，投入80多万元精心打造以贵政山茶叶陶罐为建设主题的文化公园。该园占地面积5000多平方米，邀请贵政山茶叶陶罐非物质文化遗产传承人，制作大型茶叶陶罐作为公园标志景观。公园还配套娱乐广场、健身器材、凉亭、休闲绿道等活动区域，打造舒适美好的多功能生活空间，赢得村民一致好评。该村被评定为2019年普宁市10个美丽乡村之一。

（本文选自市文明办等单位编印出版的《2019年普宁市美丽乡村》宣传册）

附　　录

表 34　2006—2019 年普宁市非物质文化遗产代表性项目名录

序号	项目类别	项目名称	传承人
国家级（2 项）			
1	传统舞蹈	英歌（普宁英歌）	陈来发（国家级）、张伯琪（省级）、陈进勇（市级）、李俊浩（市级）
2	传统美术	镶嵌（嵌瓷）	陈宏贤（省级）、陈伟钦（市级）
省级（加上国家级 2 项共 7 项）			
3	传统音乐	广东汉乐	方少澄（省级）
4	传统技艺	普宁豆酱制作技艺	郑楷松（省级）、郑继村（市级）
5	传统技艺	贵政山茶叶陶罐制作技艺	纪文民（省级）、纪夏艺（市级）
6	传统舞蹈	龙舞（横溪龙）	郑海廷（省级）
7	传统体育、游艺与杂技	李家教拳（普宁李家教拳）	陈炳益（省级）、李楚江（市级）
市级（加上省级 7 项共 36 项）			
8	传统戏剧	潮剧	
9	传统技艺	西陇灯笼制作技艺	
10	传统体育、游艺与杂技	大路拳	
11	传统美术	木雕	
12	传统美术	石雕	
13	传统美术	剪纸（普宁剪纸）	
14	传统音乐	潮州音乐	
15	传统文学	谜语（普宁方言灯谜）	
16	传统美术	盆景技艺（洪阳盆景技艺）	
17	传统技艺	普宁豆干制作技艺	
18	传统技艺	洪阳酥糖制作技艺	
19	民俗	大锣鼓标旗巡游	
20	传统技艺	普宁面线制作技艺	
21	民俗	摆社	

续表 34

序号	项目类别	项目名称	传承人
22	民俗	普宁“出花园”	
23	民俗	庙会（普宁城隍公出巡）	
24	民俗	行头桥	
25	传统技艺	普宁梅酒制作技艺	
26	传统体育、游艺与杂技	赛龙舟（普宁赛龙舟）	
27	传统技艺	普宁佛手老香橼制作技艺	
28	传统美术	塑彩（普宁金身妆彩）	周培旭（市级）
29	传统美术	漆画（普宁铁笔金漆画）	李舜（市级）
30	传统美术	根雕（普宁根雕）	王利灿（市级）
31	传统技艺	凉果制作技艺（陈皮梅和嘉应子制作技艺）	赖少涌（市级）
32	传统技艺	白水磜炒茶制作技艺	洪子衡（市级）
33	传统技艺	廿四味草（凉）茶制作技艺	李镇伟（市级）
34	传统技艺	普宁黑糖制作技艺	赖维新（市级）
35	民俗	大长陇贺灯	陈钟祥（市级）
36	民俗	茶艺（普宁工夫茶艺）	黄泽雄（市级）
县级（加上国家级、省级、市级共 50 项）			
37	传统技艺	普宁大长陇南糖制作技艺	
38	传统医药	普宁树脚目药	
39	传统技艺	普宁束砂制作技艺	
40	传统医药	普宁厚田鸡肝散	
41	传统美术	普宁里湖二月游景	
42	传统舞蹈	普宁舞狮	
43	传统体育、游艺与杂技	普宁南溪金鑑龙舟	
44	传统戏剧	木偶戏（普宁半径木偶）	
45	传统技艺	竹蔗茅根精制作技艺	
46	传统技艺	“吊思茅”乌橄榄制作技艺	
47	传统技艺	潮汕古园林修复技艺	
48	传统技艺	普宁大扬美糖葱薄饼制作技艺	
49	传统技艺	普宁金银饰品制作技艺	
50	民俗	大坪圩闹元宵	

（市文化馆）

表 35

普宁市文物保护单位名录

省级文物保护单位

序号	名　称	地　址	年　代	类　别	公布文号
1	“八一”南昌起义南下部队指挥部军事决策会议旧址	流沙东街道新河东路 1 号	1927 年	近现代重要史迹及代表性建筑	粤府函［1979］1830 号
2	大南山革命标语石刻	大南山潮普惠三界交界处	1931—1932 年	石窟寺及石刻	粤府函［1979］1830 号
3	培风塔	洪阳镇后坑村	清乾隆七年	古建筑	粤府［1989］92 号
4	德安里民居群	洪阳镇南村	清同治—光绪	古建筑	粤府办［2008］68 号
5	虎头埔古窑址	广太镇绵远村	新石器时代	古遗址	粤府［2010］53 号
6	郑大进墓（含神道石刻）	广太镇多年埔村	清乾隆四十八年	古墓葬	粤府函［2015］343 号
7	节孝坊	南溪镇下尾王村	清康熙	古建筑	粤府函［2015］343 号
8	普宁学宫	洪阳镇西村	明万历	古建筑	粤府函［2015］343 号
9	武略第（杨石魂故居）	南溪镇钟堂村	清光绪	近现代重要史迹及代表性建筑	粤府函［2015］343 号
10	赖长墓	麒麟镇樟岗村虎地山	清光绪	古墓葬	粤府函［2019］96 号

县级文物保护单位

序号	名　称	地　址	年　代	类　别	公布文号
1	革命烈士陵园	流沙人民公园	1958 年	近现代重要史迹及代表性建筑	1961.10.10 普宁县人民委员会公布
2	陂沟小学	大南山镇陂沟村	1928 年	近现代重要史迹及代表性建筑	1961.10.10 普宁县人民委员会公布
3	什石洋辉祖祠	大南山镇什石洋村	1928 年	近现代重要史迹及代表性建筑	1961.10.10 普宁县人民委员会公布
4	白马仔村遗址	大南山镇白马仔村	1928 年	近现代重要史迹及代表性建筑	1961.10.10 普宁县人民委员会公布
5	红军野战医院	大南山镇锡坑村	1928 年	近现代重要史迹及代表性建筑	1961.10.10 普宁县人民委员会公布
6	锡坑西祠堂	大南山镇锡坑村	1929 年	近现代重要史迹及代表性建筑	1961.10.10 普宁县人民委员会公布

续表 35

序号	名 称	地 址	年 代	类 别	公布文号
7	九江陈氏祖祠	大坝镇九江村	1927 年	近现代重要史迹及代表性建筑	1961.10.10 普宁县人民委员会公布
8	梅峰公学	梅塘镇梅峰中学内	抗战初期	近现代重要史迹及代表性建筑	1961.10.10 普宁县人民委员会公布
9	白暮洋杨氏祖祠	南径镇白暮洋村	1945 年	近现代重要史迹及代表性建筑	1961.10.10 普宁县人民委员会公布
10	发坑致祥祠	麒麟镇发坑村	1945 年	近现代重要史迹及代表性建筑	1961.10.10 普宁县人民委员会公布
11	竹林书斋	里湖镇竹林村	解放战争时期	近现代重要史迹及代表性建筑	1961.10.10 普宁县人民委员会公布
12	铁峰寺	流沙东街道北山村	1845—1855 年	近现代重要史迹及代表性建筑	1961.10.10 普宁县人民委员会公布
13	十八烈士纪念碑	池尾街道多年山村	1956 年	近现代重要史迹及代表性建筑	1961.10.10 普宁县人民委员会公布
14	南岩古寺	南溪镇登峰村	明	古建筑	1961.10.10 普宁县人民委员会公布
15	昆冈书院	洪阳镇昆安村	清	古建筑	1961.10.10 普宁县人民委员会公布
16	华岩寺	洪阳镇洪山顶	清	古建筑	1961.10.10 普宁县人民委员会公布
17	云石岩	大坝镇月窟村	明	古建筑	1961.10.10 普宁县人民委员会公布
18	盘龙阁	梅林镇龙狮岗	清	古建筑	1961.10.10 普宁县人民委员会公布
19	白水岩	梅塘镇泗坑村	清	古建筑	1961.10.10 普宁县人民委员会公布
20	社山岩	梅塘镇社山村	清	古建筑	1961.10.10 普宁县人民委员会公布
21	清泉洞	里湖镇宅营村	清	古建筑	1961.10.10 普宁县人民委员会公布
22	马嘶岩	池尾街道马山	清	古建筑	1961.10.10 普宁县人民委员会公布

续表 35

序号	名 称	地 址	年 代	类 别	公布文号
23	樟岗岩	麒麟镇樟岗村	清	古建筑	1961.10.10 普宁县人民委员会公布
24	湖山岩	燎原镇夏地村	清	古建筑	1961.10.10 普宁县人民委员会公布
25	文昌阁	洪阳镇东村	清道光三十年	古建筑	1988.10.20 普宁县人民政府公布
26	三都书院	占陇镇下村	清道光十年	古建筑	1988.10.20 普宁县人民政府公布
27	圆通庵	后溪乡圆明村	明	古建筑	1988.10.20 普宁县人民政府公布
28	百岁坊	里湖镇乌石村	清乾隆五十一年	古建筑	1988.10.20 普宁县人民政府公布
29	兴文中学钟楼	占陇镇兴文中学内	1937—1938 年	近现代重要史迹及代表性建筑	1988.10.20 普宁县人民政府公布
30	李存穆烈士墓	里湖镇富美村大架山	1931 年	近现代重要史迹及代表性建筑	1988.10.20 普宁县人民政府公布
31	邓宝珍烈士墓	大南山镇陂沟村	1928 年	近现代重要史迹及代表性建筑	1988.10.20 普宁县人民政府公布
32	许阿梅墓	流沙东街道北山村	清末	近现代重要史迹及代表性建筑	1988.10.20 普宁县人民政府公布
33	赤水革命烈士纪念碑	流沙西街道赤水村	1958 年	近现代重要史迹及代表性建筑	1988.10.20 普宁县人民政府公布
34	梅林十九烈士墓	梅林镇埔顶下	1950 年	近现代重要史迹及代表性建筑	1988.10.20 普宁县人民政府公布
35	大长陇革命烈士纪念碑	军埠镇大长陇	1958 年	近现代重要史迹及代表性建筑	1988.10.20 普宁县人民政府公布
36	中国工农红军烈士纪念碑	里湖镇汤头村	1957 年	近现代重要史迹及代表性建筑	1988.10.20 普宁县人民政府公布
37	王武烈士墓	燎原镇泥沟村	1958 年	近现代重要史迹及代表性建筑	1988.10.20 普宁县人民政府公布
38	潮普惠三县军事委员会旧址	洪阳镇林惠山村	1927 年	近现代重要史迹及代表性建筑	普府［2008］52 号

续表 35

序号	名 称	地 址	年 代	类 别	公布文号
39	群众学校旧址	燎原镇泥沟村	1937 年	近现代重要史迹及代表性建筑	普府［2008］52 号
40	敬爱学校旧址	流沙西街道赵厝寮村	1937 年	近现代重要史迹及代表性建筑	普府［2008］52 号
41	普宁城隍庙	洪阳镇东村	明万历	古建筑	普府［2008］52 号
42	隐陀寺伏虎井	里湖镇新池内村	明崇祯	古建筑	普府［2008］52 号
43	侍御家庙（察院祠）	里湖镇新埔村	明末	古建筑	普府［2008］52 号
44	西林古寺	梅林镇南阳村	清康熙	古建筑	普府［2008］52 号
45	苏澹泊墓	南径镇青洋山村	明嘉靖	古墓葬	普府［2008］52 号
46	萧端蒙墓	大南山镇灰寨村	明嘉靖	古墓葬	普府［2011］32 号
47	卢明阳墓	池尾街道贵政山村	明正德	古墓葬	普府［2011］32 号
48	蔡渔隐墓	南溪镇沂湖村	明弘治	古墓葬	普府［2011］32 号
49	陈凤瑞墓	流沙西街道赤水村	清康熙	古墓葬	普府［2011］32 号
50	龙门宗祠	南径镇龙门村	明	古建筑	普府［2011］32 号
51	赤水陈氏祖祠	流沙西街道赤水村	清	古建筑	普府［2011］32 号
52	升平人瑞坊	燎原镇泥沟村	清康熙	古建筑	普府［2011］32 号
53	松阳古庙	梅林镇松阳村	清乾隆	古建筑	普府［2011］32 号
54	里湖关帝庙	里湖镇河头村	明天启	古建筑	普府［2011］32 号
55	方勋纪遊石刻	洪阳镇水吼村	清光绪	石窟寺及石刻	普府［2011］32 号
56	吴氏懋祖祠	占陇镇陂头村	1938 年	近现代重要史迹及代表性建筑	普府［2011］32 号
57	陈氏家祠	占陇镇四德村	清光绪	古建筑	普府［2018］56 号
58	桥柱老寨南寨门	占陇镇桥柱西楼村	明朝	古建筑	普府［2018］56 号
59	陈氏宗祠（思源堂）	南溪镇竹浦前寨村	明朝	古建筑	普府［2018］56 号
60	赖氏家庙	麒麟镇奇美村	清光绪	古建筑	普府［2018］56 号
61	莲花寺	流沙新河东侧	清朝	近现代重要史迹及代表性建筑	普府［2018］56 号

（市博物馆）

主题索引

说　明

一、本索引采用主题分析方法，款目按汉语拼音字母（同音字按声调）顺序排列。

二、文中的栏目（类目）题和分目题用黑体字标明，其余用宋体字排印。

三、索引款目后的数字表示内容所在的页码，数字后的英文字母（a、b、c）表示栏别（即版面的1、2、3栏）。

四、同一主题的内容在文中多处出现的，在其款目后用不同的页码标明。

五、本索引对《大事记》《年度关注》《人物·荣誉》《经济和社会统计资料》《文献专载》《调研报告》《附录》等类目不作内容主题分析。

A

B

C

G

H

J

K

T

W

X

Y

Z

表格索引

编后记

《普宁年鉴》是中共普宁市委、普宁市人民政府主办的地方综合年鉴，由《普宁年鉴》编纂委员会组织编纂。2020年5月18日，市委办、市府办印发《关于印发〈普宁年鉴（2020）〉编纂大纲的通知》；6月中旬至7月初，全市各组稿单位基本完成分工的年鉴初稿编写任务。《普宁年鉴（2020）》主要记述2019年普宁市的大事要闻及经济社会等方面的基本面貌和发展情况，共设栏目（类目）32个、分目181个、条目1228条，共87.9万字；150多个单位、约250多位主要撰稿人参与编写，其中包括单位主要领导参与撰稿。

市年鉴编辑部于7月起对年鉴初稿实行责任制分纂。承担分纂的类目及责编分别是：普宁市人民代表大会、军事、财政·税务、工业，郭晓滨；年度关注、普宁市人民政府、政协普宁市委员会、纪检监察、外事·侨务·港澳台事务，李燕芬；对外贸易·普宁海关、教育·科技·气象、文化·广播电视·旅游·体育、卫生健康事业、调研报告，王史风；民主党派、人民团体、国内贸易，曾楚萍；大事记、普宁概览、基础设施建设、城乡建设·环境保护、人物·荣誉，钟桂萍；社会生活、乡镇场街道、图片专辑（含内文插图）、主题索引，曾智恒；中共普宁市委、法治、综合经济管理、农业，庄瀚；金融业、经济和社会统计资料、文献专载、附录，洪旭南。

8月中旬起，年鉴分纂稿进入分类责任统稿审核。承担统稿审核的类目及责编分别是：普宁市人民代表大会、政协普宁市委员会、纪检监察、军事、财政·税务、工业，郭晓滨；年度关注、普宁市人民政府、民主党派、人民团体、国内贸易、对外贸易·普宁海关、金融业、教育·科技·气象、文化·广播电视·旅游·体育、卫生健康事业、乡镇场街道、经济和社会统计资料、调研报告、文献专载、图片专辑（含内文插图）、附录、主题索引，王史风；大事记、普宁概览、中共普宁市委、法治、外事·侨务·港澳台事务、综合经济管理、基础设施建设、城乡建设·环境保护、农业、人物·荣誉，李燕芬。全书总纂同时进行，10月中旬全书编稿完成。

本书由年鉴编辑部主编郭晓滨主持编纂全面工作，副主编王史风（特邀）、李燕芬协编全书，王史风受主编委托负责全书总纂，洪旭南负责书稿打字录入，广州恒伟电脑制作有限公司承担内文（插图）排版与图片专辑设计。10月16日，市年鉴编纂委员会发文成立《普宁年鉴（2020）》审稿组，由市政府副市长黄光胜任组长，市府办主任李春光、市委办副主任王伟杰、市府办党组成员张秋城、市政府地方志办主任郭晓滨任副组长，审稿组成员王晓东（市委宣传部副部长）、陈瑞茂（市民政局副局长）、周乐宜（市司法局副局长）、陈少生（市统计局副局长）、黄秋辉（市市场监管局副局长）、李育群（市委办二级主任科员）、李燕芬（市政府地方志办副主任）、王史风（市年鉴编辑部副主编）、杨秀维（市关工委主任）、庄伟旭（市人大常委会原常委）、纪夕雄（市关工委委员）。审稿组举行二轮审稿会，原则通过《普宁年鉴（2020）》审查，并提出部分修改意见。市统计局、保密局、市场监管局负责专业审稿。年鉴总纂合成稿先行发回各有关单位校核和发送出版社审核。年鉴编辑部综合审稿组、出版社及市有关单位反馈意见，再次对全书进行修订后于11月下旬交出版社审定出版。

《普宁年鉴（2020）》的编纂出版工作是在普宁市委、市政府的正确领导下，各承编单位和编写人员通力合作下完成的，是在省、市地方志办（年鉴部门）领导、专家一如既往的支持指导下完成的。在新书即将出版之际，谨向各级领导、专家和参与本年鉴编修的全体同仁表示由衷的敬意和谢忱，并祈行家读者对书中的纰漏及不当之处给予批评赐教。

《普宁年鉴》编纂委员会
《普宁年鉴》编　辑　部